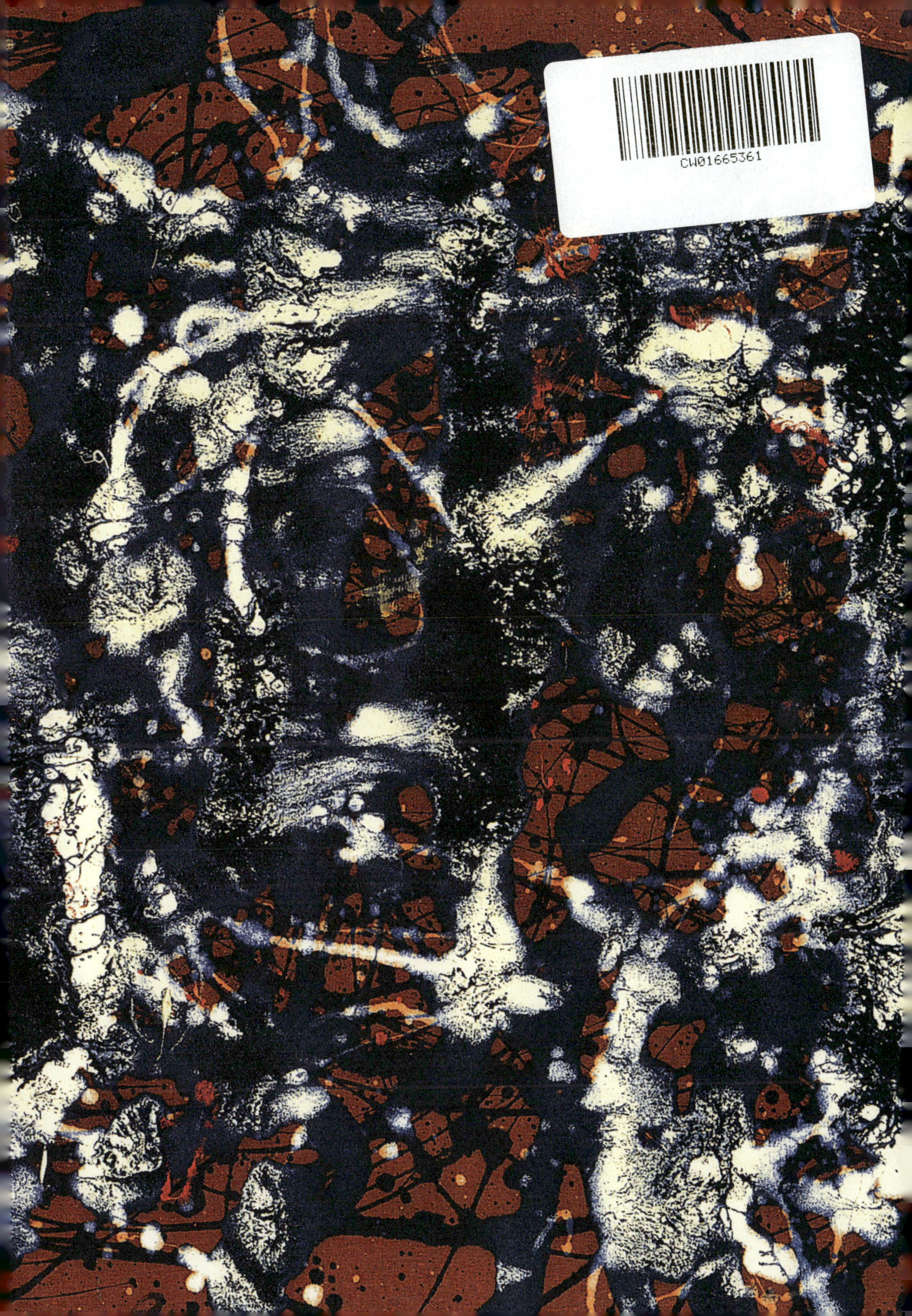

NEW YORK
1945-1965

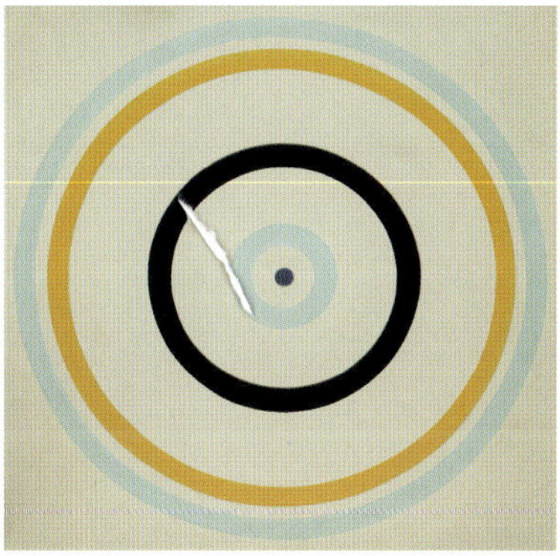

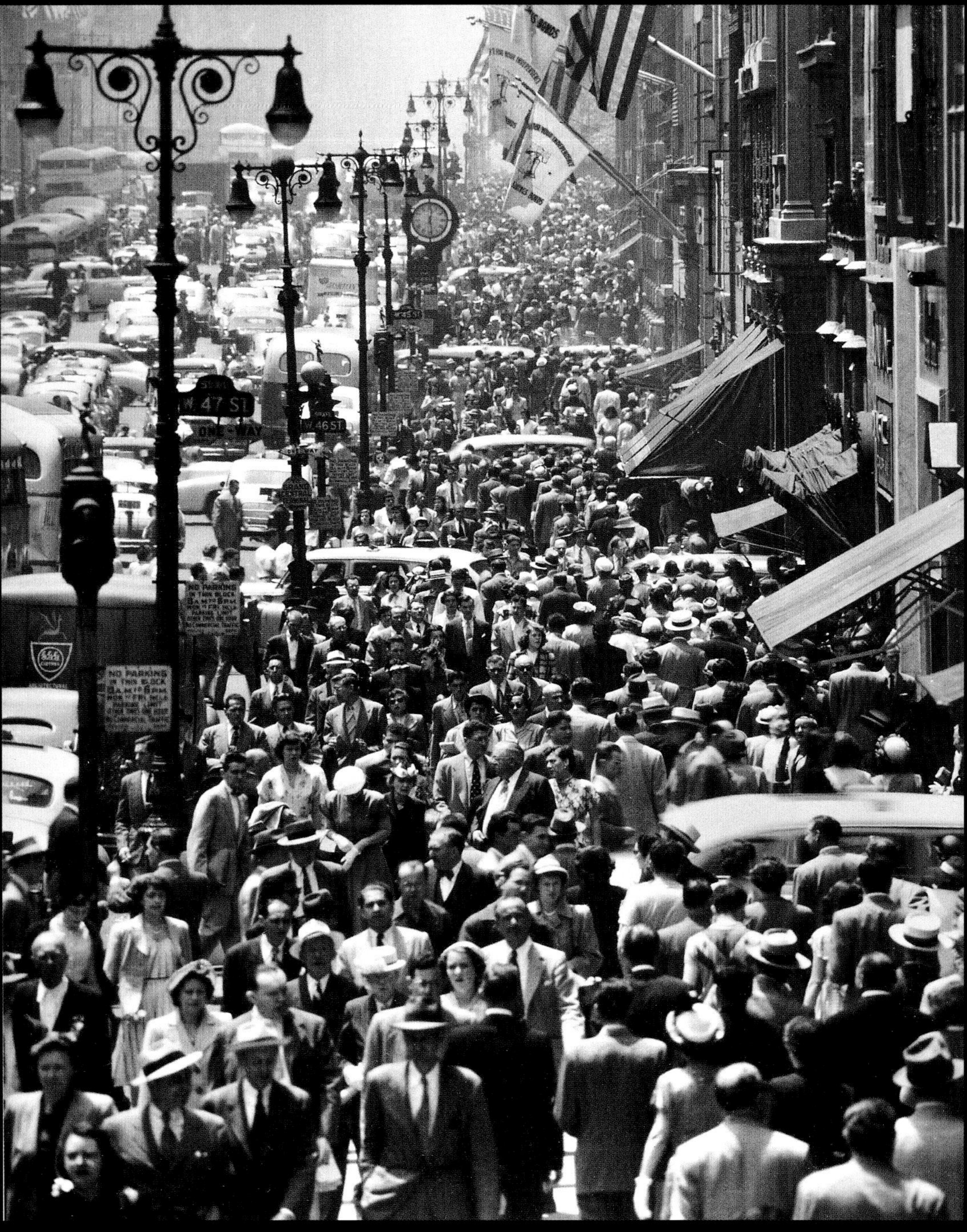
W 47 ST
ONE-WAY
W 46 ST
NO PARKING IN THIS BLOCK

Annie Cohen-Solal
Paul Goldberger
Robert Gottlieb

NEW YORK 1945-1965

Art
Architecture
Design
Danse
Théâtre
Musique

HAZAN

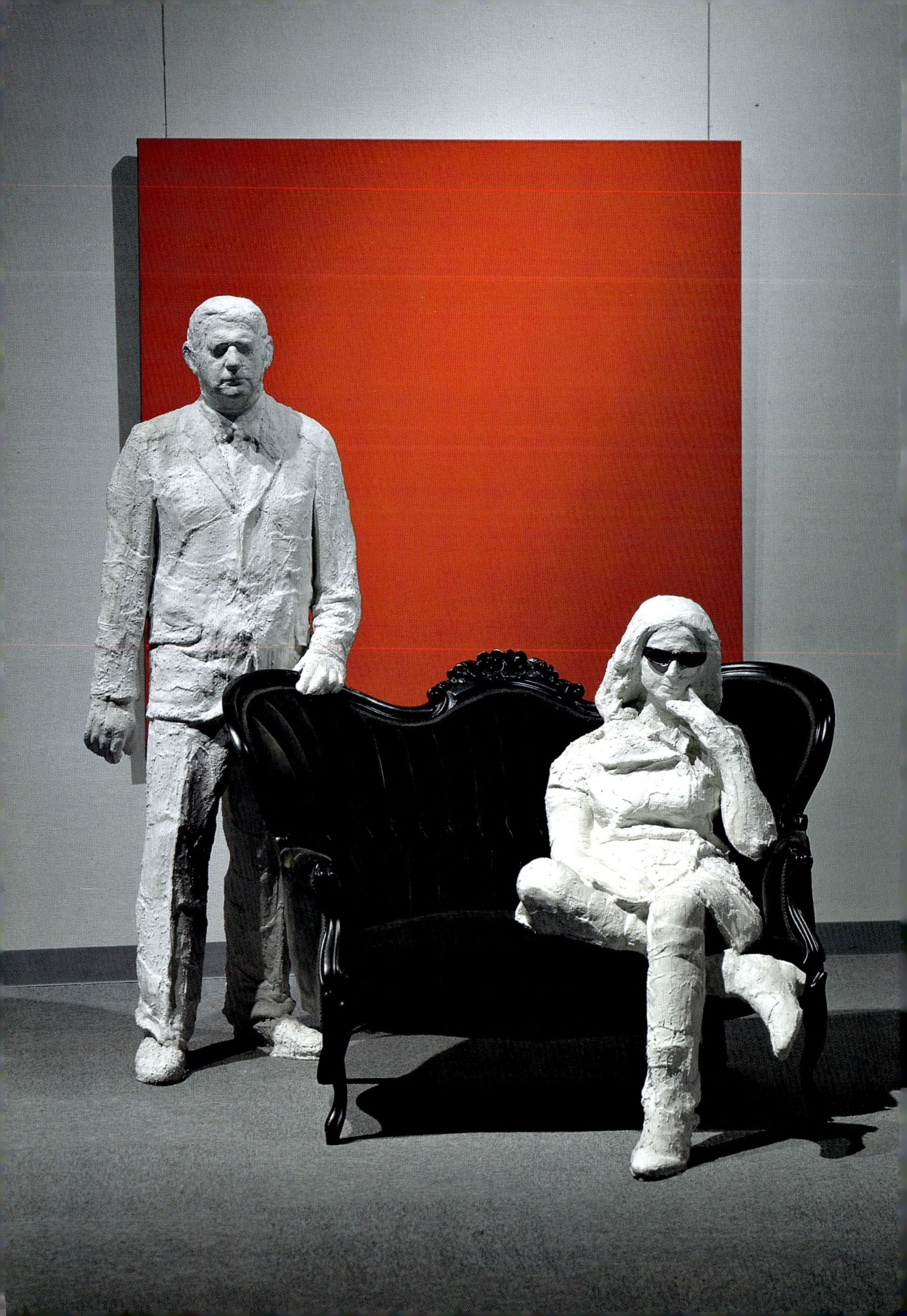

SOMMAIRE

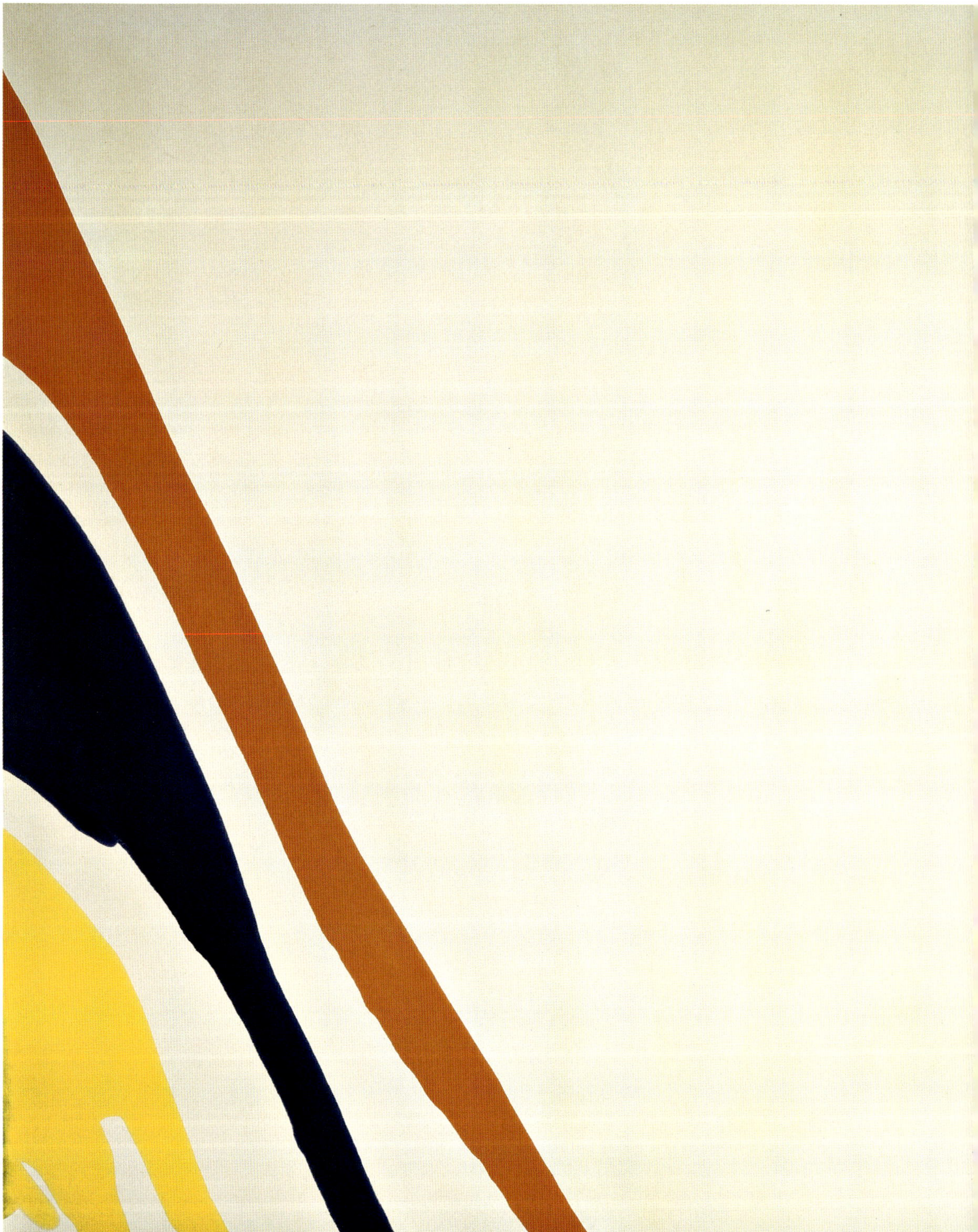

ARTS VISUELS

ANNIE COHEN-SOLAL

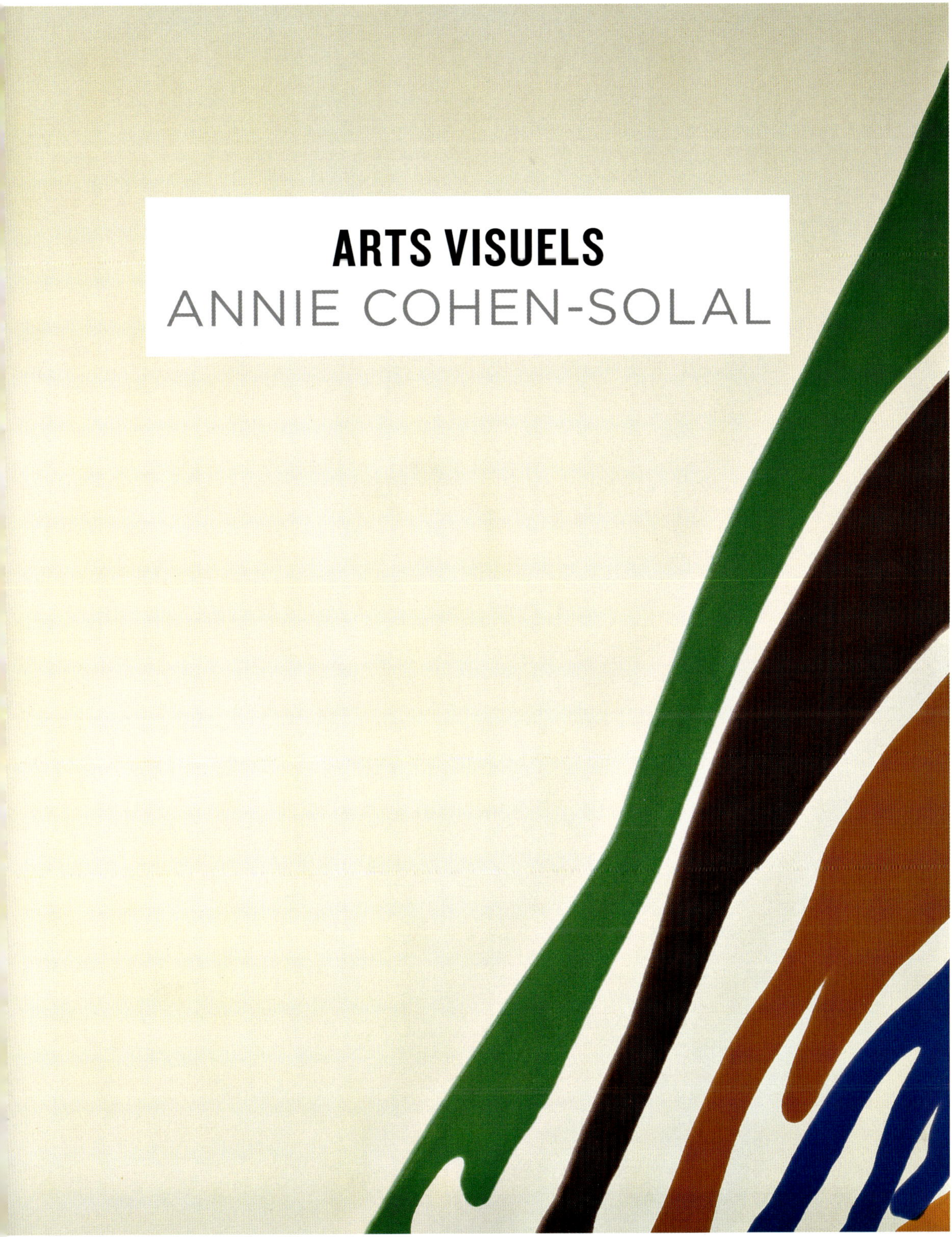

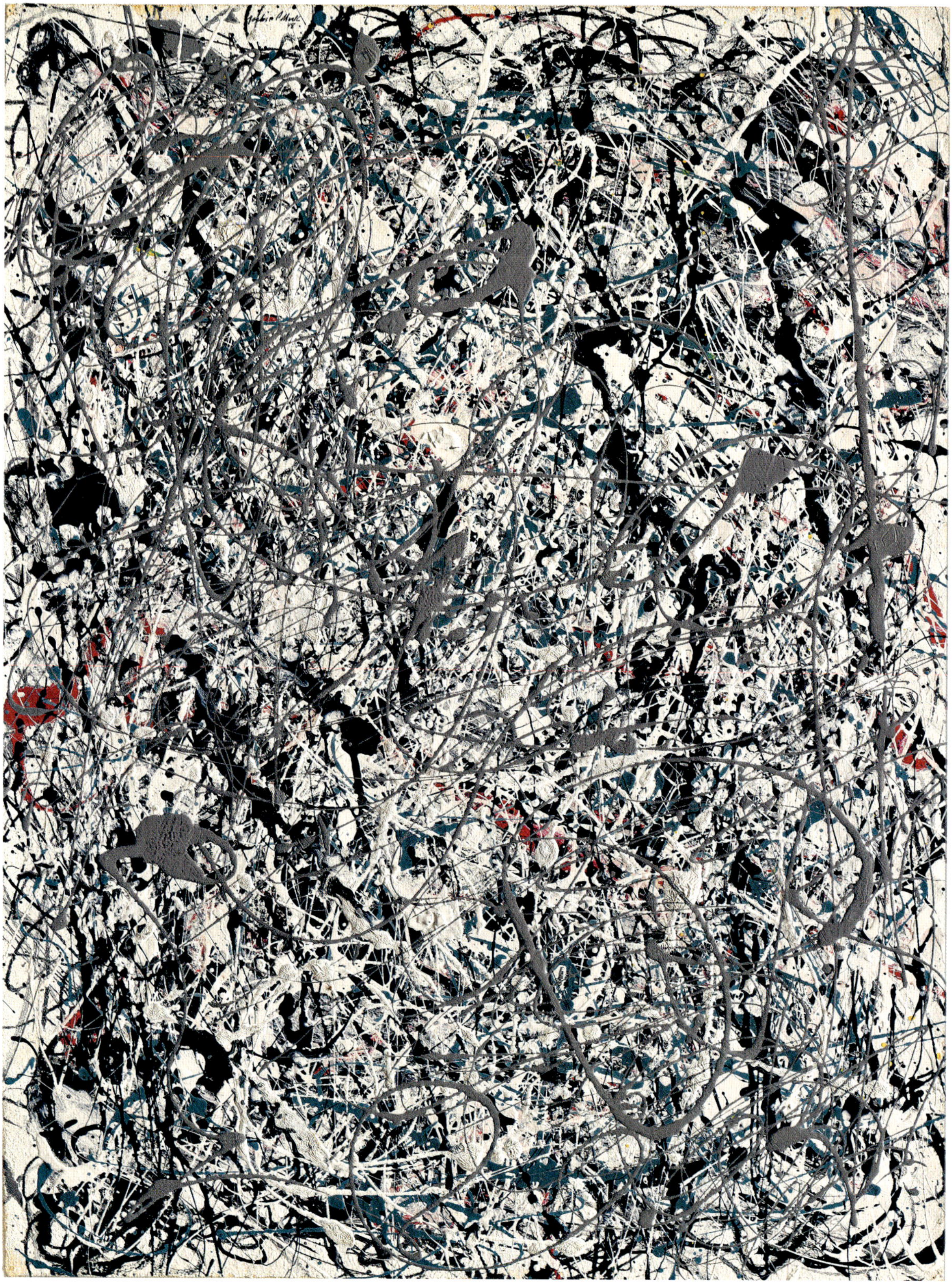

INTRODUCTION

Le 19 mars 1945, Peggy Guggenheim inaugura une exposition Jackson Pollock dans sa galerie Art of This Century. Si le public se montra enthousiaste, la majorité des critiques resta sceptique. « Malgré une nette sensibilité à la *matière*, il ne semble pas particulièrement talentueux », écrivit Parker Tyler dans le magazine *View*[1], tandis que dans *ARTnews*, Maude Riley admit : « Je ne vois vraiment pas pourquoi on en fait autant[2] ! » En réalité, les toiles de Pollock exploraient des terres jusqu'alors inconnues en peinture. Dans les années 1930, il étudia avec Thomas Hart Benton à l'Art Students League, avant d'être fasciné par les muralistes mexicains et de collaborer avec le réaliste David Alfero Siqueiros dans son studio de New York. Dès le début des années 1940, son travail reflétait une redécouverte du surréalisme et des techniques de l'« automatisme et du symbolisme totémique », ce qui semblait correspondre aux tendances de Peggy, perçue alors comme « la seule collectionneuse et galeriste célèbre qui possédait tout à la fois la fortune et l'audace suffisantes pour acheter des œuvres à des artistes relativement inconnus – même à des artistes américains[3] ! » Au début de l'année 1942, James Johnson Sweeney, le conservateur du MoMA – qui avait entendu parler des œuvres de Pollock par le photographe Herbert Matter –, avait attiré l'attention de Peggy sur cet artiste. Mais c'est Howard Putzel, le conseiller de cette dernière qui, quelques mois plus tard, avait prononcé le mot « génie » en voyant les œuvres de Pollock[4].

Pourtant, il fallut du temps à Peggy pour faire l'éloge de Pollock. À ce moment-là, son artiste américain favori était William Baziotes, qui avait reçu l'aval de Breton, et le travail de Pollock fut accepté à Art of This Century sans enthousiasme en avril 1943, dans le cadre d'une exposition de collages sous la présidence d'un jury. Piet Mondrian – l'un des membres du jury – exprima son opinion qui intéressa la galeriste. Captivé par *Stenographic Figure*, « une toile au graffiti frénétique[5] », Mondrian déclara que c'était « l'œuvre la plus intéressante [qu'il] ait jamais vue jusque-là en Amérique ». « Suivez bien cet homme[6] ! », ajouta-t-il. L'hésitation de Peggy à consacrer une exposition à Pollock dans sa galerie fut enfin vaincue par une autre réponse encourageante, celle de Duchamp qui, après avoir visité le studio de l'Américain en juillet de cette année, fit à la galeriste un commentaire qui, de sa part, traduisait une immense admiration : « *Pas mal*[7] », concéda-t-il.

En novembre 1943 arriva enfin l'occasion pour Pollock d'avoir sa première exposition en solo. Auparavant, Peggy avait soutenu

PAGES PRÉCÉDENTES : Morris Louis. Alpha Mu, *1961. Acrylique et résine sur toile, 261 × 410 cm. Seattle Art Museum, don de Mr et Mrs Bagley Wright.*

Jackson Pollock. Number 19, 1948, *1948. Huile et laque sur papier marouflé sur toile, 78,1 × 57,1 cm. Collection particulière. Un des premiers grands tableaux de Pollock selon sa technique du* dripping.

l'artiste en lui versant des allocations mensuelles et lui avait commandé une grande fresque pour l'entrée de son nouvel appartement. Fort de ce soutien, Pollock travailla à un rythme infernal, créant des toiles dynamiques influencées par Jung, comme *The Moon-Woman Cuts the Circle*. *The She-Wolf* (la première œuvre d'expressionisme abstrait acquise par le MoMA) fut produit à cette période : c'était un paysage surréaliste jaune et bleu dominé par une figure centrale tourmentée, aux traits noirs et blancs épais, comme empalée d'un solide pic rouge transperçant son dos. Dans sa lutte contre l'alcoolisme, Pollock était soutenu par ses frères et par sa femme, Lee Krasner, alternant des périodes de génie créatif et des périodes de dépression, surtout lorsqu'il quittait son studio de New York pour celui de Springs, près d'East Hampton.

En 1945, avec son adresse prestigieuse au *30 West 57th Street*, Art of This Century représentait un lieu unique. Peggy et son mari Max Ernst étaient arrivés à New York, venant de Londres via Marseille en 1941, et elle avait créé cet espace peu après, avec l'aide de l'architecte Frederick Kiesler, formé à Vienne. Lors de son ouverture en 1942, avec ses murs couverts de tissu souple, Art of This Century s'adressait tout à la fois aux artistes européens et aux artistes américains. Dans

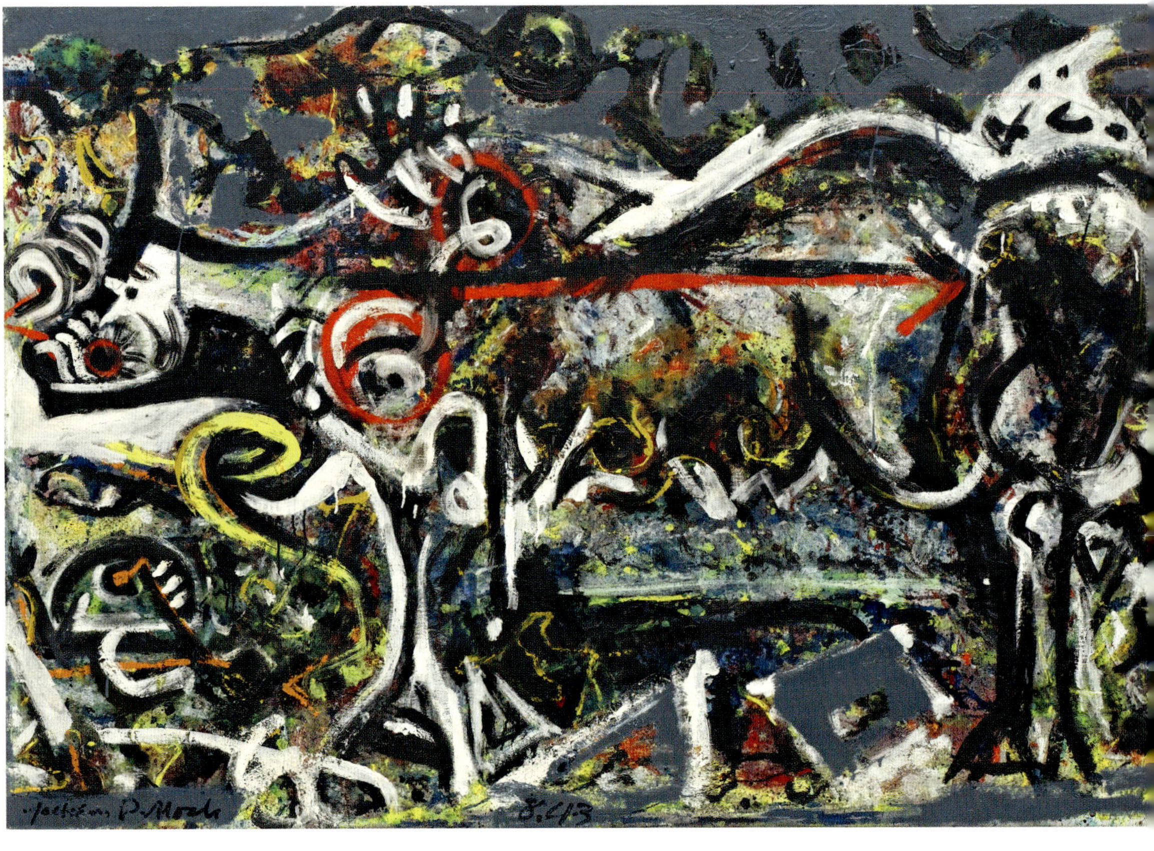

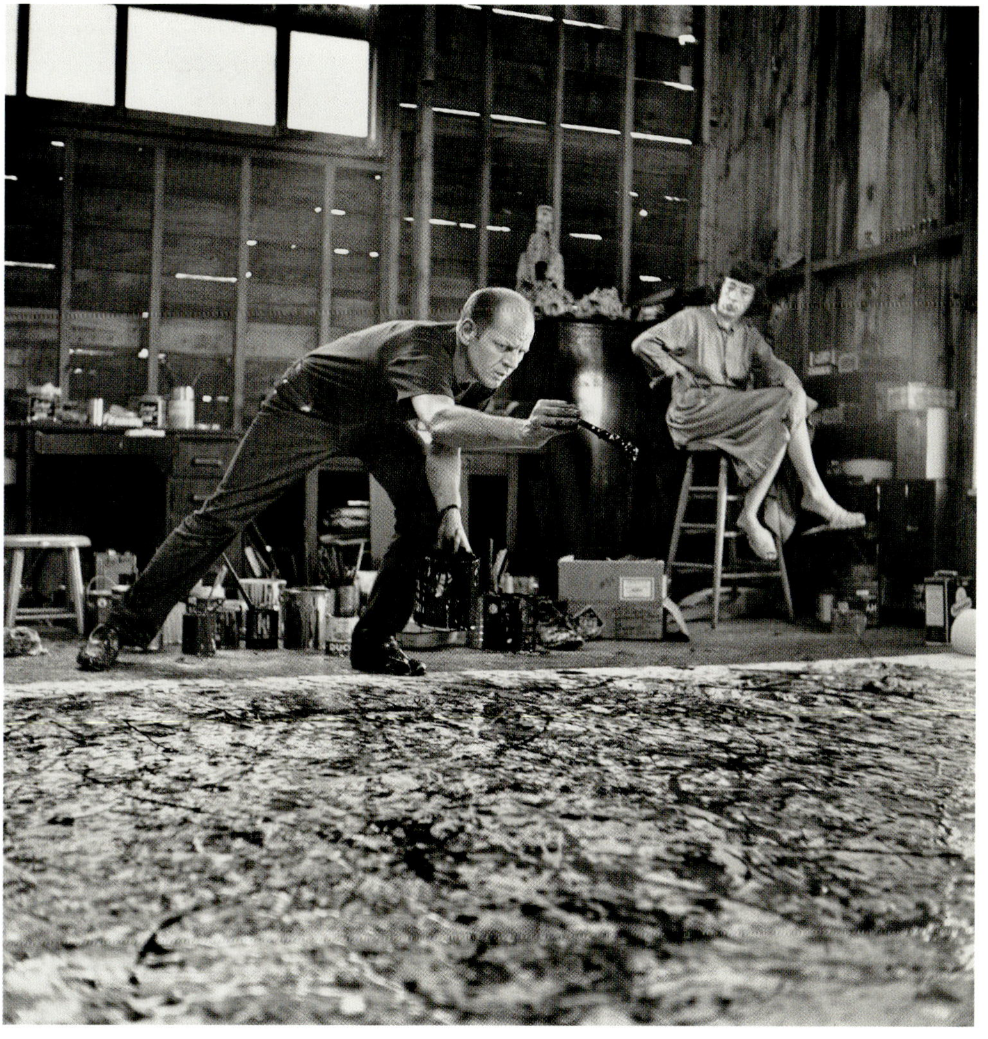

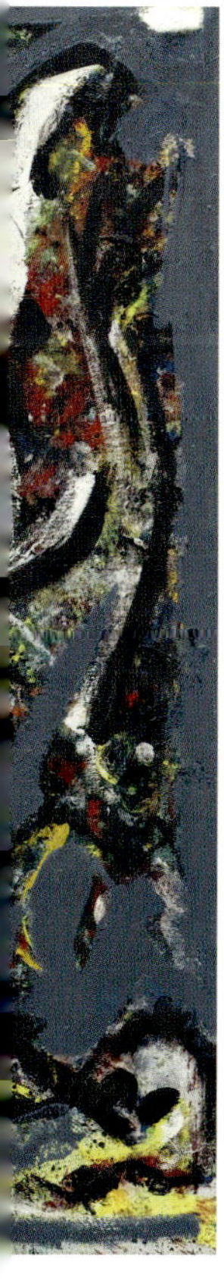

À GAUCHE : Jackson Pollock. The She-Wolf, *1943. Huile, gouache et plâtre sur toile, 70,2 × 106,4 cm. The Museum of Modern Art, New York. Ce paysage surréaliste bleu et jaune, dominé par la figure d'une louve féroce et tourmentée, est la première œuvre expressionniste abstraite acquise par le MoMA.*

CI-DESSUS : Jackson Pollock travaillant sur un tableau dans son atelier, sous le regard de sa femme Lee Krasner, 1950. Pollock trempe sa brosse dans un pot de peinture et, le corps penché, prenant appui sur une jambe, il fait le tour de la toile dans un mouvement lent et régulier, déposant la peinture en un geste cadencé de l'avant-bras. « Ce n'est pas une peinture de chevalet », disait-il.

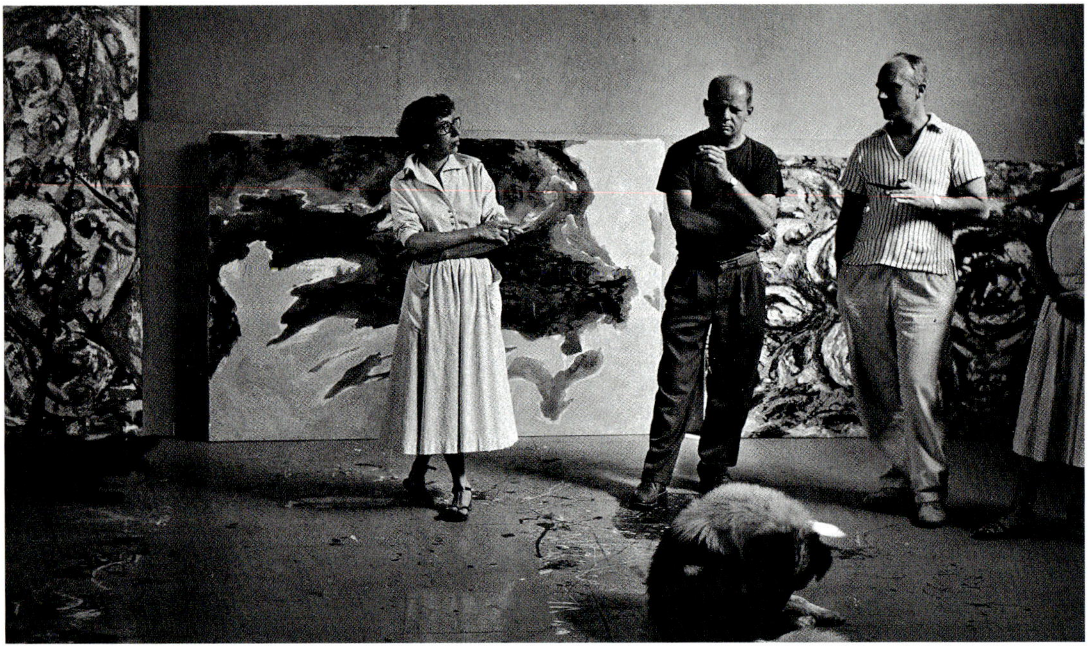

CI-DESSUS : *Jackson Pollock, au centre, sa femme Lee Krasner à gauche, et un couple non identifié dans l'atelier de l'artiste à Springs, près de East Hampton, 1953.*

CI-DESSOUS : *Jackson Pollock.* Number 25A, *1948. Huile sur toile, 88,9 × 286,1 cm. Collection particulière. Ce tableau, exécuté par Pollock selon la technique du* dripping, *est l'une de ses œuvres majeures de cette époque.*

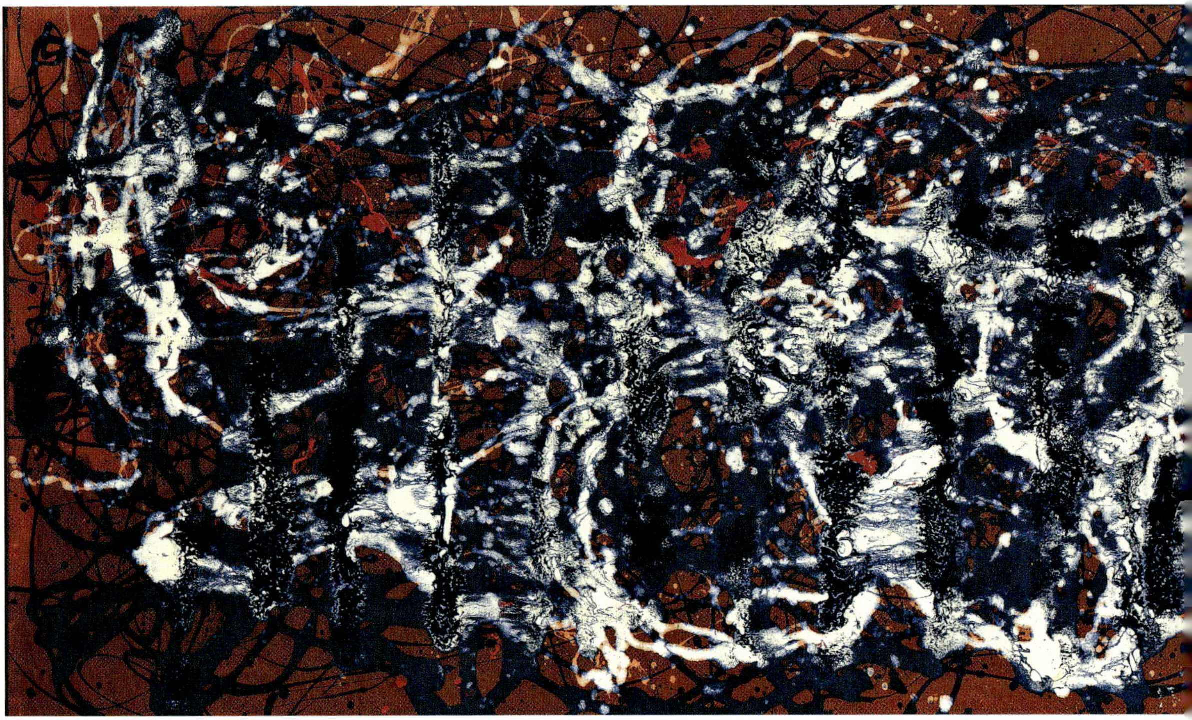

cette galerie pluridisciplinaire, Duchamp et Breton s'étaient associés pour y organiser une exposition historique, « First Papers of Surrealism ». « Elle était absolument passionnée et disposait des fonds suffisants pour profiter de toutes les occasions qui se présentaient à elle », expliqua Dorothy Miller, la conservatrice du MoMA, à propos de Peggy[8]. Dans le duplex de son hôtel particulier au *155 East 61th Street,* elle organisait des soirées sur les deux étages reliés par un escalier en colimaçon. Mais elle tenait aussi un salon et conseillait la presse artistique sur les talents émergents. « Son goût était souvent changeant et incertain, mais elle avait un goût de la vie, comme si elle pouvait en sentir l'odeur, ce qui lui permettait de détecter la vitalité et la conviction dans un tableau », expliqua le critique Clement Greenberg[9]. Mais ses rencontres tournaient souvent autour de sa vie privée, et les femmes s'attardaient sur le sujet. « C'est comme si le sexe était au centre de toutes ses discussions », affirma un jour Lee Krasner. Et Dorothy Miller de se souvenir que « Peggy avait couché avec tout le monde, et voulait désespérément ajouter Alfred Barr au nombre de ses conquêtes[10] ! ».

Pour certains de ses collègues, Peggy apparaissait comme « hostile au grand public, et même très indifférente aux affaires, ce qui n'est pas vraiment bon lorsque vous voulez vendre des tableaux[11] ». Elle avouait ne pas être très commerciale[12]. Et elle n'avait pas besoin de l'être. Elle était assez libre financièrement pour créer un espace

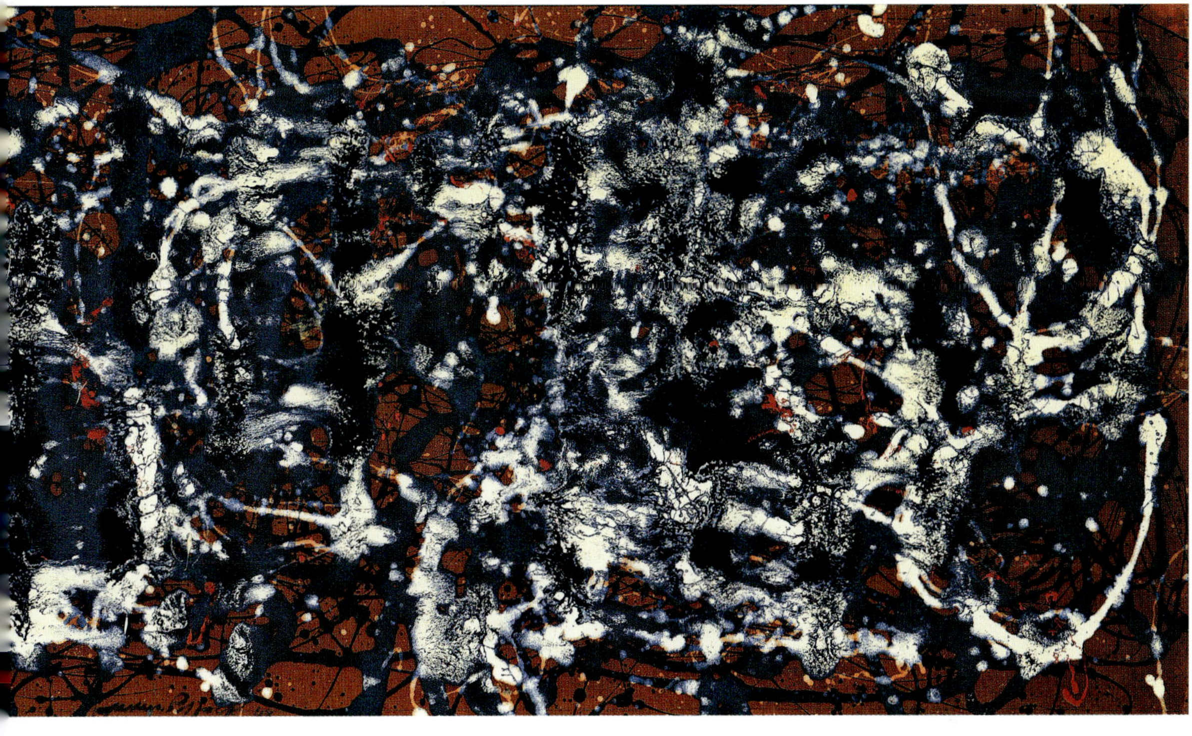

À DROITE : La collectionneuse Peggy Guggenheim et le peintre allemand Max Ernst, son mari à l'époque, arrivent à New York, 1941.

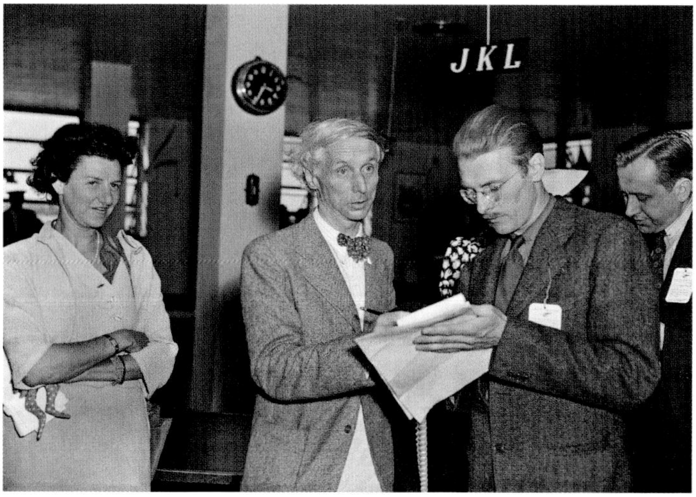

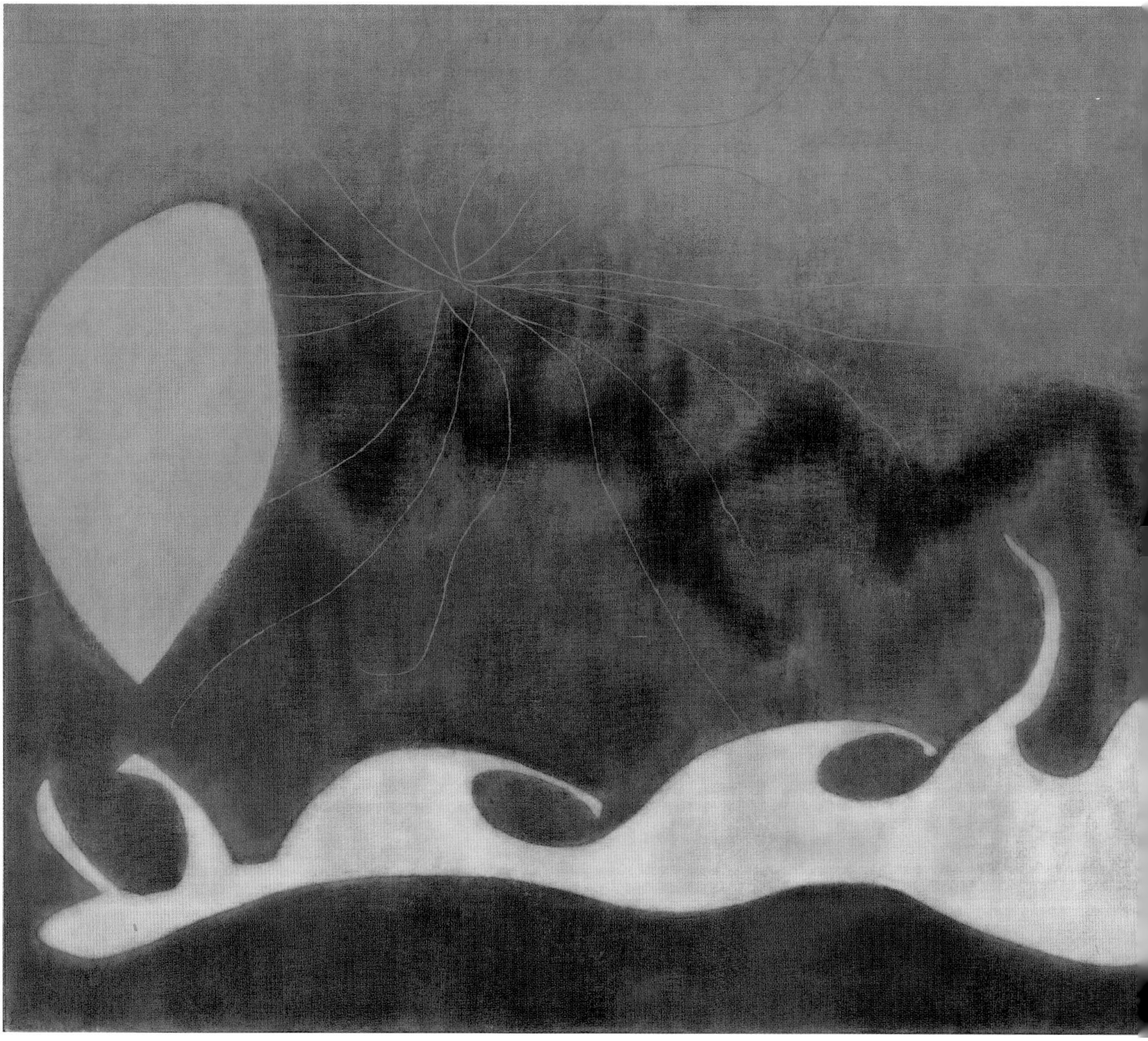

moderne, assorti d'une programmation inédite. Frederick Kiesler, soucieux de « briser les barrières entre le public et les œuvres d'art », avait des idées peu orthodoxes pour présenter les œuvres surréalistes et assortir les arts visuels de lumière, de son et de mouvement[13]. En insistant sur une rencontre plus directe, il sortait les œuvres de leurs cadres et les montait sur « des triples poulies allant du sol au plafond, qui ressemblaient à un jeu de ficelles[14] ». Les murs de la galerie étaient « peints de couleur bleu turquoise », la couleur préférée de Peggy[15]. Les galeries Surréaliste et Cinétique étaient également mises en scène, avec un sol et des plafonds noirs, et des œuvres de Paul Klee montées sur des courroies. Dans la galerie, parmi les autres expositions qui offraient à un public new-yorkais les dernières tendances artistiques européennes, figuraient « Mark Rothko » (1944), « Alberto Giacometti » (1945), « The Women » (1945), « Hans

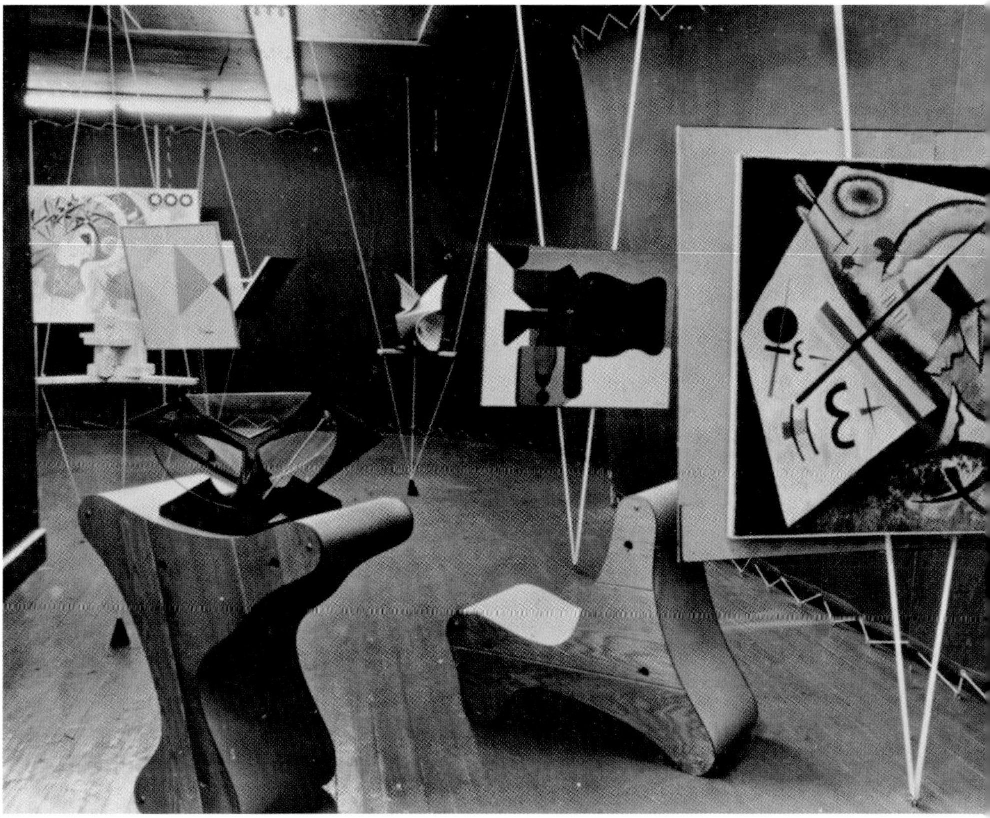

À GAUCHE : *William Baziotes.* The Beach, *1955. Huile sur lin, 91,4 × 121,9 cm. Whitney Museum of American Art, New York (acquisition 56.12). Baziotes était l'un des artistes américains qu'affectionnait Peggy Guggenheim. Ce paysage marin cosmique évoque le symbolisme des poètes français de la fin du* XIX*e siècle et l'art onirique des surréalistes.*

CI-DESSUS : *L'extraordinaire galerie de Peggy Guggenheim, Art of This Century, a ouvert ses portes en 1942. Dans cet espace pluridisciplinaire, les artistes organisaient eux-mêmes leurs expositions. L'installation ici représentée a été conçue par Frederick Kiesler.*

Richter » (1946) et « Theo van Doesburg » (1946). Mais n'était-il pas trop tôt, en 1945, pour que les New-Yorkais se rendent compte que les œuvres de Pollock, l'un des premiers artistes exposés par Peggy, allaient changer le cours de l'histoire de l'art ?

Quelques jours avant l'exposition de Pollock qui eut lieu en janvier 1945 à Art of This Century, Julien Levy présenta dans sa galerie la première exposition consacrée à Arshile Gorky, avec un ensemble de neuf peintures. Mais aucun des amis de Gorky ne se déplaça pour le vernissage, à l'exception d'André Breton et de six autres personnes. « Un public peu nombreux, c'est très distingué », soutint Breton[16]. Les critiques qui avaient été invités la veille étaient, selon Julien Levy, les critiques « les plus froids et les plus insensibles » qu'il ait jamais connus, et ils affichèrent « une sorte d'opposition aveugle » comme

Peggy Guggenheim entourée d'un groupe d'artistes surréalistes en exil. Dans la rangée du bas, de gauche à droite : Stanley William Hayter, Leonora Carrington, Frederick Kiesler et Kurt Seligmann , dans la rangée du milieu, de gauche à droite : Max Ernst, Amédée Ozenfant, André Breton, Fernand Léger et Berenice Abbott ; dans la rangée du haut, de gauche à droite : Jimmy Ernst, Peggy Guggenheim, John Ferren, Marcel Duchamp et Piet Mondrian.

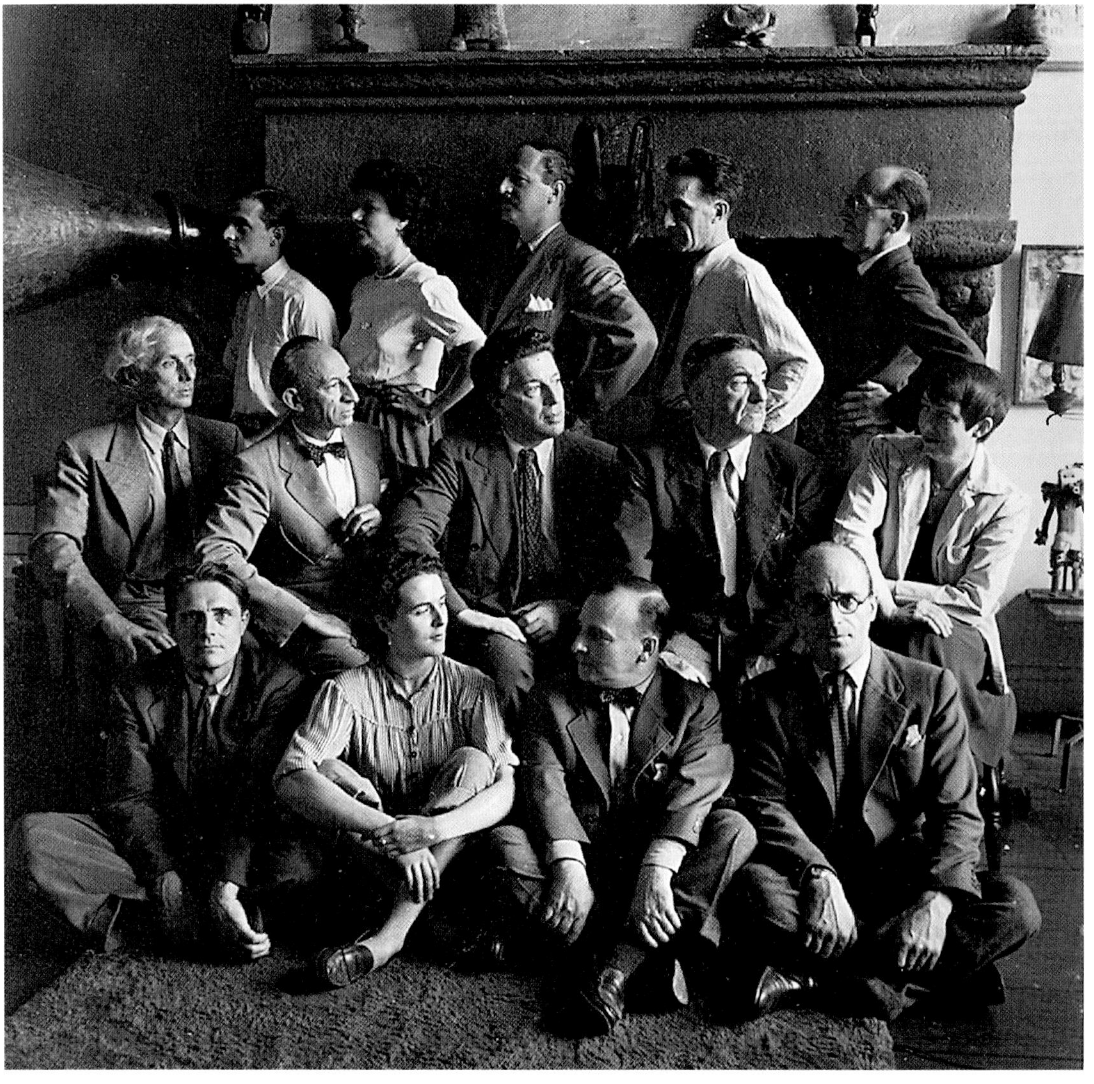

il n'en avait encore « jamais rencontrée de toute sa carrière[17] ». Pire encore, Levy ne réussit à vendre que deux tableaux, dont *They Will Take My Island* et, pendant les mois qui suivirent le vernissage, Gorky rumina son échec, à tel point que sa femme raconta qu'il « était paralysé /dans son travail/ et traversait une période de tourments épouvantables, au cours de laquelle, dans l'autocritique permanente, il reprenait à son compte les dénigrements des autres[18] ». Dans *Art Digest,* Maude Riley décrivit les œuvres de Gorky comme des « peintures incohérentes et accidentelles », et en déduisit que l'artiste devait, « sur le plan émotif, être un homme totalement dépressif[19] ». Greenberg critiqua Gorky « parce qu'il empruntait trop à d'autres » et qu'il « avait fait trop de concessions pour plaire au public » en s'inspirant de Picasso, Miró, Matta, et du premier Kandinsky[20]. Cette réaction poussa Gorky à provoquer Greenberg. Un jour qu'il le croisait devant le bâtiment de la New School for Social Research, Gorky lança une craie juste devant les chaussures de Greenberg en hurlant : « Eh bien, dessine quelque chose[21] ! »

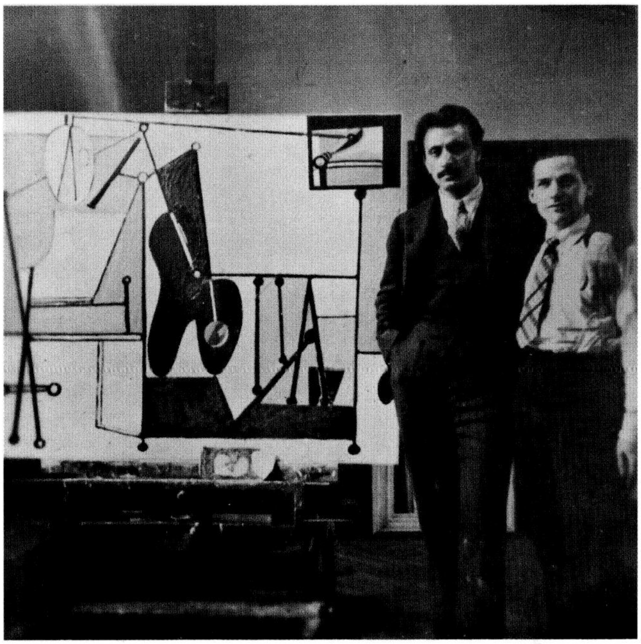

Arshile Gorky (à gauche), d'origine arménienne, est un artiste brillant qui a exercé une profonde influence, notamment sur Willem de Kooning. On le voit ici en compagnie de ce dernier, autre immigré européen, 1937. Selon les propres dires de de Kooning, Gorky « parlait le langage de la peinture ».

Dans les semaines qui suivirent, Gorky traversa deux périodes encore plus difficiles : la plupart de ses œuvres disparurent dans un incendie, puis son cancer le força à se faire opérer de toute urgence. Si la plupart des amis de Gorky le considérait comme un artiste très doué, avec un talent inné, nombre d'entre eux avouaient qu'ils le trouvaient « d'un caractère vraiment difficile[22] ». Avec sa grosse moustache noire et son allure sombre, Gorky demeurait un étranger à New York et, au lieu d'essayer de s'intégrer, il semblait se complaire dans les conflits. Un jour, par exemple, rencontrant Willem de Kooning, il lui lança sans ménagement : « Tu ressembles vraiment à un camionneur ! » Et il faisait souvent allusion au sculpteur David Smith en le qualifiant d'« Allemand producteur de saucisses[23] ». Mais la plupart des artistes restaient fascinés par le talent de Gorky : lorsqu'il lui rendit visite pour la première fois dans son atelier sur *16th Street,* de Kooning fut ébloui par le lieu et par les œuvres d'art. Selon lui, Gorky « parlait le langage de la peinture[24] ». Mais la nostalgie que Gorky, né en Arménie, ressentait pour son pays, ainsi que ses affres pour être un artiste le poussèrent à devenir affabulateur, notamment autour de sa propre identité. Il affirmait par exemple

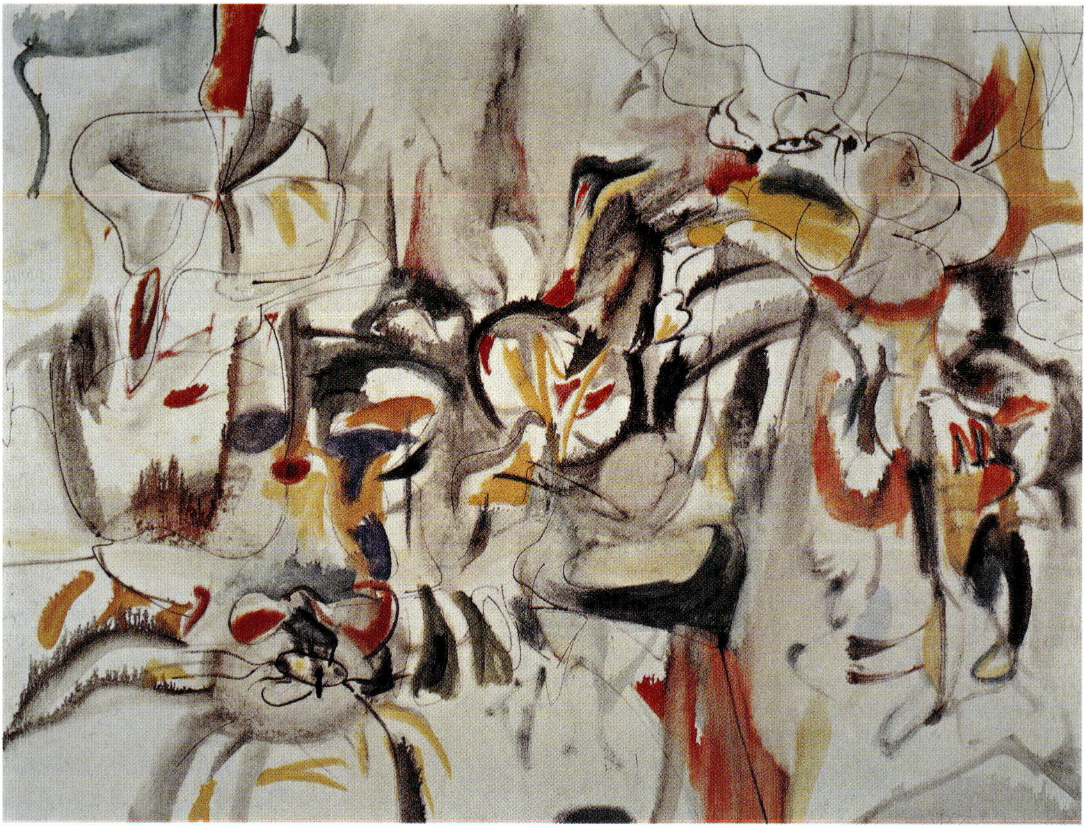

Arshile Gorky. To Project, To Conjure, *1944. Huile sur toile, 90,8 × 118,7 cm. Collection particulière. Une des toiles les plus perturbantes de Gorky, qui manifeste clairement son exceptionnel talent expressionniste.*

avoir étudié à Paris où il aurait prospéré[25]. Avec les années, ces affabulations se développèrent pour créer malentendus et tensions avec son entourage.

Malgré ces problèmes, l'influence de Gorky resta très importante sur de Kooning, qui rejoignit le groupe formé par Gorky, John Graham et Stuart Davis, les « *Three Musketeers*[26] ». En 1945, David Hare invita Gorky à venir le voir à Roxbury, dans le Connecticut. Il vécut pendant un temps dans la ferme du sculpteur, sur Goodhill Road, et participa aux dîners de Thanksgiving et de la Saint-Sylvestre dans ce petit village devenu, peu auparavant, un havre de paix pour des artistes comme Breton, Yves Tanguy, George Rickey et Alexander Calder[27].

En novembre 1945, lorsque Breton décida de rentrer en France, Roberto Matta et sa femme organisèrent pour lui un dîner d'adieu[28]. Autour de la table étaient rassemblés les Duchamp, les Kiesler, les Gorky et Ernst. À la fin du repas, Breton insista pour organiser des jeux surréalistes. Mais avant que l'addition ne soit présentée, les Matta avaient disparu. Les tensions entre ces artistes qui avaient tant partagé pendant la guerre atteignaient désormais un seuil critique : Breton s'était éloigné de Matta, Matta s'était brouillé avec Motherwell, et Breton quitta alors les États-Unis dans un véritable état de rage.

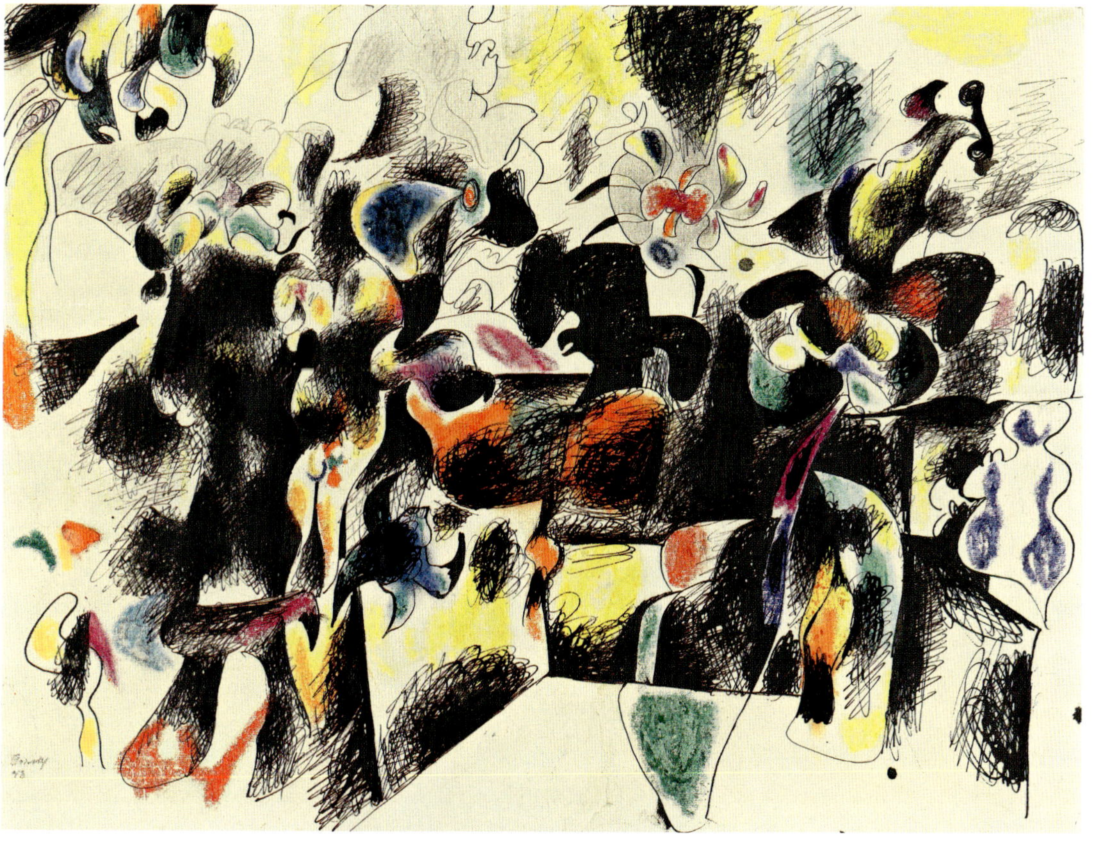

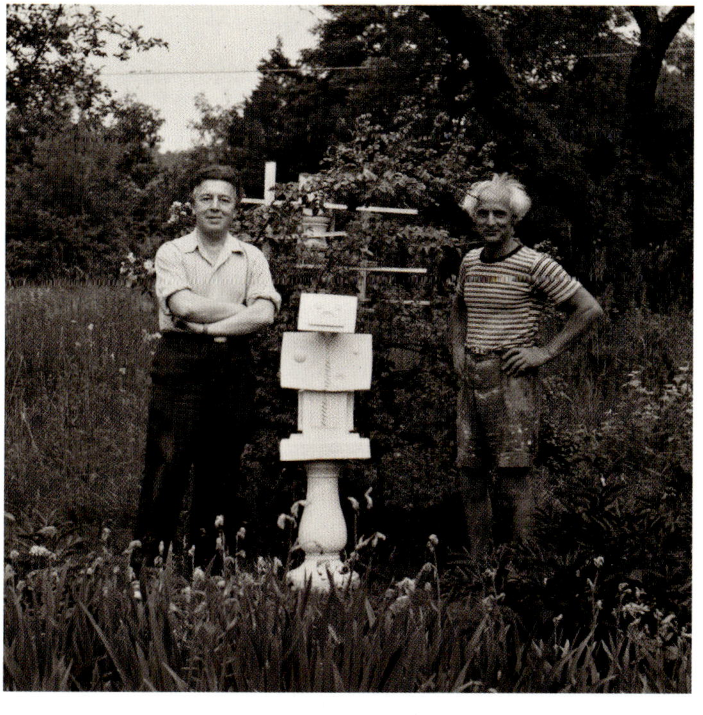

CI-DESSUS : Arshile Gorky. Housatonic, *1943. Encre et crayon sur papier marouflé sur carton, 48,3 × 62,9 cm. Collection particulière. Le titre renvoie au nom d'une rivière dans le Connecticut, riche source d'inspiration de plusieurs paysages de Gorky rendus dans de grands aplats colorés.*

À GAUCHE : André Breton, à gauche, avec Max Ernst, juste avant que Breton ne rentre à Paris en 1945. Don de Patricia et Frank Kolodny en mémoire de Julien Levy (1990.565.34), The Art Institute of Chicago.

ISOLEMENT

1945-1947

Il n'y a aucun passé. Aucune tradition. Aucune racine[29].

W. H. Auden

Tout au long des années de guerre, même si les artistes commençaient à s'organiser en communauté, le monde de l'art new-yorkais semblait aux Européens bien provincial. Comparé à Paris, c'était un désert, les artistes locaux étant invisibles, selon la galeriste Ileana Sonnabend qui, à l'époque, était mariée à Leo Castelli. « Au cours des années 1940, certains d'entre nous se réveillèrent et se rendirent compte que nous étions désespérés », expliqua plus tard Barnett Newman, « c'était comme si le monde de l'art n'existait pas vraiment[30]. » Adolph Gottlieb remarqua que « quelques artistes travaillaient dans le désespoir le plus absolu. La situation était telle que j'avais l'impression d'être libre de faire n'importe quoi, même des choses totalement absurdes[31] ». Les galeries new-yorkaises – celles de Peggy Guggenheim, Julien Levy, Pierre Matisse, Curt Valentin, Knoedler et Valentine Dudensing – ne pouvaient rivaliser avec le dynamisme de la scène artistique européenne.

Cette photographie a été prise en 1942 à l'occasion de l'exposition « Artists in Exile » à la galerie Pierre Matisse. Au premier rang, de gauche à droite : Roberto Matta, Ossip Zadkine, Yves Tanguy, Max Ernst, Marc Chagall et Fernand Léger ; au second rang, de gauche à droite : André Breton, Piet Mondrian, André Masson, Amédée Ozenfant, Jacques Lipchitz, Pavel Tchelitchew, Kurt Seligmann et Eugene Berman.

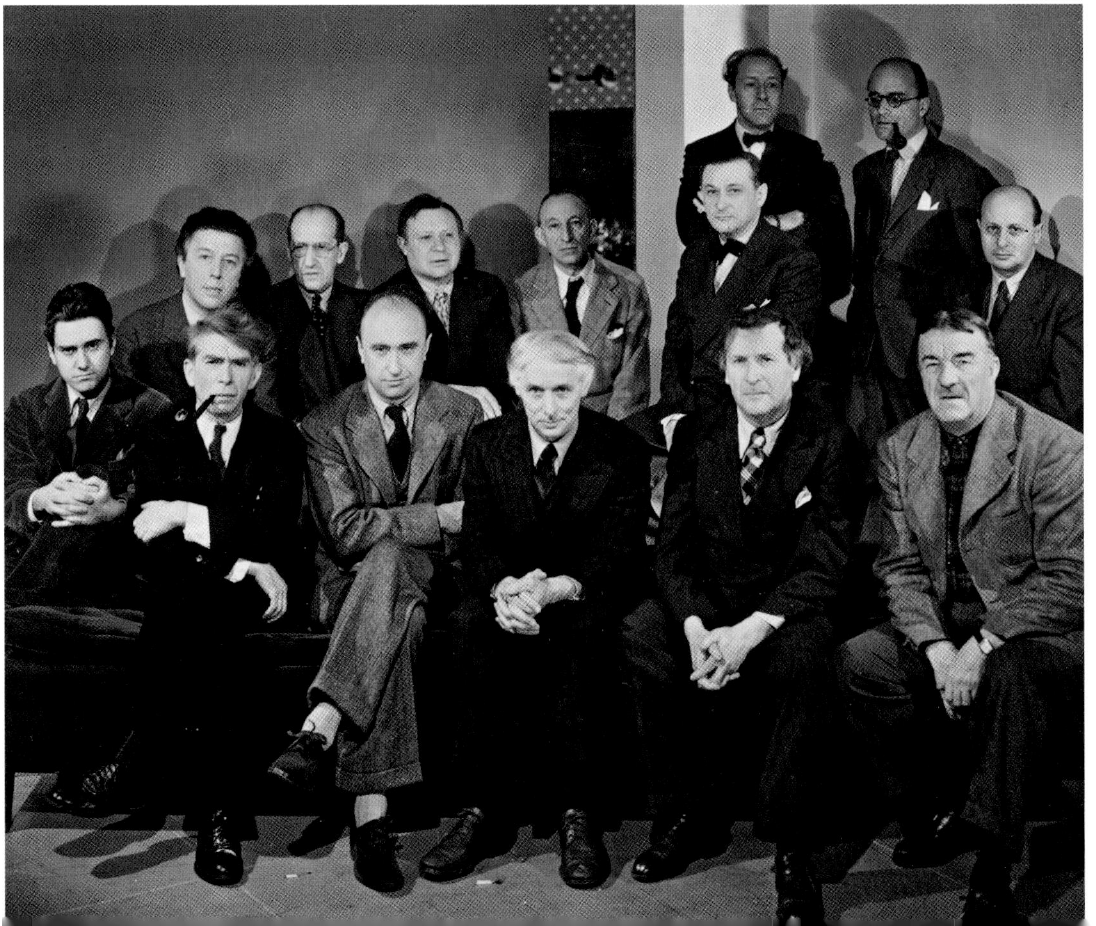

Pierre Matisse arriva à New York en 1924 et ouvrit sa galerie dans le Fuller Building sur Madison Avenue et *57th Street* en 1931. Au début, ce ne fut pas facile car les jeunes artistes américains rejetaient l'art français. « Nous sommes peu ou prou victimes d'une campagne féroce qui soutient passionnément l'art américain contemporain et l'une des conséquences en sera, bien sûr, la destruction de l'art français », écrivit Pierre Matisse à sa famille en 1931, quelques mois après l'ouverture du Whitney Museum[32]. En réaction, il décida de montrer dans sa galerie des artistes qui avaient été exposés à la galerie Pierre, un espace innovant de Paris : parmi eux, Balthus, Giacometti, Matta, Wilfredo Lam et Dubuffet. « Dans le monde à venir, écrivit Pierre Matisse, l'Amérique, un pays dynamique et énergique, devra jouer un rôle de première importance[33]. » Son espace sur *57th Street* commençait à avoir du succès et il vendit des bronzes de Maillol et quelques-uns des plus beaux tableaux de son père. Puis, pour s'adapter aux circonstances, il exposa d'autres artistes européens, comme Miró ou Raoul Dufy, favorisant ainsi l'influence de ces Européens sur les jeunes artistes américains. Ses clients appartenaient à une catégorie de collectionneurs qui avait le goût du risque : Duncan Phillips, James Thrall Soby (co-directeur du MoMA), Wright Ludington, Walter P. Chrysler Jr. et Joseph Pulitzer Jr., et sa galerie devint le lieu privilégié de l'avant-garde tant européenne qu'américaine.

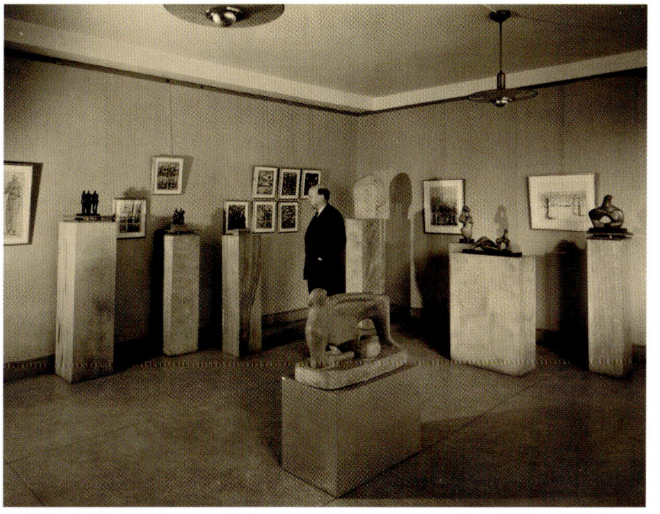

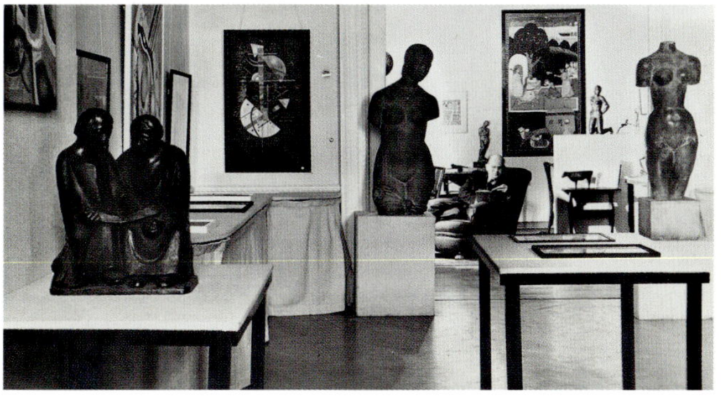

EN HAUT : Curt Valentin dans sa galerie, vers 1952. Avec Karl Nierendorf, ce fut l'un des plus grands marchands d'art allemands à s'engager dans la défense de l'art abstrait, qu'il présenta au public américain dès les années 1930.

CI-DESSUS : Une exposition à la galerie Nierendorf. Karl Nierendorf est en train de lire à l'arrière-plan.

Dans les années 1930, des marchands allemands, dont Curt Valentin et Karl Nierendorf, étaient arrivés à New York, décidés à présenter l'art abstrait aux États-Unis. Dans le même temps, d'autres espaces gérés par des Américains – Sidney Janis, Julien Levy et Sam Kootz – montraient des œuvres européennes. Pour compléter la description de cette scène new-yorkaise avant 1945, il faut rappeler le rôle joué par Knoedler & Co qui, dès 1846, avait commencé par montrer les maîtres de la Hudson River School, puis le travail de George Bellows, un artiste de la Ashcan School, et celui du grand artiste expatrié John Singer Sargent ; de la sorte, vit le jour un groupe de collectionneurs et de conservateurs de musées qui comptait des

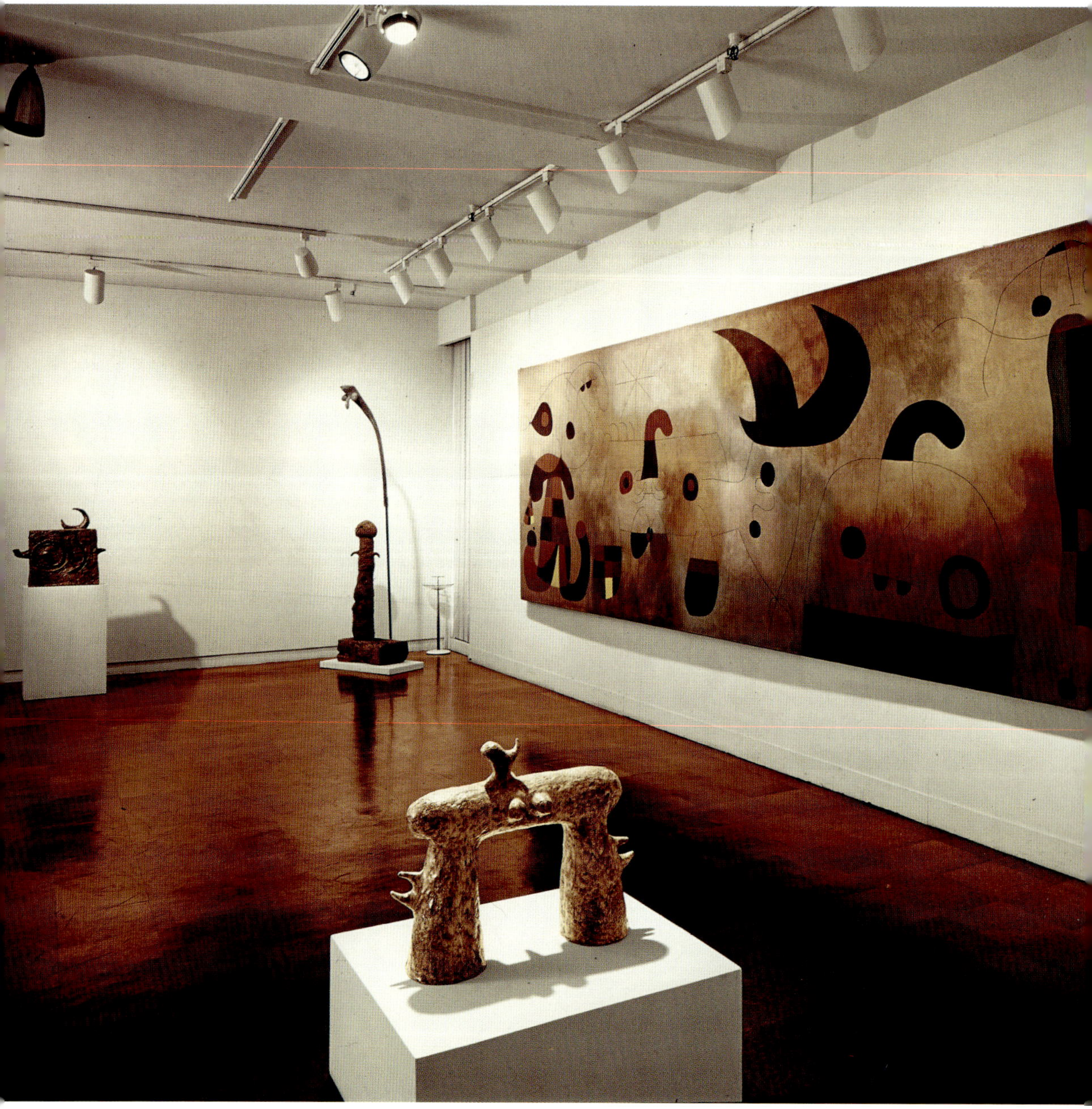

CI-DESSUS : *Exposition « Joan Miró » à la galerie Pierre Matisse, 1963.*

EN HAUT, À DROITE : *Exposition « Alberto Giacometti » à la galerie Pierre Matisse, 1958. À l'arrière-plan, de gauche à droite :* Nu debout, *1958,* Buste de Yanaihara, *vers 1957, et* Tête noire *(anciennement :* Yanaihara*), 1957 :* Du portrait de Yanaihara à la Tête noire. *Au premier plan, deux bustes d'hommes et neuf femmes debout, 1956-1957.*

CI-CONTRE, EN BAS À GAUCHE : *Invitation à l'exposition « Marc Chagall » à la galerie Pierre Matisse, juin 1945.*

CI-CONTRE, EN BAS À DROITE : *Pierre Matisse posant dans sa galerie, 1941.*

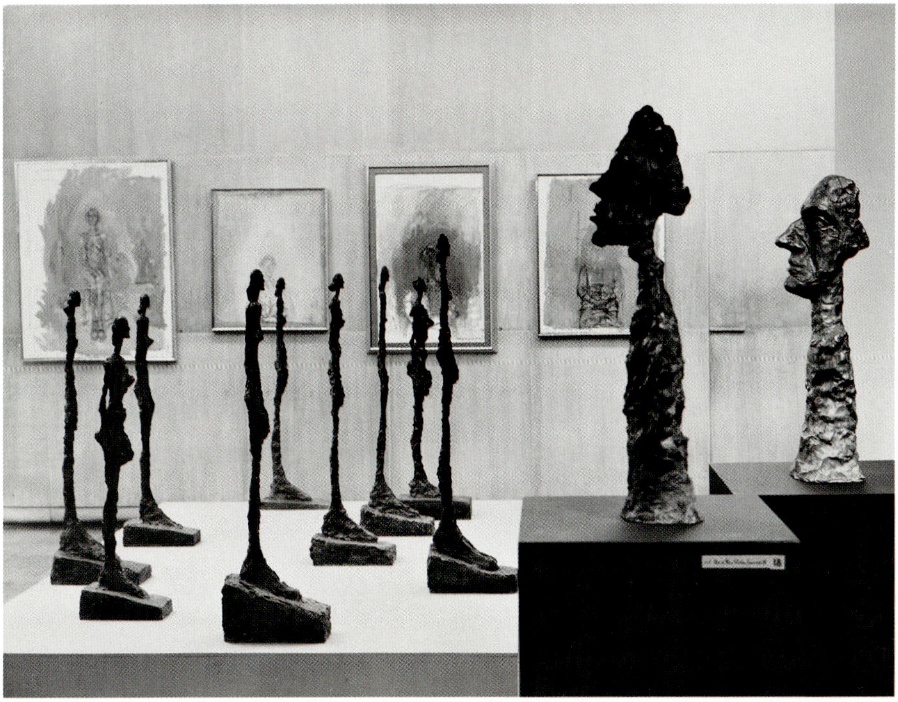

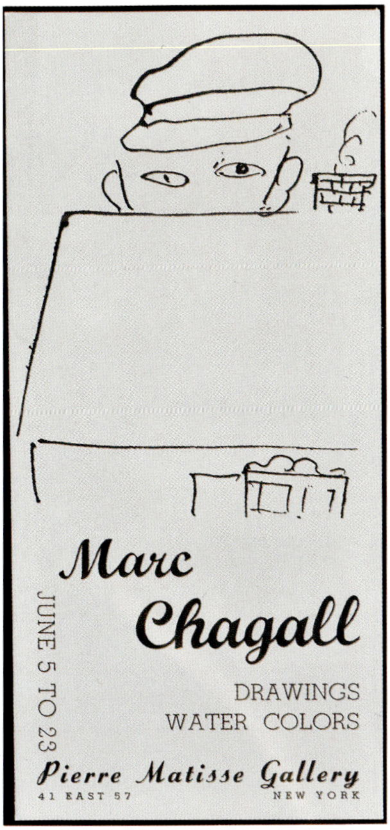
Marc
Chagall
JUNE 5 TO 23
DRAWINGS
WATER COLORS
Pierre Matisse Gallery
41 EAST 57
NEW YORK

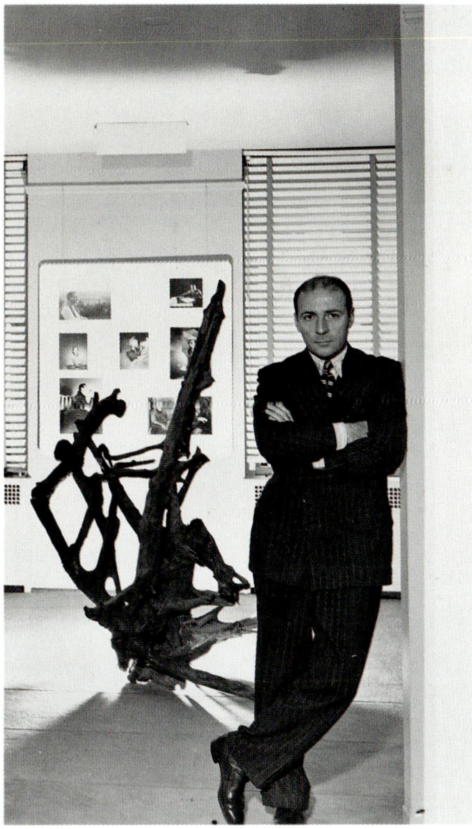

CI-DESSOUS : *Dans son atelier de Kansas City, le peintre Thomas Hart Benton (qui a été le professeur de Jackson Pollock) prépare des esquisses pour l'une de ses fresques murales, 1959.*

À DROITE : *Thomas Hart Benton.* City Activities with Subway, *1930-1931. Tempera à l'œuf avec glacis à l'huile sur Permalba, fond en gesso sur lin marouflé sur panneau de bois à intérieur alvéolé, 233,7 × 341,6 cm. Metropolitan Museum of Art, New York. Une des dix fresques de la série « America Today », qui dépeint différents aspects de la vie américaine dans un style tourbillonnant, proche du grotesque. Cette œuvre a été commandée pour le bâtiment de la New School, de Style international, situé* 12 West Street.

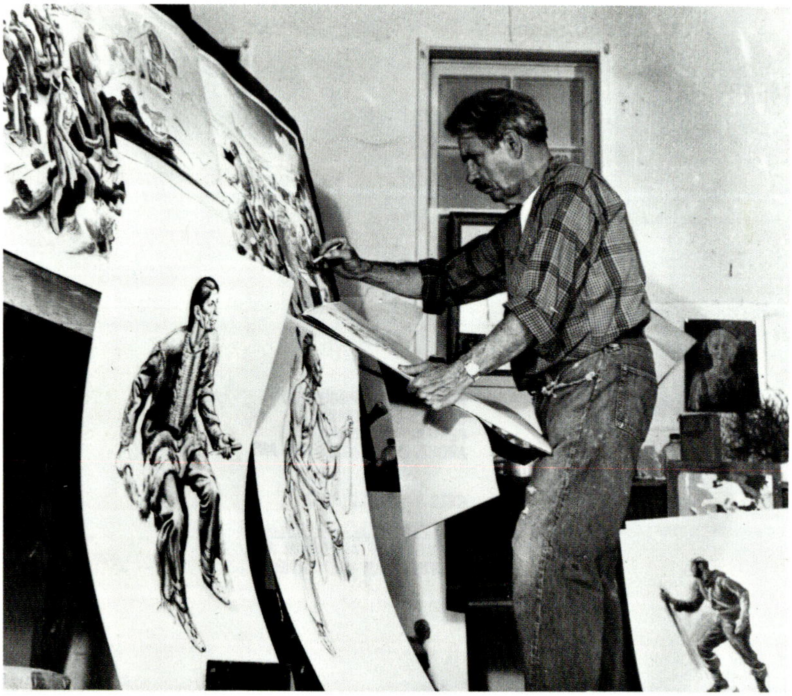

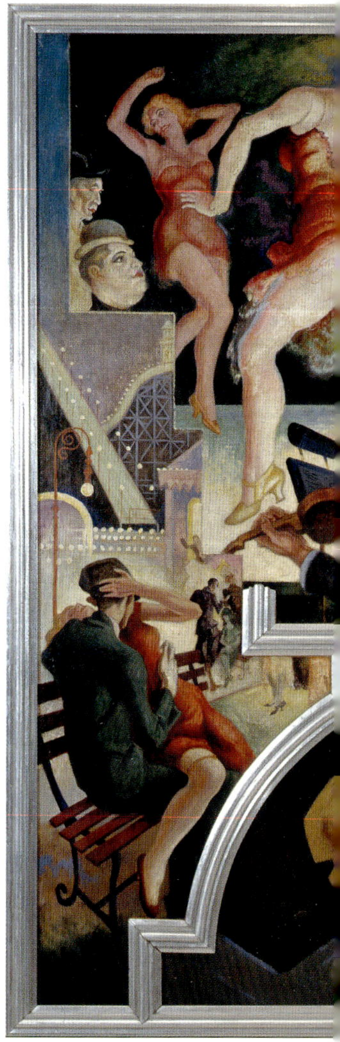

personnalités et des institutions telles que Andrew Mellon, J.P. Morgan, Henry Clay Frick, le Metropolitan Museum of Art, le Louvre et la Tate Gallery. En 1924, le fils de Michael Knoedler, Roland, déplaça la galerie au croisement de *57th Street* et de Madison Avenue, là où les marchands d'art commençaient à se regrouper[34]. La même année, Valentine Dudensing ouvrit sa galerie au *45 West 44th Street*[35]. Elle y organisa en 1930 le premier « solo show » d'Adolph Gottlieb, puis exposa Matisse, Mondrian et Milton Avery, avant de fermer sa galerie en 1948[36].

Pourtant, en 1945, le monde artistique de Manhattan traversait une période morose, qui inquiétait les artistes comme les intellectuels. Le critique Clement Greenberg jugea la tendance philistine des États-Unis de son temps en termes dramatiques et, dans un article pour le magazine *Horizon,* écrivit : « Aux États-Unis, les artistes sont aussi

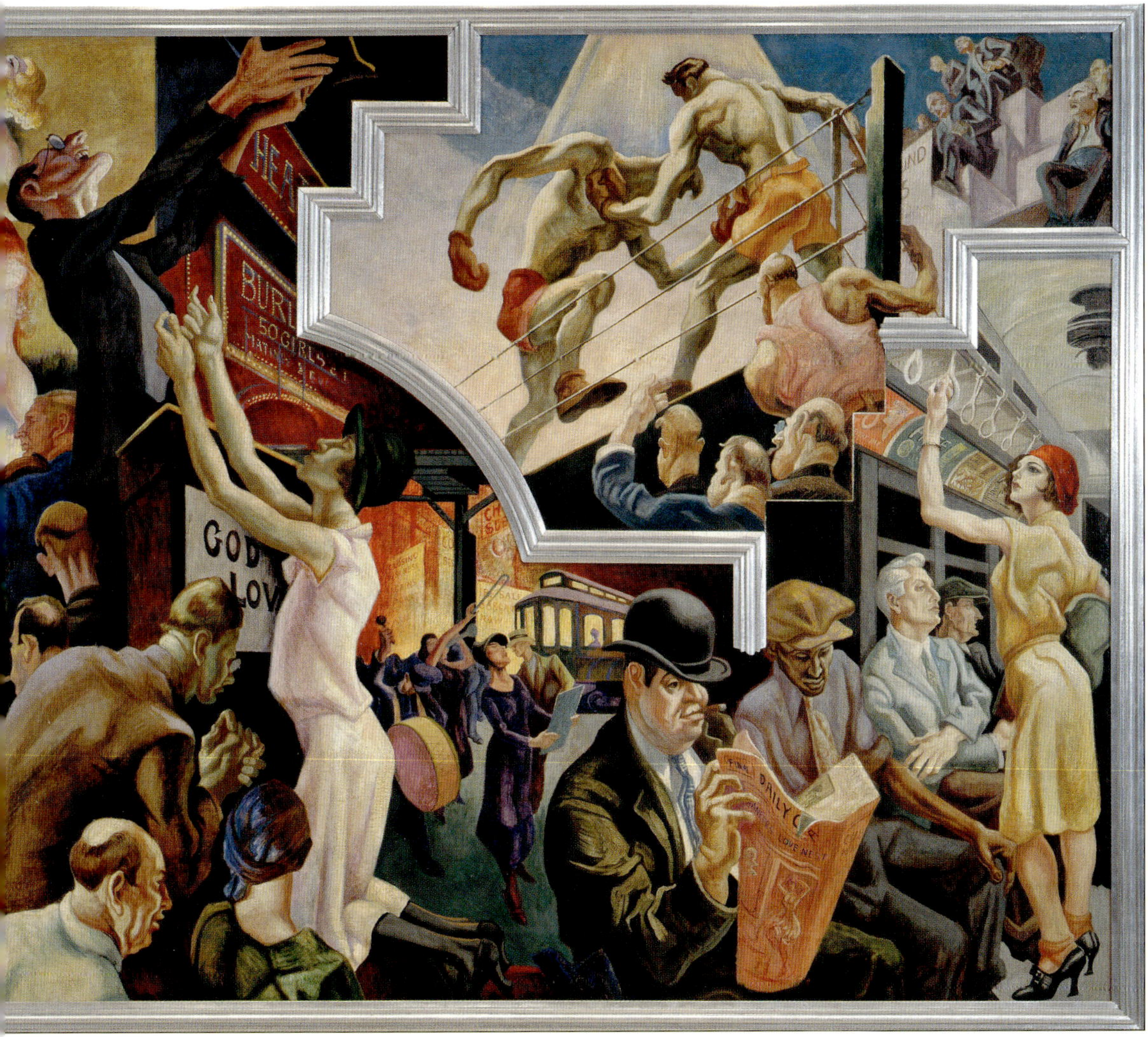

isolés que s'ils vivaient dans une Europe paléolithique. Leur isolement est inconcevable, dévastateur, infini, accablant. Comment diable une poignée de cinquante personnes pourrait gagner une bataille contre cent quarante millions d'Américains[37] ? » Dès 1913, cette question avait fait surface au moment où l'Armory Show ouvrait ses portes à New York, attirant pour la première fois des modernistes européens (comme Duchamp, Matisse et Brancusi). Mais au cours de la décennie suivante, le modernisme, inséparable de la puissante émergence de l'industrie américaine, se diffusa à travers tout le pays dans une grande variété de disciplines, comme le design et les arts appliqués, et pénétra le quotidien des foyers américains. La plus belle réalisation fut la création du Museum of Modern Art en 1929.

En 1933, lors de la Grande Dépression, le président Roosevelt lança le « New Deal » : au cours des dix années qui suivirent, le gouvernement fédéral dépensa neuf milliards de dollars pour ce programme et huit millions d'Américains furent employés par la seule Works Progress Administration. Les projets les plus populaires de la WPA pourraient être ces 1 200 fresques publiques qui devinrent l'emblème d'un art démocratique. (Thomas Hart Benton, le professeur de Pollock, fut le muraliste préféré des Américains.) Avec cette intervention fédérale massive, le monde de l'art, auparavant marqué aux yeux du grand public par l'influence européenne, devint une véritable saga américaine. Le New Deal entraîna un formidable essor de la culture populaire américaine, et instaura pour la première fois dans le pays une image plus positive de l'artiste, désormais reconnu en tant que tel, en effaçant partiellement le mythe de l'artiste-bohémien à l'européenne, pour le remplacer par celui de l'artiste-travailleur à l'américaine. De fait, sans le programme de la WPA qui proposait autonomie, soutien et éducation publique, des artistes tels que Ad Reinhardt, Jacob Lawrence, Stuart Davis, Pollock ou de Kooning n'auraient jamais été encouragés à développer leur propre voie. Quant à de Kooning, son travail d'équipe avec Fernand Léger pour réaliser des fresques sous les auspices de la WPA devint un moment-clé de sa formation et lui permit de prendre conscience de sa vocation d'artiste.

Dans les années 1930, au plus fort de la Grande Dépression, le président Roosevelt lança un grand programme de travaux publics connu sous le nom de WPA (Works Progress Administration). Ce programme procura du travail à près de huit millions d'Américains, dont le peintre Philip Guston, qui travaille ici sur une fresque intitulée Work – The American Way, *1939.*

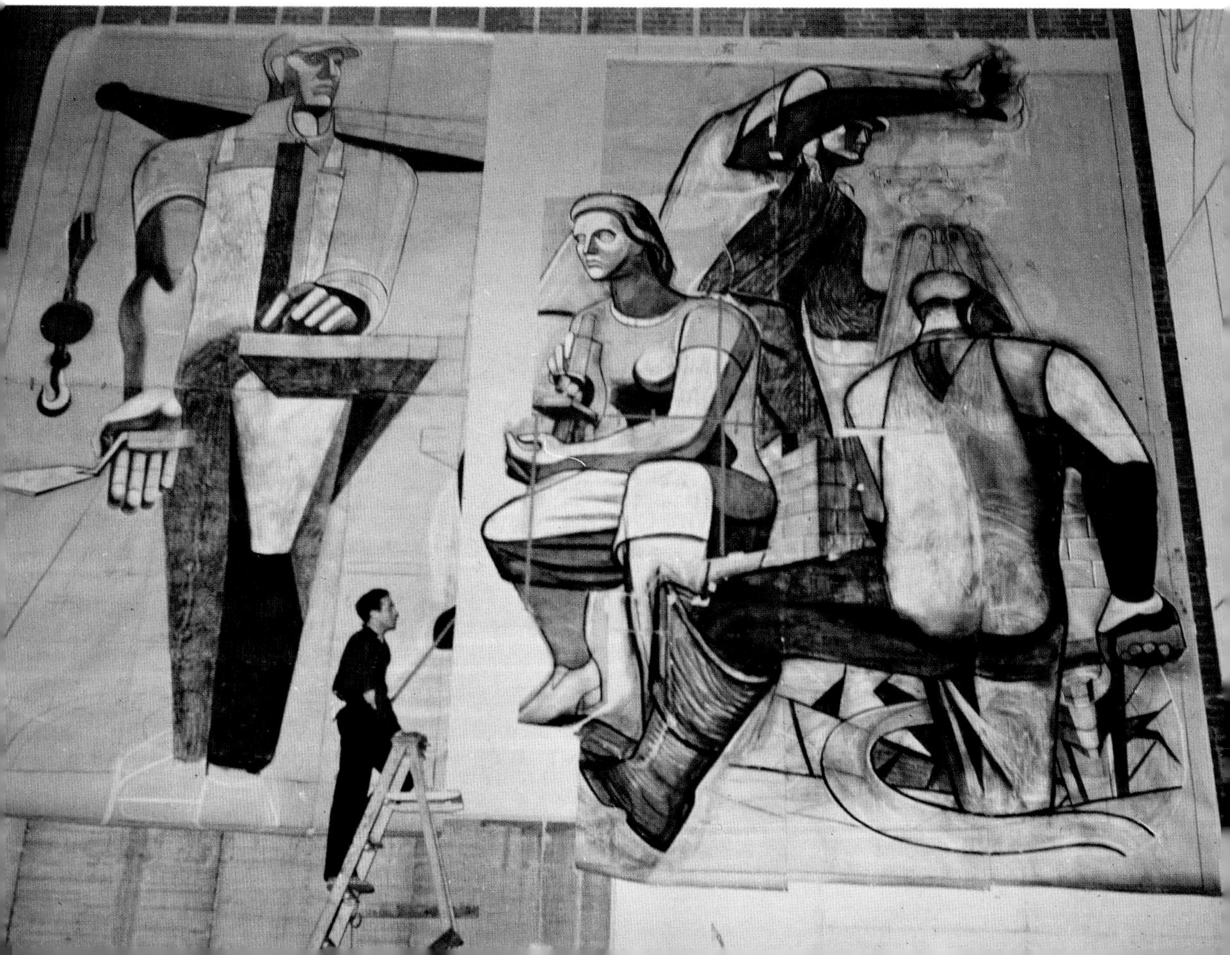

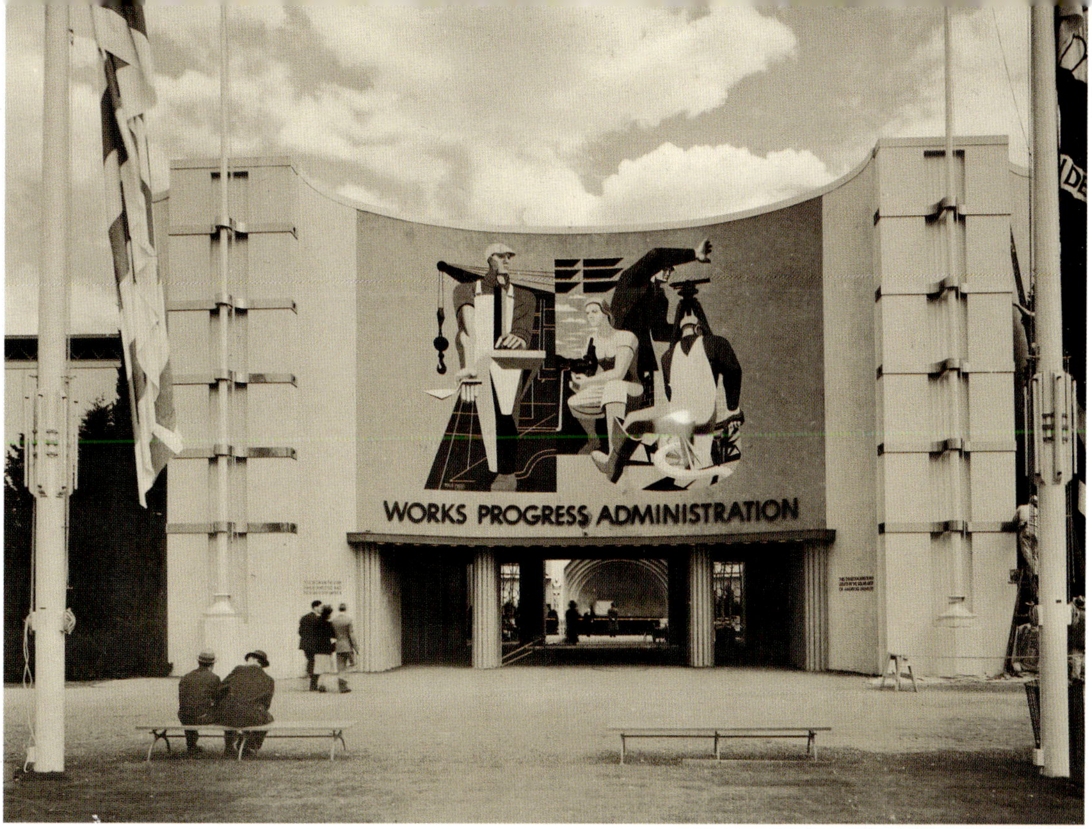

Cette fresque de Guston, Work – The American Way, *orne l'entrée du Community Building, construit dans le cadre du programme de la WPA pour l'Exposition universelle de New York en 1939.*

Au début de l'année 1945, le signe de la mort pesait sur le monde de l'art new-yorkais comme un mauvais présage. Le 1er février 1944, Mondrian décédait à New York, où il s'était installé à peine quatre ans plus tôt. Dans la communauté des artistes européens, le maître de l'abstraction avait été adoubé par le MoMA, qui avait acquis son magnifique *Broadway Boogie Woogie* (1942-1943) pour sa collection permanente[38]. Le décès de Mondrian, suivi par celui de son contemporain, le peintre russe Vassily Kandinsky en décembre de la même année, marqua la fin d'une ère. Après le suicide de Gorky au cours de l'été 1948, on pensa cette génération sacrifiée. Enfin, la mort dramatique de Pollock dans un accident de voiture, le 11 août 1956, fut perçue comme un tragique symptôme de la médiocre réception de cette génération. Au cours de la première décennie suivant la Seconde Guerre mondiale, les artistes établis à New York continuaient de se battre pour être reconnus – avec, en vérité, bien peu de succès. Faut-il voir dans cette longue liste de pertes une pure coïncidence de destinées individuelles qui arrivaient à terme au même moment, ou un symptôme de la marginalisation progressive de l'artiste dans une société devenant de plus en plus riche, de plus en plus puissante, et de plus en plus matérialiste ?

Dans ce contexte morose, une seule institution se distinguait vraiment comme l'exception absolue. Les artistes européens qui avaient émigré à New York à la fin des années 1930 et au début des années 1940 étaient fascinés par la collection du MoMA et son architecture unique. Ils se rendaient tous au musée pour découvrir ou redécouvrir *Les Demoiselles d'Avignon* de Picasso, *Object* de Meret Oppenheim (une tasse, sa soucoupe et sa cuillère recouvertes de fourrure) et les montres molles de Salvador Dalí dans *La Persistance de la Mémoire*. « Ce qui était extraordinaire, c'est que l'art semblait accessible », expliqua l'actrice Dolores Vanetti, une amie de Duchamp et de Breton. « Il y avait ce musée, ce jardin au cœur de la ville, et cette architecture moderne. Ça ne ressemblait à rien de ce que nous connaissions[39]. » Le MoMA devint, pour ces artistes américains, la vitrine des modernistes européens, avec des expositions aussi signi-

Piet Mondrian. Broadway Boogie Woogie, *1942-1943. Huile sur toile, 127 × 127 cm. The Museum of Modern Art, New York. C'est le dernier chef-d'œuvre de l'artiste néerlandais qui, ayant quitté Paris pour s'établir à New York, y développa un style dynamique influencé par la vie new-yorkaise. Son exposition monographique au MoMA, en 1945, confirma qu'il était l'un des grands maîtres du modernisme.*

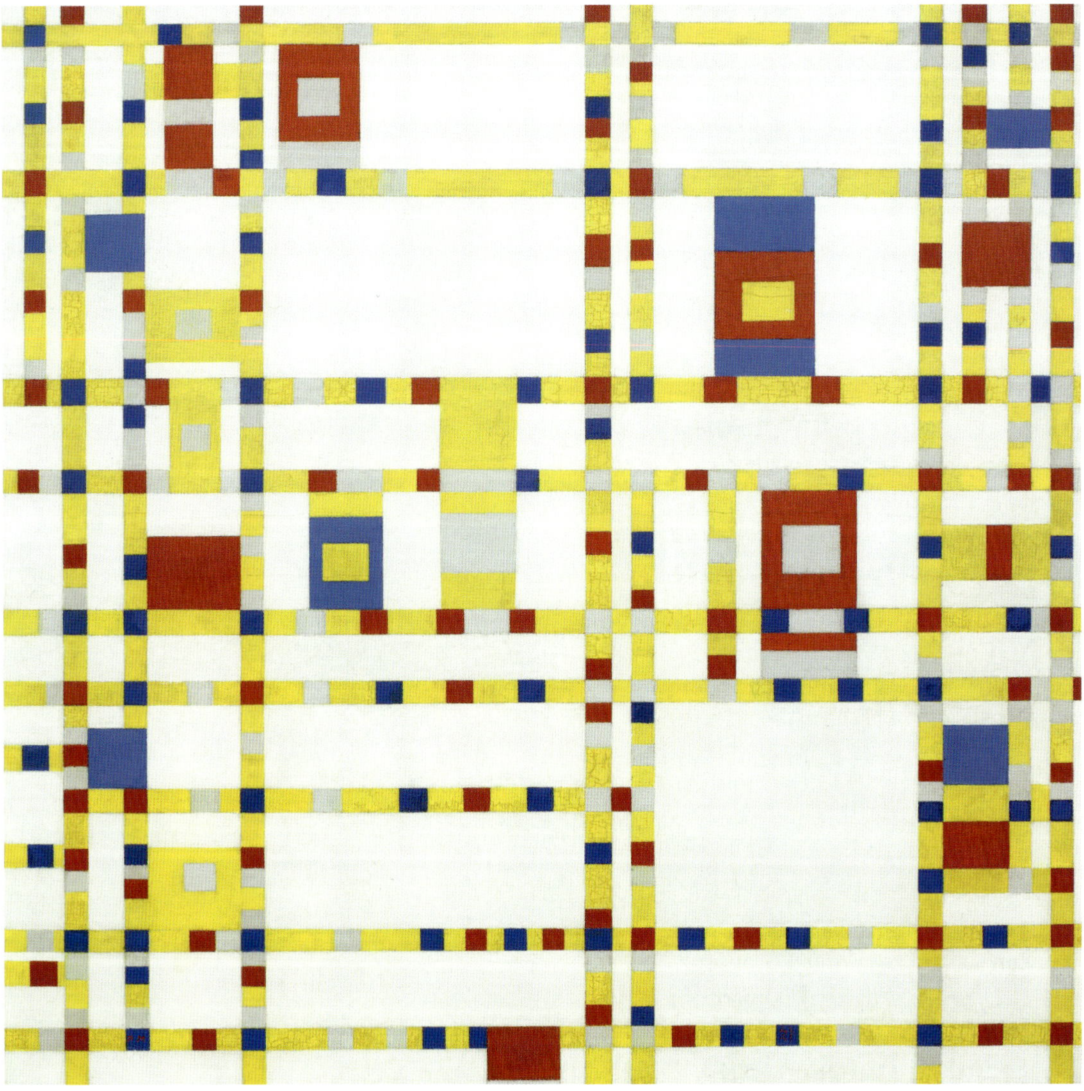

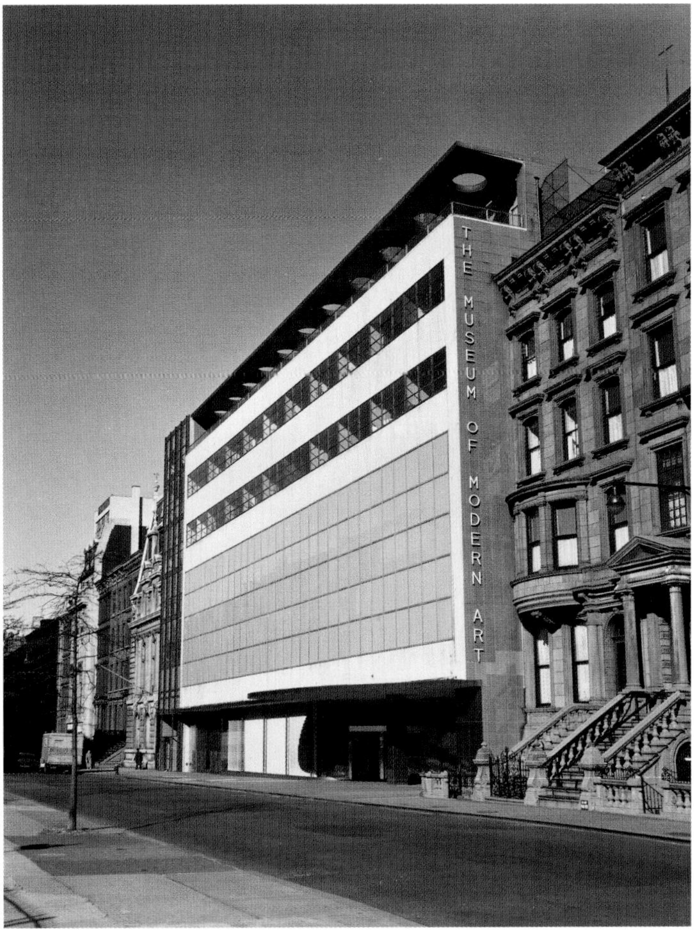

À GAUCHE : Façade du Museum of Modern Art, 11 West 53rd Street, *1950. Terminé en 1939, le nouveau bâtiment a été conçu par Philip Goodwin et Edward Durell Stone, malgré les réticences du directeur, Alfred H. Barr Jr., qui aurait préféré confier le travail à Mies van der Rohe ou à Le Corbusier.*

CI-DESSOUS : L'architecte Philip Johnson, à gauche, et René d'Harnoncourt, directeur du MoMA, lors de l'exposition « The Museum of Modern Art Builds : Models and Photographs of Proposed Building Plans of the Museum », qui présentait les maquettes et photographies des projets, 1962.

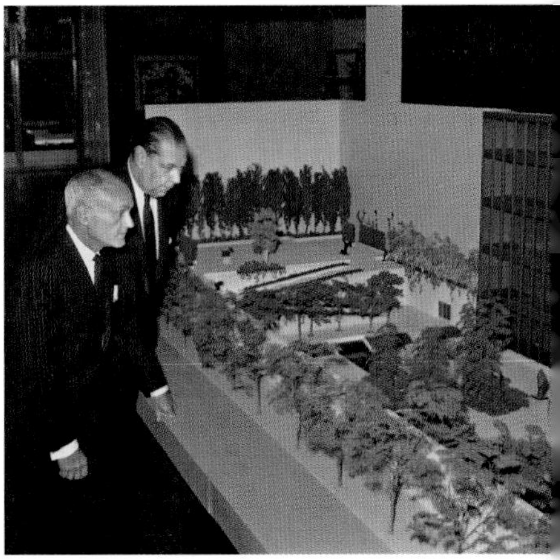

ficatives que « Guernica » de Picasso (1943), « Piet Mondrian » (1945), « Vincent van Gogh » (1945), « Marc Chagall » (1946), « Bonnard-Picasso » (1948), « Georges Braque » (1949), « Oskar Kokoschka » (1949) et « Paul Klee » (1950).

Après la guerre, un grand nombre d'Européens – en particulier Breton et les surréalistes, qui avaient tant influencé les Américains – rentrèrent chez eux. « Les réfugiés étaient avec nous pendant la guerre », expliqua le sculpteur Philip Pavia. « C'étaient "les artistes", et nous les révérions [...] c'est ainsi que tout a commencé. Et puis les réfugiés disparurent peu à peu. Ils sont retournés en Europe. Alors, nous sommes restés seuls, livrés à nous-mêmes[40]. » L'ouverture en 1945 des galeries de Sam Kootz et de Charles Egan, puis celle de Betty Parsons, une année plus tard, semblaient combler le vide laissé par le départ des Européens et auraient pu changer l'opinion négative des visiteurs européens à propos de ces lieux d'exposition new-yorkais jugés trop commerciaux. Ce ne fut pas le cas : en 1946, on apprit que Léger repartait pour l'Europe, l'année suivante,

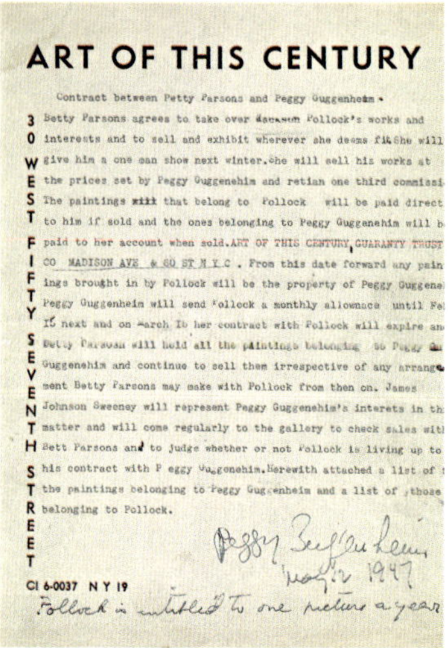

ART OF THIS CENTURY

Contract between Petty Parsons and Peggy Guggenheim.
Betty Parsons agrees to take over Pollock's works and
interests and to sell and exhibit wherever she deems fit. She will
give him a one man show next winter. She will sell his works at
the prices set by Peggy Guggenehim and retian one third commissi
The paintings that belong to Pollock will be paid direct
to him if sold and the ones belonging to Peggy Guggenehim will b
paid to her account when sold. ART OF THIS CENTURY, GUARANTY TRUST
CO MADISON AVE & 60 ST N Y C . From this date forward any pain
ings brought in by Pollock will be the property of Peggy Guggene
Peggy Guggenheim will send Pollock a monthly allownace until Fe
15 next and on March 15 her contract with Pollock will expire an
Betty Parsoan will hold all the paintings belonging to Peggy Gu
Guggenehim and continue to sell them irrespective of any arrang
ment Betty Parsons may make with Pollock from then on. James
Johnson Sweeney will represent Peggy Guggenehim's interets in th
matter and will come regularly to the gallery to check sales wit
Bett Parsons and to judge whether or not Pollock is living up to
his contract with P eggy Guggenehim. Herewith attached a list of
the paintings belonging to Peggy Guggenheim and a list of those
belonging to Pollock.

Peggy Guggenheim
May 12 1947

30 WEST FIFTY SEVENTH STREET
CI 6-0037 N Y 19

Pollock is entitled to one picture a year

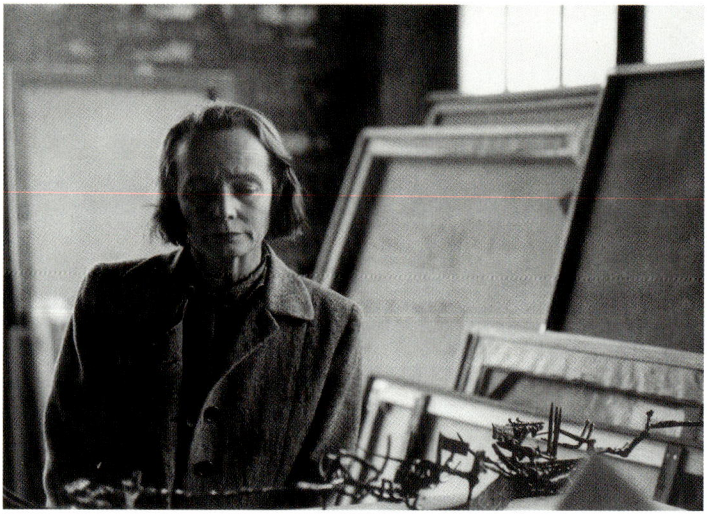

CI-DESSUS, À GAUCHE : Contrat entre Peggy Guggenheim et Betty Parsons concernant le transfert de la représentation de Jackson Pollock entre les deux galeristes, 12 mai 1947. À l'époque, Guggenheim fermait sa galerie de Manhattan et installait sa collection dans son nouveau palais sur le Grand Canal à Venise.

CI-DESSUS, À DROITE : Betty Parsons, 1960, a beaucoup contribué à promouvoir l'expressionnisme abstrait. Conquise par l'art moderne depuis l'exposition du Armory Show en 1913, elle est devenue collectionneuse et marchande d'art, en même temps que peintre.

que Matta, influence majeure de Pollock, retournait aussi vers l'Ancien Monde, et, en 1947, que Peggy Guggenheim fermait sa galerie de Manhattan et transportait sa collection dans son palais sur le Grand Canal à Venise.

Mais le 22 juin 1944, le président Roosevelt signa le Servicemen's Readjustment Act (le *G.I. Bill*) qui apporta un soutien inédit aux vétérans de la guerre et leur permit de poursuivre des études supérieures. Parmi ceux qui en bénéficièrent le plus, il y eut des artistes new-yorkais comme Jack Tworkov et Ellsworth Kelly, qui vinrent étudier à Paris. Dans le même temps, à New York, un nouveau groupe de personnalités américaines comme européennes avait transformé la topographie locale des arts plastiques. Alfred H. Barr Jr., devenu le premier directeur du MoMA en 1929, se concentrait sur l'art européen – au grand dam des critiques comme Clement Greenberg et Harold Rosenberg –, instituant une polarité dynamique. Le MoMA, pourtant, ne s'aventurait que lentement vers l'art américain avant que Dorothy Miller, une jeune conservatrice de musée, n'initie ce qui allait devenir une succession de merveilleuses « expositions américaines ». Elle s'intéressa au mouvement d'art local mais refusa le principe des présentations de groupe avec une seule œuvre par artiste pour créer des accrochages permettant à chacun de montrer une palette significative de son travail. L'une des plus importantes de ces manifestations fut « Fourteen Americans » (1946), qui réunissait des expressionnistes abstraits tels que Gorky, Motherwell et Mark Tobey.

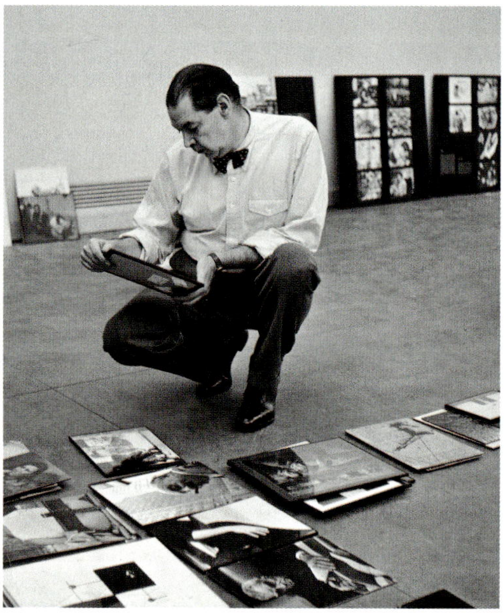

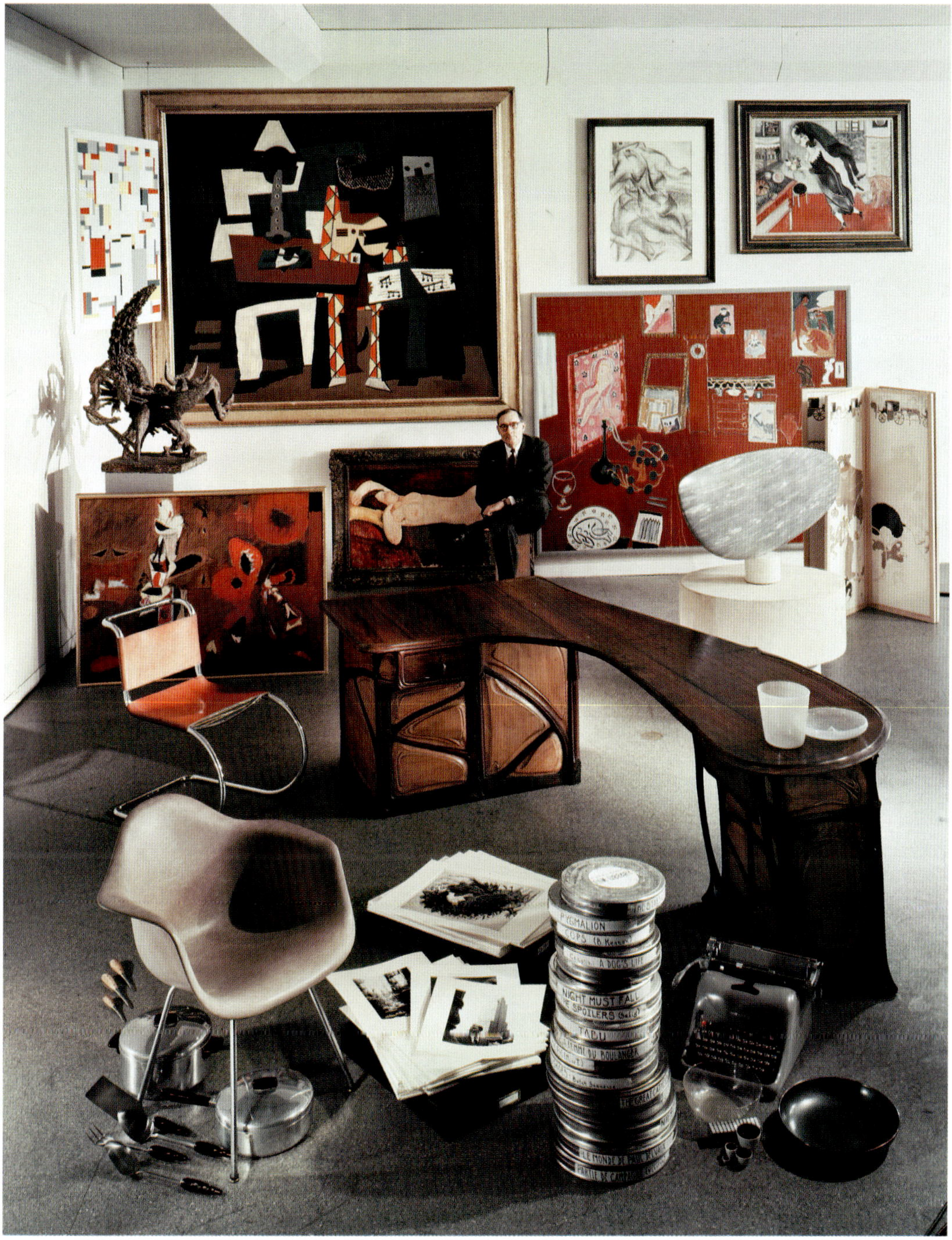

À GAUCHE, EN BAS : René d'Harnoncourt, né à Vienne, s'est très tôt intéressé à l'art. D'abord collectionneur et antiquaire, il est devenu directeur du Museum of Modern Art en 1949. Il a occupé ce poste jusqu'en 1967.

CI-DESSUS : Alfred Barr en 1950, entouré des tableaux, sculptures et objets de design qu'il a collectés pour le Museum of Modern Art. Cette photographie par Arnold Newman porte le titre Alfred Barr and a Life's Work *(Alfred Barr et l'œuvre d'une vie). Cet historien de l'art a été nommé premier directeur du MoMA en 1929.*

LE TOURNANT

1947-1949

Quelle qu'en fut la raison, en 47-48, il y eut un tournant[41].
CLEMENT GREENBERG

Greenberg ressentit un profond changement en 1947 et 1948, notamment dans les œuvres de Mark Rothko. « Il [Rothko] est tombé sous l'influence de Clyff Still, je crois en 47 alors que Still avait eu son premier "solo show" dans la galerie de Peggy Guggenheim. [...] À compter de ce jour-là, Rothko est devenu sensiblement plus abstrait[42]. » Les œuvres de Rothko étaient empreintes d'une certaine noirceur. Influencé par les peintres surréalistes européens

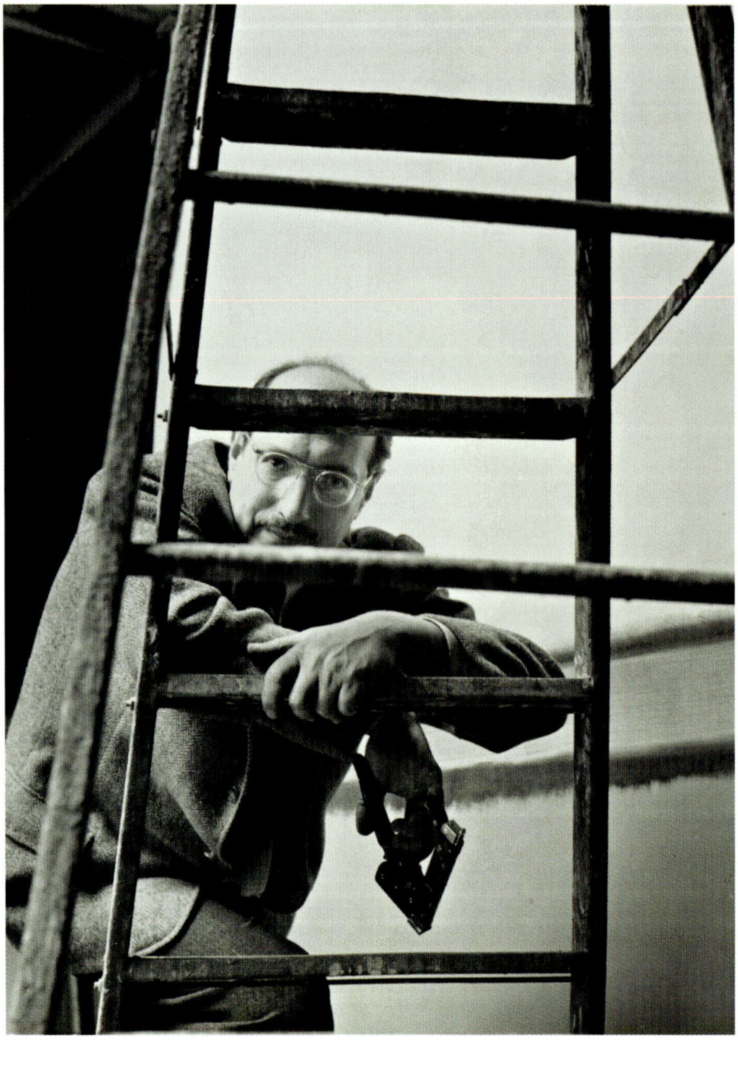

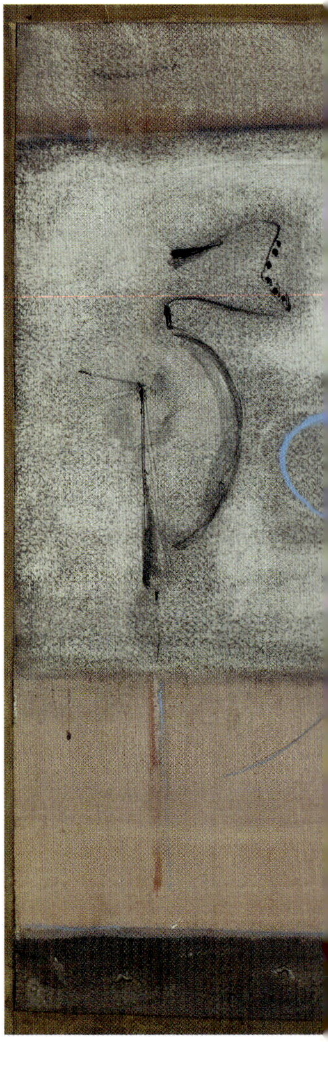

et stimulé par ses lectures (Joyce, T. S. Eliot, Freud), il s'éloigna de sa peinture figurative des années 1930 comme *Untitled (three nudes)* (1933-1934), une composition à mi-chemin entre Matisse et Soutine, pour commencer au début des années 1940 à explorer les formes biomorphiques et l'abstraction. Mais c'est sa rencontre avec Clyfford Still qui le poussa à adopter son style abstrait et à présenter, en 1945, une exposition à la galerie Art of This Century de Peggy Guggenheim. Ses mystérieux paysages oniriques dans *Geologic Reverie* (1946) et *Vessels of Magic* (1947) laissèrent place à des couleurs plus vives et à des formes plus arrondies. Les toiles de l'artiste, telles de riches tapisseries recouvertes de pigments comme *Number 26* (1947) et *Number 18* (1949), le conduisirent à ses œuvres de champs colorés – « Colorfield painting » –, à partir de 1950. Les titres des œuvres de Rothko reflétaient son évolution, depuis son premier travail qui

À GAUCHE : Mark Rothko dans son atelier de 53rd West Street, *1952. Né à Dvinsk (aujourd'hui Daugavpils, Lettonie), Rothko est arrivé aux États-Unis en 1913, à l'âge de dix ans. Il deviendra l'un des plus grands artistes de son pays d'adoption.*

CI-DESSOUS : Mark Rothko. Geologic Reverie, *1946. Aquarelle et gouache sur papier, 55,3 × 75,6 cm. Don de Mme Marion Pike M.53.5. Los Angeles County Museum of Art, Los Angeles. Rothko a créé cette œuvre à une époque où il évoluait profondément dans son esthétique, passant du figuratif au mythologique et à l'abstraction.*

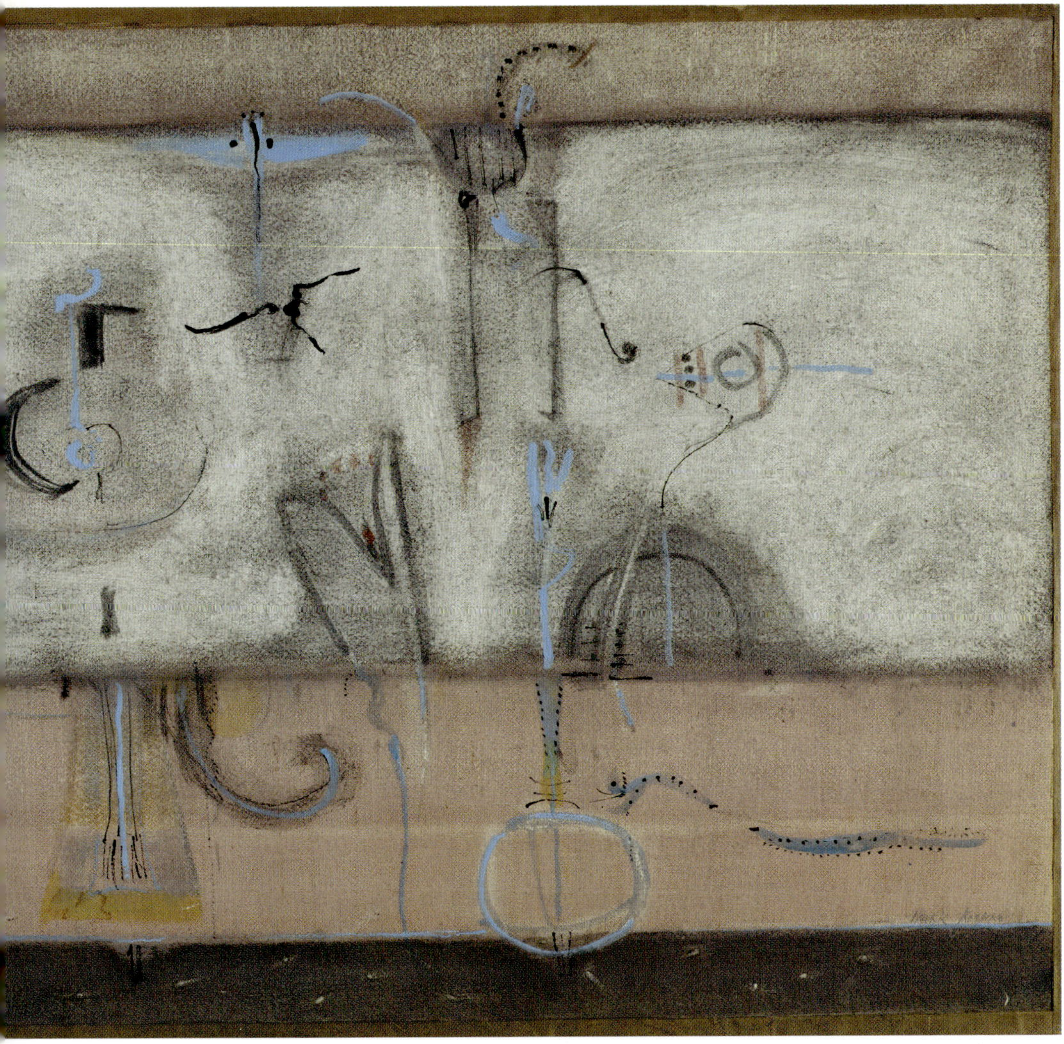

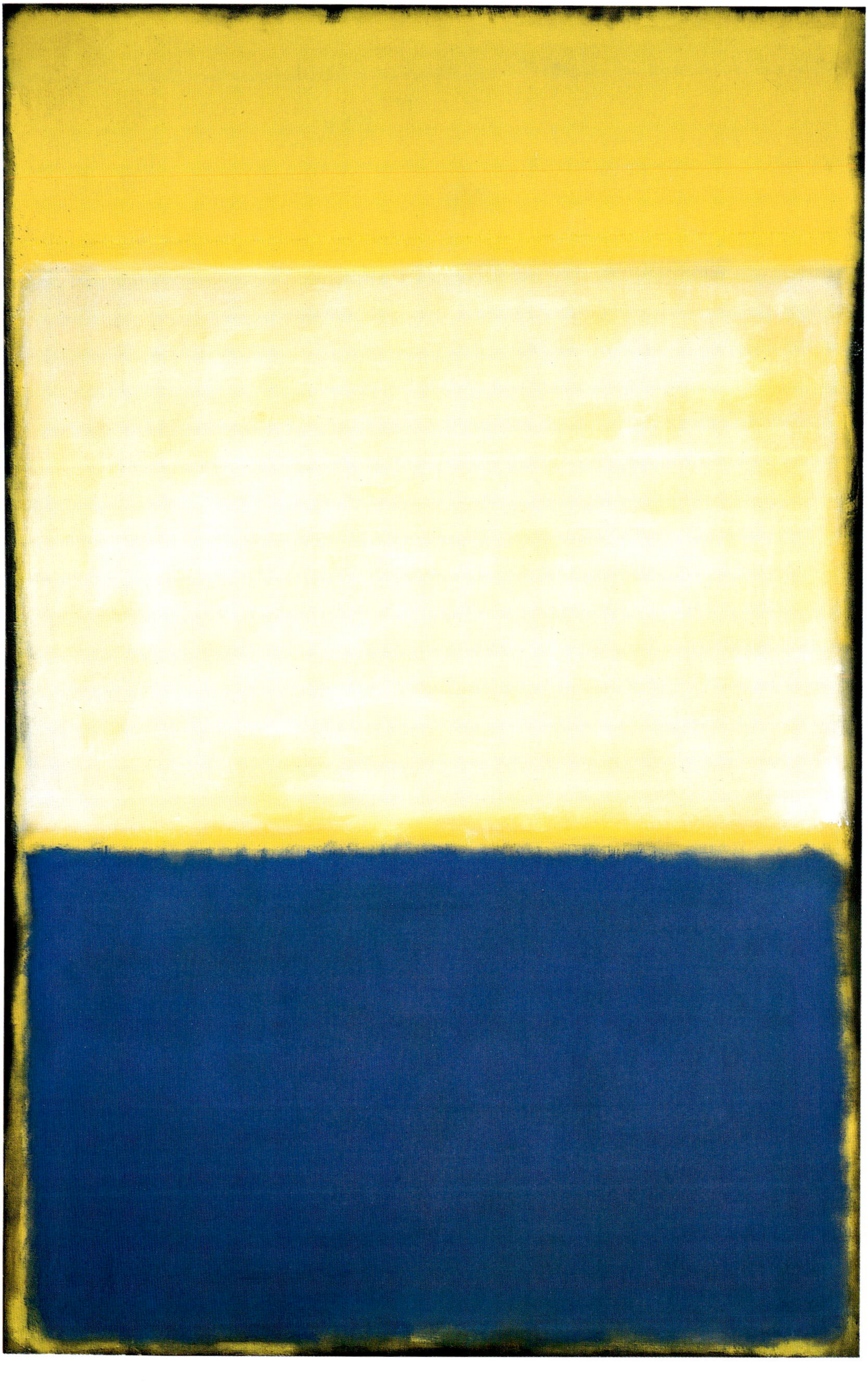

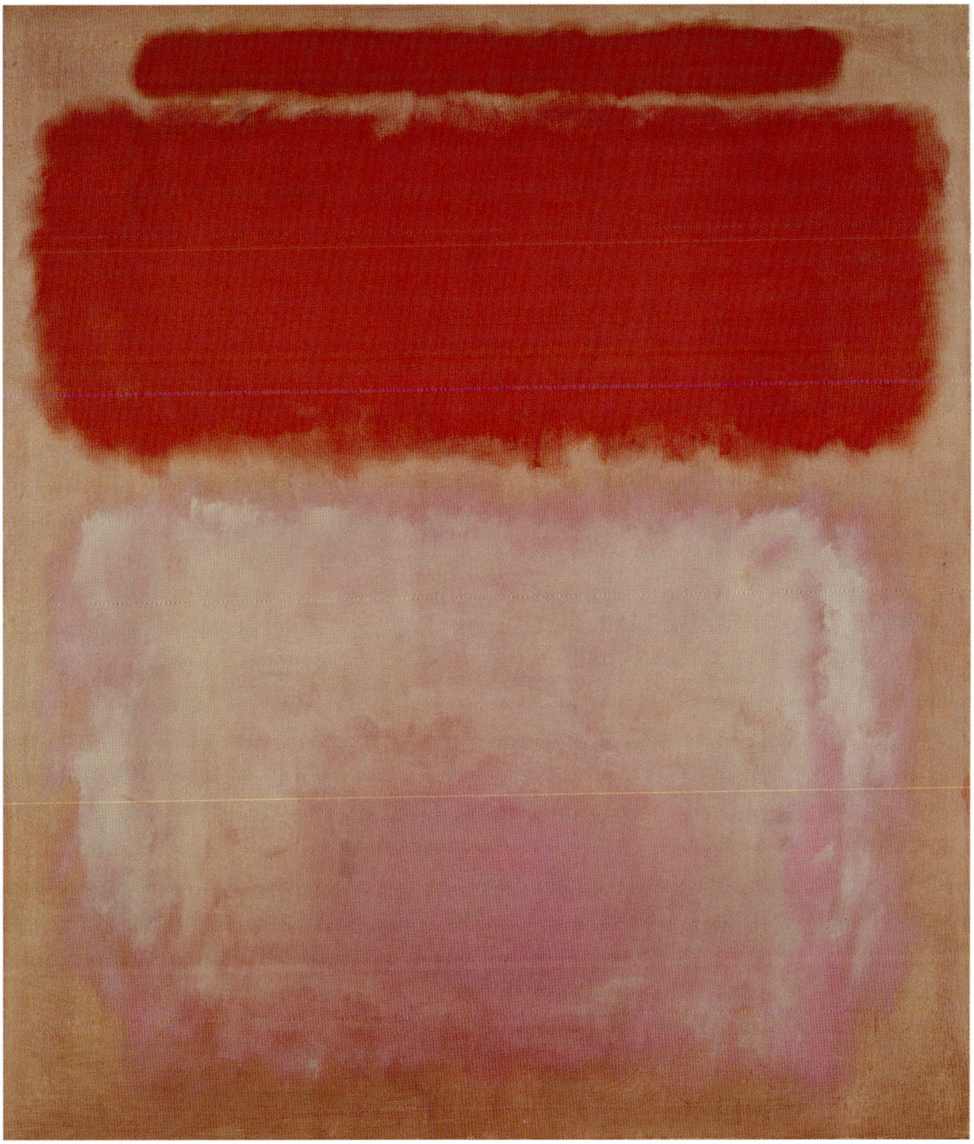

restait narratif, jusqu'à ses dernières toiles, empreintes d'explorations, de couleurs et de contrastes ; l'un des meilleurs exemples de la maturité de son style étant *Four Darks in Red* (1958). En 1958, la notoriété des toiles de Rothko avait pris une telle ampleur qu'il fut choisi pour représenter les États-Unis à la Biennale de Venise. Quelques années plus tard, il reçut la consécration suprême lorsque fut organisée sa rétrospective au MoMA. Mais une succession de drames personnels – maladie, séparation, dépression – le conduisit au suicide en 1970.

Rothko n'était pas le seul artiste pour lequel la fin des années 1940 était synonyme de changement. « Aucune autre période n'a comporté autant de surprises, de bouleversements et de déplacements. La guerre

À GAUCHE : Mark Rothko. No. 6 (Yellow, White, Blue over Yellow on Gray), *1954. Huile sur toile, 238,8 × 152,4 cm. Collection particulière. Cette œuvre a été peinte à l'une des périodes les plus importantes de la carrière de Rothko, qui culmine avec sa magnifique exposition au Art Institute of Chicago.*

CI-DESSUS : Mark Rothko. Sans titre, *1956. Huile sur toile, 208 × 176,5 cm. Collection particulière. La rhétorique abstraite de Rothko continue d'évoluer. Ici, les rectangles colorés se mettent à flotter les uns au-dessus des autres.*

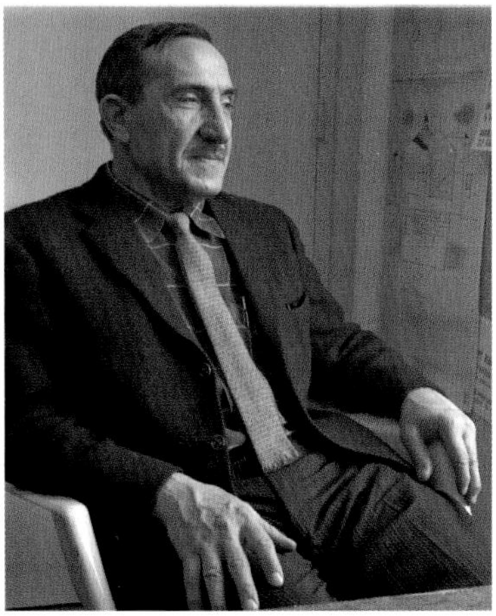

Le sculpteur Philip Pavia, membre fondateur et chroniqueur du Club, a fait partie d'un groupe d'artistes avant-gardistes qui abandonna le surréalisme pour l'expressionnisme abstrait.

terminée, ceux d'entre nous qui restèrent aux États-Unis se sentaient désormais plus riches et plus sages. » Il considérait que 1948 était une année-clé, « une année pleine de disputes à la Waldorf Cafeteria, sur Eighth Street, et plus généralement dans l'enclave de Tenth Street où nous avions nos ateliers, tout comme au nouveau Club qui venait d'être créé. Le suicide de Gorky fut un coup dur pour notre "Eighth Street gang"[43] ». Les premiers signes positifs arrivèrent lorsque furent inaugurées les expositions très remarquées de Pollock et de de Kooning. Celle de Pollock, dont le vernissage eut lieu le 2 janvier 1948 à la Betty Parsons Gallery, était la première exposition de l'artiste depuis le départ de Peggy Guggenheim vers l'Europe. D'un côté de la galerie étaient regroupées ses œuvres plus anciennes, produites sous l'inspiration de Jung, de l'autre côté, ses nouvelles œuvres, purement abstraites, ce qui donnait aux visiteurs l'impression que le travail de Pollock évoluait sous leurs yeux.

Ainsi que l'écrivit Philip Pavia dans ses carnets, le rendez-vous des artistes de l'époque se trouvait autour de *8th Street*, dans l'East Village, à Manhattan. Ils avaient pu trouver des ateliers sur *10th Street*, un quartier peu fréquentable à l'époque. Quant à Pavia, il louait un appartement au *90 East 10 Street*, entre la 3e et la 4e Avenues. De Kooning, pour sa part, avait un atelier juste à côté, et tous deux partageaient l'escalier de secours[44], à tel point que Pavia pouvait entendre le cliquetis de la machine à écrire d'Elaine de Kooning à travers les murs. Leur communauté d'avant-garde, qui avait évolué du surréalisme à l'expressionisme abstrait, s'étendit rapidement. Les artistes plaisantaient en se référant à la « Tenth Street Colony » comme à « notre club ». Ils possédaient même leur propre lot de galeries – sept ou huit espaces cogérés – pour exposer leurs travaux. Mais aucun d'entre eux ne vendait beaucoup. De Kooning se disait « complètement fauché » et Milton Resnick comme Franz Kline n'avaient pas un sous non plus[45]. Pavia leur prêtait de l'argent, cinq ou dix dollars, de temps en temps. Ils lui téléphonaient chaque fois qu'ils devaient payer leur loyer. Mais Pavia les aidait aussi en cherchant de l'argent auprès de gens plus aisés, comme le critique Tom Hess.

Greenberg, qui pouvait identifier les moments-clés dans les œuvres des peintres de l'École de New York, était devenu « le critique » de sa génération. Au fil des nombreux essais qu'il écrivit alors, il anticipa ce qui allait arriver et affirmait que la lumière était au bout du tunnel : selon lui, Pollock, le « disciple extrême et morbide du cubisme de Picasso et du post-cubisme de Miró » ou le sculpteur constructiviste David Smith étaient « en mesure d'affronter la perspicacité de la critique internationale [...] et pouvaient être qualifiés d'artistes majeurs[46] ». Il reconnaissait que « le point nodal de l'art occidental s'était enfin déplacé aux États-Unis et, qu'avec

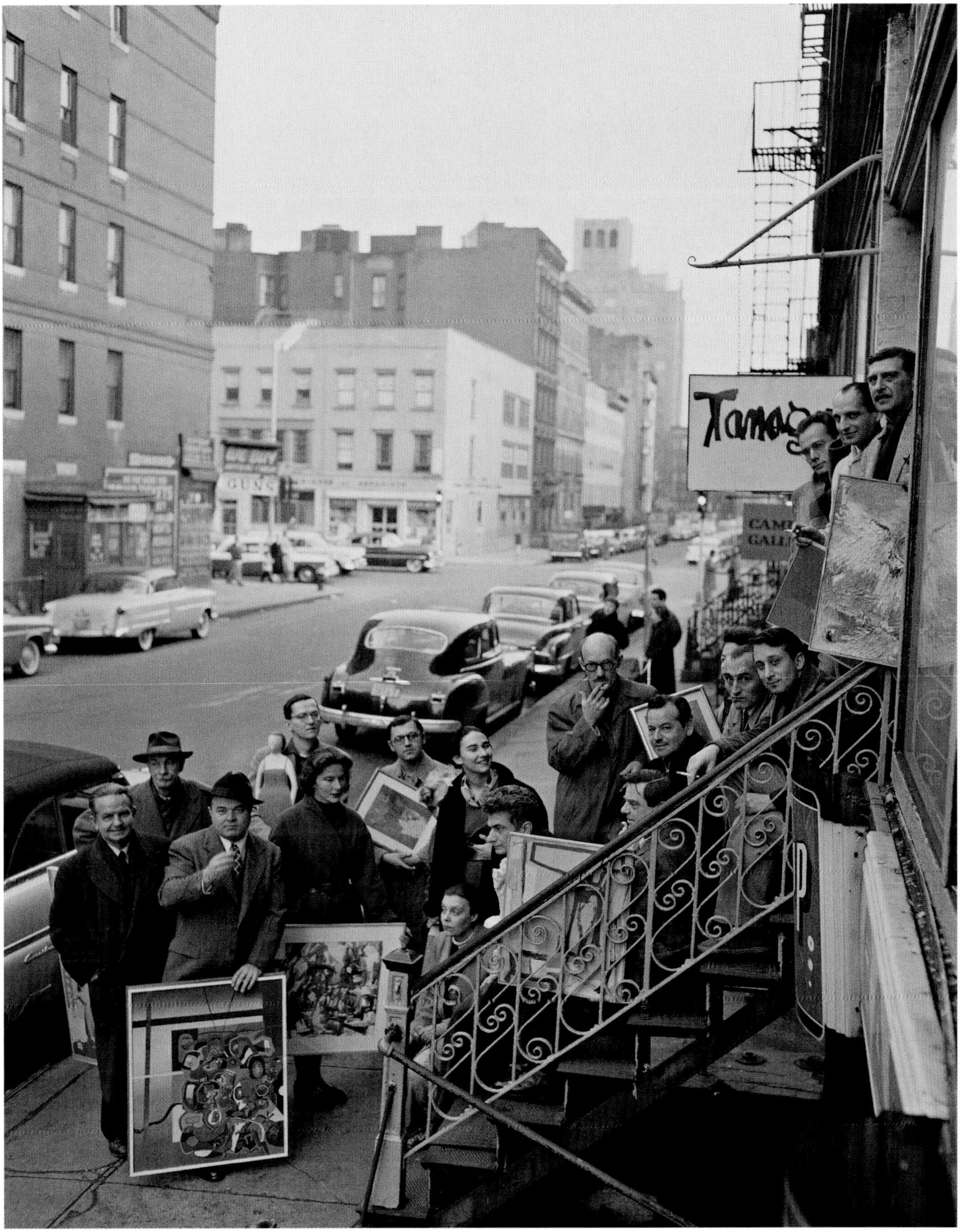

Membres du groupe d'artistes de 10th Street, regroupement assez vague d'expressionnistes abstraits qui présentaient leurs œuvres dans la rue devant l'atelier de Milton Resnick et la galerie Tanager, vers 1956. James Burke.

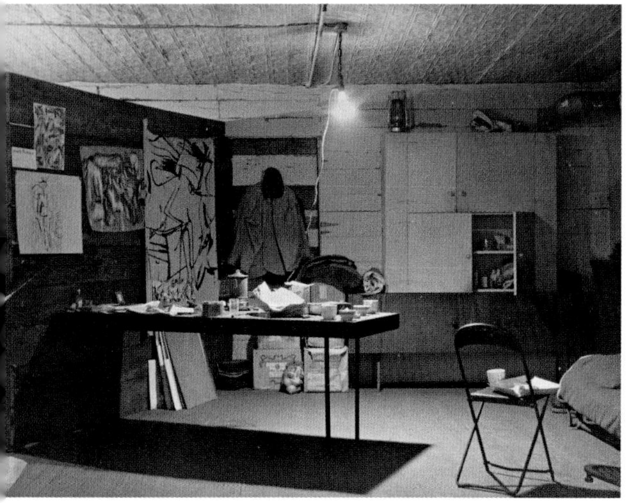

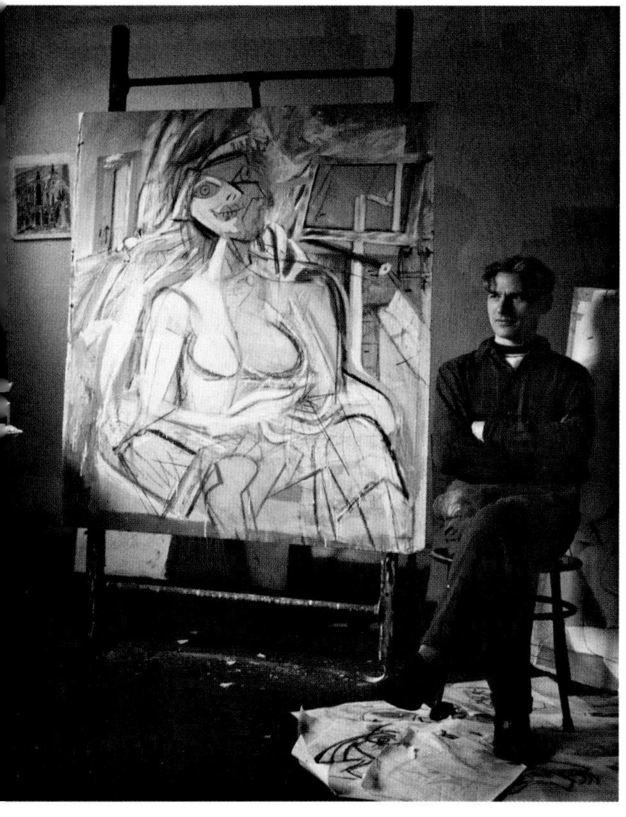

lui, s'était également déplacé le centre de gravité de la production industrielle et du pouvoir politique[47] ». Mais ce fut le 12 avril 1948, à l'occasion du tout premier « solo show » de de Kooning à la Charles Egan Gallery que Greenberg prit conscience qu'une phase prometteuse était enfin advenue pour les artistes new-yorkais : « Décidément, l'année qui vient de s'écouler a été de très bon augure pour l'art américain, affirma-t-il. C'est comme si nous prenions tout juste conscience, grâce à sa magnifique exposition, que Willem de Kooning est l'un des quatre ou cinq plus grands peintres du pays[48]. » Le soir du vernissage, de Kooning et ses amis peintres célébrèrent le succès de son exposition à la Waldorf Cafeteria sur *8th Street* avec un « sentiment de profond soulagement ». Avec cette exposition « définitivement nouvelle », de Kooning donnait au public le sentiment qu'une véritable expérience visuelle avait eu lieu, comme s'il avait « découvert un secret ». À compter de ce jour, sa position de *leader* du groupe des expressionnistes abstraits devint indiscutable. Comme l'expliqua Pavia, « d'autres pouvaient bien avoir l'allure d'expressionnistes abstraits, mais nulle part ce sentiment n'était aussi intense que dans une toile de Willem de Kooning[49] ».

Les dix œuvres en noir et blanc (dont *Light in August, Orestes* et *Black Friday*) que de Kooning montrait à la Egan Gallery avaient été produites l'année précédente et rendaient compte de la tension formelle entre lumière et ombre, tout en exprimant une profonde crise psychologique. L'artiste avait réalisé cette série de formes noires et abstraites, liées par le blanc, au moyen d'une technique qui consistait à dessiner certaines lignes directement sur la toile, préservant des formes évocatrices et des lignes courbes, qu'il retravaillait jusqu'à en être totalement satisfait. Il aimait la sensualité de la peinture à l'huile et laissait les pigments goutter et s'étaler en tache sur la surface de la toile. En fait, tout un spectre de « couleurs » peintes apparaissait dans ces œuvres noires et blanches – tel un tourbillon à l'intensité et à la vitesse variables, qui allait définir son style dans les années à venir. Arrivé aux États-Unis en 1926, de Kooning avait d'abord travaillé

EN HAUT : *Intérieur de l'atelier de Willem de Kooning sur* 10th Street, *entre la 3e et la 4e Avenue.*

CI-DESSUS : *Willem de Kooning dans son atelier, qui jouxtait celui de Philip Pavia, 1946.*

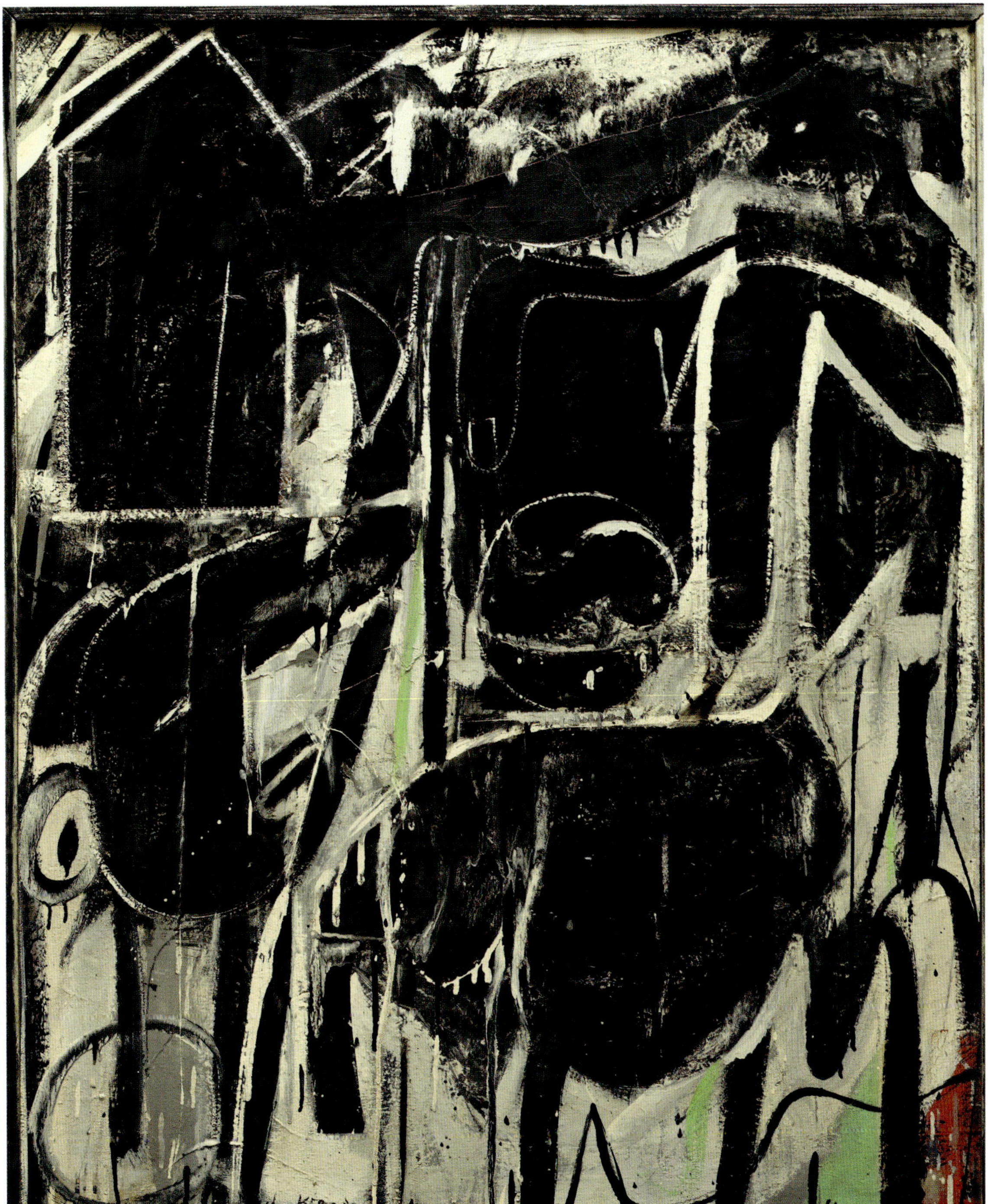

Willem de Kooning. Black Friday, *1948. Huile et laque sur panneau de bois aggloméré, 125 × 99 cm. Don de H. Gates Lloyd et Mme Lloyd, Y1976-44. Princeton University Art Museum, Princeton, New Jersey. En exposant ce tableau et d'autres œuvres puissantes en noir et blanc lors de sa première exposition personnelle à la galerie Charles Egan, en 1948, de Kooning s'est affirmé comme l'un des grands peintres expressionnistes abstraits.*

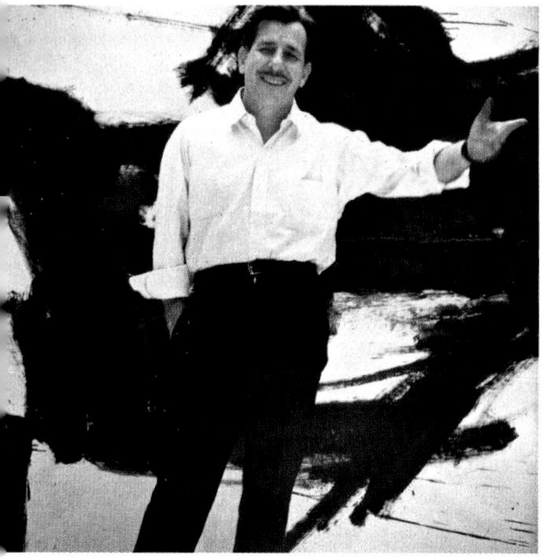

comme designer dans un grand magasin, avant de devenir l'un des plus grands peintres expressionnistes abstraits. Il atteignait enfin la reconnaissance, après des années de frustration et de rivalité avec Pollock, dont la célébrité s'était rapidement étendue. Son travail acharné et son style osé, qui avaient fait de lui un héros de sa communauté, le transformèrent aussi en un symbole de sa génération. Et ce, d'autant plus que Pollock, empêtré dans sa tragique lutte contre l'alcoolisme, était un modèle difficile à suivre.

Franz Kline, né en Pennsylvanie, se rendit à New York vers 1939 où il rencontra de Kooning, Pollock et d'autres figures du mouvement des expressionnistes abstraits. Ses premières œuvres figuratives – qui comportaient souvent des réminiscences d'architecture urbaine ou industrielle – furent peu à peu remplacées par des œuvres abstraites.

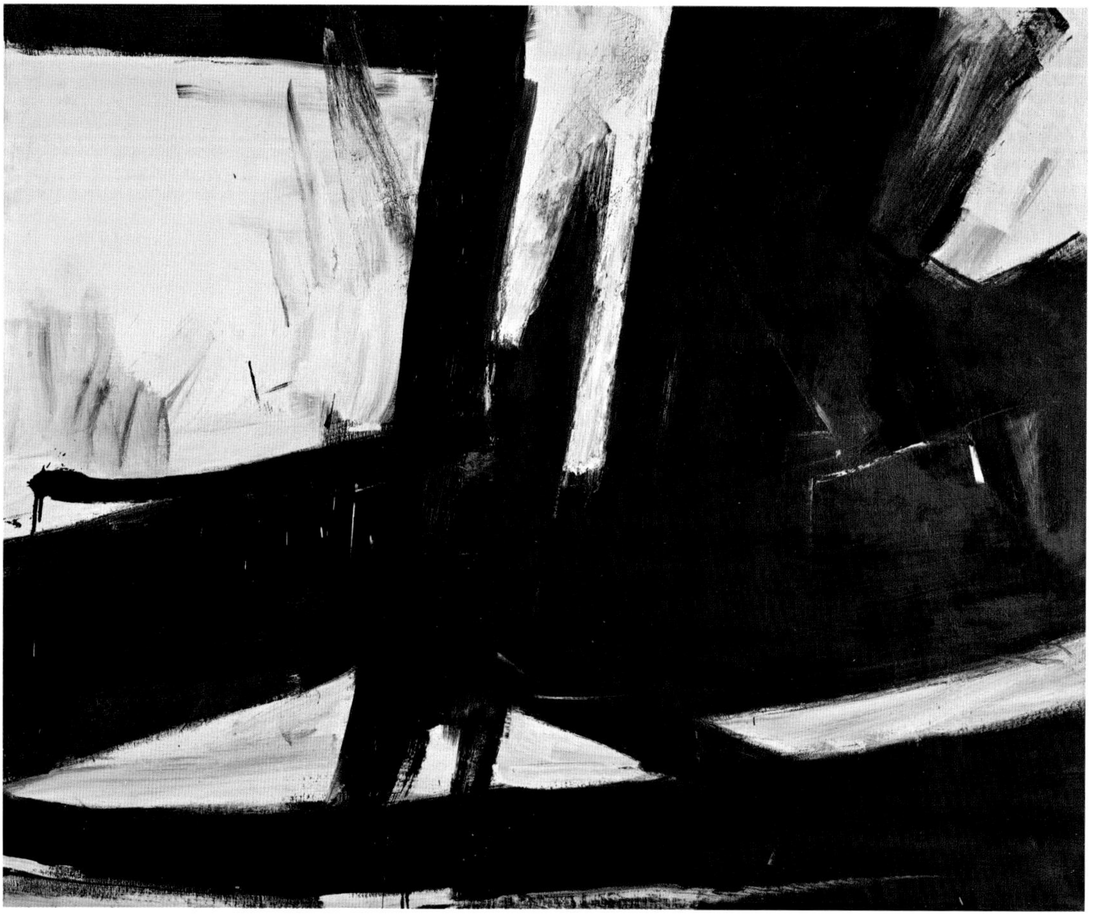

EN HAUT : *Franz Kline dans son atelier, vers 1960.*

CI-DESSUS : *Franz Kline.* Cross Section, *1956. Huile sur toile, 135,9 × 160 cm. Don promis de la collection Virginia et Bagley Wright en l'honneur du 75e anniversaire du Seattle Art Museum. Cette œuvre en noir et blanc est représentative du travail de Kline à cette époque.*

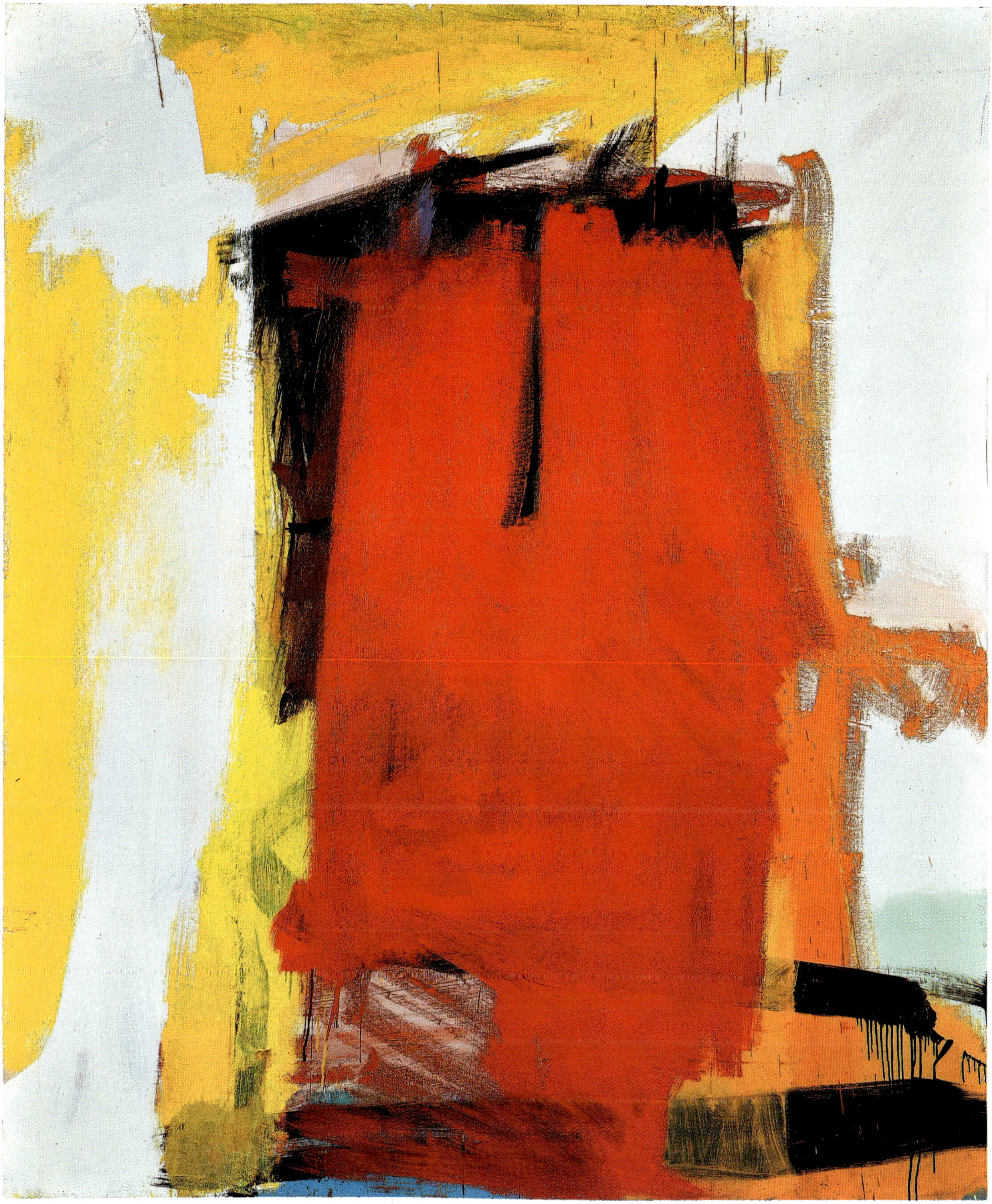

Franz Kline. Harley Red, *1959-1960. Huile sur toile, 208,2 × 170,2 cm. Collection particulière. Cette composition est remarquable par ses contrastes de couleurs.*

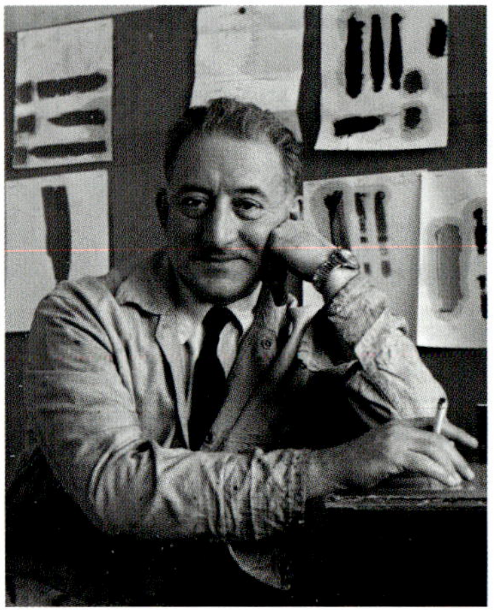

CI-DESSUS : *Adolph Gottlieb, autre grand représentant de l'expressionnisme abstrait, dans son atelier en 1965.*

Ses toiles qui, à partir de la fin des années 1940, étaient en noir et blanc, se caractérisaient par de solides éléments de composition. *Chief* (1950), un enchevêtrement de larges coups de pinceau sur fond blanc, révèle la sûreté de la ligne de l'artiste et la certitude avec laquelle il composait. Des tons colorés et gris réapparaissent dans certaines de ses toiles à la fin des années 1950, mais la plupart de ses œuvres restaient dominées par de spectaculaires contrastes en noir et blanc.

Natif de New York, Adolph Gottlieb était un autre membre fondateur du mouvement des expressionnistes abstraits. Dans les années 1940, il avait vécu en Arizona, travaillant sur le Art Project de la WPA, et il consacrait nombre de ses œuvres aux pictogrammes combinant une iconographie primitive à une gamme de tons associés aux peintures rupestres – en ocre, olive et beige. Il incorporait même du sable dans les pigments de certaines œuvres comme *The Seer* (1950). Gottlieb travailla par la suite sur des toiles de grand format et produisit alors des œuvres plus abstraites, riches en taches de couleurs saturées, qui laissaient apparaître le geste du peintre.

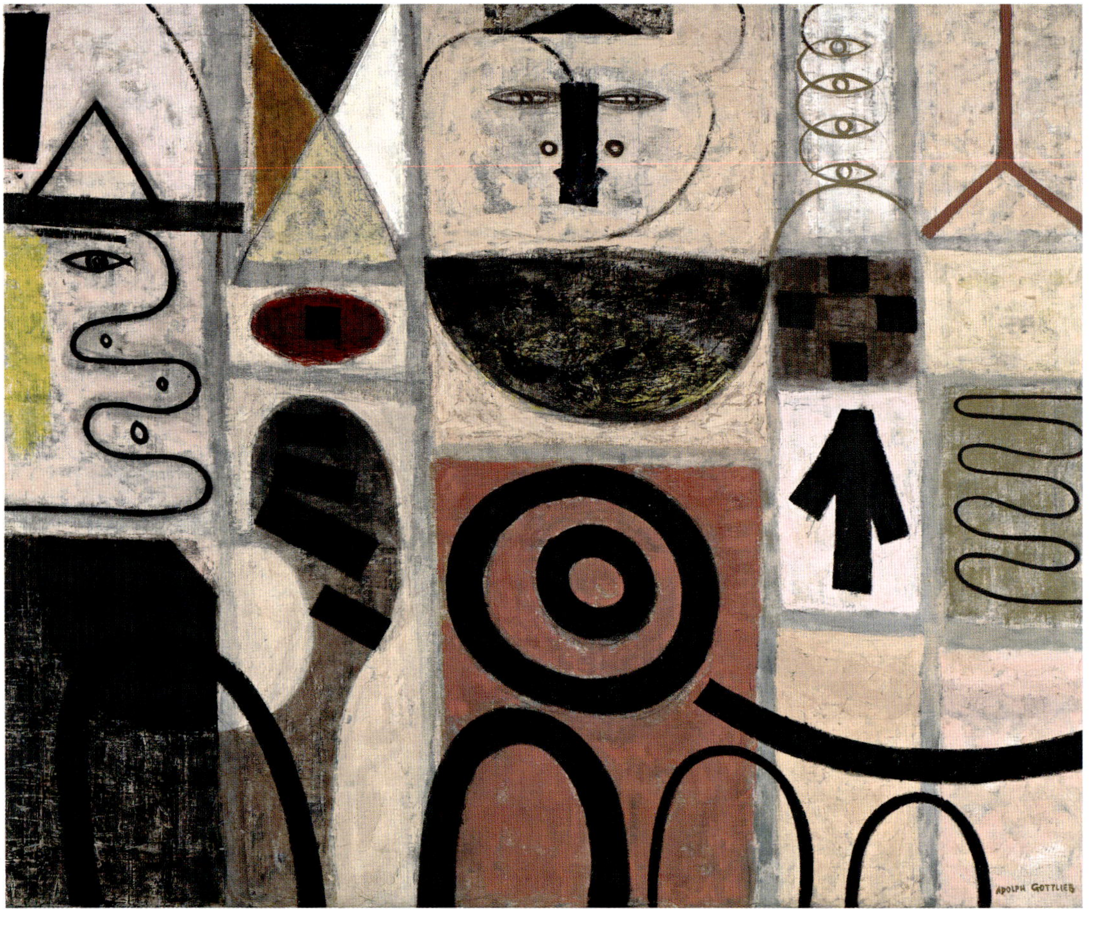

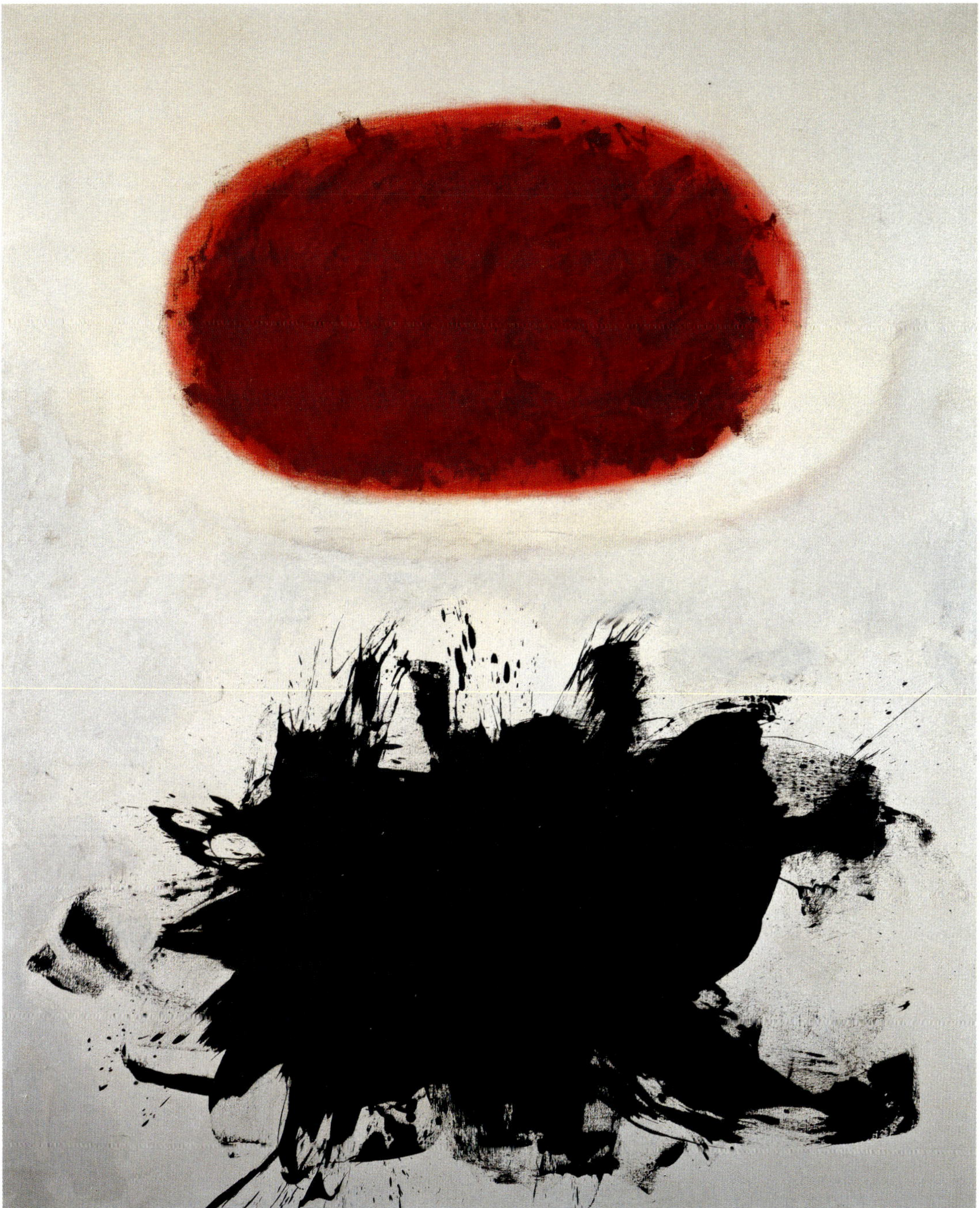

À GAUCHE, EN BAS : *Adolph Gottlieb.* The Seer, *1950. Huile sur toile, 151,7 × 181,9 cm. The Phillips Collection, Washington, D.C. Cette œuvre est typique de l'iconographie primitive des « pictographes » de Gottlieb, mais elle se distingue des autres par le fait que les pigments sont mêlés à du sable, ce qui lui donne une texture plus terreuse.*

CI-DESSUS : *Adolph Gottlieb.* Crimson Spinning No. II, *1959. Huile sur toile, 228,6 × 182,9 cm. Seattle Art Museum, The Jane Lang Davis Collection. Dans cette série, Gottlieb – qui était un proche ami de Barnett Newman et de Mark Rothko – opte pour des toiles plus grandes, un style plus gestuel et des compositions plus abstraites, riches en plages de couleurs saturées.*

Robert Motherwell. Elegy to the Spanish Republic #122, *1972. Huile, fusain et graphite sur toile, 141,6 × 193 cm. Gerald Schwartz et Heather Reisman, Toronto. Une des cent cinquante toiles que Motherwell a consacrées aux horreurs de la guerre civile espagnole, série remarquable et émouvante commencée en 1949.*

Robert Motherwell peignit également un grand nombre de toiles en larges coups de pinceau noirs et blancs, ce fut le cas pour son impressionnante série entreprise dès 1949, *Elegy to the Spanish Republic* – plus de 150 toiles de grand format. Ces œuvres, monumentales et poétiques, évoquaient les horreurs de la guerre d'Espagne, avec leurs motifs menaçants – des colonnes alternant avec des formes bulbeuses – se détachant sur le fond blanc. Meyer Schapiro, qui avait été l'un des professeurs de Motherwell à Columbia University, l'avait encouragé à poursuivre une carrière d'artiste mais le fait que Motherwell ait fait des études plus longues que ses camarades lui permit de devenir le porte-parole de sa génération.

Clyfford Still, malgré ses liens avec les expressionnistes abstraits, avait une approche nouvelle, et même unique, qui se démarquait de la tradition européenne. Il cherchait à inventer, dans ses larges aplats de couleur, ses lignes courbes et ses tonalités originales, une esthétique américaine du sublime. Il refusait de participer à des accrochages de groupe et, en 1952, il accepta de figurer dans l'exposition organisée par Dorothy Miller au MoMA (*15 Americans*) sous réserve d'avoir une salle réservée à ses œuvres. Son style de maturité, déjà présent dans *Untitled 1951-T, N° 2* (1951) et plus tard dans *1960-R* (1960), se déployait en vastes zones de couleurs vives, avec des déchirures aux pigments contrastés – une anticipation du mouvement « Colorfield Painting ».

Barnett Newman, qui avait étudié à l'Art Students League avec Gottlieb dans les années 1920, détruisit presque toutes ses premières œuvres figuratives, passant à l'abstraction dans les années 1940. L'œuvre qui le fit connaître, *Ornament I* (1948), représente une ligne verticale d'un rouge clair divisant un fond rouge sombre. Le travail de Newman divergeait des tendances gestuelles de l'expressionnisme abstrait, à la fois dans sa composition et dans la précision des lignes – avec un sens aigu de l'espace, perceptible aussi dans ses sculptures. *Broken Obelisk* (1963-2003), un obélisque renversé, posé sur un piédestal pyramidal, devint une icône de son style particulier et un emblème pour le Mouvement des droits civiques américains ; l'une des premières versions de l'œuvre fut installée à la Menil Collection de Houston et dédiée à Martin Luther King[50].

En juin 1948, l'ouverture de la galerie Sidney Janis au *15 East 57 Street* – dans l'ancien espace de Sam Kootz – poursuivit cette conquête

Robert Motherwell dans son atelier en 1962.

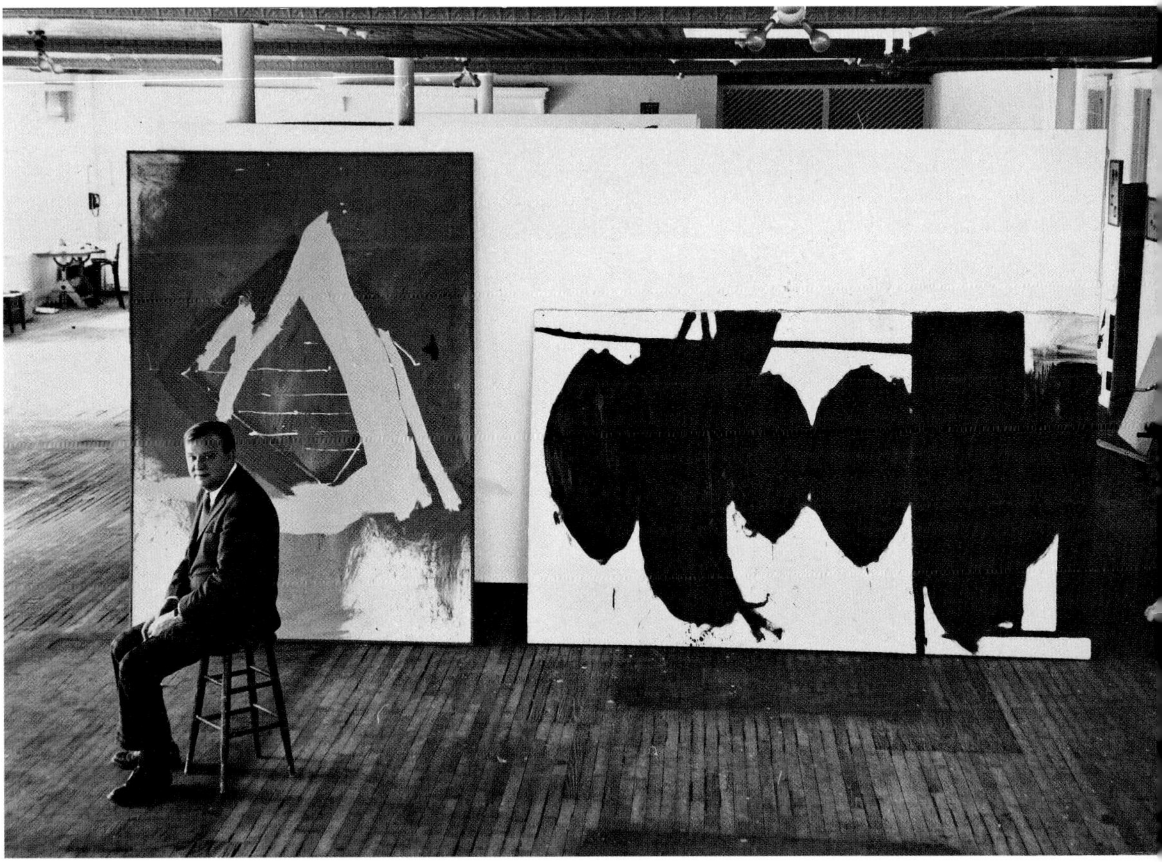

CI-CONTRE : Clyfford Still, 1951. Avec ses grands aplats de couleurs riches, Still a influencé beaucoup de peintres, parmi lesquels Mark Rothko, et annonce le mouvement dit du Colorfield.

À DROITE : Clyfford Still. Number 2, *1949. Huile sur toile, 233 × 174,9 cm. Seattle Art Museum. Don promis de Jane M. Davis, en l'honneur de Mimi Gardner Gates. Dans les œuvres de sa maturité, Still exprime sa recherche d'un sublime américain.*

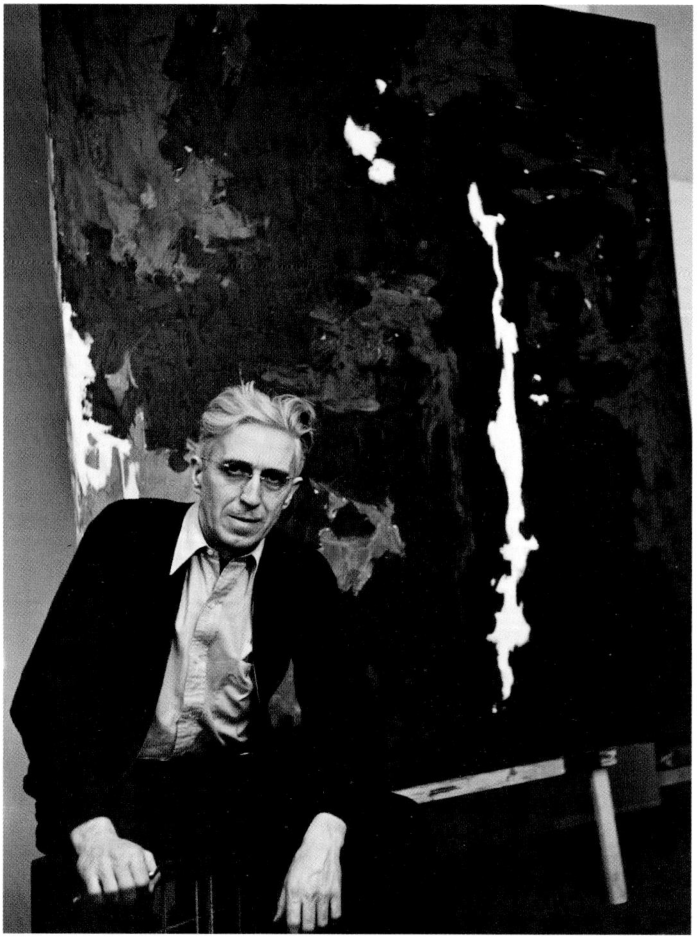

artistique de New York. L'intellectuel Janis, qui était aussi un homme d'affaires et un collectionneur, connaissait aussi bien la scène artistique new-yorkaise que les Européens actifs dans la ville pendant la Seconde Guerre mondiale. Il ouvrit sa galerie avec une exposition « Fernand Léger », un artiste qu'il avait vu reprendre goût à la vie grâce à l'énergie new-yorkaise. Les premières années de la galerie Janis furent un véritable défi ; les œuvres de Kandinsky, Schwitters et Albers ne parvenaient pas à trouver d'acheteur. Mais Janis continua d'organiser des expositions d'artistes européens modernes et contemporains, telles que « Mondrian » (1949 et 1951), « Brancusi to Duchamp » (1951), « Early Léger » (1951), « Henri Rousseau » (1951) et « International Dada » (1953). Solomon Guggenheim et la baronne Hilla von Rebay ne tardèrent pas à découvrir son espace et y acquirent trois œuvres de Mondrian et une de Léger. Au début des années 1950, Janis entreprit d'organiser des « solo shows » pour les peintres américains, parmi lesquels Pollock, de Kooning, Kline, Gorky, Rothko, Motherwell et, plus tard, Guston.

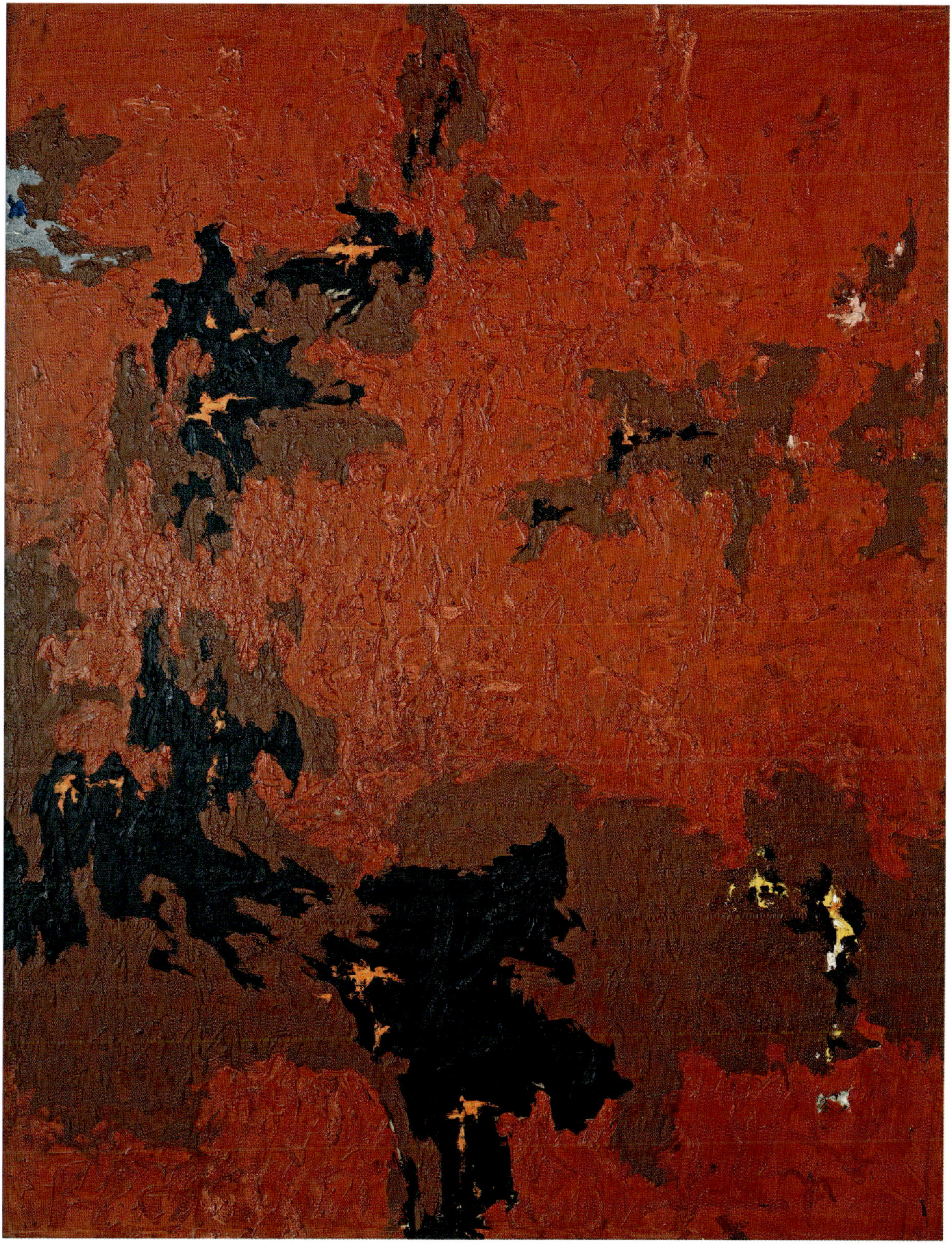

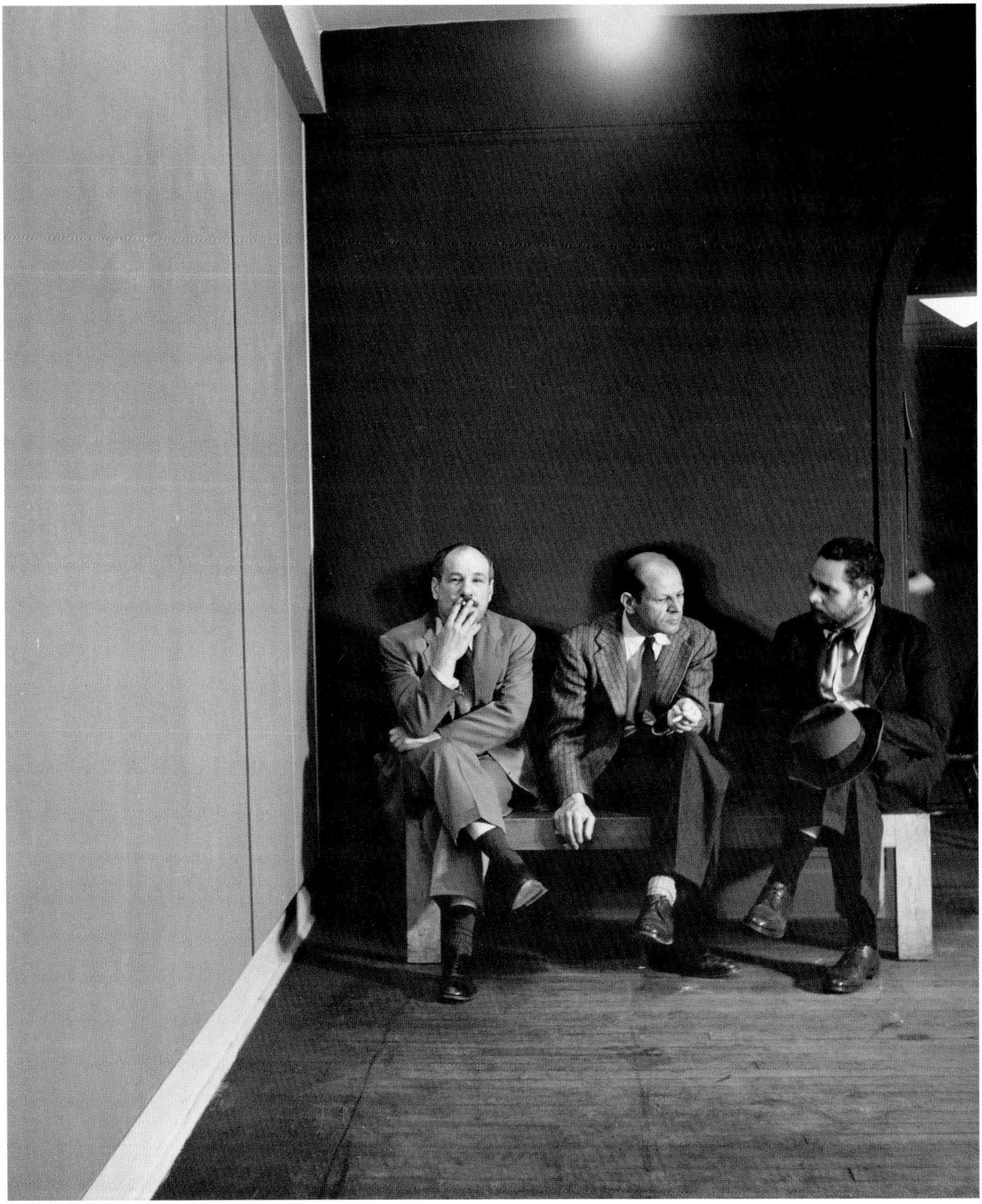

CI-DESSUS : de gauche à droite, Barnett Newman, Jackson Pollock et le sculpteur Tony Smith à la galerie Betty Parsons, 1951.

À DROITE : Barnett Newman. The Word II, *1954. Huile sur toile, 229,9 × 179,1 cm. Collection particulière. Se démarquant de la tendance gestuelle de ses confrères, Newman exprime un sens aigu de l'espace, que l'on retrouve dans son œuvre de sculpteur.*

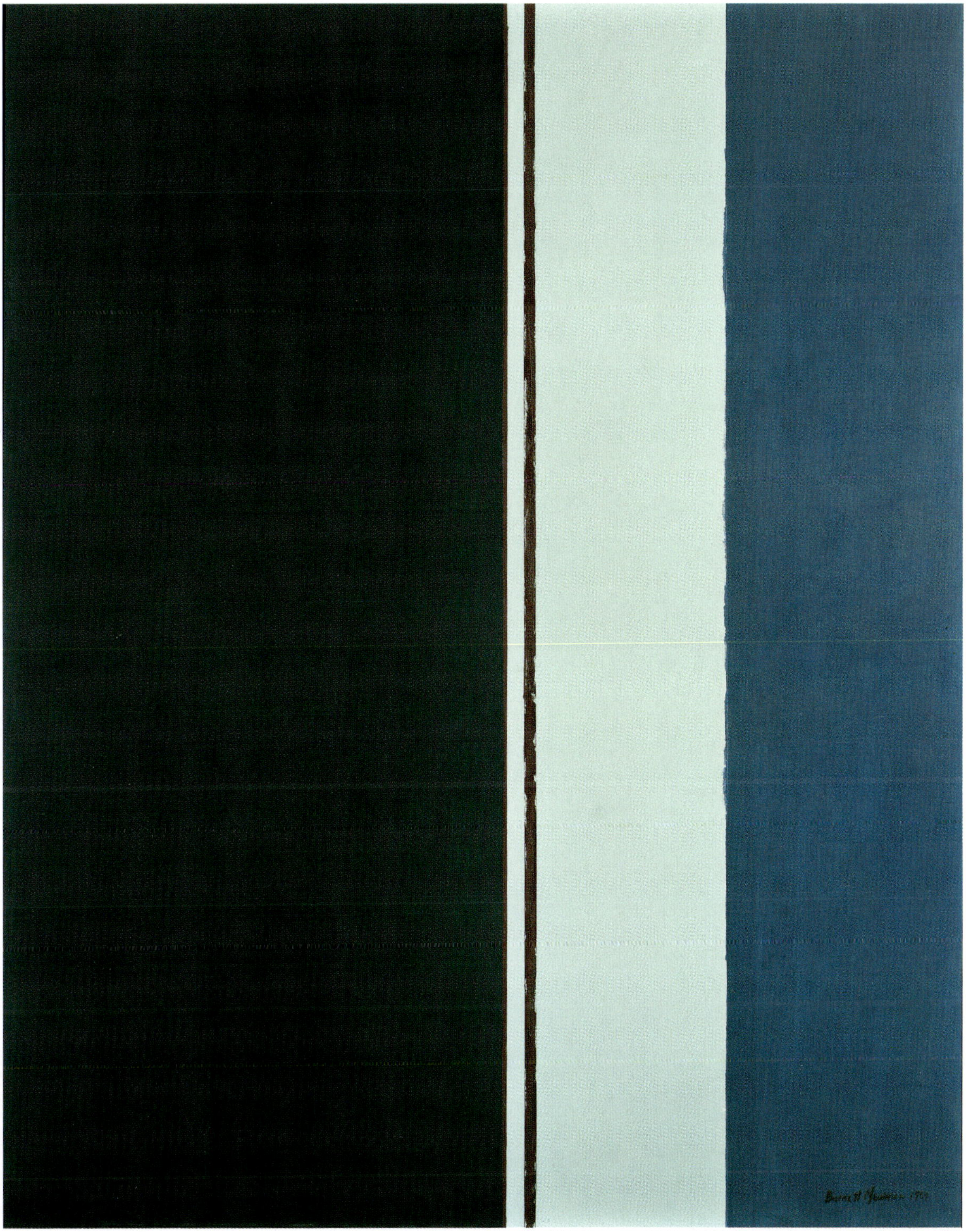

En 1952, déçu par ses médiocres ventes chez Betty Parsons, Pollock se tourna vers Janis et lui proposa un premier « solo show » en novembre, avant d'en présenter un second dès 1954. Ses compositions dynamiques furent très appréciées des critiques. Le 19 décembre 1956, le MoMA inaugura une exposition qui aurait dû être une rétrospective de l'artiste à mi-carrière, mais ce fut un événement douloureux puisque Pollock avait trouvé la mort dans un accident de voiture quelques mois plus tôt.

Lors de son premier « solo show » chez Janis en 1953, de Kooning présenta « Woman », une série de toiles à l'atmosphère rageuse et sauvage. Cette exposition fut suivie de deux autres, en 1956 et 1959, tout aussi réussies. Les Américains de l'écurie de Janis semblaient capables de rivaliser avec ses artistes européens. En 1961, le marchand inaugura « The New Realists », sa première exposition Pop, qui permit à un grand nombre de jeunes représentants de la nouvelle génération – comme Jim Dine, Claes Oldenburg, George Segal et Tom Wesselmann – de rejoindre sa galerie. Certains membres de la génération sortante – Guston, Motherwell, Gottlieb et Rothko – quittèrent alors la galerie (sauf de Kooning qui lui resta fidèle). Bien que déçu par leur départ, Janis pensait qu'il fallait savoir aller de l'avant et saisir la moindre opportunité. New York profita de sa présence pendant plusieurs décennies, jusqu'à la mémorable donation de sa collection au MoMA.

Malgré la notoriété de Pollock et de de Kooning, tous les participants de la conférence « The State of American Art » (à l'exception de Greenberg) soulignèrent le fait que la source des plus belles œuvres d'art restait encore Paris. Cette conférence avait été organisée en mars 1949 par Robert Goldwater, le nouvel éditeur du *Magazine of Art*. « Il existe, à mon avis, rétorqua Greenberg, une tendance clairement américaine dans l'art contemporain, et celle-ci promet de faire une contribution originale au courant traditionnel, et non de rester la simple déclinaison locale d'un mouvement qui existerait déjà dans un autre pays [...] Je me hasarderais même à penser que trois ou quatre de ces artistes sont non seulement sur un pied d'égalité avec leurs contemporains français, mais qu'ils ont même une longueur d'avance sur eux[51]. » Greenberg répondait aux propos tenus par Miró dans une interview réalisée en 1947 : « J'admire beaucoup l'énergie et la vitalité que transmettent les peintres américains [...] Ils gagneraient sans aucun doute à se libérer de l'influence européenne[52]. » C'était une dénégation du credo d'Alfred Barr, et le directeur du musée en prit ombrage. Une bataille d'idées commença et Greenberg mit au défi les galeristes ainsi que les journalistes et les médias de sensibiliser le public à l'art. « La fierté nationale pourra peut-être venir à dépasser le philistinisme tenace et pousser nos journalistes à louer des œuvres

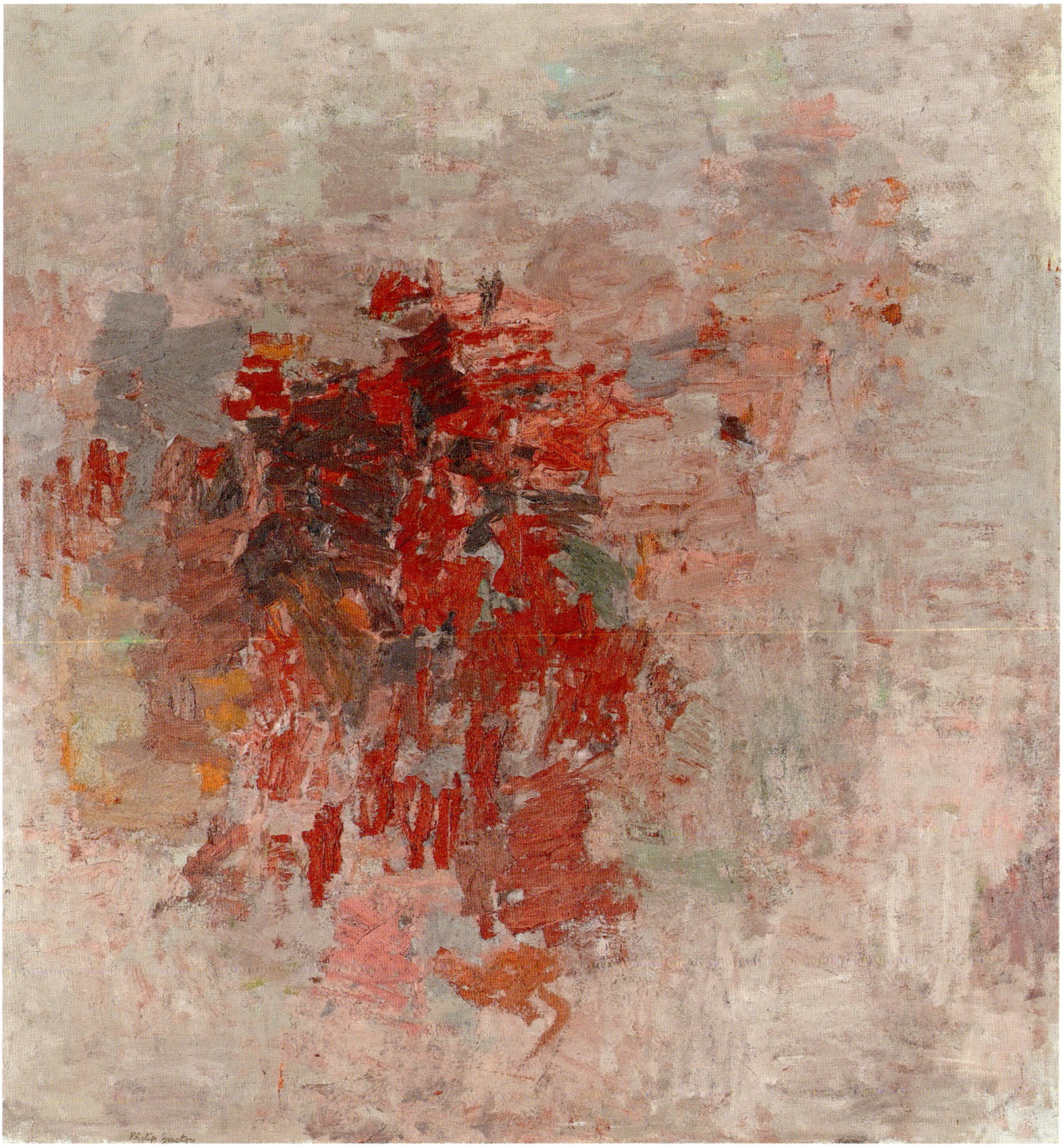

Philip Guston. Beggar's Joys, *1954-1955. Huile sur toile, 182,9 × 172,7 cm. Collection particulière. Avec son explosion décentrée de rouge, orange, rose et bleu sur fond gris rosé, cette œuvre est représentative des incursions de Guston dans l'abstraction pure au milieu des années 1950.*

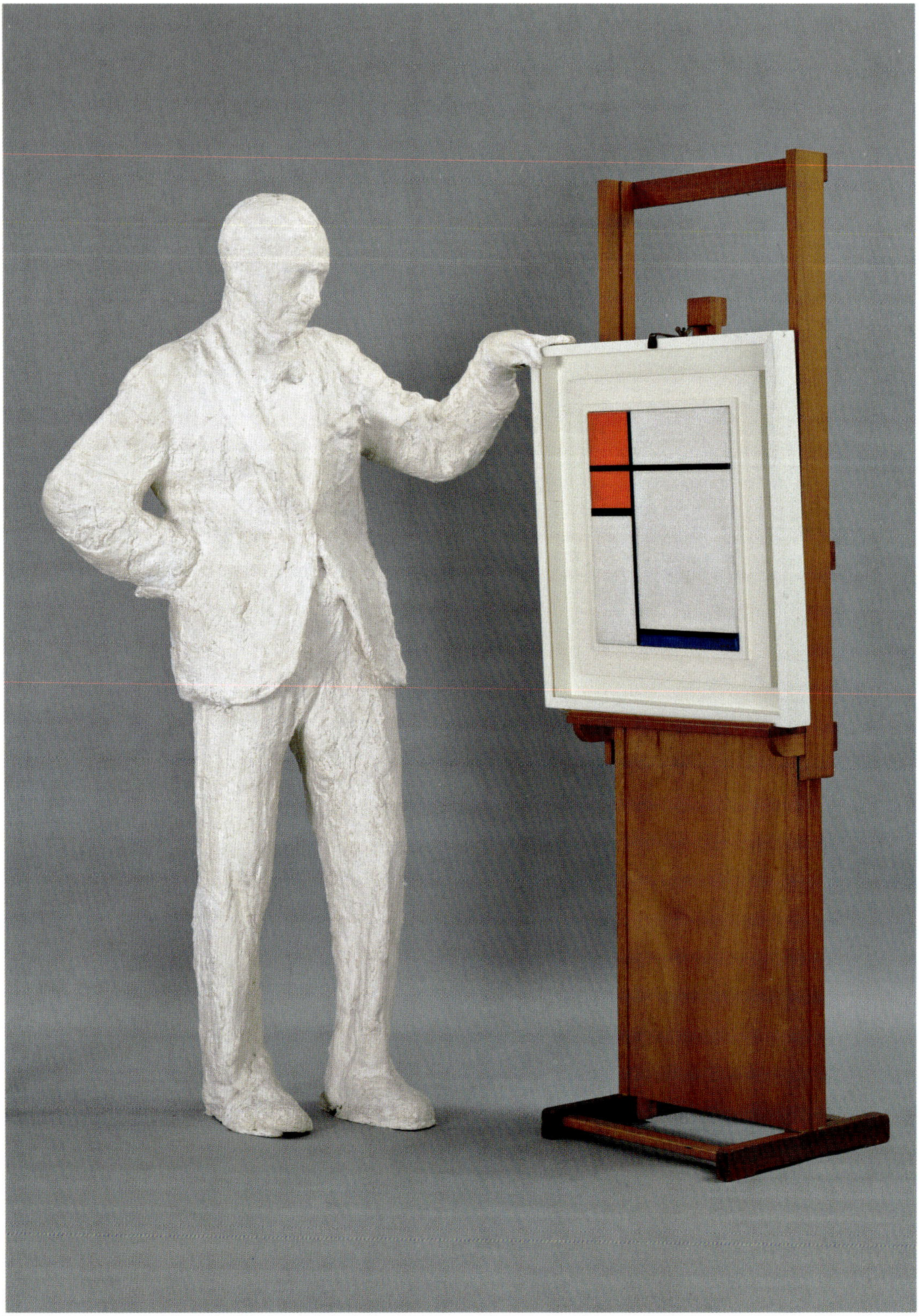

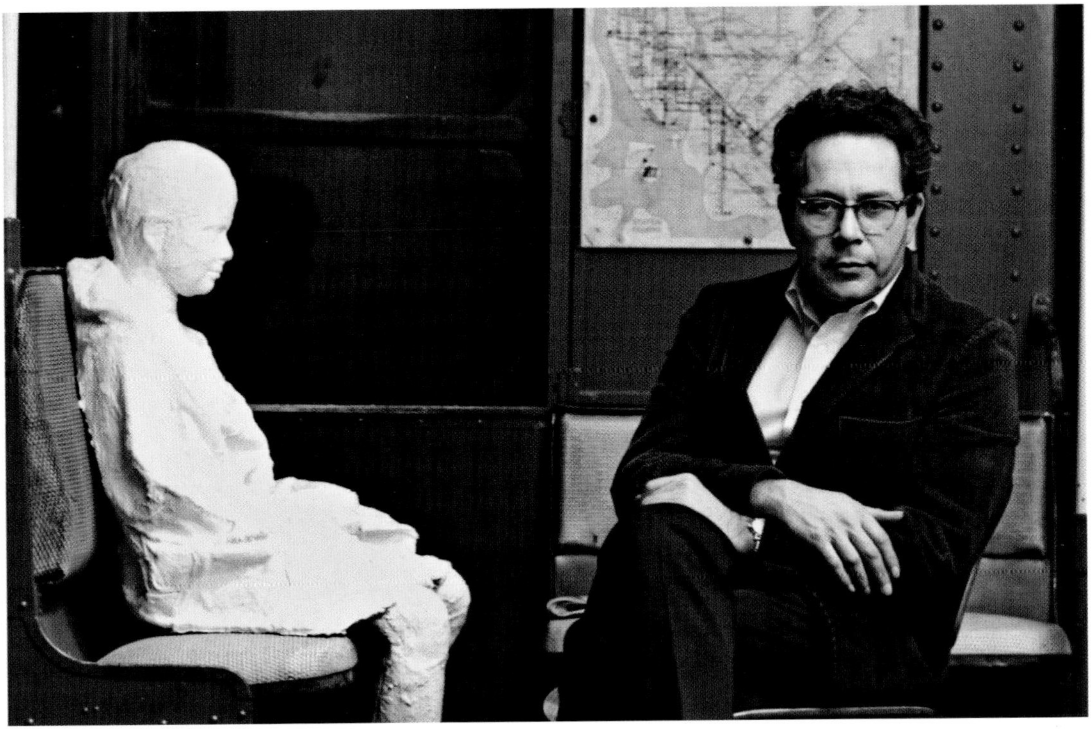

qu'ils ne peuvent ni comprendre ni apprécier[53]. » Comme par hasard, le 8 août 1949, la une du magazine *Life* montrait Pollock sous le titre : « Est-il le plus grand peintre vivant des États-Unis ? »

Pendant ce temps-là, les artistes eux-mêmes se regroupaient de plus en plus et, à l'automne 1949, ils créèrent une institution d'un nouveau genre aux États-Unis, le « Club ». Ses membres signataires (des artistes comme Ad Reinhardt, Motherwell, Giorgio Cavallon, Ibram Lassaw, Landes Lewitin, Pavia, Conrad Marca-Relli et Milton Resnick) louaient à leurs frais un loft au *39 East 8th Street* (un « pas-de-porte » de cinq cents dollars).

Vers la fin des années 1940, Ad Reinhardt s'éloigna de l'Abstraction géométrique pour adopter une forme plus gestuelle de l'expressionnisme abstrait. Il travaillait comme professeur au Brooklyn College, où il enseignait l'histoire de l'art et se spécialisa dans l'orientalisme (il enseignera par la suite à Yale aux côtés de Josef Albers). Dans les années 1950, les œuvres de Reinhardt se rapprochèrent de son idée du « pur esthétisme » – à la fois un refus de l'individualisme lié à l'expressionnisme abstrait et un raffinement de son répertoire. Il commença à peindre ses toiles dans différents tons monochromes : rouge (comme pour *Abstract Painting, Red,* 1952), bleu (comme *Abstract Painting,* 1960-1961), et enfin noir (*Abstract Painting,* 1963).

Après avoir combattu pendant la Seconde Guerre mondiale et étudié à Paris, Milton Resnick revint à New York en 1948, et

À GAUCHE : *George Segal.* Portrait of Sidney Janis with Mondrian Painting, *1967. Figure en plâtre avec* Composition, *1933, de Mondrian, sur un chevalet, 177,3 × 142,8 × 69,1 cm. The Sidney and Harriet Janis Collection, The Museum of Modern Art, New York. Segal rend ici un hommage affectueux au génie du galeriste Sidney Janis.*

CI-DESSUS : *George Segal près d'une de ses sculptures dans la galerie Sidney Janis, 1966.*

s'inscrivit à la Hans Hofmann School of Fine Arts. À la fin des années 1950, il abandonna son coup de pinceau « impressionniste » pour une application plus brute de pigments et un espace de composition aplati. Ses œuvres étaient surtout abstraites, parfois presque monochromes, mais une forme humaine hantait souvent ses travaux. Dans *Y + R* (1958), par exemple, un groupe de personnages troublés semblent émerger du bas du tableau, marqué par ses coups de pinceau appuyés de couleurs verte, rouge et or.

Willem de Kooning pose au milieu de quelques-unes de ses toiles lors d'une installation à la galerie Sidney Janis, 1959, sous le regard du galeriste, qui porte son célèbre nœud papillon.

Conrad Marca-Relli eut ses premières leçons d'art dans son enfance en Italie, où son père était journaliste. Dans les années 1930, Marca-Relli participa au Federal Art Project de la WPA, où il rencontra de Kooning, Kline et Graham. Pour son premier « solo show »

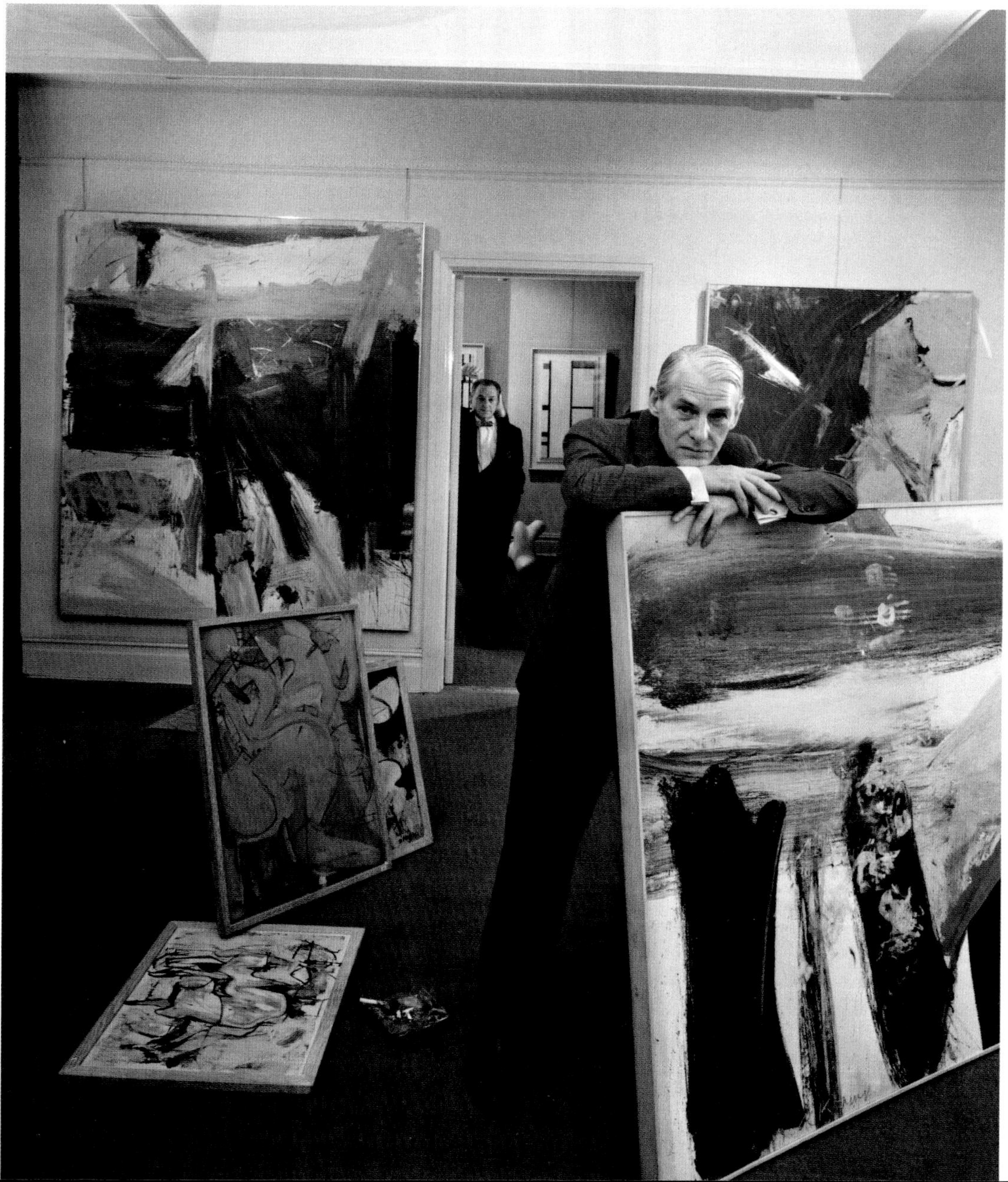

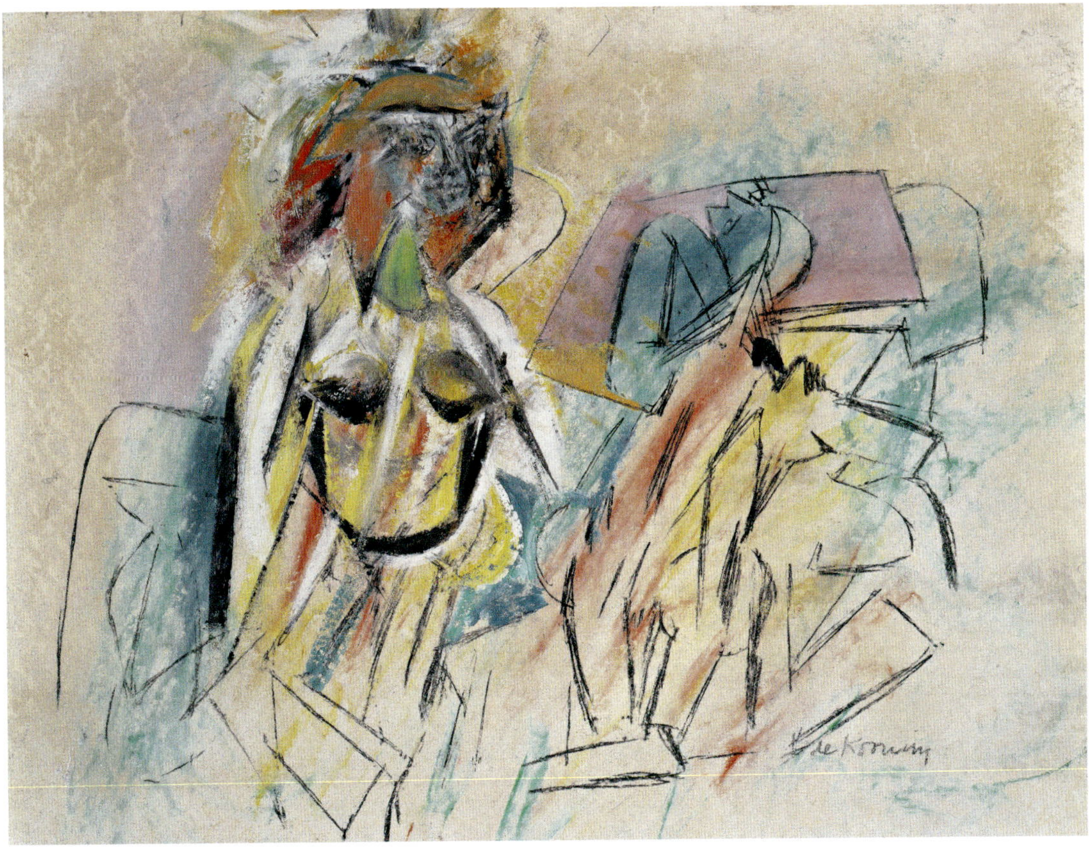

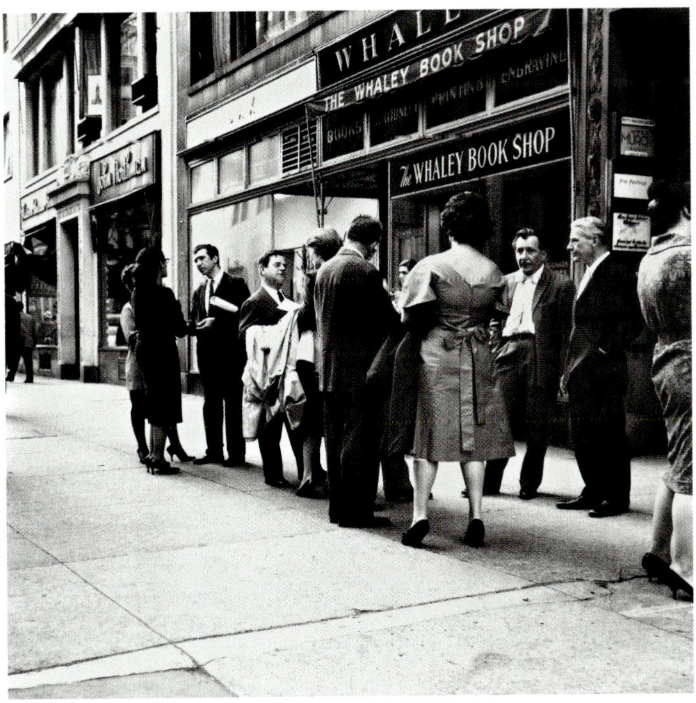

CI-DESSUS : *Willem de Kooning.* Two Women, *1949. Huile et fusain sur papier, 44,5 × 57,8 cm. Collection particulière.*

CI-CONTRE : *Willem de Kooning, à droite, en compagnie d'autres artistes, dont Franz Kline (le deuxième à partir de la droite) devant la galerie Sidney Janis le jour du vernissage de son exposition, 4 mars 1959.*

L'essai d'Ad Reinhardt How to Look at Modern Art in America *a été publié dans le quotidien* PM *en 1946. Il s'inspire du célèbre schéma d'Alfred Barr de 1936 sur « Le développement de l'art abstrait » et de l'arborescence parodique qu'en fait Nathaniel Pousette-Dart en 1938.*

À DROITE, EN HAUT : Rencontre d'artistes abstraits dans l'atelier de Milton Resnick, 10th East Street, *1956. Resnick se tient au centre ; Elaine de Kooning est la seconde personne assise à partir de la droite.*

À DROITE, EN BAS : Rencontre sur le toit de la galerie Tanager, 1956. Elaine de Kooning est au centre du groupe.

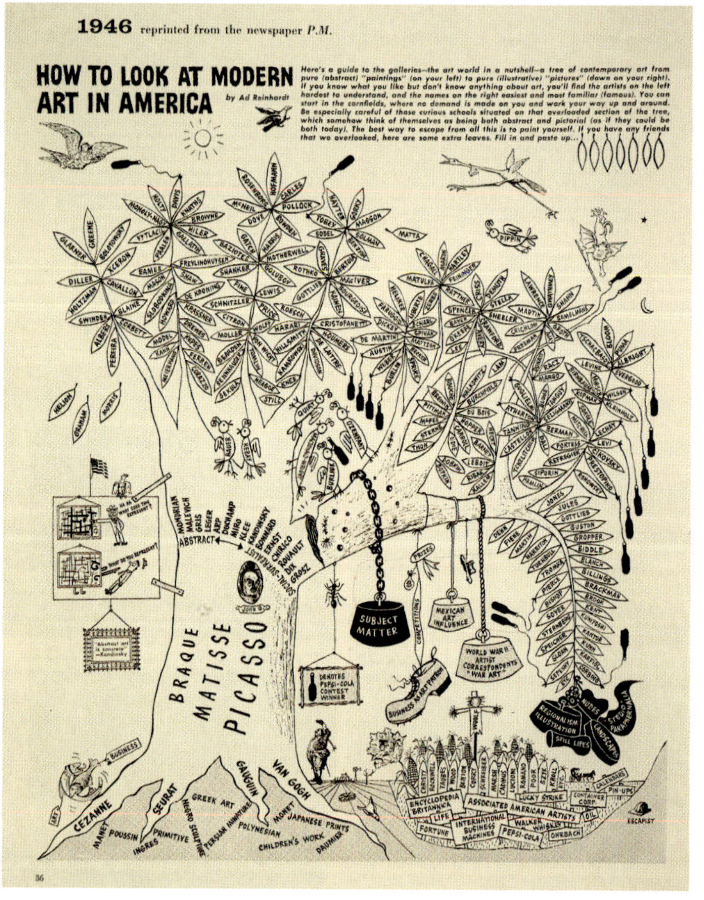

à New York, en 1947, à la galerie Niveau dans l'Upper East Side, il présenta des paysages surréalistes (proches de de Chirico). D'abord influencé par Gorky, il se tourna en 1953 vers le collage. Cette technique peut être comprise comme une réponse à la difficulté de représenter une figure humaine, notamment à l'image de la série « Woman » de de Kooning. Au début des années 1950, Marca-Relli acheta une maison près de celle de Pollock, à Springs, dans les Hamptons, et tous deux devinrent des amis proches. C'est d'ailleurs Marca-Relli qui identifia le corps de Pollock à la suite de son accident fatal – une épreuve qui inspira son grand collage *The Death of Jackson Pollock* (1956), un paysage horizontal composé de lambeaux de toile couleur chair.

Le Club organisa trois ou quatre soirées par semaine (certaines réservées aux membres, d'autres ouvertes aux invités) pendant six ans. « Les artistes se sentaient réellement isolés, ils n'avaient pas de public, rien. Ils avaient du mal à survivre », raconta Ileana Castelli Sonnabend[54]. Lors des innombrables conférences, tables rondes, discussions, lectures et fêtes auxquelles ils participaient en compagnie d'intervenants externes (critiques, galeristes, conservateurs de musées

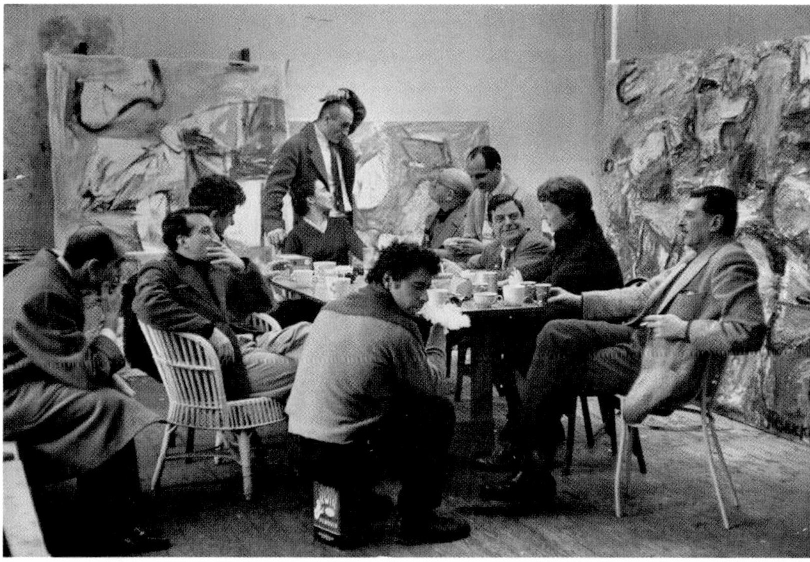

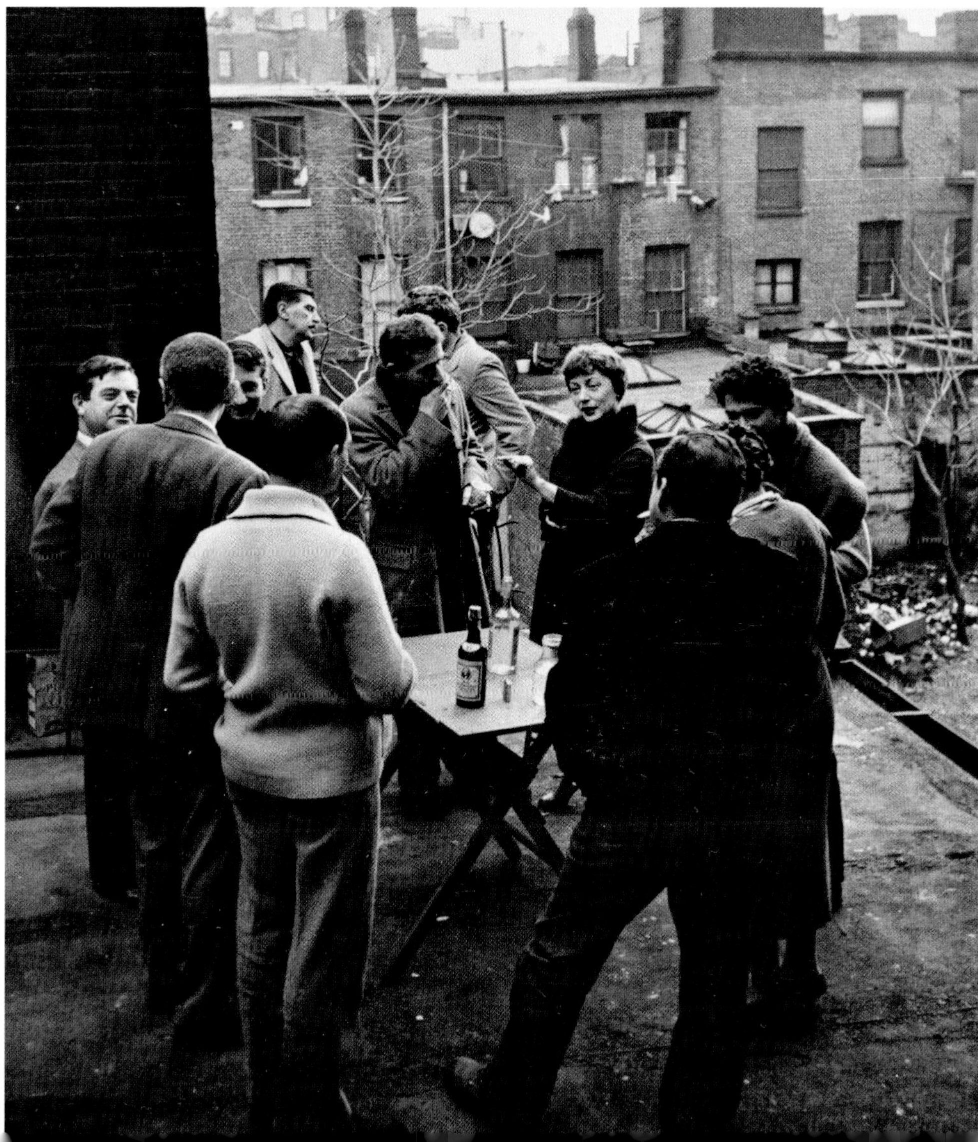

CI-CONTRE : *Ad Reinhardt dans son atelier en 1955.*

CI-DESSOUS : *Ad Reinhardt.* Red Painting, *1953. Huile sur toile, 101,6 × 101,6 cm. Collection Kathy et Keith Sachs.*

À DROITE, EN HAUT : *Milton Resnick assis devant* Swan, *1961.*

À DROITE, EN BAS : *Milton Resnick.* Y+R, *1958. Huile sur toile, 170,2 × 172,7 cm. Collection particulière.*

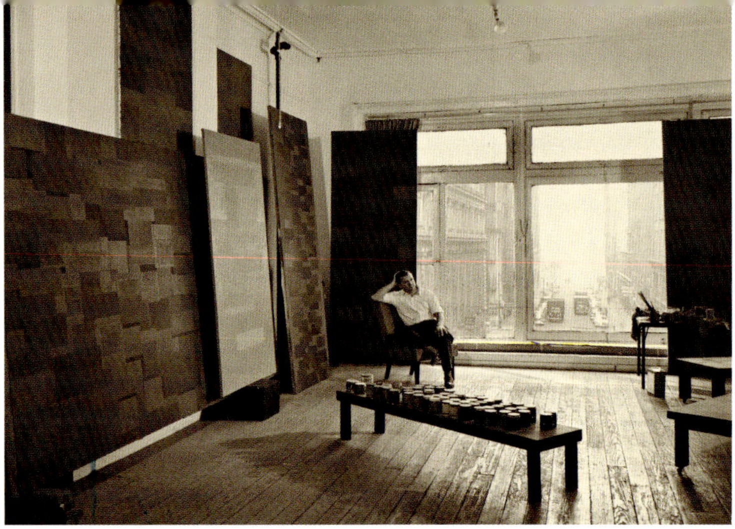

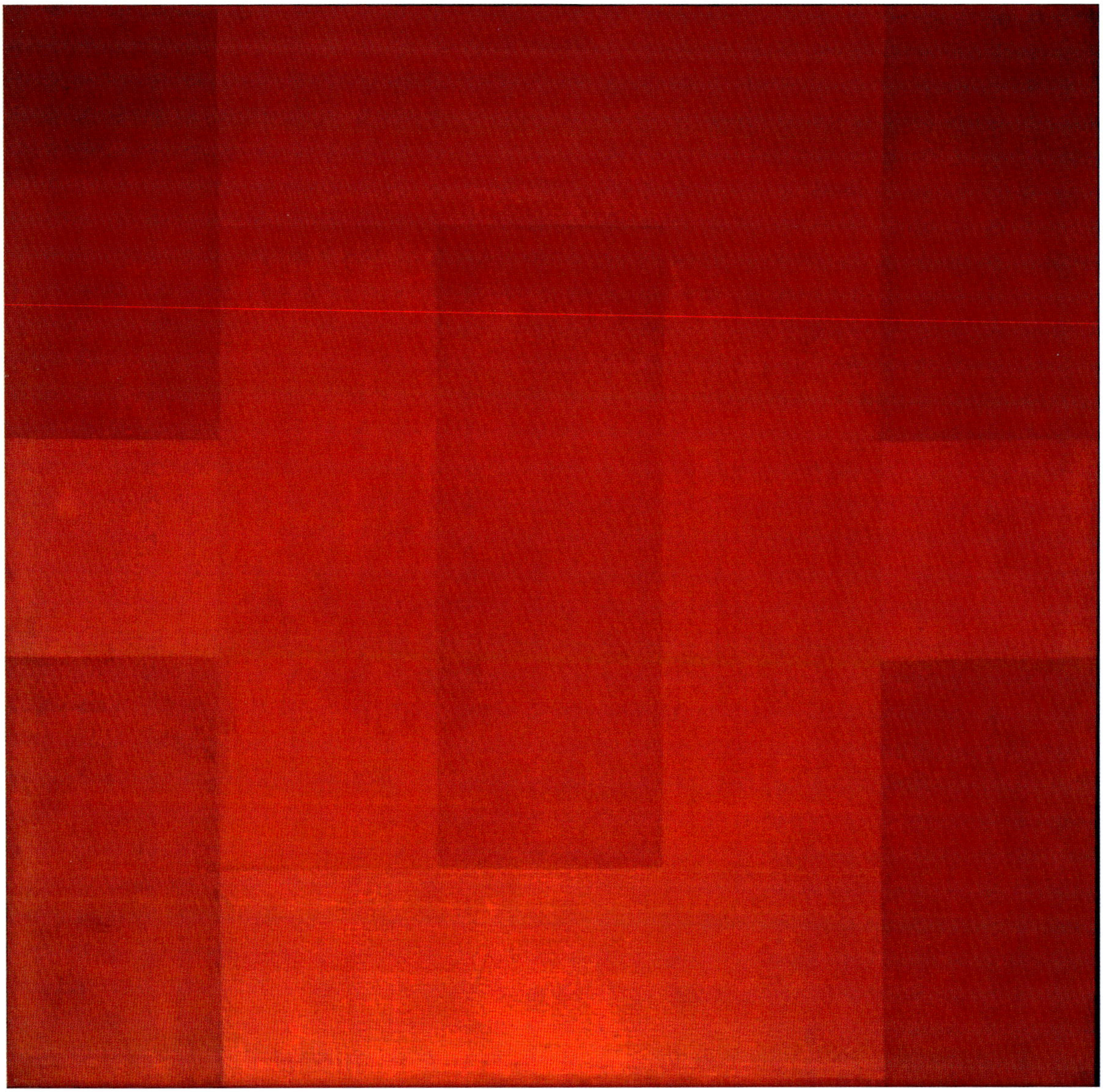

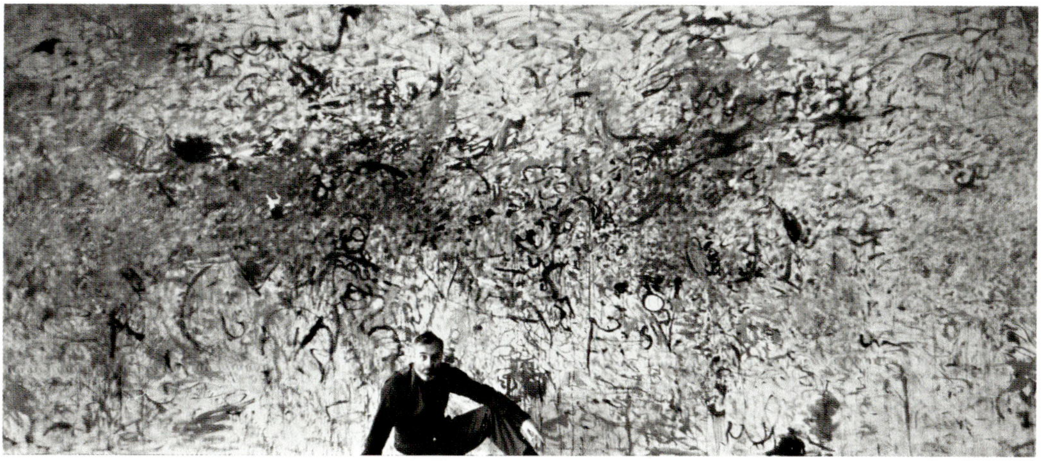

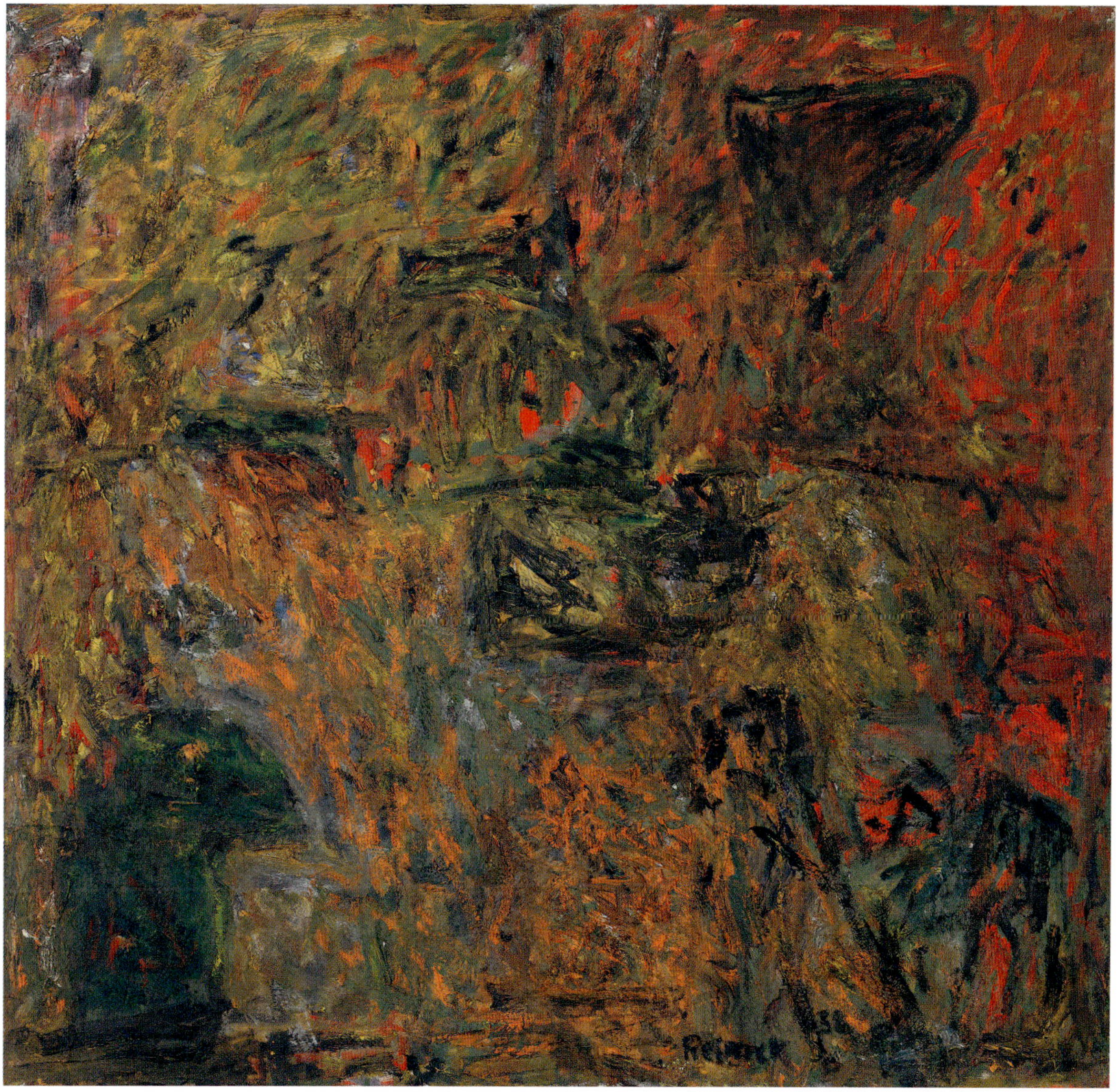

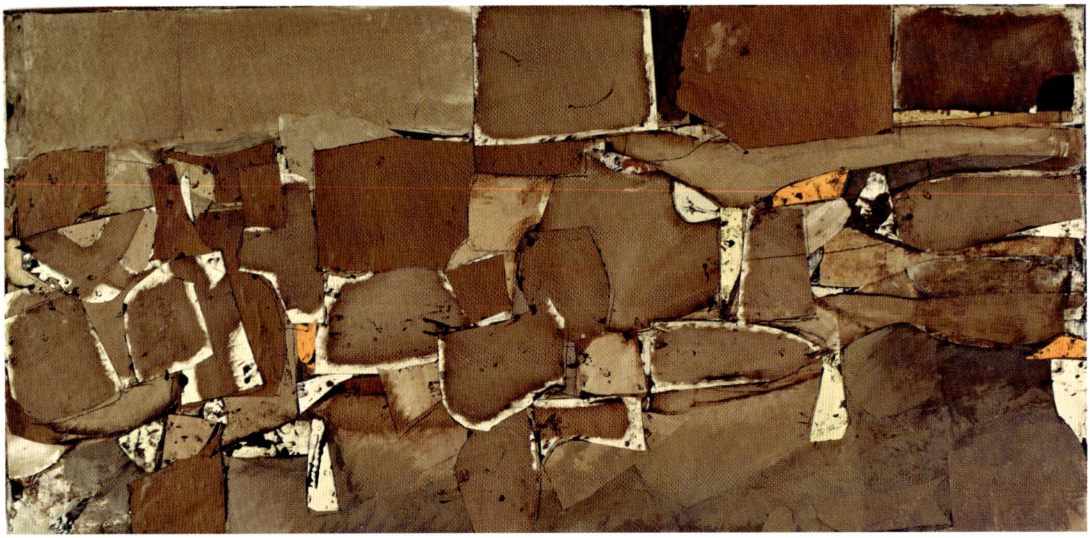

CI-DESSUS : Conrad Marca-Relli. Death of Jackson Pollock, *1956. Collage et techniques mixtes sur toile, 111 × 224 cm.*

CI-DESSOUS, À GAUCHE : Affiche annonçant une soirée de jazz au Club, 1959.

CI-DESSOUS, À DROITE : Conrad Marca-Relli, à gauche, et Jackson Pollock à East Hampton, New York, 1955.

et collectionneurs, musiciens, écrivains et philosophes), ils tentaient de se définir eux-mêmes. Toutes ces réunions se tenaient dans une zone géographique bien précise : le carré formé par *8th Street* au sud et *9th Street* au nord, Broadway à l'est et University Place à l'ouest, dans ce qui était encore, au début des années 1950, un quartier plutôt glauque de l'East Village. En compagnie de personnages exceptionnels comme Hannah Arendt, John Cage et Morton Feldman ou encore Lionel Abel, et suivant une longue tradition européenne qui n'en était qu'à ses débuts aux États-Unis, ces artistes formèrent une communauté et, lors d'innombrables réunions alcoolisées, un sentiment identitaire émergea qui, au fil des ans, défia le conservatisme qui régnait encore à New York.

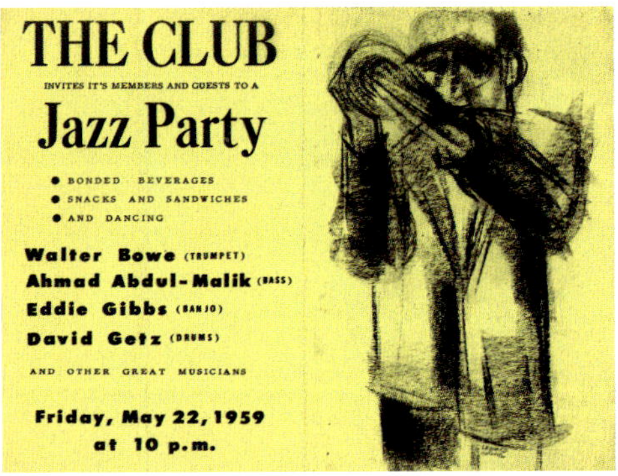

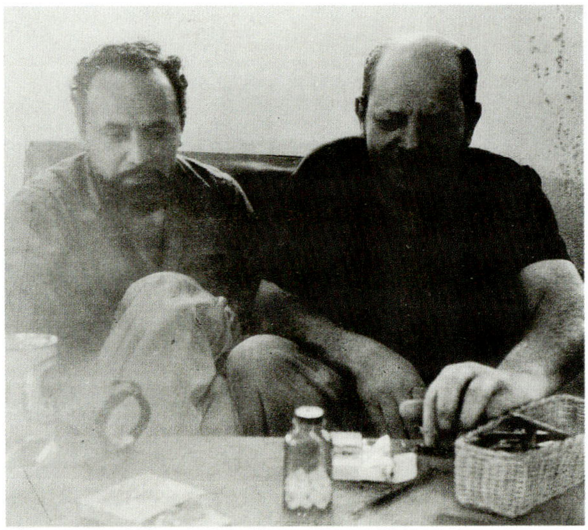

PARIS OU NEW YORK ?

1950-1952

La seule chose que je souhaitais, c'était le succès d'un artiste qui serait au niveau des Français, pour que l'on cesse enfin de croire que, de ce côté de l'Atlantique, il n'y avait que des peintres mineurs[55].

CLEMENT GREENBERG

New York est comme du métal aiguisé. . . Tout dans cette ville est ouvert, accessible, à portée de main. . . Les différents groupes d'artistes ne sont pas brutalement agressifs les uns avec les autres, comme ils le sont à Paris[56].

MICHEL SEUPHOR

En 1951, à la galerie Sidney Janis, lors de l'exposition « Young U.S. and French Painters », Leo Castelli accrocha face à face certains artistes américains avec ceux qu'il considérait comme leurs homologues parisiens. Beaucoup trouvèrent que les Français souffraient de la comparaison, et « les peintres new-yorkais s'imaginèrent déjà comme étant supérieurs aux Parisiens[57] ». Alfred Barr lui-même reconnut avoir été séduit, et il invita Pollock, de Kooning et Gorky à représenter les États-Unis à la Biennale de Venise. Toujours la même année, la toile très dynamique de de Kooning, *Excavation,* remporta un prix à Chicago. Pour certains, cette peinture – une juxtaposition de formes humaines anguleuses – symbolisait la frénésie qui régnait à New York.

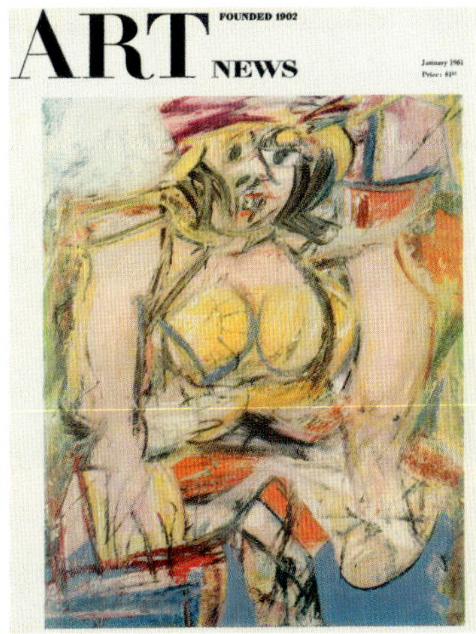

*Le numéro de janvier 1961 d'*ARTnews *présente en couverture* Woman IV, *1952-1953, de Willem de Kooning.*

Le Club continuait de se développer et, bientôt, ses membres proposèrent une exposition de groupe. « On se soutenait les uns les autres, se souvint Conrad Marca-Relli. Il y avait les artistes les plus âgés, dont Pollock, qui avaient déjà réussi, et les autres, comme de Kooning, qui n'allaient pas tarder à réussir et qui exposaient leurs œuvres dans les galeries *uptown* ; et puis il y avait les plus jeunes, qui n'avaient encore jamais rien exposé[58]. » La tension entre Pollock et de Kooning apparut d'autant plus forte que chaque artiste était soutenu par son champion – Greenberg pour Pollock, et Rosenberg pour de Kooning. Pollock vivait à East Hampton et faisait la navette entre Long Island et New York. Certains de ses supporters commencèrent à considérer le Club comme le camp de de Kooning, et Thomas B. Hess, le nouvel éditeur d'*ARTnews,* fut critiqué parce qu'il « jouait le rapport de force, selon Marca-Relli, en soutenant Bill tout en essayant d'éjecter Jack de sa position de numéro un[59] ».

Les artistes new-yorkais restaient pourtant inconnus d'une grande partie du public, et notamment des institutions comme le Metropolitan Museum of Art. En réponse à l'exposition-concours « American Painting Today, 1950 », un groupe d'artistes *downtown,* conduit par Barnett Newman, Ad Reinhardt et Adolph Gottlieb, adressa au président de l'institution de la 5e Avenue une lettre ouverte publiée dans le *New York Times* du 22 mai 1950, dans laquelle il attaquait le conservateur « pour son hostilité à l'art émergent », en accusant le directeur d'avoir du « mépris pour la peinture moderne », et en regrettant « qu'une proportion suffisante de l'art d'avant-garde » n'ait pas été intégrée à l'exposition[60]. « Nous attirons l'attention de ces messieurs sur le fait historique suivant : pendant près d'un siècle, seul l'art d'avant-garde a contribué à l'avancée de la civilisation de manière significative[61]. »

La même année, dans un petit atelier d'artistes sur *West 44th Street*, la photographe Nina Leen rassembla quinze peintres « rebelles » pour en faire un portrait de groupe. Le 15 janvier 1951, près de deux mois après cette séance de pose, la photo de Leen parut dans *Life Magazine* avec le sous-titre : « Un groupe d'artistes rebelles d'avant-garde mène la guerre contre l'exposition[62]. » Dès lors, les quinze

Photographie par Nina Leen des « Irascibles » pour le magazine Life, *24 novembre 1950. Dans la rangée du fond, de gauche à droite : Willem de Kooning, Adolph Gottlieb, Ad Reinhardt, Hedda Sterne ; dans la rangée du centre : Richard Pousette-Dart, William Baziotes, Jackson Pollock, Clyfford Still, Robert Motherwell, Bradley Walker Tomlin ; au premier rang : Theodoros Stamos, Jimmy Ernst, Barnett Newman, James Brooks et Mark Rothko. Il manque sur la photo Weldon Kees, Fritz Bultman et Hans Hofmann.*

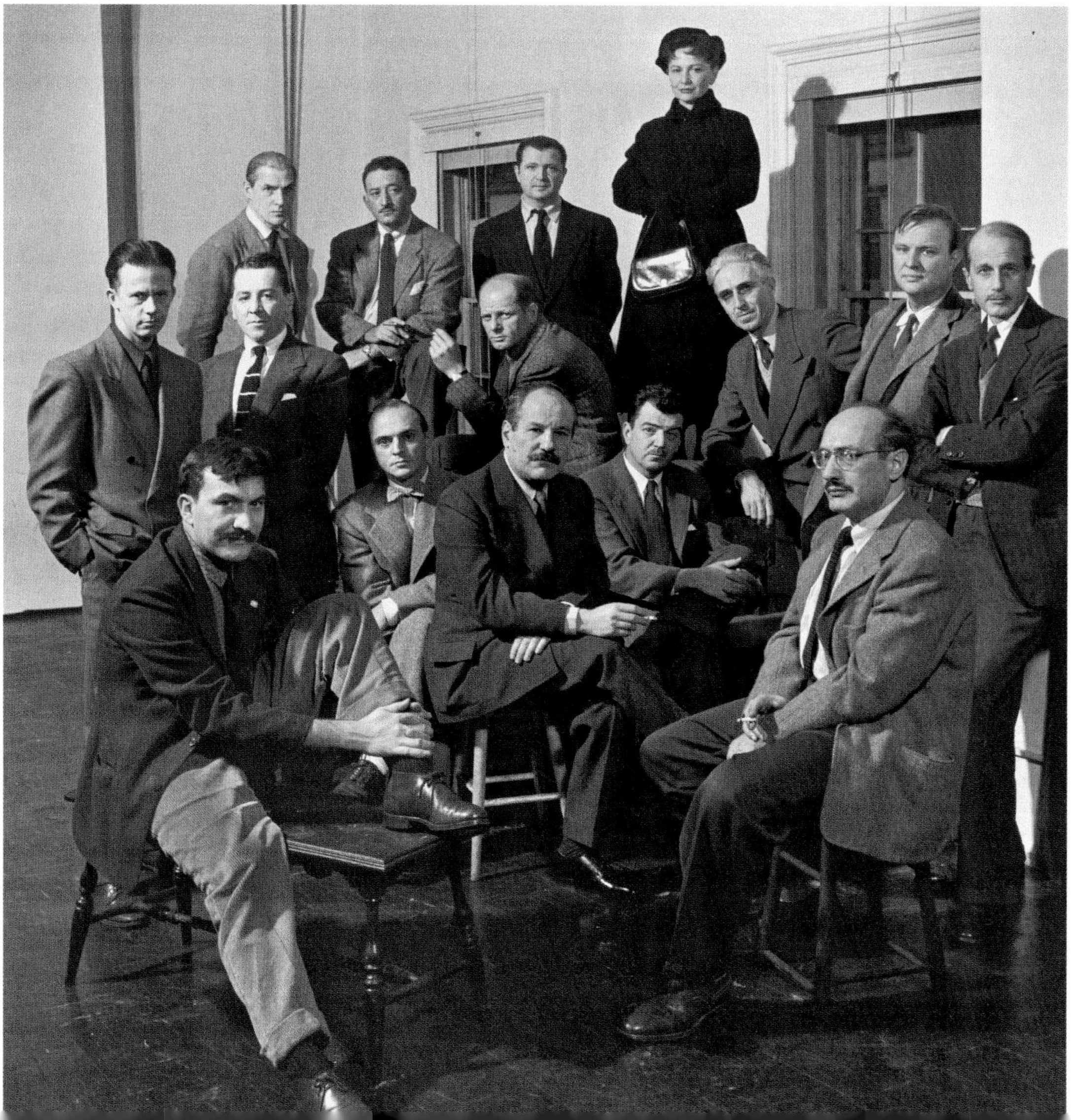

artistes rassemblés dans ce portrait de groupe furent nommés « les Irascibles », l'un des premiers collectifs à se dresser contre l'*establishment* aux États-Unis, pays où l'artiste fut longtemps considéré comme un citoyen de seconde zone. En agissant ainsi, ces artistes imitèrent ces moments de rupture européens, comme le Salon des Refusés à Paris, la Sécession à Vienne ou le Blaue Reiter à Munich. Le sourire était la norme pour les photos de célébrités, mais le cliché du magazine *Life* présenta un groupe d'artistes habillés en costumes, aux visages sinistres, dans une attitude de dédain qui révélait leurs liens avec la tradition européenne de la rébellion artistique. Ce portrait rappelle la grande toile de Fantin-Latour où figurent des artistes et écrivains d'avant-garde, dont Whistler, Baudelaire, Manet et le peintre lui-même, entourant un portrait de leur mentor, dans un *Hommage à Delacroix*.

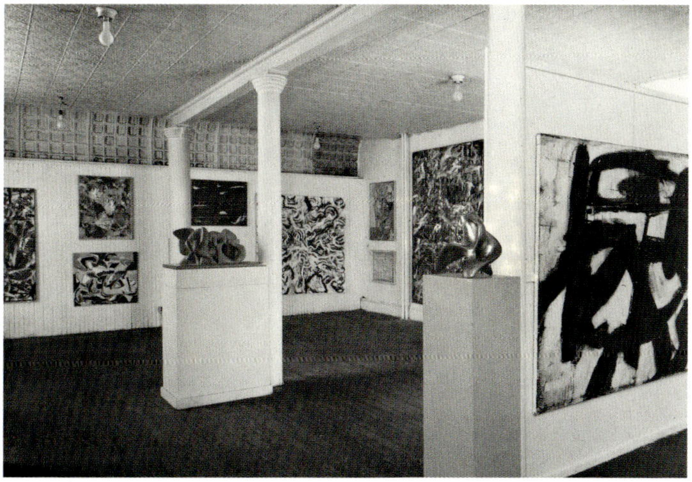

CI-DESSUS : *Vue du « Ninth Street Show », exposition collective qui a fait date, organisée par Leo Castelli à Greenwich Village, mai-juin 1951.*

CI-DESSOUS : *Affiche pour l'exposition « Ninth Street Show ».*

En mai 1951, les artistes new-yorkais demandèrent à Leo Castelli – qui était à la fois membre du Club, collectionneur et commissaire d'exposition – d'accrocher leurs œuvres dans un ancien magasin d'antiquités devenu vacant. Organisé de la manière la plus chaotique, cet événement resta gravé dans les mémoires comme le « Ninth Street Show[63] ». Il présentait le travail de soixante-dix artistes locaux et attira non seulement la foule de *downtown* mais aussi, pour la première fois, celle d'*uptown*. De nombreux observateurs réagirent à cet « événement vivant, énergique et très réussi[64] ». Le critique Tom Hess signala « qu'une ligne avait été franchie » et qu'avait été accompli « un pas en avant dans le monde de l'art dans son ensemble, dont l'avenir rayonnait de possibilités », tout en décrivant « une prise de conscience brutale que l'activité artistique locale avait acquis une véritable légitimité et présentait une image remarquablement cohérente[65] ».

En 1951, le critique français Michel Seuphor, alors en voyage à New York pour comprendre l'avènement du Nouveau Monde, trouva les mots justes pour décrire la situation : « La scène de New York est à son apogée, c'est un diamant qui brille de mille feux. Il n'existe aucune frontière : tous les artistes ici se connaissent et se fréquentent. Cela ne veut pas dire qu'il n'y a pas de compétition, mais elle n'est pas vicieuse. Prenez place : il y en a pour chacun dans ce monde bien organisé dont nous sommes au sommet[66]. » À ce moment-là, Dorothy Miller préparait l'exposition « *15 Americans* » au MoMA, qui allait être montrée au public du 9 avril au 27 juillet 1952.

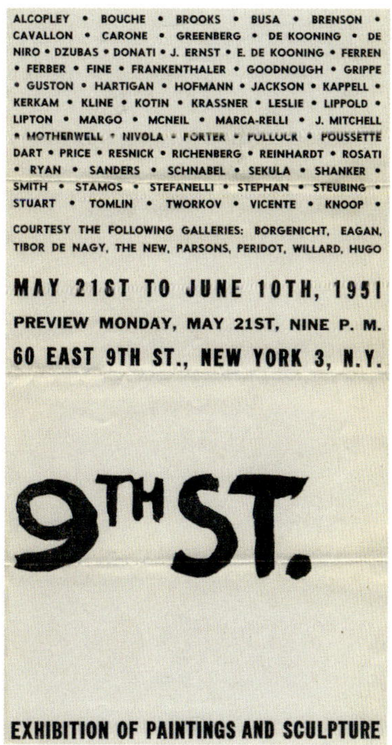

DOWNTOWN OU UPTOWN ?

1953-1955

L'avant-garde d'aujourd'hui [...]
tout comme les bohémiens de Tenth Street, est entrée
dans une phase d'isolement volontaire[67].
HAROLD ROSENBERG

La poésie était en déclin,
La peinture en émergence
Nous étions dans l'ère de la contestation,
C'était les années cinquante[68].
FRANK O'HARA

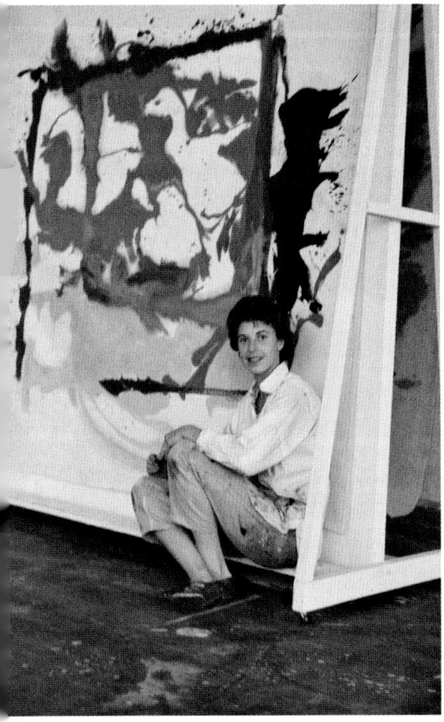

L'ouverture de nouveaux espaces dans l'East Village, dont la Tanager Gallery au *90 East 10th Street*, modifia le clivage entre *downtown* et *uptown*. On vit l'intégration de certains peintres du sud de la ville dans des galeries établies au nord de Manhattan – ainsi, la Stable Gallery se présentait comme le carrefour de l'avant-garde avec sa manifestation annuelle, en hommage au « Ninth Street Show ». Greenberg faisait de son mieux pour suivre la génération émergente des peintres du mouvement « Colorfield », qu'il définira plus tard comme « *post-painterly Abstraction* ». Influencé par Reinhardt, le mouvement comptait dans ses rangs Sam Francis, Helen Frankenthaler, Kenneth Noland, Clyfford Still, Robert Motherwell et Morris Louis. En 1953, le galeriste André Emmerich ouvrit un espace au *18 East 77th Street* et passa les cinq décennies suivantes à soutenir tous les peintres « Colorfield ». Ce terme, inventé par Irving Sandler dans son livre *The Triumph of American Painting: A History of Abstract*

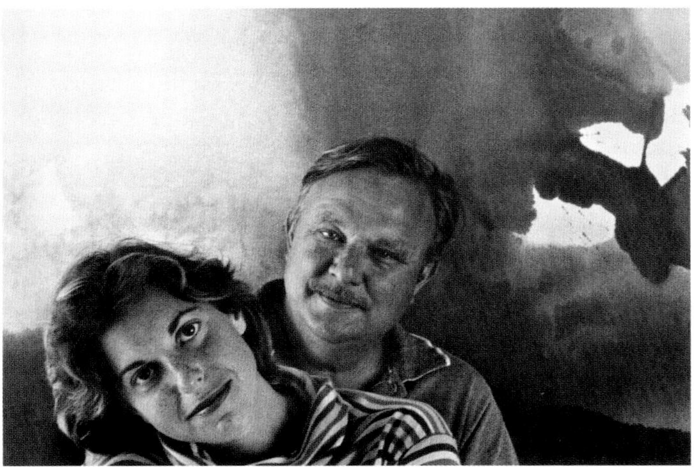

CI-DESSUS : *Helen Frankenthaler dans son atelier à New York, 1961.*

CI-CONTRE : *Helen Frankenthaler et Robert Motherwell en 1963.*

À DROITE : *Équipe installant l'immense* Guiding Red, *1977, d'Helen Frankenthaler. Cette œuvre est représentative des dimensions gigantesques que prennent les peintures et sculptures produites aux États-Unis à l'époque.*

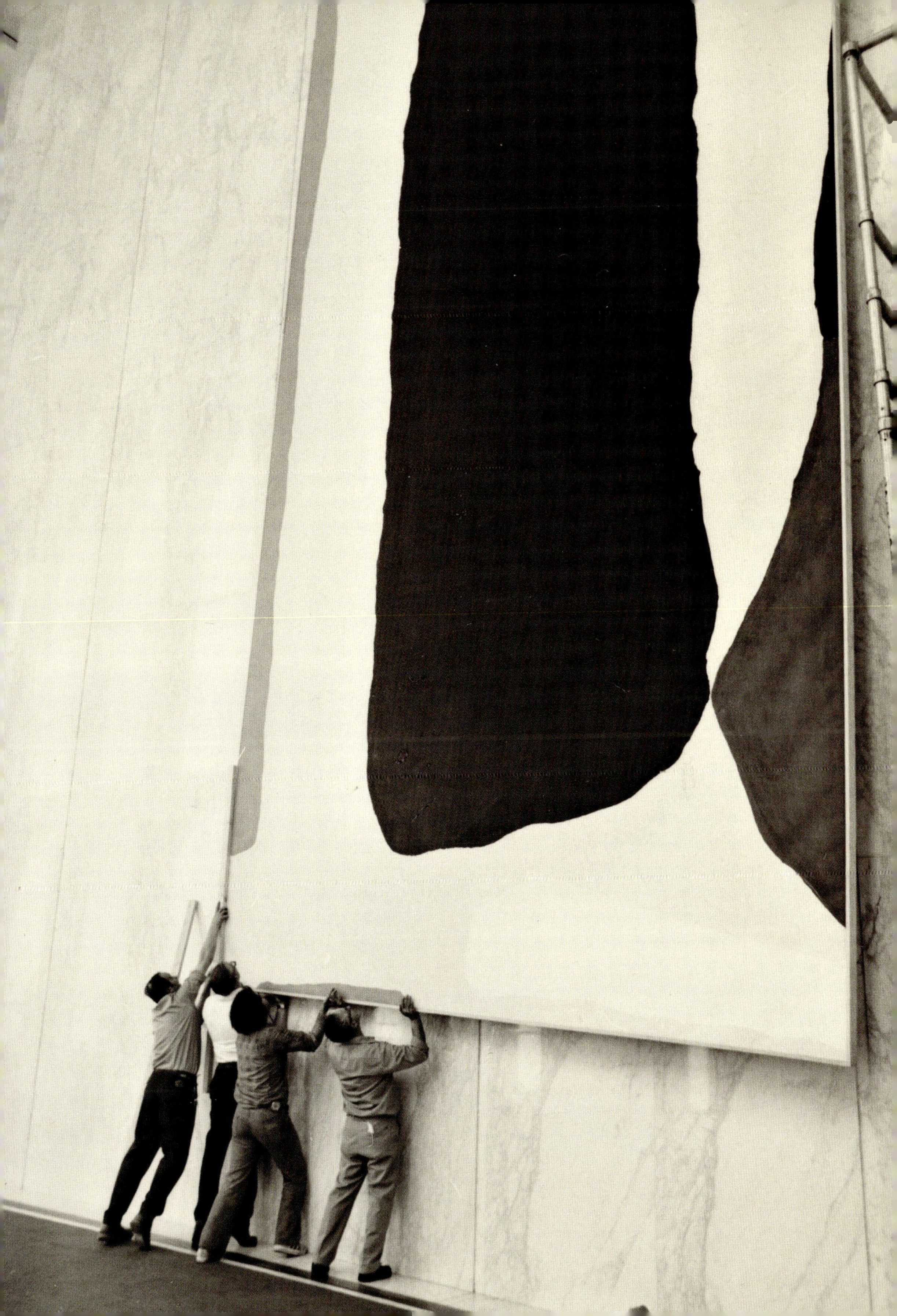

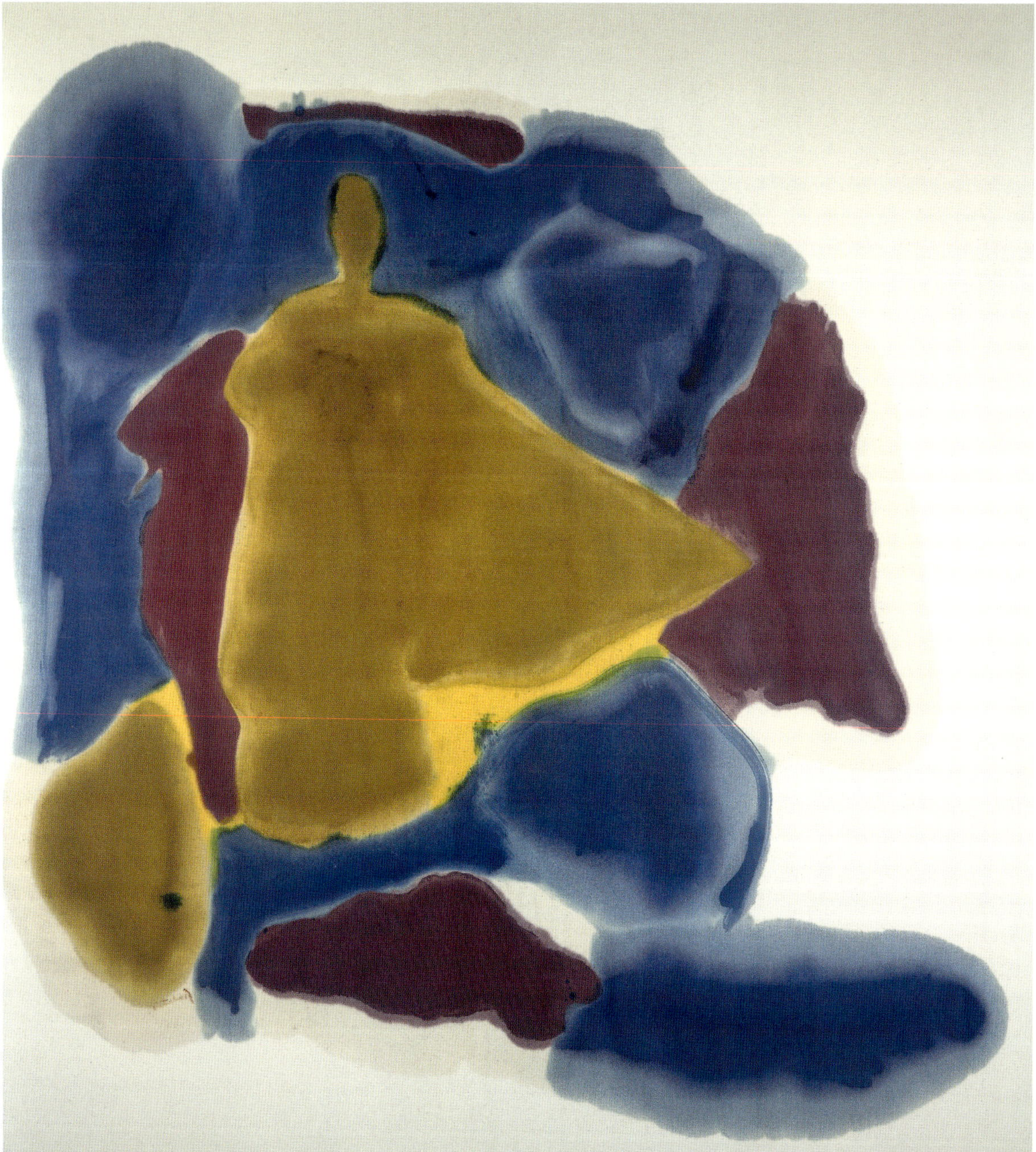

CI-DESSUS : Helen Frankenthaler. Sun, Sand and Sea, *1962. Huile sur toile, 157,5 × 132,1 cm. Collection particulière. Dans cette œuvre, où la surface prime sur la profondeur, le pigment s'étend comme un voile sur le plan du tableau. Cette esthétique influencera profondément Morris Louis et Kenneth Noland.*

À DROITE, EN HAUT : Morris Louis debout devant Sans titre, *vers 1956.*

À DROITE : Morris Louis. Gemini, *1962. Acrylique sur toile, 208 × 69,1 cm. Los Angeles County Museum of Art, Los Angeles.*

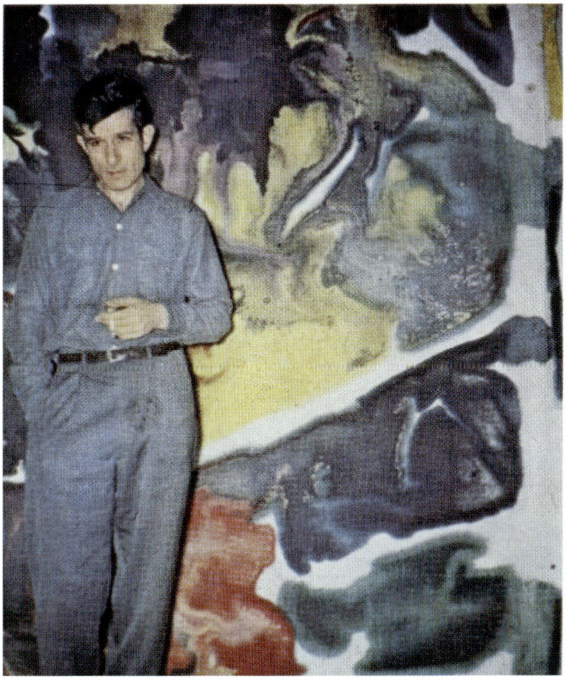

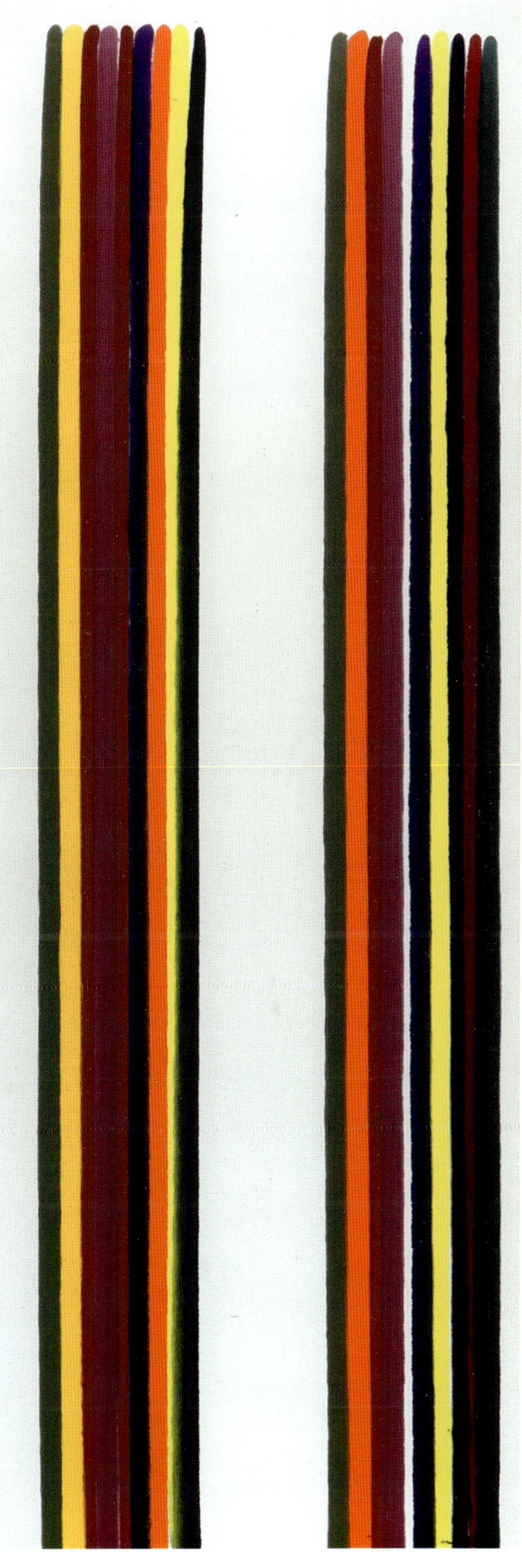

Expressionism (1970), désigne le glissement des œuvres imprégnées de surréalisme des années 1940 et 1950 vers des compositions apaisées, des formes arrondies et de taches de couleurs. Les monochromes de Reinhardt sont cités comme la référence de ce mouvement qui s'articule entre les jeux de couleurs lyriques de Morris Louis (*Where,* 1960), les compositions paysagistes poétiques d'Helen Frankenthaler (*Seascape with Dunes,* 1962), ou les toiles audacieuses de Kenneth Noland (*Turnsole,* 1961).

Helen Frankenthaler, qui était à l'époque la femme de Motherwell, réalisait ses toiles lyriques et abstraites à partir de flaques de couleurs aux pigments séparés à la térébenthine et posées directement sur de la toile brute, à même le sol. Elle mit au point cette technique pour son tableau *Mountains and Sea* (1952), une composition dans les rouges, verts et bleus. Privilégiant la surface à la profondeur, les pigments s'étalaient comme un tissu sur la toile – une esthétique qui influencera Morris Louis et Kenneth Noland. Mais Noland, élève de Josef Albers au Black Mountain College d'Asheville, était surtout marqué par Ilya Bolotowsky, Klee et Matisse. À l'inverse de Frankenthaler, il recherchait la pureté de la couleur et des formes géométriques. Il travaillait par séries, apportant de subtils changements à des formes abstraites, utilisant d'abord des cercles puis des chevrons ou des lignes horizontales. En 1956, Dorothy Miller choisit le tableau *In a Mist* (1955) pour l'exposition itinérante du MoMA « Young American Painters », une toile qui mettait en lumière la technique de Noland pour créer d'audacieux champs colorés.

En associant artistes et intellectuels et en organisant des débats et des discussions, le Club permit aux critiques de se joindre enfin au monde de l'art. Greenberg, Rosenberg, Thomas B. Hess, Steinberg, Schapiro, Rosenblum, Leider et Max Kozloff devinrent de plus en plus importants sur la scène des arts plastiques. *Downtown*, les artistes appréciaient la perspicacité de Tom Hess et la qualité des articles de Rosenberg dans *ARTnews*, mais le « roi de la critique d'art » était Greenberg, qui débuta comme éditeur pour *Partisan Review* dans les années 1940, lorsque ce journal publia son remarquable essai *Avant-Garde and Kitsch*. Mais il devint vite une personnalité controversée. Selon Pavia, l'un des artistes fondateurs du Club, « si ses croyances faisaient l'unanimité, ses choix le faisaient moins ».

Obsédé par l'art, « Clem » cherchait toujours de nouveaux talents, visitant les artistes dans leurs ateliers et discutant souvent avec eux. Il était tout aussi proche des galeristes ; en 1950, il organisa avec Schapiro l'exposition « Talent » à la Kootz Gallery

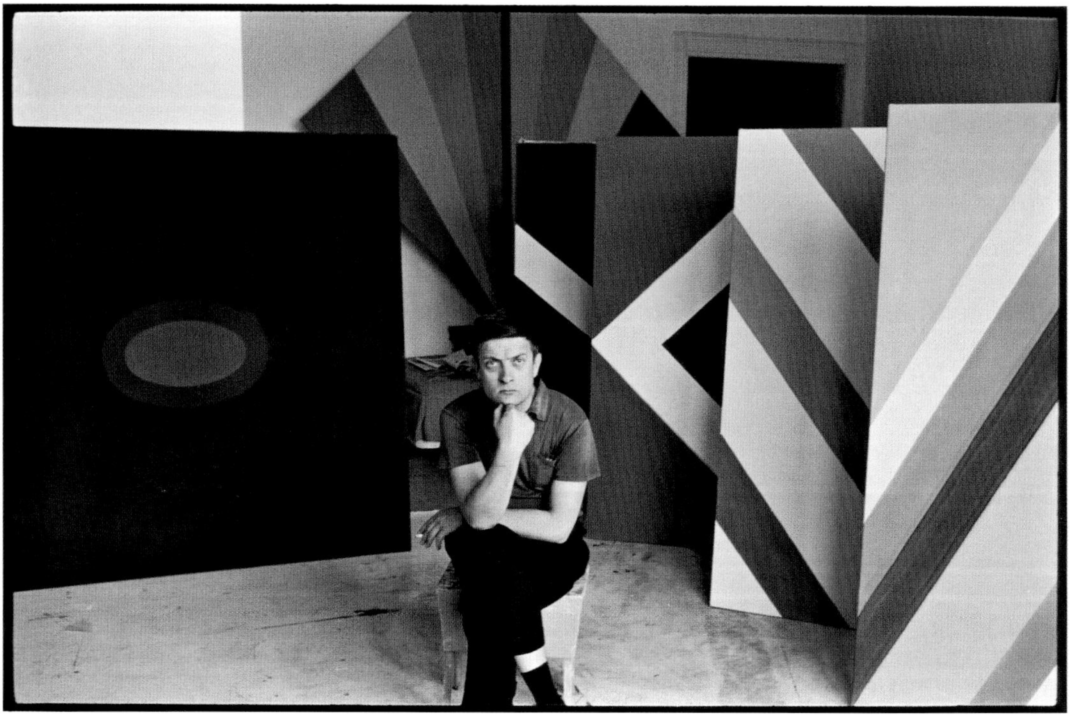

Kenneth Noland dans son atelier au Chelsea Hotel, 1963. Élève de Joseph Albers au Black Mountain College, il est resté fidèle aux couleurs pures et aux formes géométriques.

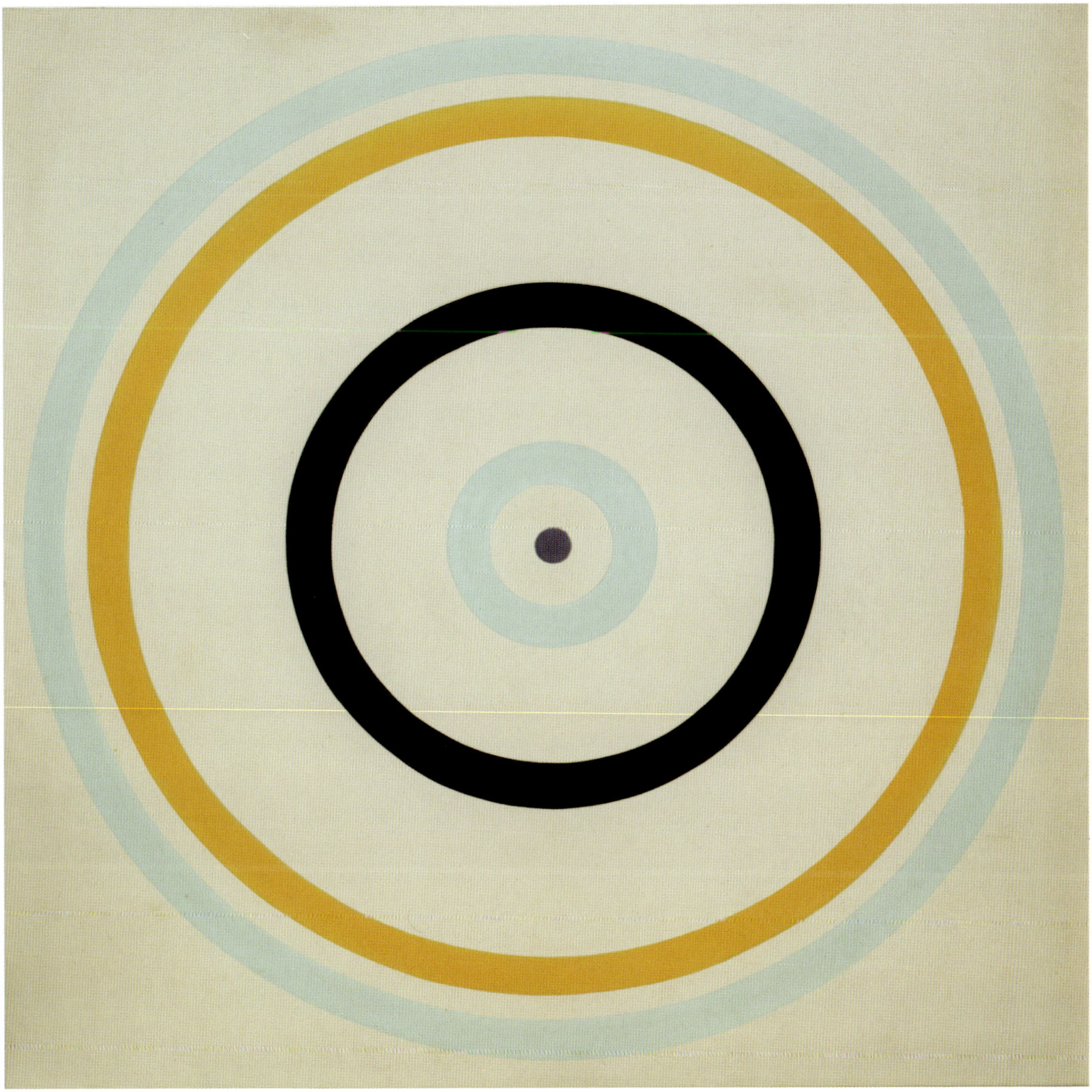

Kenneth Noland. Turnsole, *1961. Peinture polymère synthétique sur toile, 39 × 39 cm. Blanchette Hooker Rockefeller Fund. The Museum of Modern Art, New York. Noland apporte de subtils changements aux formes abstraites, notamment au cercle.*

et, en 1951, lorsque Tibor de Nagy ouvrit sa nouvelle galerie avec comme directeur l'ancien rédacteur de *View,* John Bernard Myers, Greenberg suggéra un projet d'exposition très personnel : « Clem's list ». Il était passé maître dans l'art de partager sa propre opinion, mais si un jour il trouvait un groupe d'artistes prometteur, il pouvait changer d'avis dès le lendemain. De nombreux peintres lui en voulaient, l'accusant de les avoir poussés vers l'art abstrait. La dévotion de Greenberg pour l'abstraction et son opposition à l'art figuratif participèrent à la division des artistes d'avant-garde de *downtown,* alors que le sentiment anti-Greenberg unissait *Tenth*

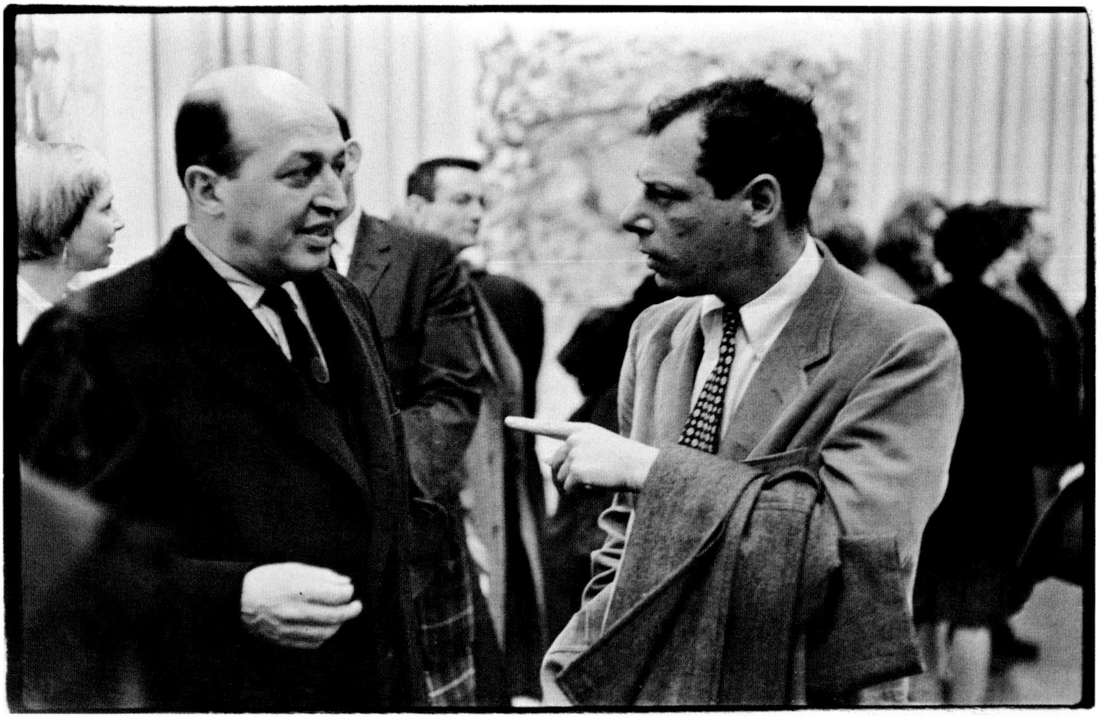

*CI-DESSUS : Le critique d'art Clement Greenberg, à gauche, en conversation avec le directeur d'*ARTnews *à l'ouverture de l'exposition Herman Cherry à la galerie Poindexter,* 57th East Street, *1961.*

*À DROITE, EN HAUT À GAUCHE : La couverture d'*Artforum *pour le numéro du 11 mai 1964, avec* The Lark, *1961, d'Hans Hofmann.*

*À DROITE, EN HAUT À DROITE : La couverture d'*Artforum *pour le numéro du 10 avril 1964, avec* Toaster, *1963, de James Rosenquist.*

À DROITE, EN BAS: Dans le sens horaire à partir de la gauche : Elaine de Kooning, un homme non identifié, la photographe et militante sociale Dorothy Norman, Jackson Pollock, Willem de Kooning et Lee Krasner, 1950.

Street et ses locataires. « Toute référence à Clem, à Pollock et à ce qui avait porté l'expressionnisme abstrait à l'attention du public disparut », commenta Hilton Kramer. « *Tenth Street* était anti-Clem. Son simple nom y devint une insulte[69]. »

Le camp mené par de Kooning et soutenu par Rosenberg était le plus fourni, il était composé d'artistes qui avaient comme référence la période synthétique de Picasso et travaillaient avec des formes humaines. Le camp opposé, mené par Greenberg et Pollock, était perçu comme plus avant-gardiste, dans la mesure où il recherchait une réponse formelle plus radicale. Les deux groupes continuaient de se fréquenter au Club, mais il n'y avait aucun doute sur la question de l'appartenance de chacun. À compter de 1952, le groupe de *downtown* eut l'impression que « Clem » avait créé une « académie suffocante » et ils firent en sorte qu'ils se sentent désormais, lui et son entourage, malvenus chez eux. Le peintre Friedel Dzubas expliquait que « Greenberg était d'abord un porte-parole pour nous, la deuxième génération des expressionnistes abstraits », mais même s'il était « très respecté » à ses débuts, il devint plus tard « un ennemi[70] ». De même, Greenberg soutint Pollock pendant longtemps, jusqu'à ce que l'artiste revienne à la figuration et, après l'exposition de novembre 1952 à la Sidney Janis Gallery, la brouille fut définitive. Greenberg n'écrivit plus aucune critique sur Pollock entre 1952 et 1954.

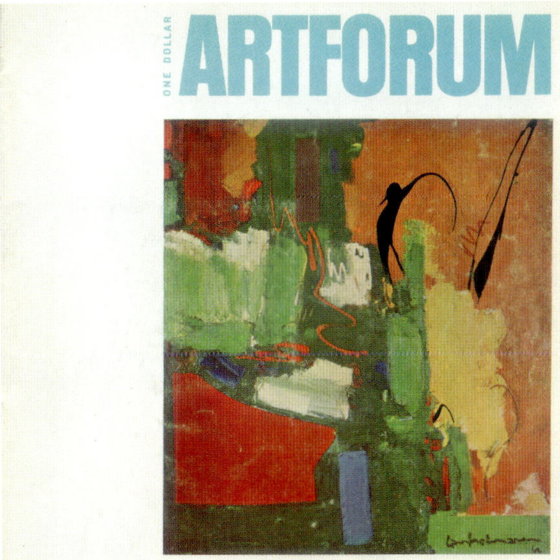
ONE DOLLAR
ARTFORUM

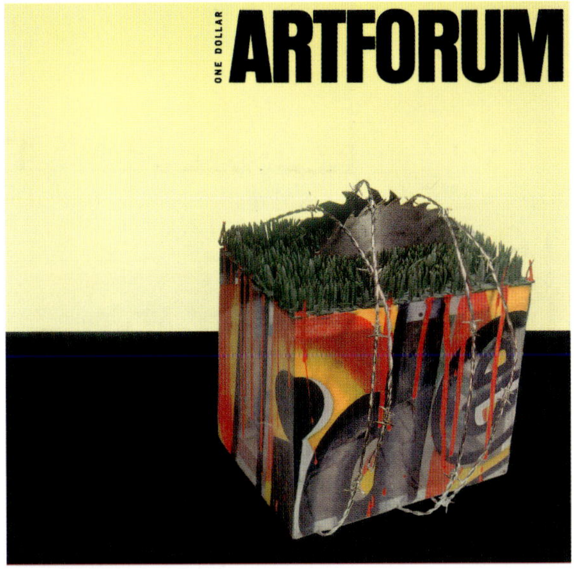
ONE DOLLAR
ARTFORUM

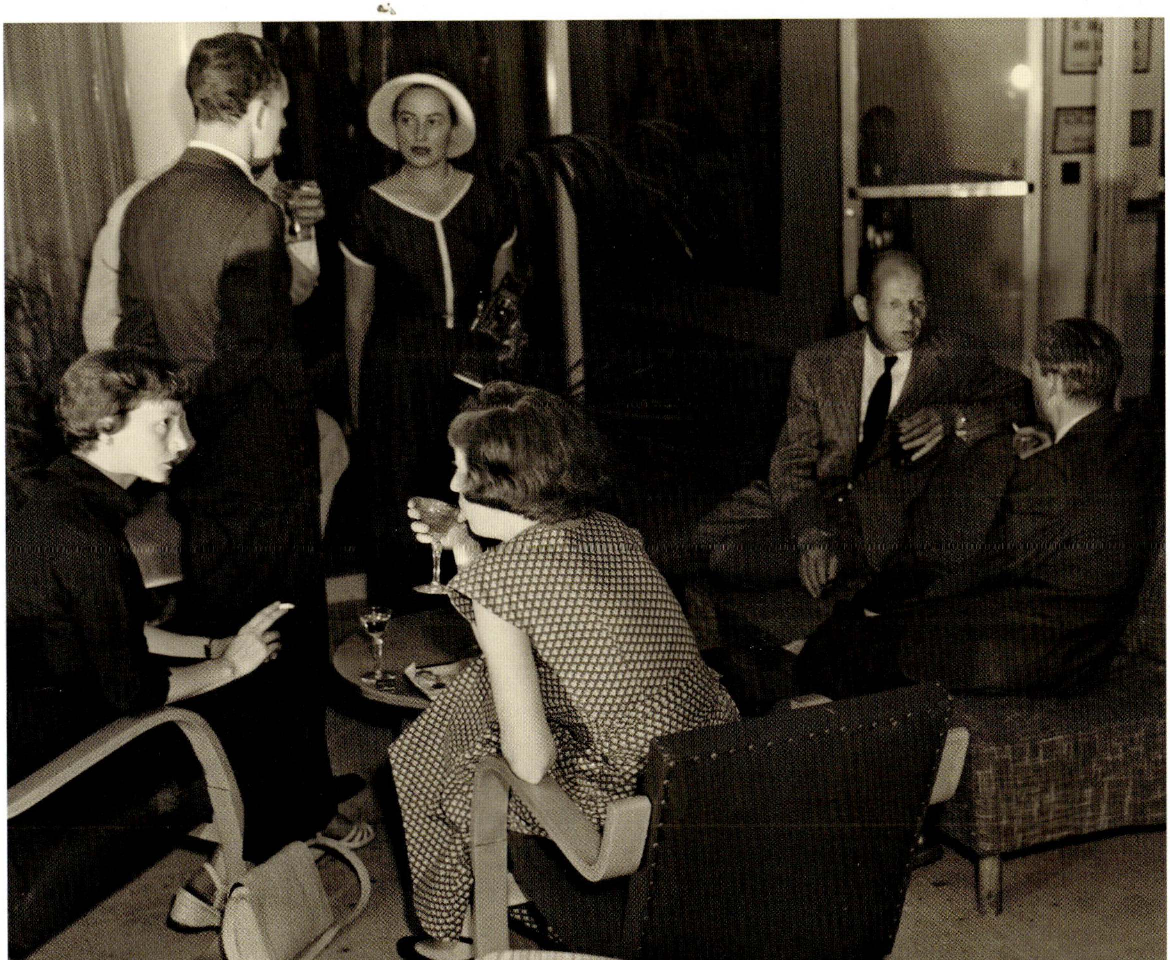

En décembre 1952, le premier article de Rosenberg dans *ARTnews*, « *American Action Painters* », fut le premier signe de la rivalité qui allait l'opposer à Greenberg. « Enfin, quelqu'un met au défi le Pape Clement » fut l'idée consensuelle qui se développa *downtown*[71]. « Le peintre américain, écrivit Rosenberg, a trouvé dans l'art une nouvelle fonction, l'Action qui lui appartient. À partir d'une certaine période, pour un nombre de plus en plus grand de peintres américains, les toiles devinrent une véritable scène de théâtre, dans laquelle il s'agissait d'agir plutôt que de reproduire, de reconstruire ou d'"exprimer" un objet. Sur la toile, se retrouvait non pas un dessin, mais un événement[72]. »

La rivalité entre ces deux intellectuels juifs de la même génération devint une véritable attraction pour le monde de l'art pendant près de dix ans. Rosenberg était très grand et sa tignasse brune dominait toujours la foule – on l'appelait « le lion de Juda ». Il était aussi le « magicien des mots », alors que Greenberg, qui bégayait légèrement, était surtout brillant par ses écrits, tel cet extrait d'une réponse à un article de Rosenberg :

« La saveur du terme "*Action painting*" provenait tout à la fois de sa verve et de son insolence – comme le nom donné à un nouveau pas de danse – qui convenait à cette nouvelle manière américaine de produire de l'art. » Greenberg poursuivait en admettant que « les critiques d'avant-garde ont un faible pour tout ce qui est profondément opaque. [...] Quels sont donc les éléments qui, dans la critique artistique, encouragent ce genre de chose ? Pourquoi donc ceux qui lisent les critiques d'art les acceptent-ils ainsi ? Pourquoi l'écriture de la critique artistique est-elle le seul genre littéraire qui, en anglais, se prête à l'existentialisme et à la rhétorique phénoménologique ? Quels sont les éléments qui, dans l'art moderne, conduisent des personnalités telles que Herbert Read ou Harold Rosenberg à divaguer ainsi[73] ? »

« Clem » se dressait contre nombre de ses collègues, dont Fairfield Porter, qui soutenait que Greenberg semblait « penser que les artistes d'aujourd'hui doivent abandonner la figure humaine. Car l'utilisation de la figure est allée jusqu'au bout de sa course et on ne peut plus rien en tirer[74] ». Ce à quoi Greenberg rétorqua : « M. Porter joue sur les mots, lorsqu'il tente de réduire la signification du mot "valeur" à la notion de "qualité". Quelle différence cela fait-il ? Il sait bien ce que je veux dire. Bien sûr, tout dans une œuvre d'art a de la valeur, la question est de savoir combien [...] Il se trouve que, de mon point de vue, les œuvres « Woman » de de Kooning sont inférieures, et de loin, à ses précédentes toiles, mais c'est un jugement *ad hoc* qui ne concerne absolument pas les peintures figuratives d'autres peintres, y compris celles de M. Porter[75]. »

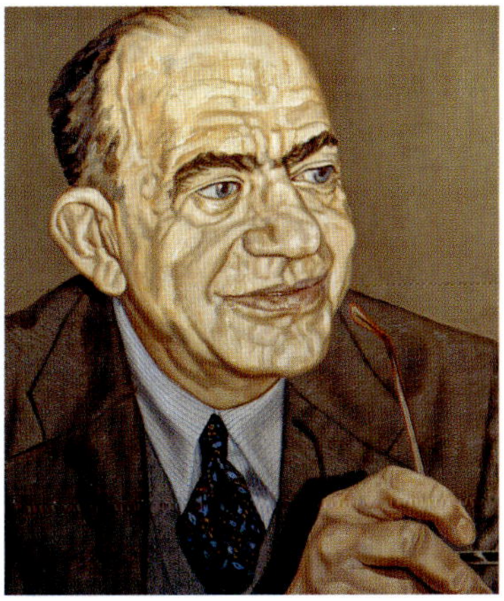

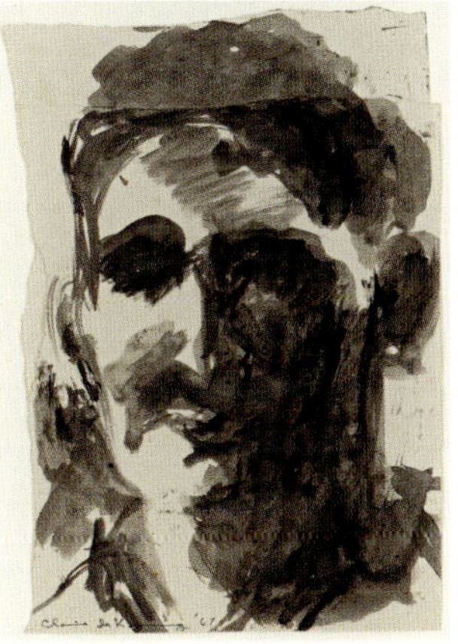

À GAUCHE : Philip Pearlstein. Erwin Panofsky, *1966. Institute for Advanced Studies, Princeton, New Jersey.*

CI-CONTRE : Elaine de Kooning. Harold Rosenberg, *1967. Lavis à l'encre sur papier vergé. National Portrait Gallery, Washington, D.C.*

En dehors de ces rivalités, ces années-là virent s'affirmer le soutien des artistes par les intellectuels. Schapiro, historien d'art, publia en 1953 *Style*, un essai sur l'influence de Hegel sur la critique artistique ; et les conférences qu'il présenta à la New School for Social Research et à la New York University furent très populaires. Schapiro réussit à convaincre de Kooning de continuer à travailler sur *Woman I*, alors qu'il était prêt à l'abandonner. Rosenberg, Elaine de Kooning et Tom Hess composaient un puissant trio qui conseillait conservateurs, collectionneurs et artistes. Hess constata en 1955, alors qu'il interviewait vingt-cinq artistes pour *ARTnews*, que le nom de Schapiro revenait souvent parmi les références des peintres. L'essai *Meaning in the Visual Arts* d'Erwin Panofsky fut publié dans le *Magazine of Art* et édité par une autre grande figure du monde scientifique, Robert Goldwater. En plus des critiques et des universitaires, certains poètes locaux comme Edwin Orr Denby soutenaient aussi les artistes : « Les fissures du trottoir, taches de chewing-gum, les rythmes du refus /Ils parviennent à s'étendre et à éclore sous les projecteurs, sous les néons [...] /Ces œuvres, sur lesquelles sont assis les chats regardant les taudis / Ressemblent à un bouquet déposé ici par hasard à l'intention des pauvres mortels[76]. »

Les artistes Johns et Rauschenberg, arrivés à New York en 1953 (respectivement à l'âge de 23 et 28 ans), le premier en provenance de Caroline du Sud et le second du Texas, vivaient dans des lofts situés l'un au-dessus de l'autre, sur Pearl Street, au sud de Manhattan, et travaillaient en parallèle, comme autrefois, à Paris, Braque et Picasso. Explorateur brillant et radieux, Rauschenberg arpentait les rues dans tous les sens, enrichissant ses « observations » d'un travail de terrain continu, et plongeant dans le chaos urbain pour ramasser sa matière première, car il était épris de « cette juxtaposition constante et irrationnelle de choses qu'on ne peut trouver, je crois,

Robert Rauschenberg. Canyon, *1959. Huile, mine de plomb, papier, métal, photographie, tissu, bois, toile, boutons, miroir, aigle empaillé, carton, oreiller, tube de peinture et autres matériaux, 207,6 × 177,8 × 61 cm. Don de la famille d'Ileana Sonnabend. The Museum of Modern Art, New York. Avec son aigle empaillé et le portrait d'Alexander (le fils de l'artiste, sur la gauche),* Canyon *rappelle* L'Enlèvement de Ganymède *de Rembrandt.*

que dans la ville[77] ». Il recherchait des objets qu'il voulait intégrer dans sa série « Combines » (1953-1964) et réalisa *Red Paintings* au début des années 1950 comme une étape intermédiaire vers sa série. Il incorporait des objets trouvés (serviettes en papier, photos ou articles de journaux) à ses monochromes vermillon, les rapprochant de plus en plus de collages en trois dimensions. « Ce travail, qui avait été initié si généreusement comme une œuvre autobiographique particulièrement personnelle, poétique et privée, expliquait Paul Schimmel, se réorienta peu à peu vers une véritable performance artistique – qui était plus théâtrale, plus interdisciplinaire, et plus environnementale, et qui touchait des domaines beaucoup plus vastes. » Au milieu des années 1960, Rauschenberg réduisit le nombre de ses toiles peintes à la main pour s'orienter vers une nouvelle technique de reproduction mécanique : la sérigraphie.

Jasper Johns, dont la personnalité était plus introvertie, travaillait de nuit dans une librairie afin de pouvoir continuer à peindre. C'est Rauschenberg qui l'encouragea à devenir artiste à part entière. Ils gagnaient aussi leur vie en concevant le design des vitrines de grands magasins. Mais leurs styles étaient différents. En 1954, Johns détruisit tous ses travaux passés, réalisant au milieu des années 1950 son premier tableau de « maturité », *Flag* (1954-1955), un collage de journaux et de peinture à l'encaustique qui introduisit ce qui deviendra l'un des thèmes principaux de ses œuvres. Peu après, il réalisa, toujours à l'encaustique, une série de toiles composées de chiffres, de lettres, de cartes et de cibles (un autre de ses motifs récurrents), dont certaines comprenaient des moulages en plâtre de parties du corps humain. La partie inférieure d'un visage, par exemple, revient quatre fois dans une sorte de fresque architecturale au-dessus d'une cible bleue et jaune dans *Target with Four Faces* (1955). Les travaux de Johns, par son recours cryptique à des symboles et à des couleurs sur une surface picturale sensuelle, le conduisirent à créer des toiles qui, d'après Kirk Varnedoe, le directeur du MoMA, témoignaient d'une juxtaposition entre « littéralité concrète et abstraction picturale[78] ». Sa manière de s'approprier les images brutes du quotidien devint une référence pour le Pop Art, tout comme sa méthode de répétition systématique deviendra l'un des fondements du minimalisme.

« L'appartement de Jasper était toujours blanc, immaculé et impeccablement rangé », remarqua son amie Rachel Rosenthal. « Celui de Bob était un amas d'objets multicolores, chaotique et désordonné[79]. » Ce contraste des deux personnalités frappait tout le monde, et Rauschenberg reconnaissait son admiration pour l'univers de Jasper : « J'étais très jaloux des matériaux avec lesquels il travaillait : la cire d'abeille par exemple, qui sentait tellement bon.

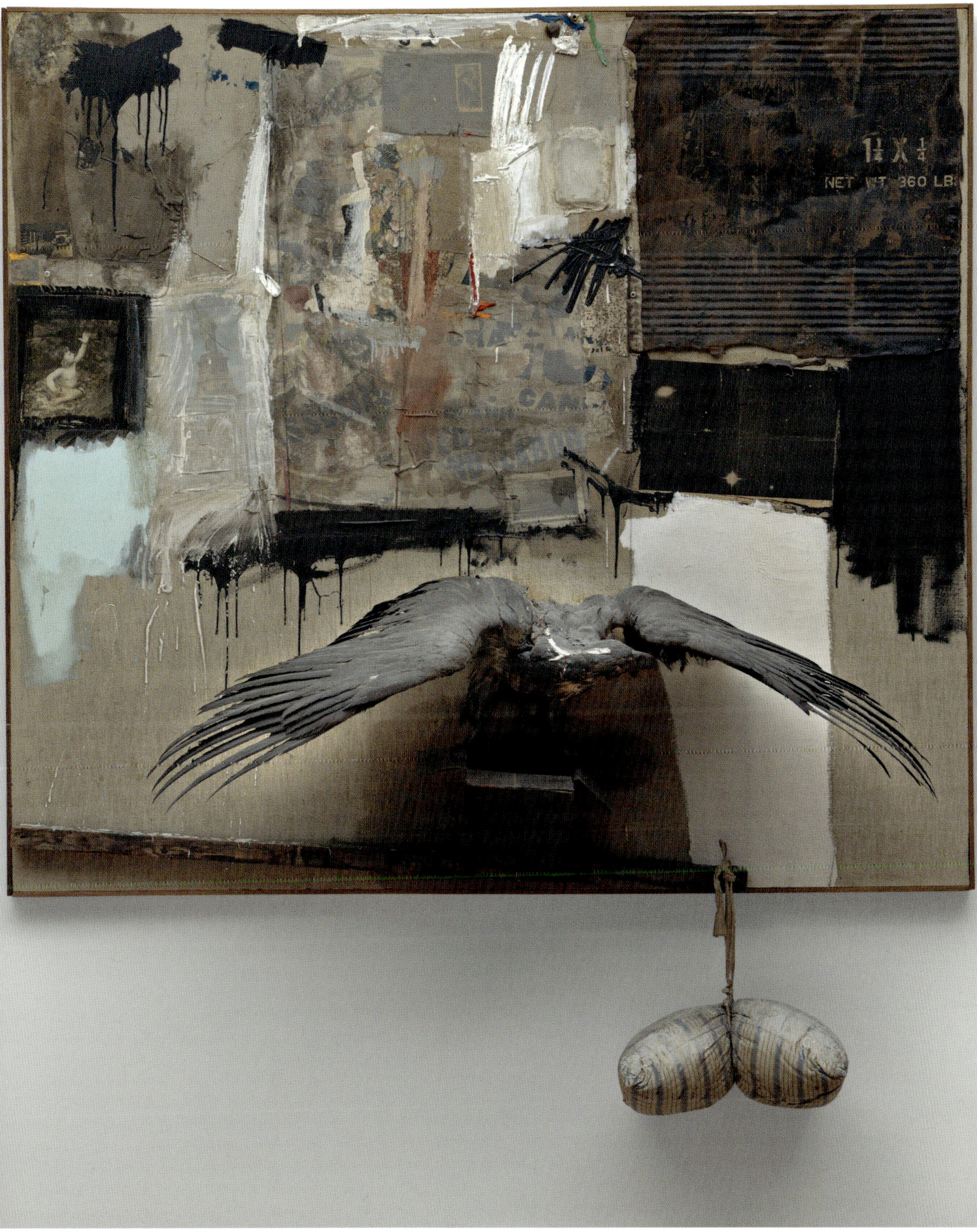
1¼ X ¼
NET WT 360 LB

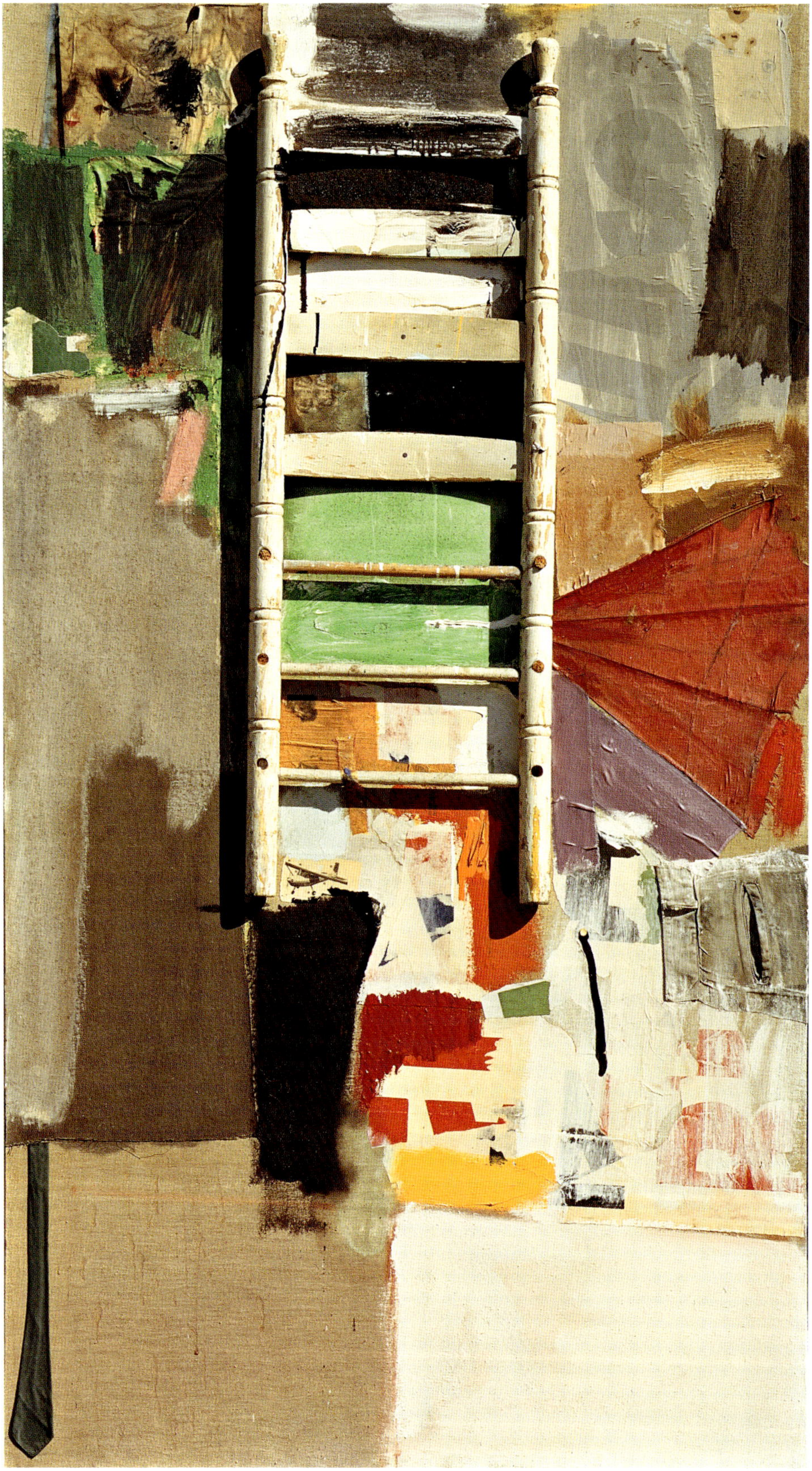

Chez moi, ça sentait la rue[80]. » Rauschenberg se souvenait aussi de leur isolement pendant ces années uniques – non sans une certaine ironie : « Personne ne s'intéressait au travail de Jasper et personne ne s'intéressait au mien. Notre club était donc très exclusif. Nous avons passé des moments merveilleux [...] Ce qui nous a rapprochés, c'est précisément que nous ne pratiquions *pas* l'expressionnisme abstrait. C'est bien cela qui, apparemment, a fait de nous deux une menace pour les expressionnistes abstraits[81] ! »

S'ils n'étaient pas encore admirés *downtown*, Rauschenberg et Johns appréciaient cependant l'énergie de New York. « Je ressentais cela comme un honneur de pouvoir trouver dans la rue des morceaux de bois Con Edison ou n'importe quel autre objet que je pourrais intégrer à mes œuvres et les ramasser », racontait Rauschenberg. « En fait, je me sentais si privilégié de vivre à New York que j'en étais parfois gêné, comme si j'étais un invité dans cette ville [...] j'admirais béatement les peintres ; j'étais à New York, et je pensais que l'art qui s'y produisait était tout simplement incroyable. Je pense toujours que Bill de Kooning est l'un des plus grands peintres au monde. Mais je trouvais difficile de parler à la plupart des artistes du Cedar Bar [...] Il y avait quelque

À GAUCHE : *Robert Rauschenberg.* Octave, *1960. Huile sur toile avec assemblage (bois, papier, tissu), 196,9 × 107,3 cm. Don promis de la collection Virginia et Bagley Wright en l'honneur du 75e anniversaire du Seattle Art Museum.*

CI-DESSOUS : *Robert Rauschenberg, à gauche, et Jasper Johns chez eux, Pearl Street, où ils travaillaient dans des ateliers contigus. « Le loft de Jasper était impeccable », raconte leur amie Rachel Rosenthal, alors que « celui de Bob était plein d'objets, multicolore, chaotique et encombré ».*

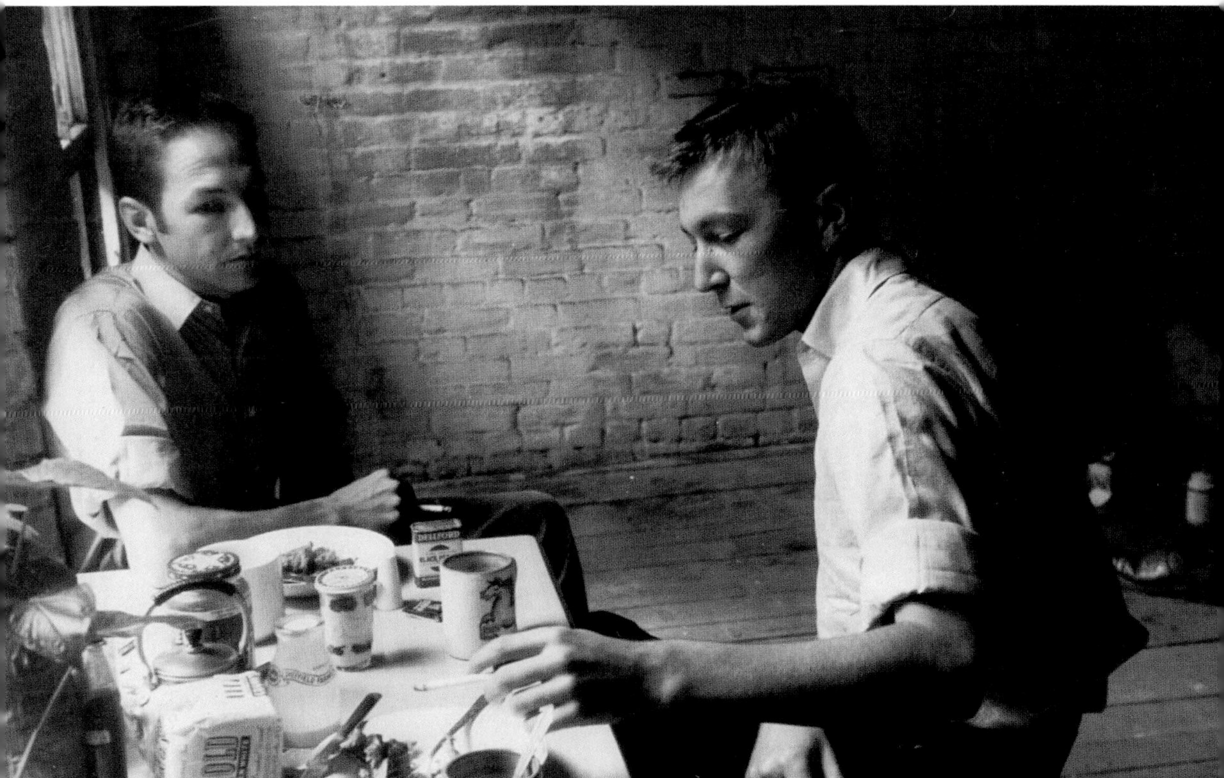

CI-DESSOUS : Jasper Johns en 1965 dans son atelier de New York, assis devant According to What, *1964, œuvre qui a marqué une étape décisive dans sa carrière.*

À DROITE : Jasper Johns. Target with Four Faces, *1955. Encaustique sur papier journal et tissu sur toile, avec quatre têtes en plâtre teinté dans une boîte en bois avec couvercle articulé. Dimensions hors tout, boîte ouverte : 85,3 × 66 × 7,6 cm. Don de Mr et Mrs Robert C. Scull. The Museum of Modern Art, New York. Une des premières œuvres par cet artiste fascinant qui, comme Rauschenberg, a été influencé par Marcel Duchamp.*

chose dans l'arrogance des expressionnistes abstraits qui me gênait toujours car, à l'époque, j'étais dans l'état d'esprit complètement opposé. Je cherchais désespérément un moyen pour que l'image, le matériau utilisé et le sens du tableau cessent d'être une illustration de ma volonté, mais bien plutôt une illustration impartiale de mes observations, ou même très exactement de l'excitation que me procurait la ville[82]. » Les premiers à soutenir Rauschenberg ne furent pas des peintres d'après-guerre mais deux compositeurs, John Cage et Morton Feldman, ainsi que le chorégraphe Merce Cunningham. La rencontre entre Rauschenberg et la « clique » des expressionnistes abstraits, lorsqu'elle eut enfin lieu, fut extrêmement intense.

Rien d'étonnant donc, à ce que le jeune Rauschenberg, grand admirateur de de Kooning, vienne frapper à la porte de celui-ci, peu après l'exposition des premières séries « Woman » à la galerie Sidney Janis. Le jeune artiste demanda au maître de *downtown* de lui donner un dessin, lui signalant ainsi le changement du rapport de force qui touchait la scène new-yorkaise. Rauschenberg n'avait

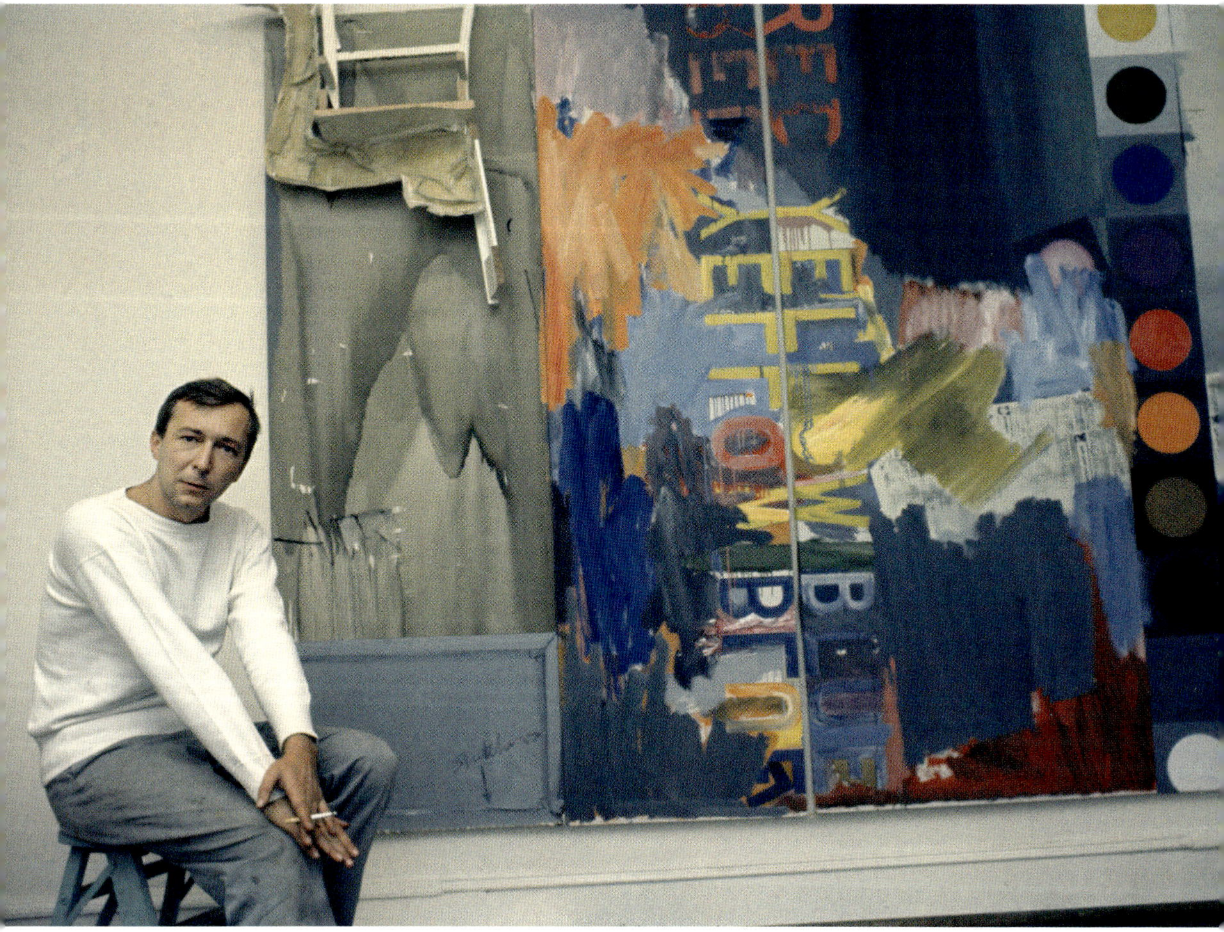

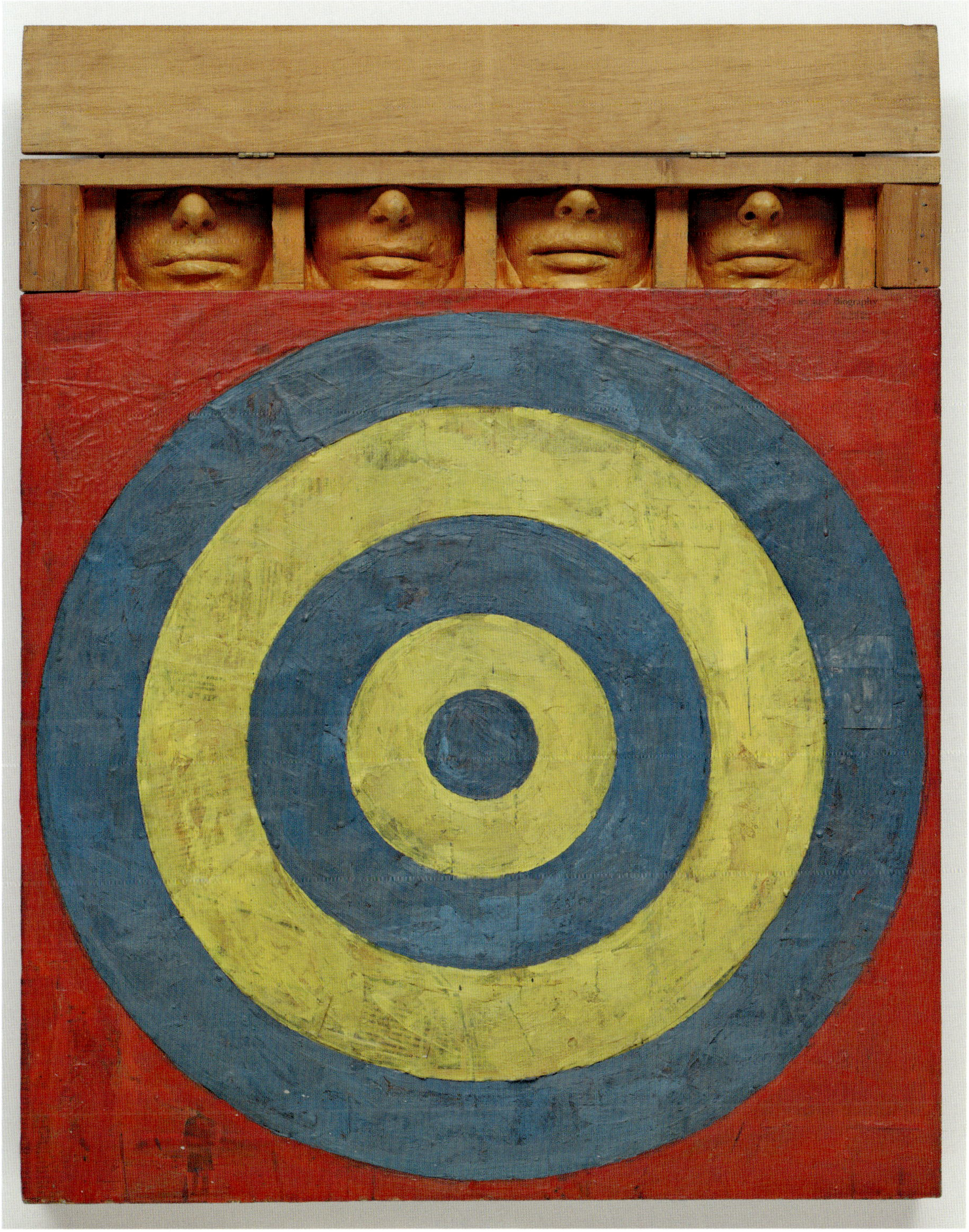

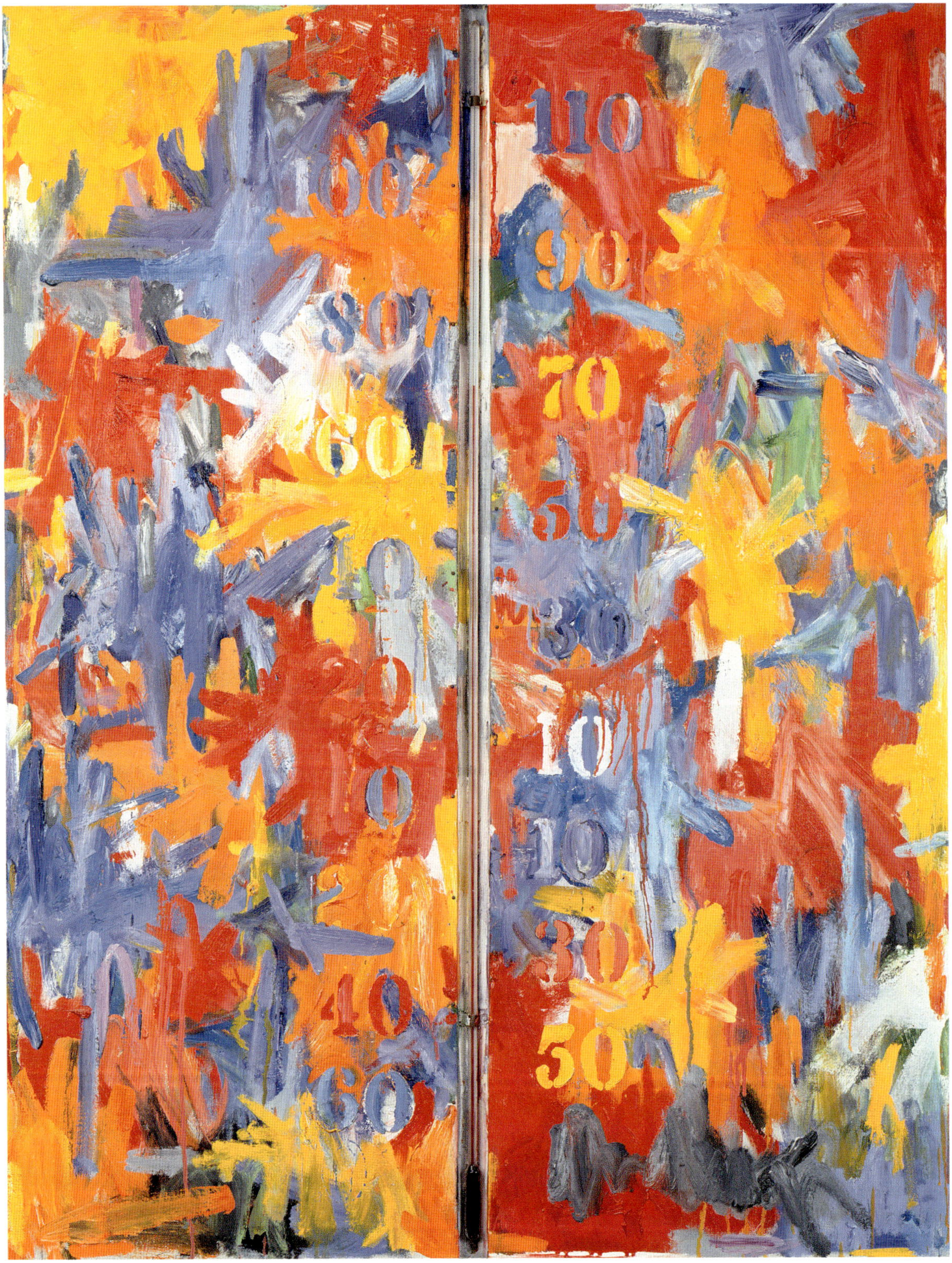
100
80
60
40
60
110
90
70
50
30
10
10
30
50

pourtant pas l'intention de conserver ce dessin, mais de le détruire. « Je sais ce que tu es en train de faire », lui dit de Kooning, qui accepta néanmoins la requête du jeune artiste[83]. Au cours de ce que Rauschenberg décrivit comme un après-midi insoutenable, de Kooning passa lentement en revue plusieurs de ses portfolios avant de jeter son dévolu sur un « dessin charnel prêt à être sacrifié. Une œuvre, poursuivit-il, qu'il serait très difficile d'effacer[84] ». Devant de Kooning, Rauschenberg effaça le dessin, annonçant par ce geste que le mouvement des expressionnistes abstraits n'était plus un obstacle insurmontable et que la voie était libre pour sa propre génération.

À GAUCHE : Jasper Johns. Thermometer, *1959. Huile sur toile avec thermomètre, 131,5 x 97,8 cm. Seattle Art Museum, don partiel et promis de Bagley et Virginia Wright en l'honneur du 75ᵉ anniversaire du musée. Un autre chef-d'œuvre par un artiste dont le talent s'est exprimé dans une grande maîtrise de la couleur et du dessin.*

CI-DESSOUS : Jasper Johns jouant au skee-ball au Dillon's Bar, University Place à Greenwich Village, sous le regard de ses amis, 1959. De gauche à droite : les artistes Bill Giles, Anna Moreska et Robert Rauschenberg, le chorégraphe Merce Cunningham et le compositeur John Cage.

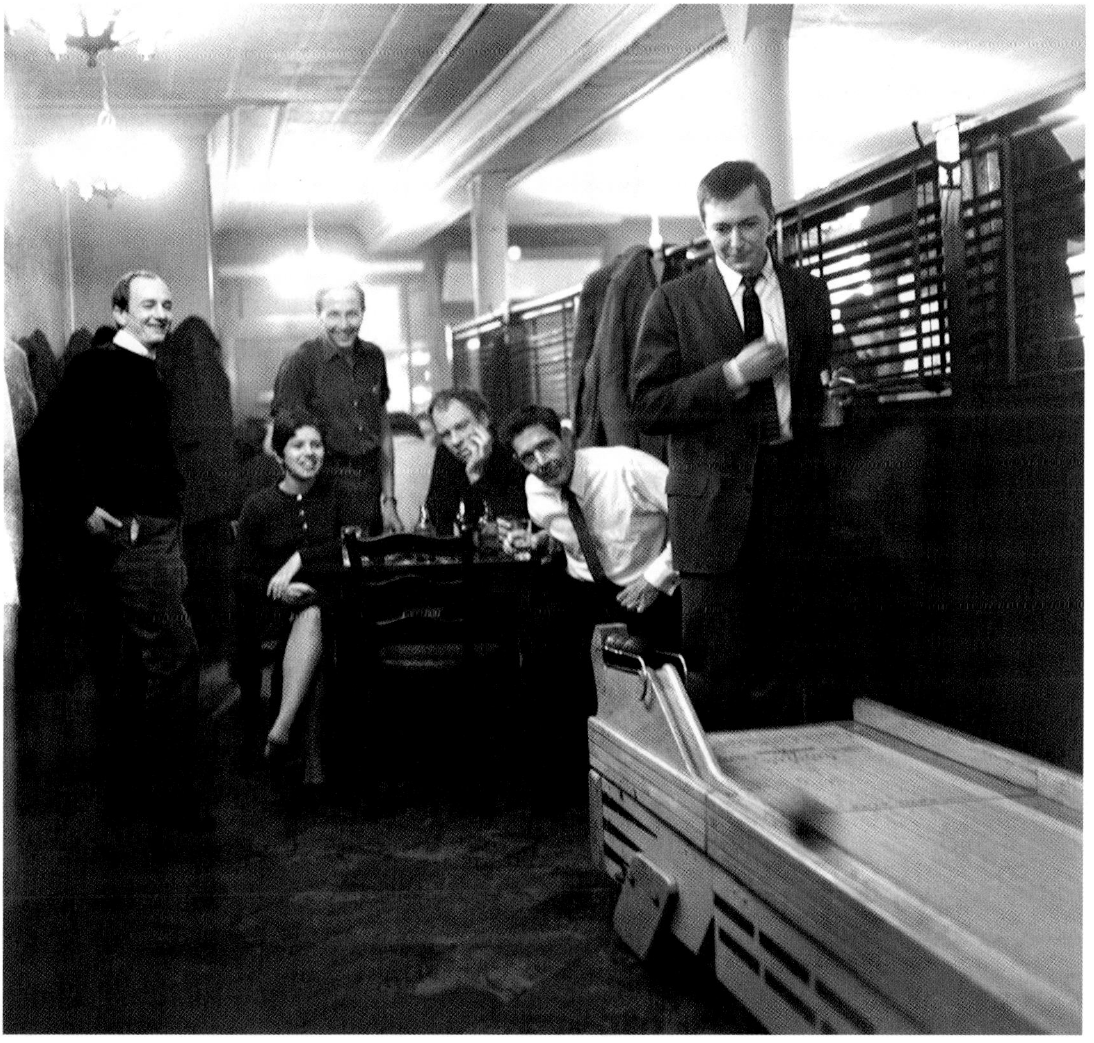

À DROITE : *La fermeture de la Cedar Tavern en 1963. On reconnaît au centre le poète Frank O'Hara, et, au premier plan à droite, le sculpteur Abram Schlemowitz, qui tient un verre à la main. Ce bar, qui se trouvait sur Cedar Street depuis le début du siècle, a rouvert ses portes un an plus tard, quelques centaines de mètres plus loin.*

CI-DESSOUS : *Le Nouvel An au Club, 31 décembre 1958. De gauche à droite : le critique d'art Michael C.D. MacDonald, l'artiste Nancy Ward, le critique d'art Harold Rosenberg, le cofondateur de la librairie City Lights Peter D. Martin, et les artistes Franz Kline, Ted Joans et Jimmy Cuchiara.*

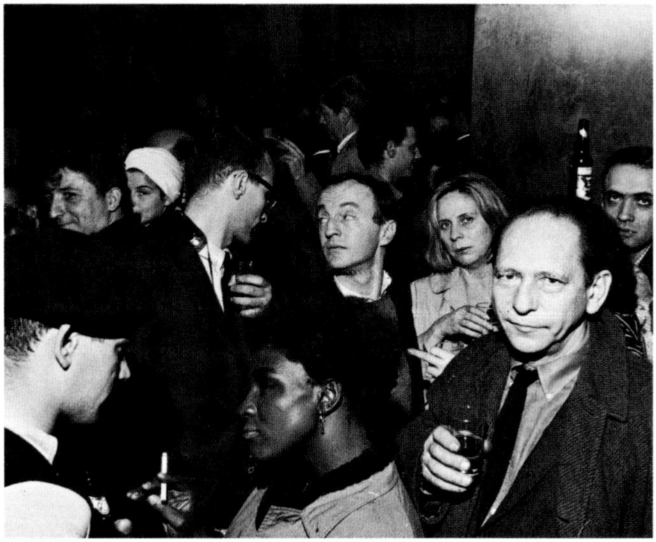

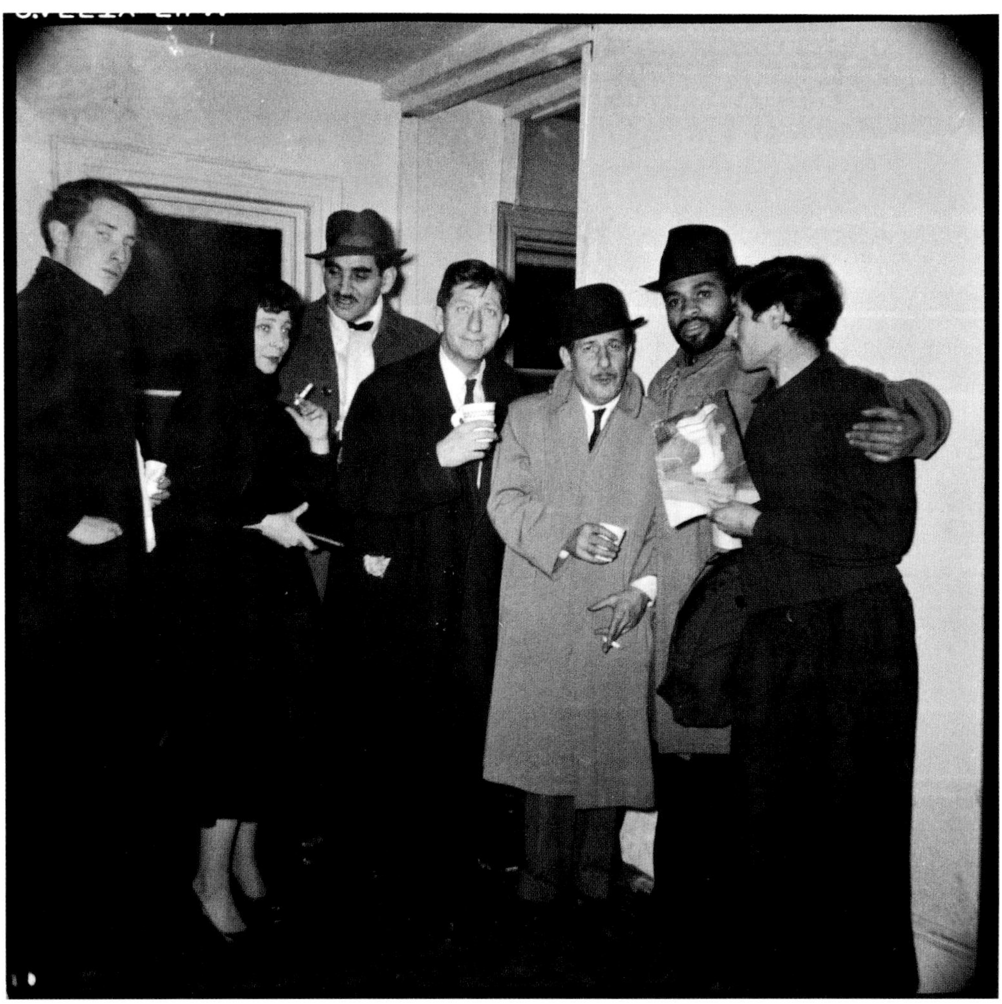

NEW YORK COMME UN AIMANT

1956-1958

Ce n'était pas tant les États-Unis qui m'attiraient, mais c'était New York, comme un aimant. Quand j'étais enfant, je rêvais de New York[85].

LEO CASTELLI

Vers la fin des années 1950, New York attira cent trente-cinq des plus grandes entreprises du pays, devenant le centre d'une société de consommation qui n'avait aucun équivalent dans le monde. Métropole idéale pour les hommes d'affaires, la ville fonctionna comme une sorte d'aimant démographique, en partie grâce au développement de ses musées, de ses salles de concert, de ses théâtres et même de ses quelques galeries d'art. New York se transforma en un *locus* dans lequel de nombreuses trajectoires complexes se mêlaient, et où un scénario intéressant venait de commencer. Après l'arrivée de nombreux juifs émigrés européens qui s'établirent à New York comme artistes, galeristes, critiques, universitaires ou conservateurs de musées, ce fut au tour des artistes américains nés dans d'autres États du pays (Rauschenberg au Texas, Cy Twombly en Virginie, Johns en Caroline du Sud), de rejoindre une ville qui allait s'imposer comme le centre culturel du monde occidental. De nombreux collectionneurs naquirent dans ce nouveau contexte.

Philip Johnson, un fils d'avocat qui avait étudié à Harvard, rencontra Alfred Barr en 1929, l'année où celui-ci fut nommé directeur du MoMA, et Barr devint le mentor artistique du jeune architecte. « J'étais débordant d'enthousiasme, expliqua plus tard Philip Johnson, et Alfred, avec son érudition et son sens de la communication, a changé ma vie[86]. » La passion architecturale de Johnson eut une grande influence sur la conception muséale de Barr, à tel point que l'architecture devint l'un des départements de cette institution innovante. Dès 1930, Johnson, nommé conservateur d'architecture au MoMA, organisa sa première exposition, « Modern Architecture: International Exhibition », inaugurée en 1932. L'exposition eut un grand succès et la contribution de Johnson au MoMA dépassa ce coup d'essai, dans la mesure où, comme collectionneur, il était si généreux que « lorsque personne d'autre n'était prêt à acheter une œuvre d'art émergent pour le musée et que les membres du conseil d'administration ne pouvaient être convaincus, Johnson était toujours celui auquel Barr s'adressait[87] ».

Membre du conseil d'administration du musée, Johnson fit des dons exceptionnels dès 1957 à l'institution, et finança en partie l'acquisition de plus de 2 200 œuvres d'art, parmi lesquelles *Flag*

(1954-1955) de Johns, *Gold Marilyn Monroe* (1962) de Warhol et le premier « Combine » de Rauschenberg, *First Landing Jump* (1961), sans compter le don de ses archives et de la collection de typographie de Jan Tschichold. En 1954, avec l'aide de David Whitney, Johnson élabora un projet monumental, sa célèbre Glass House à New Canaan (Connecticut), une maison à l'aune de sa passion de collectionneur, l'architecte considérant que l'art et les maisons faisaient un tout. La Glass House manquait de murs pour pouvoir présenter des tableaux, et Johnson créa une galerie souterraine qui fournit, selon l'architecte, « la preuve que l'on pouvait montrer des œuvres d'art en leur garantissant un effet maximal[88] ». La présentation s'inspirait du système des cintres dans les penderies de pressing. Les tableaux étaient en effet accrochés sur des écrans individuels mobiles et la collection commençait avec les peintres expressionnistes abstraits, comme Rothko et Franz Kline, et se poursuivait

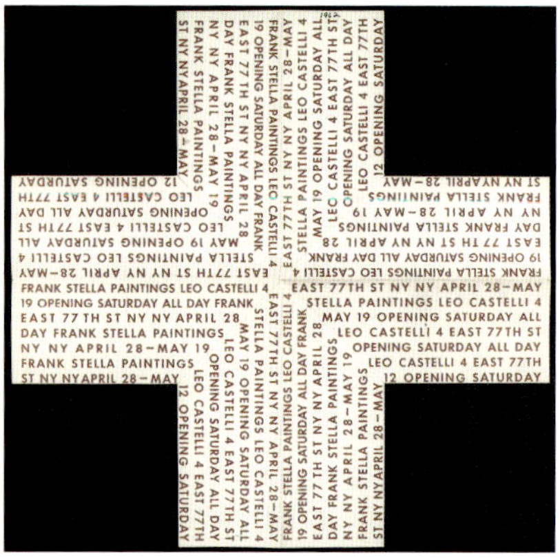

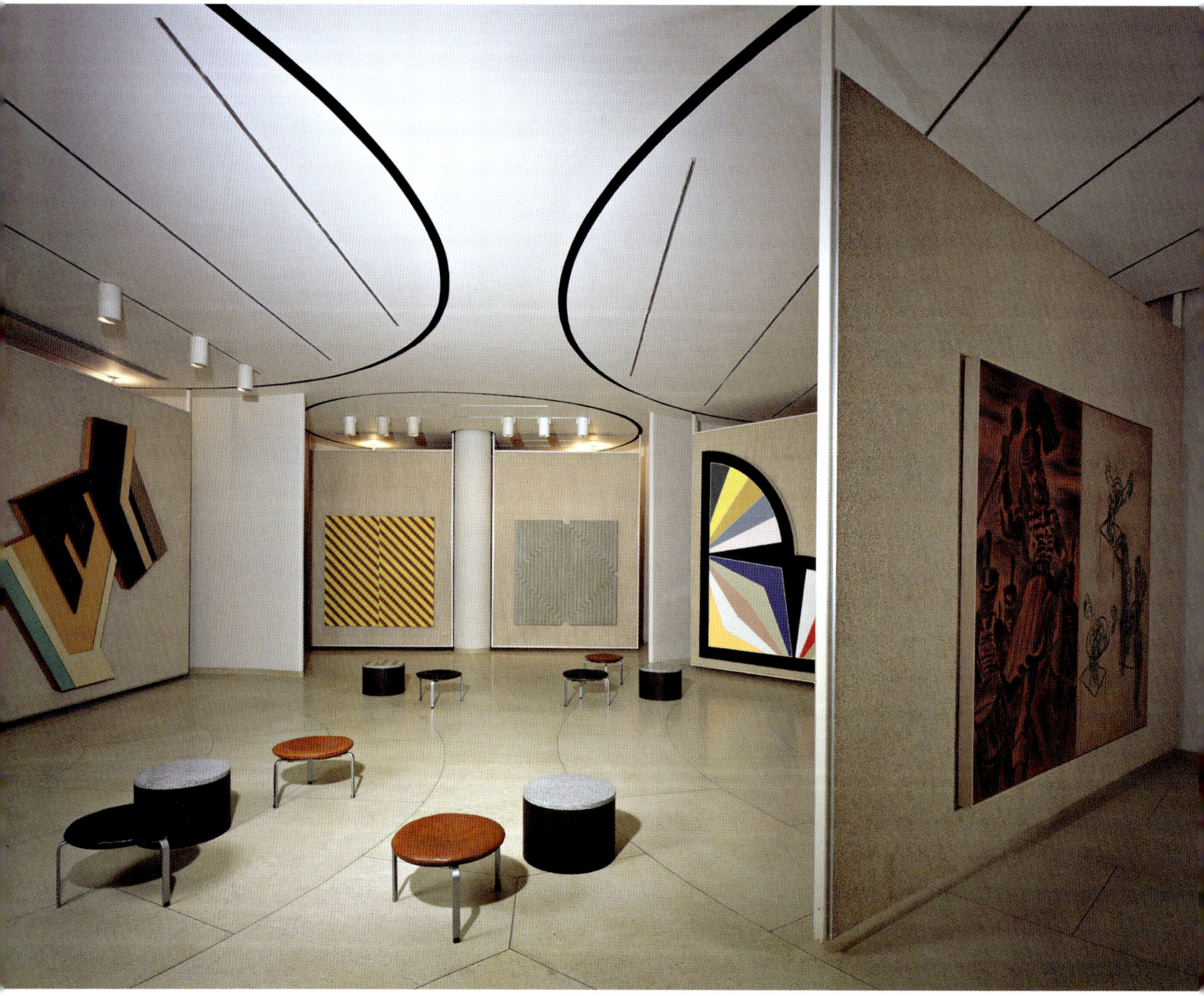

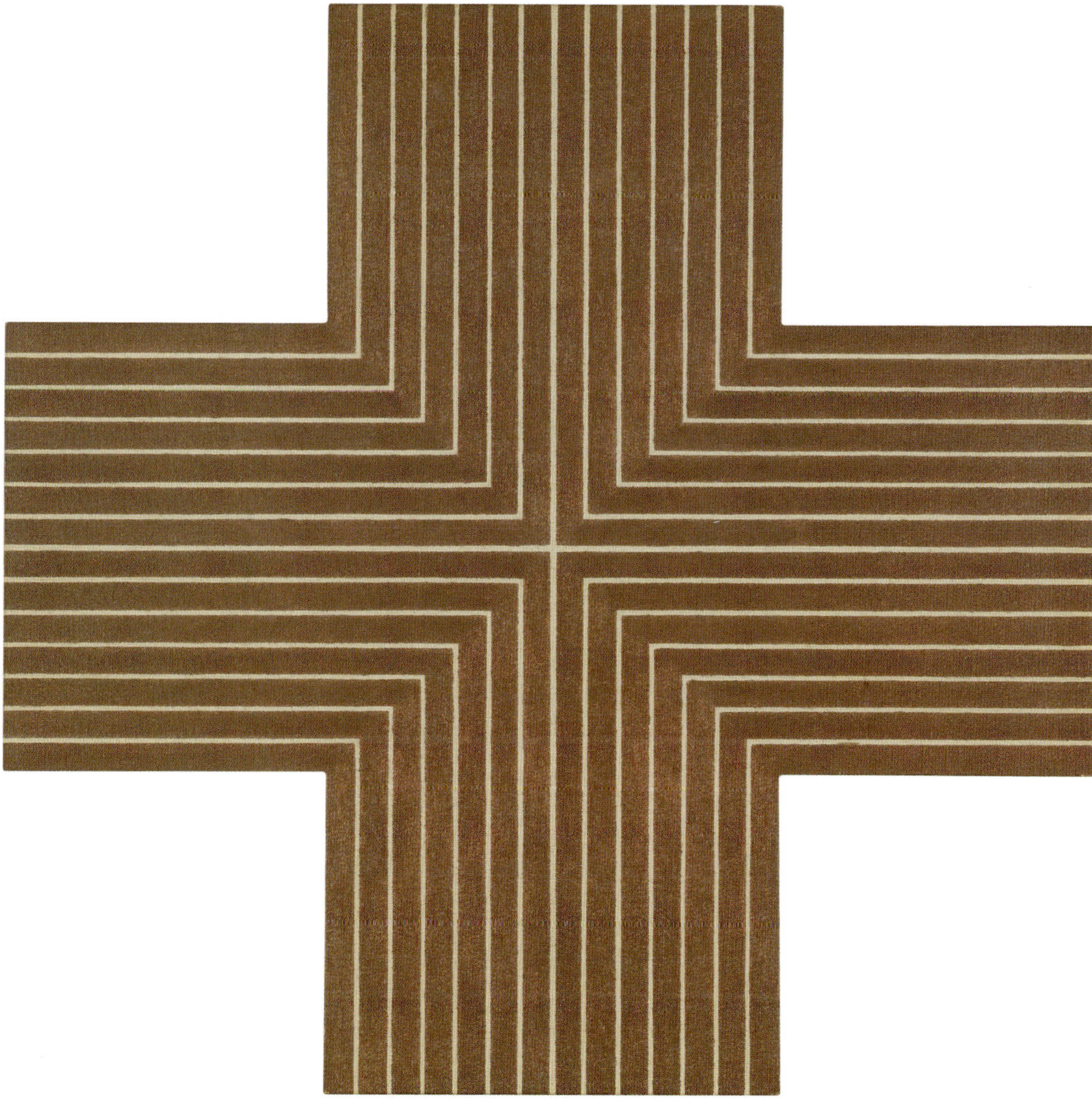

À GAUCHE, EN HAUT : Affiche pour une exposition de peinture de Frank Stella à la galerie Castelli, 1962.

À GAUCHE, EN BAS : La galerie d'art en sous-sol dans la Glass House de Philip Johnson, avec son ingénieux système de panneaux mobiles.

CI-DESSUS : Frank Stella. Ouray, *1962. Peinture à l'huile sur toile marouflée sur Masonite, 64,8 × 64,8 cm. Collection particulière, Courtesy Guggenheim Asher Associates. Un des seize tableaux dans la série des « Copper Paintings ». Selon l'artiste, « les peintures de la série Copper […] représentent la limite extrême que je pouvais donner à la forme ».*

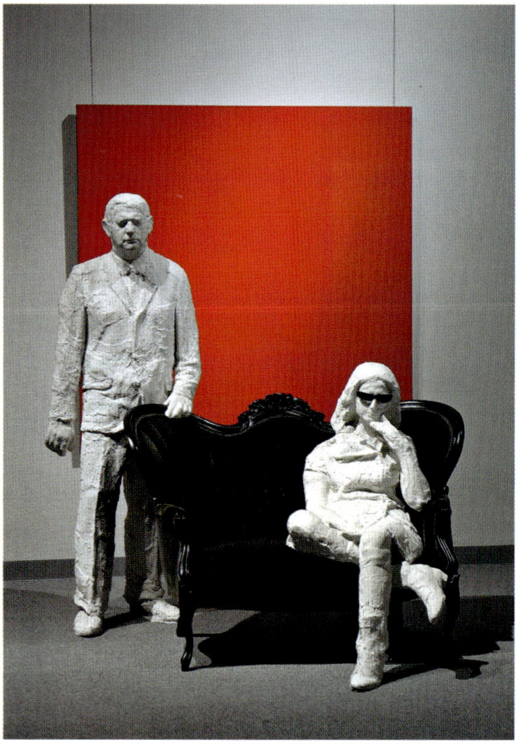

avec les minimalistes, comme Frank Stella, Richard Artschwager, Donald Judd, Lee Bontecou, Dan Flavin et Robert Morris. « Ce que j'aime avant tout dans le fait d'acheter des tableaux, concéda Johnson, c'est de pouvoir acheter le jeune artiste émergent avant que ses œuvres ne coûtent trop cher[89]. » Grâce à Johnson, la collection du MoMA accueillit des œuvres d'avant-garde qu'il avait achetées bien avant que les artistes soient reconnus. Il offrit ses œuvres au musée, des années plus tard, lorsqu'un consensus existait déjà à propos de ces artistes.

Puis ce fut l'arrivée des collectionneurs flamboyants, comme Robert et Ethel Scull, perçus comme les amateurs les plus « tape-à-l'œil » de l'avant-garde new-yorkaise des années 1960. Scull, qui possédait une compagnie de taxis qu'il appela plus tard « Scull's Angels », était issu d'une famille d'émigrés russes habitant le Lower East Side de Manhattan. Sa première acquisition avait été un « Utrillo officieux », mais peu à peu, lassé de se voir qualifié de « nouveau riche », Scull décida de devenir un « grand collectionneur » et d'acquérir le prestige nécessaire pour rehausser son image[90]. Grâce à son œil

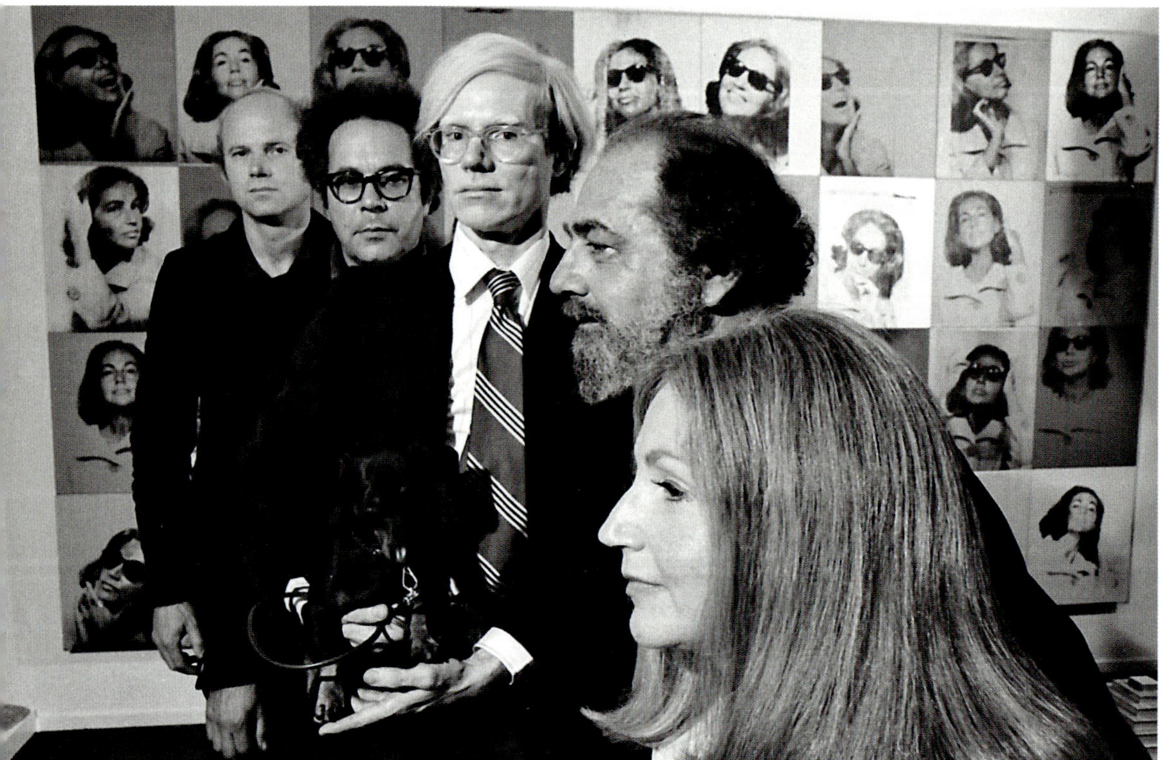

infaillible et à son ambition, grâce aussi aux conseils du marchand Richard Bellamy, Scull pouvait s'enorgueillir en novembre 1966 de posséder 260 tableaux, 35 sculptures et 300 dessins. Après leurs acquisitions, surtout d'œuvres d'expressionnistes abstraits comme de Kooning, Kline, Rothko et Newman, les Scull s'intéressèrent aux artistes Pop dont ils se rapprochèrent socialement.

Leur appartement sur la 5e Avenue était décoré de meubles de Mies van der Rohe et de Charles Eames, de sculptures de John Chamberlain et de Walter De Maria, et les murs blancs étaient recouverts de tableaux de Tom Wesselmann, Warhol, Rosenquist, Stella et Johns. Bob et Ethel Scull devinrent les meilleurs clients du marchand Leo Castelli, réunissant de ce fait la plus grande collection de tableaux de Jasper Johns au monde, parmi lesquels *Out the Window* (1959), *Target with Four Faces* et *Map* (1961). Scull était un client idéal, qui arrivait dans la galerie les poches pleines d'argent, prêt à payer cent pour cent du prix. Les Scull étaient des gens de pouvoir, et leur comportement arrogant choquait beaucoup de monde. L'écrivain Tom Wolfe les décrivit comme « des héros folkloriques pour le premier arriviste qui pénétrerait dans la ville de New York[91] ». Le 18 octobre 1973, un événement inattendu surprit le monde de l'art : Scull vendit sa collection aux enchères chez Sotheby, quelques

À GAUCHE, EN HAUT : *George Segal.* Portrait of Robert and Ethel Scull, *1965. Huile sur toile, plâtre, chaise en bois avec tissu, 243,8 × 182,9 × 182,9 cm. Musée des Beaux-Arts de la préfecture d'Aichi, Nagoya, Japon.*

À GAUCHE, EN BAS : *Robert et Ethel Scull, au premier plan, avec, à partir de la gauche, les artistes James Rosenquist, George Segal et Andy Warhol, vers 1963.*

CI-DESSOUS : *L'entrée et le salon de l'appartement new-yorkais de Robert et Ethel Scull. On reconnaît à droite* Target, *1958, de Jasper Johns et, dans la pièce à côté,* Ethel Scull 36 Times, *1963, le premier portrait commandé à Andy Warhol.*

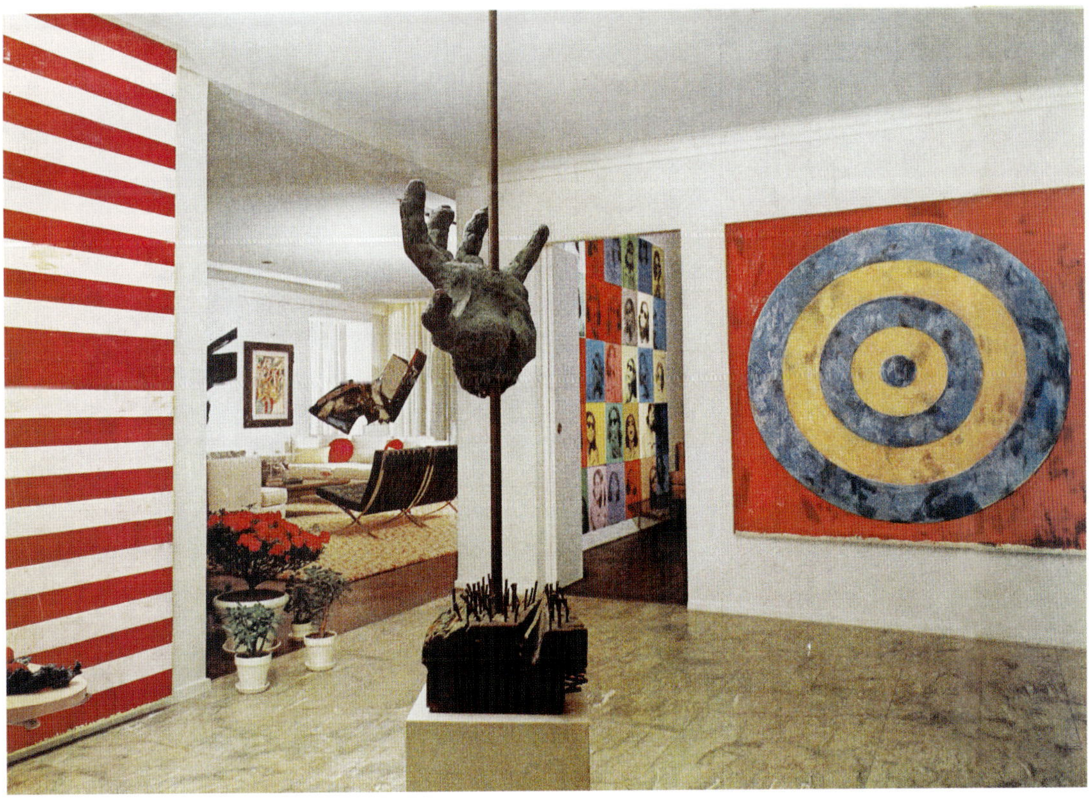

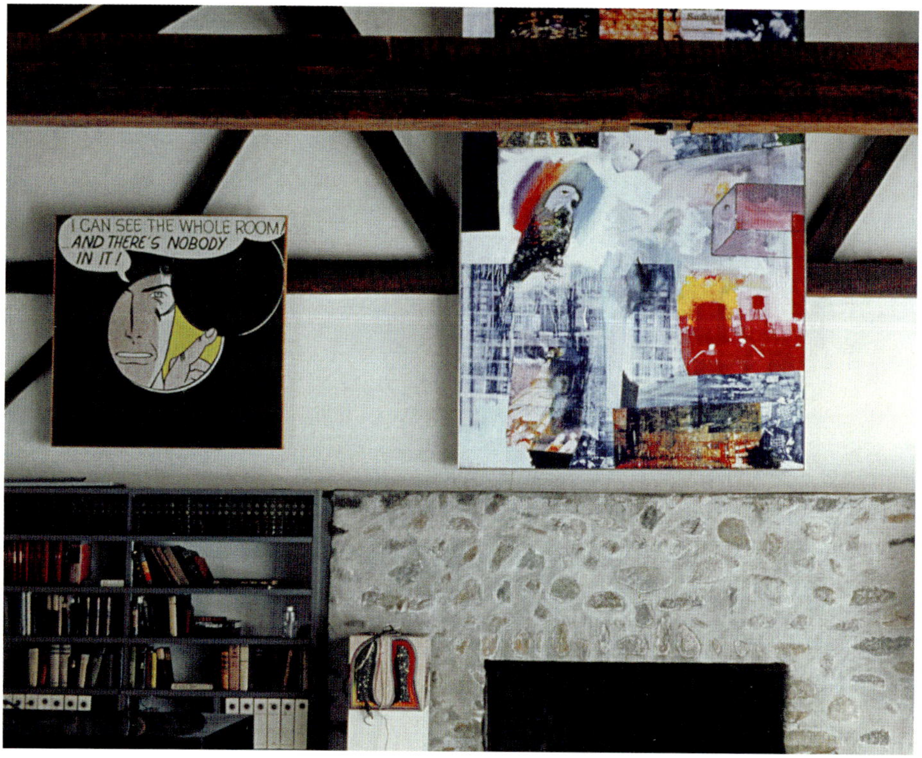

I Can See the Whole Room, 1961, de Roy Lichtenstein, est le point central de cette photographie du salon des collectionneurs Burton et Emily Tremaine. Cette photographie fait partie de la série « Tremaine Pictures » par la photographe Louise Lawler, 1984.

heures avant d'annoncer qu'il allait divorcer de sa femme. Cette vente lui rapporta plus de deux millions de dollars et établit un record pour l'œuvre de Johns *Double White Map* (1965), achetée pour 240 000 dollars, prouvant ainsi que l'art américain contemporain commençait à avoir un marché[92].

Très différents des Scull, Burton et Emily Tremaine étaient leurs rivaux, surtout en ce qui concernait les meilleures œuvres de Jasper Johns. Emily Tremaine, née dans le Montana, était l'héritière d'une fortune minière. Son premier achat important – au milieu de la Grande Dépression – fut une œuvre de Braque, *La Rose noire* (1927), pour 3 250 dollars[93]. Emily était la cousine de Chick Austin, directeur du musée Wadsworth Atheneum à Hartford, qui avait organisé la première exposition surréaliste aux États-Unis et fait venir Balanchine et le ballet classique à New York. Elle épousa Burton Tremaine, homme d'affaires de la côte Est et collectionneur de grandes œuvres d'art. Emily savait prendre des risques. Selon l'historien d'art Robert Rosenblum, sa collection était « tellement digne d'un musée qu'à elle seule elle aurait pu raconter aux générations futures l'histoire de l'art du XXe siècle, avec des œuvres d'exception[94] ». Cette collection comportait plusieurs chefs-d'œuvre, dont des peintures modernes comme *Premier Disque* (1912-1913) de Delaunay, *Victory Boogie Woogie* (1942-1944) de Mondrian, ainsi

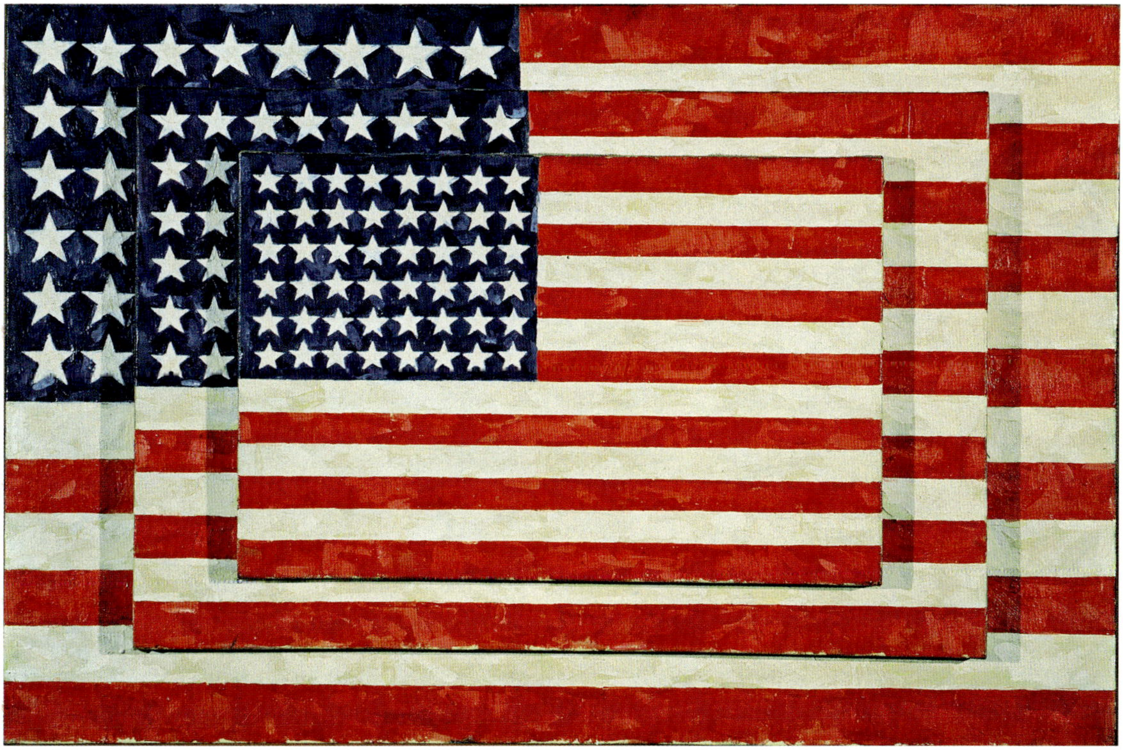

Jasper Johns. Three Flags, *1958. Encaustique sur toile, 12,7 × 115,6 cm. Whitney Museum of American Art, New York. Cette œuvre iconique – la troisième de Johns inspirée par le drapeau américain – doit beaucoup à son étonnante technique : « Une nuit, j'ai rêvé que je peignais un grand drapeau américain, explique l'artiste. Le lendemain matin, je me suis levé [...] et j'ai acheté le matériel pour commencer. [...] Ensuite, j'ai eu cette idée de quelque chose dont j'avais entendu parler : l'encaustique. »*

que des œuvres d'expressionnistes abstraits et de l'art américain contemporain tels que *Three Flags* (1958) de Johns et *Luis Miguel Dominguin* (1960) de Stella.

En 1947, les Tremaine exposèrent leur collection à l'Atheneum, avec des œuvres d'Alexander Calder, Matta et Mark Tobey, ainsi qu'une sélection d'artistes européens. Puis, en 1962, ils découvrirent Warhol, achetant quinze de ses œuvres cette année-là, notamment *Small Campbell's Soup Can (Tomato)* et *Marilyn Diptych*. L'exposition de leur collection fut l'une des premières montées par le jeune galeriste Larry Gagosian juste après son arrivée à New York. La vente du tableau de Jasper Johns, *Three Flags,* au Whitney Museum en septembre 1980, pour la somme d'un million de dollars, confirma l'attrait spéculatif de l'art américain contemporain sur le marché, initié avec la vente Scull[95].

Un couple de collectionneurs français, Dominique et John de Menil, s'était établi à Houston en 1941, où John travaillait chez Schlumberger, la compagnie d'énergie de ses beaux-parents. Les de Menil se rendaient souvent à New York, et ils rencontrèrent trois personnalités qui transformèrent leur collection : le père Marie-Alain Couturier (responsable de la chapelle du Rosaire de Matisse, à Vence, et de Notre-Dame-du-Haut de Le Corbusier à Ronchamp) ; le marchand grec Alexander Iolas ; et le designer et conservateur

Jermayne MacAgy. Collectionnant d'abord des œuvres surréalistes, ils achetèrent ensuite des objets médiévaux et byzantins, des icônes russes, des sculptures africaines, de l'art moderne et de l'expressionnisme abstrait. Grâce à leur fille aînée, Christophe, qui était styliste, ils découvrirent les artistes américains comme Warhol, Johns, Rauschenberg, Twombly et Chamberlain. En 1964, les de Menil commandèrent quatorze fresques à Rothko et, en 1971, les installèrent dans un bâtiment octogonal spécialement dessiné pour les accueillir – la chapelle Rothko – en hommage à toutes les religions et à tous les engagements politiques de gauche. À l'entrée de cette chapelle fut érigée la sculpture monumentale de Barnett Newman, *Broken Obelisk,* qui célèbre la justice et la vérité. Pour ouvrir sa collection au grand public, Dominique de Menil commanda un bâtiment à Renzo Piano, inauguré en 1987. Elle y ajouta la Twombly Gallery en 1995 pour y montrer les nombreux tableaux de cet artiste qu'elle possédait.

En plus du MoMA et du Whitney Museum, une autre institution ouvrit ses portes à New York pour y accueillir les artistes contemporains : dès 1944, la veuve du banquier Felix Warburg avait transformé son hôtel particulier – cinquante pièces sur six étages à l'angle de Fifth Avenue et de 92 Street – en musée des Objets juifs cérémoniaux. Peu de temps après, le conseil d'administration supprima le caractère religieux du musée en en faisant « un musée parmi

Les collectionneurs Dominique et John de Menil, nés en France, ont émigré à Houston en 1941, où ils ont fondé l'un des plus beaux musées d'art privés aux États-Unis.

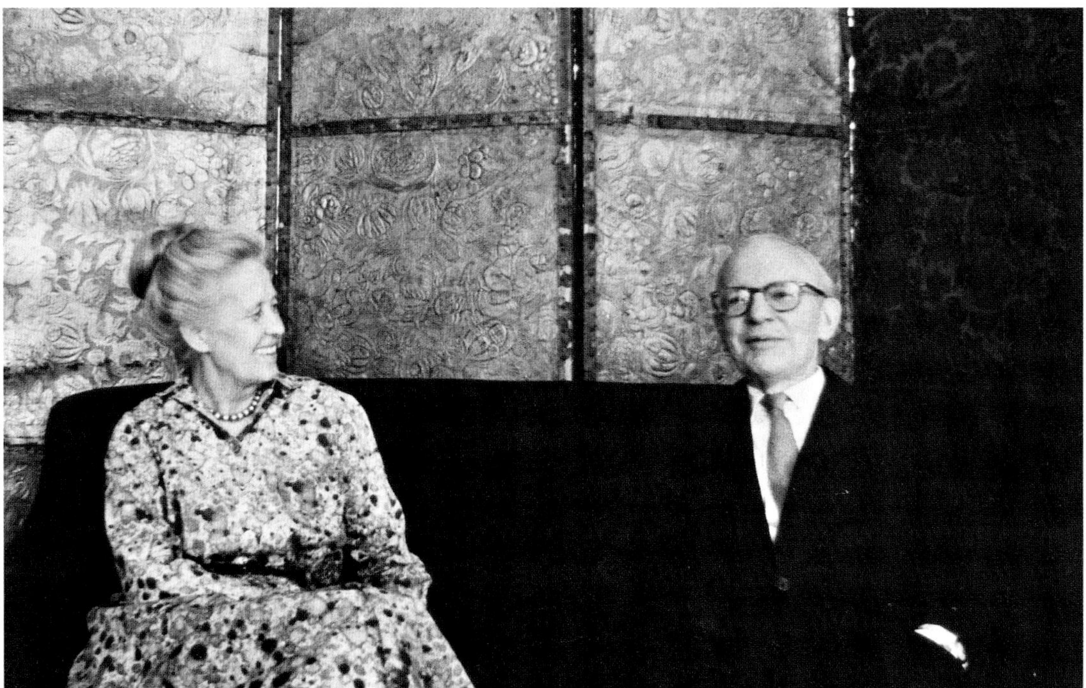

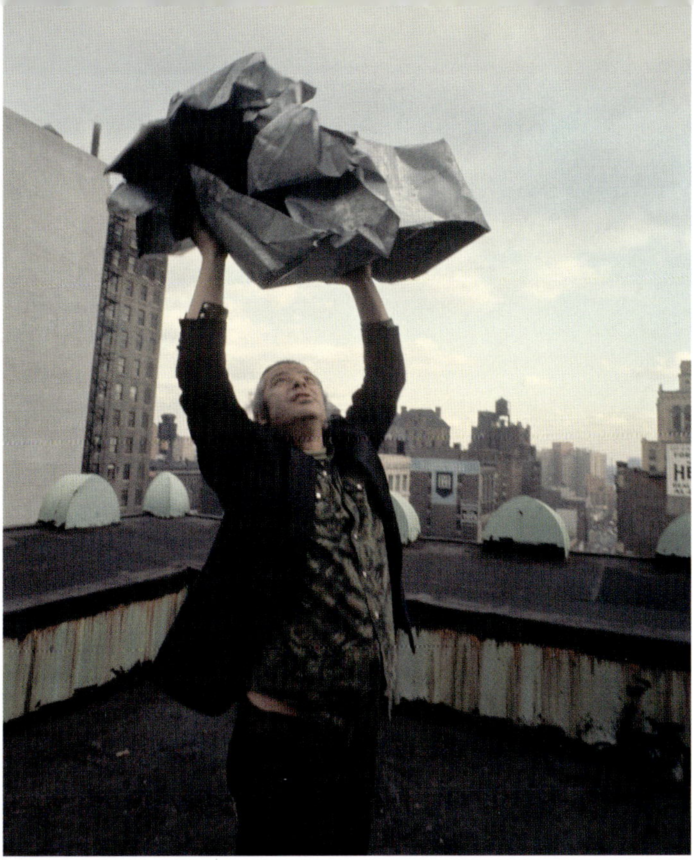

John Chamberlain sur le toit d'un immeuble, tenant à bout de bras une de ses sculptures, années 1960.

d'autres ». Sous la direction de personnalités comme Schapiro, le conseil d'administration décida de rebaptiser l'institution « Jewish Museum », pour organiser des expositions d'art contemporain et même montrer des artistes non juifs. Avec le soutien financier de collectionneurs comme Ben Heller et Albert et Vera List, le musée décida de « combler un vide dans le monde new-yorkais en mettant en valeur le travail d'artistes plus jeunes ou encore inconnus[96] ». En juillet 1962, la direction du musée fut confiée à Alan Solomon, l'ancien directeur du département d'Histoire de l'art à Cornell University. Familier du climat de New York, il choisit comme mission de montrer les artistes new-yorkais ; il organisa une rétrospective Rauschenberg (1963) et fit de même pour Johns (1964).

Castelli décida de transformer en galerie une partie de son hôtel particulier au *4 East 77th Street* et il offrit à Jasper Johns son premier « solo show ». Ce fut un succès immédiat. L'exposition transforma Johns en star : l'artiste fit la couverture du magazine *ARTnews* et, lors du vernissage, Alfred Barr décida d'acheter trois de ses tableaux pour la collection permanente du MoMA. Quelque temps auparavant, dans une exposition au Jewish Museum, Castelli avait eu le coup de foudre pour le *Green Target* de Johns (1955). Pour le galeriste à l'affût de « la nouveauté », ce fut un moment qu'il appellera sa « première

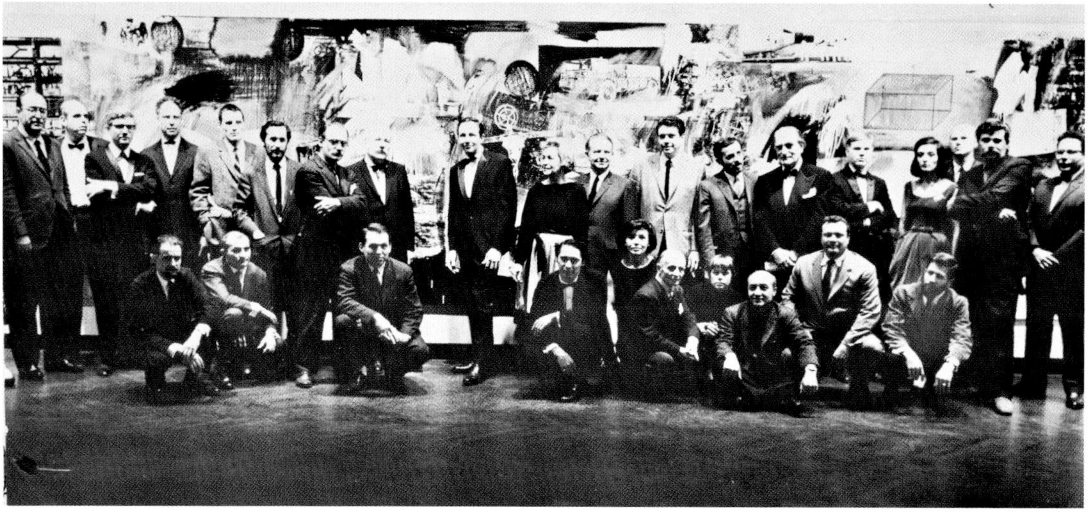

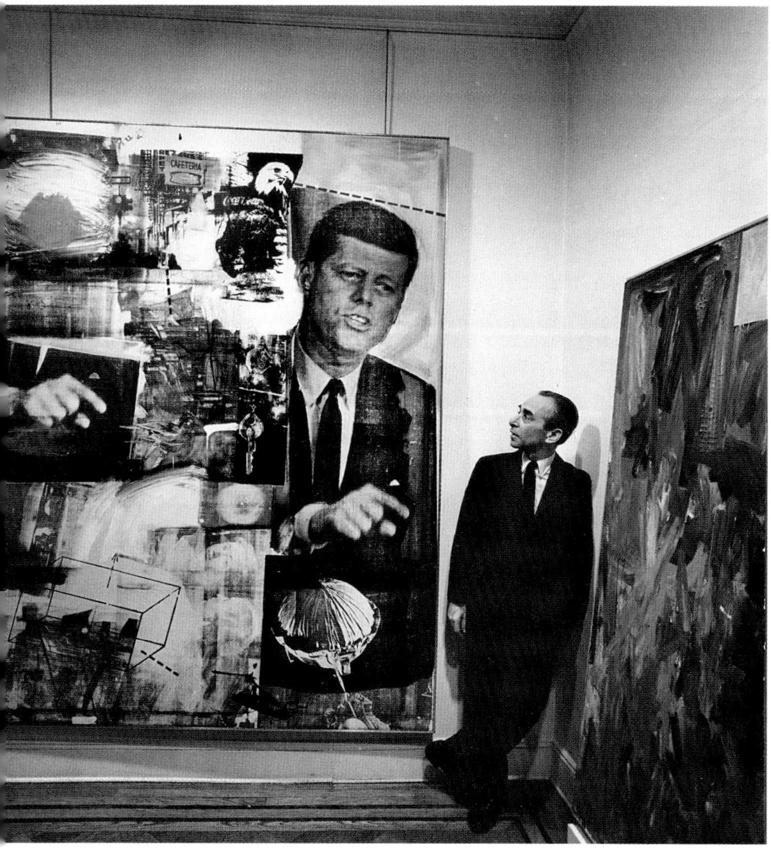

CI-DESSUS : *Leo Castelli dans sa galerie au* 4 East 77th Street, *en train de regarder* Retroactive I, *1964, de Robert Rauschenberg.*

épiphanie ». Le lien privilégié entre Castelli et Johns durera jusqu'à la mort du marchand[97].

Au cours des quatre décennies qui suivirent, Castelli transforma le statut de l'artiste dans la ville de New York en instituant, pour chacun d'eux, un système de mensualités. Il convainquit des universitaires comme Leo Steinberg, Robert Rosenblum et Fairfield Porter, d'écrire des textes sur les œuvres de ses artistes et créa des liens avec les musées de la ville grâce à un système de galeries satellites où il présentait les meilleures collections. Castelli fut critiqué pour « avoir creusé la tombe » des expressionnistes abstraits et de leurs soutiens, dont Greenberg et Rosenberg. L'opposition des artistes de la vieille génération restait virulente : Rothko attaqua les nouveaux artistes post-Dada en disant qu'ils étaient « des charlatans et de jeunes opportunistes », et Esteban Vicente déclara : « Alors si ça c'est de la peinture, j'arrête[98] ! »

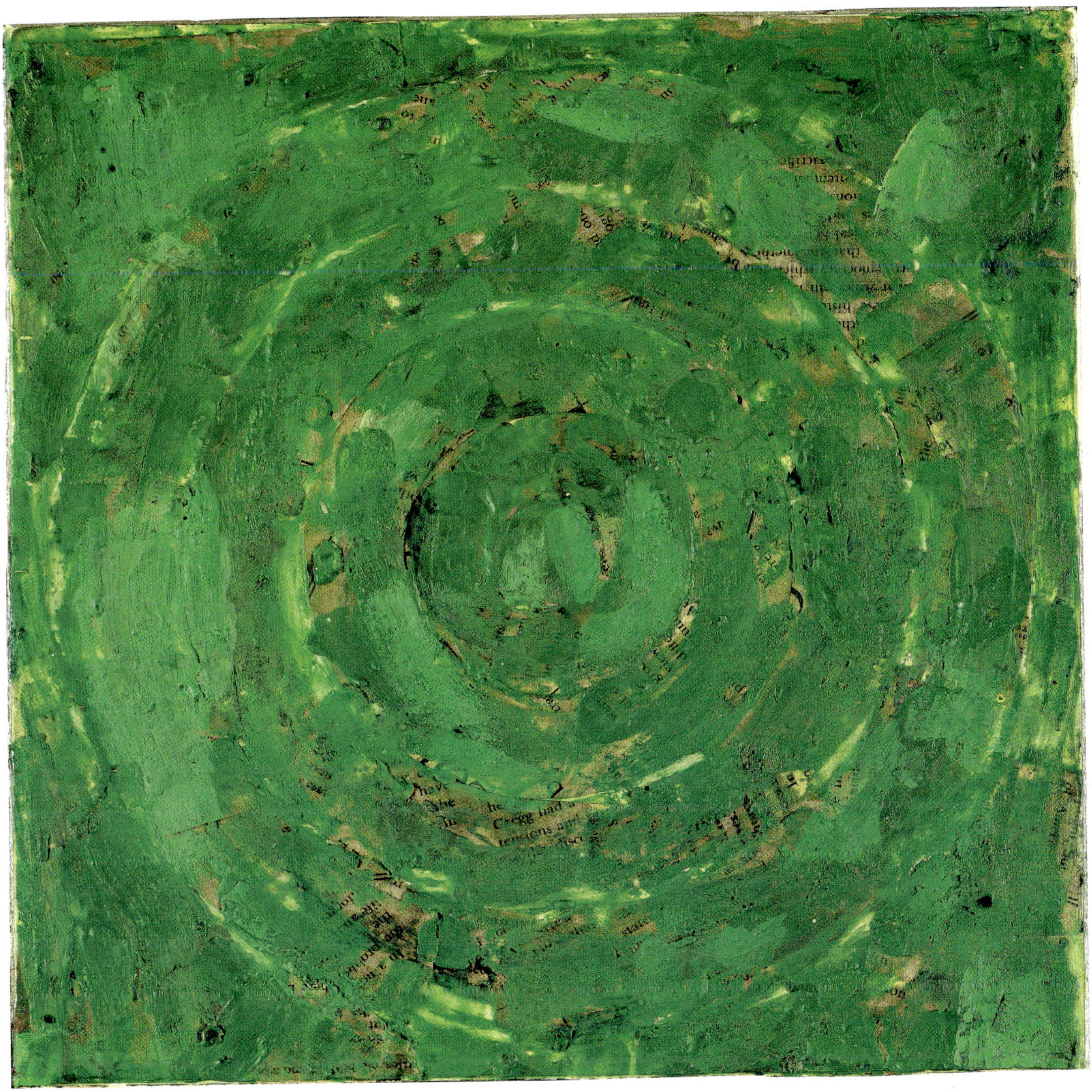

À GAUCHE, EN HAUT : *Des artistes new-yorkais se retrouvent pour la rétrospective Robert Rauschenberg au Jewish Museum, 1963. Debout, de gauche à droite : Sherman Drexler, Claes Oldenburg, Richard Lippold, Merce Cunningham, Robert Murray, Peter Agostini, Edward Higgins, Barnett Newman, Robert Rauschenberg, Perle Fine, Alfred Jensen, Ray Parker, Friedel Dzubas, Ernst von Leyden, Andy Warhol, Marisol, James Rosenquist, John Chamberlain, George Segal ; au premier rang, de gauche à droite : Jon Schueler, Arman, David Slivka, Alfred Leslie, Tania, Frederick Kiesler, Lee Bontecou, Isamu Noguchi, Salvatore Scarpitta, Allan Kaprow.*

CI-DESSUS : *Jasper Johns.* Green Target, *1956. Encaustique et collage de journaux sur panneau de bois, 23,5 × 23,5 cm. Collection particulière. Castelli a été si fasciné par cette œuvre quand il l'a découverte lors d'une exposition collective au Jewish Museum qu'il l'a qualifiée de « première épiphanie ». L'artiste joue sur l'illusion de la profondeur créée par les cercles concentriques, qui empêchent l'œil de se focaliser sur un point quelconque du tableau.*

UN TOURBILLON D'ÉVÉNEMENTS

1959-1961

Une balade sur 14th Street
est plus incroyable que n'importe quelle œuvre d'art[99].
ALLAN KAPROW

À la fin des années 1950, le monde de l'art new-yorkais était en pleine effervescence. Leo Castelli imposa un nouveau rythme à la scène des galeries et son goût pour les « épiphanies » encourageait

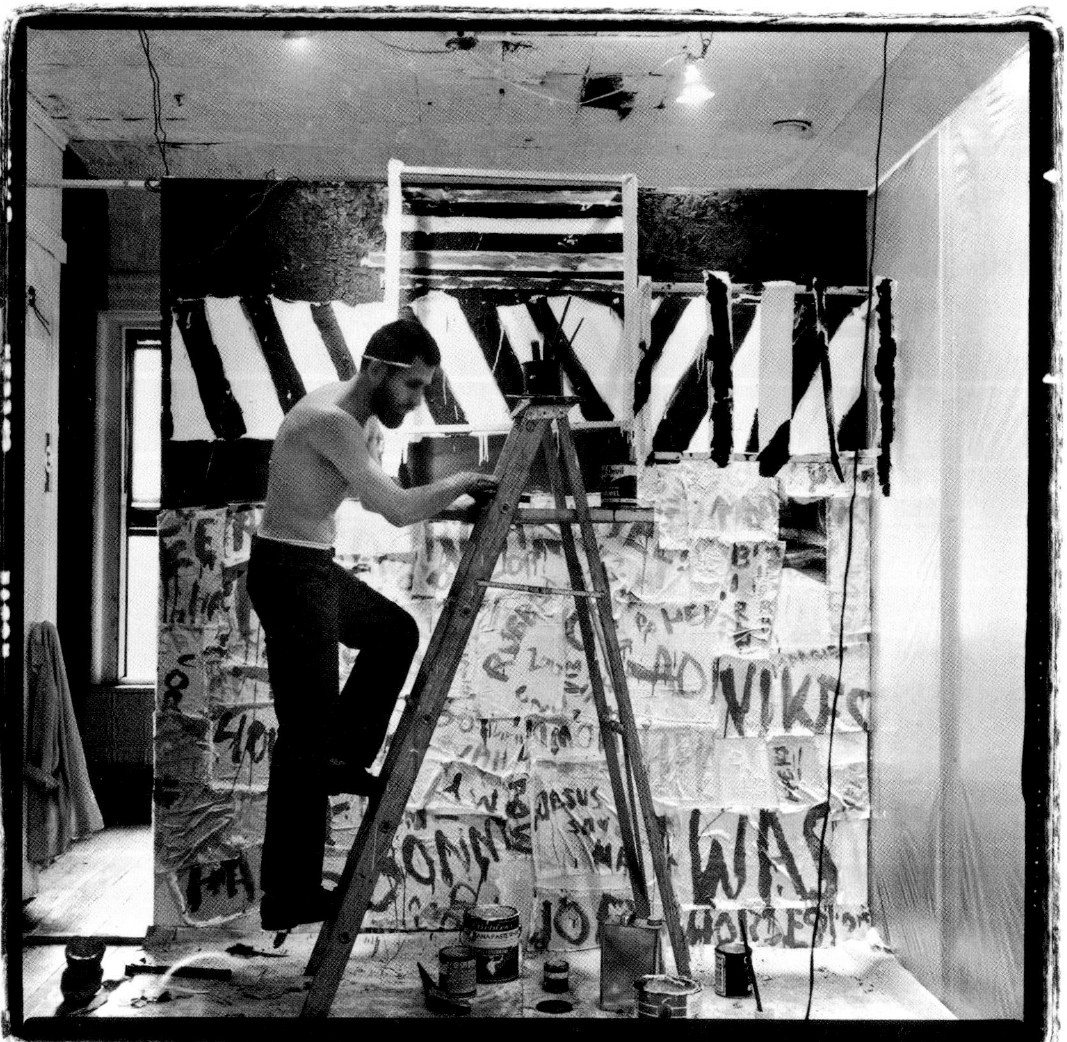

une esthétique d'urgence et une évolution constante. Il savait tirer profit des événements internationaux, comme la Biennale de Venise ou Art Basel, et organiser de grandes fêtes qui réunissaient collectionneurs, artistes, critiques et galeristes. Le vaste réseau de contacts de Castelli, qu'il mit plus de vingt ans à constituer, lui donnait accès à de précieuses « informations confidentielles ». En devenant le médiateur entre le marché de l'art et l'institution, Castelli avait inventé une fonction nouvelle, celle du marchand d'art à l'américaine, dont il représentait l'exemple le plus parfait.

À GAUCHE : L'artiste performeur Allan Kaprow préparant l'exposition 18 Happenings in 6 Parts *à la galerie Reuben, 1959. Cette série d'événements multimédias participatifs faisait intervenir le public mais aussi d'autres artistes comme Rauschenberg et Johns.*

CI-DESSOUS : Le marchand d'art Dick Bellamy à la Green Gallery, 1965. Ses expositions et son influence sur les jeunes artistes sont restées légendaires.

Allan Kaprow, qui avait d'abord étudié avec Hans Hofmann, puis à la New School sous la direction de John Cage, mit au point son projet « Environments and Happenings ». En 1959, il présenta *18 Happenings in 6 Parts* à la Reuben Gallery, une série d'événements multimédias, mêlant la participation du public à celle d'artistes comme Rauschenberg ou Johns. L'année précédente, Kaprow avait publié *L'Héritage de Jackson Pollock,* un essai exprimant sa déception pour la « *suggestion* qui représenterait nos autres sens au travers de la peinture ». Pour illustrer l'innovation que constituaient ces happenings, Kaprow déclara : « Nous devons utiliser les substances propres de la vue, des sons, des mouvements, des personnes, de l'odorat et du toucher. Tous les types d'objets deviennent un matériel pour l'art[100]. » C'était l'avènement de la performance artistique. Alors que Kaprow jouait sur l'interaction entre l'artiste et son public, un nouveau genre de marchands d'art, comme Dick Bellamy, inventa une nouvelle manière de présenter les artistes au public.

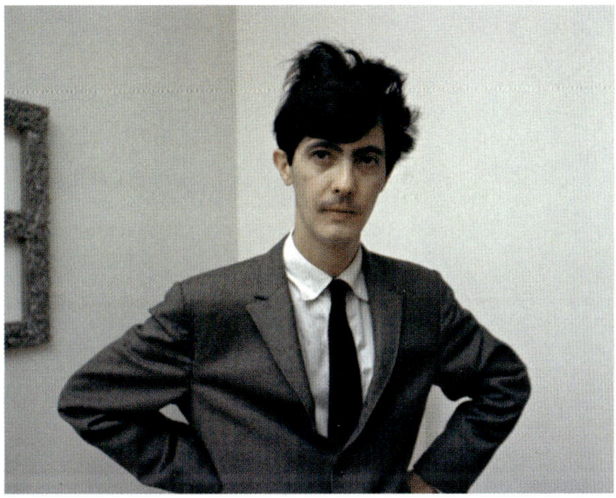

Richard Hu Bellamy était un personnage-culte qui se maintint au cœur des cercles artistiques new-yorkais pendant plusieurs décennies. Né à Cincinnati (Ohio) d'une mère chinoise et d'un père américain, il arriva à New York au début des années 1950. Près de cinq ans plus tard, on lui proposa de devenir le directeur de la Hansa Gallery alors qu'elle s'était déplacée de la *East 10th Street* à Central Park Sud. Sans expérience des galeries, il était passionné et disposait de solides relations parmi les artistes de la galerie Hansa. Son projet coopératif se fit connaître sitôt son ouverture *downtown* pendant l'hiver 1952 ; tous les fondateurs de la galerie avaient étudié avec Hofmann, notamment Kaprow, Alfred Leslie, Segal, Richard Stankiewicz, Jean Follett, Robert Whitman et Jan Müller. L'espace proposait diverses activités culturelles ; Greenberg y organisa plusieurs discussions au début des années 1950.

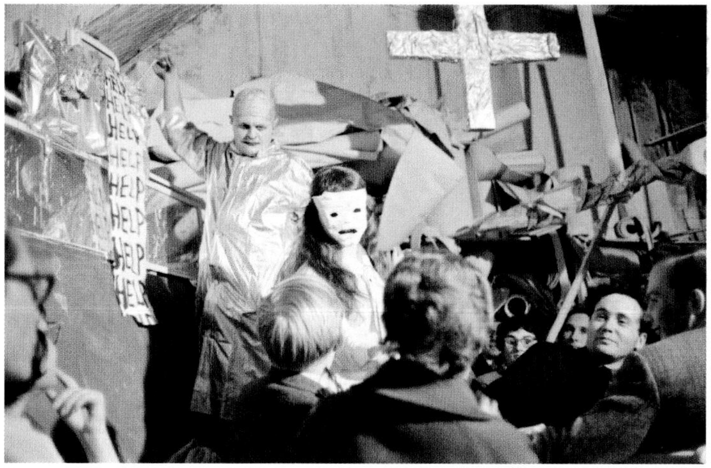

À DROITE : Jim Dine dans son happening Car Crash *à la galerie Reuben, 1960.*

CI-DESSOUS : Jim Dine, au centre, dans une performance d'Allan Kaprow, The Big Laugh, *à la galerie Reuben, 1960.*

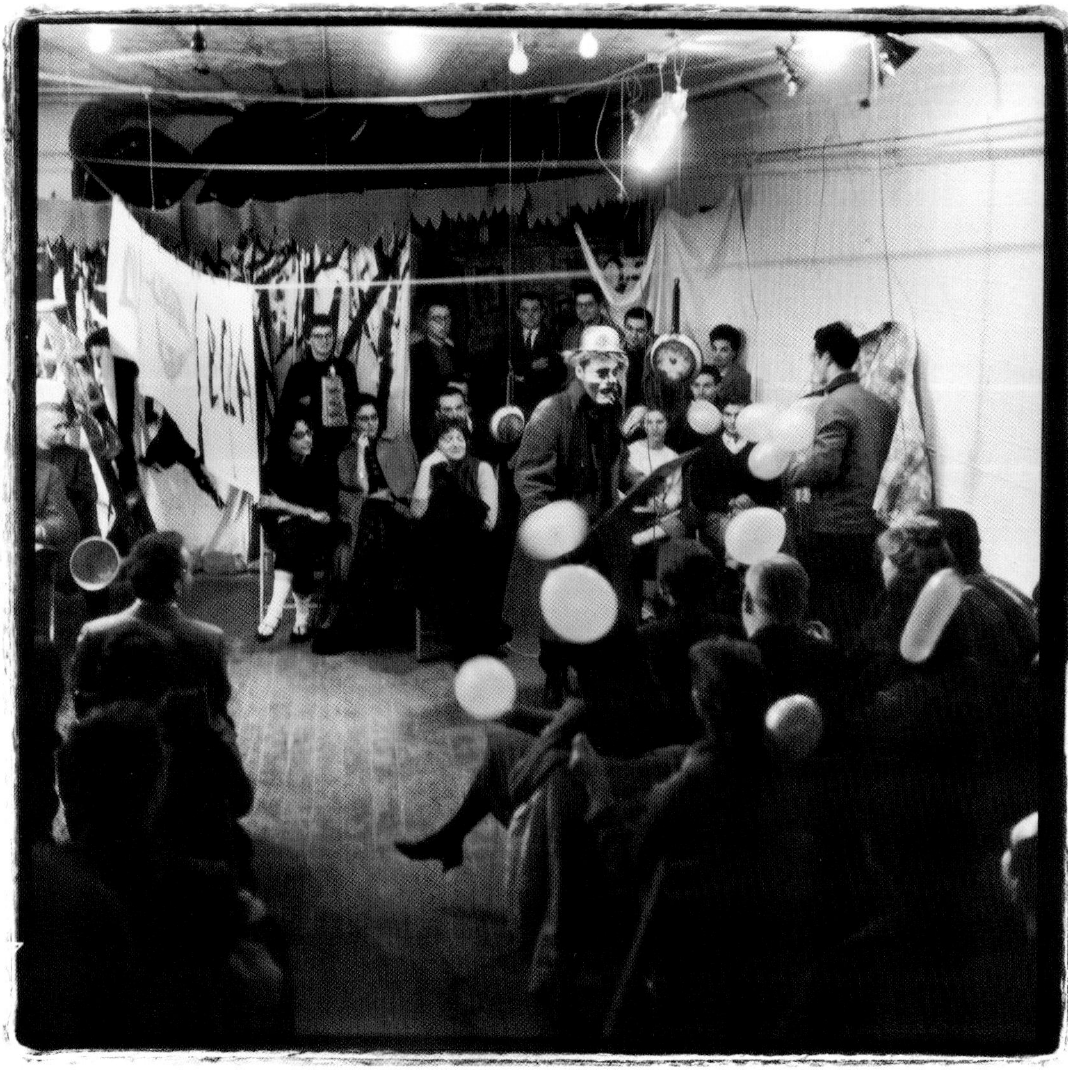

Claes Oldenburg a mis en scène Snapshots from the City, *l'un des happenings, dans un événement de trois jours intitulé* Ray Gun Spex, *organisé à la Judson Church, 1960. Ici, il se produit avec Pat Muschinski, sa première femme.*

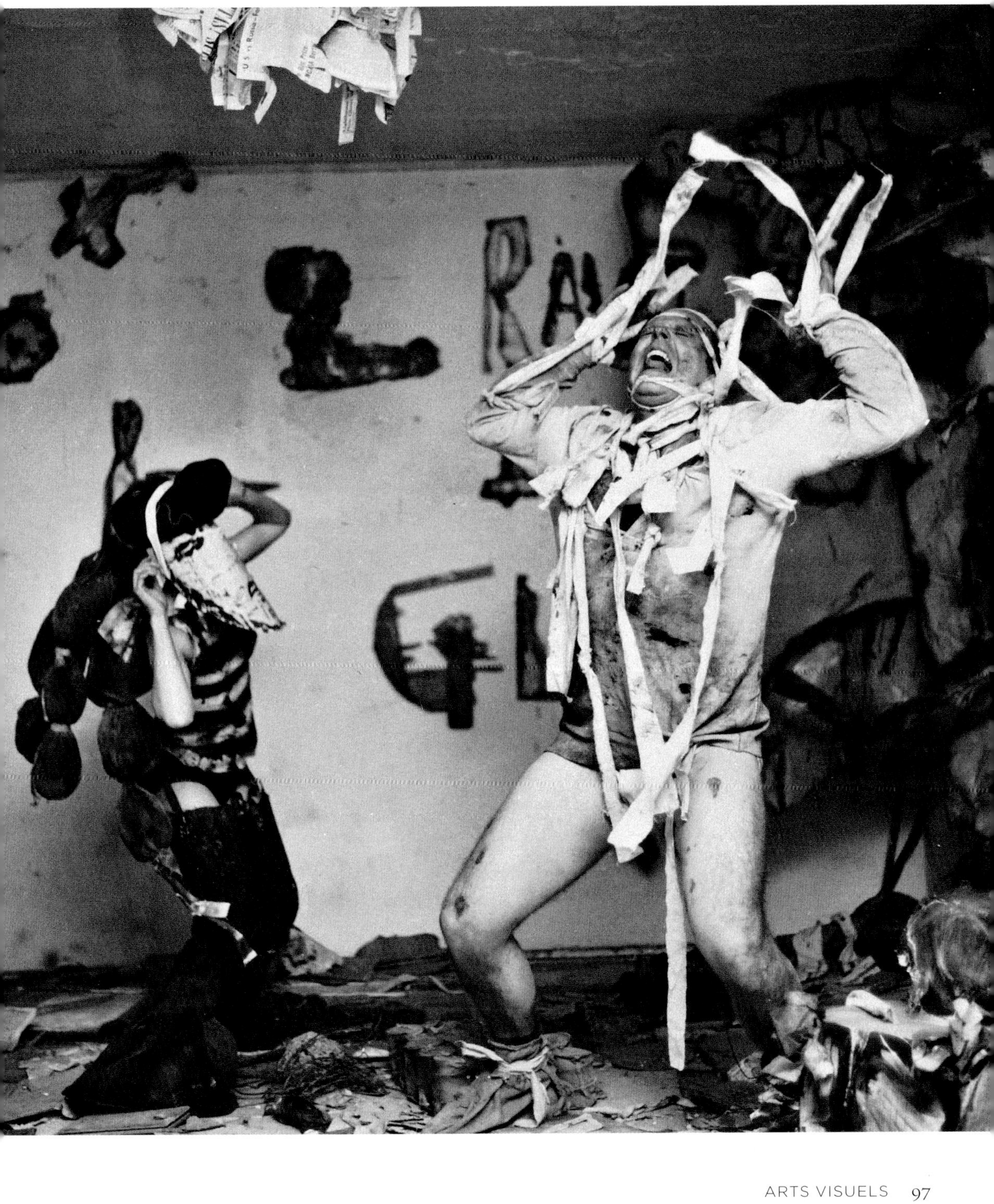

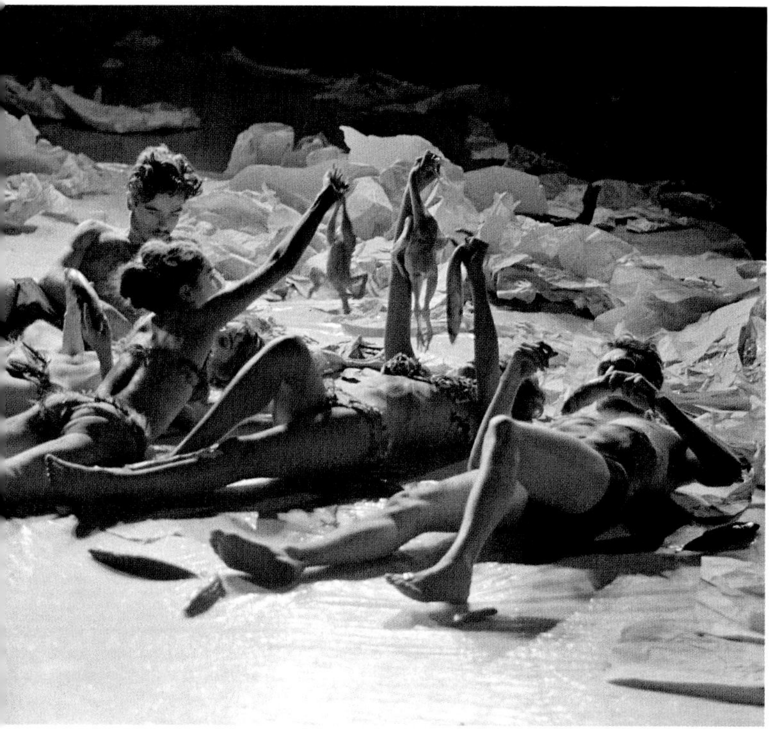

À GAUCHE : Scène du happening de Carolee Schneeman, Meat Joy, *1964.*

CI-DESSOUS : La distribution de Circus : Ironworks/Fotodeath *de Claes Oldenburg, à la galerie Reuben, 1961. Debout de gauche à droite : Gloria Graves, Carl Lehmann-Haupt, Olga Adorno, Pat Oldenburg, Marilyn Jaffee, Judy Tersch, Claire Wesselmann, Chippy McClellan, Lucas Samaras ; assis, de gauche à droite : Edgar Blakeney, Max Baker, Tom Wesselmann, Claes Oldenburg, Henry Geldzahler et Clifford Smith.*

À DROITE, EN HAUT : Affiche pour la première exposition collective à la Green Gallery, 1960. Richard Bellamy Papers, 11.B.28. The Museum of Modern Art Archives, New York.

À DROITE, EN BAS : Cette installation de 1962 à la Green Gallery réunissait des œuvres de Claes Oldenburg, Philip Wofford et Richard Smith, ainsi qu'une sculpture molle de Yayoi Kusama, Accumulation No. 1.

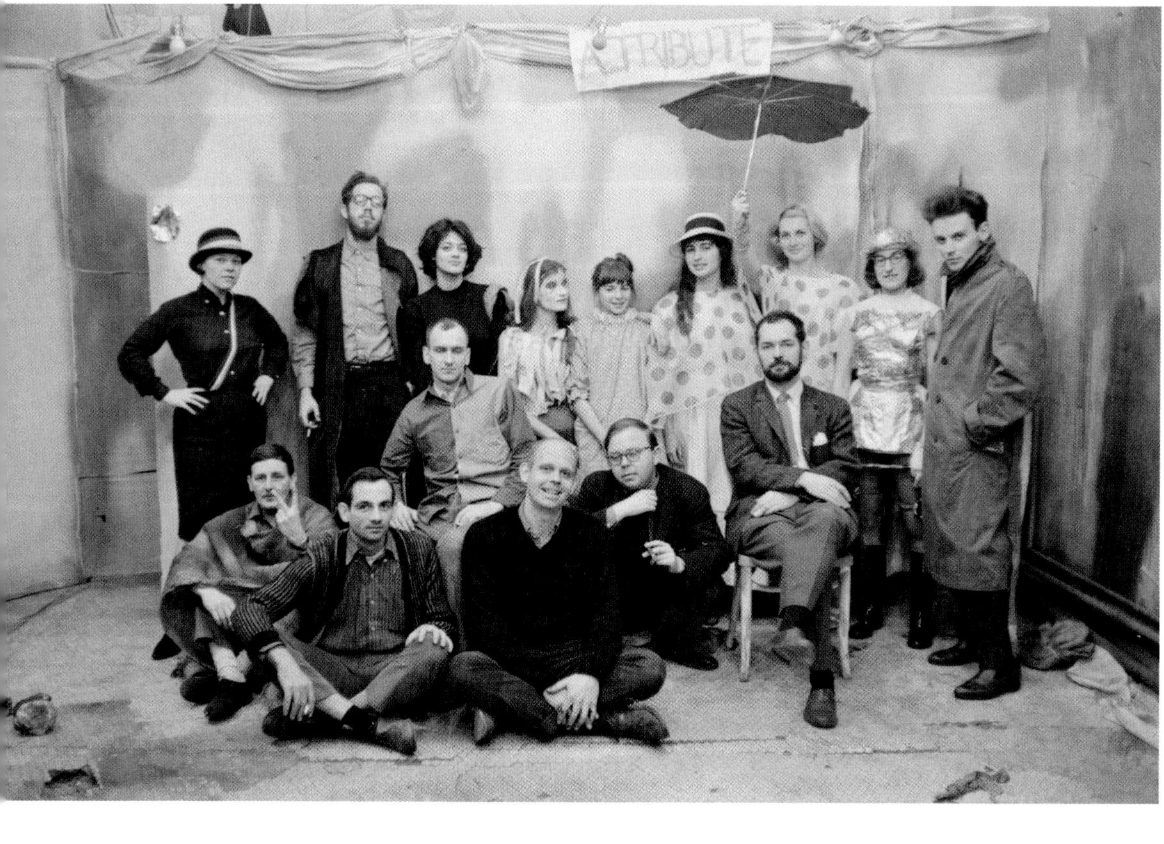

Hansa était un espace associatif où les jeunes artistes exposaient leurs œuvres et développaient une dynamique de groupe sans se soucier de vendre, et ils pouvaient y demeurer tant que les critiques ou les galeries d'*uptown* ne les remarquaient pas. « Ils voulaient toucher le public le plus large possible », expliquait Bellamy. Mais le besoin d'une galerie persistait, et l'engagement des artistes envers Hansa ne cessait de croître. Les décisions y étaient prises démocratiquement (les artistes décidaient ensemble même du prix de leurs œuvres). Mais, avec le temps, nombre d'entre eux furent accueillis par de grandes galeries et Hansa ferma ses portes en 1959.

En 1960, soutenu par le collectionneur Scull, Bellamy inaugura la Green Gallery avec un « solo show » du sculpteur Mark di Suvero. Il présenta ensuite les œuvres de Lee Lozano, une découverte de Bellamy, ainsi que celles de Segal et de Jack Tworkov. Les « soft sculptures » de Claes Oldenburg y furent exposées pour la première fois, de même que les sculptures de Donald Judd en cadmium rouge et les riches toiles « Colorfield » de Morris Louis.

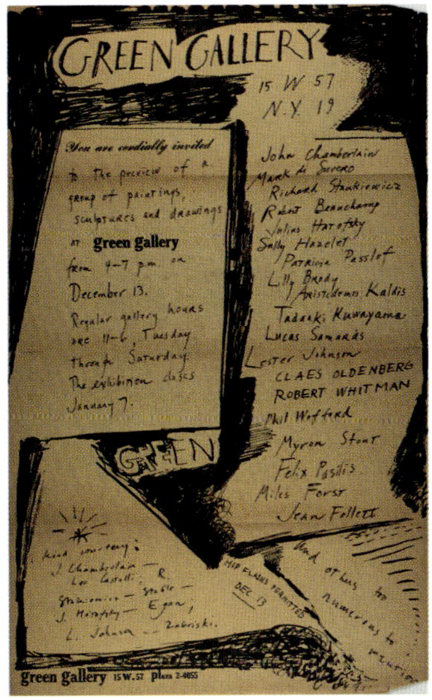

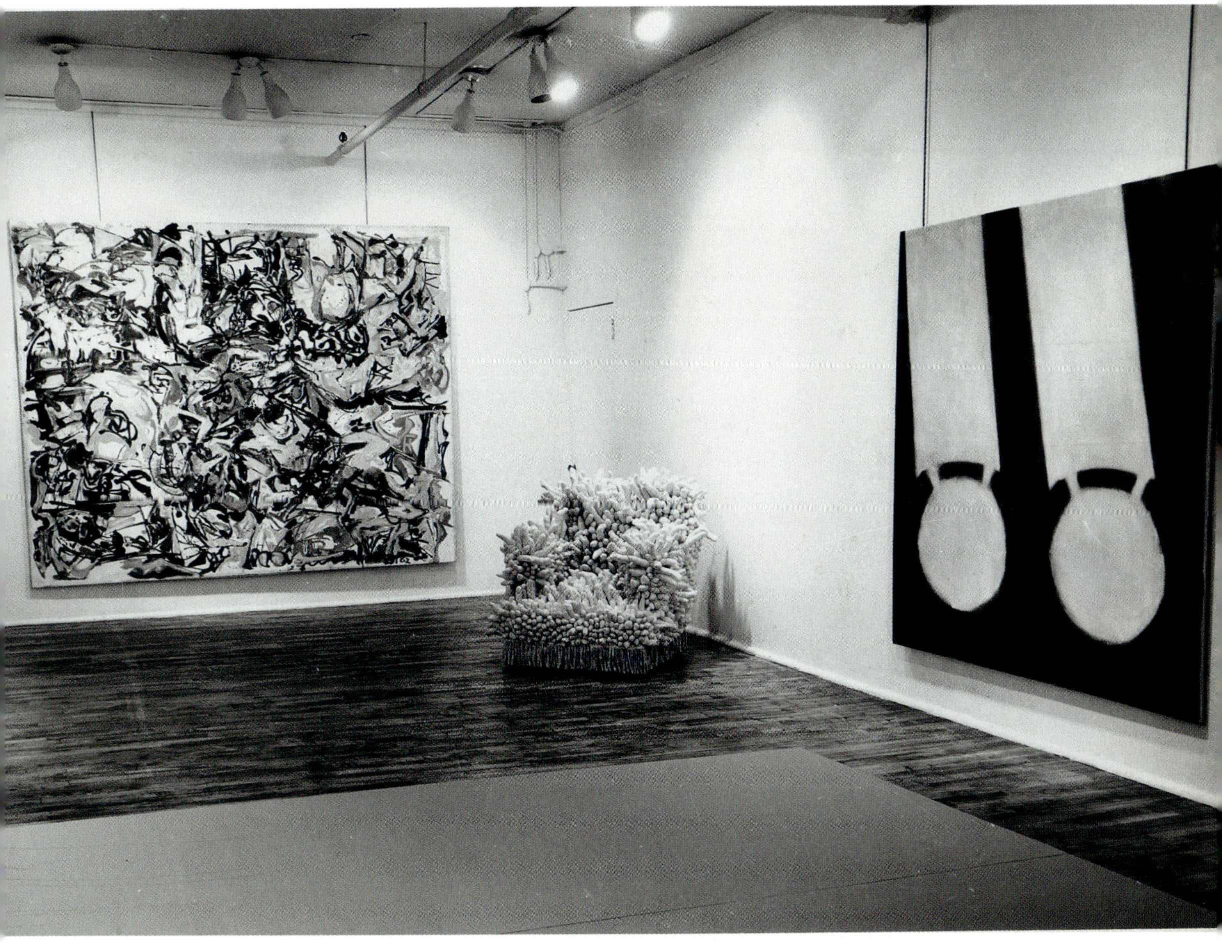

CI-DESSOUS : Mark di Suvero. Ladderpiece, *1961-1962. Bois et acier, 189,2 × 464,8 × 330,2 cm. The Museum of Modern Art, New York. Bellamy a réservé à Di Suvero l'exposition inaugurale à la Green Gallery.*

À DROITE : Donald Judd. Sans titre, *1965. Acier galvanisé et laque, 37,3 × 194,5 × 65,1 cm. Collection Walker Art Center, Minneapolis. Harold D. Field Memorial Acquisition, 1966.*

Bellamy passait ses nuits et ses week-ends dans les ateliers d'artistes, il avait l'œil exercé et passait rapidement à l'acte. Mais la lenteur des ventes le découragèrent et, en 1965, la galerie dut fermer. Bellamy parvint à placer plusieurs de ses artistes chez Castelli, qui l'avait toujours suivi avec intérêt et appréciait les travaux des minimalistes Dan Flavin, Donald Judd et Robert Morris. Après la fermeture de la Green Gallery, Bellamy continua d'exposer de jeunes artistes et de conseiller les collectionneurs ; son influence sur l'art contemporain fut exceptionnelle : elle s'exerçait dans les expositions originales qu'il organisait à la Green Gallery, dans la liste des œuvres qu'il montrait, dans la variété des artistes qu'il sélectionnait.

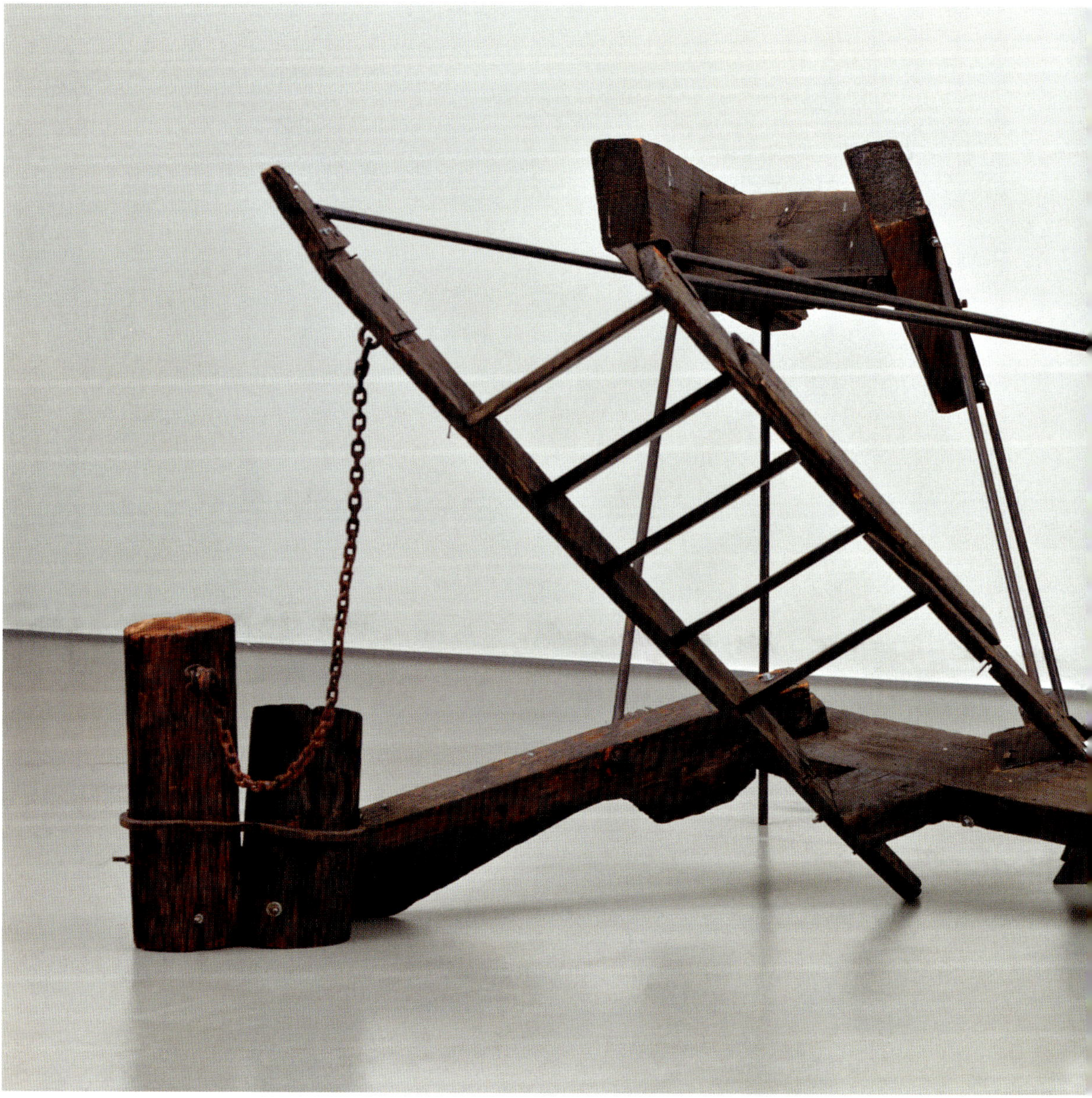

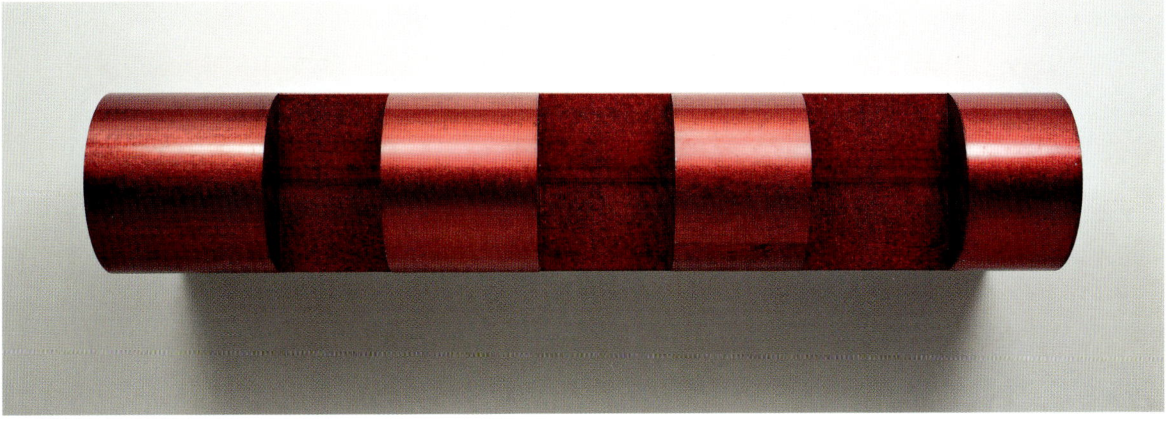

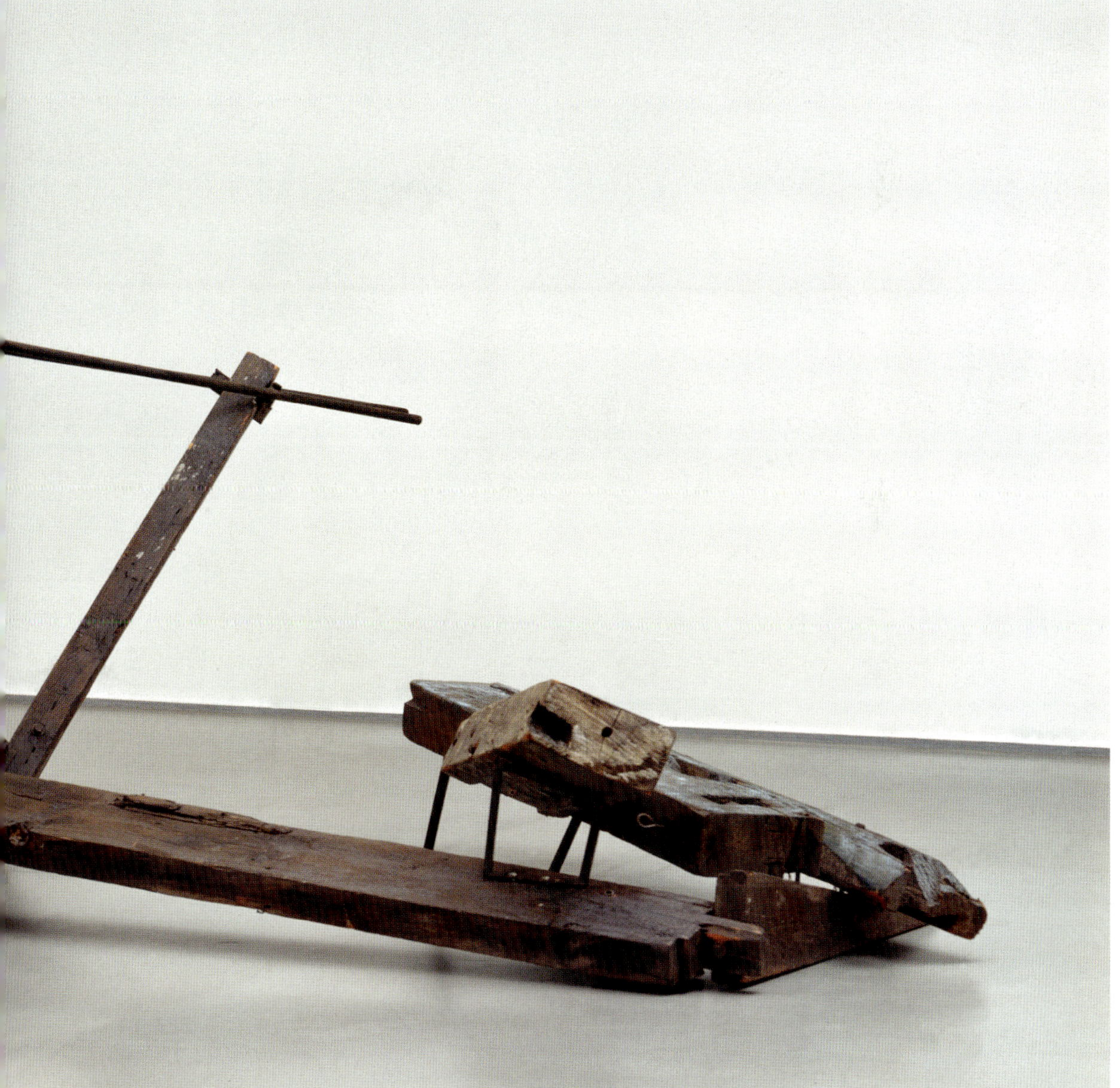

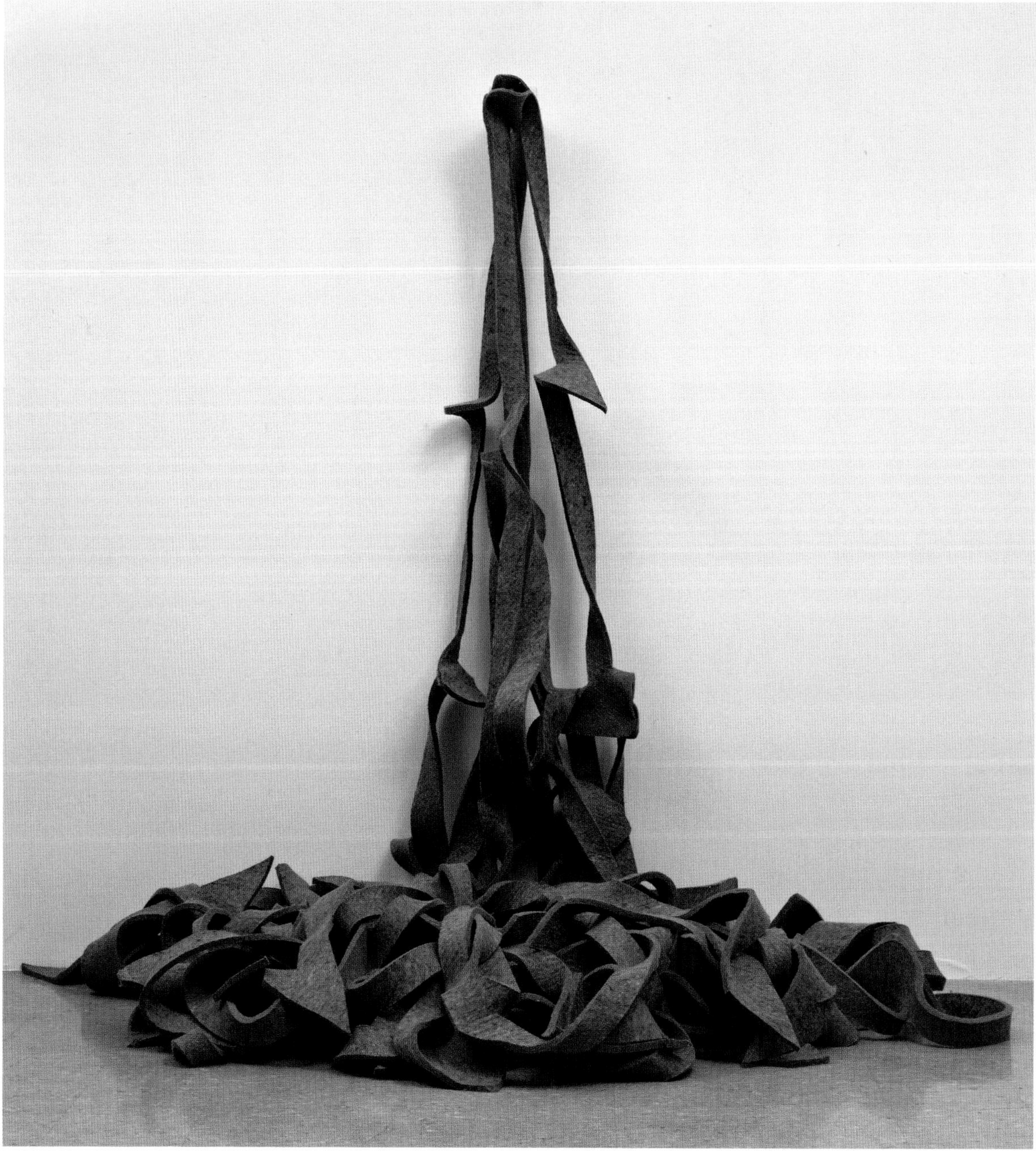

CI-DESSUS : *Robert Morris.* Sans titre (Tangle), *1967. Feutre découpé en ruban de 2,5 cm d'épaisseur, dimensions variables. Installation au musée : 294,6 × 269,2 × 147,3 cm. The Museum of Modern Art, New York. « L'empilement aléatoire, les entassements, les suspensions donnent une forme éphémère au matériau, explique l'artiste. Le hasard est accepté et l'indétermination est implicite puisque tout changement d'emplacement entraîne un changement de configuration. » L'utilisation de feutre industriel permet de s'interroger sur le poids du matériau en tant que moyen imprévisible de donner forme à l'art.*

À DROITE : *Dan Flavin.* « Monument » I for V. Tatlin, *1964. Lampes fluorescentes et fixations en métal, 243,8 × 58,7 × 10,8 cm. The Museum of Modern Art, New York. C'est le premier d'une série de trente-neuf « monuments » en hommage à l'artiste russe Vladimir Tatline.*

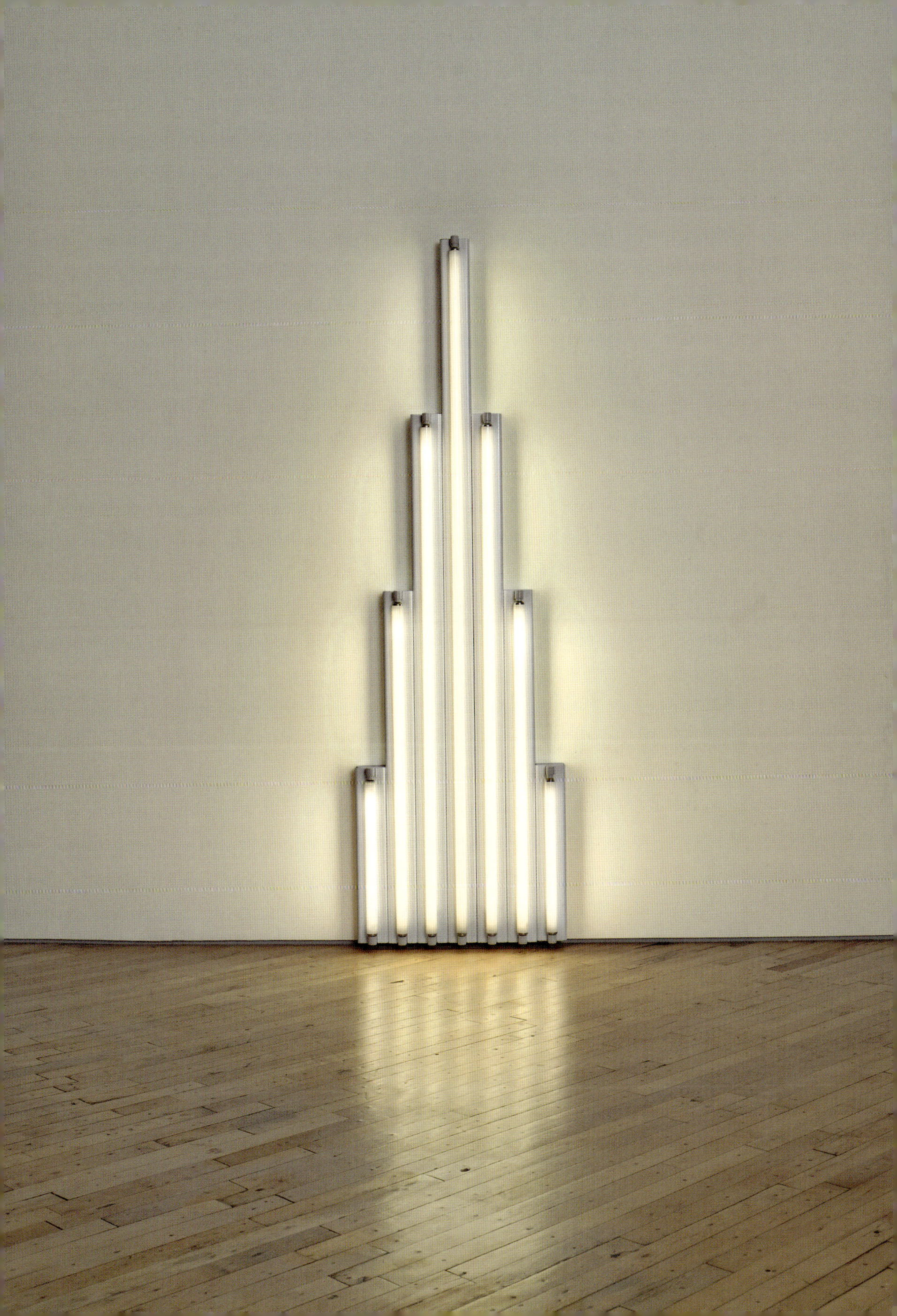

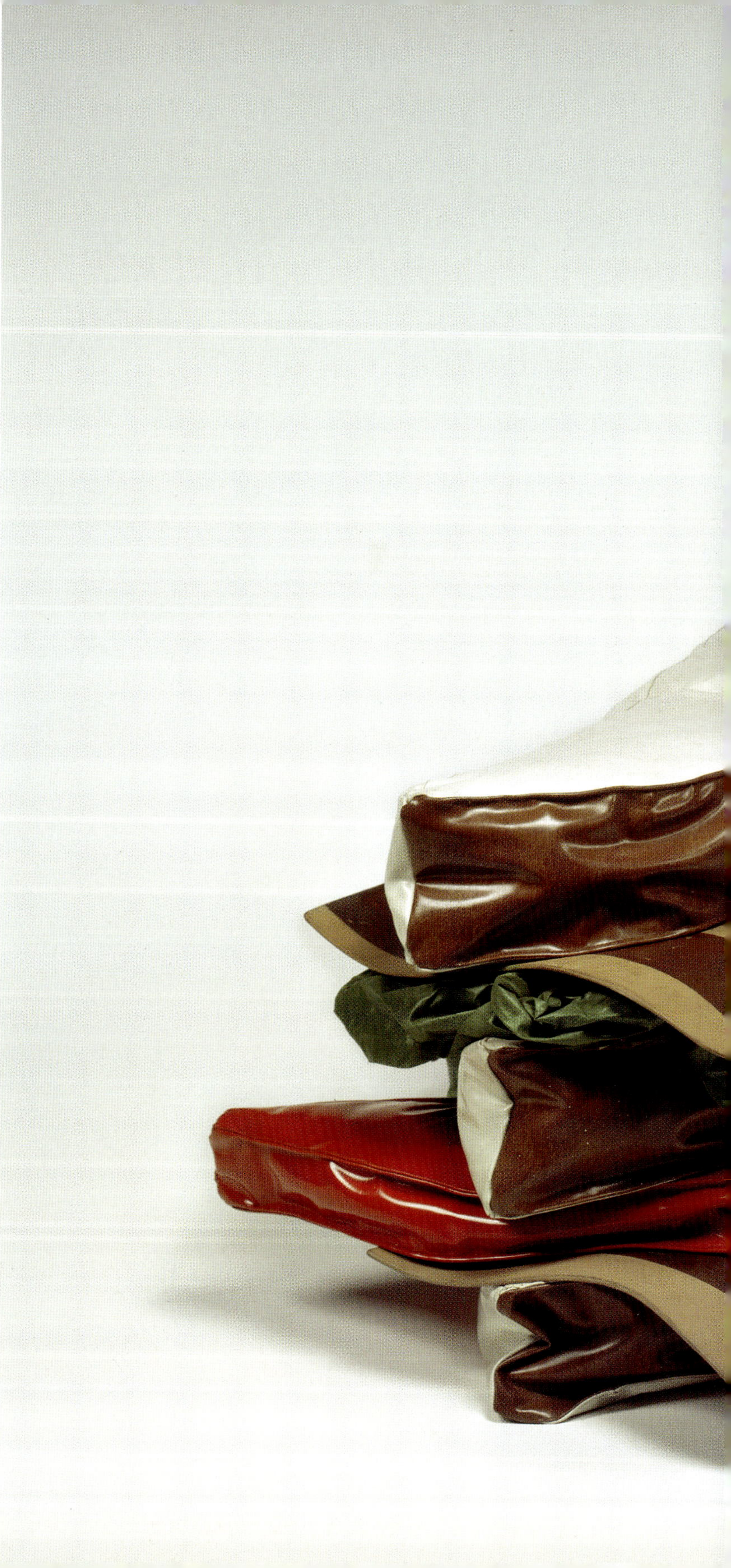

Claes Oldenburg. Giant BLT (Bacon, Lettuce and Tomato Sandwich), *1963. Vinyle, fibres de kapok, bois peint et bois, 81,3 × 99,1 × 73,7 cm. Whitney Museum of American Art, New York. Don de l'American Contemporary Art Foundation Inc., Leonard A. Lauder, président. Composé de dix-neuf parties, le sandwich doit être réassemblé chaque fois qu'il est exposé.*

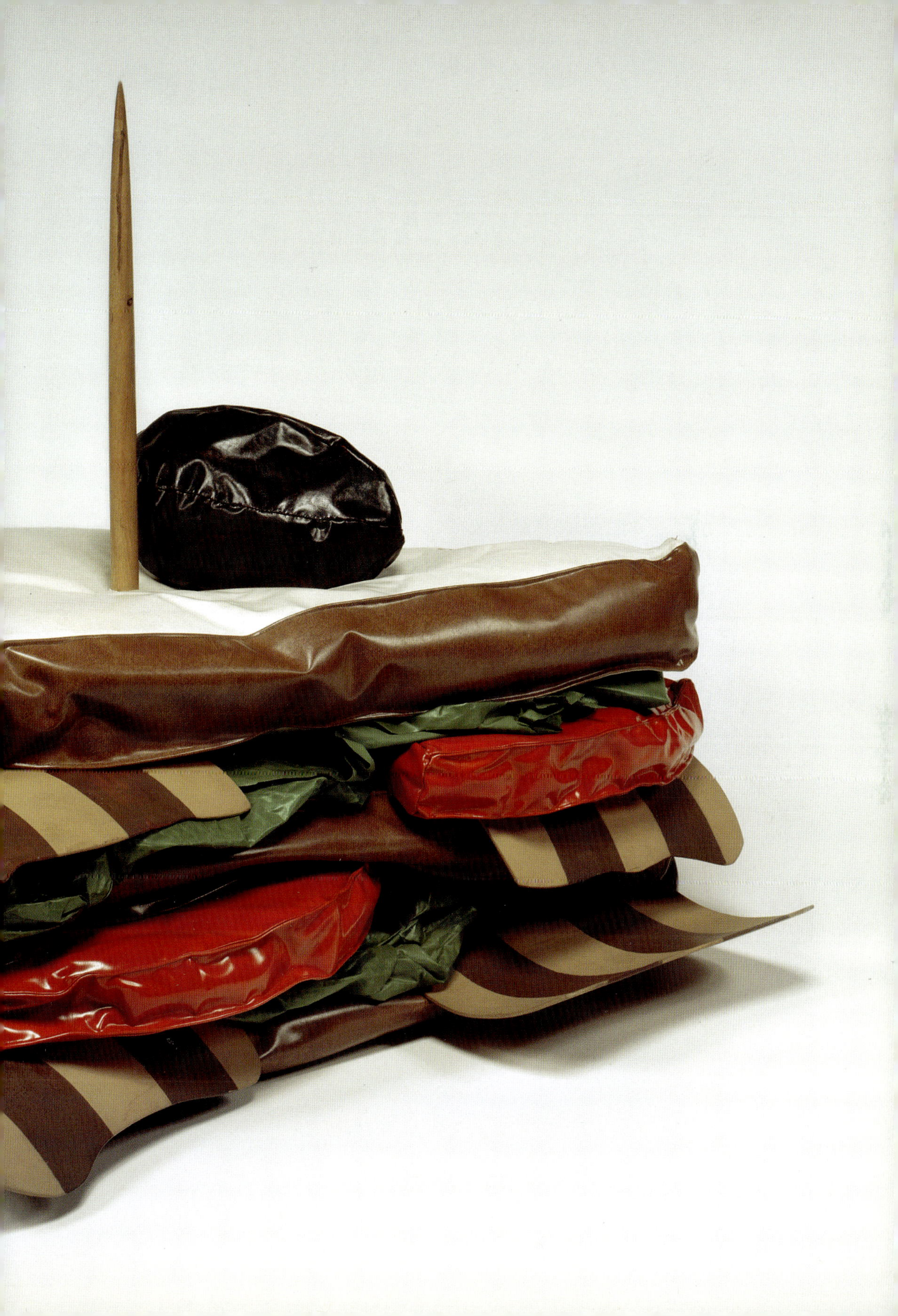

NEW YORK COMME UN *LOCUS*

1962-1965

De plus en plus de jeunes gens issus des classes moyennes se lançaient dans une carrière artistique qui les menait irrémédiablement à New York, le cœur du pays pour la formation artistique, pour les musées et pour les ventes[101].

DORE ASHTON

Pendant des années, Castelli et Alan Solomon organisèrent des expositions au Jewish Museum, dans le but de garantir aux artistes américains la visibilité qu'ils n'avaient jamais eue. Après son divorce d'avec Castelli, Ileana se remaria et ouvrit avec son nouveau mari, Michael Sonnabend, une galerie à Paris, pour défendre leurs héros américains.

En s'inspirant des nouvelles stratégies de marketing, ils recrutèrent des designers pour lancer des campagnes de publicité dans les magazines d'art européens et trouvèrent des collectionneurs en Allemagne, en Italie, au Royaume-Uni... Les Sonnabend développèrent le réseau européen de la galerie Castelli, en devenant sa succursale, travaillant à la renommée de New York et de ses artistes sur

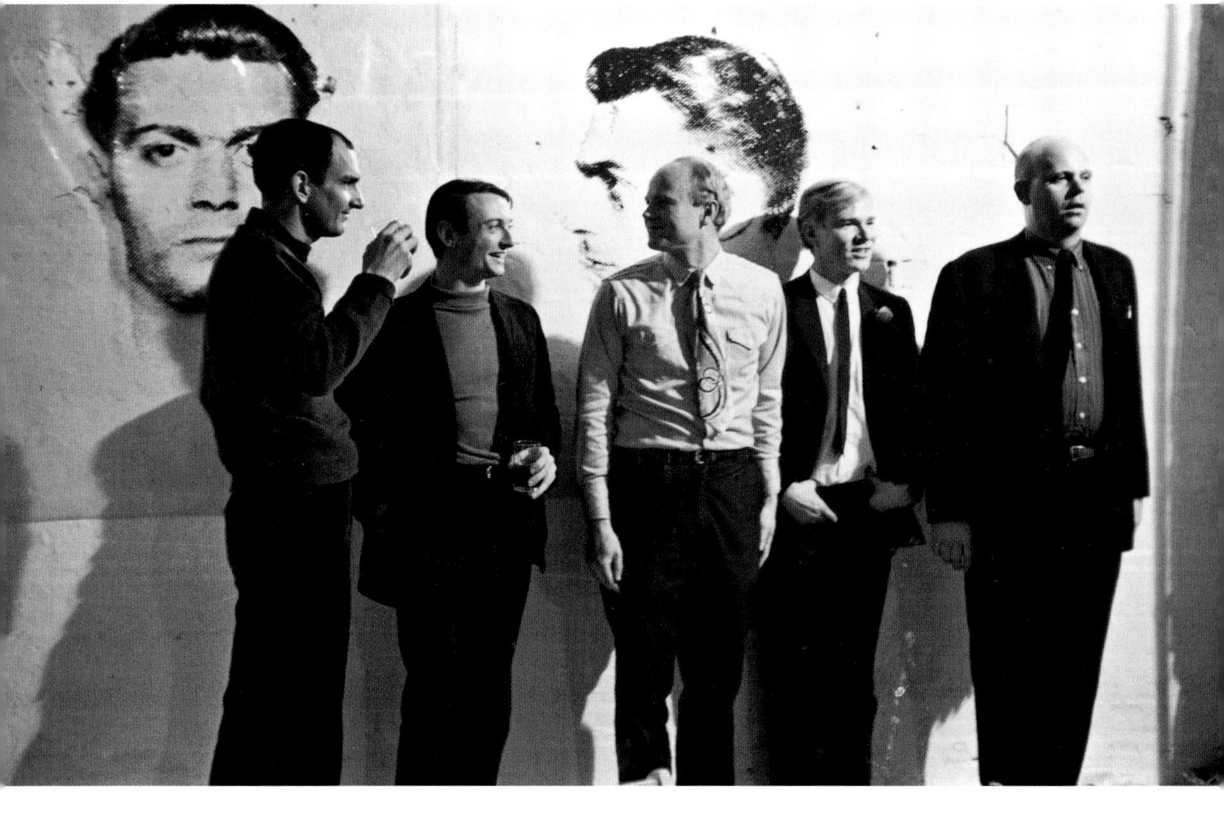

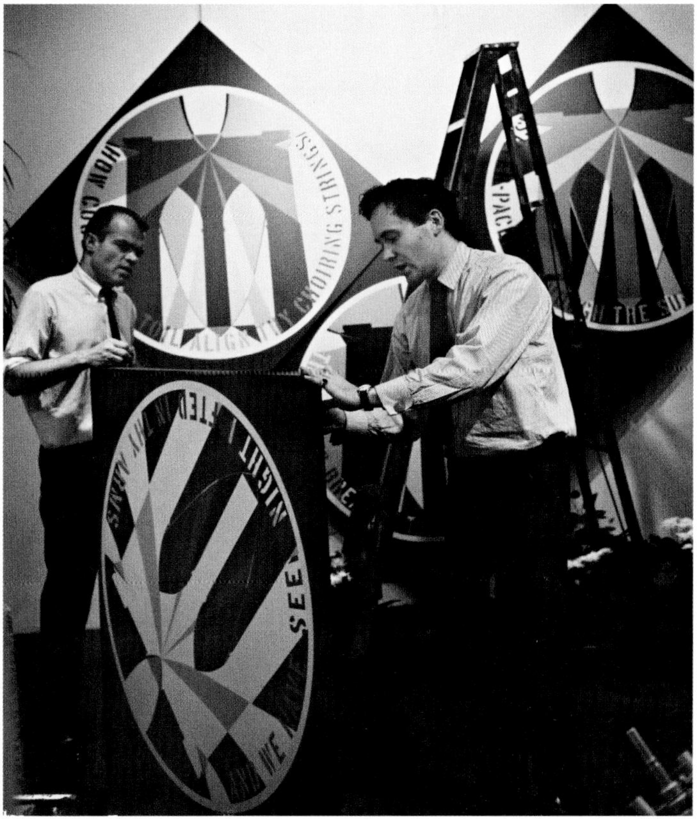

À GAUCHE : Cinq grands artistes Pop se retrouvent dans le loft d'Andy Warhol, 1964. De gauche à droite : Tom Wesselmann, Roy Lichtenstein, James Rosenquist, Warhol et Claes Oldenburg.

CI-CONTRE : Alan Groh, assistant d'Eleanor Ward (propriétaire de la Stable Gallery) à gauche, et Robert Indiana installant son tableau The Brooklyn Bridge *pour une exposition à la galerie, 1964.*

la scène internationale. La remise du Lion d'Or à Rauschenberg lors de la Biennale de Venise en 1964 fut le résultat d'une lutte acharnée contre la suprématie française d'un côté et le provincialisme italien de l'autre.

À l'automne 1964, la presse artistique fut envahie par des articles sur le Pop Art, qui tentaient de déterminer si c'était ou non une nouvelle forme d'art et si oui ou non il allait durer : « Qu'est-ce que le Pop Art ? » « De la peinture anti-sensibilité. » « Pourquoi le Pop Art se vend-il aussi bien[102] ? » Car beaucoup voyaient dans le Pop Art « principalement un mouvement de collectionneurs », même si les années 1960 allaient révéler une audience grandissante et un marché en pleine expansion pour l'art contemporain[103]. Le Pop Art apparut aux États-Unis à la fin des années 1950 comme un mouvement s'appropriant des images tirées de la culture populaire. Certaines publicités, incontournables dans le paysage visuel américain, étaient réalisées par des artistes Pop. Salué par le *New York Times* comme le « Svengali du Pop », Castelli devint son fer de lance[104]. Parmi les personnages-clés du mouvement figuraient Lichtenstein, Jim Dine, Robert Indiana, Rosenquist, Claes Oldenburg, Tom Wesselmann, Larry Rivers et Warhol.

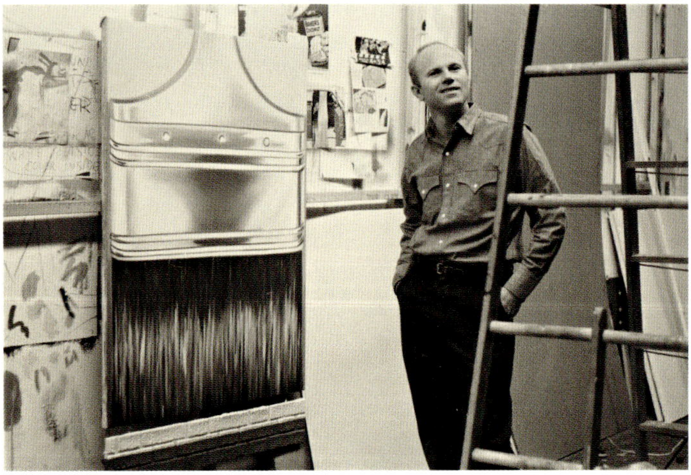

À GAUCHE : *James Rosenquist dans son atelier, à côté de* Paint Brush, *1964.*

CI-DESSOUS : *James Rosenquist.* White Bread, *1964. Huile sur toile, 137,2 × 152,4 cm. National Gallery of Art, Washington D.C. Contrairement à ce que l'on observait dans les premières œuvres de Rosenquist, les couleurs gagnent ici en vivacité et la représentation figurative tend vers l'abstraction.*

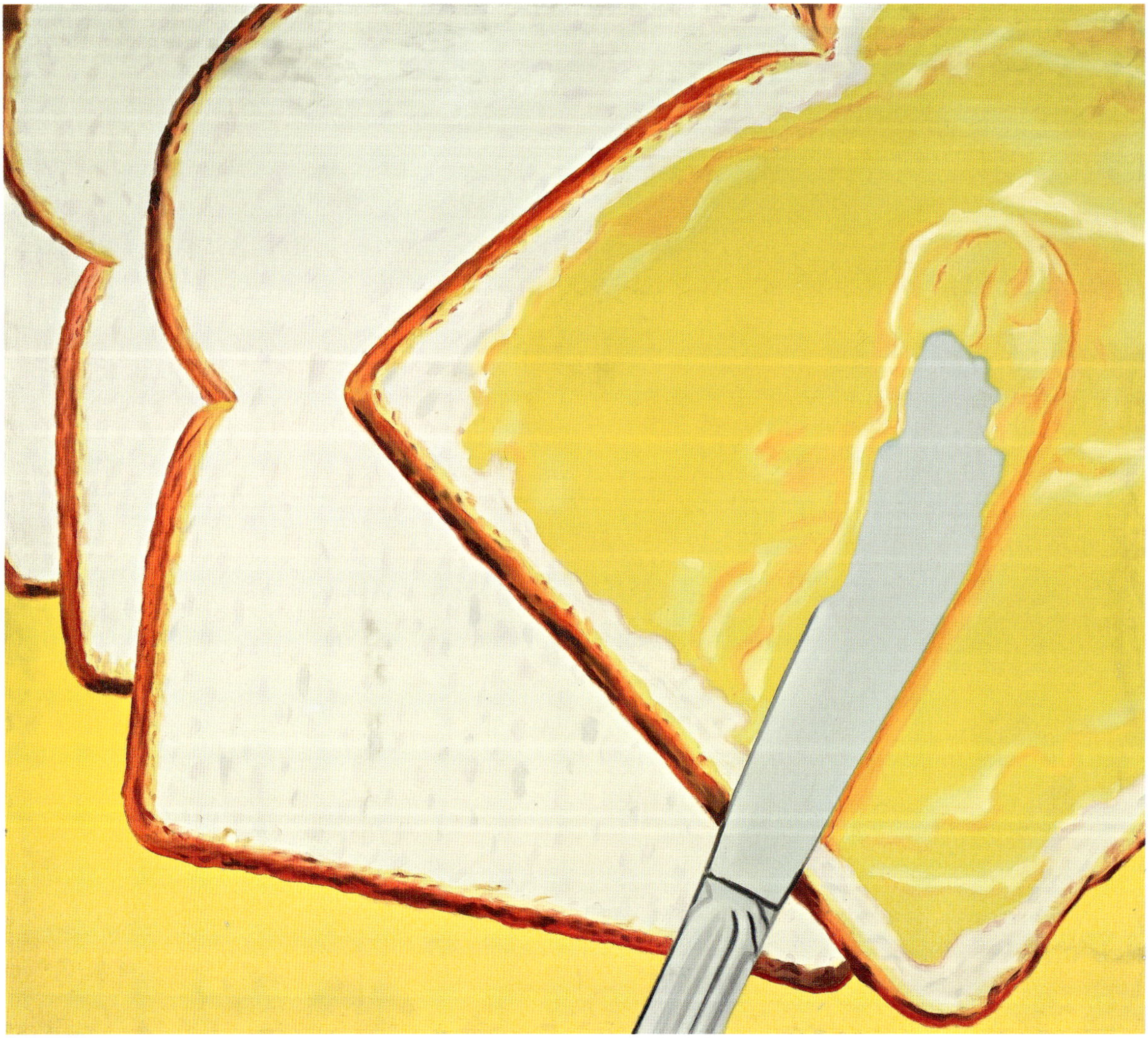

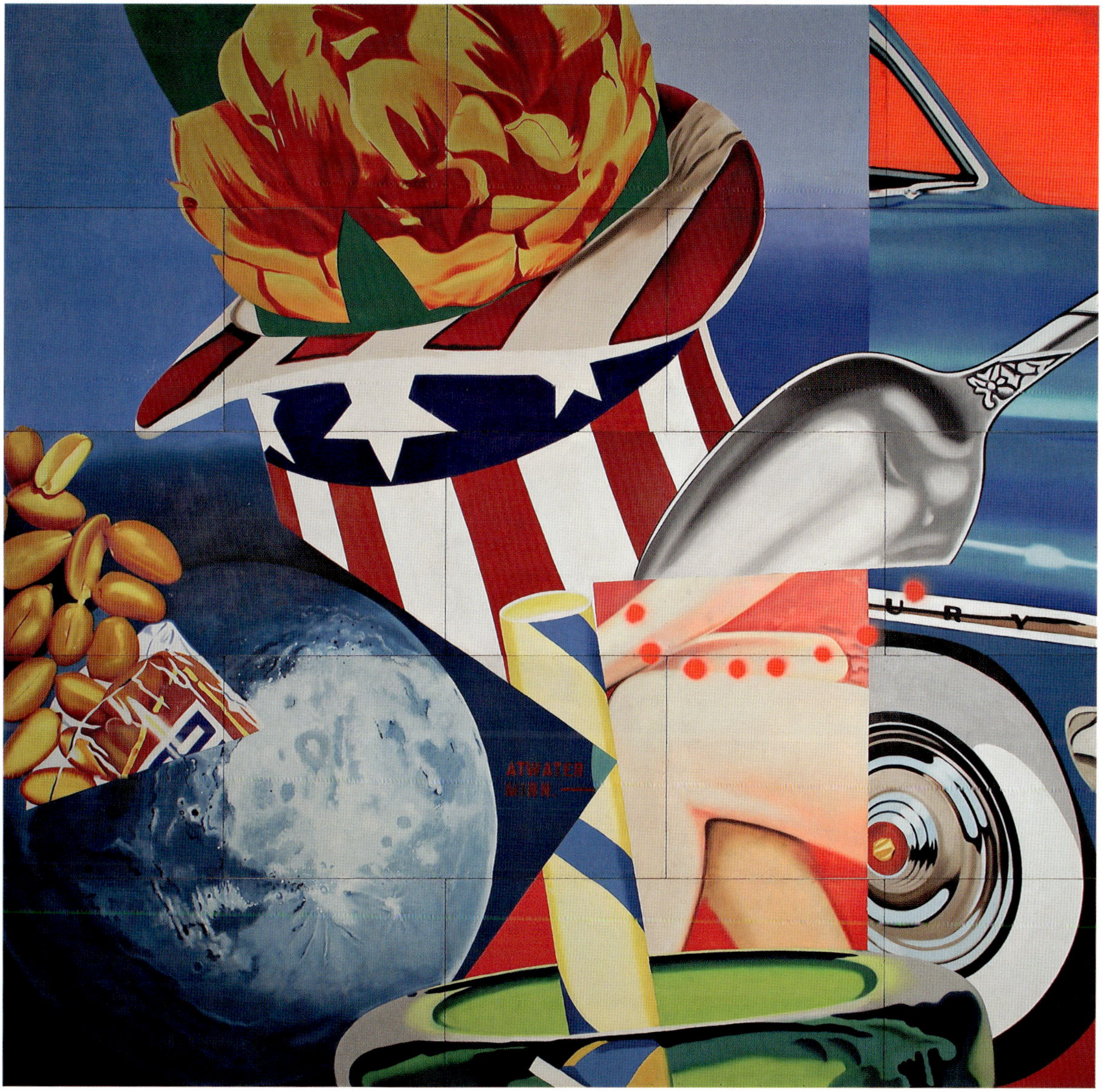

James Rosenquist. World's Fair Mural, *1963-1964. Huile sur panneau de fibres, 609,6 × 609,6 cm. Collection du Frederick R. Weisman Art Museum de l'université du Minnesota, Minneapolis. Don de l'artiste. Créée pour le pavillon de New York à l'Exposition universelle, cette fresque, composée de fragments d'affiches publicitaires qui se chevauchent, est un patchwork vivant de la vie américaine. Le chapeau de l'Oncle Sam est un symbole de patriotisme, la Lune fait référence à la conquête spatiale et la voiture à la vitesse, les cacahuètes et le soda évoquent les attractions foraines, etc.*

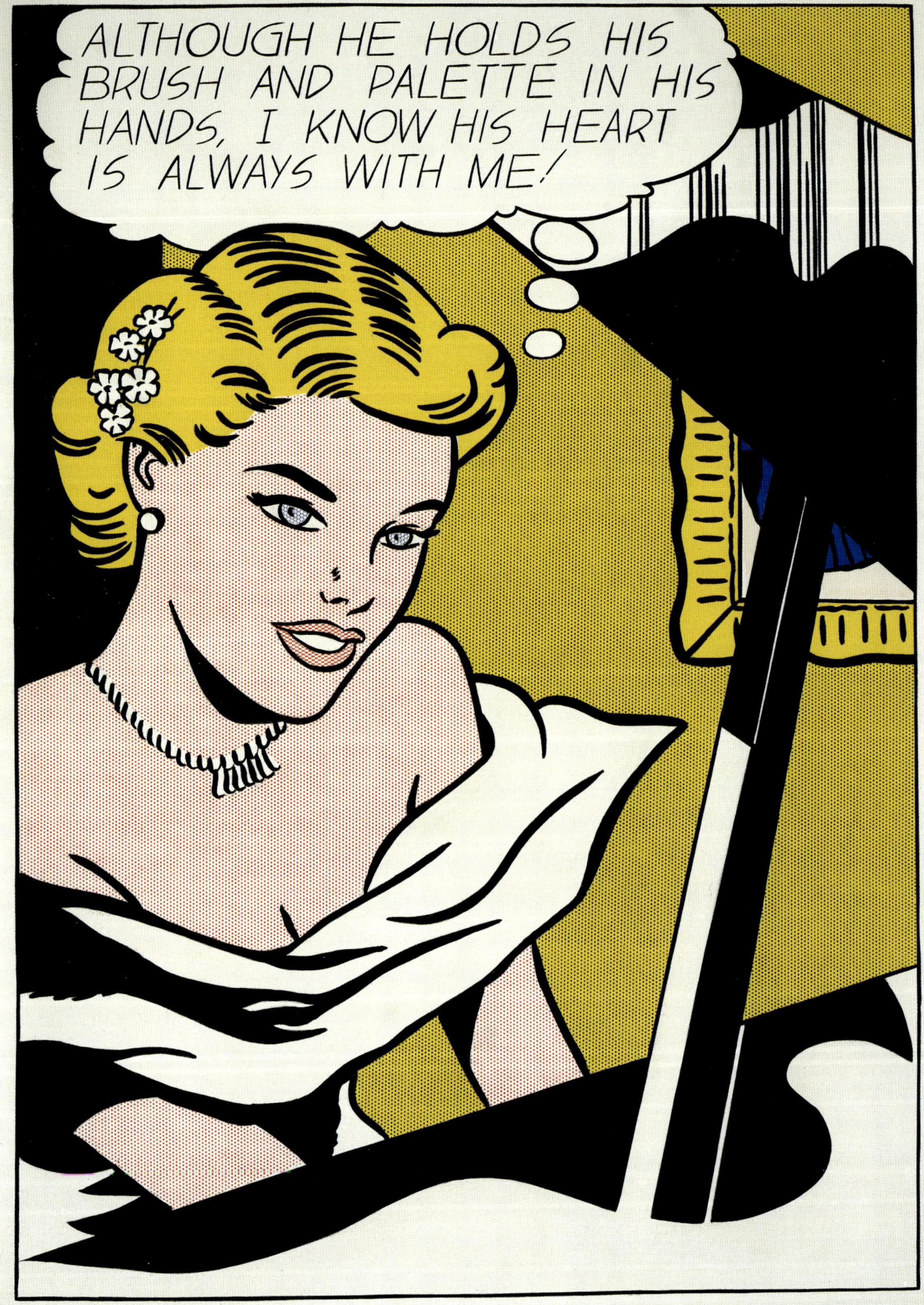
ALTHOUGH HE HOLDS HIS BRUSH AND PALETTE IN HIS HANDS, I KNOW HIS HEART IS ALWAYS WITH ME!

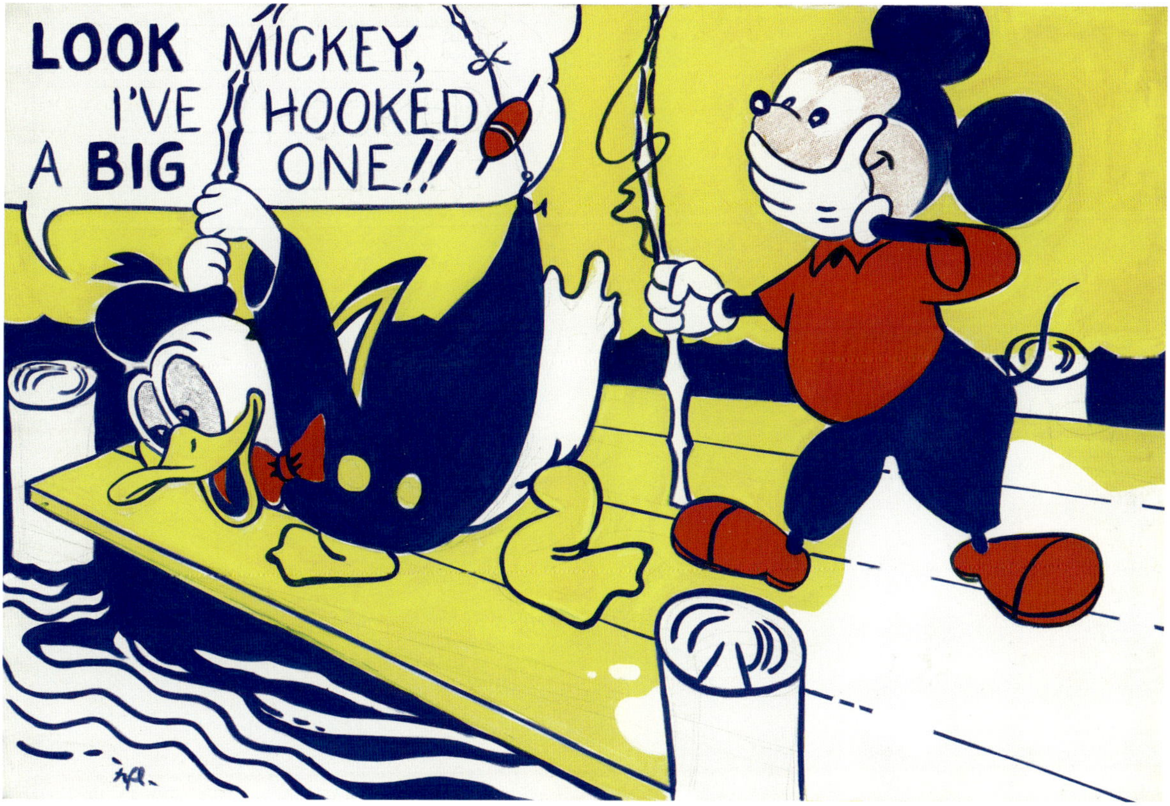

À GAUCHE : Roy Lichtenstein. Girl with Piano, *1963. Huile sur toile, 172,7 × 121,9 cm. Collection particulière. Cette œuvre étonnante est inspirée par la bande dessinée, mais elle pourrait être un hommage rendu par le Pop Art aux* Deux jeunes filles au piano *de Renoir.*

CI-DESSUS : Roy Lichtenstein. Look Mickey, *1961. Huile sur toile, 121,9 × 175,3 cm. Dorothy et Roy Lichtenstein, don de l'artiste en l'honneur du cinquantenaire de la National Gallery of Art. 1990.41.1, Washington D.C. C'est le premier tableau dans lequel Lichtenstein exprime sa fascination pour l'imagerie de la bande dessinée.*

À DROITE : Roy Lichtenstein ajustant un de ses tableaux dans son atelier, 1959.

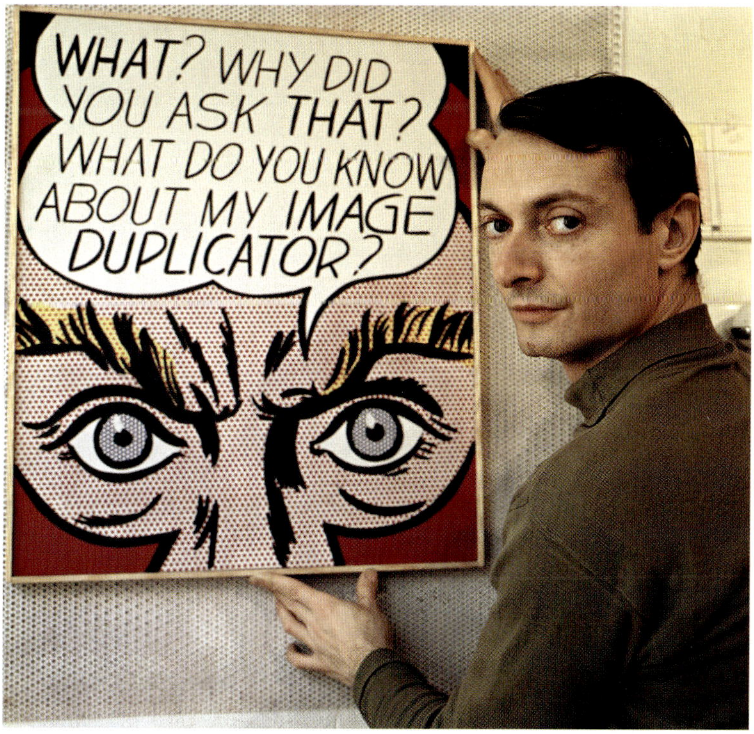

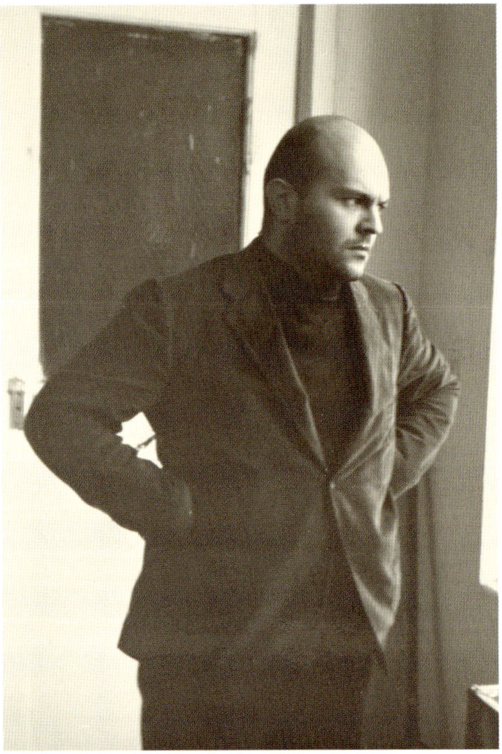

Jim Dine dans son atelier, 1963. Figure éminente du Pop Art, Dine s'est d'abord fait connaître par ses happenings, puis par ses tableaux, dessins, sculptures et assemblages d'objets quotidiens.

Pendant les années 1950, Lichtenstein peignit des toiles sur des thèmes américains, s'essayant au style des expressionnistes abstraits. Il eut son premier « solo show » à New York en 1951 (à la Carlebach Gallery), mais ce n'est qu'en janvier 1961 qu'il réalisa ses premières œuvres semi-abstraites auxquelles il intégra des figures de dessins animés. *Look Mickey*, peint pendant l'été 1961, se basait sur une image tirée du livre *Walt Disney's Donald Duck, Lost and Found* de la collection enfantine Little Golden Books. Pour lui donner l'aspect d'un tirage d'images en série, il se servit du procédé d'impression des points Benday utilisé dans tous les magazines et journaux. Dans cette œuvre, le dessin du point (*dot*) avait été produit par une brosse en plastique pour chiens, trempée dans la peinture à l'huile, puis pressée sur la toile. Pour ses œuvres suivantes, il mit au point une sorte de pochoir afin de créer les points Benday, avant de se tourner finalement vers la sérigraphie. Au début des années 1960, ses œuvres étaient composées de grandes images d'objets du quotidien : *Cherry Pie* (1962), *Standing Rib* (1962) ; d'images de mélodrames américains inspirées de dessins animés : *Crying Girl* (1964), *In the Car* (1963) ; de parodies d'expressionnistes abstraits, *Yellow Brushstroke I* (1965) ; d'images empruntées aux bandes dessinées All-American Men of War et des DC Comics Girls' Romances et Secret Hearts, *Blam* (1961), *Girl with Ball* (1961).

Les premières œuvres de Jim Dine après son arrivée à New York en 1958 étaient ses Happenings de 1959-1960 – des événements se déroulant dans des environnements qu'il avait créés. À cette période, il commença aussi à faire des dessins, des peintures, des sculptures et des assemblages d'objets de la vie quotidienne. Dans les années 1960, ses œuvres représentaient des vêtements et des objets de la maison, ainsi que du matériel d'artiste, et étaient réalisées d'une main nerveuse, presque agressive.

Avant de se tourner vers la peinture, Tom Wesselmann étudiait à Cooper Union pour faire des dessins animés. De Kooning était sa référence lorsqu'il créait ses premières œuvres axées sur un personnage fait d'un assemblage de papiers, de tissus et de matériaux divers, tous déchirés. Les collages *Little Great American Nudes* montraient « Wesselmann travaillant sous l'influence de Willem de Kooning via les cibles, drapeaux et alphabets de Jasper Johns, intégrant la sensualité manuelle du premier à la simplicité et à la froide neutralité du second[105] ». Il se tourna vers des œuvres monumentales, comme *Great American Nude #44* (1963), et à la fin des années 1960, aban-

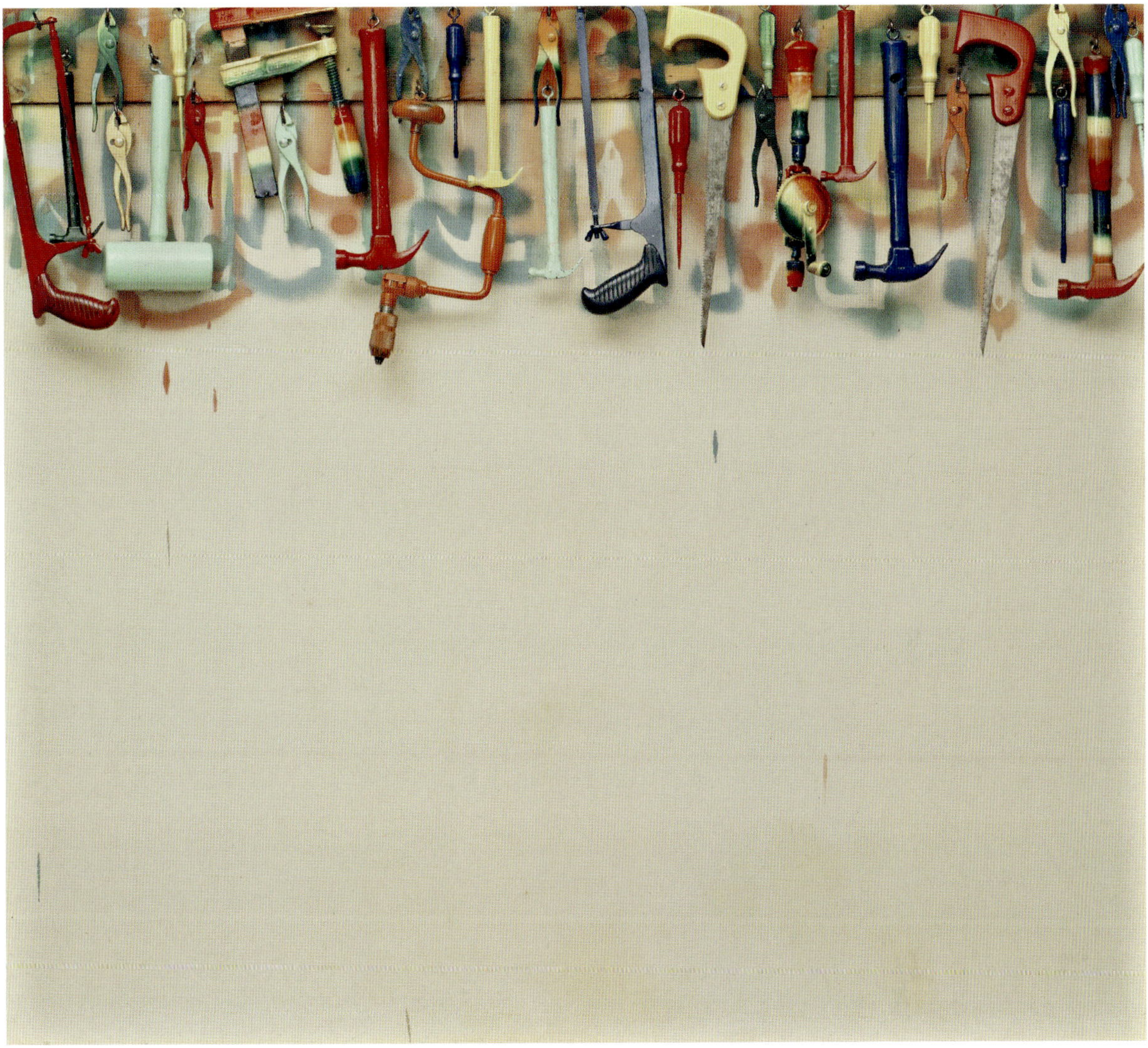

donna les publicités et les objets de la vie quotidienne pour évoluer vers un érotisme de plus en plus prégnant.

Saxophoniste de jazz de formation, Larry Rivers étudia à la Hans Hofmann School of Fine Arts en 1947-1948. Ses œuvres étaient d'abord influencées par l'expressionnisme abstrait, mais après avoir vu une rétrospective de Bonnard au MoMA, il s'orienta vers des compositions figuratives. Rivers n'avait pas peur de s'approprier des sujets historico-artistiques consacrés, comme le montre son magistral *Washington Crossing the Delaware* (1953), qui fait écho à la fameuse peinture d'Emanuel Leutze du MoMA. Cependant, la plupart de ses travaux anticipaient la montée en puissance du Pop Art dans leur manière de déconstruire des images tirées des médias en y incorporant des objets trouvés. Ses œuvres témoignaient d'une

Jim Dine. Five Feet of Colorful Tools, *1962. Huile sur toile non préparée surmontée d'un panneau auquel sont accrochés des outils peints, 141,2 × 152,9 × 11 cm. The Sidney and Harriet Janis Collection. The Museum of Modern Art, New York.*

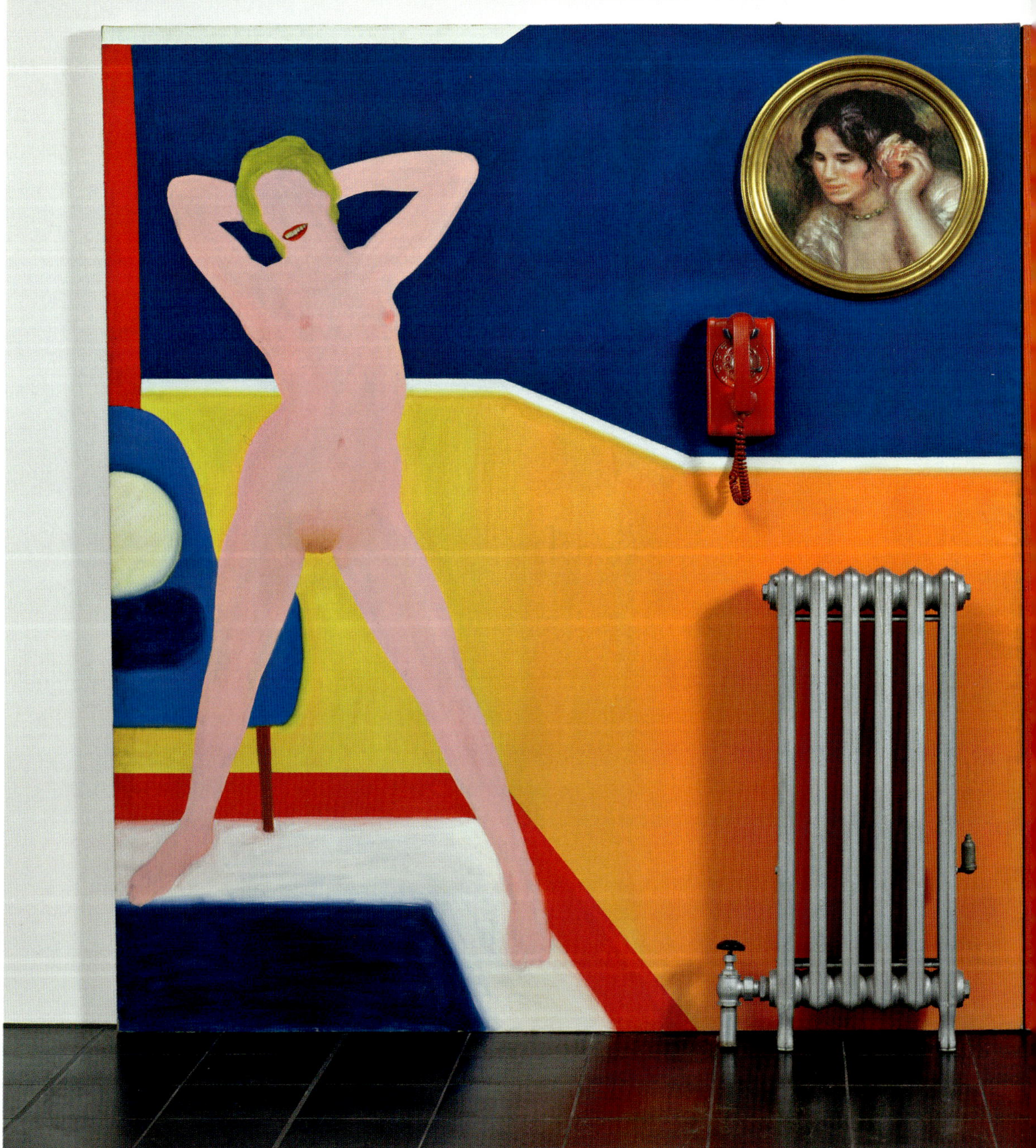

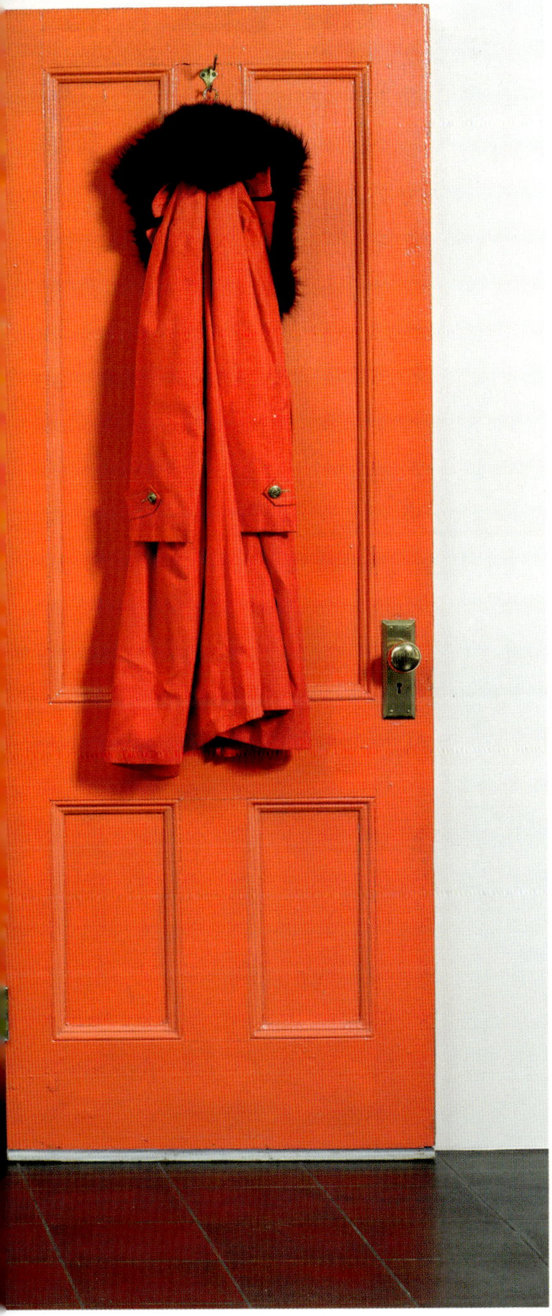

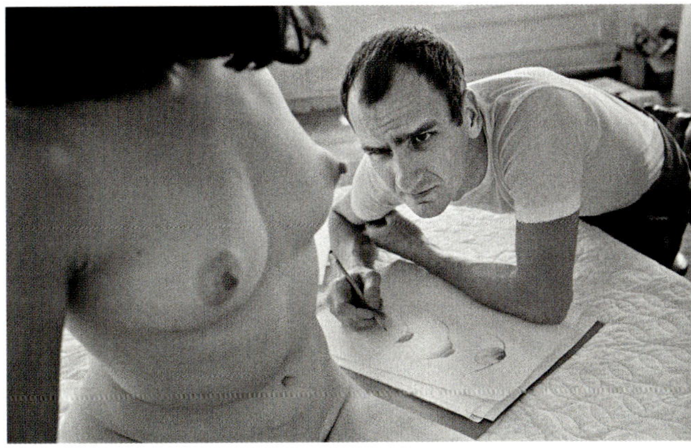

À GAUCHE : Tom Wesselmann.
Great American Nude #44, *1963.*
Acrylique sur collage en papier sur carton avec radiateur, téléphone, manteau et porte, 206 × 269,9 × 31,8 cm. Collection particulière.

CI-DESSUS : Tom Wesselmann dessinant un nu, vers 1963.

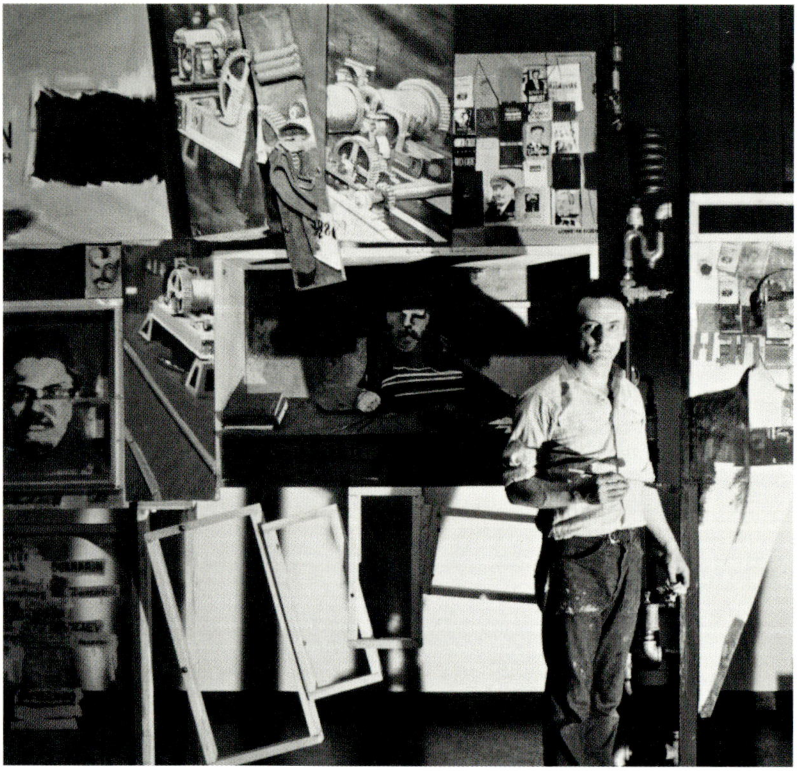

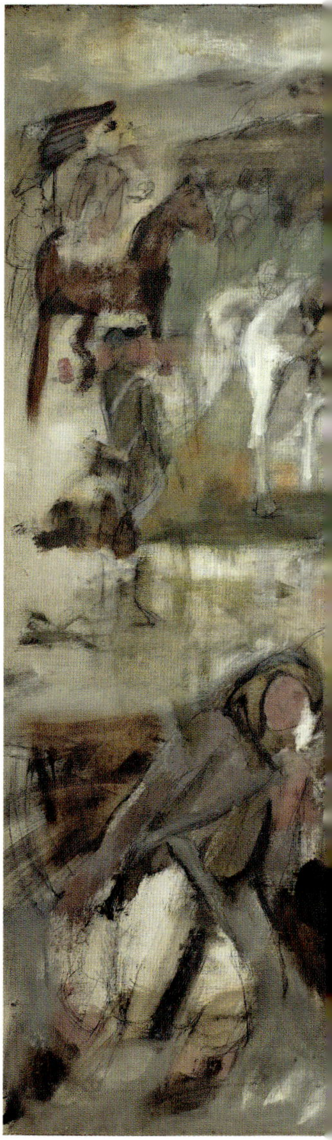

CI-DESSUS : Larry Rivers devant History of the Russian Revolution: From Marx to Mayakovsky *au Jewish Museum, 1965.*

À DROITE : Larry Rivers. Washington Crossing the Delaware, *1953. Huile, graphite et fusain sur lin, 212,4 × 283,5 cm. The Museum of Modern Art, New York. Dans son appropriation de sujets historico-artistiques consacrés, Rivers anticipe le Pop Art.*

grande aisance technique, et elles utilisaient aussi bien le langage des arts visuels que ceux de la littérature, de la musique ou de la danse.

En janvier 1964, Andy Warhol qui, depuis des années, travaillait comme illustrateur sans le moindre succès, emménagea au *231 East 47th Street,* dans un bâtiment bleu pastel dont il était propriétaire au coin de Lexington Avenue, et qu'il nomma plus tard « the Factory ». Entouré de son équipe de « Superstars » – Brigid Polk, Ultra Violet, Baby Jane Holzer, Edie Sedgwick, Viva, Ingrid Superstar, International Velvet, Billy Name, Ondine, Paul America, Nico, Candy Dar ling, Holly Woodlawn et Jackie Curtis – dans un espace entièrement recouvert de papier peint argenté, il lança avec la sérigraphie une

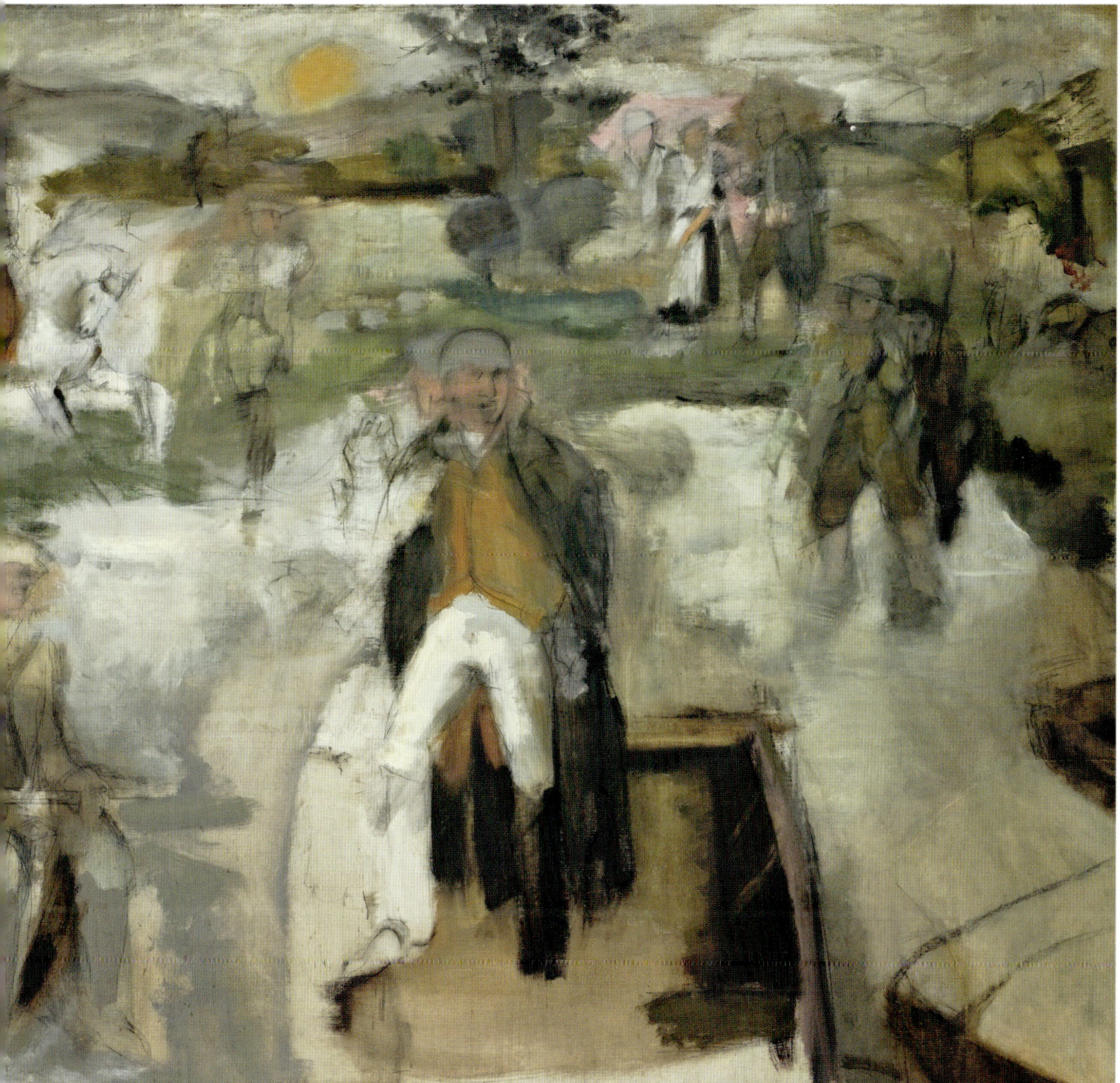

nouvelle forme de production continue et collective, présenta son groupe d'*outsiders* comme des artistes, et fut le précurseur du culte de la célébrité. « C'était un lieu très sombre », se souvint le galeriste Ivan Karp. « Une seule lumière très vive illuminait tout le salon, lui-même décoré de meubles fins et élégants et de magnifiques tableaux, au caractère globalement surréaliste[106]. »

Deux années plus tôt, en juin 1962, le galeriste Irving Blum avait offert à Warhol son premier « solo show » à la Ferus Gallery de Los Angeles. Blum prit le risque d'exposer toute la série des « Campbell's Soup Cans » : trente-deux toiles rigoureusement identiques, toutes au format 40 × 50 cm, présentées comme des « images claires, propres et lointaines » dont la seule variante est le type de soupe qui apparaît sur l'étiquette (haricot noir, légumes, bouillon de poulet, bœuf et carottes, et tomate) ; c'était, dans l'ensemble, une évocation poétique, absurde et grandiose, du quotidien américain[107]. « Lorsque j'ai découvert la série "Campbell's Soup Can" dans son studio à New York, raconta Walter Hopps, un collègue de Blum à Ferus, j'ai dit à Warhol, "Il faut absolument que je prenne tes œuvres et que je les expose à Los Angeles !" Et Andy, qui n'avait jamais mis les pieds en Californie, m'a répondu, surexcité : "La Californie – C'est Hollywood ça !" Il était alors assis sur une pile de magazines étalés par terre qui lui servait de fauteuil, dans un ensemble tellement chaotique qu'on ne pouvait pas se déplacer dans la pièce[108]. »

CI-DESSOUS : Andy Warhol au milieu de son immense installation de sculptures en boîtes de Brillo à la Stable Gallery, 1964.

À DROITE : Andy Warhol. Big Campbell's Soup Can with Can Opener (Vegetable), *1962. Caséine et graphite sur lin, 182,9 × 132,1 cm. Collection particulière.*

PAGES SUIVANTES : Andy Warhol et des acteurs tournant une scène du film de Warhol, Camp, *à la Factory, 1965. Les participants comprennent Warhol à gauche, Jane Holzer allongée sur le canapé, le danseur Paul Swan assis de dos, Philip « Fu-Fu » Smith, assis au centre avec sa casquette d'employé des chemins de fer, Mario Montez assis derrière Jane Holzer, et le réalisateur-acteur Jack Smith, debout à droite.*

Warhol, qui collectionnait les dessins de Johns, aurait aimé être exposé par Castelli. Mais, de peur que ses œuvres ne rivalisent avec celles de Lichtenstein, Castelli refusa d'ajouter Warhol à son écurie. Ileana Sonnabend, elle, sut reconnaître le potentiel de Warhol et se chargea de faire sa promotion. Elle admirait ces « magnifiques dessins de chaussures, de bouteilles de Coca-Cola et de timbres-poste pour envoi par avion », et comprenait le sentiment d'isolement qui animait Warhol dans cette ville. « Il m'avait confié qu'il n'avait pas d'amis. Je l'appelais souvent et on allait se balader dans une galerie marchande sur *Forty-second Street* qui était pleine de personnages loufoques ; il y avait ce gentleman au costume très élégant qui faisait danser des puces sur un grand tapis vert, comme s'il était dans une maison de jeux[109]. »

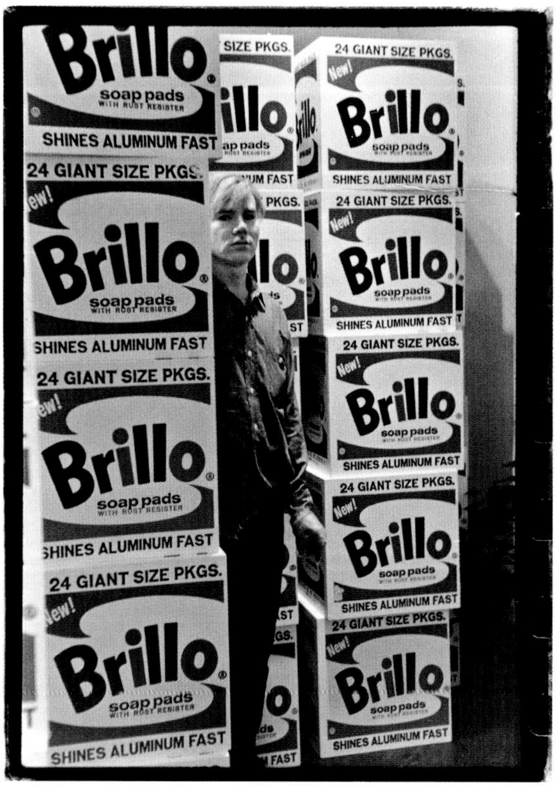

En janvier 1964, Sonnabend organisa dans sa galerie parisienne une exposition intitulée « Death and Americans », pour la série « Disasters » de Warhol : ce fut une victoire pour le Pop Art qui, dans le même temps, accrut la réceptivité du public français. Le critique Alain Jouffroy posa la question : « En quoi Warhol nous affecte-t-il ? Nous nous retrouvons submergés par une pure tragédie [...] Extirpées du contexte de la presse traditionnelle, du flot incessant d'informations hétéroclites, ses images deviennent les icônes sacrées d'un monde athée[110]. » Le poète américain John Ashbery eut un remarquable compliment à l'égard de l'artiste : « C'est une étape décisive dans l'histoire du Pop Art [...] Les dernières œuvres de Warhol sont devenues incontestablement polémiques, ou comme diraient les Français, *engagées*[111]. » En travaillant sur le thème de la douleur autour de Marilyn

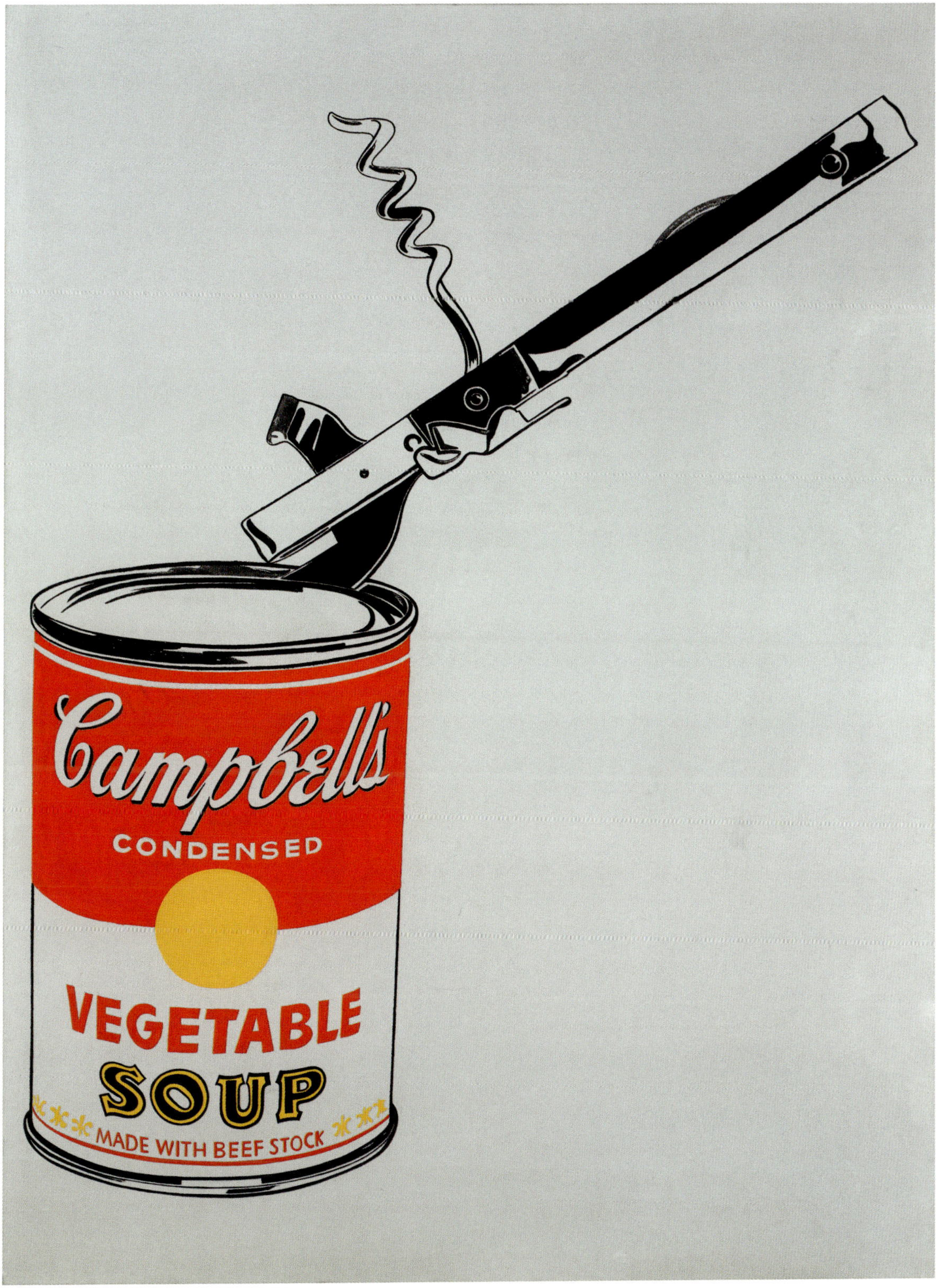
Campbell's
CONDENSED
VEGETABLE
SOUP
MADE WITH BEEF STOCK

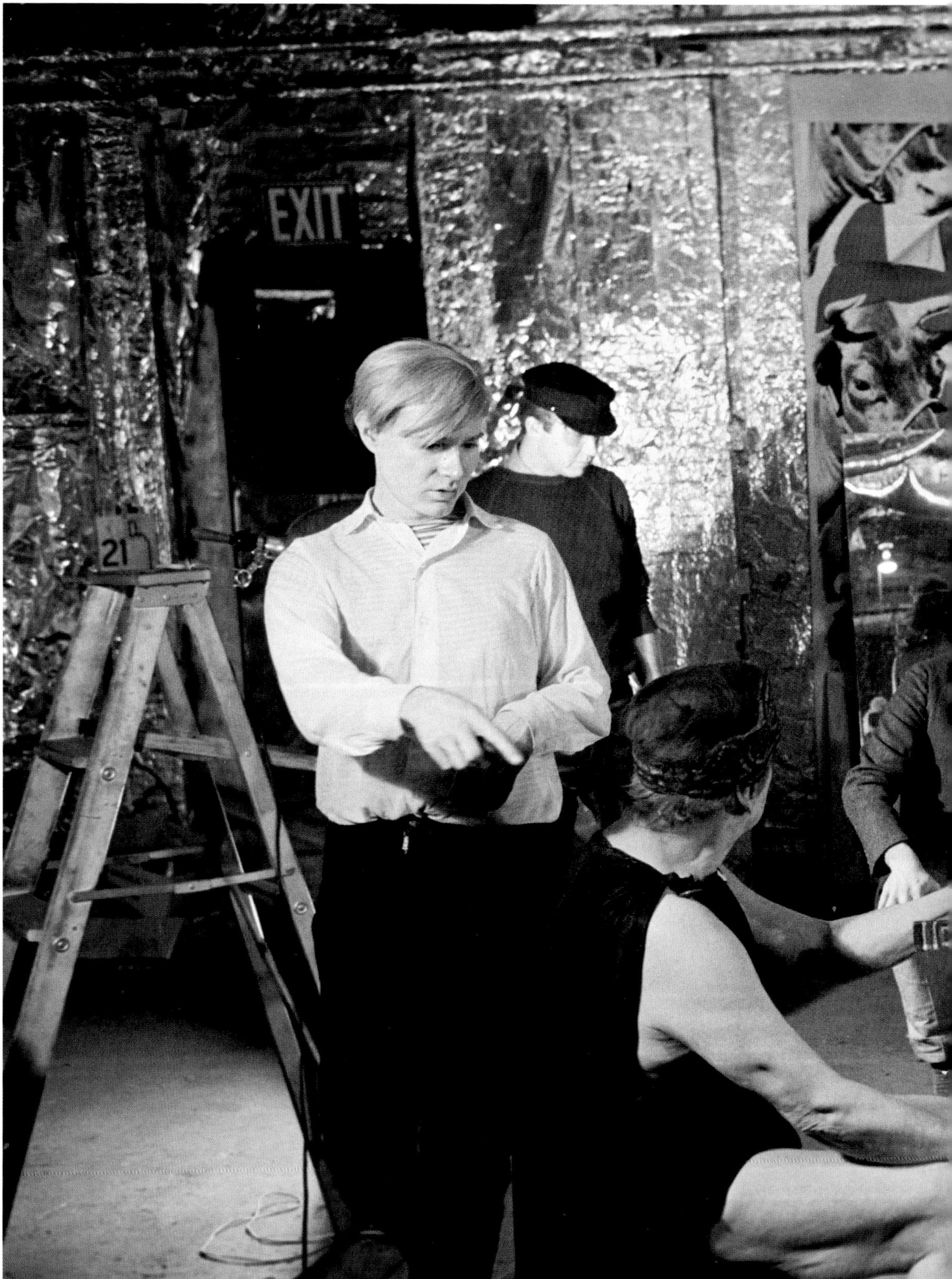
EXIT
21

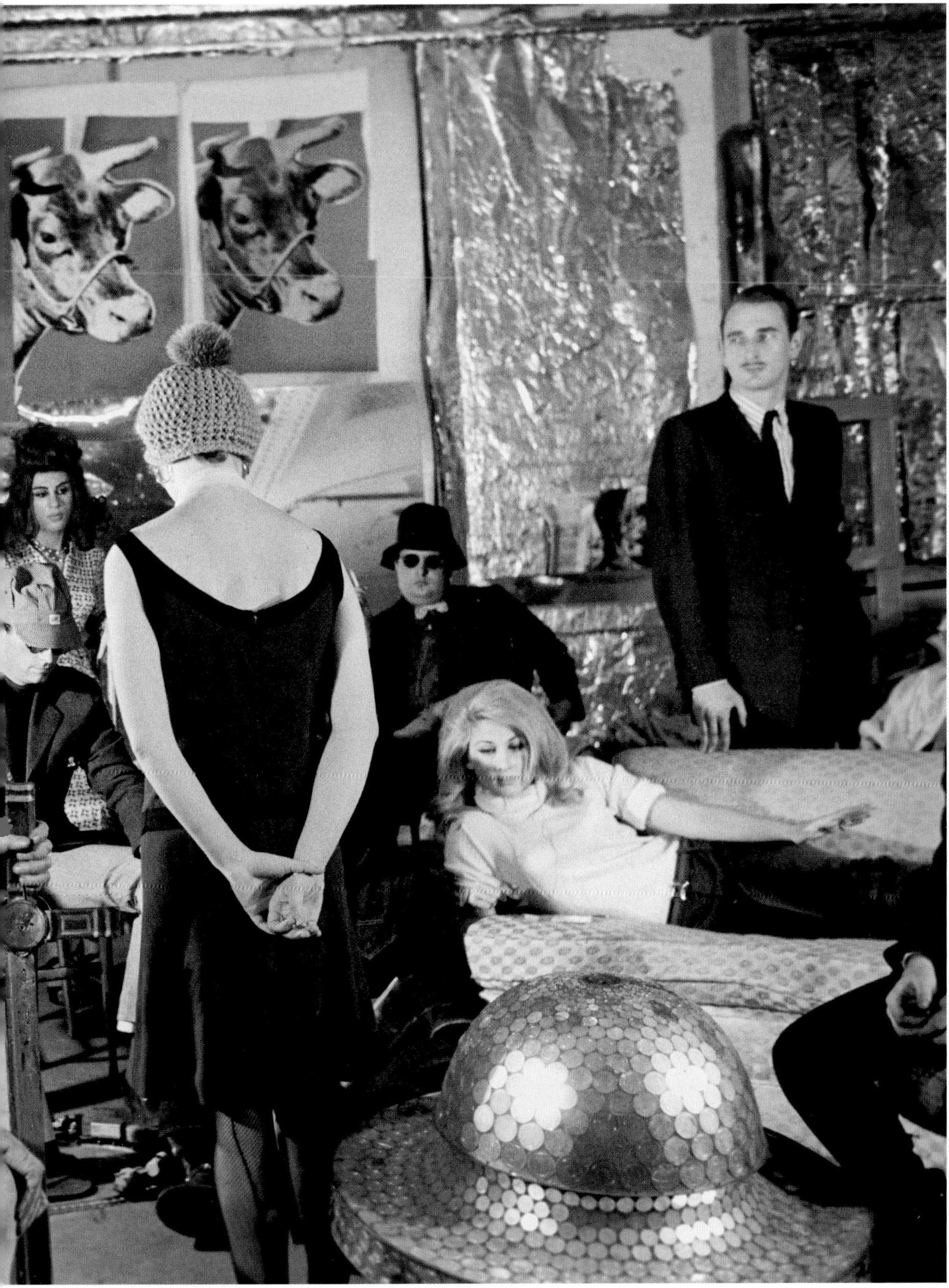

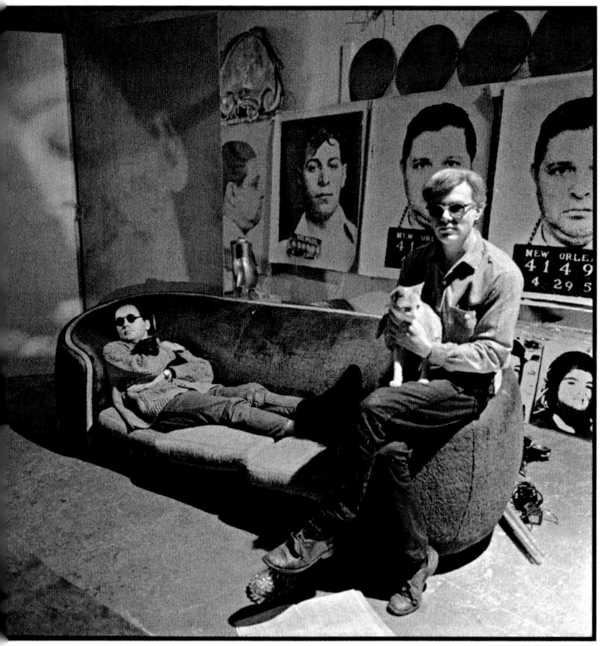

CI-DESSUS : *Andy Warhol, à droite, pose dans son atelier à côté de Robert Indiana, 1964.*

CI-DESSOUS : *Warhol debout entre deux de ses portraits de Marylin Monroe, vers 1964.*

Monroe, de Jackie Kennedy et d'Elizabeth Taylor, ou encore avec les séries « Tunafish Disaster » et « Electric Chair », en « dramatisant la rupture des échanges de marchandises » et en révélant enfin les « plaies ouvertes de la vie politique américaine », Warhol dévoila une « vision extrême, désabusée et pessimiste » de son pays, dans une phase de *peinture noire* à laquelle il ne reviendrait plus jamais[112].

Warhol allait à l'encontre du mode de vie américain. Son art était une critique sociale de l'hypocrisie qu'il percevait autour de lui. « On voit partout des maisons, des pelouses vertes avec leurs arrosages automatiques, des balançoires dans les jardins, des enfants qui vont à l'école en vélo, le facteur qui passe avec un sourire, une dame qui décharge les courses de son break, et vous ne pouvez pas vous empêcher de vous dire "C'est ça l'Amérique, la vraie". Mais un peu plus tard, vous commencez à apprendre les détails. Vous découvrez que ce gentil monsieur qui avait toujours un chewing-gum à vous donner est devenu complètement taré et a tué sa femme, que l'ex-pasteur de l'église où vous avez grandi est aujourd'hui un alcoolo qui a bousillé trois voitures [...], que les parents de votre meilleur ami que vous

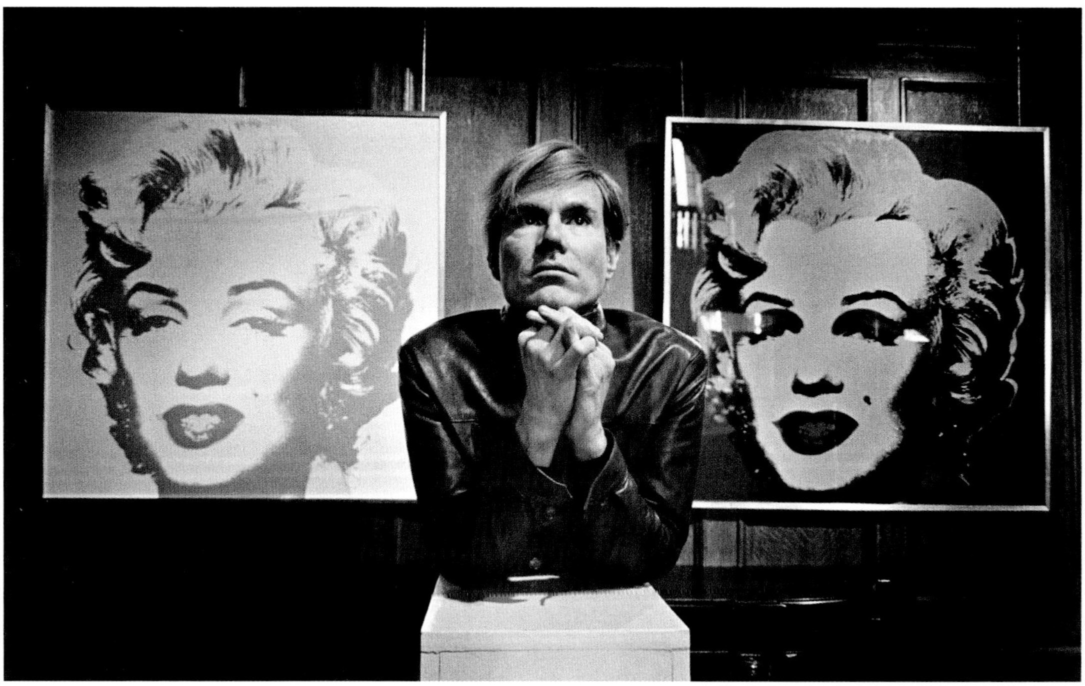

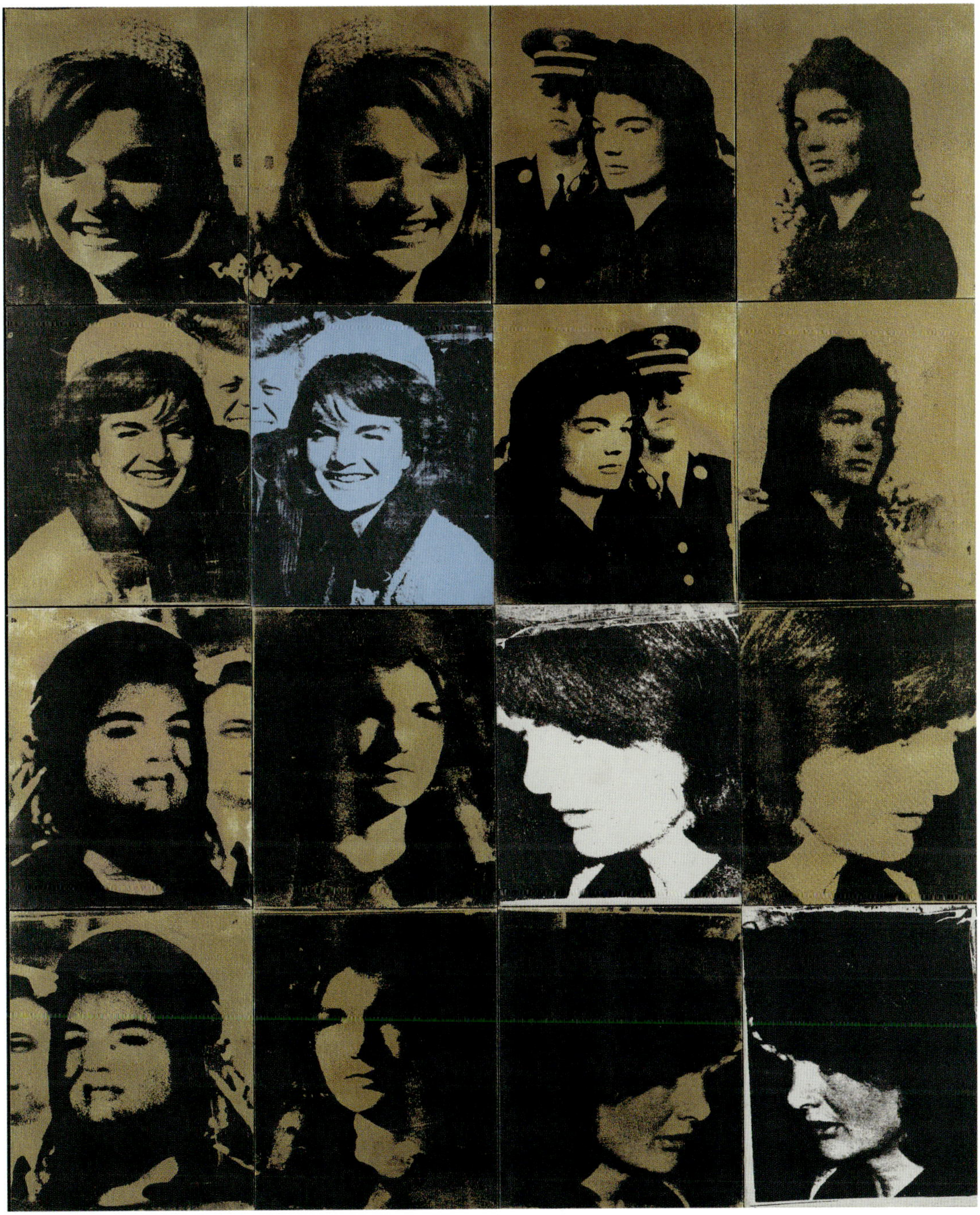

Andy Warhol. Jackie (The Week That Was), *1963. Encre sérigraphique sur peinture polymère synthétique sur toile, 203,2 × 162,6 cm. Collection particulière. Une des nombreuses œuvres de Warhol consacrées à l'assassinat du président Kennedy, en novembre 1963, et exprimant sa « vision austère, désabusée, pessimiste » des États-Unis.*

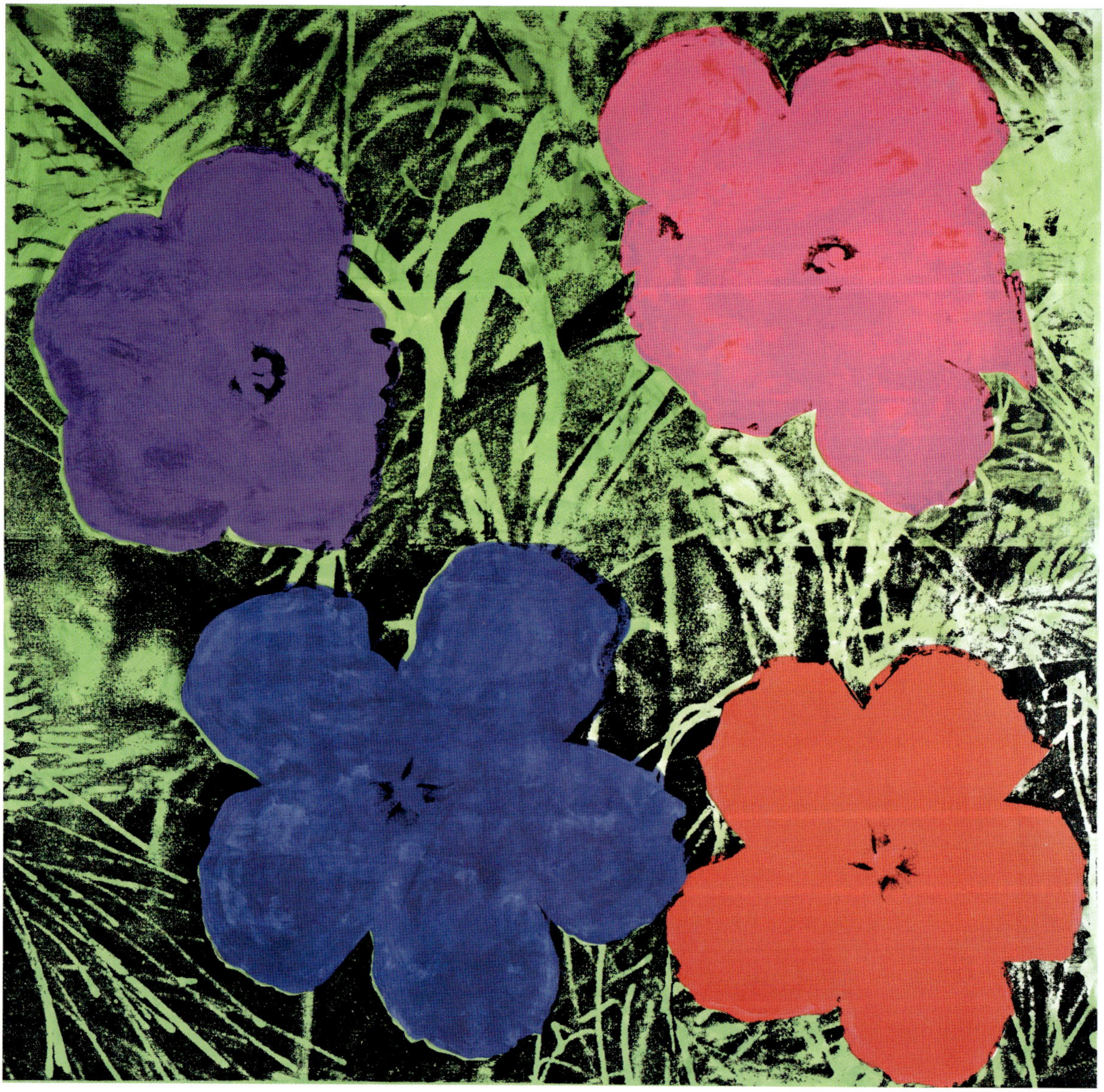

Andy Warhol. Flowers, *1964. Acrylique et encre sérigraphique sur toile, 215, 9 × 213, 4 cm. Pour ces tableaux, Warhol a travaillé à partir d'une série de photographies en couleurs d'hibiscus en fleur, parues dans* Modern Photography *(juin 1964). La photographe était Patricia Caulfield, directrice de la publication.*

avez toujours vus comme le couple idéal sont en instance de divorce [...], que votre amoureuse de l'école primaire est devenue une fanatique religieuse [...] Bref, que personne en Amérique n'a une vie normale[113]. »

Lorsque Castelli prit Warhol sous son aile en 1964, l'artiste produisait ses « Celebrities » et n'était plus au sommet de son art. Sa première exposition chez Castelli fut inaugurée le 21 novembre 1964, présentant ses *Flower Paintings*. Comme l'écrivait le professeur Thomas Crow, « Warhol produisit ses peintures les plus remarquables en dramatisant le vide représenté par l'icône du consommateur : les événements pour lesquels l'image de masse [servait de] porte-étendard aux

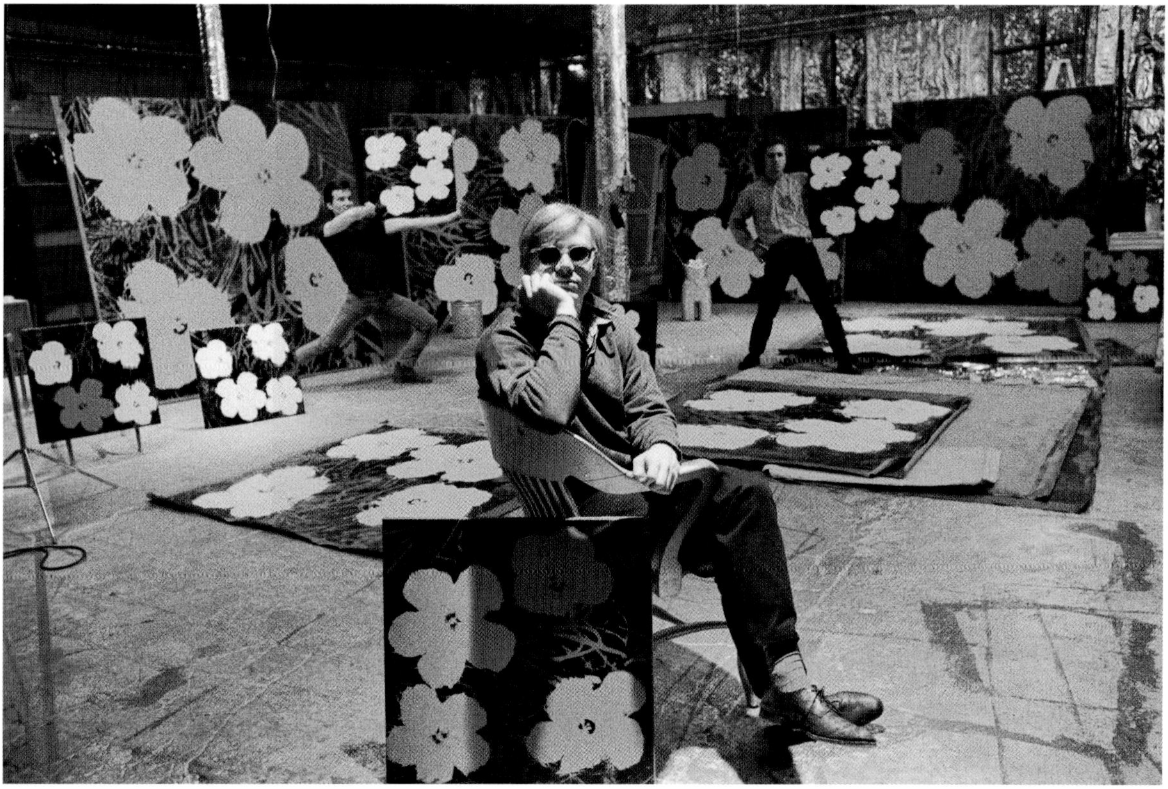

Andy Warhol, entouré de ses Flowers *à la Factory,* 47th East Street.

désirs étaient exposés de manière inadéquate par rapport à la réalité de la souffrance et de la mort[114]. »

En 1965, le Congrès des États-Unis créa le National Endowment for the Arts, une agence du gouvernement américain dont la mission était de soutenir les démarches artistiques méritantes. La scène artistique new-yorkaise était enfin reconnue et bénéficiait même de l'aide financière du gouvernement. « Dans les années 1960, remarquait Diana Crane, collectionner les œuvres d'art devint un investissement risqué, certes, mais fructueux[115]. » Pourtant, le grand public ne paraissait pas intéressé par l'art contemporain, et ce n'est qu'à partir de la vente de Scull en 1973 que les prix des artistes américains commencèrent à monter.

Le changement qui affecta le plus le monde de l'art en 1965 fut signalé par un simple entrefilet dans le *New York Times*. C'était la modification des jours d'ouverture des galeries – du jeudi au samedi. « Les jours d'ouverture ont toujours été mal fichus, admit un jour Ivan Karp. Tu te retrouvais souvent dans ta galerie avec l'artiste, sa copine, et peut-être quelques-uns de ses potes[116]. » Cette nouvelle pratique entra en vigueur le 21 mai 1965. Elle permit au monde de l'art de fidéliser des amateurs qui échangeaient des notes sur les expositions qu'ils visitaient autour de *57th Street* ou au Village, et plus tard à SoHo et à Chelsea.

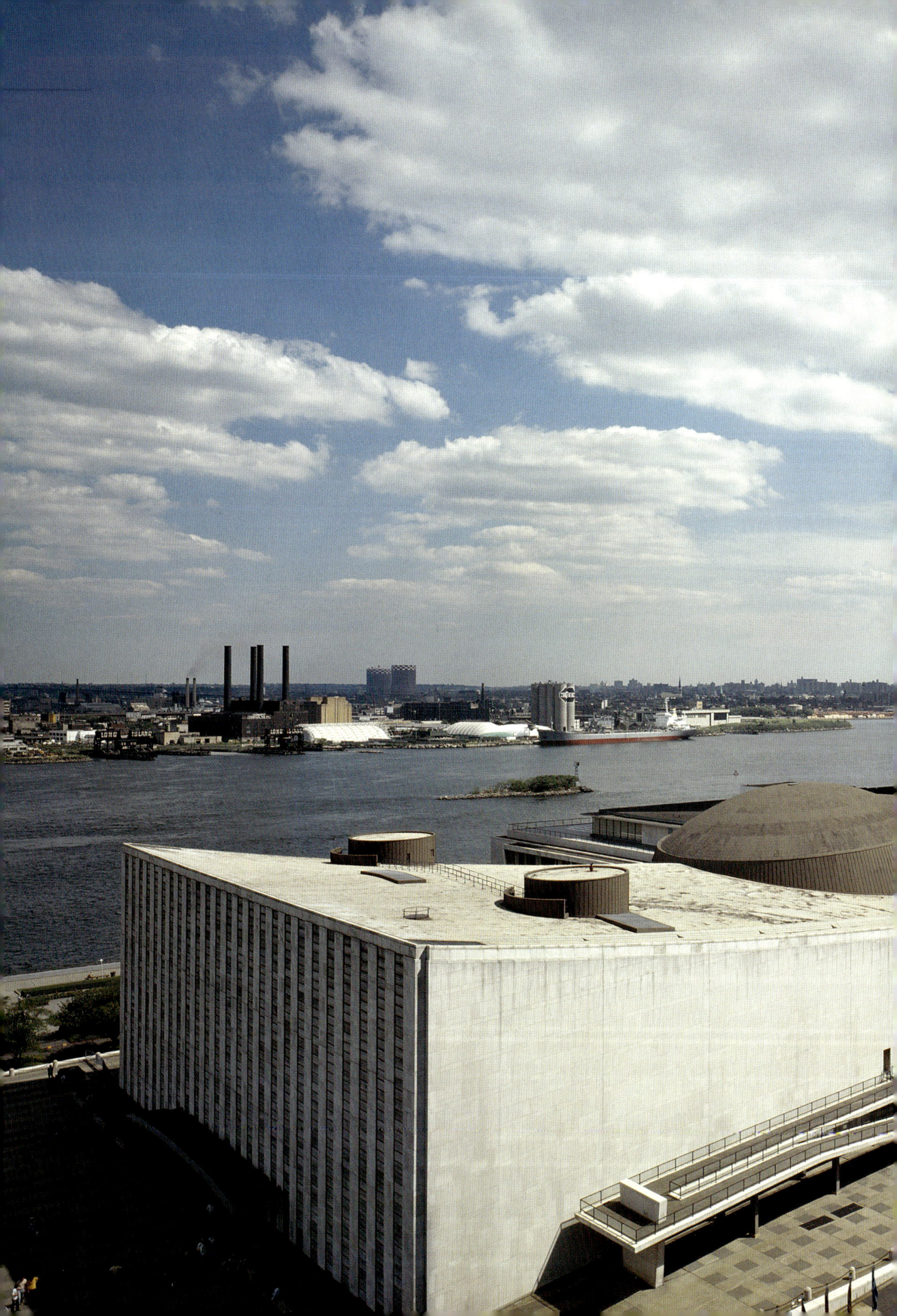
LONG ISLAND
LONG ISLAND

ARCHITECTURE ET DESIGN

PAUL GOLDBERGER

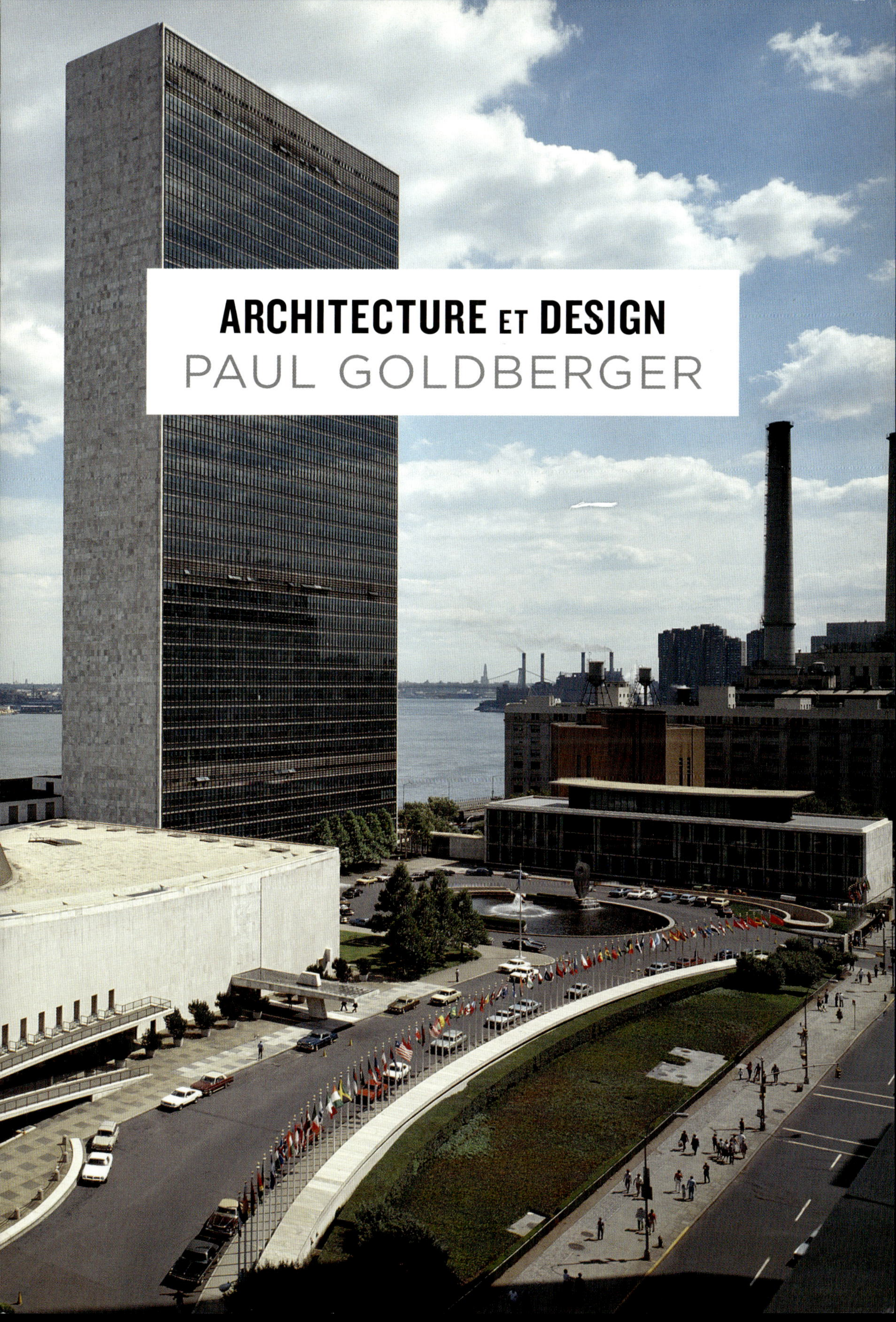

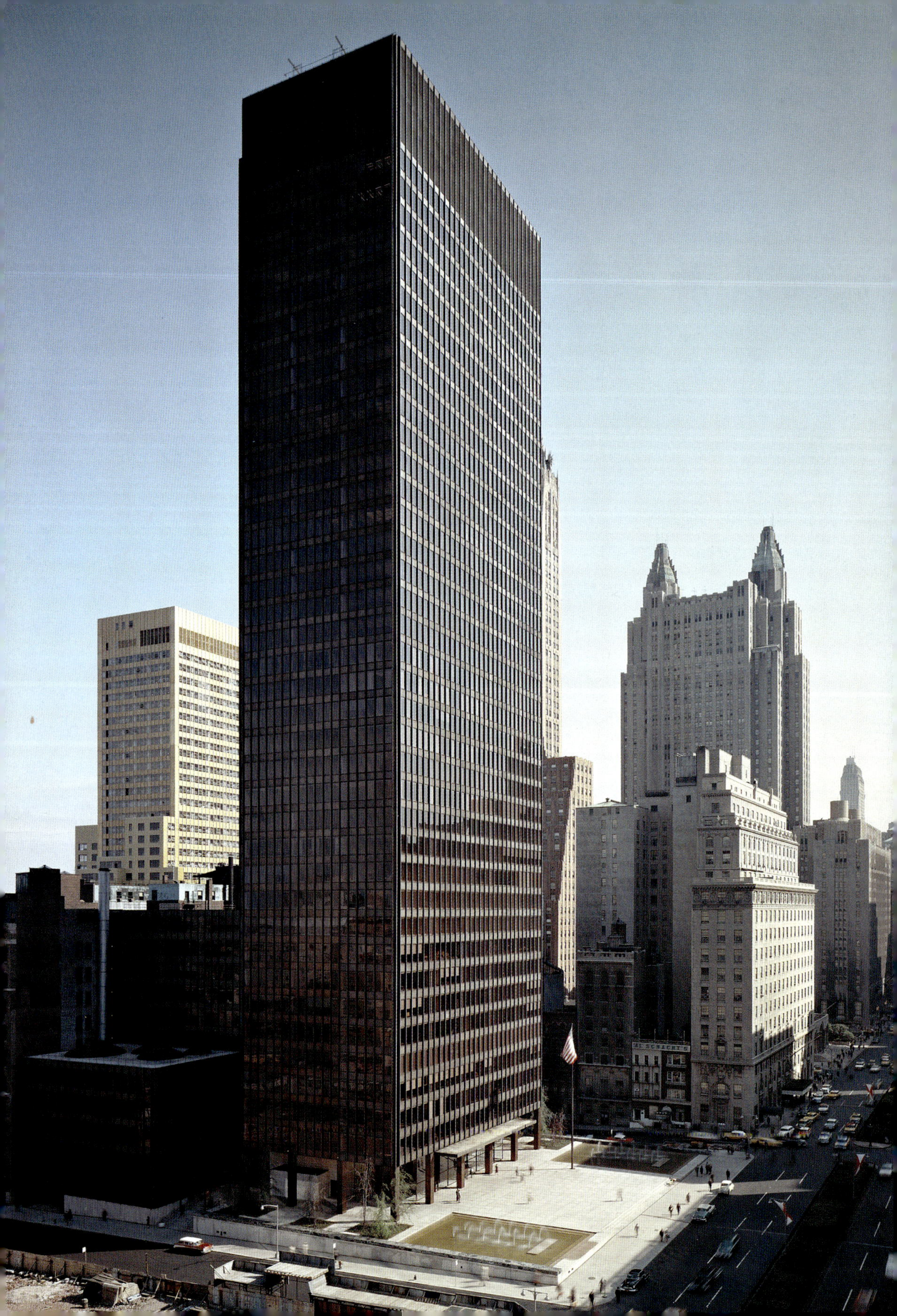

ARCHITECTURE

En 1945, à la fin de la Seconde Guerre mondiale, Paris est exsangue après des années d'occupation nazie, Londres, Tokyo et Berlin ont été sérieusement endommagés ; New York semble appelé à prendre la relève et à occuper une place dominante sur la scène mondiale. Pourtant, l'architecture de la ville n'a pas le passé glorieux des grandes villes européennes et elle ne laisse pas augurer un avenir à la hauteur de la confiance que le reste du monde place en elle, notamment en décidant d'y situer le siège des Nations Unies (si la décision est prise dès 1946, le site sera choisi plus tard et les bâtiments ne seront terminés qu'au début des années 1950). New York n'est pas vraiment prête à devenir le fer de lance de la nouveauté en matière d'architecture et de design, malgré l'image éclatante que la ville a voulu donner de l'avenir lors de son Exposition universelle de 1939 : le Trylon et la Périsphère de Wallace K. Harrison et le Futurama de Norman Bel Geddes, dans le pavillon de la General Motors, annonçaient l'avènement d'un monde nouveau aux lignes épurées.

New York, comme le reste des États-Unis, a toujours eu une attitude ambivalente envers le modernisme. Dans l'immédiat après-guerre, son architecture est conventionnelle et prudente ; elle obéit à des réalités économiques plus qu'à une vision d'ensemble. On n'y retrouve pas l'exubérance qui avait donné naissance aux grands bâtiments des années 1920 et 1930, et dessiné l'horizon iconique de la ville. La crise de 1929 et la guerre ont anéanti, temporairement du moins, l'esprit de compétition qui avait conduit à l'érection de multiples gratte-ciel – la Bank of Manhattan, par Yasuo Matsui et H. Craig Severance, la Cities Service Tower de Clinton & Russell, le Daily News Building et le Rockefeller Center, de Raymond Hood, le Chrysler Building, de William Van Alen, et l'Empire State Building, de Shreve, Lamb & Harmon – qui ont défini la norme de ce qu'est le gratte-ciel moderne à New York, et par conséquent dans le monde. Mais en 1945, l'ère du jazz a pris fin ; l'architecture moderne et l'Art Déco aussi.

Par quoi seraient-ils remplacés ? Paradoxalement, au moment où New York affirme sa prééminence dans le monde, son architecture témoigne d'une sorte d'hésitation, comme si ses architectes voulaient prendre leurs distances avec les ambitieuses constructions du New York des années 1920 et 1930, mais aussi avec le modernisme européen austère qui symbolisait l'avant-garde. Le Style international – comme l'ont appelé Henry-Russell Hitchcock et

PAGES PRÉCÉDENTES : Le siège des Nations Unies, 1950, sur East River, avec le bâtiment de l'Assemblée générale au premier plan et celui du Secrétariat à l'arrière-plan. L'ensemble a été conçu par un groupe international d'architectes, d'urbanistes et d'ingénieurs sous la houlette de Wallace K. Harrison, qui assurait la coordination des opérations.

À GAUCHE : Achevé en 1958, le Seagram Building en verre couleur bronze de Mies van der Rohe et Philip Johnson est plus qu'une illustration éclatante du Style international ; son élégante silhouette est devenue un symbole des aspirations architecturales de New York après la guerre.

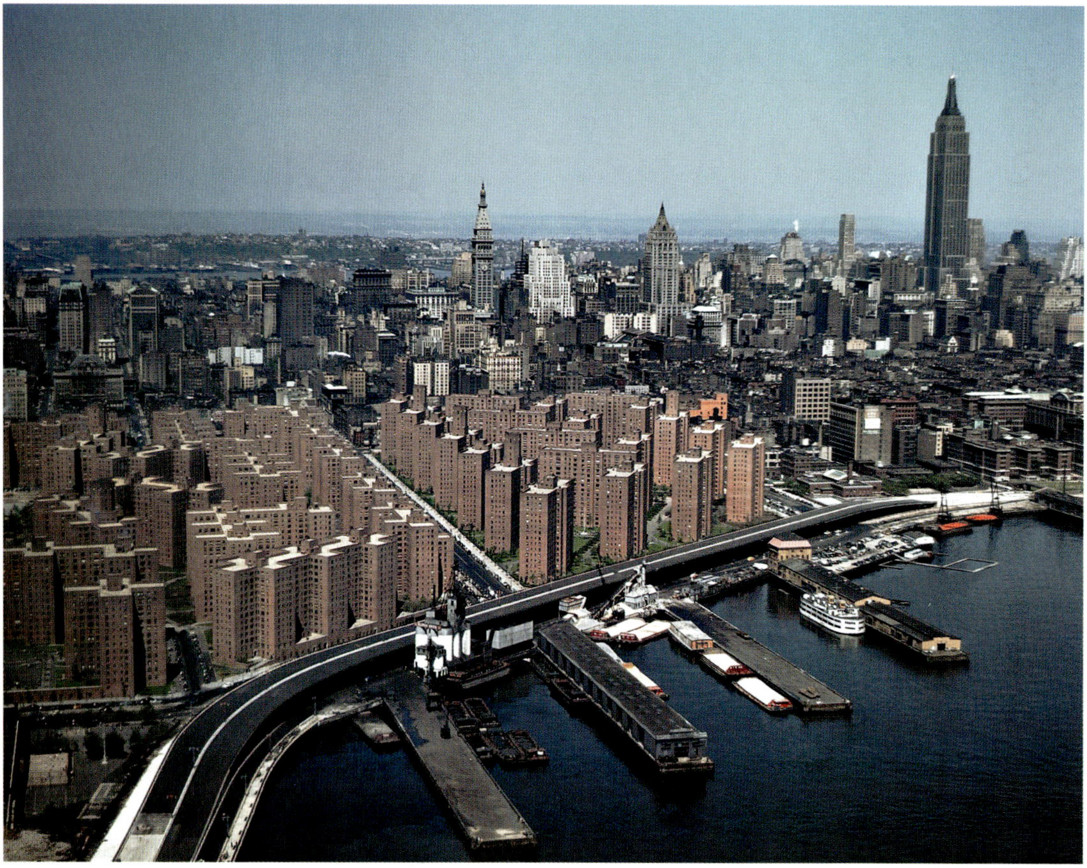

Vus du ciel, Stuyvesant Town et Peter Cooper Village (1947) ressemblaient à une abstraction moderniste. Comme nombre de grands immeubles d'habitation construits après la guerre, ces bâtiments doivent beaucoup à l'idée de « cité-jardin » développée par Le Corbusier à partir des années 1920.

Philip Johnson dans leur ouvrage de 1932 et dans leur exposition au Museum of Modern Art – n'était pas véritablement international, car, en 1945, il était peu représenté aux États-Unis. Les bâtiments du Daily News et de McGraw-Hill, de Raymond Hood, terminés en 1930 et 1931, figurent parmi les rares gratte-ciel new-yorkais à avoir été influencés par le Style international (auxquels on pourrait ajouter le premier bâtiment du Museum of Modern Art, par Philip Goodwin et Edward Durell Stone, achevé en 1939). De même, beaucoup d'immeubles d'habitation et d'intérieurs de magasins d'avant la guerre expriment une sensibilité moderniste, et des tours comme le Majestic ou le Century par Irwin Chanin parviennent à conjuguer une sorte de style moderne aérodynamique et la splendeur classique des grands immeubles résidentiels new-yorkais. William Lescaze, célèbre architecte suisse installé à New York, construisit plusieurs belles maisons de ville se distinguant des maisons en grès brun qui forment le tissu urbain du XIXe siècle. Mais sa réalisation la plus imposante – c'est d'ailleurs le plus important gratte ciel du début du Style international aux États-Unis – est le siège de la Philadelphia Saving Fund Society, élevé dans la ville rivale de Philadelphie.

On construisit peu durant la guerre, les rares bâtiments intéressants de cette période étant les immeubles d'habitation du 240 Central Park South, par Mayer & Whittlesey, achevés en 1940. En 1945, l'apparence de New York n'est guère différente de ce qu'elle était en 1939 et son architecture est plus traditionnelle que véritablement moderne. New York a toujours eu une sensibilité éclectique, et ses architectes, quand ils n'expriment pas l'enthousiasme de l'ère du jazz, sont plutôt attirés par des styles classiques, Renaissance ou géorgien. Des styles historiques qui donnent souvent lieu à des interprétations assez libres, mais, dans les constructions new-yorkaises d'avant la guerre, l'influence de l'architecture du passé est toujours présente à un degré ou à un autre.

Après 1945, toutefois, le lien avec le passé est difficile à maintenir. Le monde a changé, et même si les architectes ne voient pas encore ce qui a changé ni comment ils vont exprimer ce changement, il est évident que les styles de la Renaissance italienne ou de l'époque classique ont perdu de leur attrait. En outre, les bâtiments ornementés sont coûteux à construire. L'architecture new-yorkaise de la fin des années 1940 va donc être surtout une sorte d'hybride entre le moderne et le traditionnel, avec des bâtiments en pierre plus simples que leurs prédécesseurs d'avant-guerre. La carrière de l'architecte Emery Roth illustre bien cette évolution : après avoir conçu des immeubles d'habitation comme le San Remo et le Beresford, enrichis d'élégants détails Renaissance et surmontés de tours ornementées (bâtiments achevés une douzaine d'années avant la guerre), Roth construisit quelques années après la guerre des immeubles comme le Normandie ou celui du 880, 5e Avenue : tous deux en pierre, ils sont stylistiquement recherchés mais sans les détails et les faîtes élaborés qui caractérisaient les bâtiments d'avant-guerre. Ces réalisations sont typiques de nombreux immeubles d'habitation édifiés à la fin des années 1940, dans un style architectural d'un classicisme épuré, élaboré par des architectes qui entrent dans le modernisme sur la pointe des pieds.

Après la guerre, la ville avait désespérément besoin de logements. D'immenses

Avec la construction de bâtiments comme le Look Building en 1950, par Emery Roth & Sons, la ville adopte progressivement le modernisme. La façade, qui mélange la brique blanche et les rangées de fenêtres en ruban, fait la transition entre les immeubles en pierre d'avant-guerre et ceux en verre de l'après-guerre.

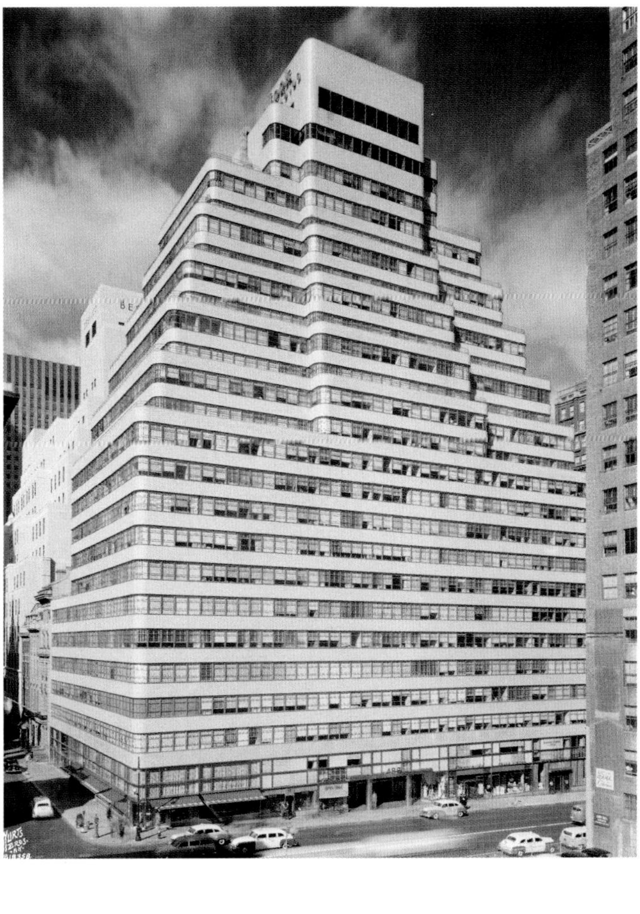

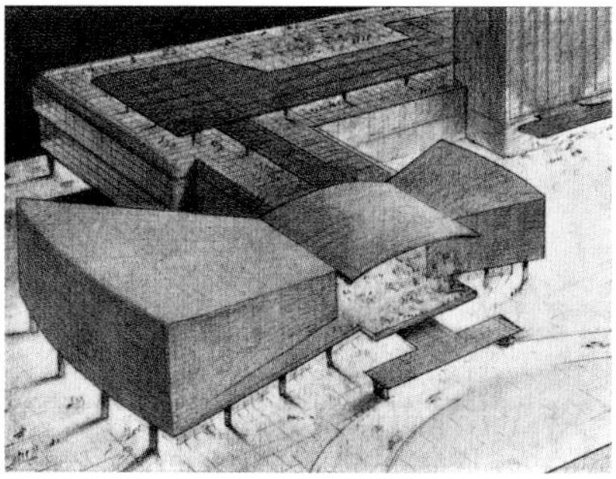

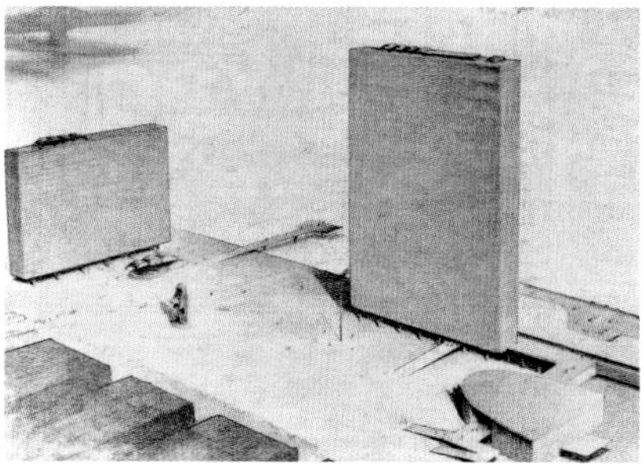

EN HAUT, À GAUCHE : Projet pour le bâtiment de l'Assemblée générale des Nations Unies par Le Corbusier, membre actif (et controversé) du comité international d'architectes, 1947. Ce projet n'a pas été retenu, mais il a influencé le résultat final.

CI-DESSUS, À GAUCHE : Esquisse pour le siège des Nations Unies par Oscar Niemeyer, un des membres influents du comité international en charge du projet, 1947. Niemeyer proposait une grande place ouverte au public, idée qui préfigure ce qu'il fera plus tard à Brasilia.

CI-DESSUS, À DROITE : Les architectes qui ont travaillé pour les Nations Unies. Au premier plan, de gauche à droite : Liang Sicheng (Chine), Oscar Niemeyer (Brésil), Nikolaï Bassov (Union soviétique) et Ernest Cormier (Canada) ; à l'arrière-plan, de gauche à droite : Le Corbusier (France), Vladimir Bodiansky (France), Wallace K. Harrison (États-Unis), G.A. Soilleux (Australie), Max Abramovitz (États-Unis), Ernest Weissmann (Yougoslavie) et Matthew Nowicki (Pologne).

À DROITE : Le grand hall public dans le bâtiment de l'Assemblée générale est dominé par trois balcons incurvés en porte-à-faux et par une rampe soutenue par un spectaculaire arc parabolique en acier.

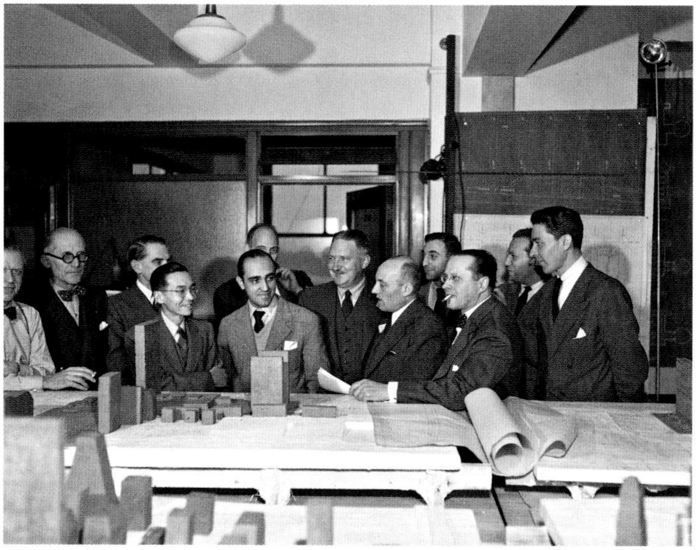

complexes d'habitation, comme Stuyvesant Town ou Peter Cooper Village construits par la Metropolitan Life Insurance Company en 1947 (et beaucoup d'autres à la même époque), placent le modernisme sur un nouveau terrain. Ces grands ensembles en brique rouge, entourés de verdure, rappellent vaguement les projets visionnaires de Le Corbusier dans les années 1920, et son idée de construire une tour dans un parc. À New York, ces idées se diluent dans des immeubles conventionnels à presque tous égards, sauf qu'ils ne donnent plus sur la rue, comme cela avait toujours été le cas à New York ; désormais, ils sont disposés en diagonale dans des espaces verts.

Après la guerre, la construction de bureaux repart plus lentement que celle des logements, et on n'éprouve plus le besoin de créer ces hautes tours qui avaient dessiné la silhouette de la ville avant la guerre et un peu après. Là encore, les architectes entrèrent prudemment dans le modernisme. Les fils d'Emery Roth – Richard et Julian –, qui ont repris l'entreprise de leur père après sa mort en 1948, vont occuper une place majeure à New York. Ayant d'abord édifié des immeubles de bureaux en pierre, avec des baies vitrées en bandes horizontales et des angles arrondis, comme le Look Building de 1949, ils évoluèrent dans les années 1950 vers les tours en verre qui, une décennie plus tard, modifieront l'aspect de rues comme Park Avenue et d'une grande partie de Midtown à Manhattan. Mais, sur le plan architectural, leurs réalisations ne présentent pas d'intérêt particulier : pour les bureaux comme pour les logements, il semble que New York, en 1945 et pour quelques années encore, préfère la quantité à la qualité.

Au début des années 1950, deux opérations majeures apportèrent à la ville un degré de raffinement architectural qu'elle n'avait

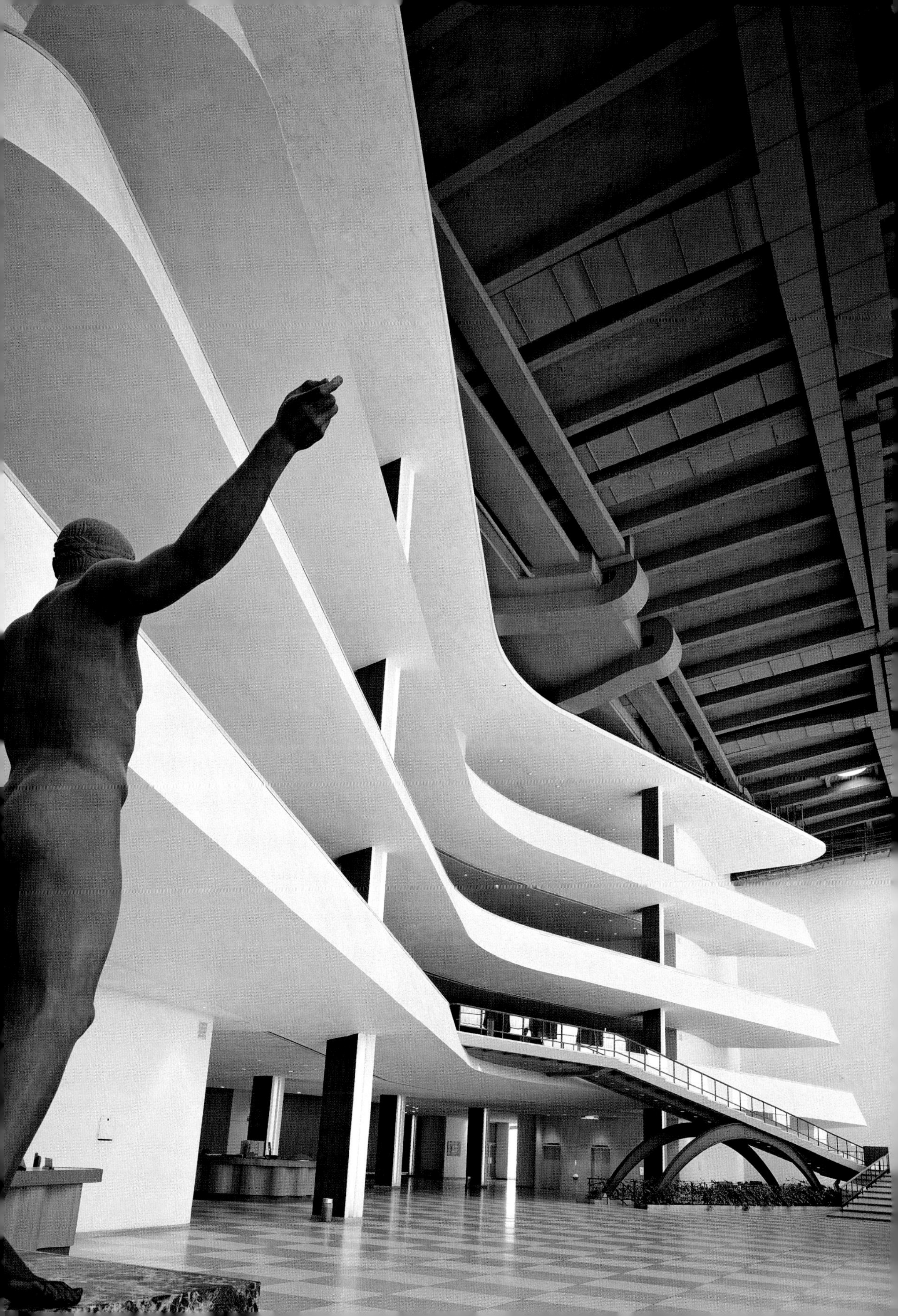

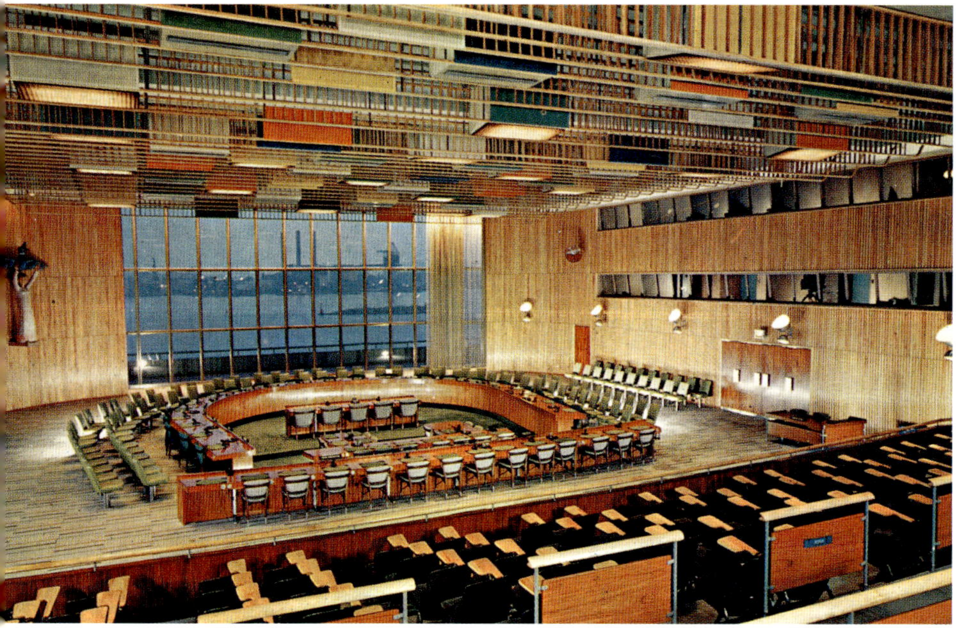

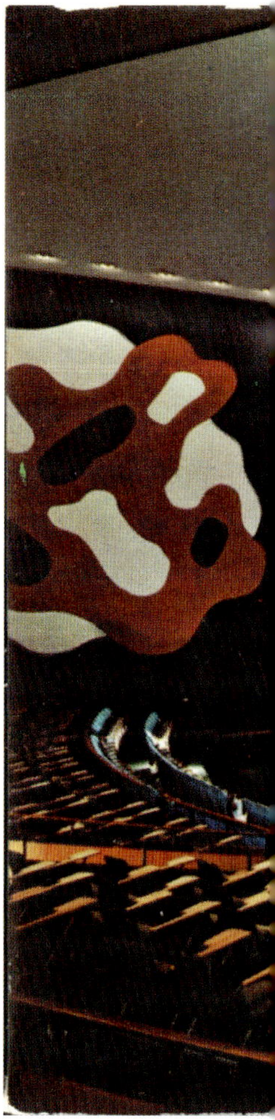

CI-DESSUS : Le plafond de la Trusteeship Council Chamber, conçu par l'architecte danois Finn Juhl en 1952, masque de façon légère et colorée les équipements techniques.

À DROITE : Le grand hémicycle de l'Assemblée générale peut accueillir 850 personnes. Avec ses murs en arcs de cercle penchés et sa coupole aplatie, il est conçu pour focaliser l'attention vers le fauteuil de la présidence. La fresque murale est de Fernand Léger.

pas connu depuis le début des années 1930 : la première est le siège des Nations Unies, confié à un comité international d'architectes (*Board of Design*) placé sous la houlette de Wallace K. Harrison ; la seconde est la Lever House, gratte-ciel en verre sur Park Avenue réalisé par Gordon Bunshaft, du cabinet Skidmore, Owings & Merrill. Quand le siège des Nations Unies est achevé en 1950, la forme géométrique incurvée du bâtiment de l'Assemblée générale, associée à la plaque de verre austère du bâtiment du Secrétariat (voir pages 126-127), confère à New York le symbole architectural qui lui faisait défaut, annonçant une nouvelle ère : « la réalisation triomphale et longtemps attendue de l'architecture et de l'urbanisme moderniste de l'entre-deux-guerres », comme l'écrira quelques années plus tard Robert A.M. Stern[1]. Certes, le bâtiment des Nations Unies n'est pas la pure expression des idées de Le Corbusier (qui faisait partie du comité). Ses propositions ont certainement eu une influence plus grande que celles de n'importe quel autre architecte, mais il a

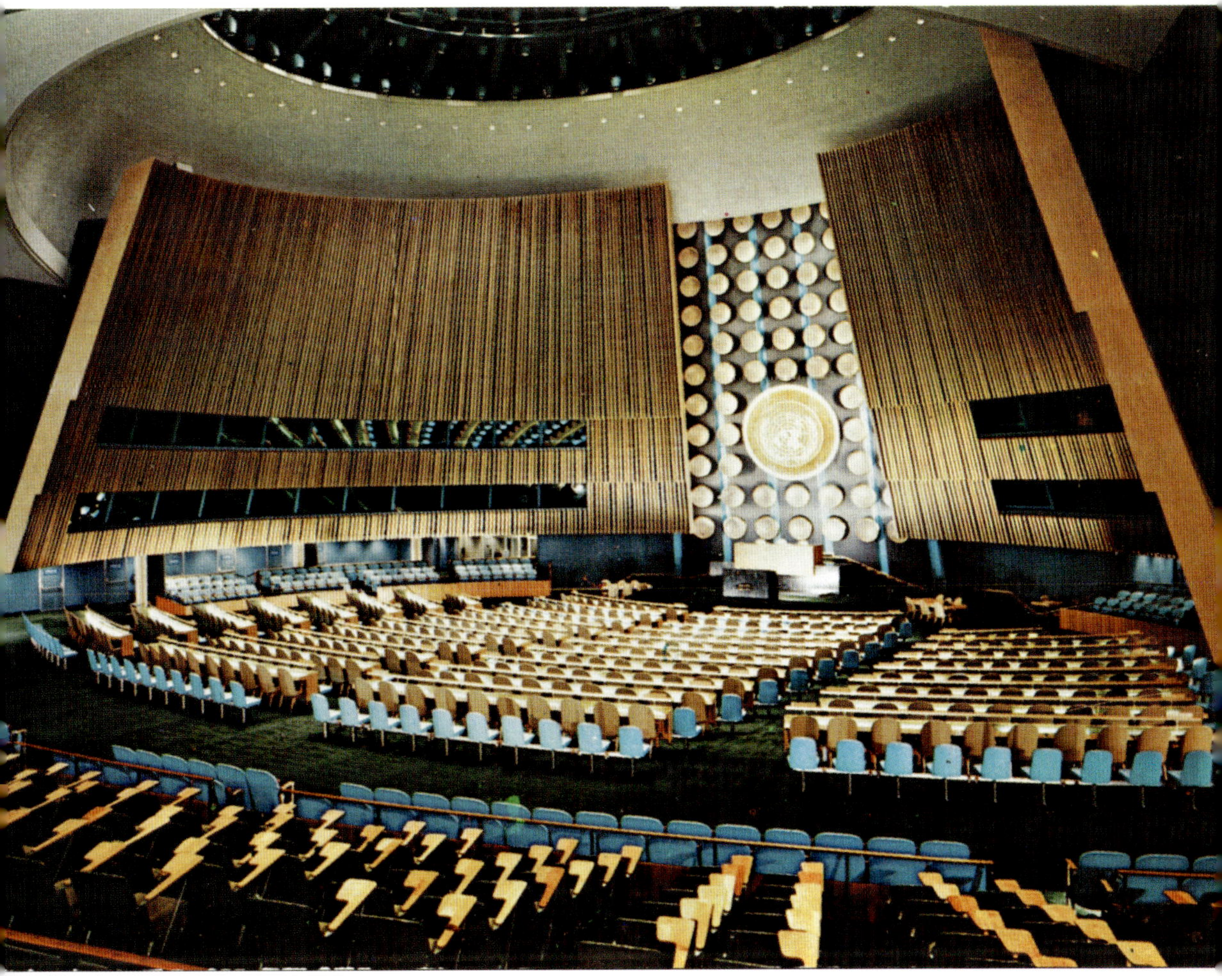

fallu transiger pour parvenir à un accord entre l'administration de la nouvelle Organisation et le *Board of Design*. En plus de Le Corbusier, le comité comprenait notamment l'architecte brésilien Oscar Niemeyer, le Soviétique Nikolaï Bassov et le Polonais Matthew Nowicki. Les réunions furent houleuses, et Harrison – officiellement directeur de la planification pour les Nations Unies – a souvent eu du mal à assurer la cohésion du groupe. Le Corbusier, qui était à la fois le membre le plus célèbre et la personnalité la plus forte, se heurtait souvent à Harrison, alors même que beaucoup de propositions de modifications faites par le second étaient inspirées d'idées émanant du premier.

Le comité – à cause de la personnalité de Le Corbusier, ou parce qu'il partageait son point de vue – se mit d'accord sur le plan de base, qui consistait à placer les bureaux de l'Organisation dans un gratte-ciel de verre et à grouper les salles de réunion et autres fonctions publiques dans des bâtiments séparés, beaucoup moins

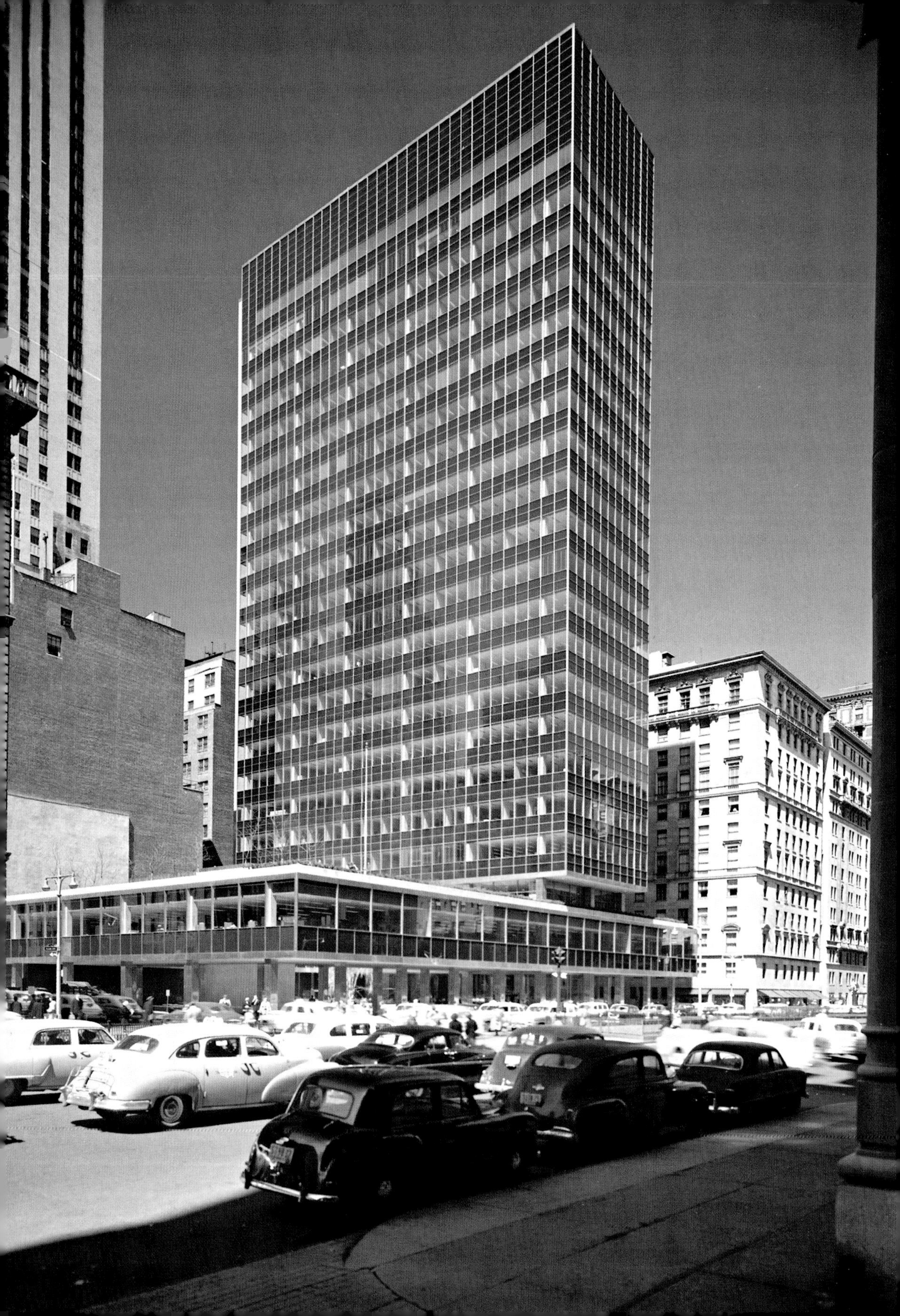

hauts. En dehors du critique Lewis Mumford, personne ne sembla se préoccuper du fait que cette configuration érigeait en symbole dominant la bureaucratie des Nations Unies et non la salle de réunion de l'Assemblée générale. Ce choix, peut-être symptomatique du XXe siècle, est néanmoins troublant. Mumford s'interrogea également à propos de la forme de la tour, qui lui paraissait dépassée et destinée à exploiter au maximum la surface disponible, ajoutant que de petits étages disposés verticalement découragent les interactions entre les membres du personnel, contrairement aux espaces de bureaux configurés à l'horizontale. Et s'il fallait construire un bloc de verre long et étroit, écrit Mumford dans *The New Yorker*, au moins aurait-il fallu l'orienter dans un sens est-ouest, et non nord-sud comme c'est le cas, afin d'éviter à l'un des longs côtés de subir les ardeurs du soleil de l'après-midi[2].

Mumford anticipe les problèmes énergétiques que les architectes prendront en compte une génération plus tard. Et Le Corbusier n'était pas totalement en désaccord avec lui, car il avait suggéré – ce que Harrison avait refusé – de doter la façade ouest du Secrétariat de brise-soleil, ou de grilles en béton, qui auraient assuré une protection contre l'intensité du soleil d'été. Et, tout comme Mumford, mais pas pour les mêmes raisons, il n'a jamais été totalement convaincu par le choix du site, coincé entre le centre de Manhattan et l'East River. Mumford voulait une tour moins haute occupant une plus grande surface au sol ; Le Corbusier voulait disposer de beaucoup plus d'espace encore. Pour lui, l'ONU devait illustrer l'urbanisme du XXe siècle, fait de hautes tours et de formes architecturales sculptées, dressées non pas en bordure de rues mais au milieu d'espaces dégagés. Il serait inadmissible, disait-il, de placer le siège des Nations Unies dans l'ombre des gratte-ciel de Manhattan ; c'est pourquoi il avait défendu l'idée d'un site en périphérie urbaine[3]. En fin de compte, il a dû accepter le site de Manhattan, en se disant que le bâtiment serait moins un modèle urbain qu'un « avant-poste », une base moderne compacte d'où l'Organisation serait en lien avec le reste du monde. Cependant, malgré sa force symbolique en tant qu'ouvrage architectural moderne, le complexe des Nations Unies n'a pas encouragé l'audace des architectes et des promoteurs, plutôt mus par un sentiment de prudence et, pour certains, par une volonté d'optimiser le moindre mètre carré d'espace de bureaux. Néanmoins, la présence des Nations Unies a subtilement bouleversé la culture architecturale à New York ; elle marque le début d'une série d'efforts – dont beaucoup seront couronnés de succès – pour sortir des formules habituelles.

La Lever House de Bunshaft, première tour en verre à usage commercial construite à New York, a été achevée deux ans après

La Lever House, achevée en 1952 par Gordon Bunshaft de l'agence Skidmore, Owings & Merrill, a été le premier gratte-ciel à mur-rideau en verre sur Park Avenue. Composition abstraite constituée de deux grands blocs de verre, elle se distinguait par sa légèreté au milieu des immeubles en pierre qui étaient ses voisins à l'époque.

À DROITE : Philip Johnson et Mies van der Rohe, les architectes du Seagram Building *(voir p. 130)**, ont également été chargés d'aménager les bureaux des directeurs dans le nouveau bâtiment. On remarque ici la chaise Brno, le fauteuil Barcelona et la table Barcelona, tous dessinés par Mies van der Rohe.*

CI-DESSOUS : C'est Philip Johnson qui a conçu le restaurant le Four Seasons dans le Seagram Building, y compris le Grill Room. La sculpture au-dessus du bar est de Richard Lippold. Mark Rothko avait reçu la commande d'une série de fresques murales pour le restaurant. Il acheva ces œuvres en refusant toute rémunération.

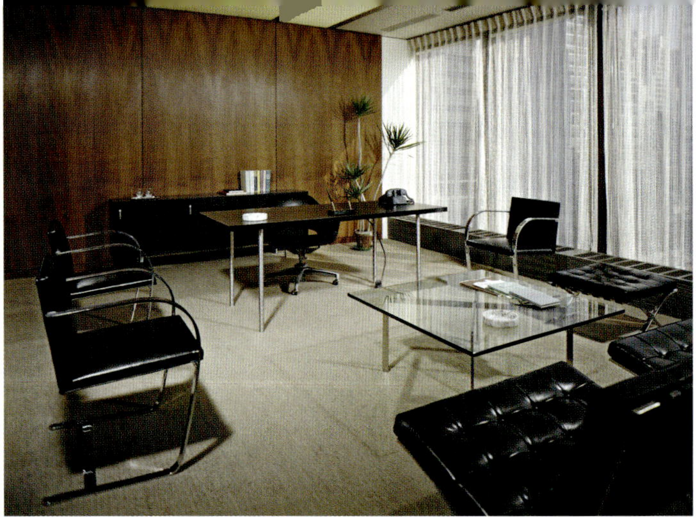

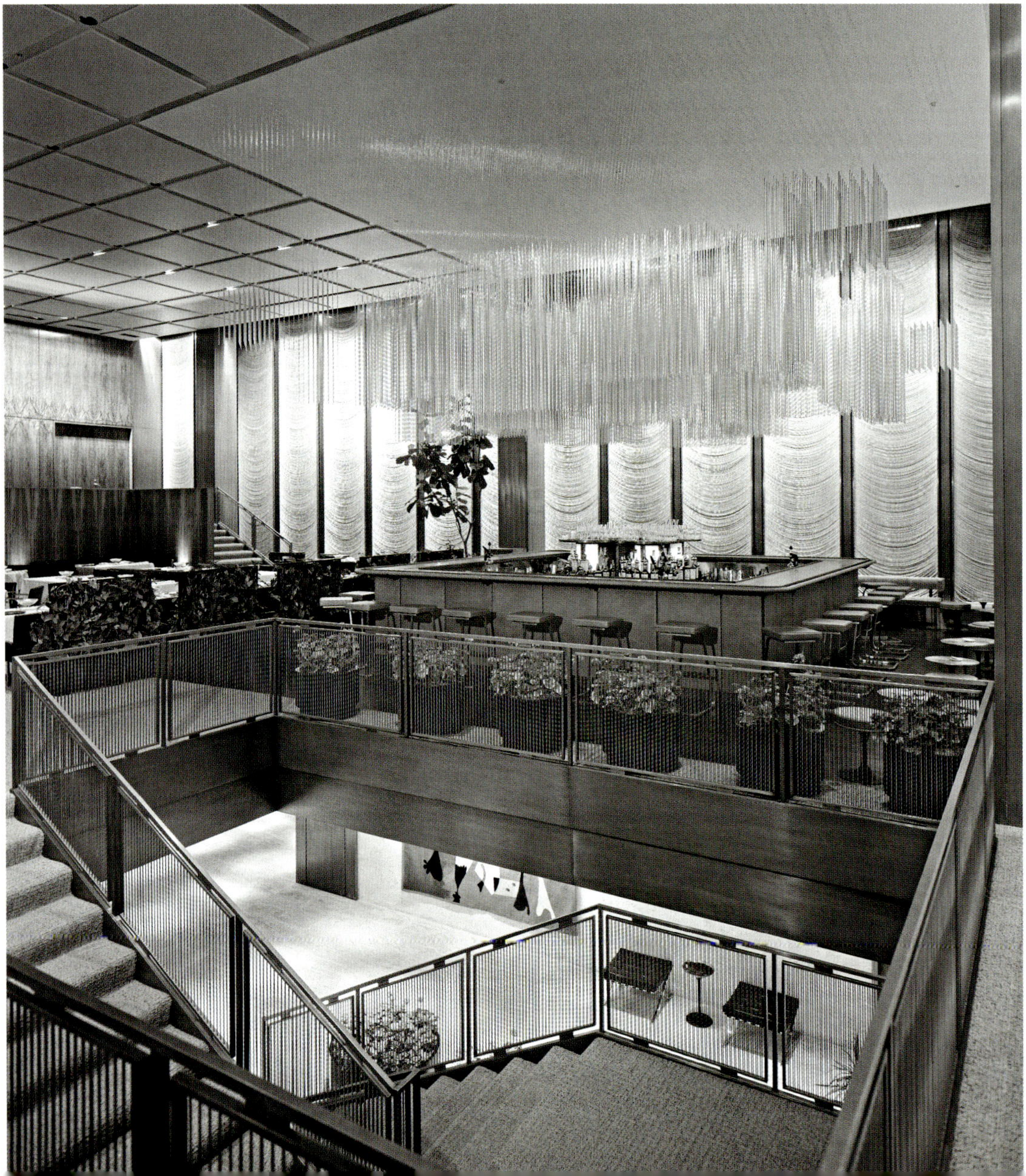

l'ONU. Elle montre que le modernisme est capable d'une élégance, et même d'un raffinement, que la plupart des New-Yorkais n'imaginaient pas. Par sa conception – un bloc de verre vertical qui semble flotter au-dessus d'un bloc horizontal dont le rez-de-chaussée est ouvert et public –, cet immeuble illustrait, plus encore que celui des Nations Unies, la légèreté au sein de la lourdeur du paysage urbain bétonné de New York. Et plus que n'importe quel autre bâtiment de son temps, il laissait augurer que l'architecture des entreprises américaines de l'après-guerre serait créative, ouverte et lumineuse. Certains critiques ont été déçus par tel ou tel élément, le rez-de-chaussée par exemple, qui devait comprendre un jardin dessiné par Isamu Noguchi, ou par la manière dont le bloc vertical se détourne de Park Avenue, laissant un étrange vide dans la continuité de la rue, mais personne ne pouvait nier le caractère ambitieux de cet immeuble de bureaux. Par la suite, toutefois, seul un petit nombre de bâtiments intéressants seront édifiés ; au moment de la restructuration de Midtown Manhattan dans les années 1950, la plupart des nouvelles constructions seront de banales tours de bureaux en verre répondant à des exigences d'économie et de fonctionnalité mais laissant peu de place à l'imagination.

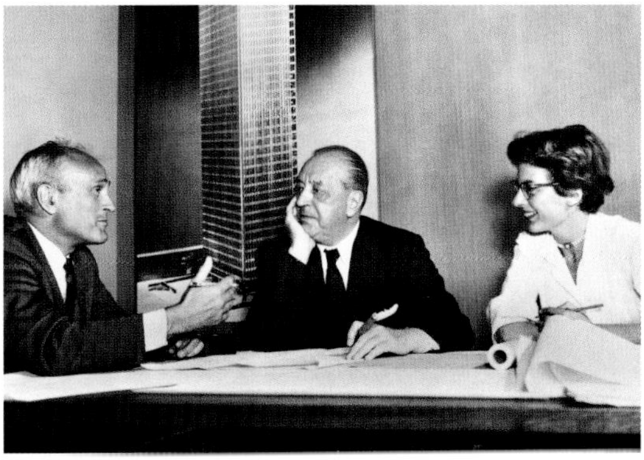

Les architectes Philip Johnson (à gauche) et Mies van der Rohe en compagnie de Phyllis Lambert, qui a suivi la conception et la construction du bâtiment pour le compte de son père, Samuel Bronfman, directeur de l'entreprise Joseph E. Seagram & Sons.

L'exception la plus étonnante à cette tendance est le Seagram Building, par Ludwig Mies van der Rohe et Philip Johnson, qui se dresse en diagonale du côté opposé de Park Avenue par rapport à la Lever House et qui sera achevé six ans plus tard, en 1958. Cette tour de bronze et de verre, placée en retrait de la rue sur une grande *plazza* accueillante, est élégante dans le choix de ses matériaux, sereine dans ses proportions et somptueuse par sa forte présence dans le paysage urbain. Plus que d'autres, ce bâtiment va montrer la capacité du Style international à s'élever au niveau du sublime. S'il n'est pas dénué d'une certaine froideur – qui correspond sans doute à la sensibilité des entreprises américaines à l'époque –, il a contribué, autant que d'autres, à façonner New York dans les années qui suivent la fin de la guerre. Telle qu'elle s'exprime dans le Seagram Building, cette qualité institutionnelle est beaucoup plus exaltée que dans les bâtiments voisins, architecturalement moins distingués. Et, au rez-de-chaussée, l'extraordinaire restaurant le « Four Seasons » réalisé par Johnson servira de référence pour la décoration des restaurants modernes, de même que la tour deviendra l'icône du gratte-ciel de Style international.

On ne retrouve pas dans le Seagram Building les compromis qui avaient marqué la Lever House. Mies van der Rohe était beaucoup

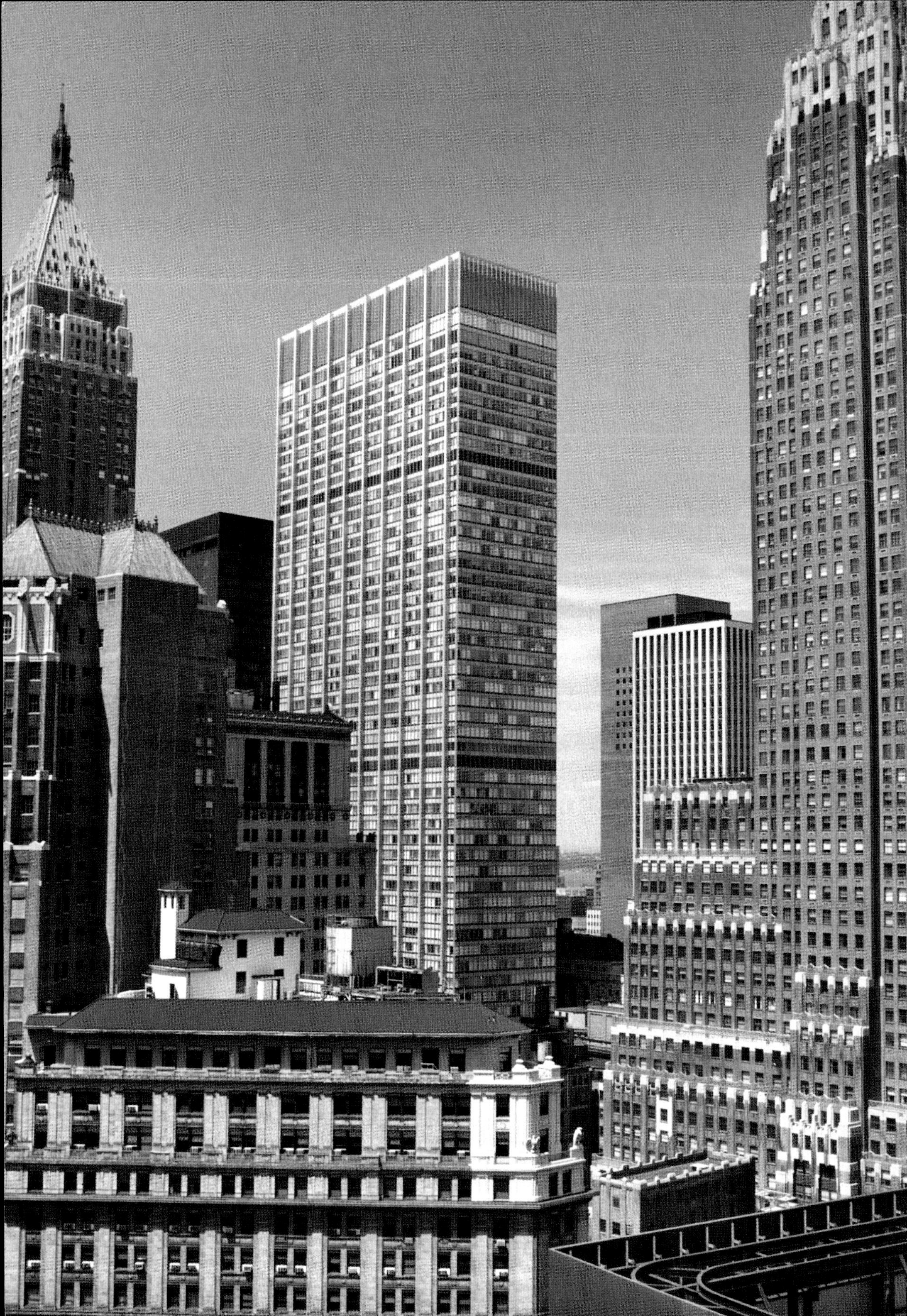

plus ouvert que Bunshaft aux subtilités du contexte urbain, et la famille Bronfman, propriétaire de l'empire des alcools Seagram, ne reculera devant aucune dépense. Phyllis Lambert, fille du directeur exécutif Samuel Bronfman, elle-même passionnée d'architecture (elle deviendra architecte), faisait de ce projet une affaire personnelle, depuis le choix de l'architecte jusqu'au moindre détail de la décoration. Son père avait choisi Charles Luckman, architecte de moindre envergure, mais Phyllis – qui vivait alors à Paris – ayant désapprouvé ce choix, il invita sa fille à traverser l'Atlantique et la chargea de trouver un architecte plus éminent. Ses efforts porteront leurs fruits : si la période compte plusieurs autres gratte-ciel dignes d'intérêt, comme le One Chase Manhattan Plaza, le 140 Broadway et le Pepsi-Cola Building, tous par Skidmore, Owings & Merrill, le CBS par Eero Saarinen et le Kips Bay Plaza, ainsi que les complexes d'habitation des Silver Towers par I.M. Pei, aucun gratte-ciel new-yorkais d'après la guerre n'a eu un retentissement international comparable à celui du Seagram Building.

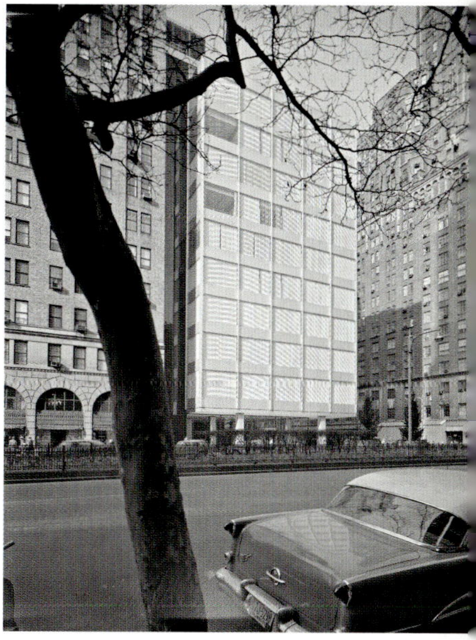

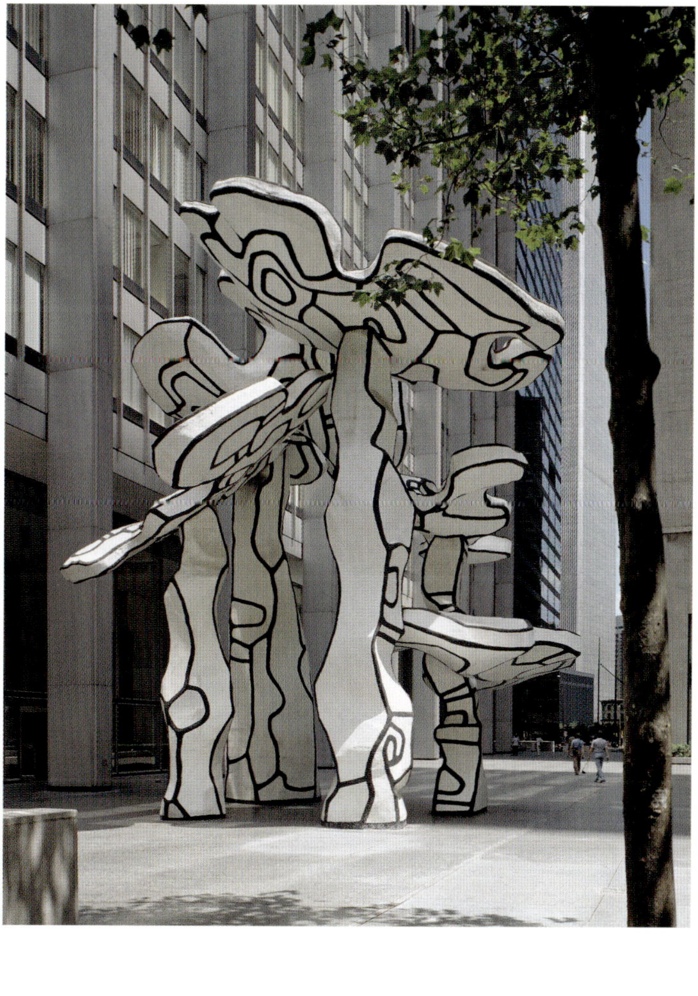

À GAUCHE : *Le One Chase Manhattan Plaza, conçu par Gordon Bunshaft de l'agence Skidmore, Owings & Merrill, 1961.*

CI-CONTRE : *Sculpture de Jean Dubuffet, commandée pour le One Chase Manhattan Plaza.*

CI-DESSUS : *Le Pepsi-Cola Building (qui deviendra le Olivetti Building, 500 Park Avenue), également conçu par Gordon Bunshaft de l'agence Skidmore, Owings & Merrill, 1960.*

PAGES SUIVANTES : *Le 140 Broadway (1967) est un autre immeuble que l'on doit à Gordon Bunshaft. Au premier plan,* Cube, *1968, une sculpture d'Isamu Noguchi.*

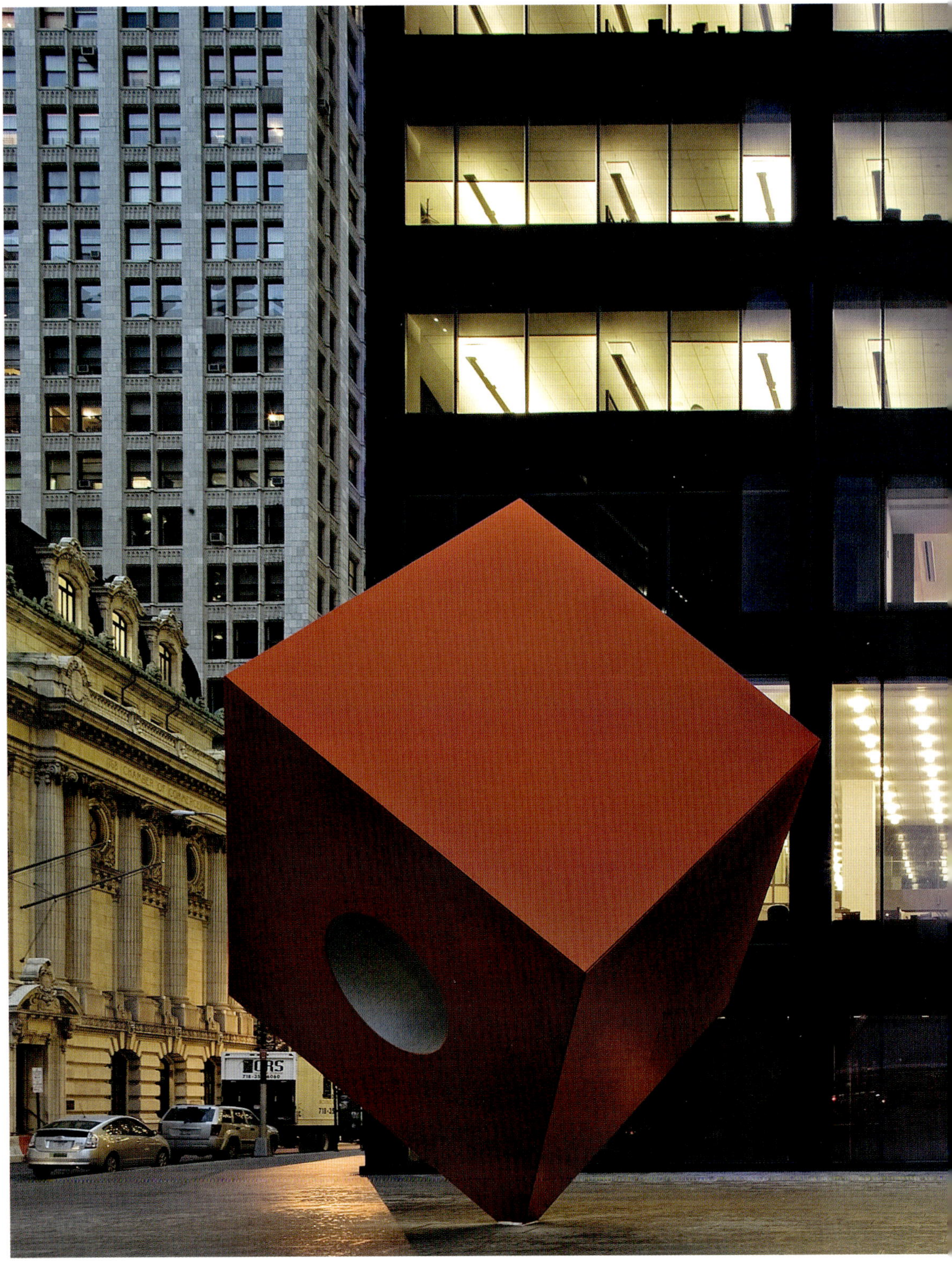

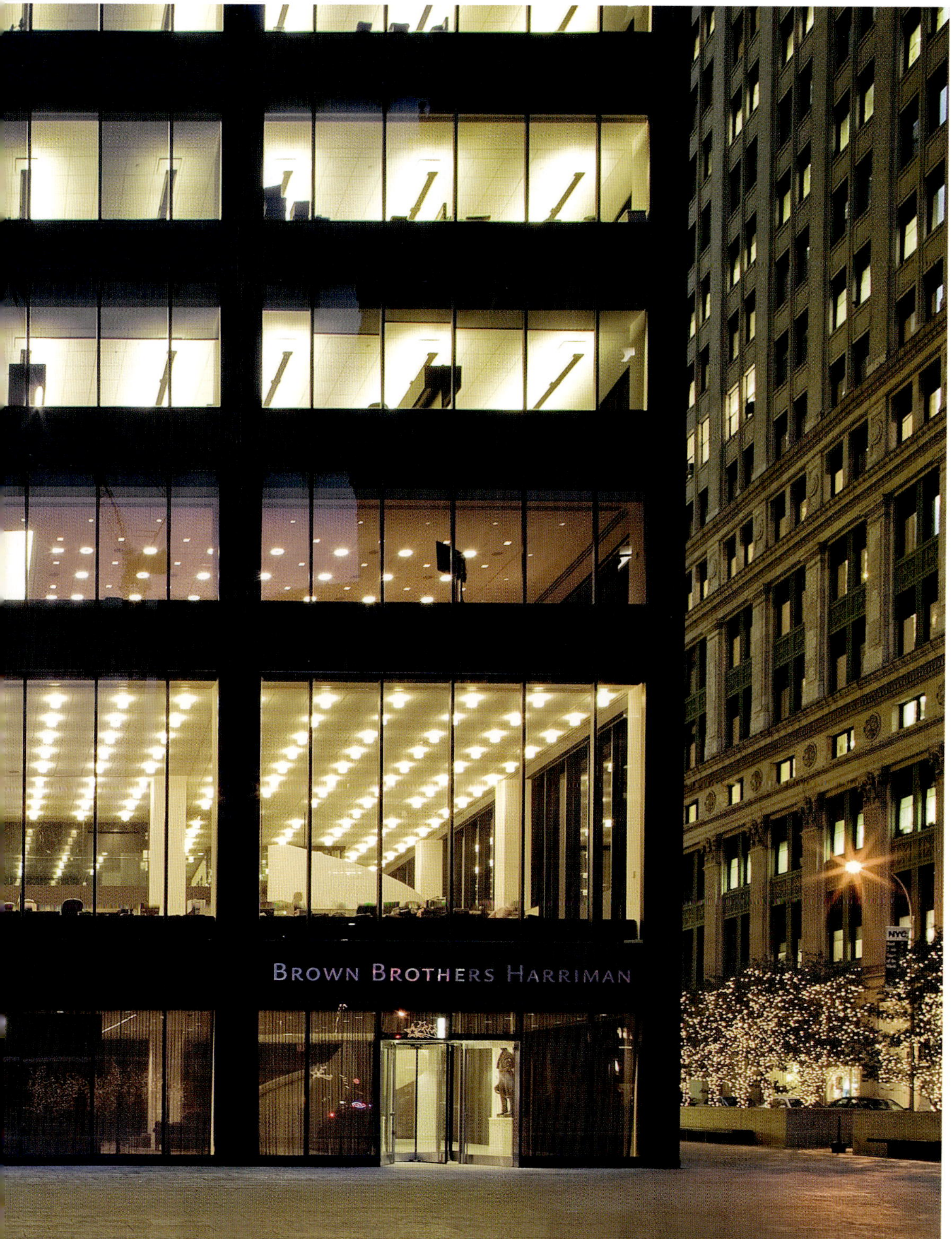
BROWN BROTHERS HARRIMAN

À DROITE : *Le CBS Building en construction sur l'Avenue of the Americas, entre la 52ᵉ et la 53ᵉ Rues, entouré d'une clôture de chantier sur laquelle on voit l'élégante police de caractères qui caractérise CBS.*

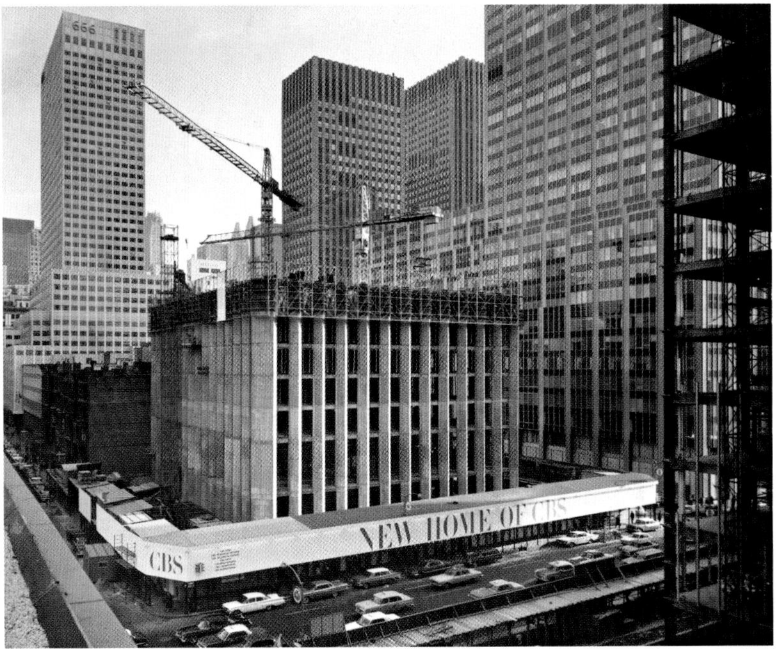

CI-DESSOUS, À GAUCHE : *Vue d'en haut, la bordure extérieure du CBS Building se transforme en une étonnante abstraction.*

CI-DESSOUS, À DROITE : *Plan du CBS Building. Les colonnes en béton armé sur les murs extérieurs donnent un caractère plus massif à cette tour moderniste ; elles ont une fonction à la fois structurelle et esthétique.*

À DROITE : *Le CBS Building, par Eero Saarinen, achevé en 1965, a été la première tour en béton armé construite dans la ville. Avec sa façade en granite noir et ses baies teintées en gris, elle a été surnommée « le rocher noir ». Saarinen a voulu faire, dit-il, « le gratte-ciel le plus simple de New York ».*

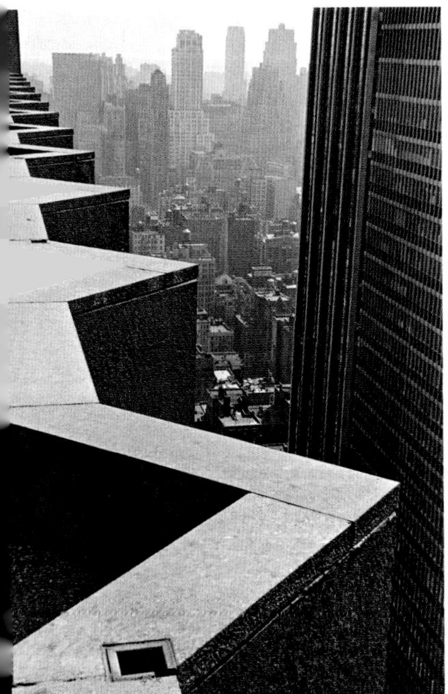

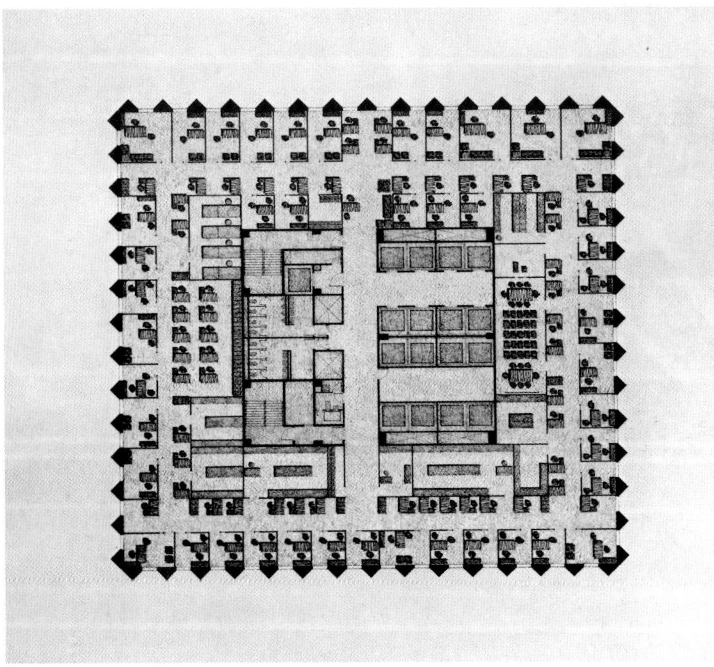

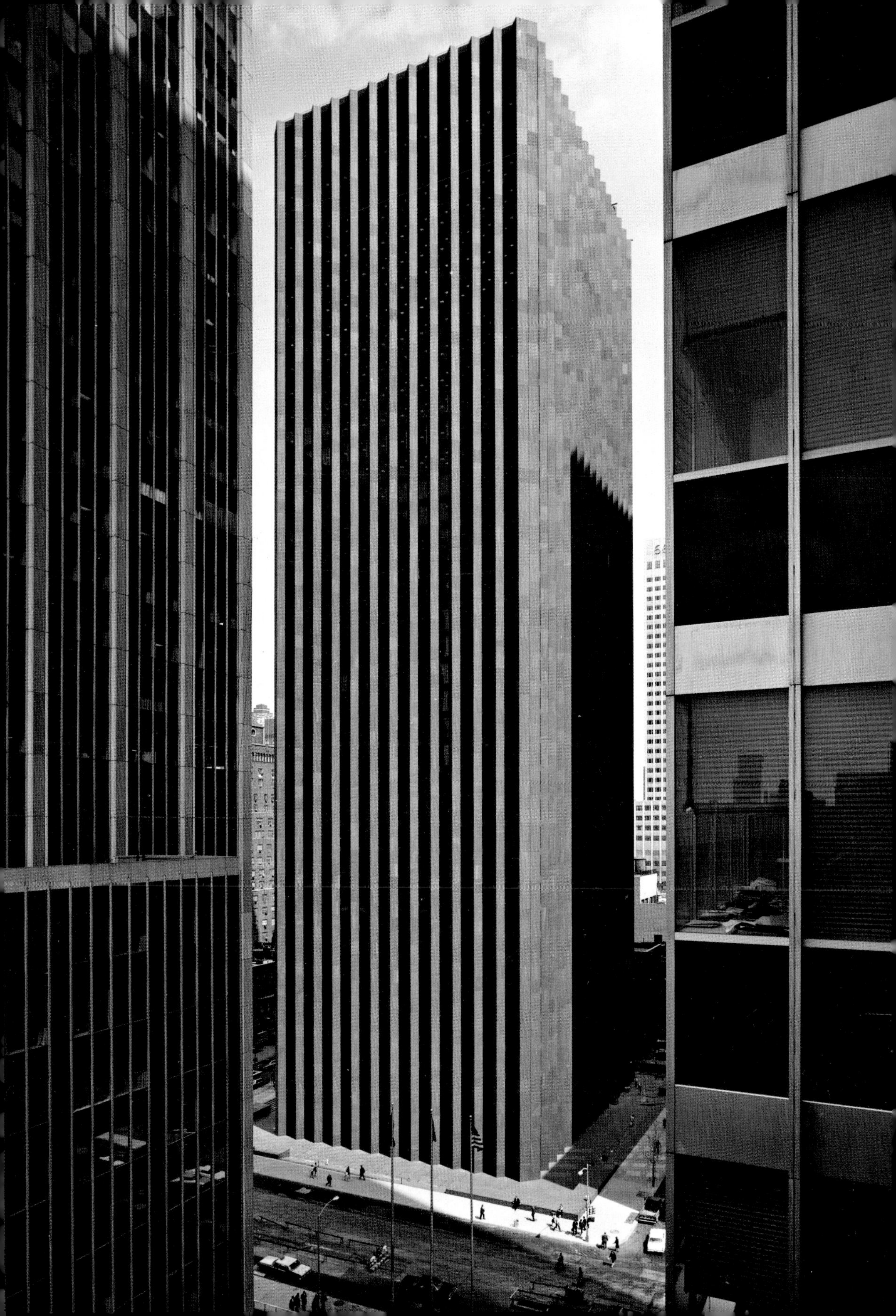

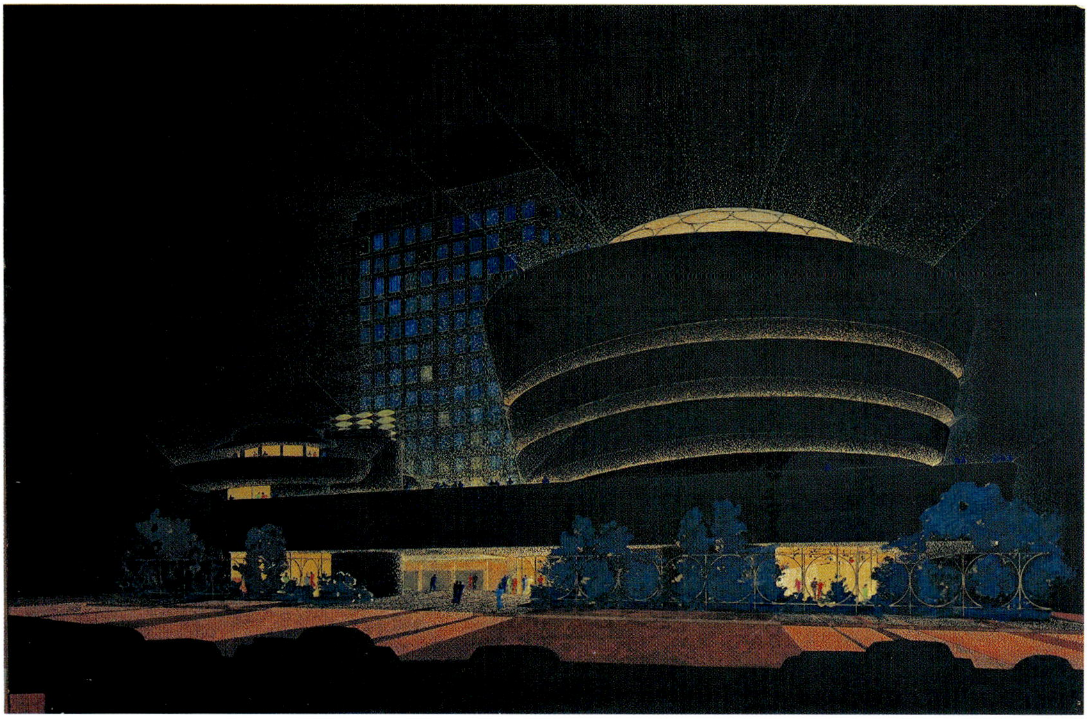

Un des premiers projets pour le Solomon R. Guggenheim Museum, Frank Lloyd Wright, 1944.

Le critique Lewis Mumford eut tôt fait de voir la différence entre le Seagram Building et la Lever House (et les divers immeubles bâtis dans Midtown Manhattan). Plutôt réservé à l'égard des bâtiments austères en verre, il considérait pourtant que le Seagram n'était pas « simplement un immeuble de bureaux comme un autre mais un monument singulier [...] On a peu de chances de revoir souvent ces qualités sobres et aristocratiques dans une ville où, pour reprendre cet aveu classique d'un financier de l'immobilier, l'argent ne se projette pas à plus de cinq ans de distance ». Mumford conclut : « Cela me semble être le plus beau gratte-ciel que New York ait vu depuis le Daily News Building de Hood [...] Quand on passe d'un bâtiment à l'autre, la Lever House paraît curieusement transitoire et éphémère. Sombre, peu souriant mais pas lugubre, le 375 [Park Avenue] est un chef-d'œuvre silencieux, mais un chef-d'œuvre[4]. »

Dans le New York des années 1950, le seul autre ouvrage qui puisse rivaliser avec le Seagram Building est un bâtiment radicalement différent à tous égards : il s'agit du Guggenheim Museum de Frank Lloyd Wright, conçu à la fin des années 1940 mais qui ne sera achevé que quelques mois après la mort de l'architecte en 1959. Si le Seagram Building incarne l'élégance moderne, le Guggenheim s'engage sur une tout autre voie : iconoclasme artistique brillant pour certains, arrogance architecturale troublante pour d'autres. La forme

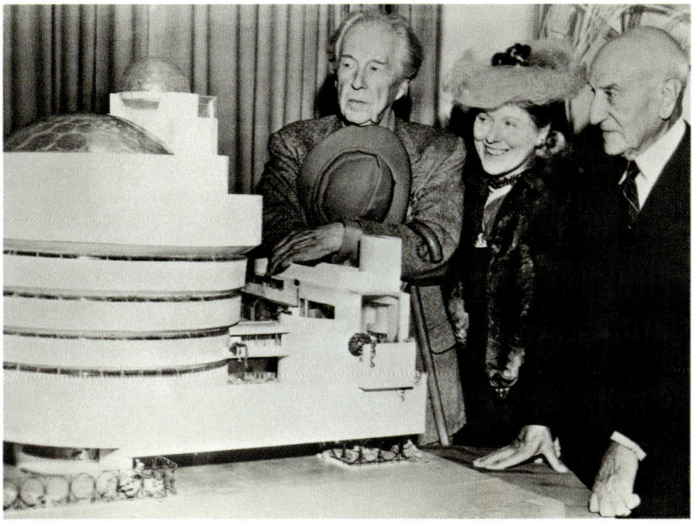

À GAUCHE : Maquette pour le Solomon R. Guggenheim Museum, 1945. De gauche à droite : Frank Lloyd Wright, Hilla von Rebay et Solomon R. Guggenheim. Dans la version finale du projet, la tour, ici au nord, a été déplacée sur la partie sud du site.

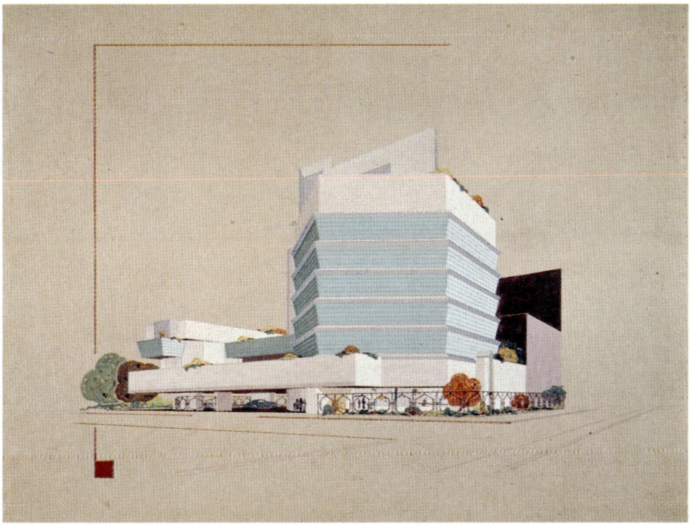

CI-DESSOUS : Cette esquisse de 1944, avec sa tour hexagonale, montre une autre des nombreuses versions proposées par Wright pour le Solomon R. Guggenheim Museum.

monumentale adoptée par Wright – les tableaux sont accrochés sur des surfaces qui forment, au fond, des balcons montant en spirale vers un atrium éclairé par le haut – ne semble ni s'inscrire naturellement dans le paysage de la 5e Avenue ni accueillir facilement les œuvres d'art exposées. Mais elle donne à New York un espace intérieur moderne d'une beauté et d'une force qui imposent le respect et, au fil des années, les conservateurs du musée, tout comme les visiteurs, se rendront compte que le manque de souplesse du musée est compensé par la scénographie et le plaisir visuel qu'il offre, et que ses galeries en hélice constituent, pour certaines œuvres d'art, un mode d'exposition idéal. Les visiteurs peuvent porter leur regard de l'autre côté de l'atrium et voir simultanément plusieurs étages de tableaux, mode de vision qui ajoute une dimension nouvelle à

Le Solomon R. Guggenheim Museum par Frank Lloyd Wright, 1959. CI-CONTRE : Le dôme en verre au-dessus de la spectaculaire rotonde du Guggenheim. CI-DESSOUS : L'atrium central, l'un des espaces intérieurs les plus étonnants construits à New York. À DROITE : La forme en spirale du Guggenheim – qui correspond à la rampe qui conduit les visiteurs à travers les salles – est l'une des façades les plus célèbres de New York.

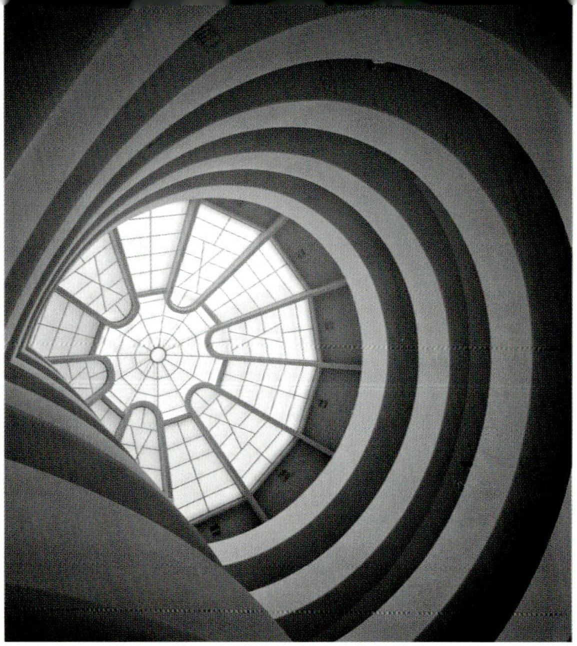

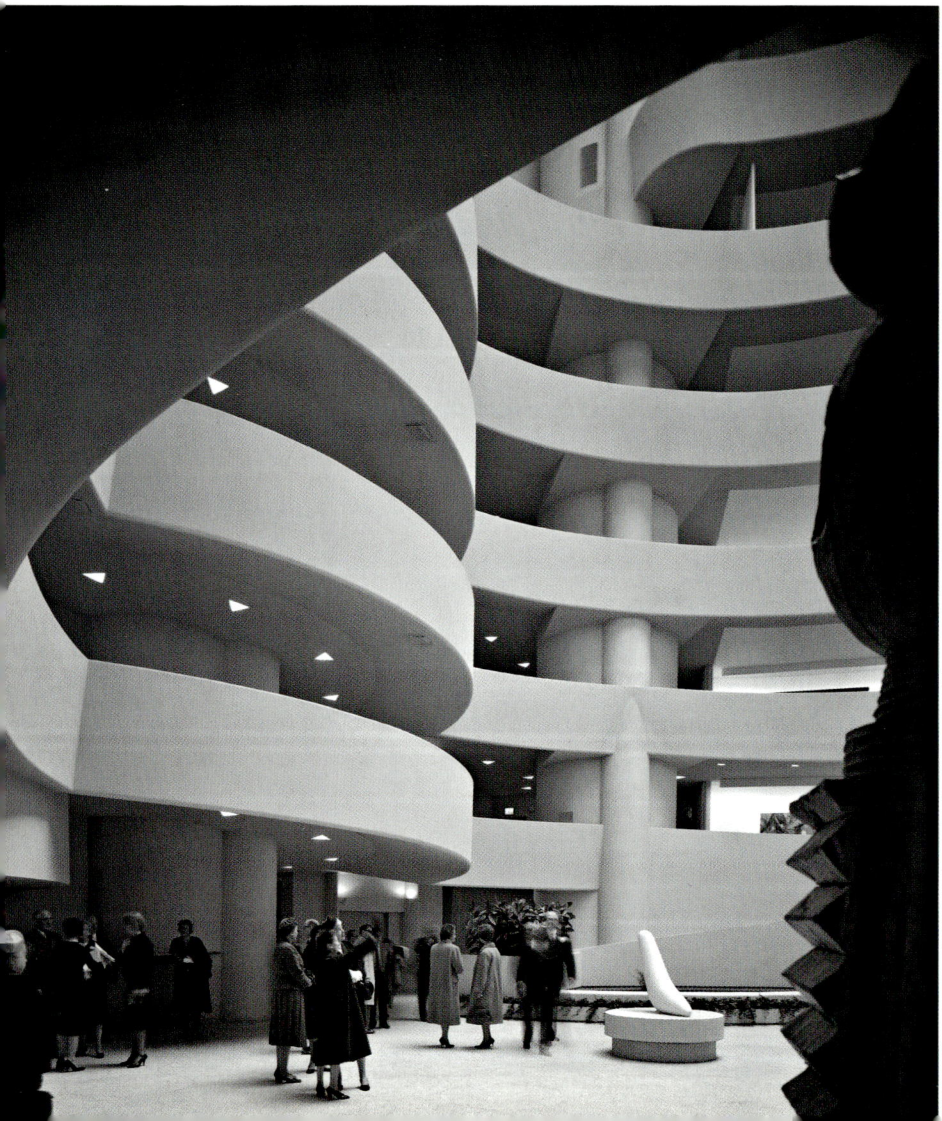

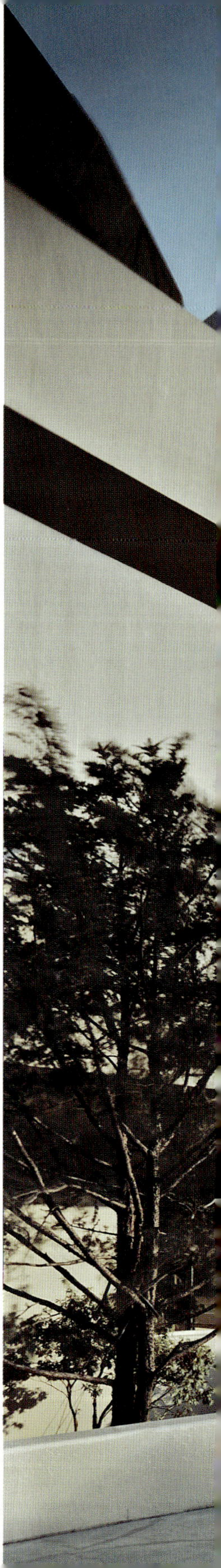

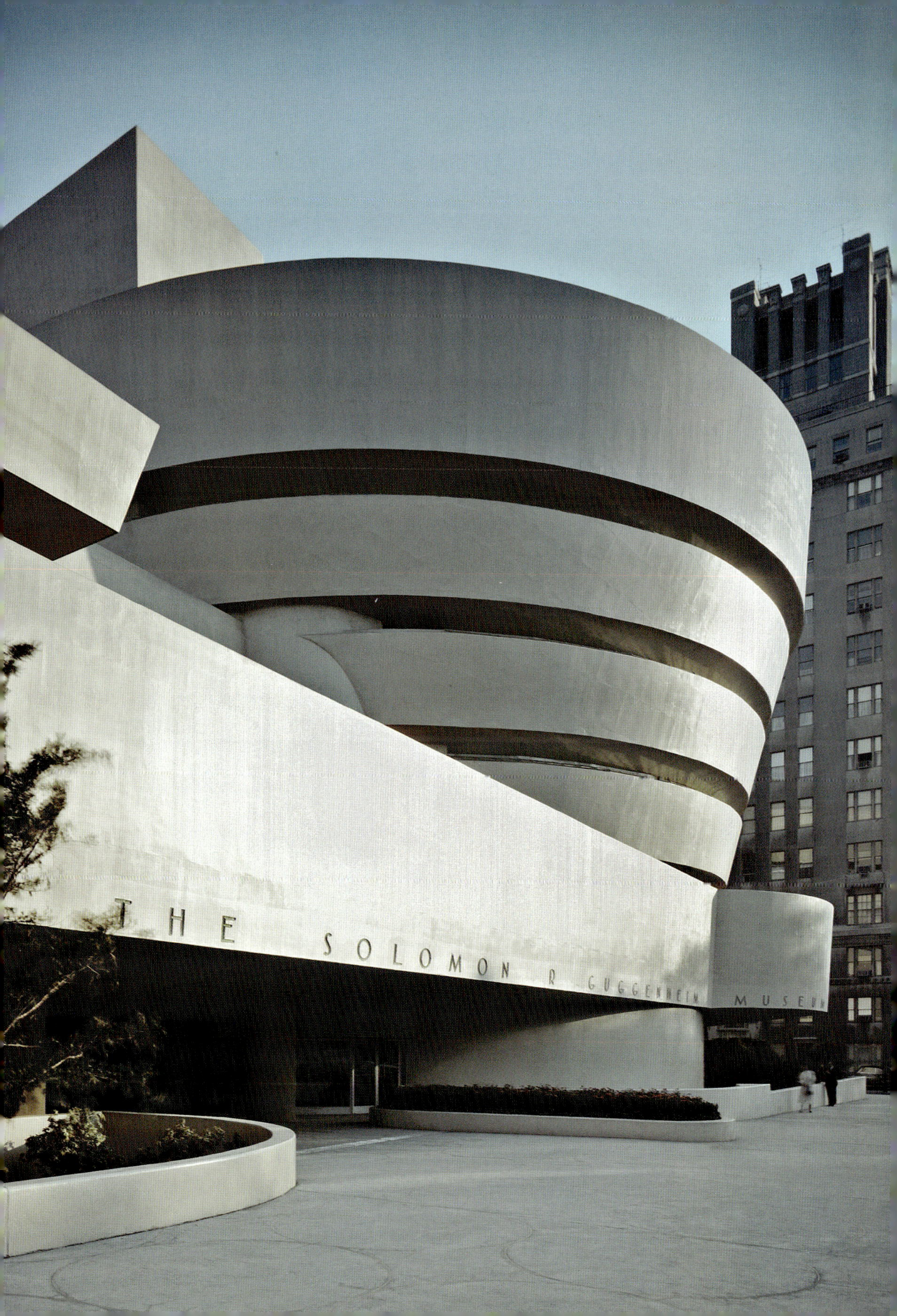
THE SOLOMON R GUGGENHEIM MUSEUM

Frank Lloyd Wright a réaménagé la Suite 223 du Plaza Hotel pour en faire sa résidence new-yorkaise ; elle était surnommée « Taliesin East », par allusion au nom (gallois) de certaines maisons construites par l'architecte.

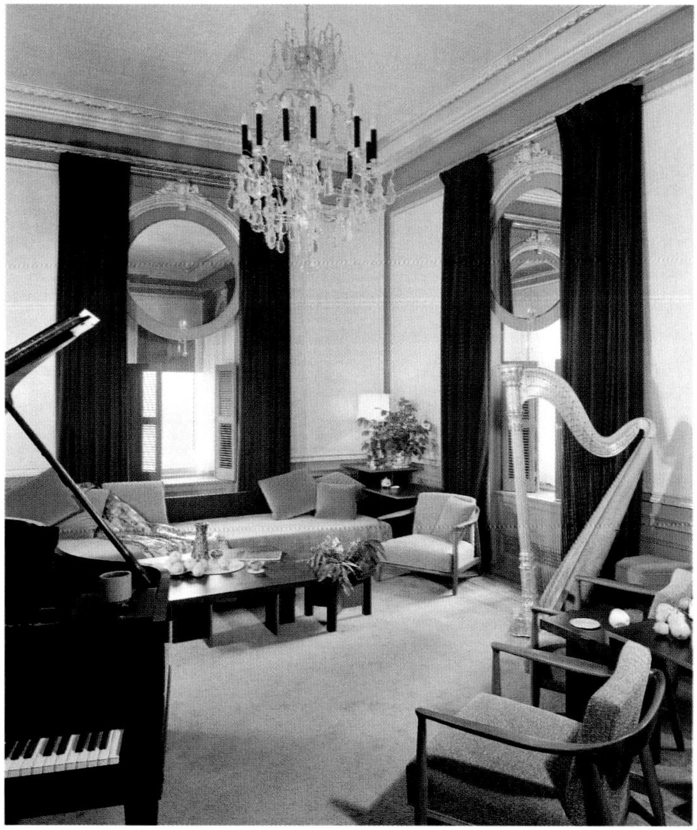

de grands tableaux colorés, comme ceux de Kenneth Noland ou d'Alexander Calder, pour ne citer que ces deux artistes.

La construction du musée s'est heurtée à de multiples difficultés. Il a fallu des années pour que le service de l'urbanisme de la Ville approuve les plans de Wright et délivre un permis de construire en mai 1956, soit treize ans après que Solomon Guggenheim eut demandé à Wright de concevoir pour lui un lieu capable d'accueillir sa collection d'art moderne. Les premières esquisses, achevées en 1944, proposaient une spirale : dans l'une des versions, le bâtiment se rétrécissait vers le haut à la façon d'une ziggourat ; dans une autre, les côtés étaient droits, si bien que la section principale ressemblait plus ou moins à un hexagone ; dans une autre encore (de la même année), la spirale s'élargissait en montant, forme qui se rapproche un peu plus de la version définitive. Il est assez ironique que Wright ait construit le bâtiment le plus célèbre de la fin de sa carrière dans une ville qu'il estimait trop dense et trop pauvre en espaces verts. Wright aimait se donner une image d'anti-urbain mais, en réalité, il a beaucoup apprécié d'être à New York et il s'est habilement servi de cette capitale médiatique pour se rappeler au bon souvenir du public. Grâce à cette commande du Guggenheim, il louera pour une durée indéfinie la suite 223 du Plaza Hotel, qu'il gardera jusqu'à sa mort. Le Plaza, conçu par Henry Hardenbergh, est l'un des rares bâtiments de style traditionnel que Wright a toujours admirés ; en fait, c'est l'un des seuls conçus par un collègue dont il faisait volontiers l'éloge. Cette suite a été sa résidence new-yorkaise et son bureau, et Wright se glorifiait d'avoir convaincu la direction de l'hôtel de ne pas rénover la somptueuse « Oak Room » d'Hardenbergh, ornée de lambris en chêne, dont la décoration était pourtant on ne peut plus opposée à ses idées.

Quand le Guggenheim ouvrit ses portes, il reçut un accueil mitigé : les louanges des uns se heurtèrent à l'incompréhension des autres. Les critiques et le public étaient divisés : pour John Canaday, critique d'art du *New York Times*[5], le nouveau musée était « une guerre entre l'architecture et la peinture dont les deux sortent mal en point ». Mais Ada Louise Huxtable, critique d'architecture dans le même journal, y vit au contraire « une démonstration impressionnante de la construction moderne en béton armé sous sa forme la plus imaginative : l'ouverture de l'espace, les audacieux porte-à-faux, les formes insolites d'une architecture nouvelle et spectaculaire, visuellement enthousiasmante ». Elle se demandait néanmoins si « les considérations d'ordre humain et pratique n'ont pas été subordonnées à la volonté [de Wright] de faire une œuvre d'art personnelle[6] ». Quant à Lewis Mumford, lui aussi fut partagé : « Les personnes sensibles à l'espace intérieur rendent véritablement hommage au génie de Wright ; quel autre intérieur monumental en Amérique produit un effet aussi irrésistible ? » Mais il qualifia cette construction de « procrustéenne » : il faut « étirer ou couper l'art qu'elle contient pour l'adapter au lit que Wright lui a préparé[7] ».

Le temps adoucira les avis sur le Guggenheim ; malgré ses limites d'ordre pratique, le musée devint en une dizaine d'années l'un des bâtiments les plus admirés de New York, et les projets ultérieurs de modification – même ceux qui ont été réalisés – ont généralement rencontré une vive opposition. Il en est un peu de même d'un autre musée situé à quelques pas de là, au sud : le nouveau Whitney Museum of American Art, sur Madison Avenue (à l'angle de la 75e Rue), conçu par Marcel Breuer. Quand le chantier se termina, en 1965, ce bâtiment sévère en granit foncé et en forme de ziggourat inversée paraissait indifférent à son environnement, tel un objet hostile au milieu de la partie la plus douce du paysage urbain de New York. Avec le temps, toutefois, le Whitney sera non seulement accepté mais apprécié, et les projets visant à l'étendre seront bloqués, car ils auraient porté atteinte à l'intégrité du concept de Breuer.

On se battra aussi pour préserver d'autres bâtiments des années 1960 considérés comme plus excentriques qu'ambitieux ; c'est le

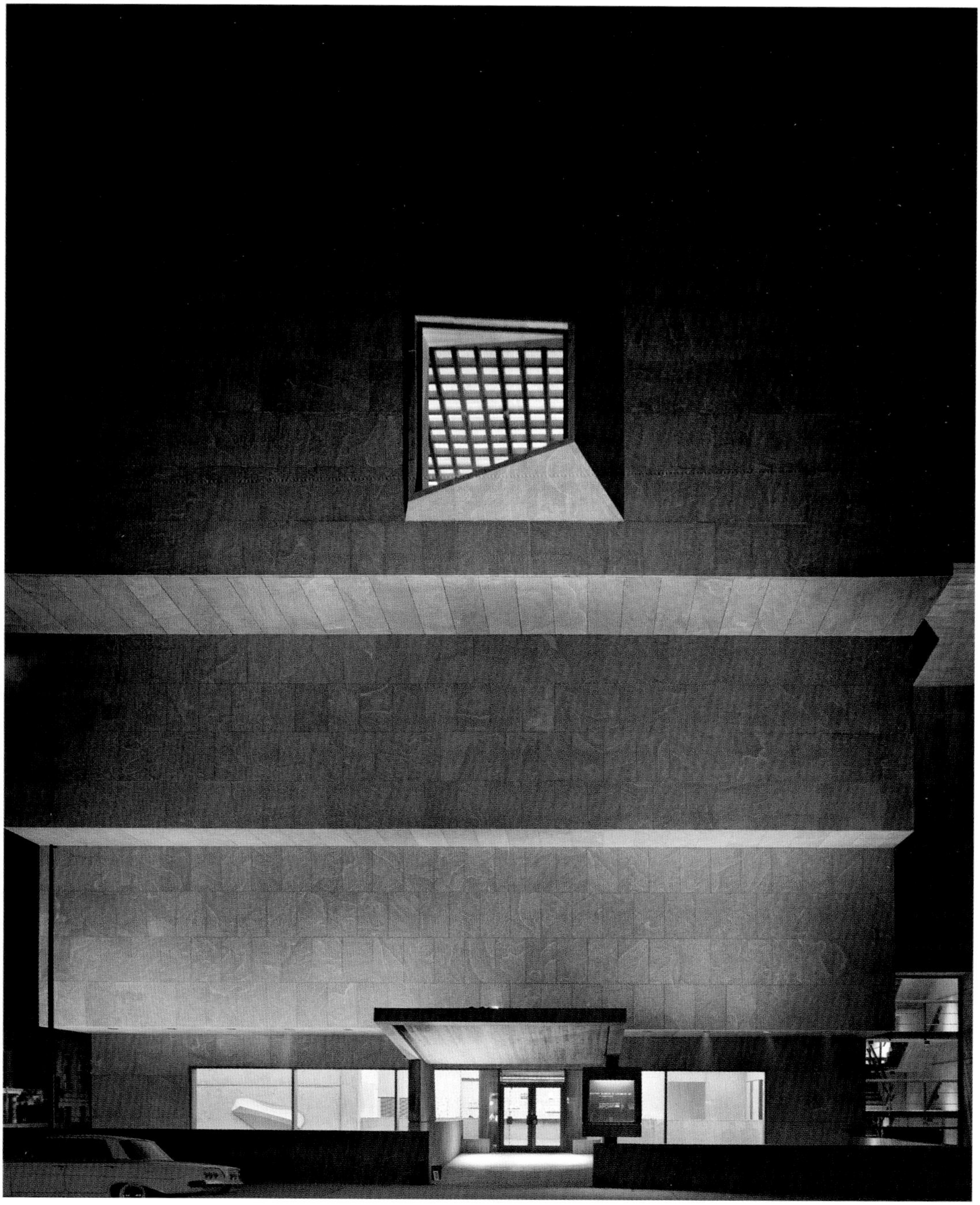

CI-DESSUS : Le Whitney Museum of American Art par Marcel Breuer, achevé en 1966, a été un ajout à la fois étonnant et brutal dans Madison Avenue : c'est une ziggourat inversée, associée à une cour de sculptures — en contrebas du niveau de la rue — et encadrée par de simples murs en béton.

À DROITE, EN HAUT : Le hall du Whitney Museum.

À DROITE, EN BAS : Plans en coupe du Whitney Museum.

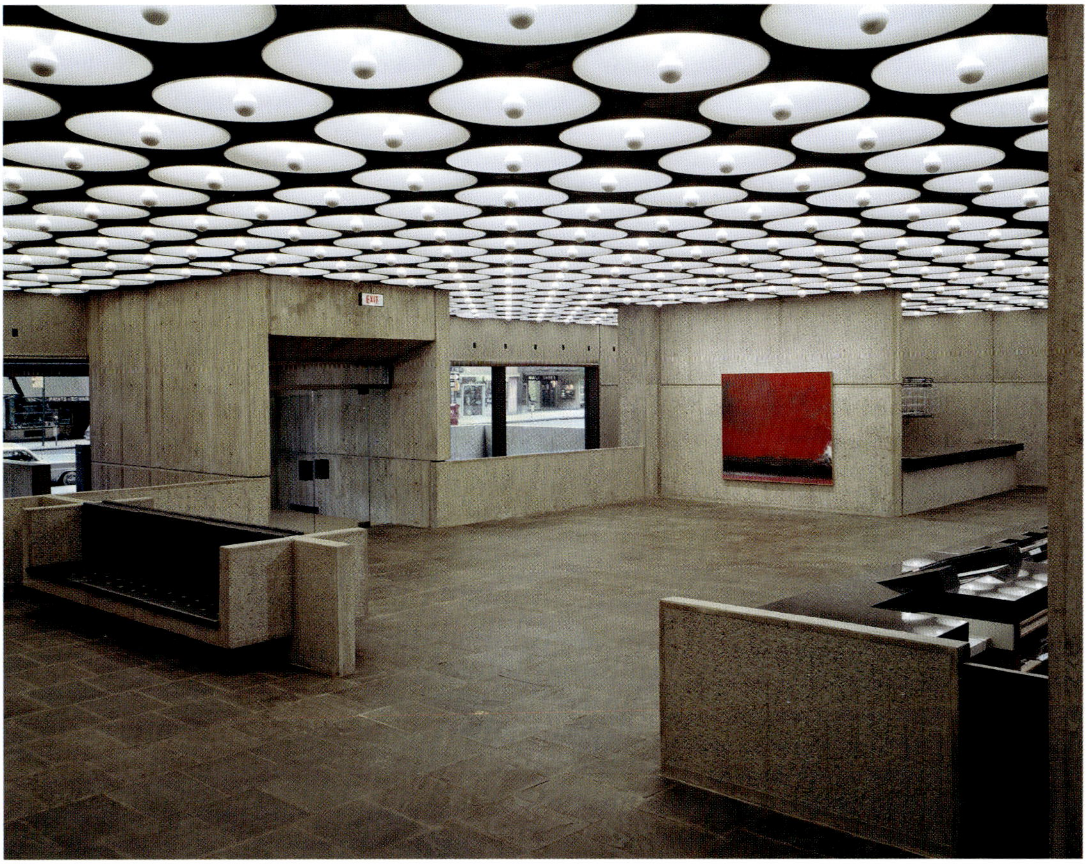

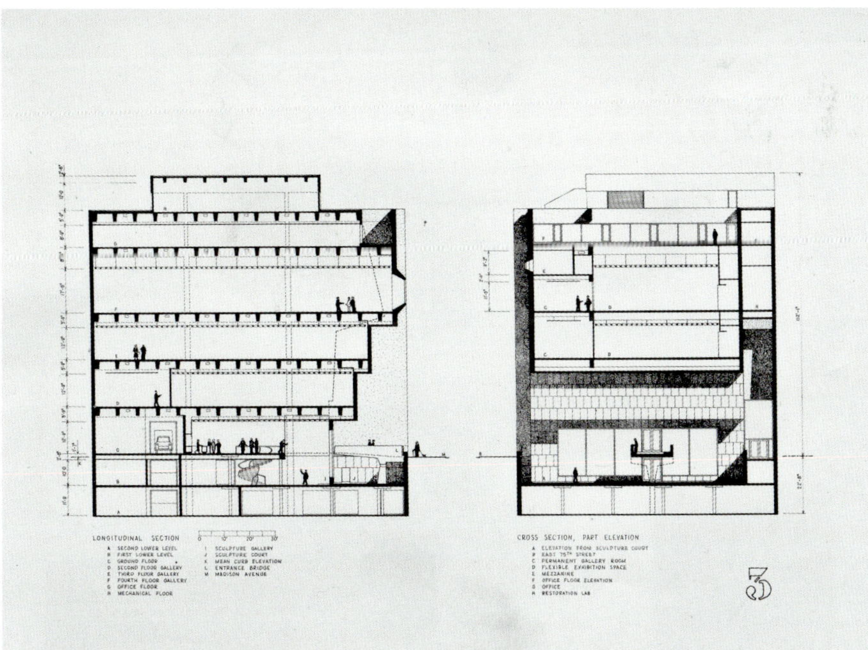
LONGITUDINAL SECTION
0 10' 20' 30'
A SECOND LOWER LEVEL
B FIRST LOWER LEVEL
C GROUND FLOOR
D SECOND FLOOR GALLERY
E THIRD FLOOR GALLERY
F FOURTH FLOOR GALLERY
G OFFICE FLOOR
H MECHANICAL FLOOR
I SCULPTURE GALLERY
J SCULPTURE COURT
K MEAN CURB ELEVATION
L ENTRANCE BRIDGE
M MADISON AVENUE
CROSS SECTION, PART ELEVATION
A ELEVATION FROM SCULPTURE COURT
B EAST 75TH STREET
C PERMANENT GALLERY ROOM
D FLEXIBLE EXHIBITION SPACE
E MEZZANINE
F OFFICE FLOOR ELEVATION
G OFFICE
H RESTORATION LAB

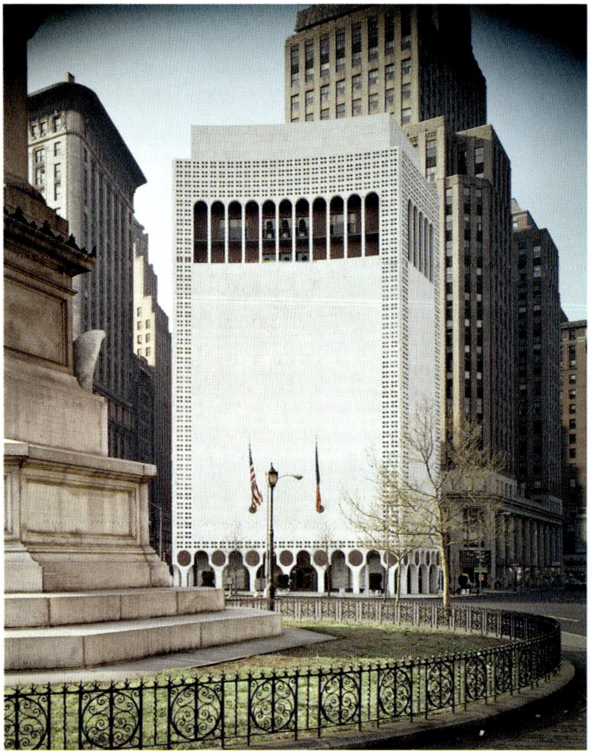 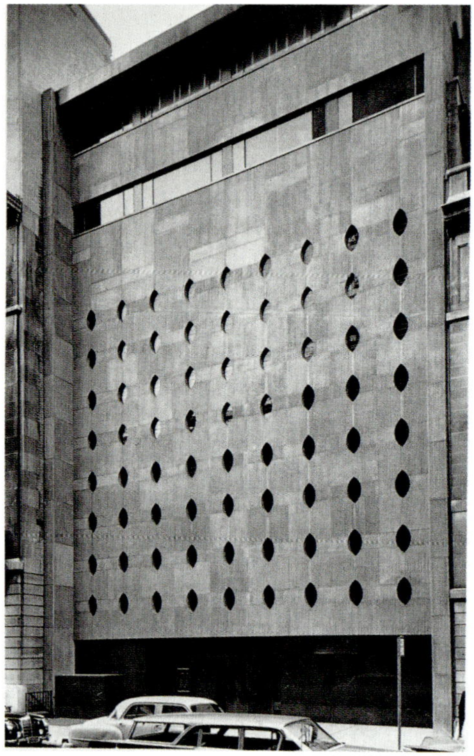

À GAUCHE : La Gallery of Modern Art, par Edward Durell Stone, 1965. Chargé par Huntington Hartford, héritier de la chaîne de supermarchés A&P., de concevoir un musée pour sa collection d'art, Stone a créé un lieu étrange et éclectique qui paraît ni moderne ni traditionnel.

À DROITE : La synagogue de la 5ᵉ Avenue par Percival Goodman, 1956.

cas de la Gallery of Modern Art d'Edward Durell Stone à Columbus Circle, terminée en 1965, ou des deux bâtiments conçus par Albert Ledner pour la National Maritime Union, achevés au milieu de cette même décennie. Le bâtiment de Stone, conçu pour Huntington Hartford, héritier de la fortune des supermarchés A&P, est un curieux *palazzo* en marbre, à la fois délicat et bizarre, sa lourde masse prenant appui sur des colonnes frêles et faisant allusion dans ses détails à l'architecture orientale. Au moins son caractère décadent lui donnait-il une certaine distinction au milieu des boîtes en verre de Midtown, mais, quelques décennies plus tard, le bâtiment sera reconstruit par l'architecte Brad Cloepfil pour devenir le Museum of Art and Design, qui gardera très peu d'éléments de la façade d'origine. Les bâtiments de Ledner – dont les hublots sont censés évoquer des paquebots – répondaient à une volonté romantique de donner une dimension picturale à l'architecture moderne mais, au fil des ans, eux aussi seront davantage appréciés que lors de leur construction. (L'un d'entre eux deviendra le Maritime Hotel.)

Les New-Yorkais accueilleront avec moins d'enthousiasme le Lincoln Center for the Performing Arts, complexe culturel composé de six grands bâtiments organisés autour d'une *plazza* centrale et revêtus de travertin. Ce centre, achevé dans les années 1960, est à la fois une ambitieuse opération de rénovation urbaine et le premier centre culturel moderne du pays. Il aura une profonde influence sur la dynamique du quartier de l'Upper West Side et sur l'environnement culturel de la ville mais, en tant qu'œuvre architecturale, l'ensemble est peu intéressant, comparé aux formes novatrices de Frank Lloyd Wright et de Marcel Breuer. Le complexe a été conçu par plusieurs architectes de premier plan. Wallace K. Harrison, qui avait pris part à la conception des Nations Unies et du Rockefeller Center, fut pressenti pour créer le nouveau siège du Metropolitan Opera, qui devait être la pièce maîtresse ; Philip Johnson, l'acolyte de Mies van der Rohe et son associé dans la conception du Seagram Building, prenait en charge le New York State Theater, consacré à la danse ; Max Abramovitz, le partenaire de Harrison, devait construire une nouvelle salle de concert pour le New York Philarmonic ; à Eero Saarinen fut confiée la réalisation du Vivian Beaumont Theater ; à Gordon Bunshaft, celle d'une antenne de la New York Public Library destinée à accueillir son fonds d'ouvrages sur les arts du spectacle ; enfin, Pietro Belluschi devait créer le nouveau siège de la Juilliard School of Music.

Il est difficile d'imaginer groupe d'architectes plus éminents, du moins aux États-Unis mais, comme pour le comité international qui avait travaillé sur le siège des Nations Unies, il fallut trouver un terrain d'entente entre les personnalités réunies et, malgré l'audace conceptuelle du projet, le Lincoln Center reflétera en définitive la

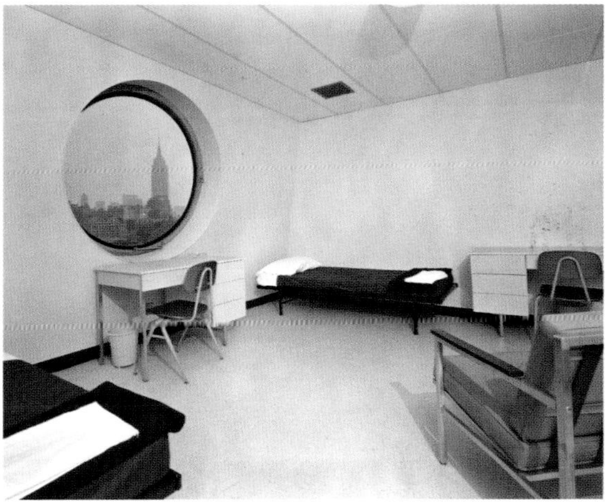

CI-DESSUS : Chambre à coucher dans le bâtiment de la National Maritime Union, par Albert Ledner, 1966. Ce bâtiment abrite aujourd'hui le Maritime Hotel.

À DROITE : L'extérieur du bâtiment de la National Maritime Union, conçu par Albert Ledner. Avec ses fenêtres en hublot et sa façade en pente, cet immeuble se distingue nettement des cubes modernistes du reste de la ville.

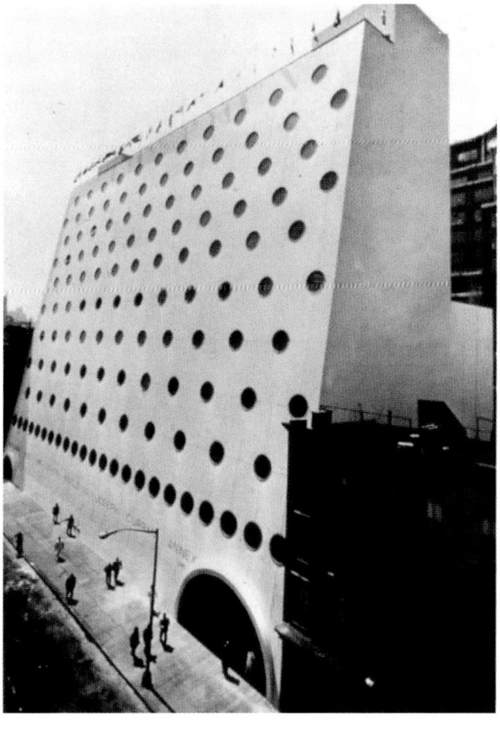

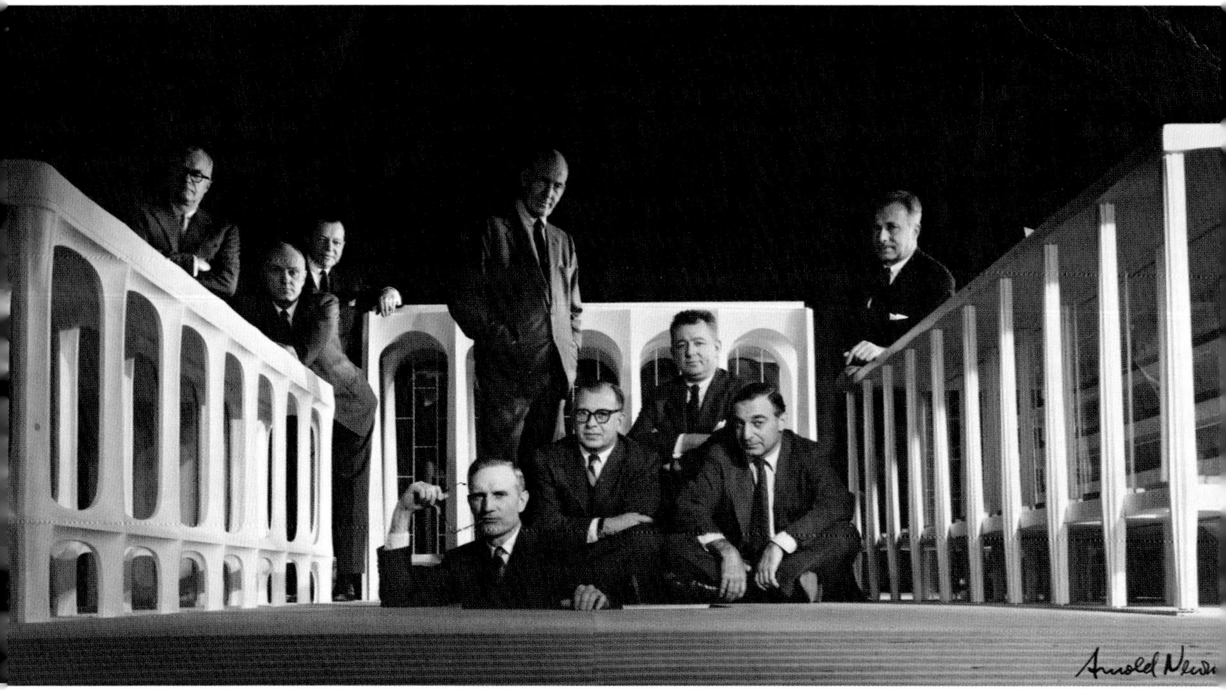

Portrait des collaborateurs du Lincoln Center, à côté d'une maquette du complexe. De gauche à droite : Edward J. Mathews, Philip Johnson, Jo Mielziner, John D. Rockefeller III, Wallace K. Harrison, Eero Saarinen, Gordon Bunshaft, Max Abramovitz et Pietro Belluschi.

prudence qui caractérise la période de l'immédiat après-guerre. Les bâtiments principaux conçus par Harrison, Johnson et Abramovitz sont formels et vaguement classiques ; disposés autour des trois côtés d'une grande place publique, ils peuvent évoquer le Campidoglio de Michel-Ange sur le Capitole, à Rome. Cette configuration crée un espace public superbe, conçu en grande partie par Johnson et agrémenté en son centre d'une fontaine circulaire ; la Lincoln Center Plaza sera rapidement adoptée par les New-Yorkais qui, au début des années 1960, manquaient d'espaces publics agréables en dehors de leurs parcs. La place du Seagram Building était encore relativement nouvelle au moment de l'achèvement du Lincoln Center, et les New-Yorkais commençaient à apprécier ce type de place publique, « à l'européenne ». Mais ils n'en auront pas beaucoup d'autres, et aucune ne dépassera la Lincoln Center Plaza par ses dimensions et sa qualité.

En revanche, les bâtiments qui bordent la place sont moins réussis. Les projets des trois architectes étaient plus vivants que le résultat final, encore que les premières versions de la salle de concert d'Abramovitz et du théâtre de Johnson laissent penser que, livrée à elle-même, l'imagination de ces architectes n'aurait pas fait des merveilles. Dans sa première version, la salle de concert était une énorme boîte de verre en saillie sur un bloc massif en pierre ; quant au théâtre, il a eu une façade arrondie avant d'être doté d'une frêle colonnade. La version finale de Johnson a davantage de dignité, du moins extérieurement, avec ses quatre paires de colonnes qui créent un rythme subtil mais fort. Quand Johnson commença à travailler sur le Lincoln Center, le Seagram Building était en phase d'achèvement mais, paradoxalement, l'architecte prenait déjà ses distances à l'égard de Mies van der Rohe, son principal mentor, et explorait les possibilités d'une sorte de classicisme moderne. Parmi les nombreux architectes du Lincoln Center, c'était le meilleur historien de l'architecture, toujours prêt à intégrer le passé sans tomber dans le compromis. Dans l'ensemble de l'opération, il a réalisé la plus belle façade et l'intérieur le plus raffiné, en combinant une compréhension intelligente du classicisme et une audace presque tapageuse. Dans sa période post-Mies, Johnson concevra un certain nombre d'œuvres au style ampoulé, et le théâtre du Lincoln Center est, en comparaison, plus sobre que beaucoup d'autres. À l'intérieur, il créa un espace grandiose sur plusieurs étages, appelé Promenade (une manière de faire écho au foyer de l'Opéra de Paris), un des espaces les plus réussis de cette époque, même s'il a pu choquer par son faste et sa décoration. Dans la conception du Lincoln Center, il est clair que Johnson se considérait non seulement comme l'un des plus éminents

CI-DESSOUS : *La Plaza du Lincoln Center, essentiellement dessinée par Philip Johnson, est devenue l'un des lieux publics les plus appréciés de la ville. Au nord de la fontaine de Revson, au premier plan, se dresse le Philharmonic Hall (aujourd'hui Avery Fisher Hall), conçu par Max Abramovitz, 1962.*

PAGES SUIVANTES : *Au sud de la fontaine se trouve le New York State Theater (aujourd'hui David H. Koch Theater) par Philip Johnson (1964). Avec sa façade à doubles colonnes, ce bâtiment est le plus élégant de tous ceux qui composent le Lincoln Center.*

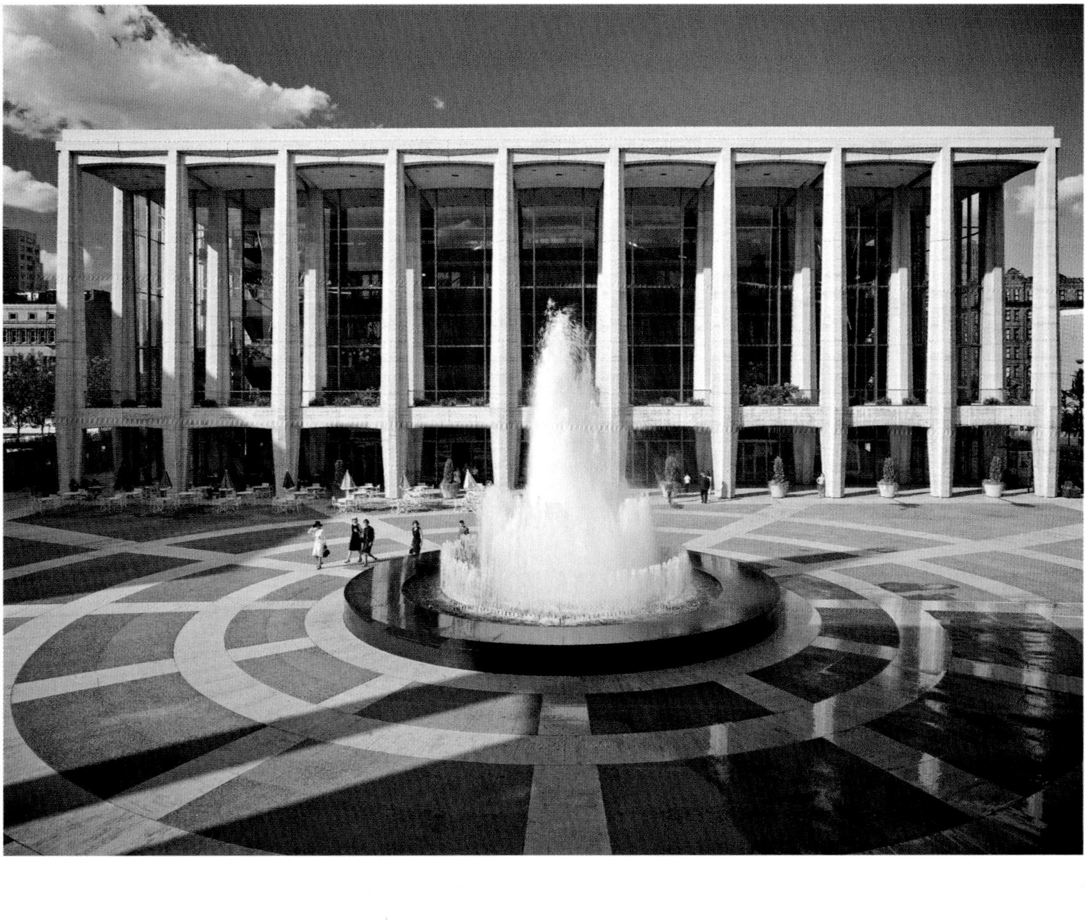

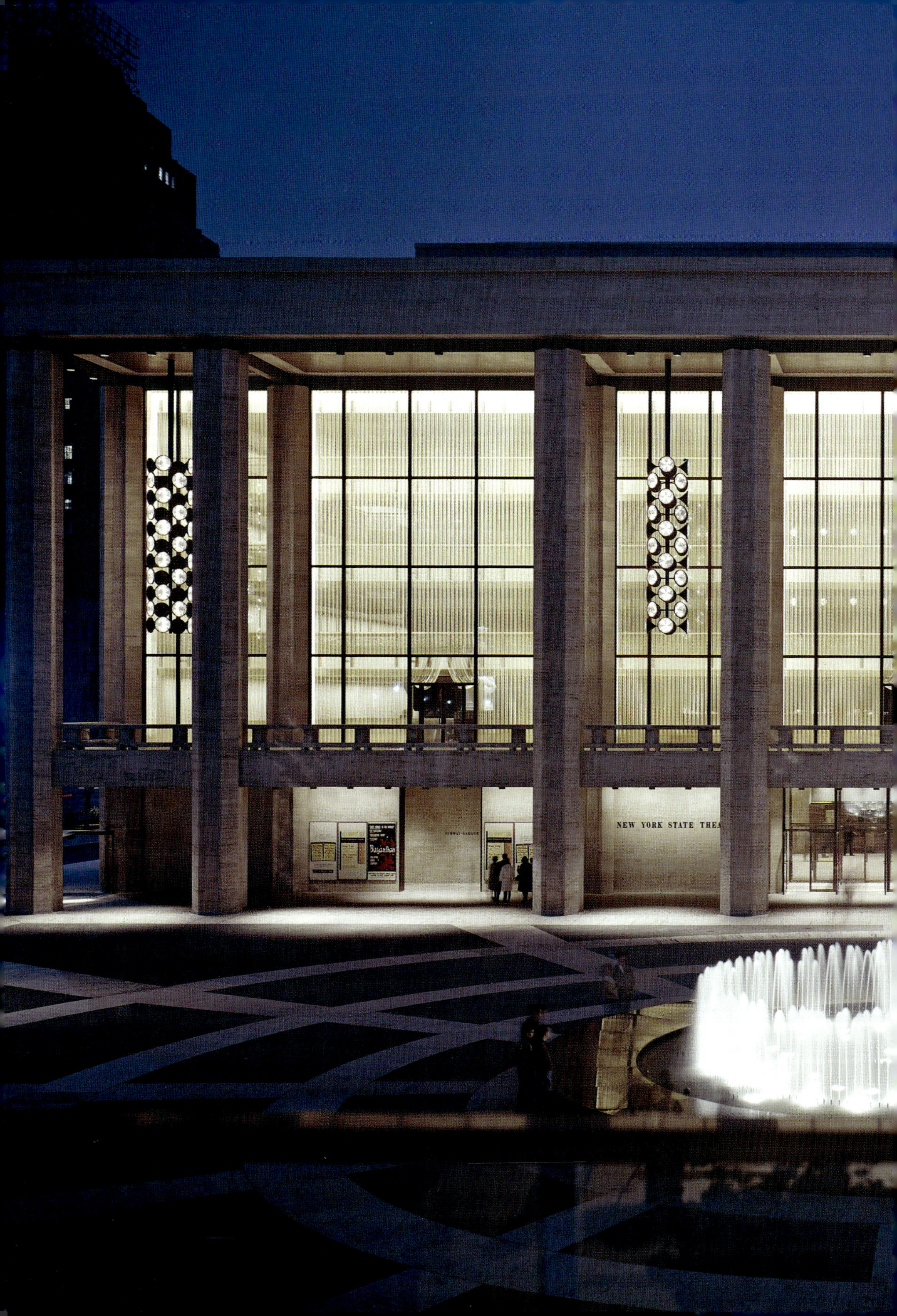
NEW YORK STATE THEA

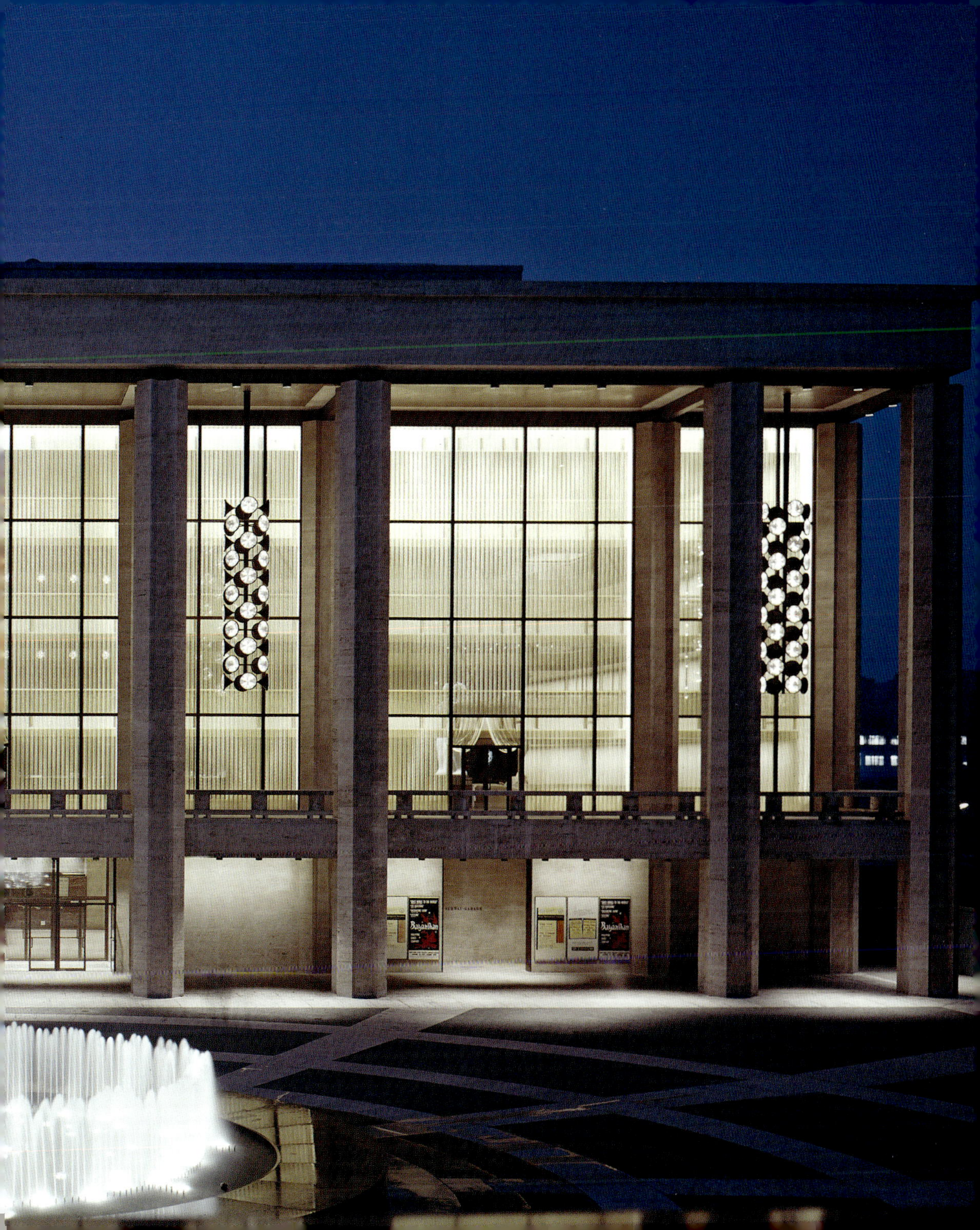
Bayanihan
Bayanihan

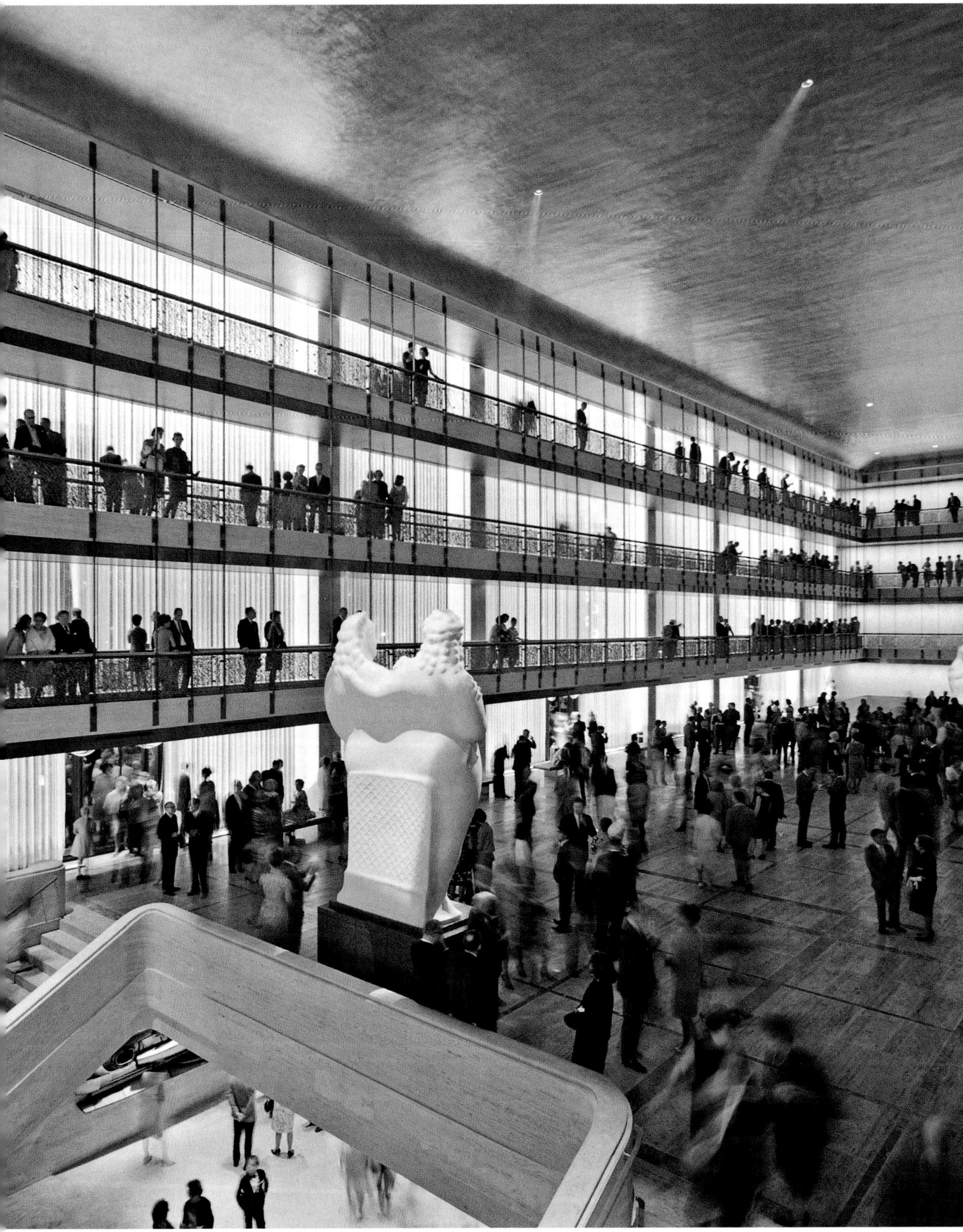

modernistes de New York mais aussi comme une sorte d'« architecte du roi ».

De fait, le véritable architecte du roi était plutôt Wallace K. Harrison, apprécié par la famille Rockefeller – les grands philanthropes et constructeurs de New York – et par le conseil d'administration du Metropolitan Opera. Harrison avait travaillé sur le Rockefeller Center dans les années 1930, pour lequel il avait conçu les plans d'un nouvel opéra. L'idée avait été abandonnée, mais Harrison restait l'architecte de l'opéra, dont il élabora au fil des ans de multiples projets pour de multiples sites tout en travaillant sur le Rockefeller Center, le siège des Nations Unies et bien d'autres chantiers.

Le Lincoln Center est le fruit des efforts déployés par Robert Moses pour éradiquer les taudis autour de Lincoln Square dans l'Upper West Side. Tsar de l'urbanisme, homme influent ayant depuis des décennies la main sur la plupart des opérations de travaux publics de la ville, Moses fit appel à Harrison pour inciter le Metropolitan à

À GAUCHE : La « Promenade » dans le New York State Theater (aujourd'hui David H. Koch Theater) de Philip Johnson. L'architecte voulait en faire l'équivalent du foyer de l'Opéra de Paris : un lieu pour voir et être vu. C'est aussi l'un des espaces les plus recherchés de New York pour qui veut organiser une réception. La sculpture est d'Elie Nadelman.

CI-DESSOUS : L'auditorium du Philharmonic Hall sous sa forme d'origine, conçu par Max Abramovitz avec l'aide de Leo Beranek pour l'acoustique, 1962. Depuis, la salle a été réaménagée à deux reprises.

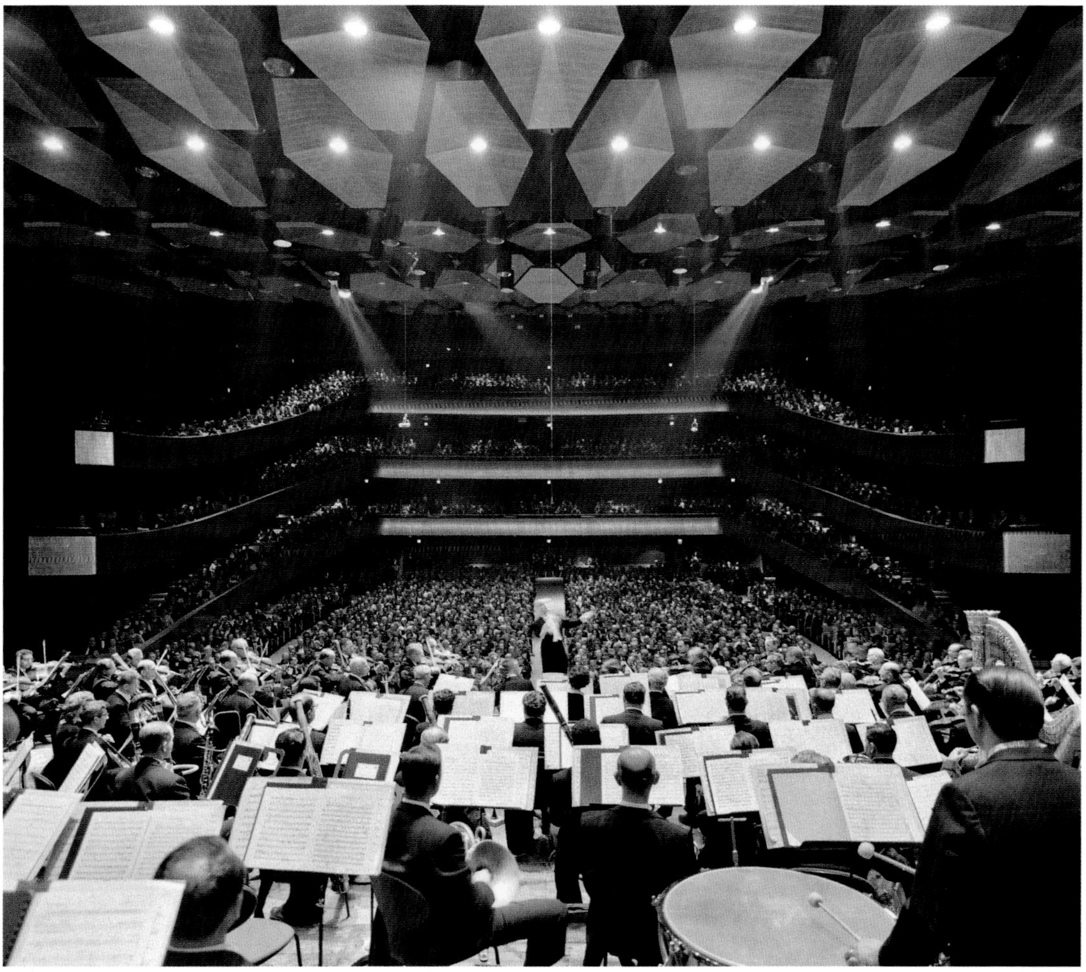

s'intéresser à son site, alors occupé par des immeubles d'habitation et qui ne se prêtait guère à accueillir l'institution culturelle la plus huppée de la ville. Harrison saisit l'enjeu et, en 1955, réussit à convaincre le Metropolitan de s'installer à Lincoln Square ; peu après, il invita d'autres institutions des arts du spectacle à se joindre au projet, pour éviter que l'opéra ne se retrouve seul au milieu d'un quartier peu fréquentable, comme ce fut le cas lors de son installation, en 1883, sur Broadway et sur la 39e Rue. L'idée de Lincoln Square plut également au New York Philarmonic (à Carnegie Hall depuis longtemps), car on envisageait alors de remplacer Carnegie Hall par une tour de bureaux (voir page 222). Ainsi naquit l'idée du Lincoln Center for the Performing Arts, qui englobera rapidement d'autres institutions, dont le Lincoln Center Repertory Theater créé pour occuper un nouveau bâtiment.

Harrison, qui travaillait sur un projet de nouvel opéra depuis des années, se lança avec enthousiasme dans l'opération du Lincoln Center. Ses premières idées oscillaient entre un projet proche du bâtiment de l'Assemblée générale des Nations Unies et un autre préfigurant l'Opéra de Sydney. Mais ces projets modernistes ne correspondaient pas aux goûts de la direction conservatrice du Metropolitan, et Harrison opta finalement pour une version dotée d'une façade à cinq arches. L'idée n'était pas originale, car elle s'inspirait du Hopkins Center, bâtiment voué aux arts du spectacle au Dartmouth College et conçu par le même Harrison. L'arcade aussi connut de

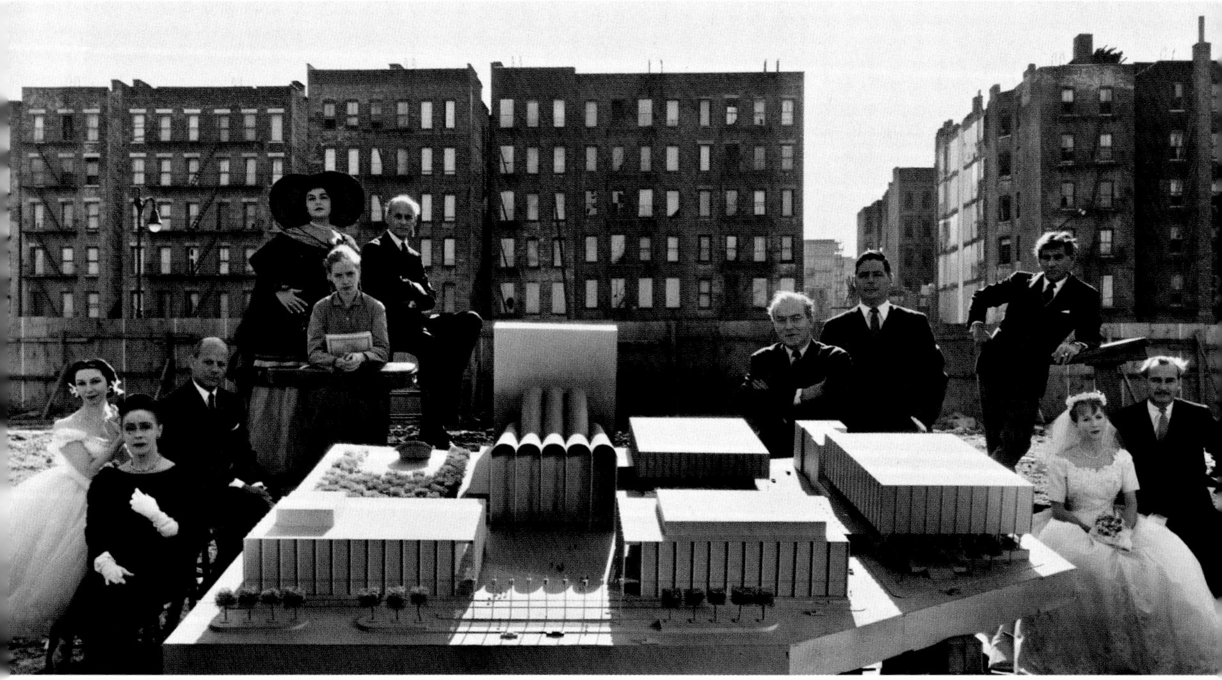

CI-DESSOUS : *Le groupe d'artistes du Lincoln Center pose autour d'une maquette sur le futur site du Centre. De gauche à droite : la ballerine Alicia Markova, la danseuse moderne Martha Graham, le compositeur et président de la Juilliard School William Schuman, la soprano Lucine Amara, la violoniste Dorothy Pixley, l'impresario du Metropolitan Opera Rudolf Bing, le directeur exécutif des opérations du Lincoln Center Alfred Reginald Allen, le directeur du Philharmonic George E. Judd Jr, le compositeur et chef d'orchestre Leonard Bernstein, l'actrice Julie Harris et le producteur Robert Whitehead.*

À DROITE : *La cérémonie d'inauguration du Lincoln Center s'est tenue le 14 mai 1959. On y voit le président Dwight Eisenhower, une pelle à la main, à côté d'une maquette réalisée par Hugh Ferriss représentant l'un des projets proposés pour le complexe.*

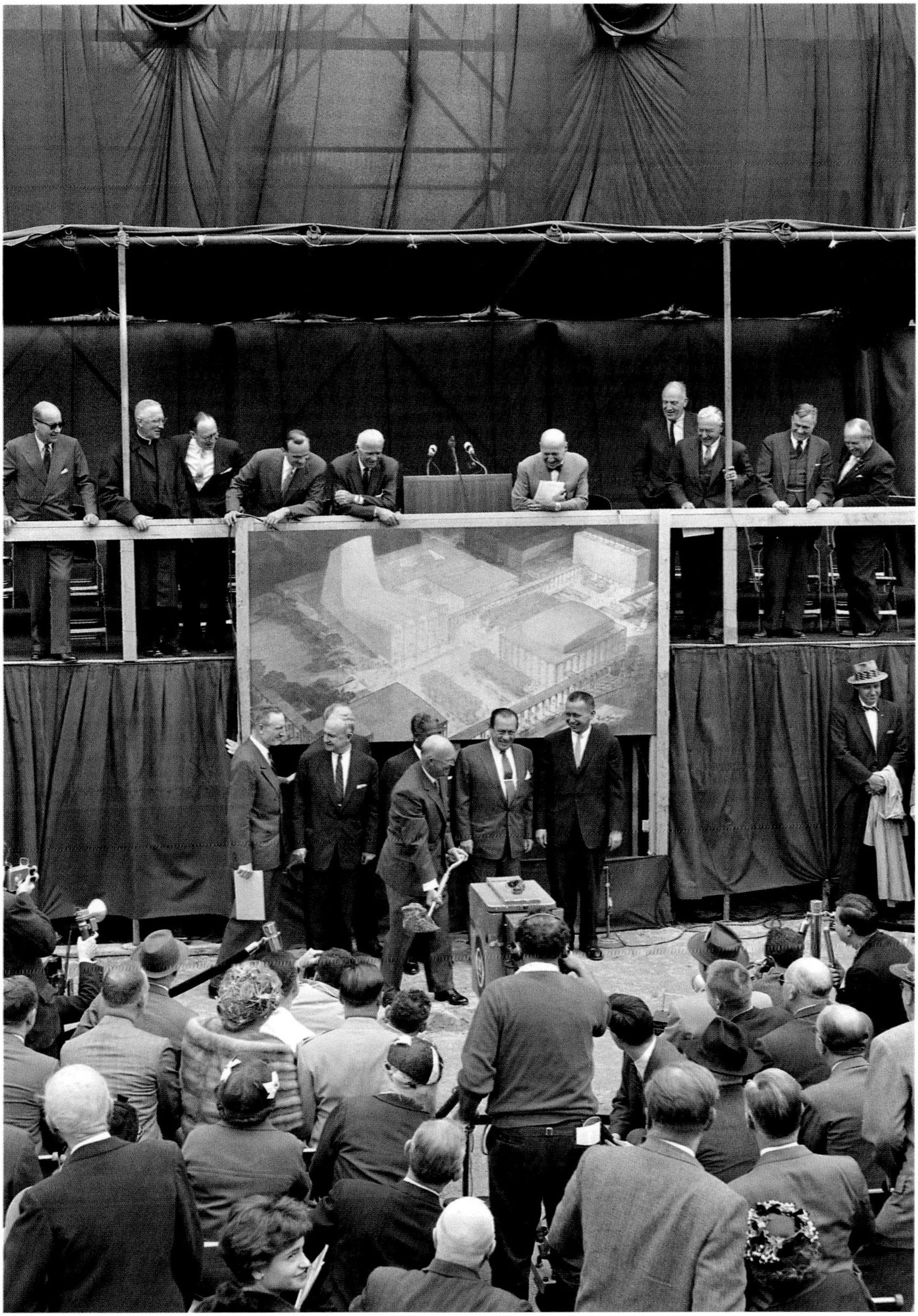

CI-DESSOUS : L'escalier d'honneur du Metropolitan Opera, Wallace K. Harrison, 1966.

À DROITE : Façade du Metropolitan Opera, ornée de deux fresques de Chagall : Le Triomphe de la musique *(à gauche) et* Les Sources de la musique *(à droite).*

multiples variantes. Harrison produira quarante-cinq versions du Metropolitan Opera avant de parvenir au projet final, qui marque un retour à des goûts plus conservateurs et à un budget plus serré. Dès lors, il restait très peu de ces lignes modernes et incurvées qui caractérisaient ses premiers projets. La critique d'architecture du *New York Times,* Ada Louise Huxtable, y vit « un retour en arrière stérile [...] une collision étrangement non résolue entre le passé et le présent[8] ».

La modernité des autres bâtiments du Lincoln Center, sur le côté nord de l'esplanade, fait nettement moins débat. L'entrée de la bibliothèque de Bunshaft est d'une sobriété qui évoque Mies van der Rohe ; le théâtre de Saarinen est une élégante composition qui joue sur le contraste entre une masse horizontale en travertin et la base en verre sur laquelle elle repose. Pour la Juilliard School, Belluschi créa une structure plus franchement moderniste, dont le seul élément vraiment conservateur est le revêtement en travertin, assorti aux autres bâtiments. Mais la tension entre les goûts de l'establishment conservateur new-yorkais et ceux de ces grands architectes et décorateurs jetait une ombre sur cette partie du complexe. En effet,

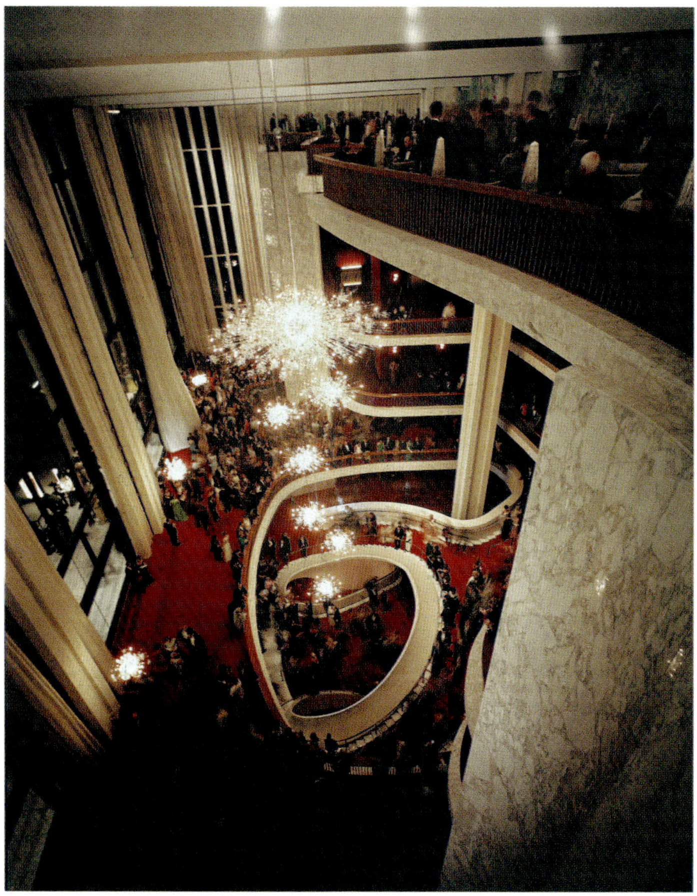

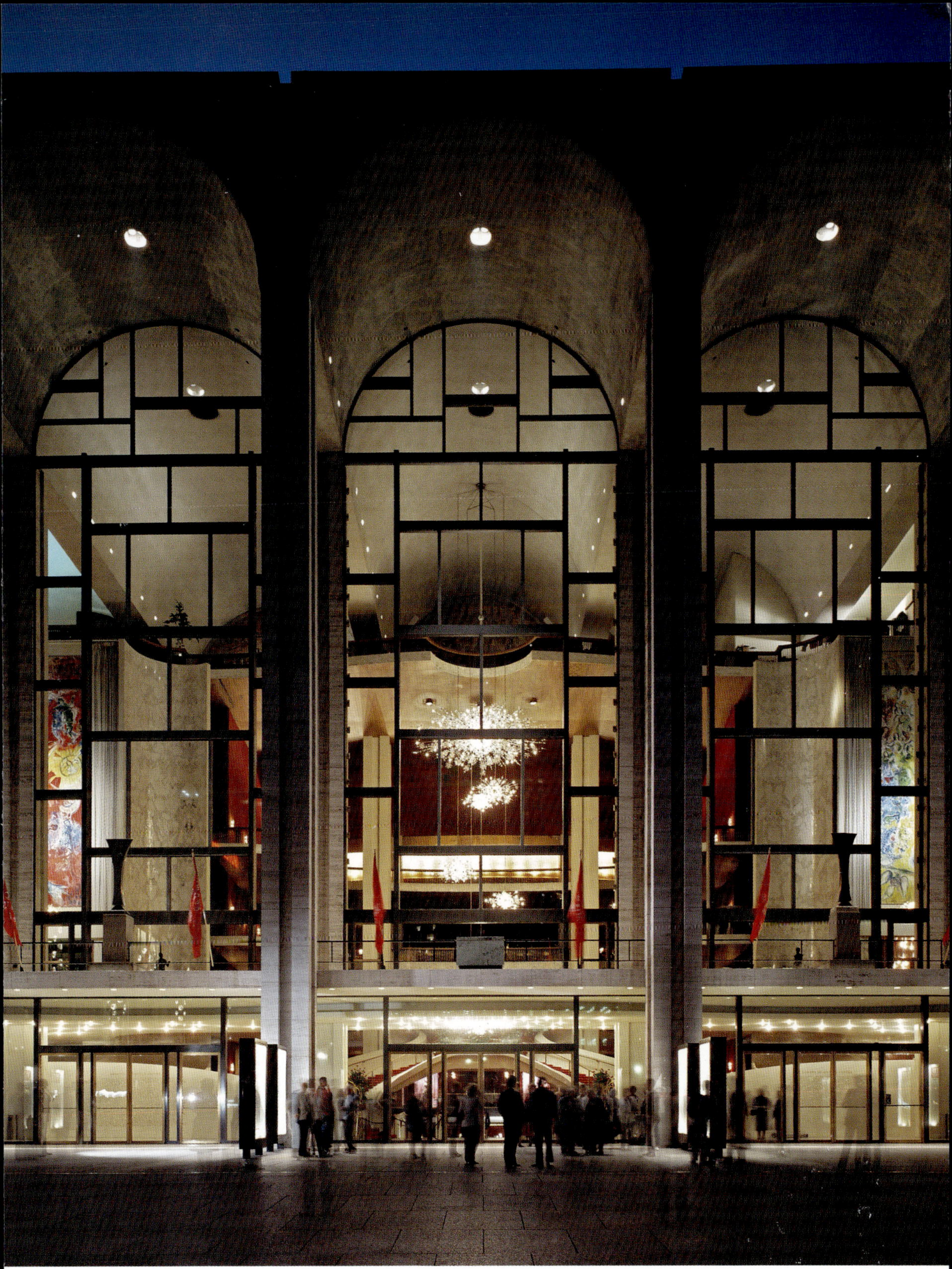

il avait été prévu, pour le bassin situé devant le théâtre de Saarinen, une grande sculpture d'Henry Moore (qui devait porter le nom de Vivian Beaumont en l'honneur de cette actrice philanthrope), et, près de l'entrée de la bibliothèque, une œuvre – un stabile – en métal noir d'Alexander Calder. L'espace non construit du Lincoln Center relevait de la compétence du service des parcs et jardins de la Ville de New York, et son responsable, Newbold Morris, réfractaire à l'art moderne, refusa d'abord les sculptures. Pour lui, l'art abstrait n'avait pas sa place dans l'espace public (pourtant, ces deux œuvres ne représentaient pas l'avant-garde de l'époque : Moore comme Calder étaient alors des artistes consacrés). La majorité de l'administration municipale ayant un autre point de vue, ces œuvres finiront par rejoindre la place qui leur était destinée.

Maquette de l'auditorium proposé pour le Vivian Beaumont Theater, Eero Saarinen, 1965.

Réussie en tant qu'espace public, la Lincoln Center Plaza constitue cependant une entité singulière, une sorte de plate-forme

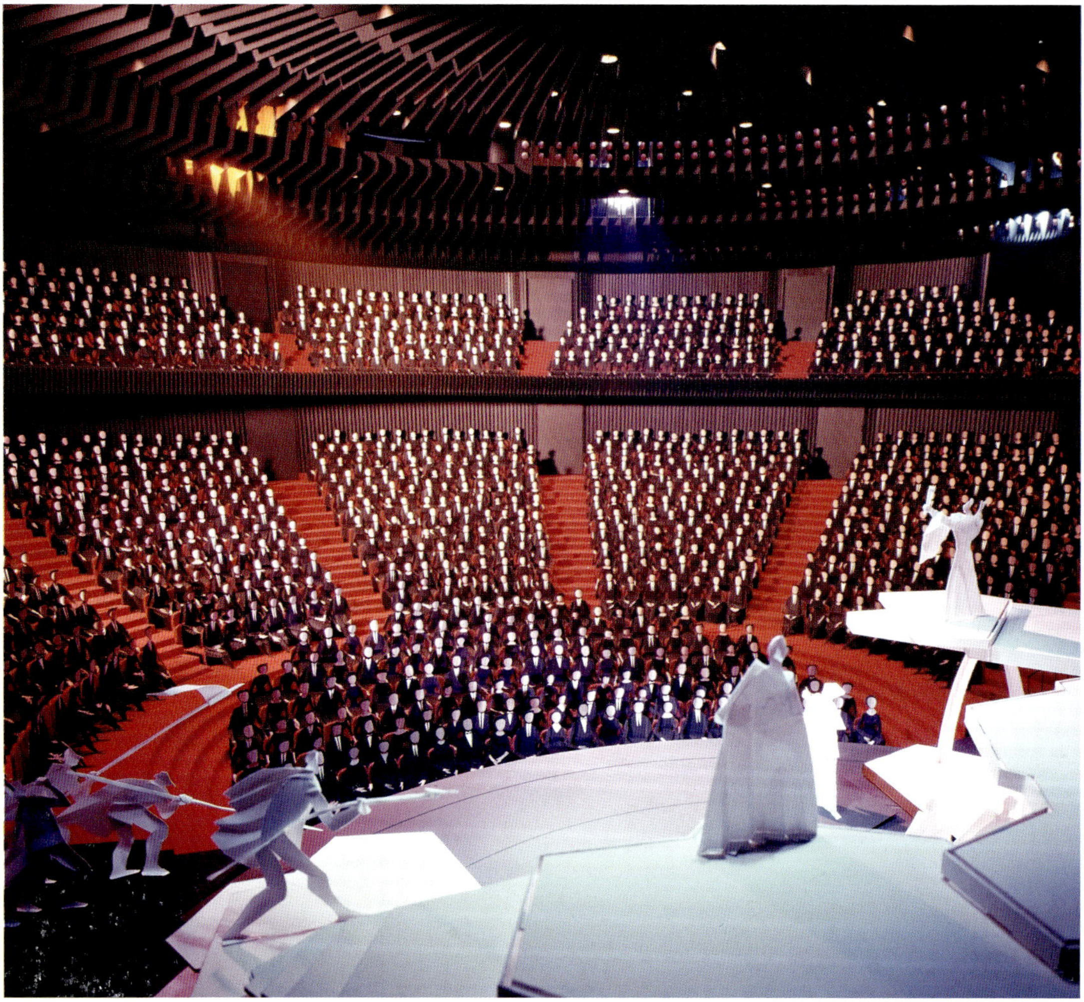

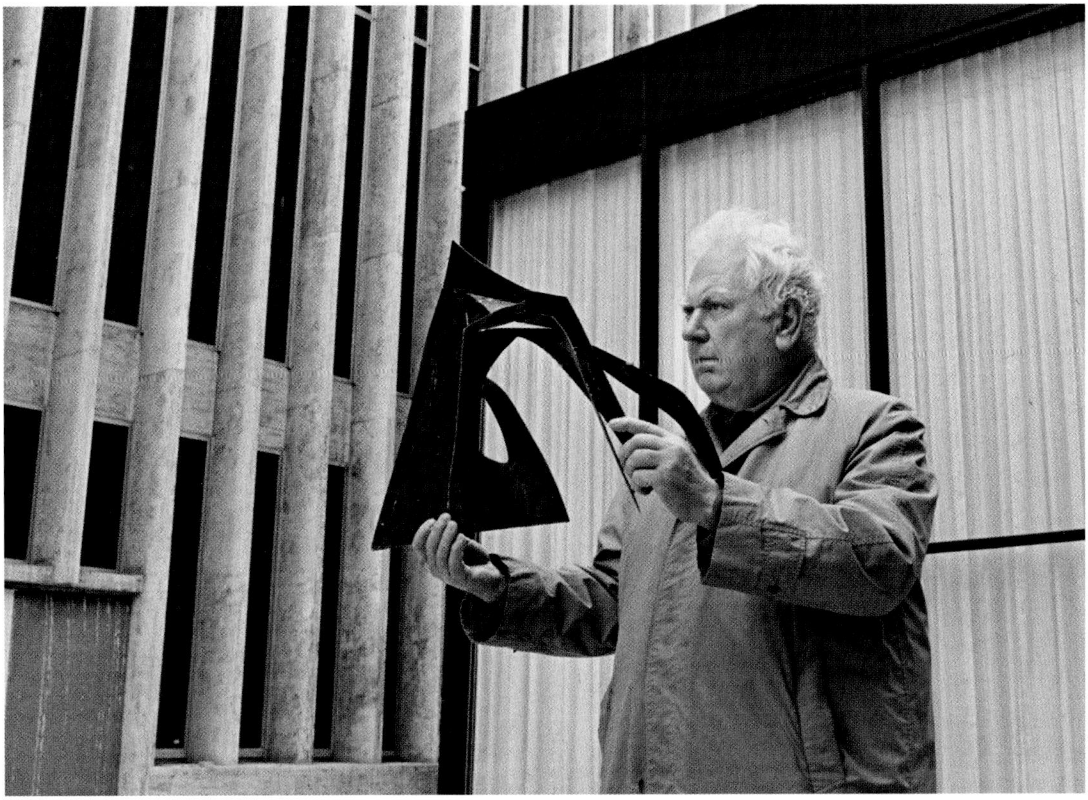

surélevée à l'écart des rues environnantes. À l'époque, on parlait de *superblock* et, pour les urbanistes de la fin des années 1950, ce genre de superstructure devait permettre d'échapper aux encombrements d'une ville dont la voierie était très dense. C'était une occasion de se débarrasser de la structure en grille des rues et des bâtiments pour construire en hauteur un nouveau type de ville, mieux adapté à l'automobile que le Manhattan hérité du XIXe siècle. L'esplanade, lieu agréable pour les piétons, se situait au-dessus des parkings et de leurs voies d'accès, et donc au-dessus de la rue. Sur ses côtés nord et ouest, en revanche, le complexe présentait un mur plein qui n'avait rien d'accueillant.

Le Lincoln Center n'est peut-être pas typique de l'architecture new-yorkaise de l'après-guerre, mais son apparition dans le paysage urbain avait suivi le même parcours que les autres projets de rénovation urbaine de l'époque : des fonctionnaires municipaux décident de condamner des pâtés de vieux logements en grès, estimant que ces quartiers difficiles étaient irrécupérables ; le terrain est racheté par un organisme public, les immeubles sont rasés, généralement remplacés par des bâtiments de grande hauteur au milieu d'espaces ouverts. La majorité d'entre eux étaient destinés à créer des logements dont certains institutionnels, comme le campus de l'université

CI-DESSUS : Alexander Calder devant la Bibliothèque des Arts du spectacle, tenant une maquette de son stabile Le Guichet, *qui devait être installé à cet endroit.*

PAGES SUIVANTES : Dans sa conception du Vivian Beaumont Theater, achevé en 1965, Eero Saarinen rompt avec le classicisme des principaux bâtiments du complexe. Derrière se cache la Bibliothèque et le musée des Arts du spectacle du Lincoln Center, par Gordon Bunshaft. Au premier plan, une sculpture d'Henry Moore, Reclining Figure, *1965.*

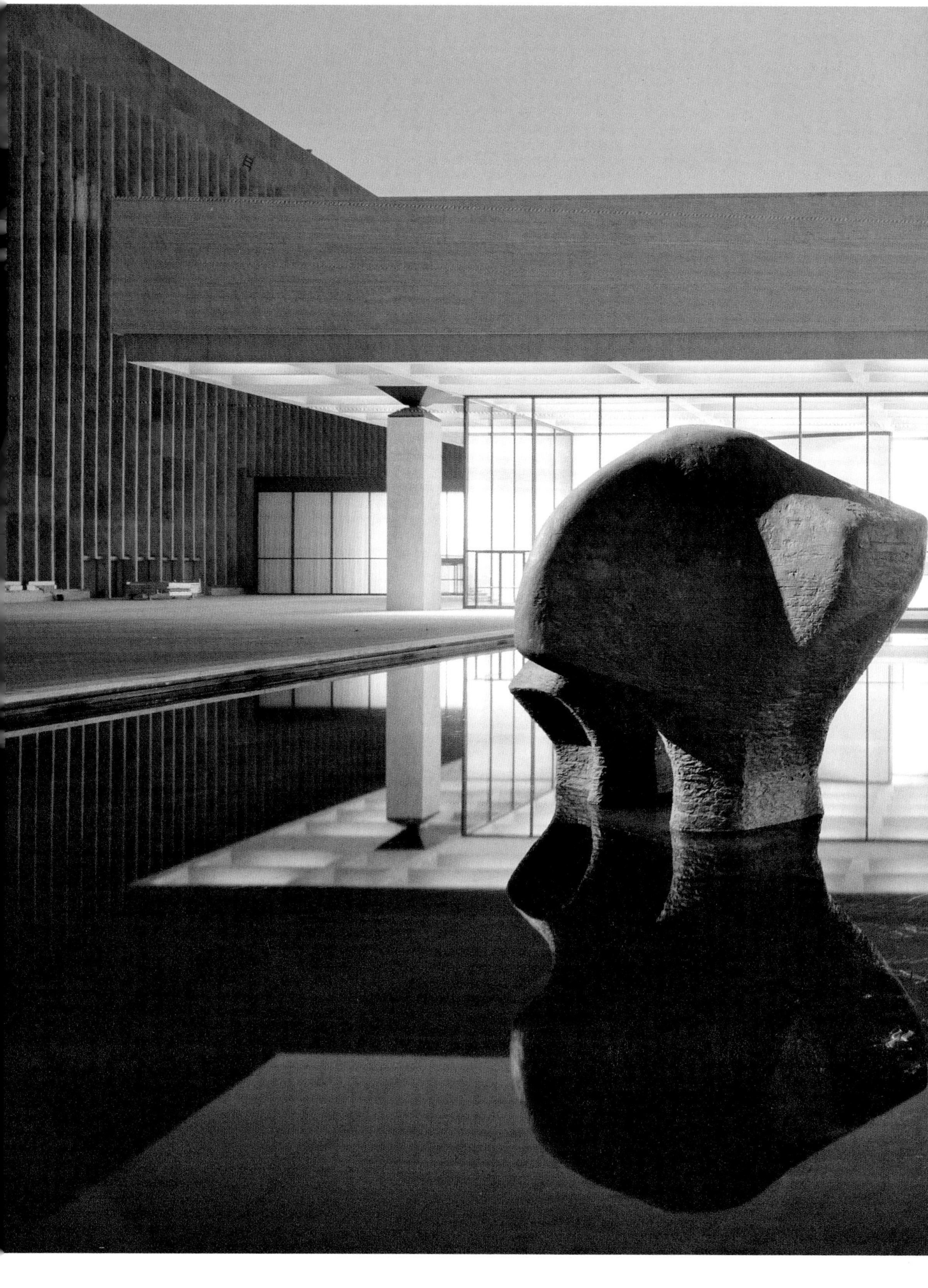

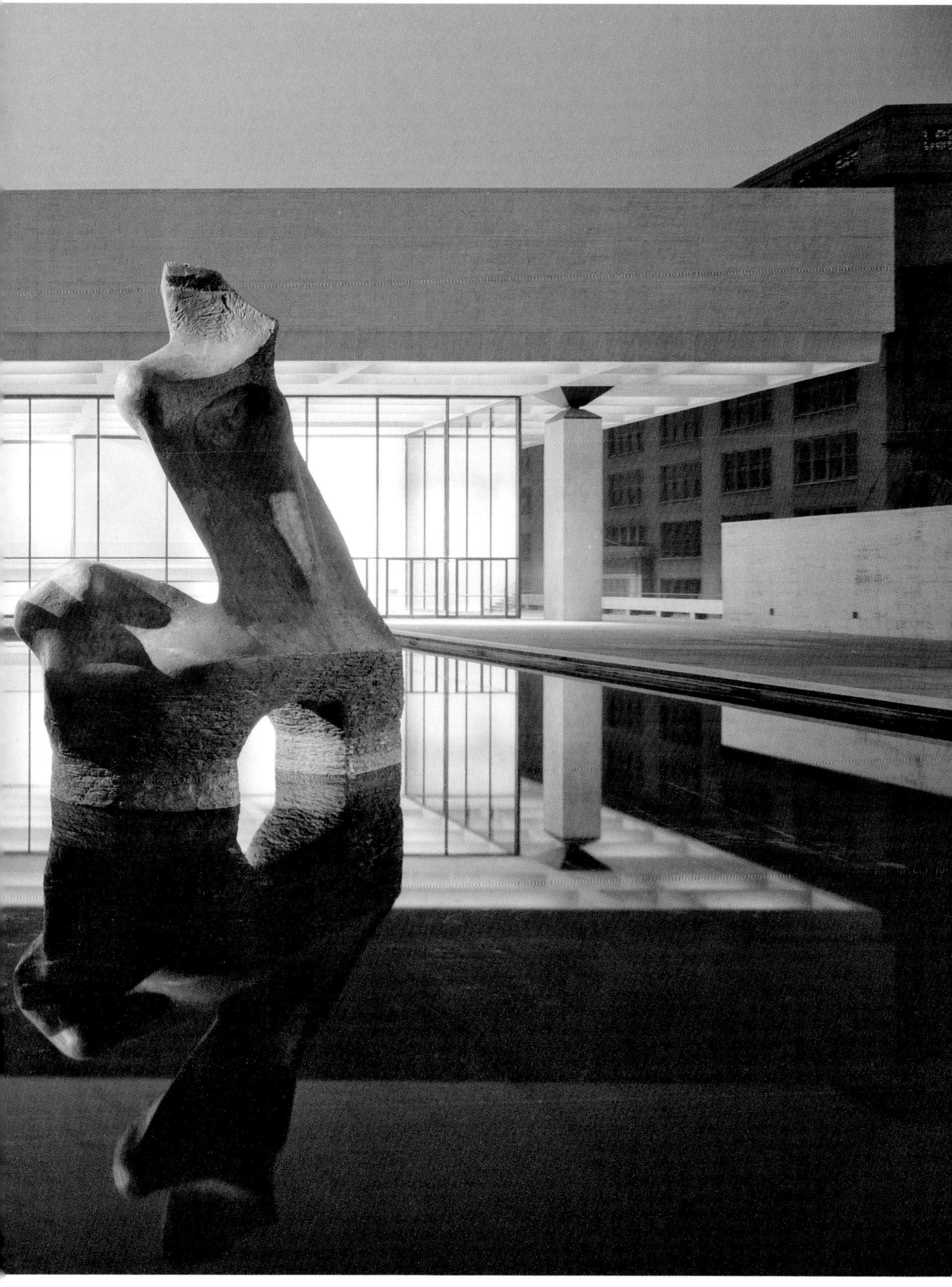

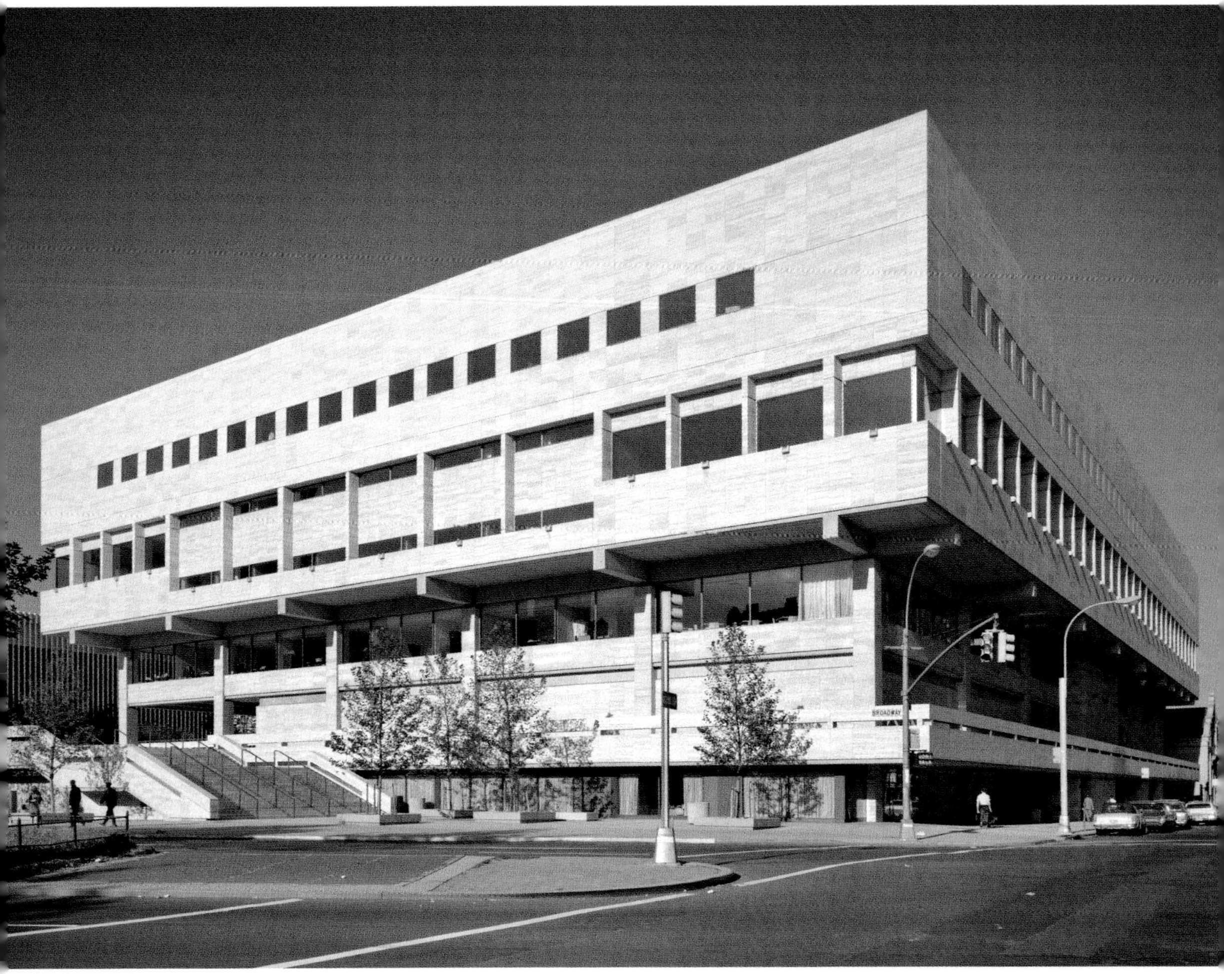

Le bâtiment de la Juilliard School, par Pietro Belluschi, 1969. L'architecte utilise le travertin, comme pour les autres bâtiments du Lincoln Center, mais, à l'instar de Saarinen, Belluschi s'éloigne du classicisme pour s'orienter ici vers un style brutaliste.

Fordham, à Manhattan, qui jouxte le Lincoln Center. Dans quelques cas, comme ici, le terrain fut affecté à des fins culturelles. On pensait, du moins dans les années 1950, que la destruction complète de l'existant urbain permettrait de créer une ville plus propre, plus saine et plus sûre. Il n'était pas question à l'époque de réhabilitation. Et Robert Moses était l'un des plus ardents défenseurs de cette conception, qualifiant l'ensemble du West Side de Manhattan de « lugubre et délabré ». Il se lança dans une série ambitieuse de « suppression des quartiers insalubres » (*slum clearance*), désignation plus juste que l'euphémisme « rénovation urbaine[9] ».

En dehors du Lincoln Center, rares sont les projets qui présentent un grand intérêt architectural, mais la suppression des rues et des petits immeubles d'antan modifiera de façon radicale le caractère des quartiers et la culture de la ville. Les urbanistes et les pouvoirs publics ont tenté de justifier la destruction de l'existant par le désir d'accorder plus de place à la voiture : pour beaucoup, les rues étroites étouffaient la ville, qui ne pourrait rester viable que si elle ressemblait davantage aux quartiers périphériques. Ainsi, comme d'autres grandes villes, New York va être dotée de voies rapides au prix de la destruction du tissu urbain et social.

À la fin des années 1950, Moses proposa de faire passer la 5e Avenue à travers Washington Square Park pour accélérer le flux de la circulation, et ce projet aurait été adopté sans opposition si le parc ne s'était trouvé au cœur de Greenwich Village, quartier historique composé de maisons et de rues bordées d'arbres. Depuis longtemps, il abritait de nombreux artistes, écrivains et militants des droits civiques, dont certains avaient déjà combattu le projet de Moses de raser des blocs d'immeubles pour les remplacer par des tours. Jane Jacobs, qui habitait Hudson Street dans le Village et était membre de la rédaction d'*Architectural Forum*, figurait parmi les opposants au projet. Jacobs et ses voisines – beaucoup étaient des mères dont les enfants jouaient dans le parc – réussirent non seulement

La salle de musique de chambre du Lincoln Center – Alice Tully Hall – a été aménagée à l'intérieur de la Juilliard School. Elle sera redessinée plus tard par Diller Scofidio + Renfro.

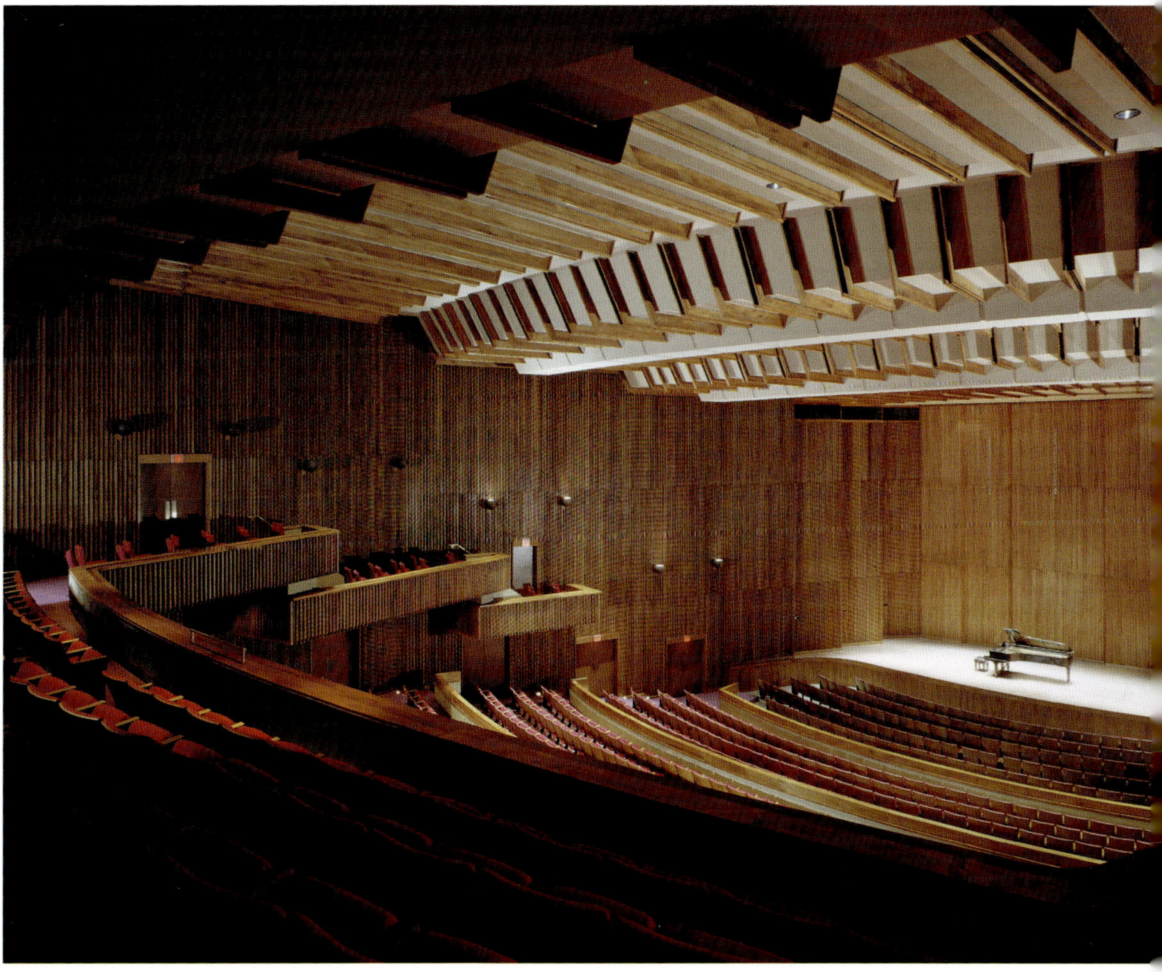

Jane Jacobs lors d'une conférence de presse du comité de sauvegarde de West Village, 1961.

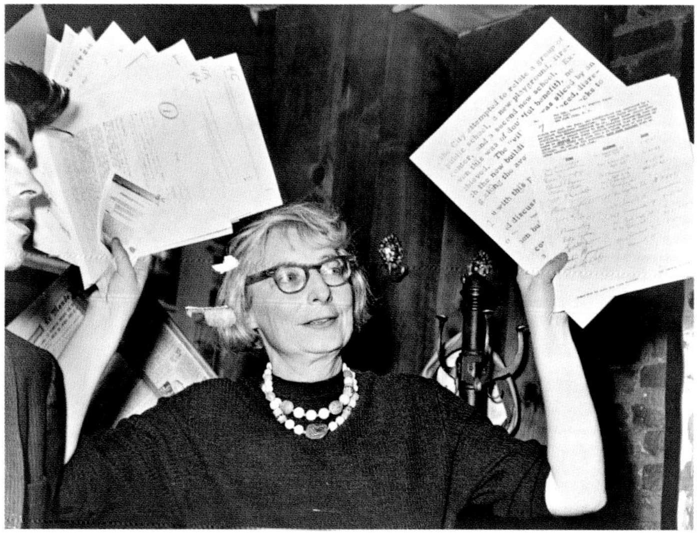

à contrecarrer le projet de Moses de couper en deux Washington Square Park, mais aussi à convaincre la Ville de ne démolir qu'une petite partie des maisons de Greenwich Village. Jacobs était persuadée que l'idée d'un renouveau urbain s'appuyant sur la destruction du tissu existant était fausse, que les urbanistes ignoraient le fonctionnement réel d'une ville et que la plupart des réalisations de l'après-guerre allaient dans le mauvais sens. Les rues sont faites pour les piétons, expliquait-elle, non pour les voitures ; la qualité de vie d'un quartier dépend en grande partie de la vie piétonne qu'il engendre et non de la facilité avec laquelle les automobilistes peuvent le traverser. Aux yeux des urbanistes, épris d'ordre et de clarté, Greenwich Village était un quartier anarchique et chaotique, mais il était vivant et économiquement actif, ouvert sur la diversité et, ajoutait-elle, de dimensions humaines.

Jacobs réunit ses idées dans un livre intitulé *The Death and Life of Great American Cities* (1961) où elle défend l'idée que les immeubles en grès brun de quelques étages sont souvent plus propices à la vie collective que les tours austères qui les remplacent. Son point de vue était l'antithèse de celui de Moses, et son livre contribua à modifier profondément les attitudes envers l'urbanisme et l'architecture. Dans les années 1950, on ne critiquait guère l'approche (souvent défendue par les libéraux progressistes) qui consistait à raser une ville au bulldozer pour la reconstruire. La rénovation urbaine faisait partie intégrante des programmes de bien-être social ; pour les pouvoirs publics, c'était une façon de venir en aide aux nécessiteux. Vers le milieu des années 1960, toutefois, l'idée commença à battre en retraite, en partie sous l'influence des écrits de Jacobs. Beaucoup de projets ultérieurs de Moses, et notamment sa proposition visant

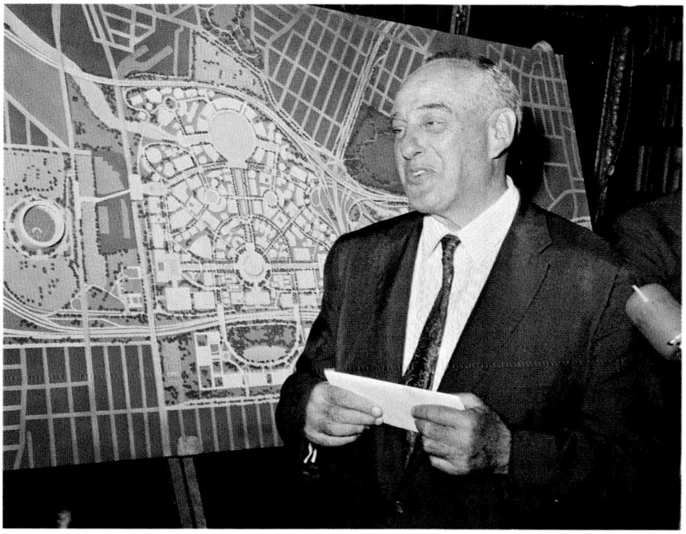

À GAUCHE : Robert Moses, responsable de l'organisation de l'Exposition universelle de New York, en 1964-1965, devant un plan du site, août 1960.

PAGES SUIVANTES : L'Exposition universelle de New York 1964-1965 à Flushing Meadows, dans le Queens, a été perçue par beaucoup comme une vitrine commerciale visant à encourager la consommation ; elle avait perdu de vue le thème officiel – plus idéaliste quoique vague : « La paix par la compréhension ». Au centre se dresse le symbole de l'Exposition, l'Unisphere, par Gilmore D. Clarke et Peter Müller-Munk Associates, 1964.

à couper Lower Manhattan par une autoroute en détruisant le vieux quartier industriel connu depuis sous le nom de SoHo, perdront tout soutien auprès de la population et resteront dans les tiroirs. (Jane Jacobs elle-même, pour protester contre cette voie expresse, détruira le compte rendu de l'audition publique sur le projet tel qu'il avait été consigné par les sténographes.)

Moses parvint pourtant à mener à bien un projet majeur au milieu des années 1960 : l'Exposition universelle de New York de 1964-1965, à Flushing Meadows, dans le Queens, sur le site même où s'était tenue l'Exposition universelle de 1939. Cette mission lui avait été confiée en partie pour l'évincer de son rôle de tsar de la rénovation urbaine, mais, en matière d'urbanisme et de design, il ne se révélera pas plus progressiste. Moses semblait se glorifier du fait que, en dehors de la disposition d'ensemble (qui reprend en grande partie celle de l'exposition précédente), cette manifestation ne répondait à aucune planification. L'architecture en est même une cacophonie de différents styles, un simple amalgame de bâtiments de différents types et de différentes dimensions, depuis le faux village belge jusqu'à la grande roue en forme de gigantesque pneu d'automobile, en passant par un dôme large et bas suspendu à des tuyaux formant un motif de spirale. Rien ne rappelle l'étonnant Trylon ni la Périsphère qui avaient été les emblèmes de l'Exposition de 1939 et laissé une impression d'innovation. Le symbole de la seconde exposition (aussi conventionnel que son slogan : « La paix par la compréhension ») est l'Unisphere, vaste globe composé d'une structure en acier. Moses, qui souhaitait garantir la rentabilité de la manifestation, fixa des prix de location élevés, ce qui ne découragea pas la participation des grandes entreprises mais limita celle des

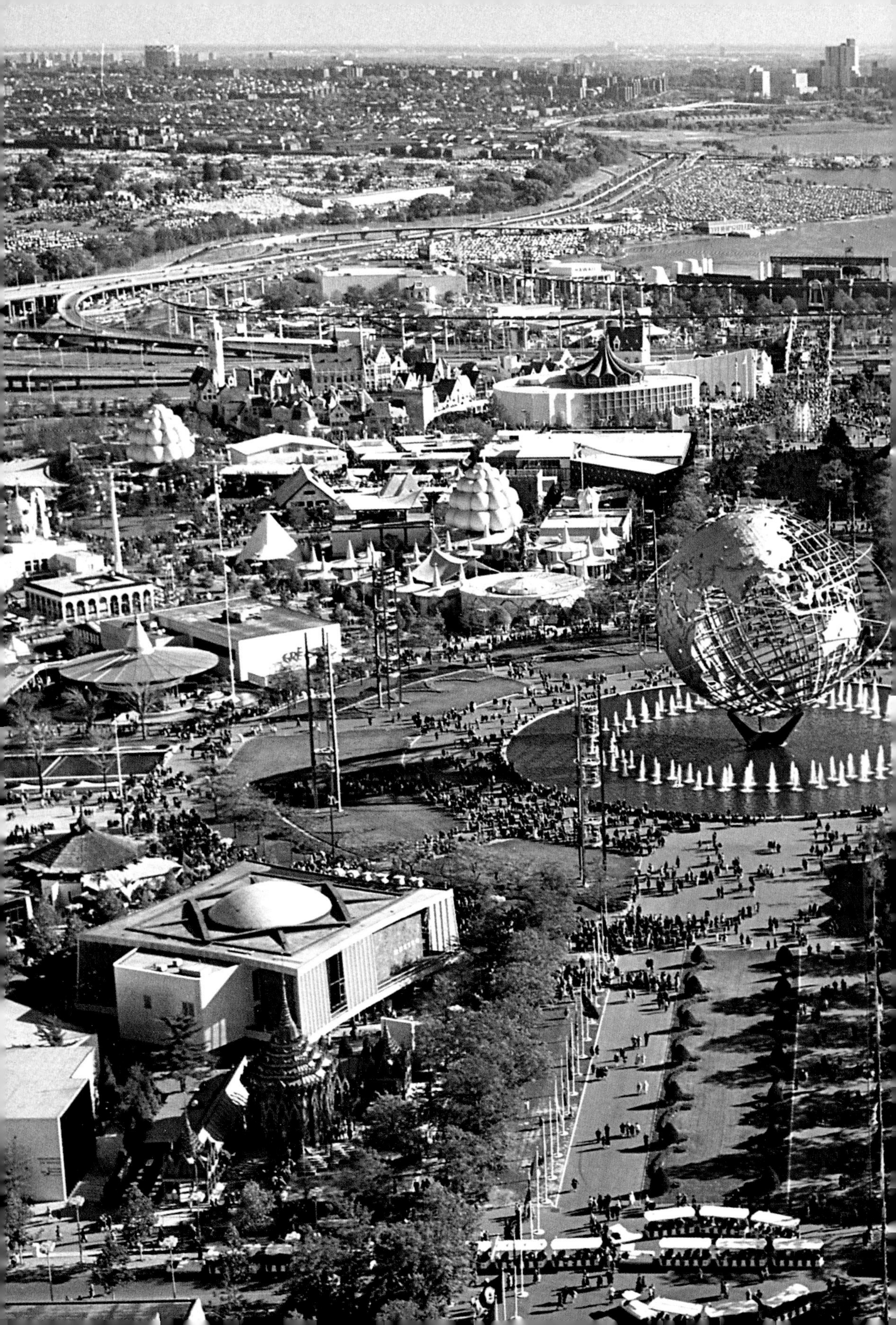

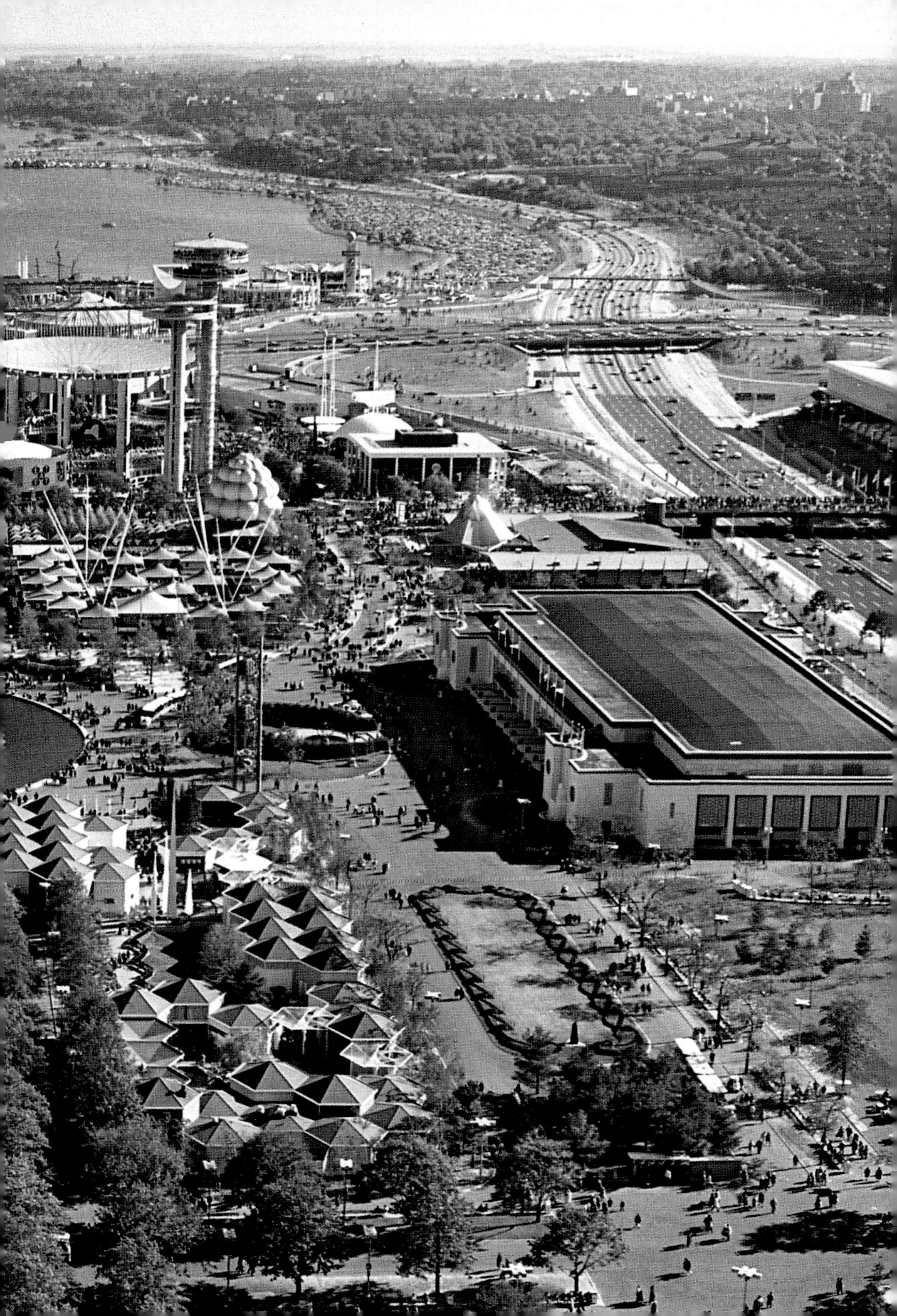

CI-CONTRE : *Le village belge, conçu par Alfons De Dijdt, 1964.*

CI-DESSOUS : *La grande roue de US Royal Tires, conçue par Shreve, Lamb & Harmon, architectes de l'Empire State Building, pour le pavillon de la US Rubber Company (qui deviendra Uniroyal), 1964.*

À DROITE : *Le pavillon de l'État de New York – l'intérieur de la « Tente de demain » et ses Tours d'observation – conçu par Philip Johnson et Richard Foster (1964). À la fois prouesse technologique et exubérance festive, le pavillon démontrait que l'architecture nouvelle n'est pas forcément triste.*

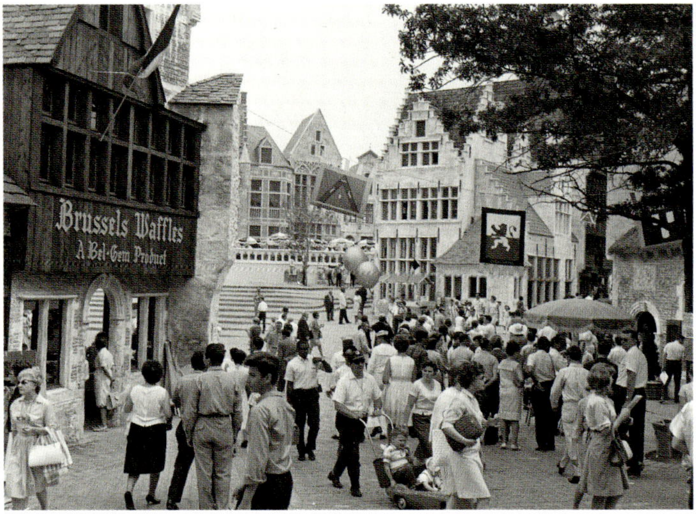

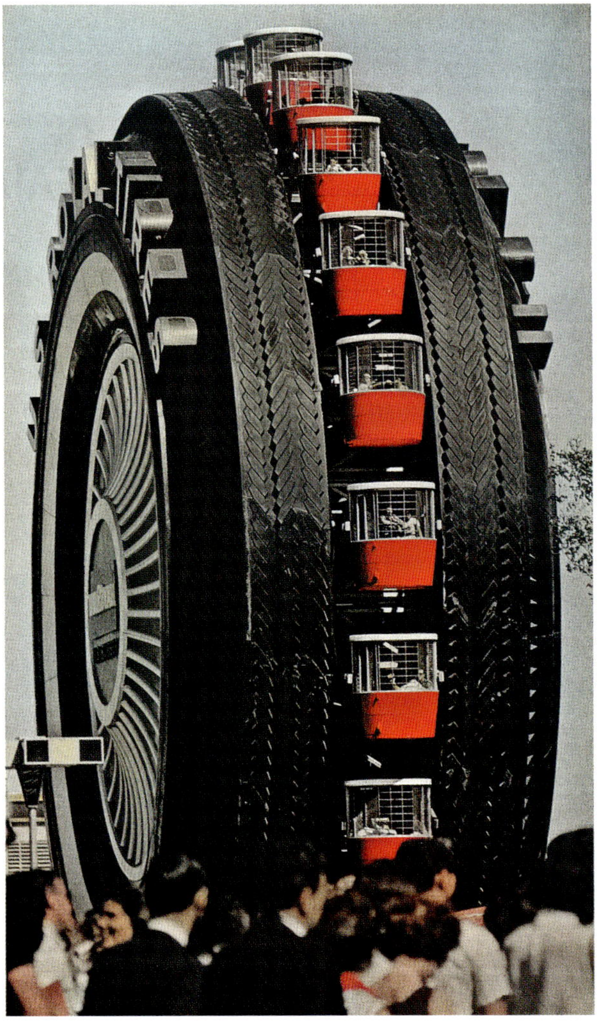

États américains et des pays étrangers. D'une certaine façon, cette exposition ressemblait à une succession de logos d'entreprise ; elle a été beaucoup critiquée pour avoir privilégié le commerce au détriment des valeurs culturelles très présentes habituellement dans les Expositions universelles.

Il y eut néanmoins quelques belles réussites architecturales. Philip Johnson et Richard Foster conçurent le pavillon de l'État de New York sous forme d'une structure monumentale ouverte, elliptique, caractérisée par le plus grand toit suspendu au monde, en panneaux de plastique translucides. Le bâtiment était complété par trois tours d'observation circulaires (dont la plus haute atteignait près de soixante-dix mètres) et un théâtre lui aussi circulaire. Ce pavillon était à la fois imaginatif et élégant, combinaison difficile à réussir, mais le désir de Johnson de repousser les limites du goût « convenable », qui avait fait polémique quand il avait créé l'intérieur du New York State Theater, s'accordait bien à l'environnement festif d'une Exposition universelle. On doit à Eero Saarinen l'autre point fort de cette manifestation, à savoir le pavillon d'IBM, composé d'une énorme structure ovoïde perchée au-dessus d'une forêt de colonnes en forme d'arbres. Les visiteurs s'asseyaient sur

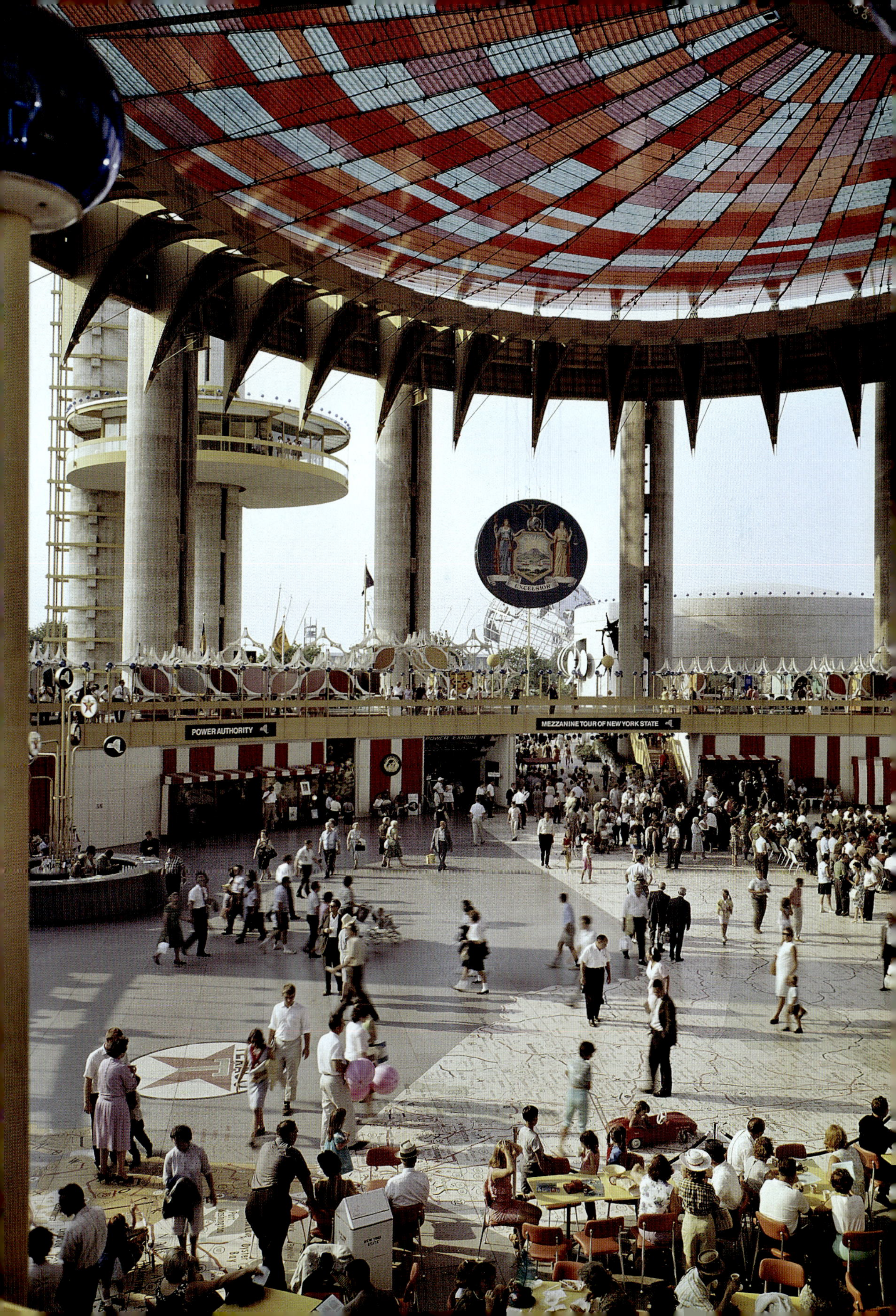
EXCELSIOR
POWER AUTHORITY
MEZZANINE TOUR OF NEW YORK STATE

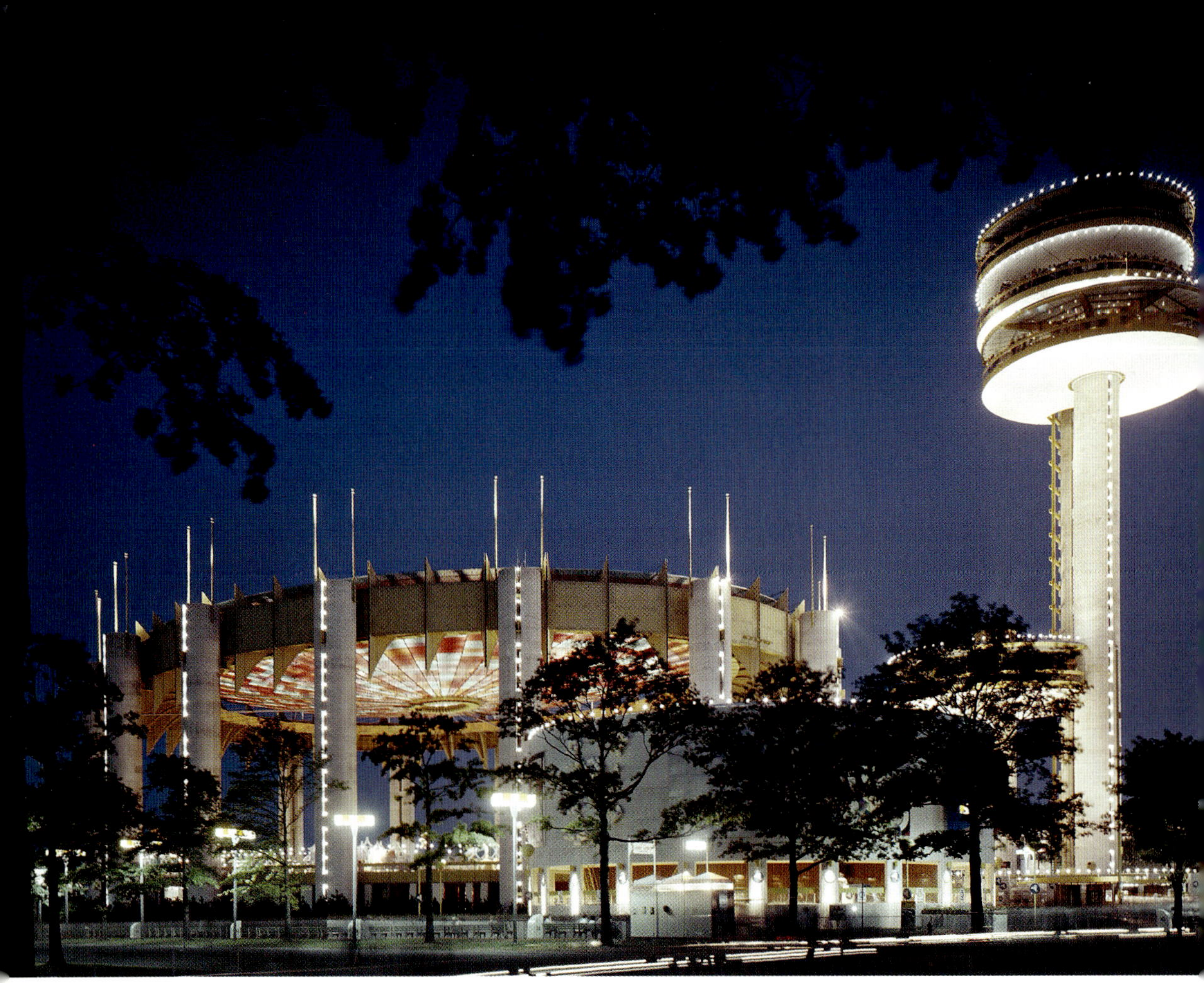

CI-DESSUS : Le pavillon de l'État de New York de Philip Johnson et Richard Foster : le Théâtre circulaire (au premier plan), la « Tente de demain » et les Tours d'observation.

À DROITE, EN HAUT : Dessin en coupe du pavillon IBM, conçu par Eero Saarinen, 1964.

À DROITE, EN BAS : Grâce à la collaboration d'Eero Saarinen, qui a conçu la structure ovoïde du théâtre, et de Charles et Ray Eames, qui ont aménagé l'intérieur et les espaces d'exposition, le pavillon IBM illustre une intégration particulièrement réussie d'un bâtiment et de son contenu.

des sièges qui décollaient du sol et passaient par les colonnes pour entrer dans l'œuf, où était projeté un film sur le monde nouveau des ordinateurs, film conçu par Charles et Ray Eames, depuis longtemps collaborateurs de Saarinen.

La plupart des autres éléments mémorables étaient des expositions et non des bâtiments : dans le pavillon de la Johnson Wax, un film intitulé *To Be Alive* fut projeté sur un triple écran ; dans celui de Pepsi-Cola, le spectacle « It's a Small World » captiva tellement les enfants qu'il deviendra un élément permanent de Disneyland ; quant au pavillon espagnol, il était réputé pour l'élégance de son restaurant. En 1939, les visiteurs du pavillon de la General Motors avaient découvert l'extraordinaire vision de l'avenir du designer Norman Bel Geddes – un monde nouveau fait de voies rapides et de gratte-ciel –, mais, en 1964, ni General Motors ni aucune entreprise ne présenta de nouveauté fascinante. L'objet de design le plus remarquable peut-être, inconnu pour la plupart des visiteurs, était le téléphone Touch-Tone.

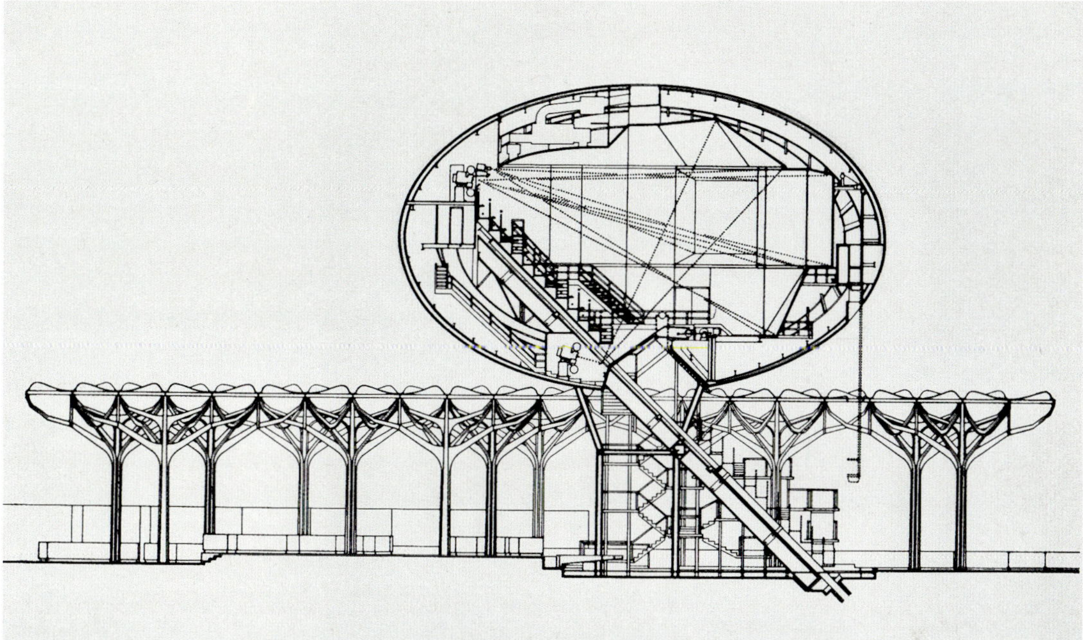

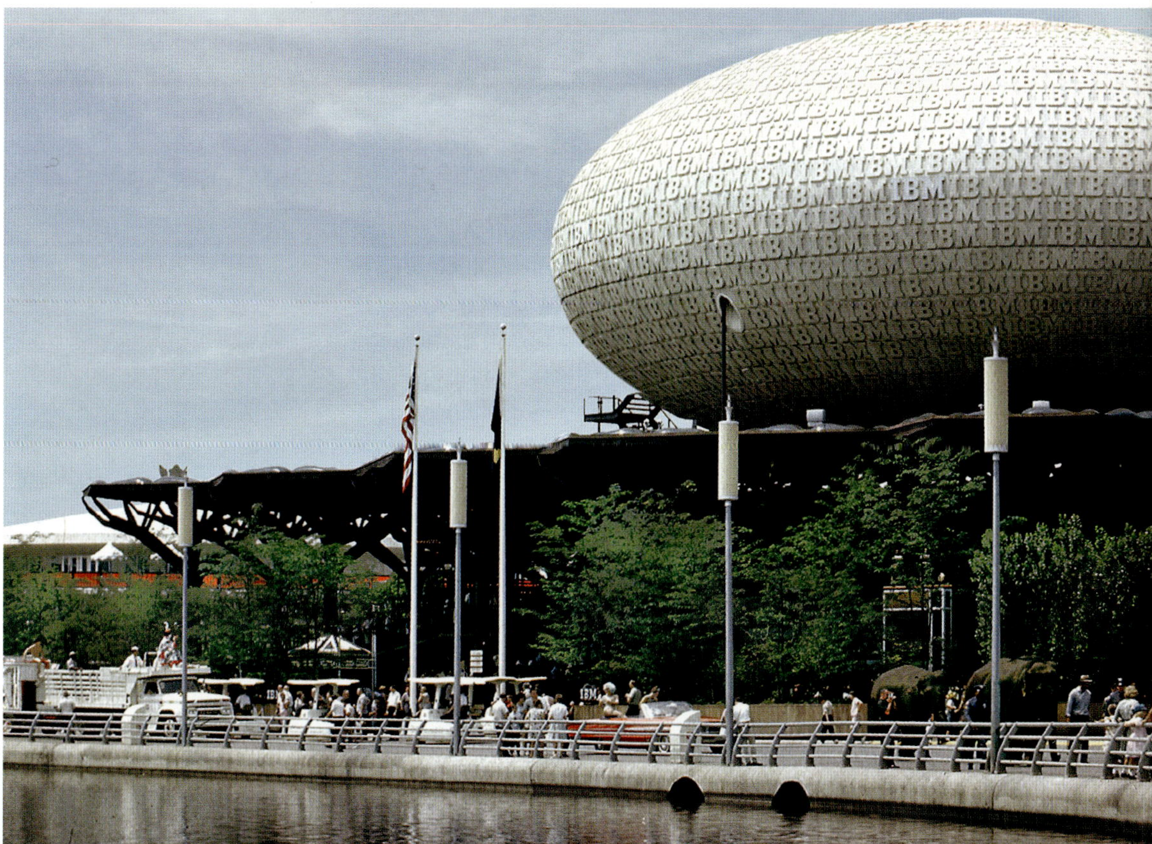
IBM

L'immeuble du 666, 5e Avenue (à l'origine, Tishman Building), conçu par Carson & Lundin, 1957, surprend par sa façade métallique à motifs.

L'Exposition de 1964-1965 n'a pas eu le succès financier promis par Moses et, sur le double plan architectural et culturel, elle n'a pas été aussi intéressante que l'avait espéré la ville, mais au moins a-t-elle permis d'éluder certains problèmes pressants qui se posaient en dehors. Malgré sa position de plus en plus dominante comme centre financier et capitale politique du monde grâce au siège des Nations Unies, New York était confrontée à des difficultés. Depuis plusieurs années, beaucoup de quartiers de la ville s'étaient dégradés, car les classes moyennes s'installaient dans les banlieues, partant souvent avec leurs emplois. En 1945, il semblait évident qu'il n'y avait pas de meilleur quartier que Manhattan pour faire des affaires, mais, à la fin des années 1950, la ville était devenue sale, trop dense, coûteuse et même dangereuse. Dans une célèbre série d'articles parus dans *The New Yorker* sous le titre « The Roaring Traffic's Boom », Lewis Mumford, le critique d'architecture du magazine, écrit que si « les gens cessent d'être relativement satisfaits de leurs conditions de vie dans la ville et commencent à se sentir comme les prisonniers d'un camp de concentration complotant en permanence pour s'évader, il ne servira à rien de parler de réussites architecturales. [...] Pendant toute une génération, il est devenu de plus en plus frustrant et ennuyeux de se déplacer dans New York, plus coûteux d'y faire des affaires, moins satisfaisant d'y élever des enfants et plus difficile de s'en échapper pour prendre des vacances à la campagne[10] ». Mumford estimait qu'il y avait trop de circulation mais aussi trop de grands immeubles, trop rapprochés les uns des autres. Il critiquait Moses, qui avait reconstruit la ville pour faciliter la circulation automobile, et les promoteurs immobiliers, qui voulaient concentrer de plus en plus de gratte-ciel dans les quartiers déjà denses de Downtown et de Midtown à Manhattan. Mumford, qui défendait depuis longtemps la décentralisation, a été à la fois l'anti-Moses et l'anti-Jacobs.

Beaucoup de grandes entreprises se font alors construire en banlieue de nouveaux sièges tentaculaires au milieu de jardins paysagers. Pourtant, cet exode ne semble guère ralentir la vague de constructions dans la ville, où les tours continuent de surgir durant les années 1950, et à un rythme plus rapide encore dans les années 1960. En dehors des réalisations de Mies van der Rohe, Skidmore, Owings & Merrill, Eero Saarinen et Harrison & Abramovitz, la plupart des nouveaux gratte-ciel sont de banales boîtes en verre. Beaucoup furent conçus par Emery Roth & Sons, cabinet d'architectes dont l'ambition esthétique semble avoir décliné à chaque génération. Le bâtiment en aluminium du 666, 5e Avenue, par Carson & Lundin, est une exception rare au milieu d'une pléthore de constructions en verre ; selon un trait d'esprit qui avait cours à l'époque, c'était « l'emballage dans lequel avait été livré le Seagram Building ».

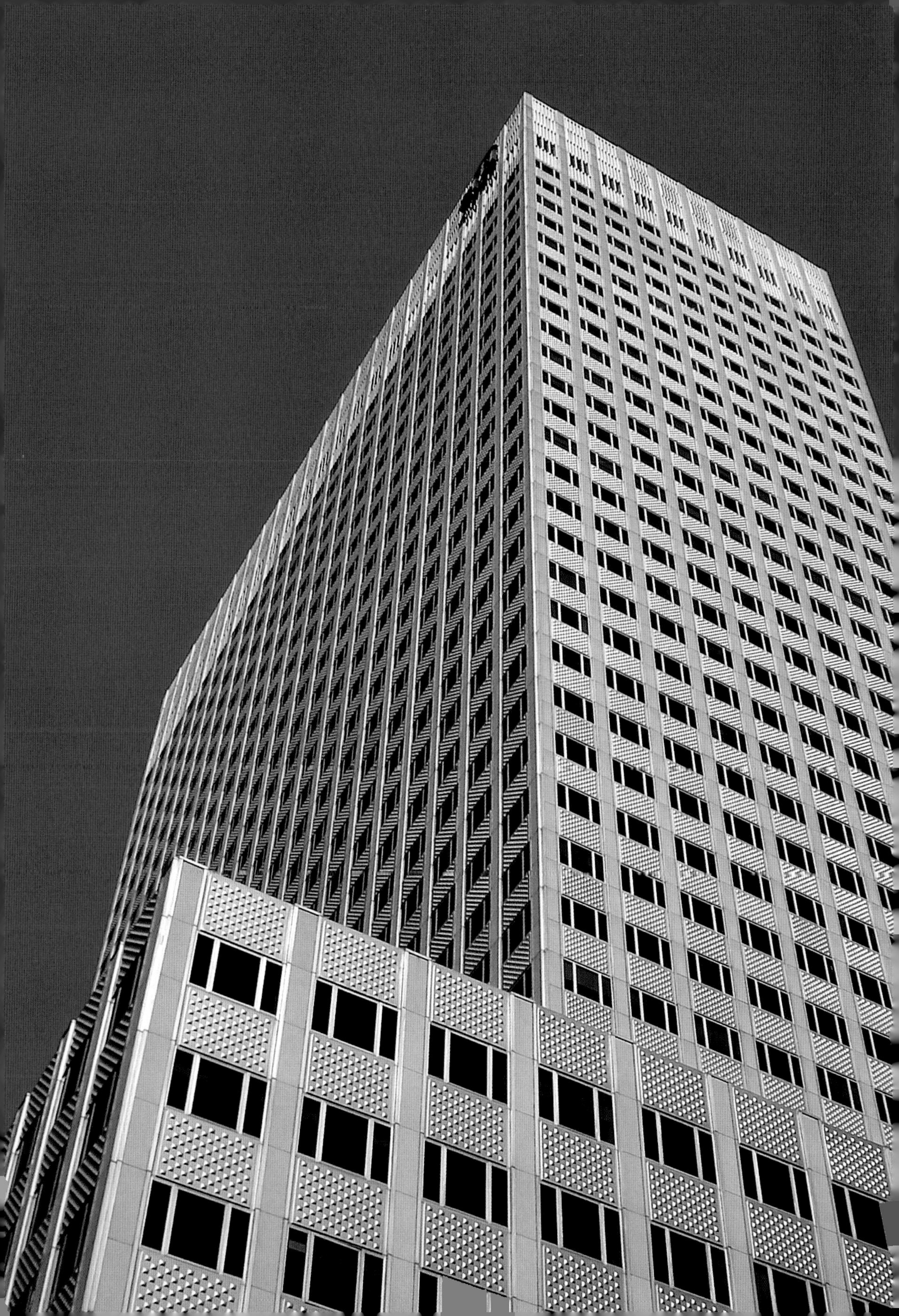

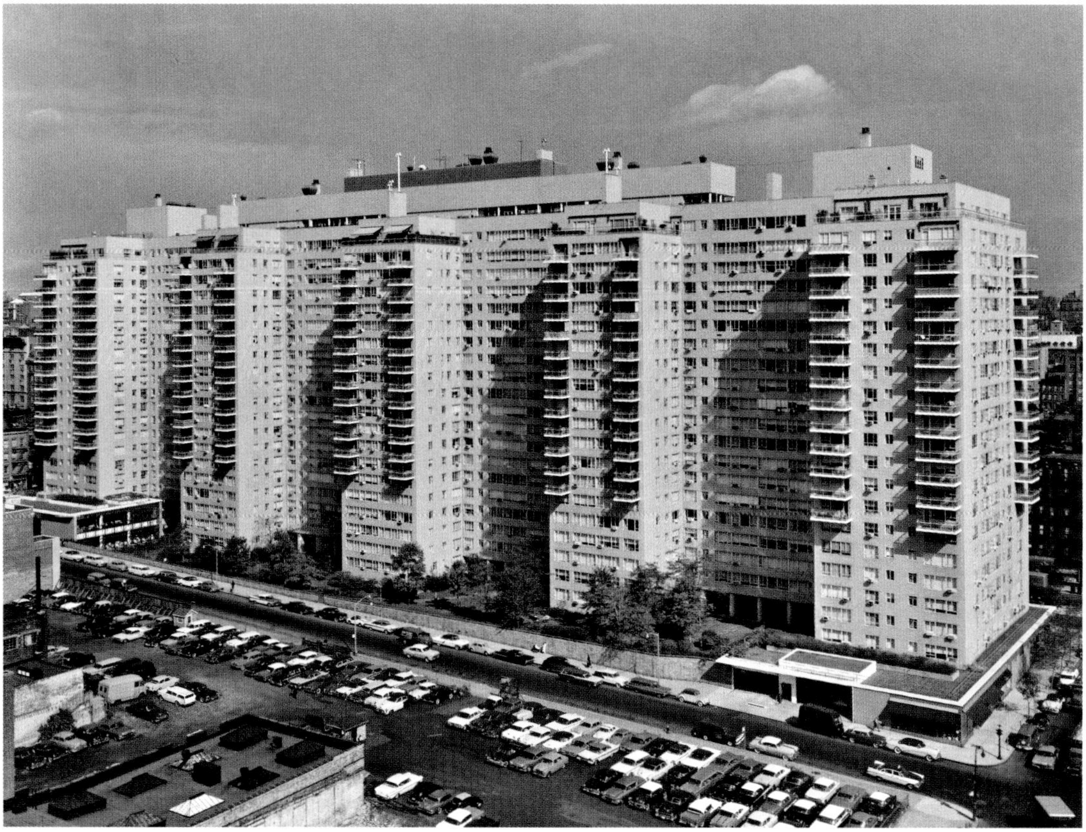

Manhattan House, conçue par Skidmore, Owings & Merrill et Mayer & Whittlesey (1950). Prototype de tous les immeubles d'habitation en brique blanche, cette construction massive joue sur des tons plus subtils de gris clair. Cet immense bloc au milieu d'un espace vert répondait à une volonté ambitieuse d'élaborer un nouveau vocabulaire pour les grandes résidences de luxe de l'après-guerre.

La tonalité générale d'une ville est davantage définie par l'ensemble de ses bâtiments ordinaires que par ses grands ouvrages architecturaux. La ville de New York de l'après-guerre a été assimilée à ses banales tours en verre des années 1950 et 1960 et à leurs équivalents résidentiels. Si les médiocres immeubles de bureaux de l'époque prenaient pour modèle – sans l'égaler – le Seagram Building, les logements new-yorkais imitaient Manhattan House, conçue par Skidmore, Owings & Merrill, et achevée en 1950. Mais, de même que le Seagram Building est resté un îlot de distinction au milieu des nombreuses tours de verre érigées par la suite, Manhattan House est restée un cas isolé au milieu des immeubles d'habitation en brique blanche (ou gris clair) construits après-guerre.

DESIGN

Dans Manhattan House, l'architecte Gordon Bunshaft conçut pour lui-même et sa femme un appartement qui illustre l'intérêt des architectes pour l'aménagement des intérieurs résidentiels. L'ensemble, d'une sobriété chaleureuse, se caractérise par un sol en travertin, un mobilier classique (comme les sièges Barcelone de Mies van der Rohe) et un éclairage indirect non apparent. Philip Johnson, John Bedenkapp, Armand Bartos, Edgar Kaufmann Jr. et Arthur Drexler, entre autres, imagineront à la fin des années 1950 et au début des années 1960 de remarquables appartements qui, comme celui de Bunshaft, tentent de combiner une sensibilité moderniste épurée et un certain degré de confort et d'élégance. Vers la même époque, le créateur de mobilier Ward Bennett s'aménage dans le Dakota Building un appartement à la fois minimaliste et très sensuel – preuve que la simplicité n'est pas nécessairement banale ou froide.

Mais les tours de bureaux en verre et les immeubles en brique sont, en un sens, l'architecture des *Mad Men*, série télévisée qui, un demi-siècle plus tard, fera revivre le goût pour le style épuré des années 1960, tel qu'il s'exprima autant dans le design graphique,

L'architecte Gordon Bunshaft et sa femme Nina ont emménagé dans Manhattan House une fois le bâtiment terminé ; Bunshaft a lui-même conçu l'intérieur de son appartement.

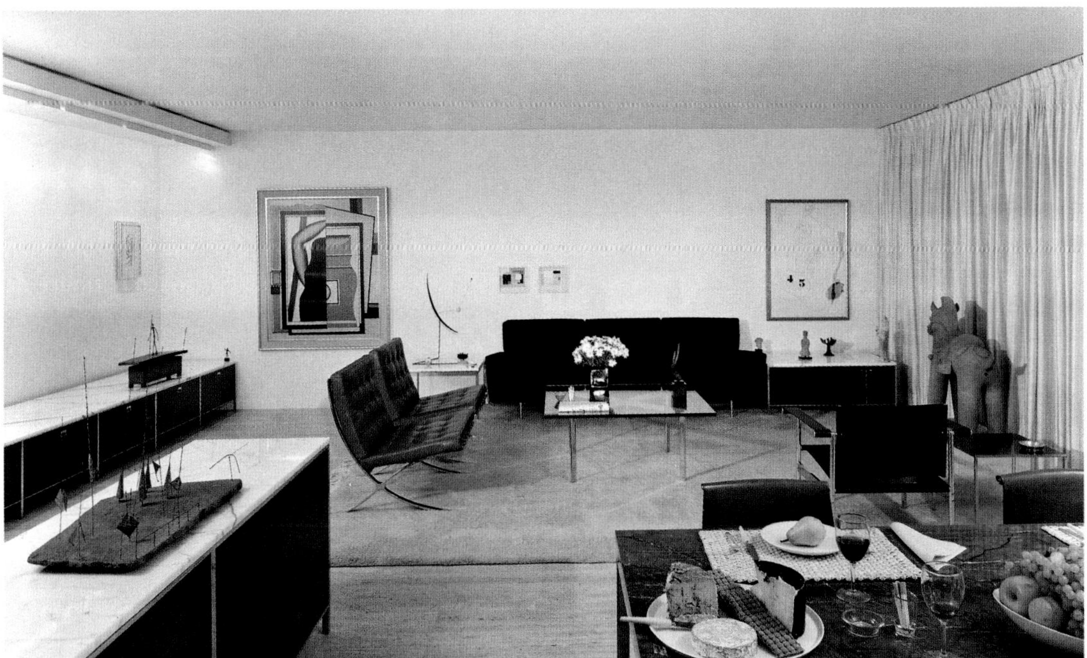

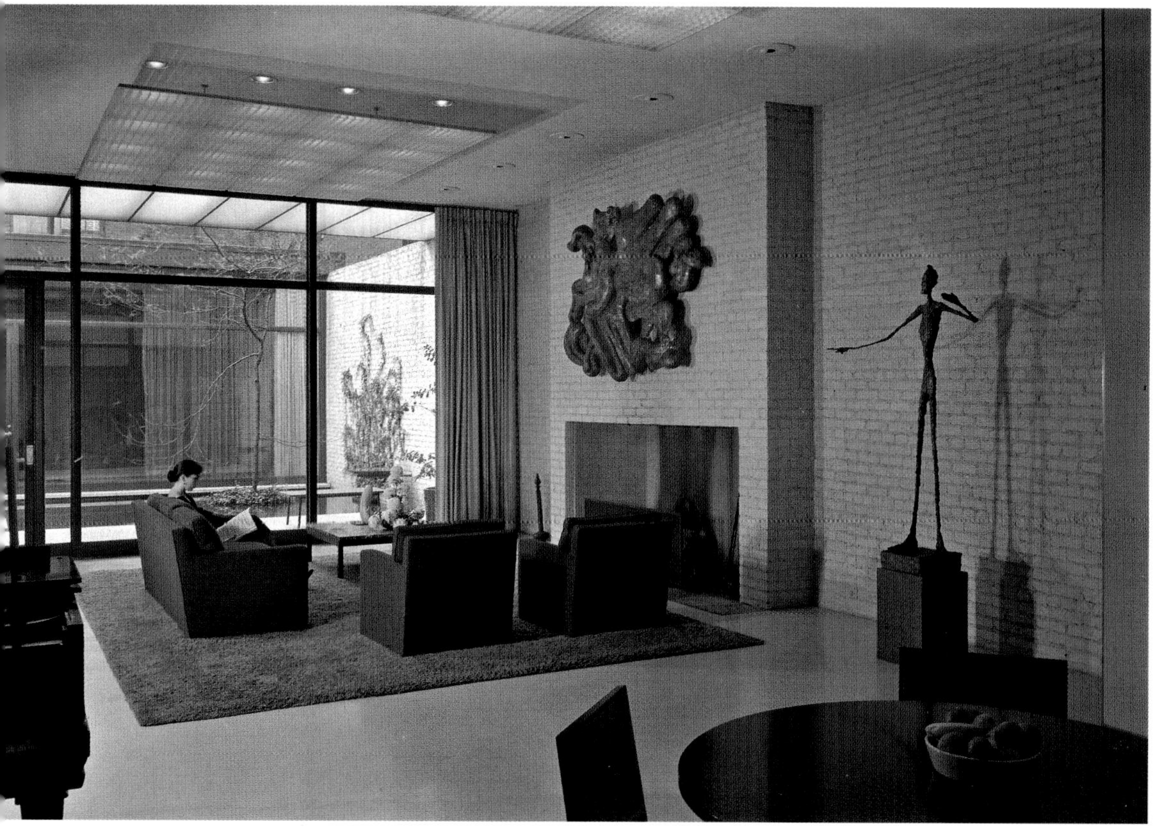

CI-DESSUS : Le salon de la Guest House de Mme John D. Rockefeller III, conçu par Philip Johnson, en 1950. La Guest House, version de Mies van der Rohe du principe d'une villa romaine autour d'une cour, est un contrepoint urbain à la célèbre Glass House de Johnson à New Canaan, Connecticut, de 1949.

À DROITE, EN HAUT : Le fauteuil La Fonda, conçu par Charles et Ray Eames, 1961, pour le restaurant La Fonda del Sol, dans le bâtiment de Time-Life.

À DROITE, EN BAS : Exposition sur le « Good Design » au Museum of Modern Art, organisée par Edgar Kaufmann Jr. en 1953.

le mobilier et les intérieurs que dans l'architecture. Ce n'est plus l'opulence des années 1930, de l'art moderne, du *streamline* et autres tendances qui avaient encore cours dans les années 1940. La luminosité de l'architecture de verre appelait un style plus léger pour le mobilier et les objets de design, style souvent ponctué de quelques notes éclatantes. La volupté était peut-être à la mode chez les mannequins et les actrices, mais pas dans le mobilier ni dans les objets. Les automobiles des années 1950, bien que non dessinées à New York, illustrent les caractéristiques de l'époque : elles semblent faites de surfaces plus que de volumes, et les ailerons qui surgissent à la fin de la décennie donnent un peu d'éclat à cette légèreté.

À la fin des années 1940 et au début des années 1950, le design évolue et sort des milieux élitistes – les intérieurs de quelques demeures de mécènes raffinés et les bureaux d'architectes – pour se diffuser dans d'autres segments de la population. Le Museum of Modern Art contribua à vulgariser le design en collectionnant et en exposant le mobilier moderne disponible sur le marché, et en organisant des expositions de produits considérés par les conservateurs du musée comme « bien conçus ». Le département de design industriel – son existence même était une prise de position insolite pour un musée des beaux-arts – est dirigé par Edgar Kaufmann Jr, dont le père avait confié à Frank Lloyd Wright la construction de Fallingwater, sa célèbre maison de Bear Run, en Pennsylvanie, en 1937. Dix ans plus tard, Kaufmann prépare au Museum of Modern Art une série annuelle d'expositions intitulée *Useful Objects* qui, explique-t-il dans une note au directeur du musée, René d'Harnoncourt, « sera arbitrairement limitée à cent objets afin de souligner notre intérêt pour la qualité la meilleure possible du design, avec la conviction que la participation à une exposition limitée sera considérée comme un honneur équivalent à une récompense[11] ». Kaufmann définit le bon design comme « une fusion complète de la forme et de la fonction [...] qui révèle une beauté concrète, simple, sensible[12] ». Il fixe un prix plafond de cent dollars pour les objets qui seront exposés afin d'insister sur leur accessibilité pour le grand public, ou du moins sur ce segment du

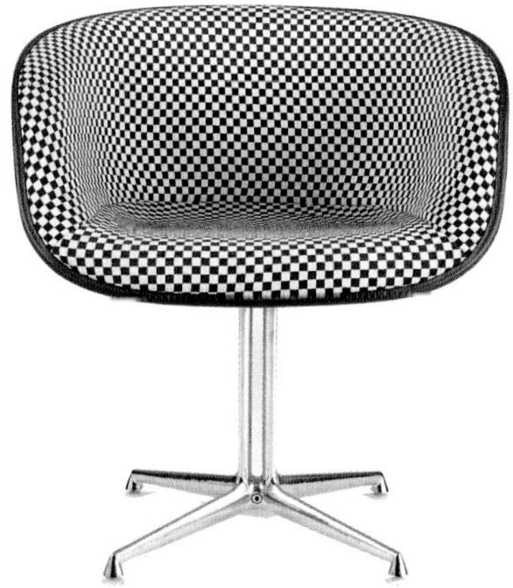

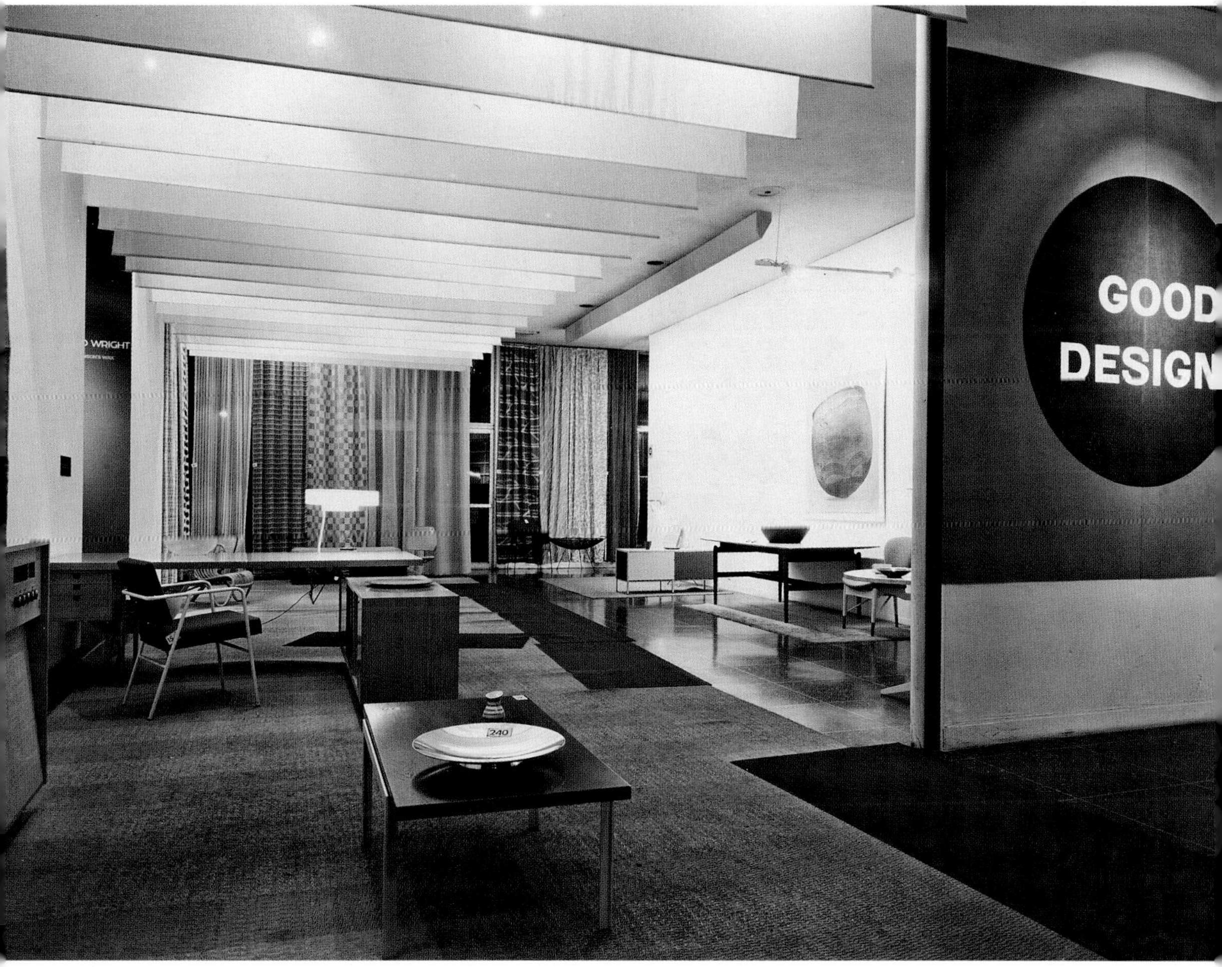

public capable en 1947 de dépenser jusqu'à cent dollars pour des articles domestiques. Dans des versions précédentes de l'exposition, les objets étaient regroupés par tranches de prix, à partir de cinq dollars pour les moins chers.

En 1953, le nom de l'exposition devient *Good Design*. Cette année-là, elle comprend notamment une machine à laver conçue par Henry Dreyfuss, une table à manger avec plateau en contreplaqué et linoléum blanc par Darrell Landrum, et des sièges par Charles et Ray Eames. Les critères de sélection, précise le catalogue, sont « l'esthétique, la fonctionnalité, la construction et le prix, avec priorité au premier[13] ». Il n'y avait plus de prix plafond mais, sur les deux cents objets exposés, beaucoup étaient de coût

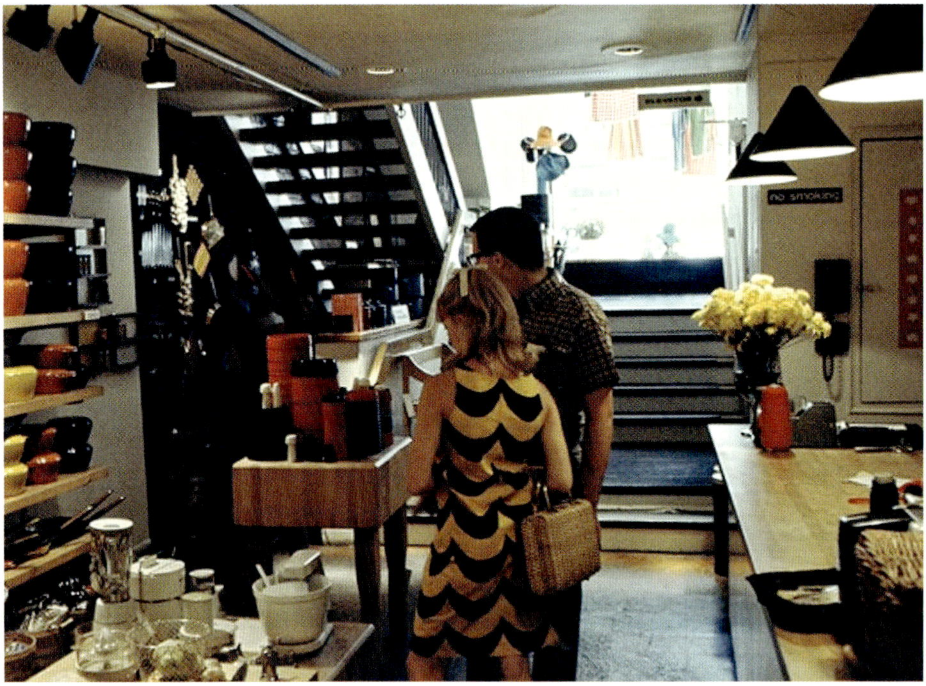

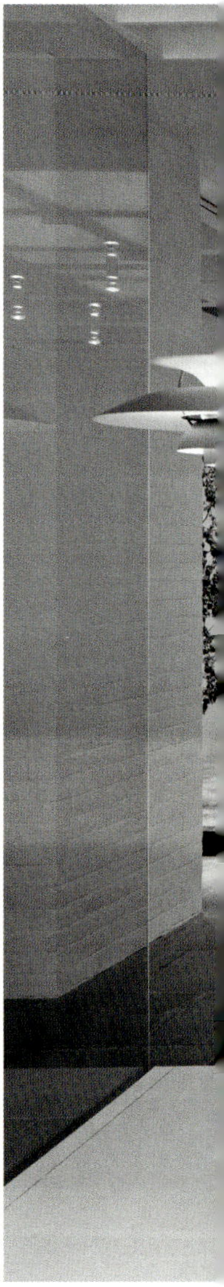

CI-DESSUS : *Le rayon ustensiles de cuisine de D/R International, le deuxième magasin new-yorkais de Design Research à New York, conçu par Ben Thompson et Paul Dietrich, 1963.*

À DROITE : *La salle d'exposition de Georg Jensen, conçue par Warren Platner, 1968.*

modeste. Figurer dans l'exposition était devenu une reconnaissance appréciée des fabricants et des designers qui, en 1953, ont soumis huit mille objets au musée. En dehors du mobilier et des lampes, on trouvait des revêtements de sol, des tissus, des équipements de cuisine, des appareils ménagers et autres accessoires.

Le musée, soucieux de promouvoir la vente des objets sélectionnés, conclut des accords de coopération avec les grands magasins, mais il vendit aussi certains articles dans sa propre boutique, en plus des livres et des cartes postales. Dans les années 1950, d'autres établissements diffusaient l'évangile du design moderne à New York : le groupe de presse suédois Bonniers introduisit dans Madison Avenue le design scandinave, comme l'avait fait Georg

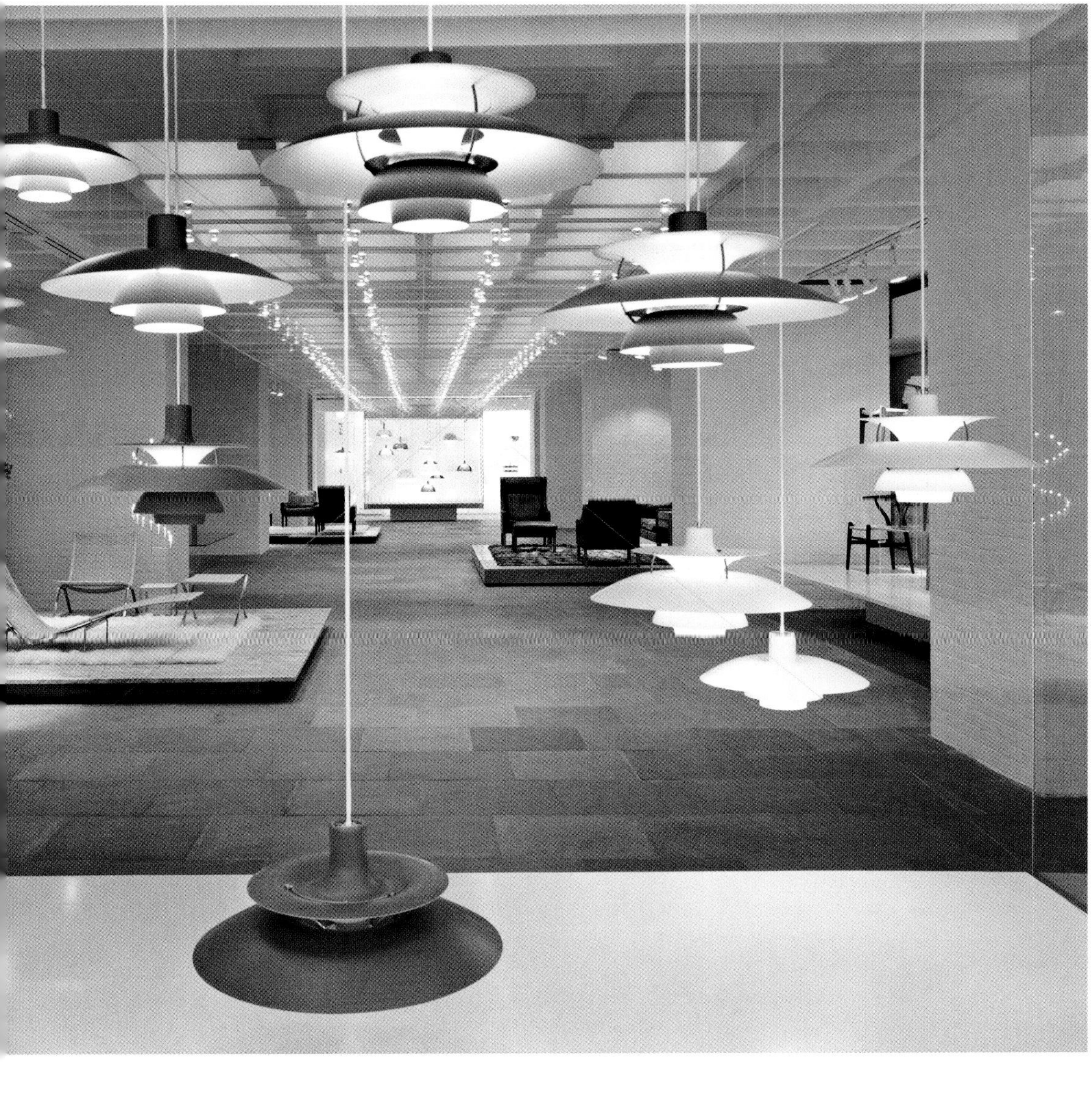

Jensen dans la 5ᵉ Avenue. (L'esthétique scandinave a profondément influencé la sensibilité new-yorkaise dans les années 1950 et 1960.) Cependant, un établissement proposait une gamme plus étendue encore que Bonniers et Georg Jensen : il s'agit de Design Research – ou D/R –, fondé par l'architecte Benjamin Thompson en 1953 à Cambridge, dans le Massachusetts. En 1959, Thompson ouvrit un magasin D/R à New York pour vendre une sélection de mobilier, de tissus et d'objets domestiques modernes. Au début, D/R eut un tel succès que Thompson dut emménager en 1963 dans des locaux plus grands et mieux situés.

Knoll, entreprise de meubles créée à New York en 1938 par Hans Knoll, fabricant de meubles d'origine allemande, incarne, mieux que tout le monde peut-être, cette sensibilité moderne que l'on trouvait chez D/R, qui vendait d'ailleurs beaucoup de ses articles. Knoll occupe une place importante dans le design de l'après-guerre, produisant des meubles du designer d'origine danoise Jens Risom, d'Eero Saarinen (dont la « chaise tulipe » pour Knoll deviendra un classique), de Marcel Breuer, Harry Bertoia et Florence Schust Knoll, designer formée à la Cranbrook Academy et qui épousera Hans Knoll ; sa célèbre ligne de canapés et de fauteuils en tissu tufté sur de minces piètements en métal deviendra un élément incontournable de nombreux bureaux modernes. Au

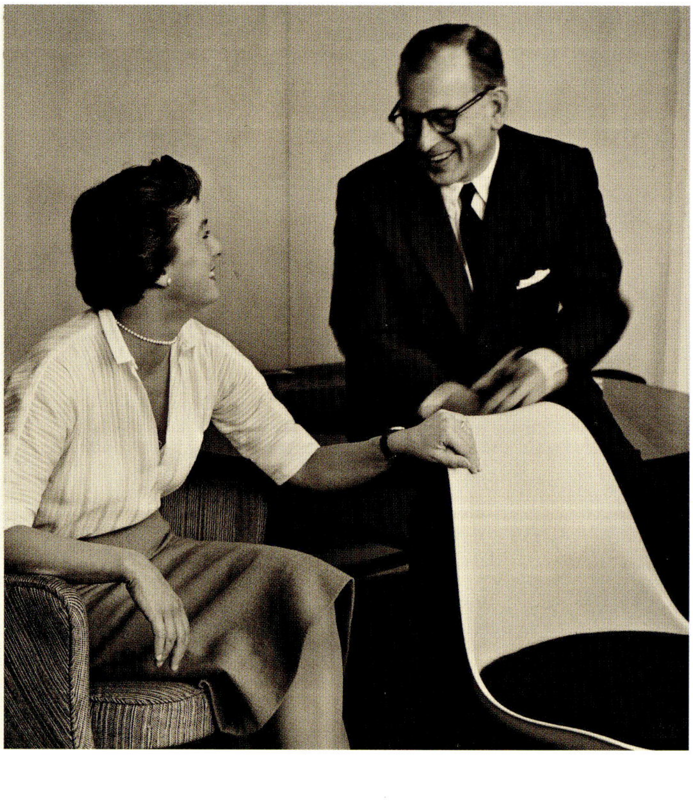

Florence Knoll Bassett et Eero Saarinen.

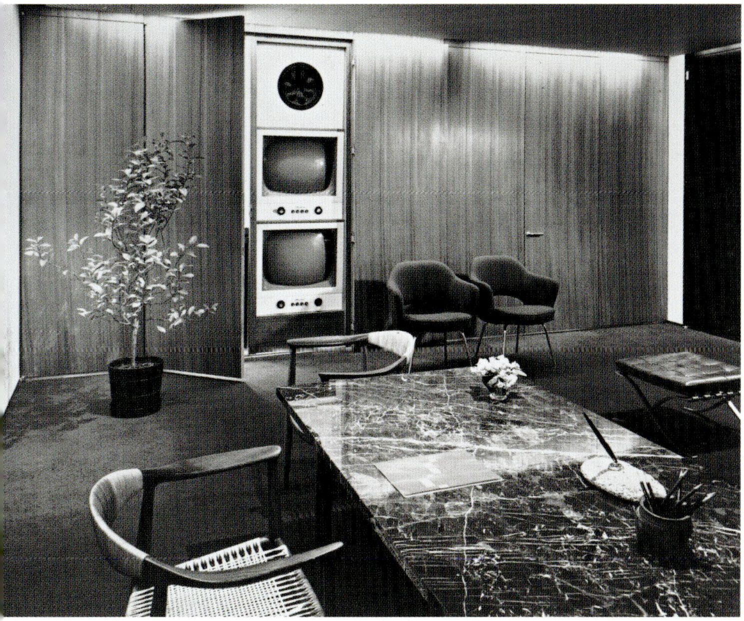

À GAUCHE : Bureau de direction au siège de CBS, conçu par Florence Knoll Bassett, vers 1962.

CI-DESSOUS : Le bureau du président de CBS Frank Stanton, conçu par Florence Knoll Bassett, 1964.

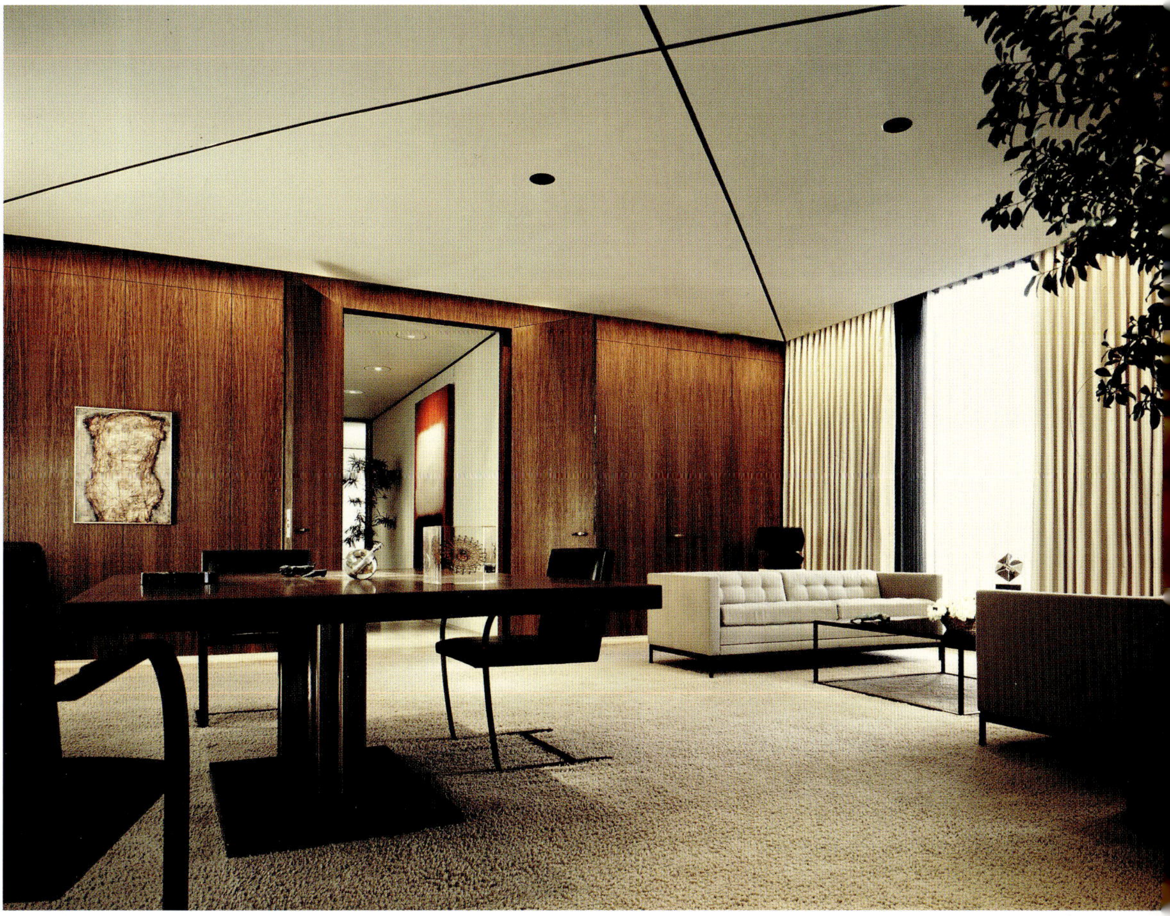

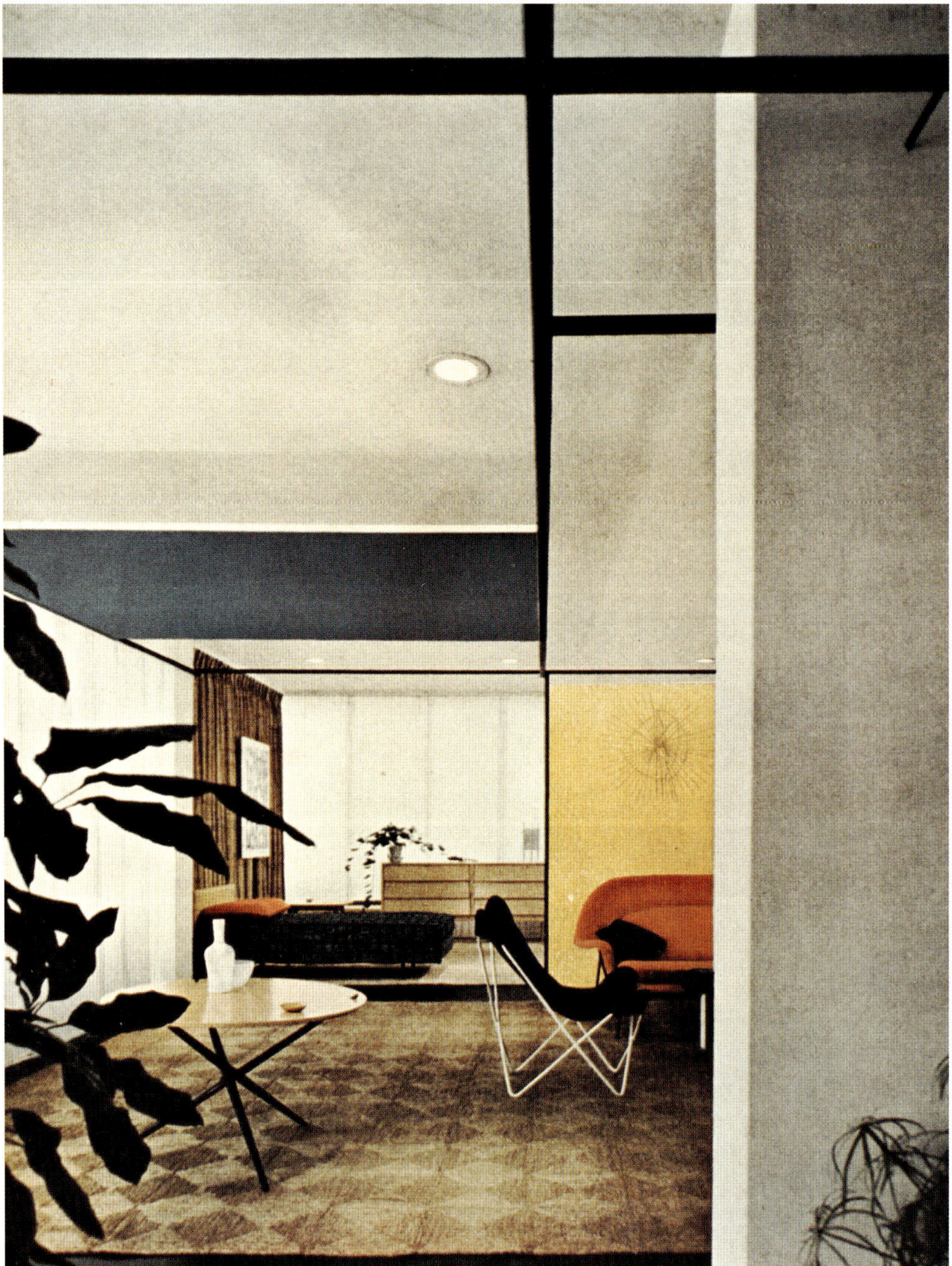

CI-DESSUS : La salle d'exposition Knoll, conçue par Florence Knoll Bassett, 1951.

À DROITE : Fauteuil Bertoia, Harry Bertoia, 1952 (en haut, à gauche) ; chaise Tulipe, Eero Saarinen, 1956 (en haut, à droite) ; chaise Pretzel, George Nelson, 1952 (au milieu, à gauche) ; canapé Marshmallow, George Nelson, 1956 (au milieu, à droite) ; chaise Coconut, George Nelson, 1955 (en bas, à gauche); fauteuil Risom, Jens Risom, 1943 (en bas, à droite).

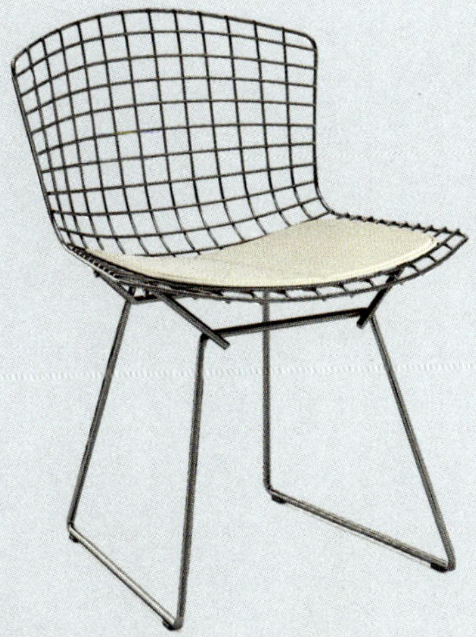
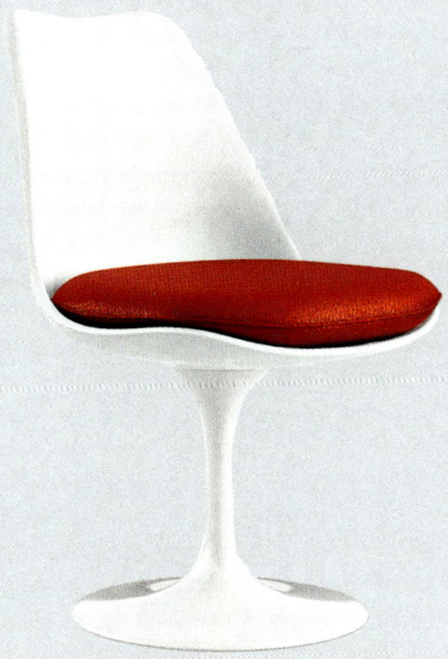
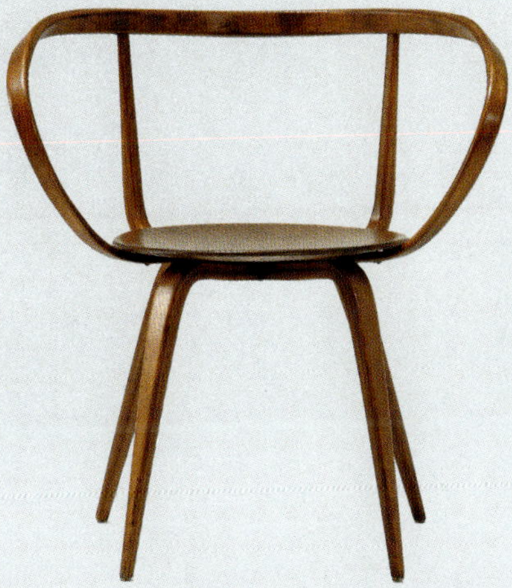
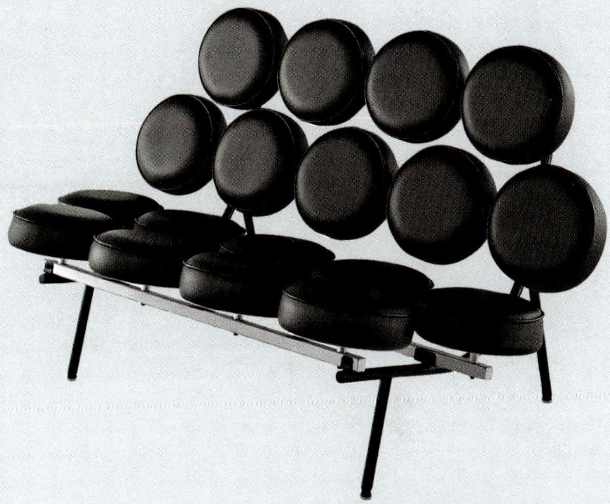
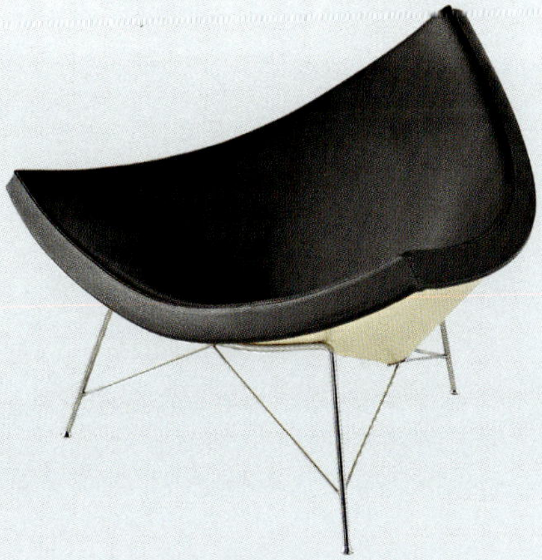
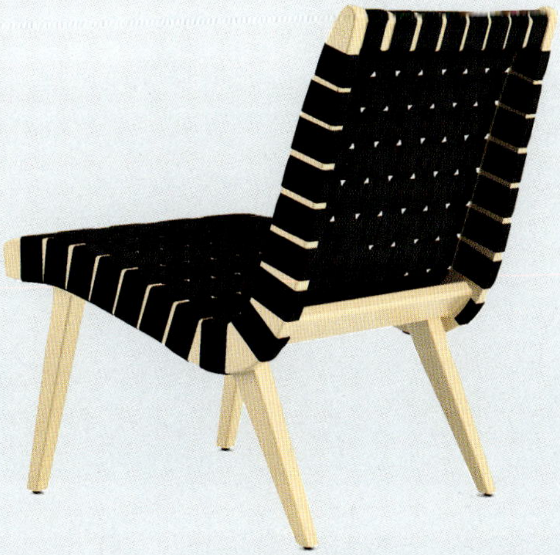

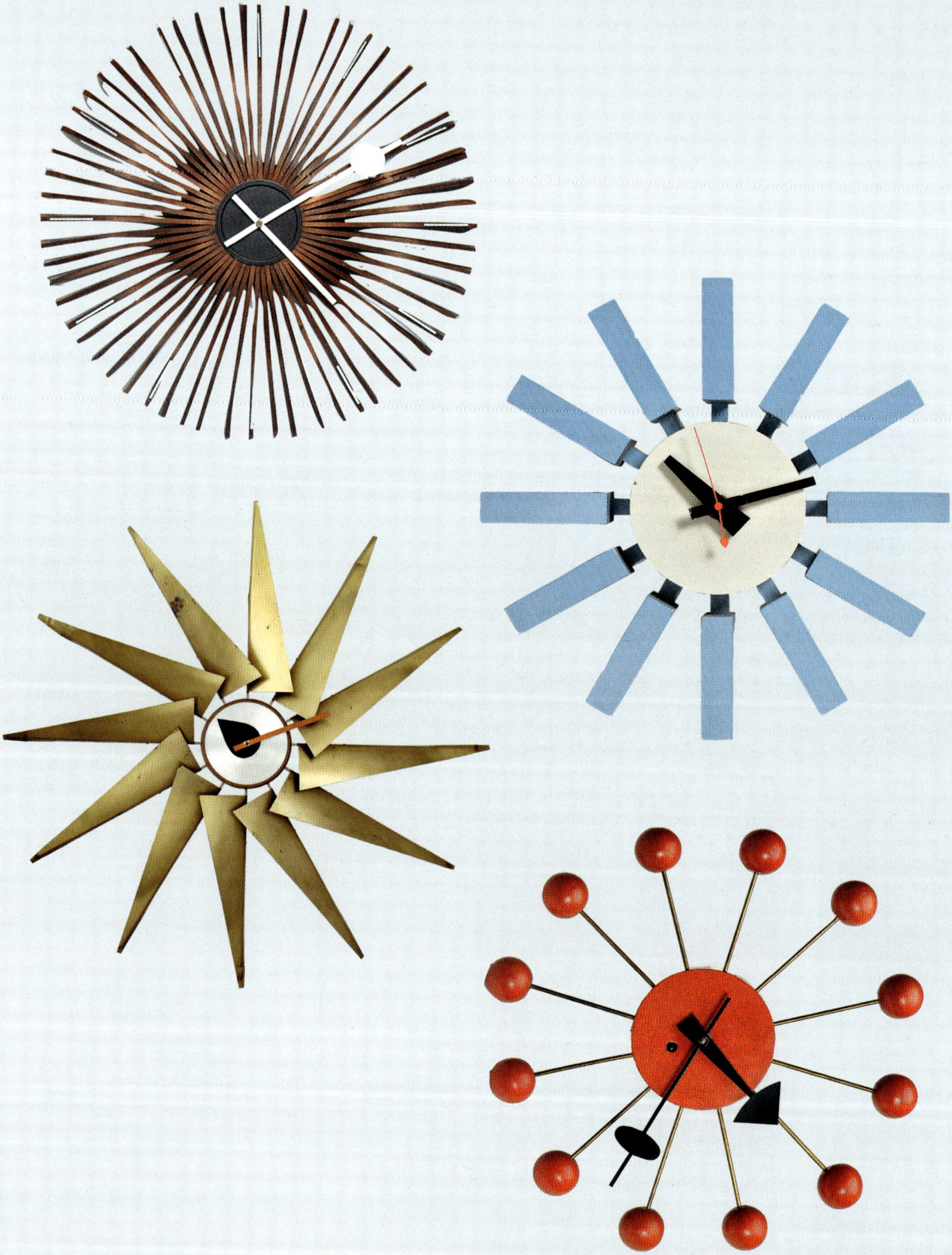

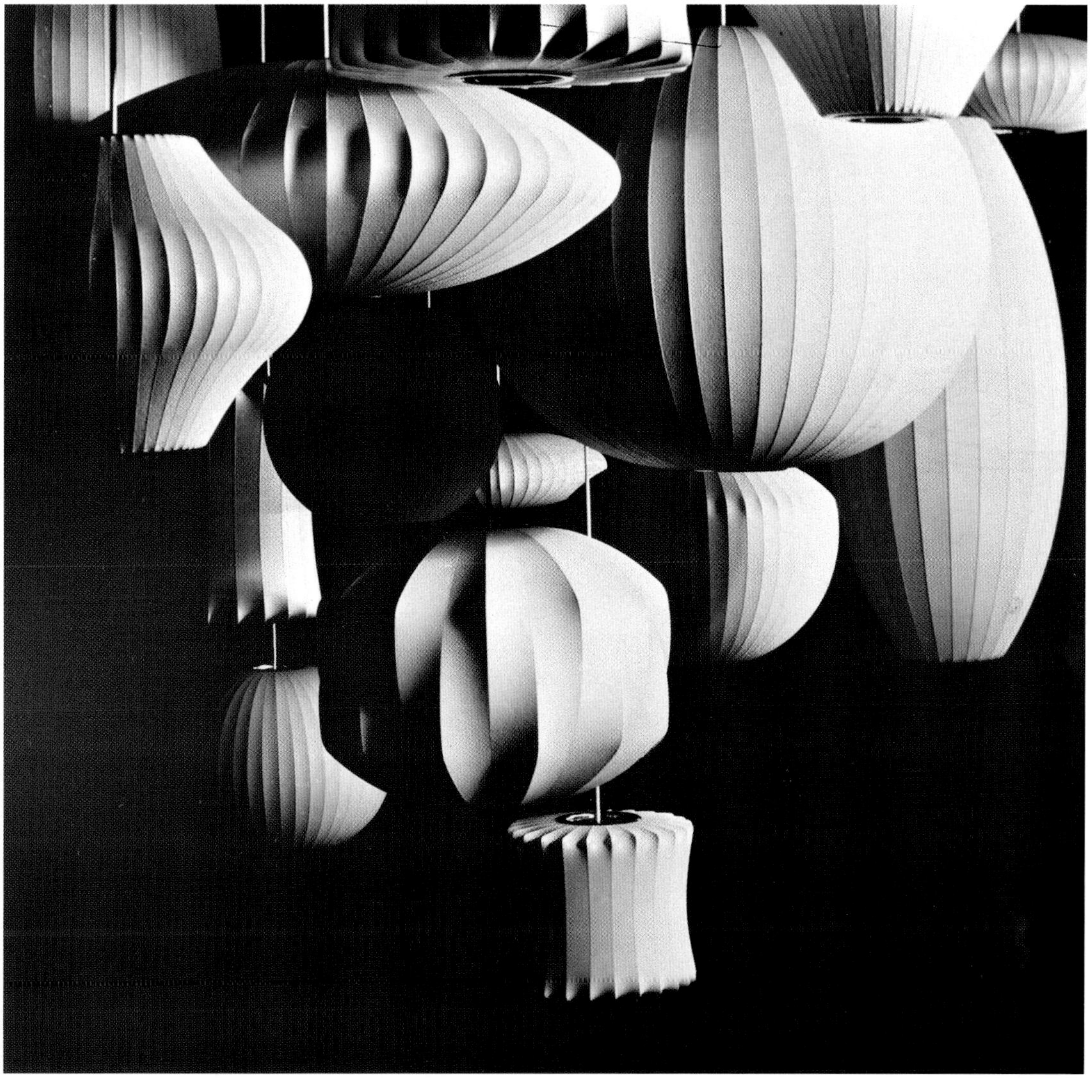

début des années 1960, Florence Knoll – devenue entre-temps Florence Knoll Bassett – est chargée de concevoir l'intérieur du nouveau bâtiment de Saarinen pour CBS. Achevé en 1965, le bâtiment est emblématique du design moderne de l'époque. Dans ses premières créations, Knoll explorait souvent de nouveaux procédés de fabrication comme le contreplaqué courbé ou, dans le cas de Saarinen, le plastique, et des matériaux minimalistes – comme les assises en sangles entrecroisées sur les fauteuils Risom –, en remplacement des revêtements tapissiers traditionnels.

Herman Miller Co., principal concurrent de Knoll, installé dans le Michigan, joua aussi un rôle dans le développement du design moderne après la guerre, grâce en particulier à l'architecte

CI DESSUS : *Quelques suspensions de George Nelson.*

À GAUCHE : *Les horloges de George Nelson figurent parmi les objets qui ont marqué le design de l'après-guerre. De haut en bas : Popsicle Stick Clock, 1950 ; Block Clock, 1947 ; Turbine Clock, 1958 ; Ball Clock, 1947.*

et écrivain George Nelson, qui prit la direction de l'entreprise en 1945 et fera venir Charles et Ray Eames, Harry Bertoia, Richard Schultz et Isamu Noguchi. La société est surtout connue pour les créations de Eames, mais Nelson conçut des bancs, tables basses, canapés et chaises édités par Herman Miller. Il dessina aussi une série d'horloges murales comme la Ball Clock, la Sunburst Clock et la Popsicle Stick Clock qui, de même que certains meubles, incarneront l'esthétique de la fin des années 1950 et du début des années 1960.

Quand Thompson décida d'agrandir Design Research, il s'installa dans une maison du XIXe siècle de cinq étages, dans la 57e Rue Est, créant à l'intérieur une série d'espaces et de mezzanines sur deux niveaux. Il n'était pas le premier architecte à se lancer dans l'aménagement de magasins à New York. Morris Lapidus, qui deviendra célèbre pour ses flamboyants hôtels de Miami Beach, avait conçu divers magasins à New York ; plusieurs de ses projets réalisés à partir des années 1940 se caractérisent par l'utilisation

CI-DESSOUS : *L'entrée principale des grands magasins Bond, sur la 5e Avenue, conçue par Morris Lapidus, 1948.*

À DROITE : *Le Summit Hotel, conçu par Morris Lapidus, 1961.*

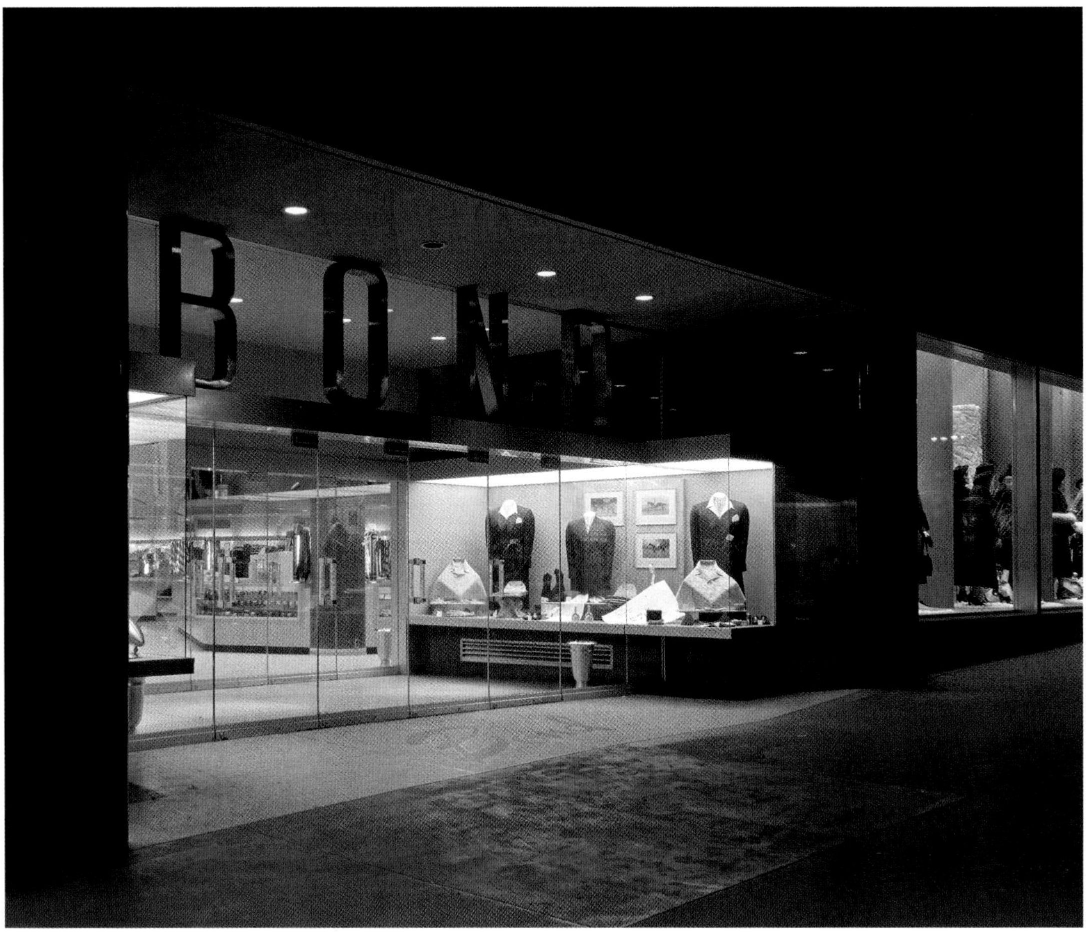

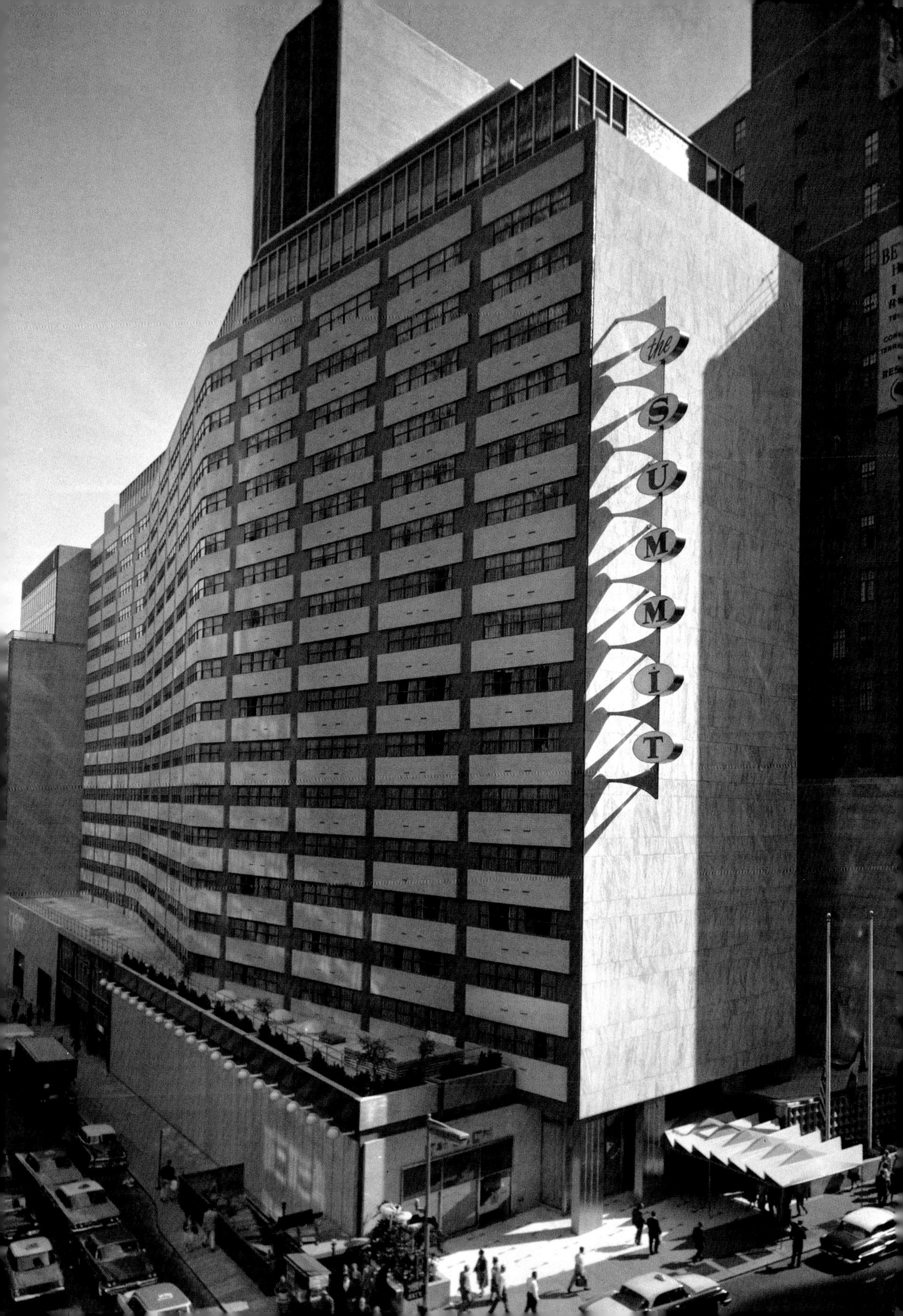
the SUMMIT

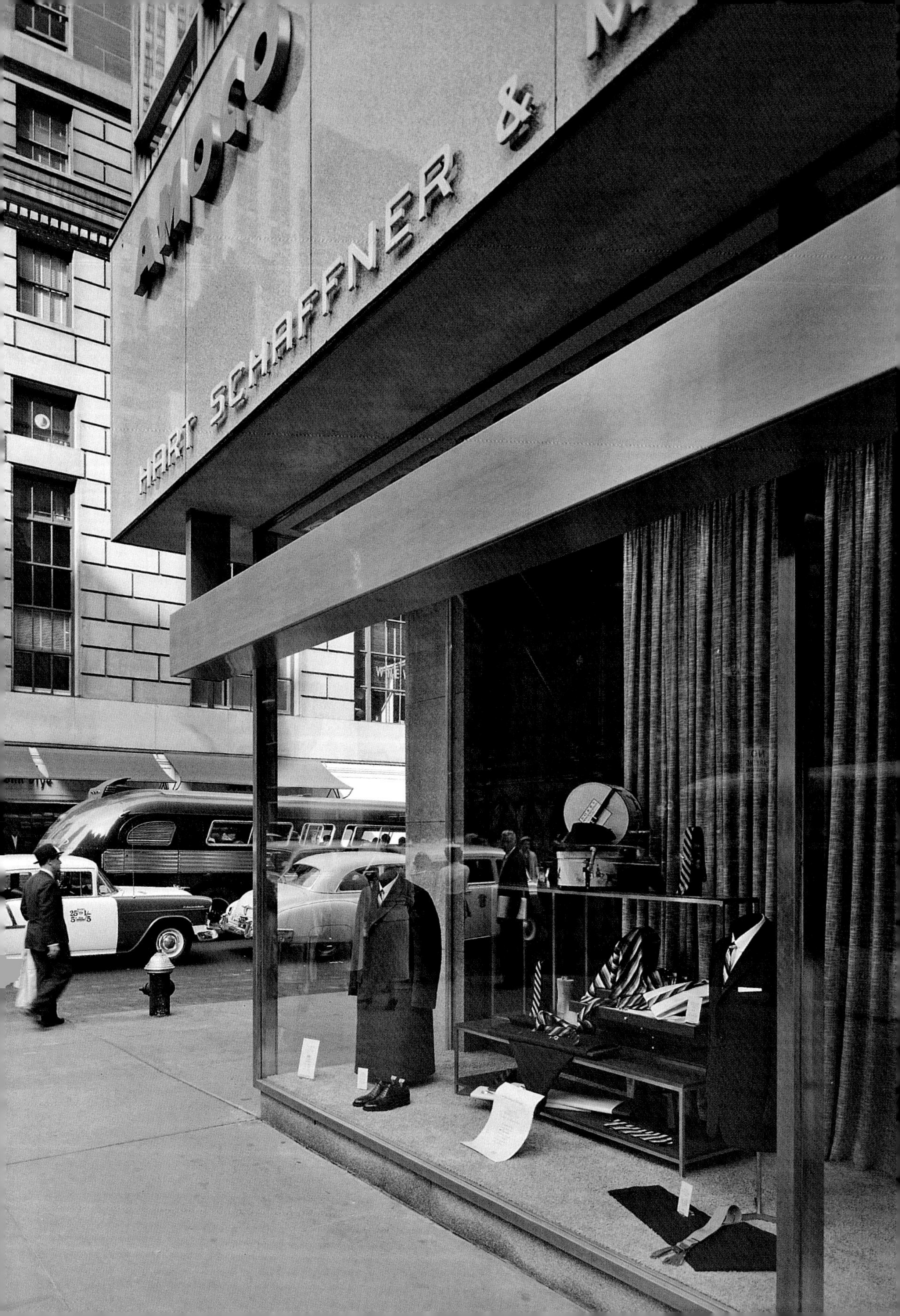
HART SCHAFFNER &

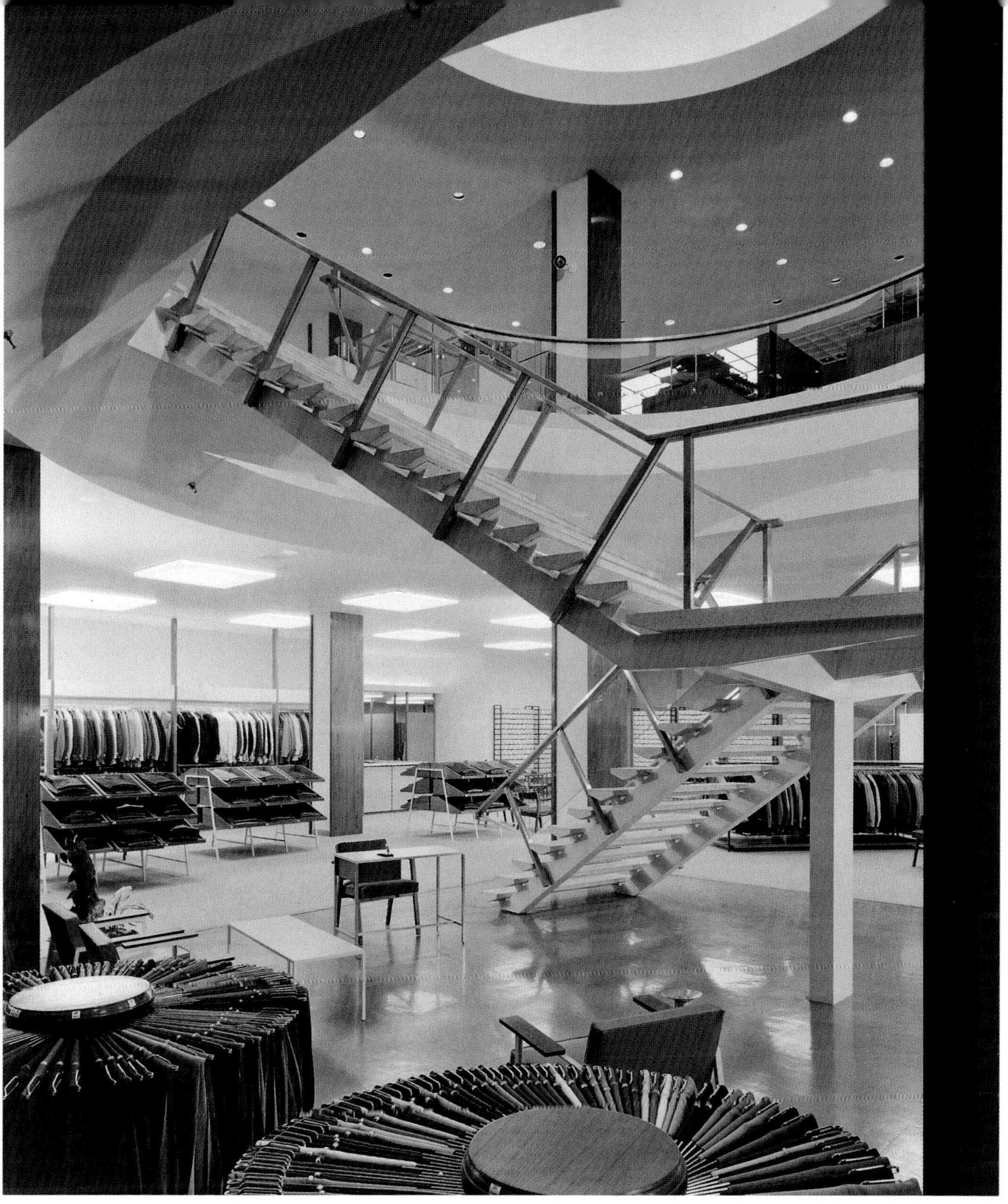

de verres incurvés, de portes placées en retrait pour augmenter les dimensions des vitrines, et de grandes enseignes au néon aux caractères modernistes. Plus encore que Lapidus, les architectes Morris Ketchum et José A. Fernandez contribuèrent à populariser le design, en le mettant à la portée des passants avec des réalisations comme le magasin pour hommes Wallachs (sur la 5e Avenue), conçu en 1955 par Ketchum avec un grand escalier ouvert au milieu du magasin et de grandes vitrines donnant sur la rue, ou encore Plymouth Shop, dans Lower Broadway en 1948. Plus grandiose encore est

À GAUCHE : *Le magasin pour hommes Wallachs, sur la 5e Avenue, conçu par Ketchum, Giná & Sharp pour présenter les costumes Hart Schaffner & Marx, 1955.*

CI-DESSUS : *Le grand escalier de Wallachs.*

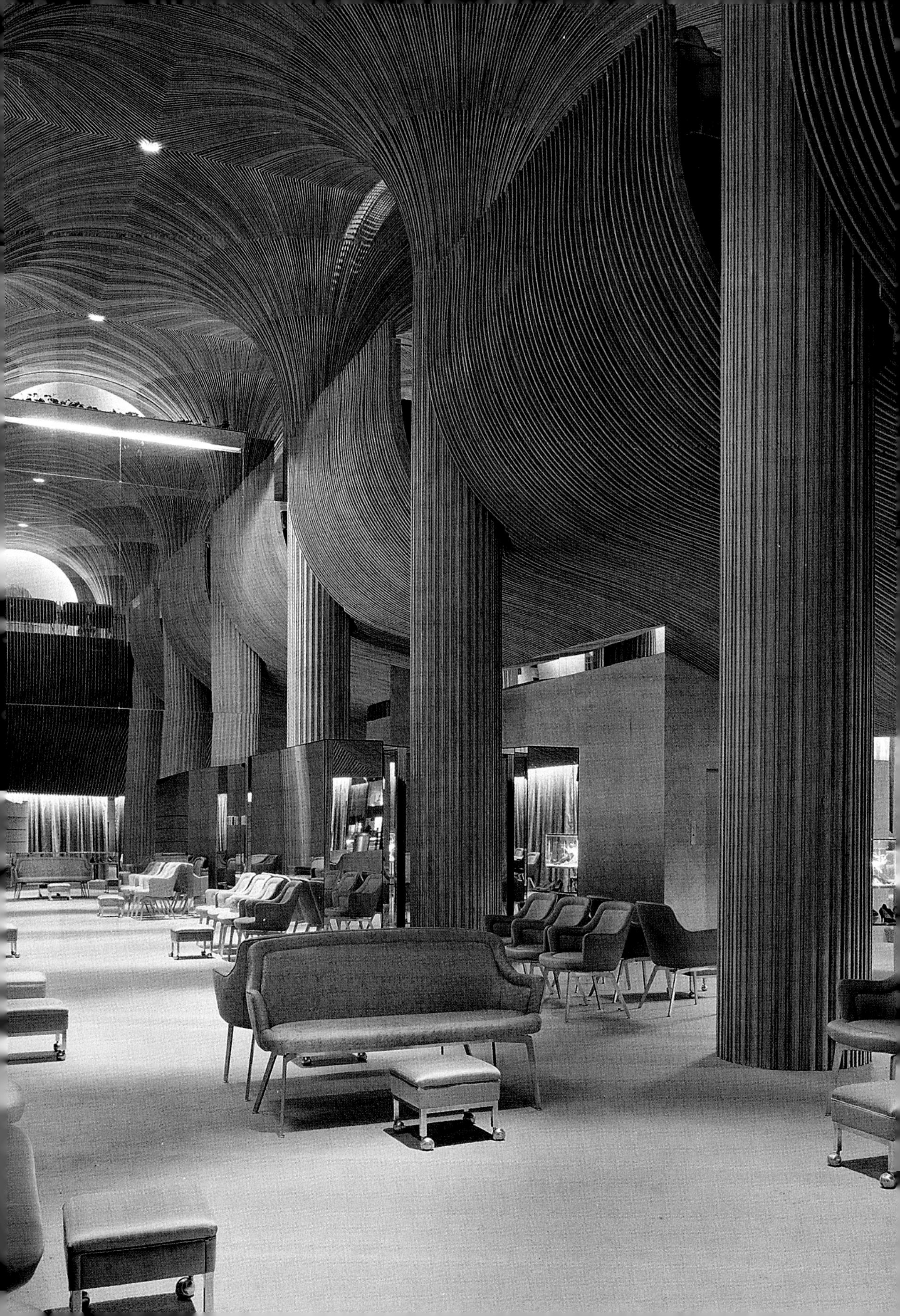

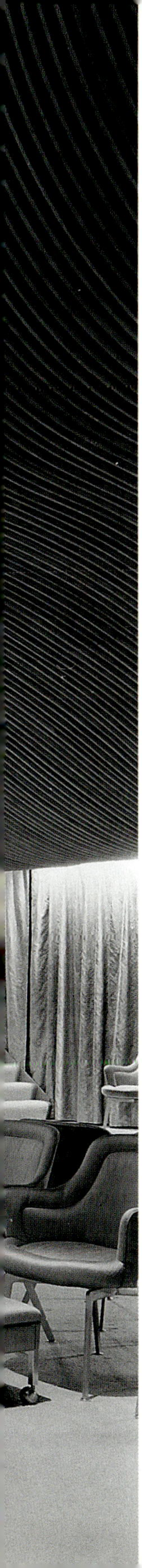

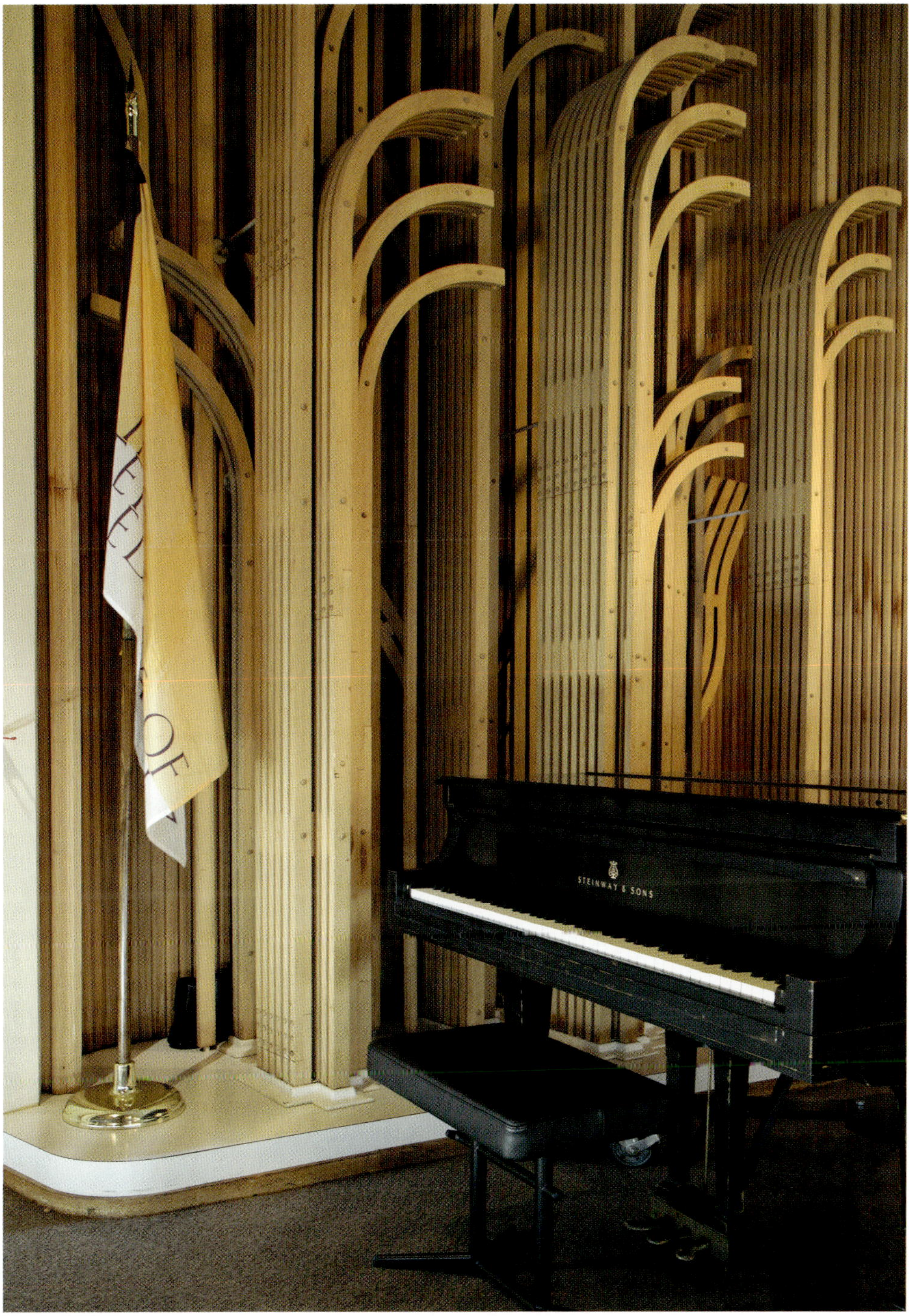

À GAUCHE : I. Miller, conçu par Victor Lundy, 1961. Cet immense magasin de chaussures pour femmes se caractérisait par son ambiance feutrée, créant un sentiment d'intimité.

CI-DESSUS : Ce centre de conférence, dans l'Institute of International Education, est la seule réalisation new-yorkaise du grand architecte finlandais Alvar Aalto, 1964.

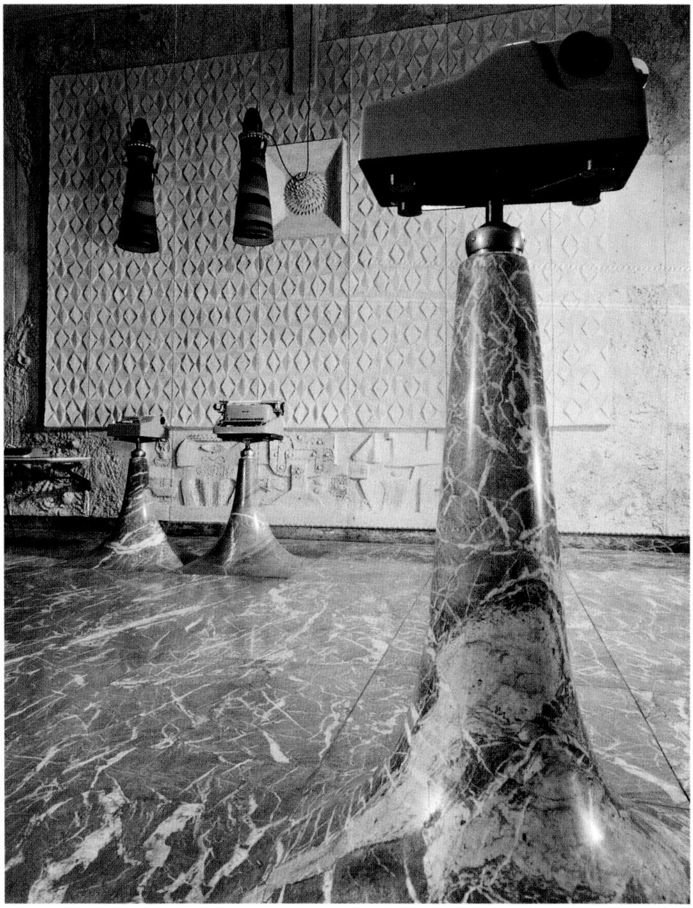

le magasin de chaussures I. Miller réalisé par Victor Lundy, en 1961, sur la 5e Avenue et la 57e Rue. Olga Gueft, rédactrice en chef de *Interiors*, jugera cette composition en forme de cathédrale « brillamment originale dans son intégration totale de l'espace, de la structure et de l'ambiance[14] ».

Un espace tout aussi ambitieux dans sa conception est celui réalisé en 1964 par Alvar Aalto – la seule réalisation new-yorkaise de l'architecte finlandais – pour l'Institute of International Education. Constitué d'une suite de salles de réunion dans un immeuble de bureaux près du siège des Nations Unies, cet intérieur, commandé par Edgar Kaufmann Jr, utilise des nervures en bois dans une composition de tiges de bouleau agencées de manière à évoquer des arbres. Le résultat, moins spectaculaire que dans le magasin de chaussures de Lundy, est plus subtil.

CI-DESSUS : *Socles de présentation dans la salle d'exposition du magasin Olivetti, conçu par Banfi, Belgiojoso, Peressutti & Rogers, 1954.*

À DROITE : *Olivetti était connu pour sa machine à écrire « publique », posée sur un piédestal à l'extérieur du magasin.*

Dix ans plus tôt, en 1954, la firme italienne Banfi, Belgiojoso, Peressutti & Rogers ouvrait l'un des magasins les plus remarquables de la 5e Avenue, à savoir la salle d'exposition et le magasin d'Olivetti Corporation, fabricant italien d'équipement de bureau, qui souhaitait renforcer sa présence en Amérique. Les architectes avaient créé un espace élégant, avec une façade vitrée dégagée, des suspensions en verre vénitien coloré, une sculpture murale de onze mètres de long par Costantino Nivola et des socles en marbre vert foncé qui se dressaient en une courbe ininterrompue depuis le sol, évoquant de minuscules montagnes. Un de ces socles, placé devant la porte d'entrée, portait une machine à écrire Olivetti, invitant les passants à l'essayer. Le poète Frank O'Hara, qui travaillait non loin de là au Museum of Modern Art, utilisa cette machine de démonstration pour dactylographier plusieurs de ses poèmes. Il écrira sur la jaquette de son livre *Lunch Poems* : « Souvent ce poète, déambulant dans l'éblouissement bruyant et éclatant d'un midi à Manhattan, s'est arrêté pour taper sur une Olivetti de démonstration trente ou quarante vers de réflexions[15]. »

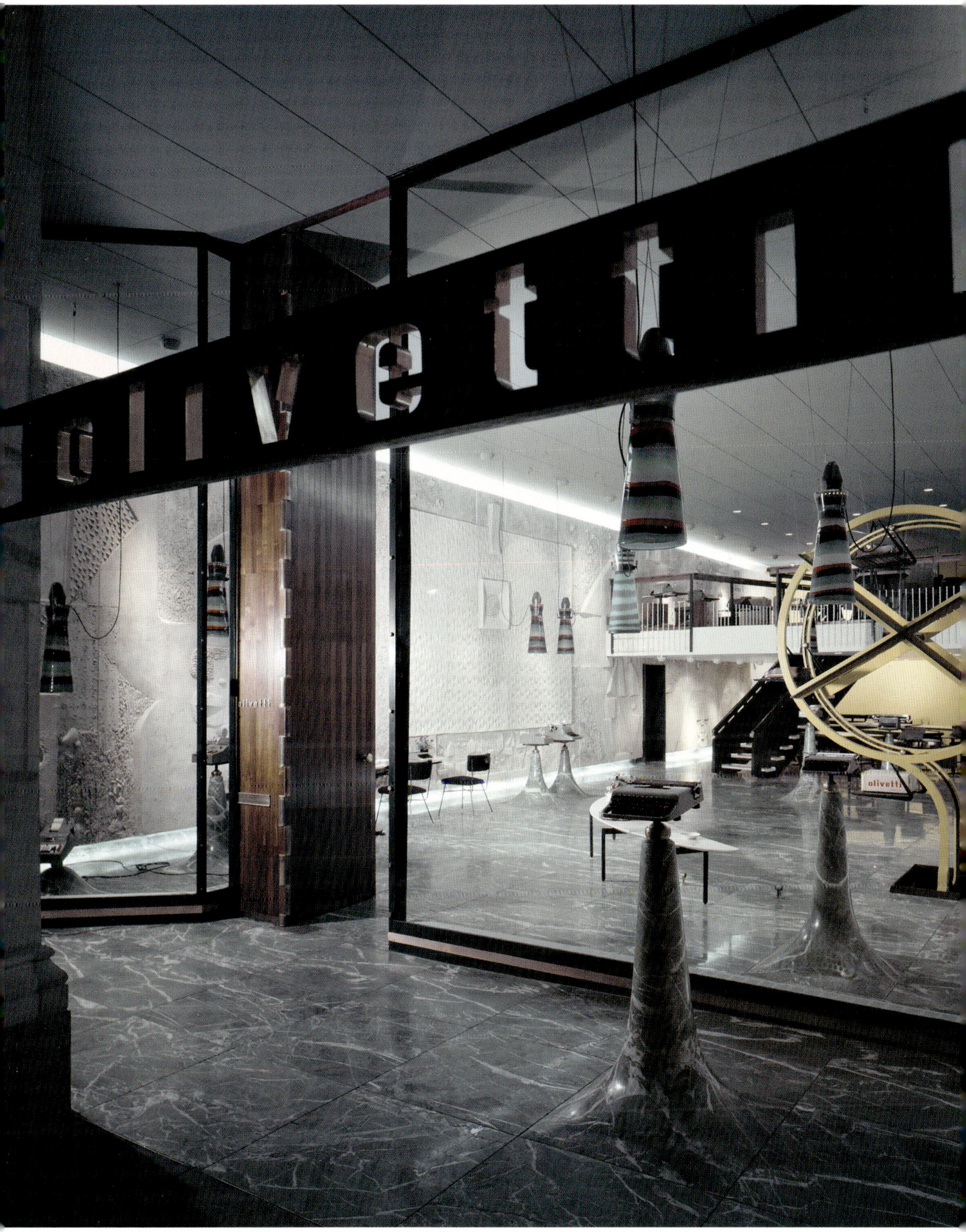
olivetti

L'année 1954 voit surgir une remarquable salle d'exposition et de vente d'automobiles créée par Frank Lloyd Wright et destinée à accueillir une concession Jaguar, mais qui vendra finalement des Porsche et, plus tard, des Mercedes-Benz. Wright conçut une rampe incurvée pour exposer les automobiles – une sorte de préfiguration du Guggenheim Museum mais le résultat n'est pas aussi spectaculaire, car le rez-de-chaussée, qui accueillait auparavant un immeuble de bureaux sur Park Avenue, est bas de plafond. Cette même année va s'ouvrir le plus grand espace de vente à ce jour. En fait, ce n'était pas un magasin mais une banque : la Manufacturer's Trust Company, conçue par Gordon Bunshaft à l'angle de la 5e Avenue et de la 43e Rue Ouest, boîte en verre de quatre étages

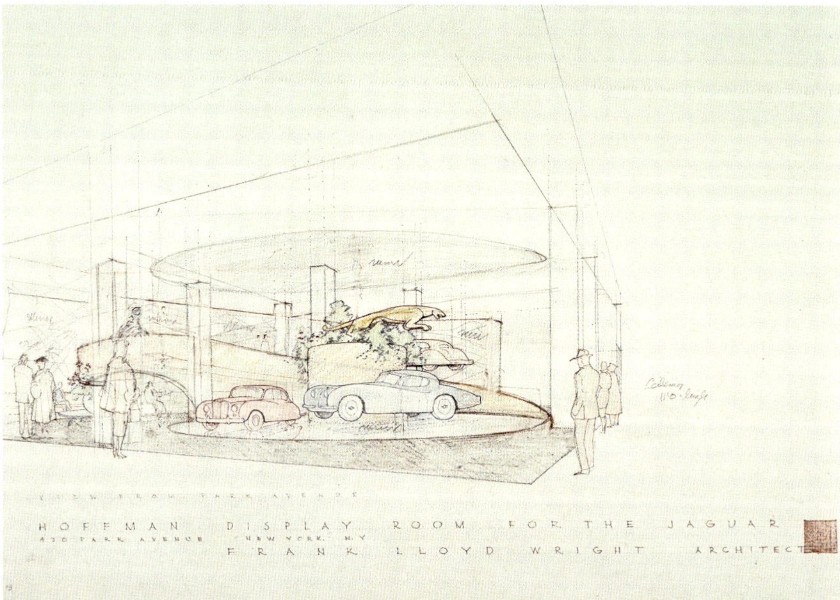

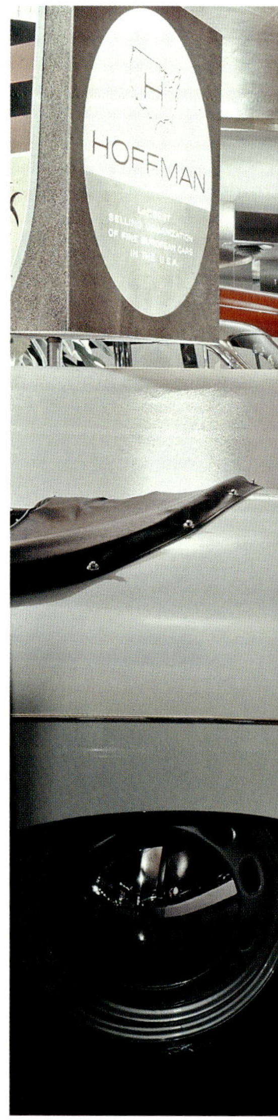

CI-DESSUS : Esquisse pour la salle d'exposition Maximilian Hoffman (plus tard Mercedes-Benz), conçue par Frank Lloyd Wright, 1954.

À DROITE : En plaçant les voitures sur une rampe hélicoïdale, Wright crée une impression de mouvement ; il parvient à impulser un dynamisme à cette salle d'exposition.

d'une exceptionnelle élégance. À une époque où la plupart des banques étaient des bâtiments massifs en pierre, Bunshaft souhaita que la banque ressemble à un magasin moderne ouvert sur l'extérieur. « Nous avons pensé qu'il était temps de sortir les banques de leurs mausolées », expliqua Louis Skidmore, le partenaire de Bunshaft[16]. Avec son mur en verre de vingt mètres de haut et un panneau décoratif créé par Harry Bertoia à l'étage des opérations bancaires (qui, comme le *piano nobile* d'un palais de la Renaissance, se situe un étage au-dessus de la rue), cette banque est très raffinée. Les proportions élégantes et les dimensions modestes du bâtiment apportent à l'architecture en verre un attrait qu'elle n'avait pas dans les gratte-ciel, mais la pièce de résistance, à l'intérieur,

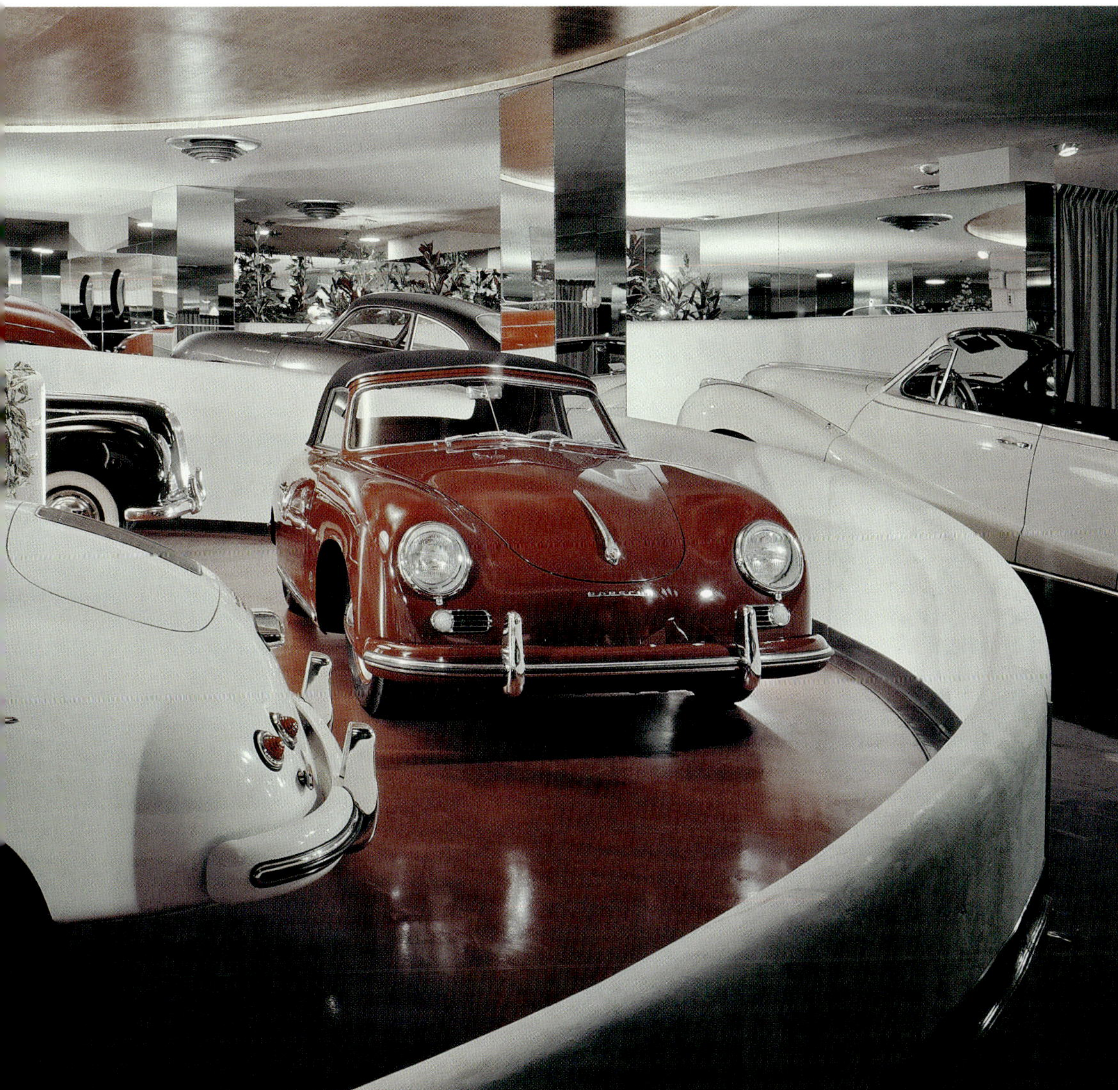

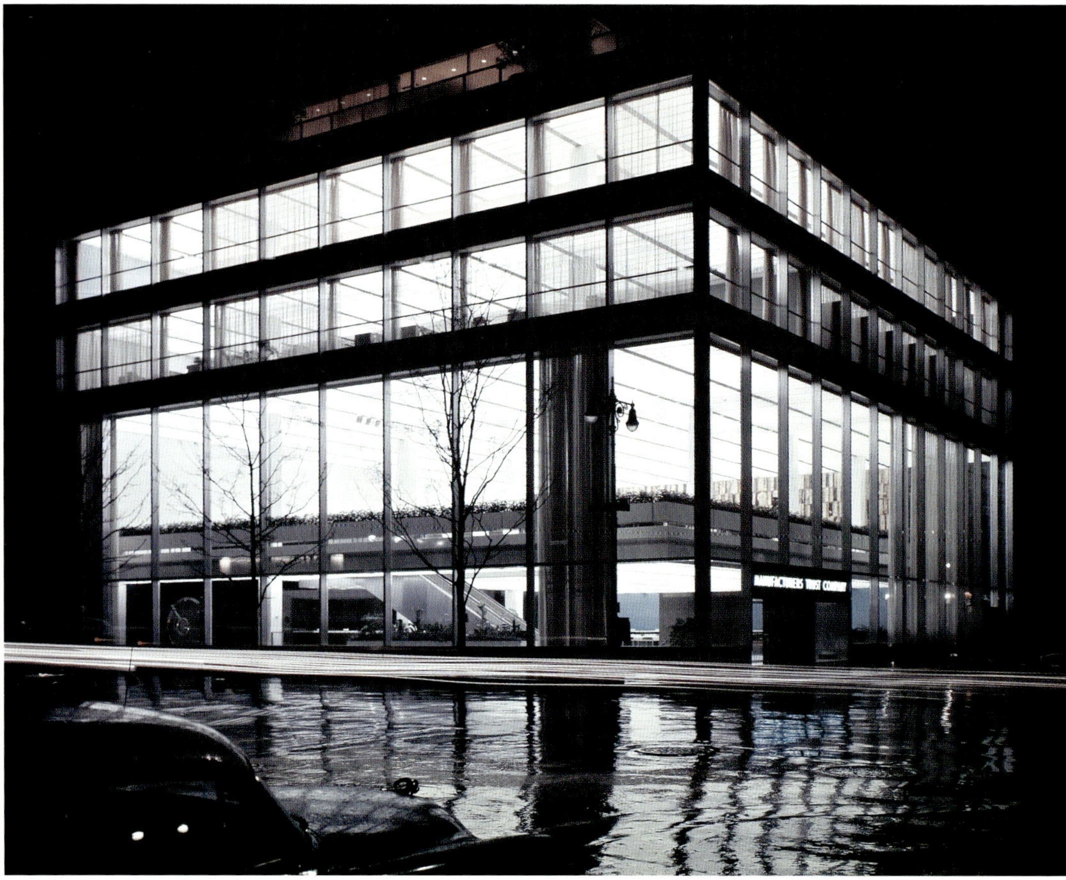

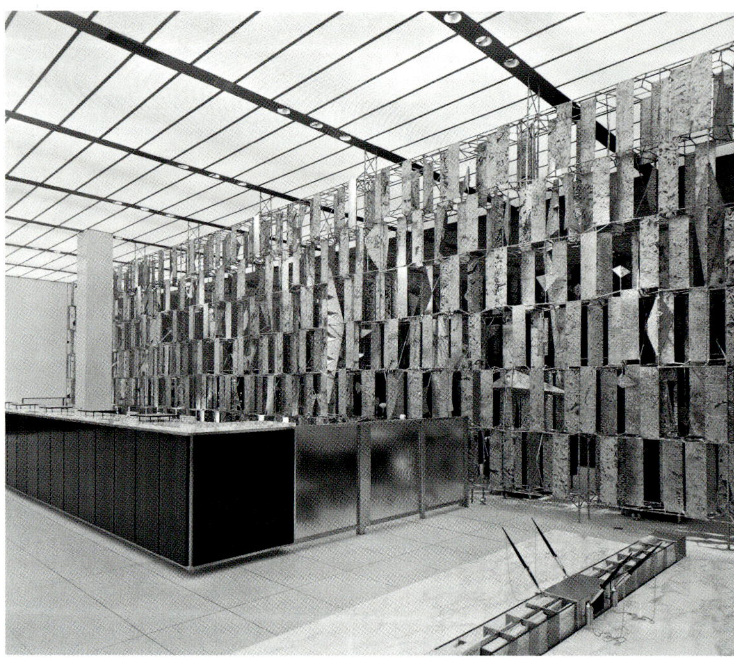

CI-DESSUS : L'immeuble de la Manufacturer's Trust Company, conçu par Gordon Bunshaft de l'agence Skidmore, Owings & Merrill, 1954. Cette « lanterne en cristal », comme l'appelle Lewis Mumford, remplace la solidité massive de la pierre par la transparence du verre. Elle casse l'image traditionnelle de la banque conçue comme une forteresse imprenable.

CI-CONTRE : Golden Arbor, *1954, cloison sculpturale de Harry Bertoia. Conçue pour l'intérieur de la Manufacturer's Trust Company, elle se compose de huit cents panneaux entrecroisés en laiton, cuivre et nickel.*

À DROITE : La salle des coffres de la Manufacturer's Trust Company, conçue par Henry Dreyfuss en 1954, avait une fonction à la fois sculpturale et très concrète ; elle fournit la preuve qu'une banque installée dans un bâtiment en verre peut offrir toute la sécurité voulue.

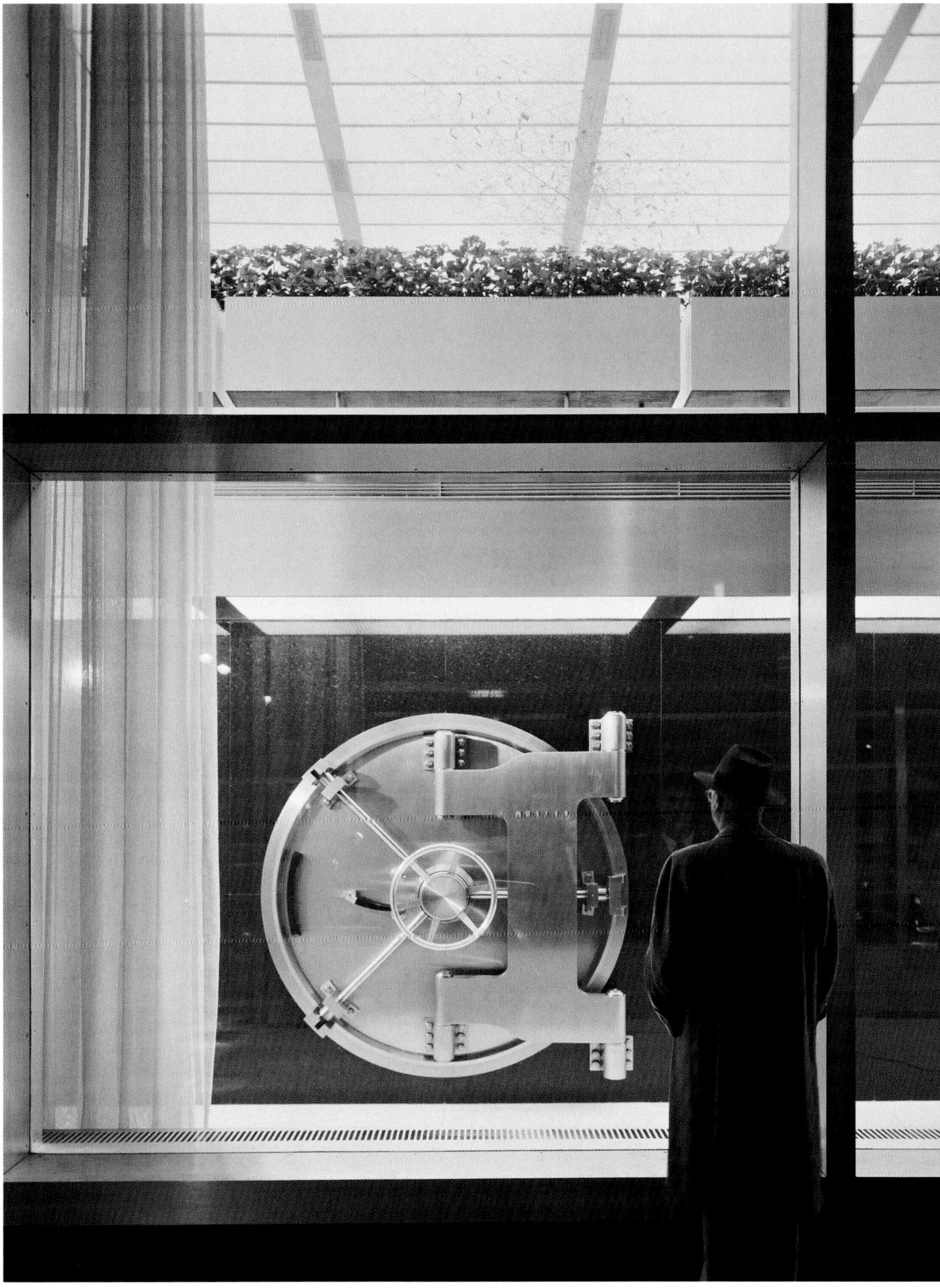

est un énorme coffre-fort conçu par Henry Dreyfuss. Situé juste derrière la vitrine sur la 5e Avenue, visible par tous les passants, il rappelle qu'il s'agit bien d'une banque, constituant à la fois un objet sculptural pour les initiés et un élément rassurant pour les clients hésitant à confier leurs fonds à des banquiers installés dans une maison de verre.

Des bâtiments comme celui de la Manufacturers Trust ou le terminal de la TWA à l'aéroport John F. Kennedy – une sculpture fluide d'Eero Saarinen, hommage en béton au vol aérien –, ou encore la Liver House et le Seagram Building ont presque tous été pris en photo par Ezra Stoller dont les images composées en noir et blanc ont été associées aux grands ouvrages de photographie sur l'architecture, au point de devenir parfois presque aussi iconiques que les bâtiments eux-mêmes. Ces images contiennent rarement des personnages, et les bâtiments apparaissent dans une lumière uniforme qui souligne leurs formes sculpturales et tend à les présenter comme des objets purs et parfaits, coupés de leur contexte. Ainsi, le Seagram Building devient une tour élancée et épurée, le terminal de la TWA, une magnifique forme en béton qui ondule, le siège des Nations Unies, une plaque qui se découpe contre le ciel.

Stoller est un grand photographe de l'architecture moderne, bien qu'il n'ait pas joué un rôle central dans le milieu des photographes new-yorkais de l'après-guerre. Certains de ses contemporains, comme Ruth Orkin, Andreas Feininger, Lisette Model, Helen Levitt, Evelyn Hofer, Diane Arbus ou Garry Winogrand – ceux que l'écrivain Jane Livingston réunit sous le nom de « École de New York de la photographie » – étaient aussi déterminés que lui à rendre compte de l'avènement de la modernité, mais ils l'ont fait d'une manière différente, insistant sur les éléments que Stoller laissait généralement de côté : les gens, le mouvement et l'énergie de la ville. Stoller représente les bâtiments comme des constructions austères et idéales, figées dans le temps ; un photographe comme Winogrand met en évidence la spontanéité, la frénésie et la surprise de la ville. Lisette Model, qui a été un des mentors de Diane Arbus, prend les individus obliquement, créant des compositions subtiles qui ressemblent à des intrusions dans la vie privée. Helen Levitt se concentre sur les classes pauvres qui, dans ses images marquées par la forte présence de New York, semblent à la fois exclues de la ville et profondément intégrées à elle. Model, Hofer, Levitt et Arbus s'intéressent de près aux gens ; Feininger prend du recul pour montrer d'immenses foules et des panoramas spectaculaires. Dans l'une de ses images les plus célèbres, *Noon Rush Hour on Fifth Avenue*, de 1949, les piétons remplissent le moindre centimètre

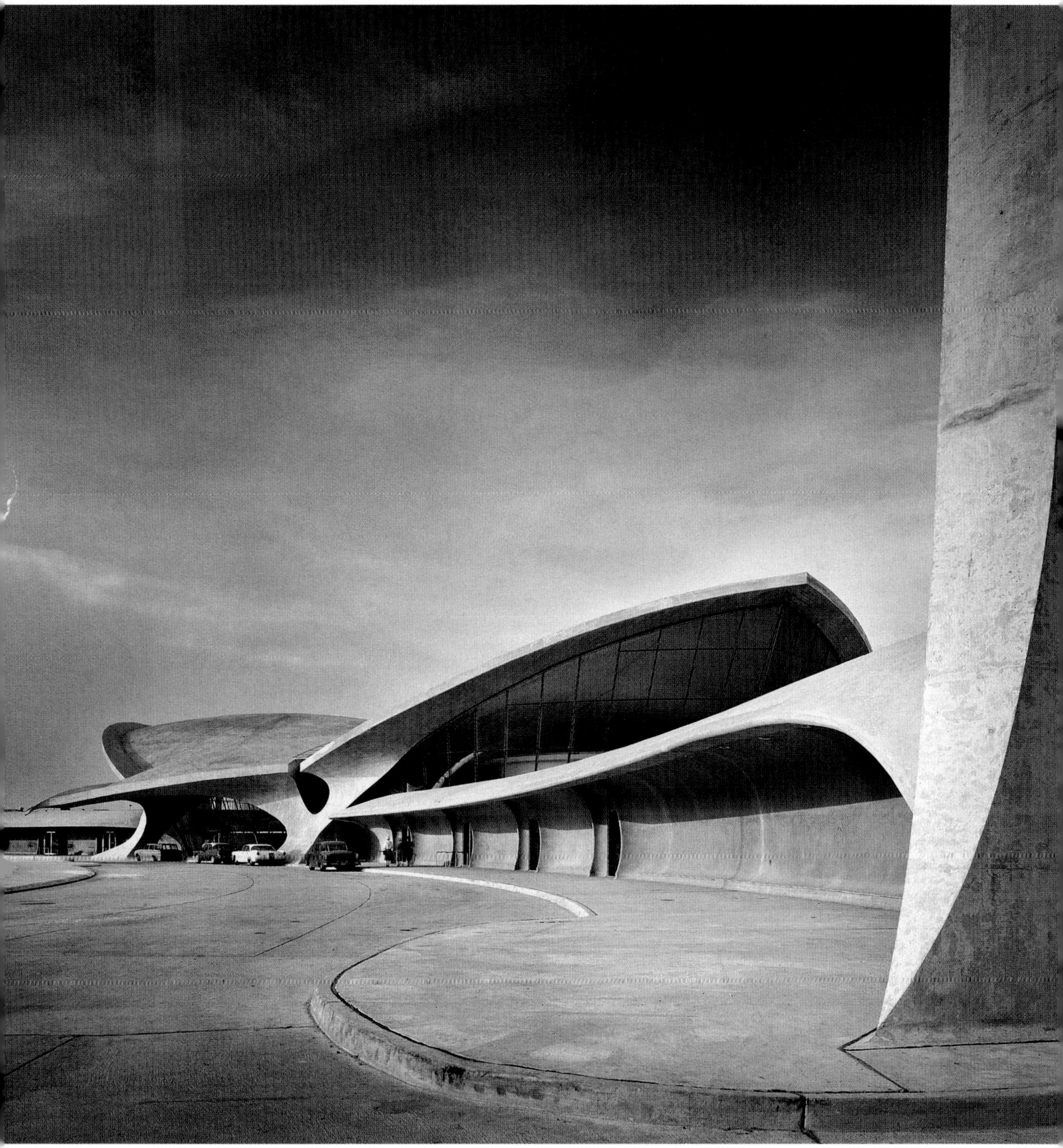

CI-DESSUS : Par ses lignes incurvées, le terminal en béton de la TWA à l'aéroport Idlewild (plus tard John F. Kennedy International), par Eero Saarinen, représentait ce qui se faisait de mieux en 1962 en matière de design et d'ingénierie.

PAGES SUIVANTES : L'intérieur épuré du terminal de la TWA. Saarinen voulait en faire un espace à la fois spectaculaire et accueillant, qui traduise l'enthousiasme de la nouvelle ère des vols supersoniques. Les surfaces intérieures sont recouvertes de carreaux de céramique blanche, qui donnent aux formes en béton une continuité tout en douceur.

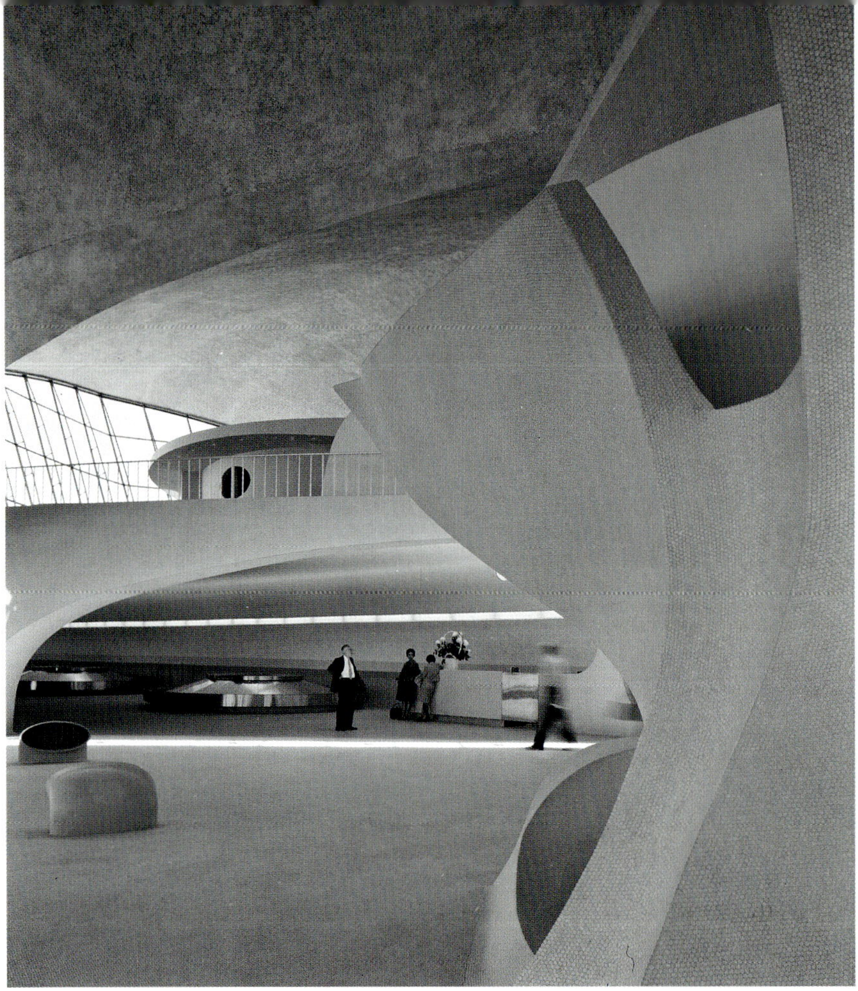

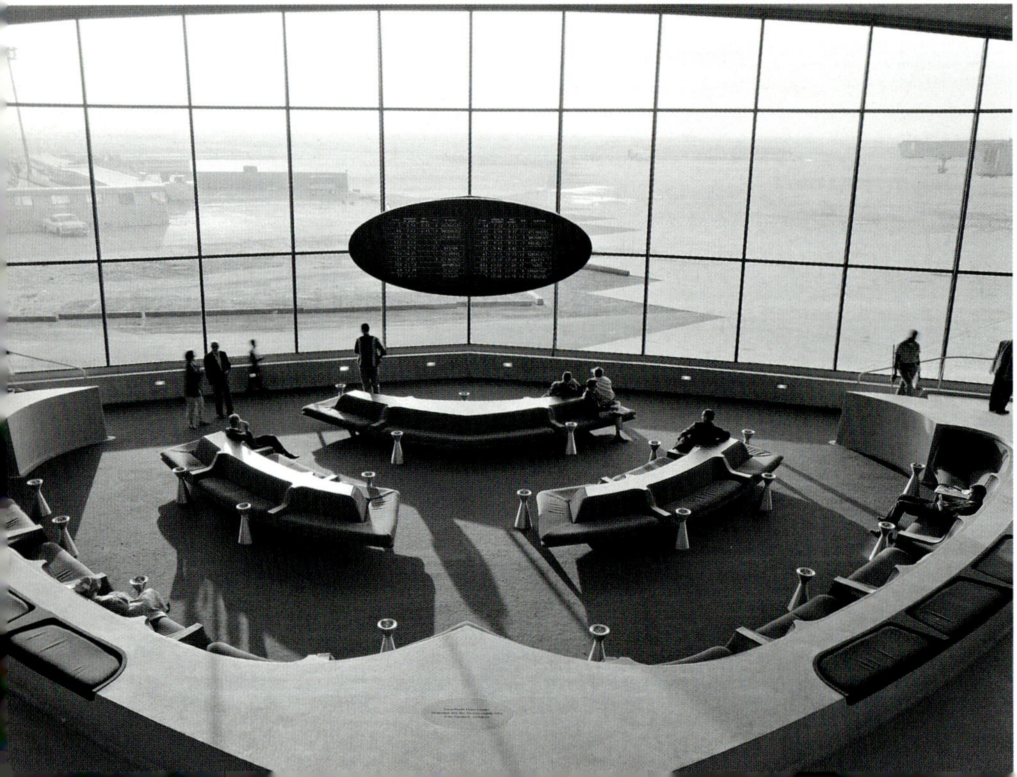

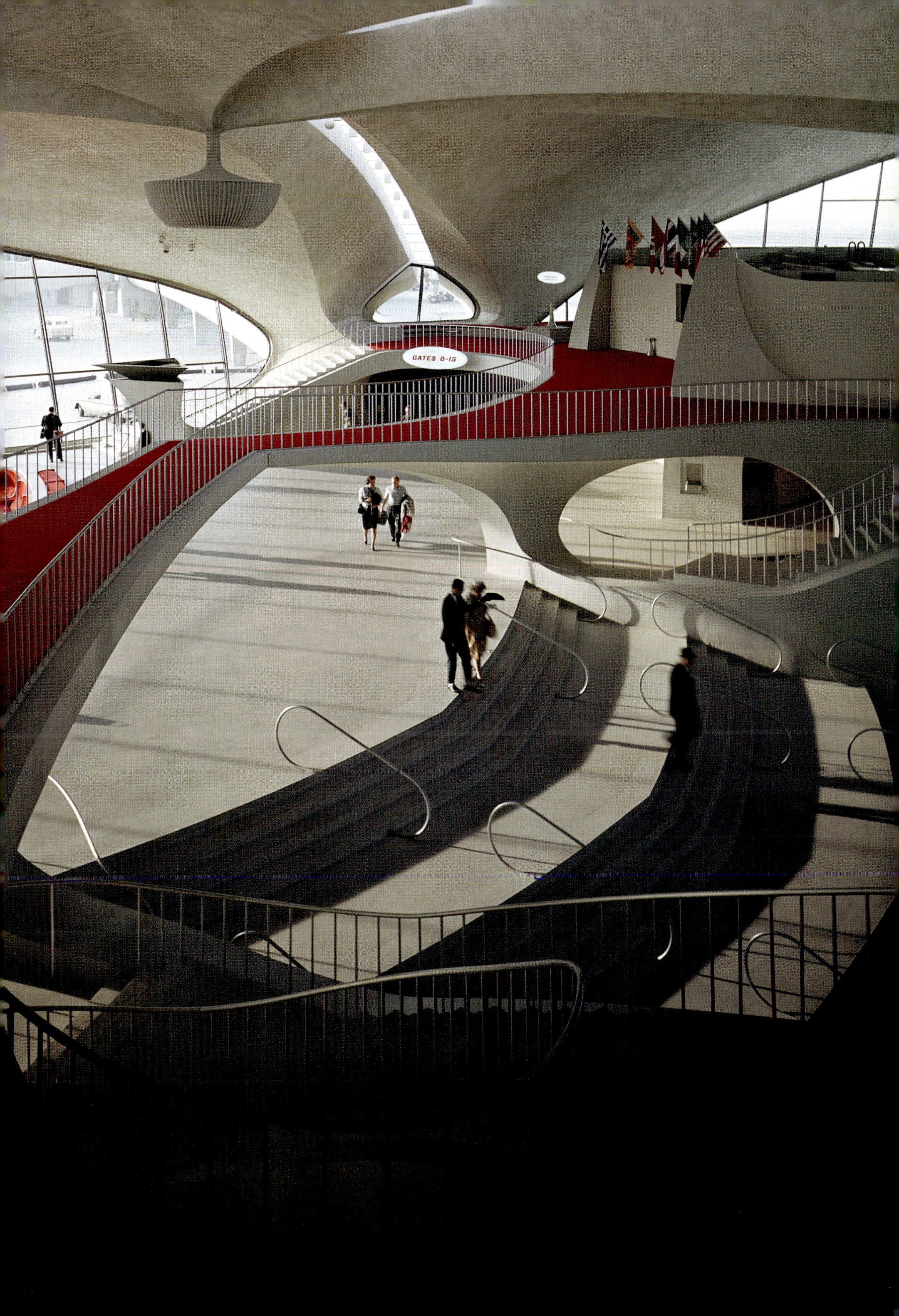
GATES 8-15

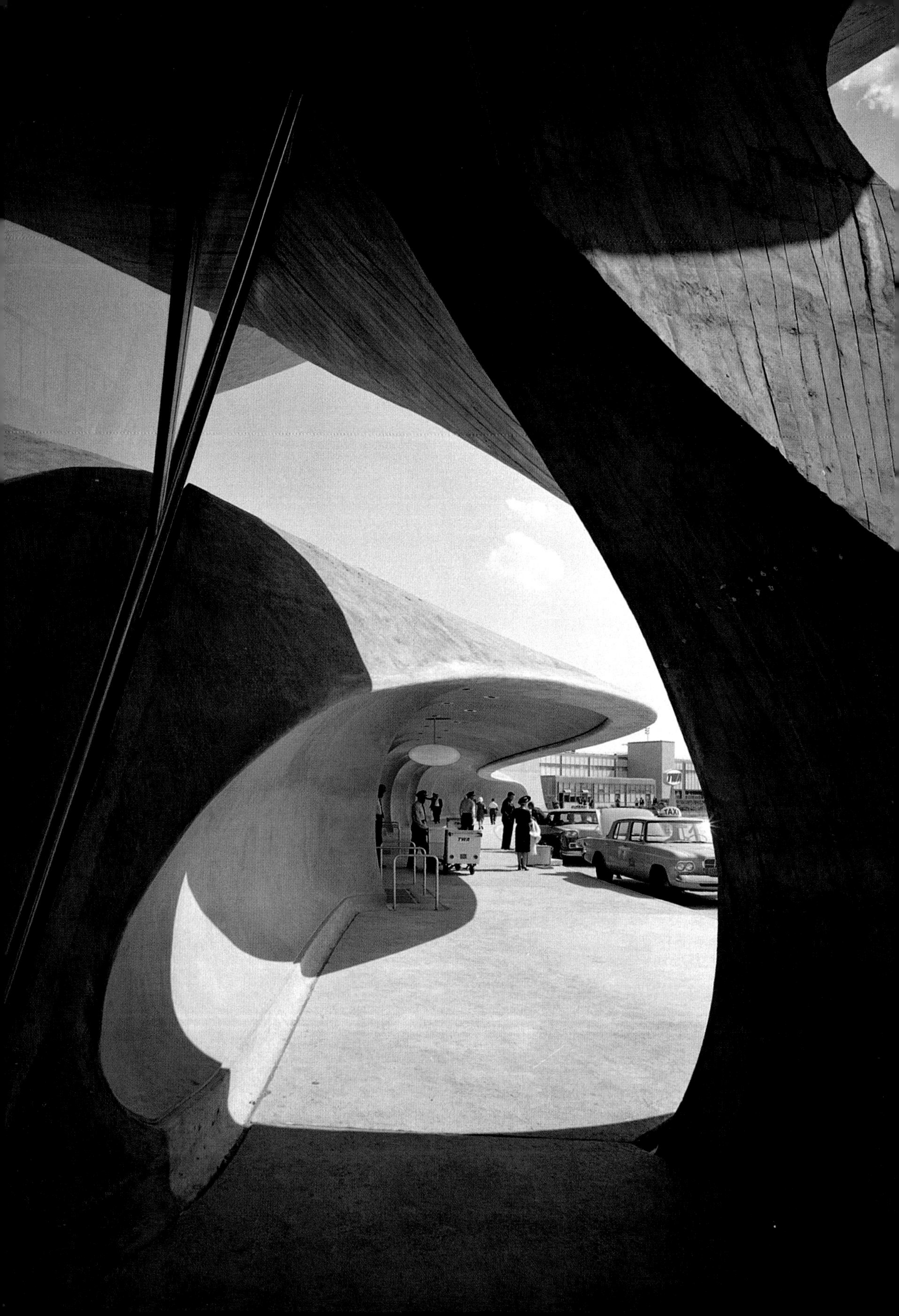
TAXI
TWA

de la 5e Avenue et l'on sent leur mouvement, comme un cours d'eau déferlant sur un trottoir (voir page 2). Ces photographes de l'après-guerre n'étaient pas des amoureux de la modernité en tant que réussite technologique comme avaient pu l'être ceux de la génération précédente, celle d'Alfred Stieglitz, Charles Sheeler, Margaret Bourke-White et d'autres. En généralisant à propos de personnalités très différentes, on pourrait dire que les plus grands photographes de l'après-guerre ont accepté la ville du XXe siècle comme allant de soi ; pour eux, elle est le décor sur lequel ils sondent la vie de ses occupants. Ce sont des images panoramiques chez Andreas Feininger, des juxtapositions étranges et des personnages curieux chez Arthur Fellig – photographe de presse connu sous le nom de Weegee – et des rencontres troublantes avec des marginaux chez Diane Arbus.

Beaucoup de photographes de cette École dite « de New York » sont les représentants d'une sorte de « photo vérité » (comme il y a eu un « cinéma vérité »), mais ils sont moins célèbres peut-être que les photographes de mode, au rang desquels figurent Richard Avedon, Irving Penn, Lillian Bassman et Henry Wolf. Citons aussi George Platt Lynes, dont l'œuvre est très variée et qui restera surtout connu pour ses nus masculins. Dans cette catégorie, les photographes ne cherchent pas à rendre compte de la vie difficile ou des sentiments intimes de personnes anonymes. Avedon (qui se fera plus tard une réputation de portraitiste) et Penn ont photographié des mannequins dans des cadres magnifiques, et chaque détail est aussi précisément composé que dans une nature morte. Leurs images sont stylisées et néanmoins très épurées, minutieusement travaillées, parfois avec une touche de surréalisme. En captant le mouvement, les images d'Avedon semblent incarner l'esprit de la mode de son temps. Celles de Penn sont délibérément plus statiques. Dans leur perfection froide, elles évoquent davantage celles des bâtiments modernistes prises par Ezra Stoller que celles des photographes de la rue.

La carrière de ces photographes est intimement liée à la vie des magazines de l'époque, qui renouvellent la place de l'iconographie et la conception du design graphique dans la presse. *Harper's Bazaar,* qui sera le plus audacieux de tous durant des années, et plus tard *Vogue,* ont accordé une place importante au travail de Penn et d'Avedon. Henry Wolf, lui-même photographe de renom et directeur artistique à *Esquire* au début des années 1950, transforma la mise en page du magazine dans le sens du raffinement et de la modernité, avant de rejoindre *Harper's Bazaar* à qui il insufflera un dynamisme graphique comparable. Avec des responsables de la publicité comme William Bernbach et George Lois, et des

Dans l'esprit du public, l'architecture contemporaine se réduit souvent aux images austères qu'en a faites Ezra Stoller. Ici, le photographe transforme le terminal de la TWA d'Eero Saarinen en une composition abstraite.

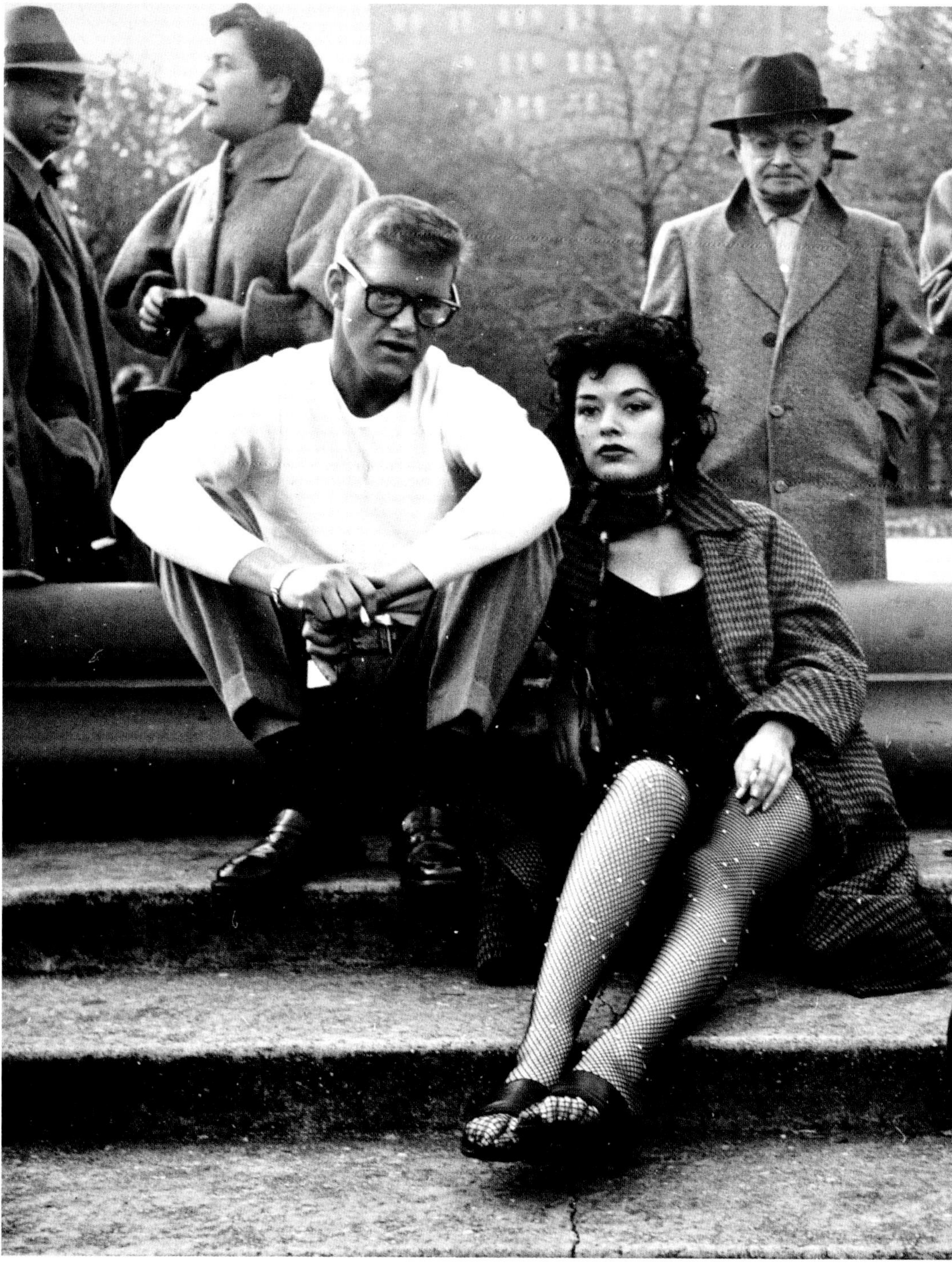

Weegee (Arthur Fellig), La Fontaine, *années 1950, dans Washington Square Park, Greenwich Village.*

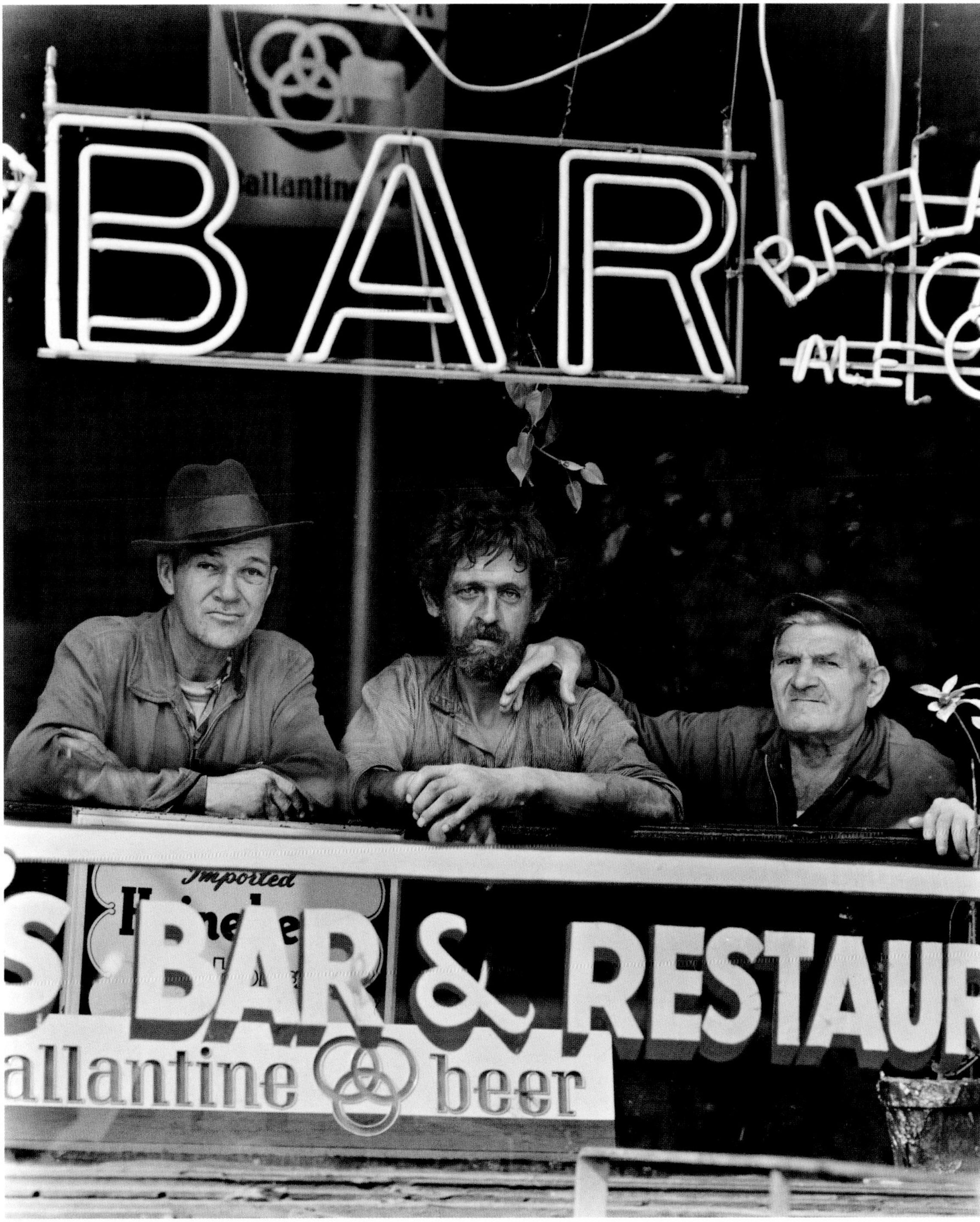

Evelyn Hofer, The Bowery, New York, *1963.*

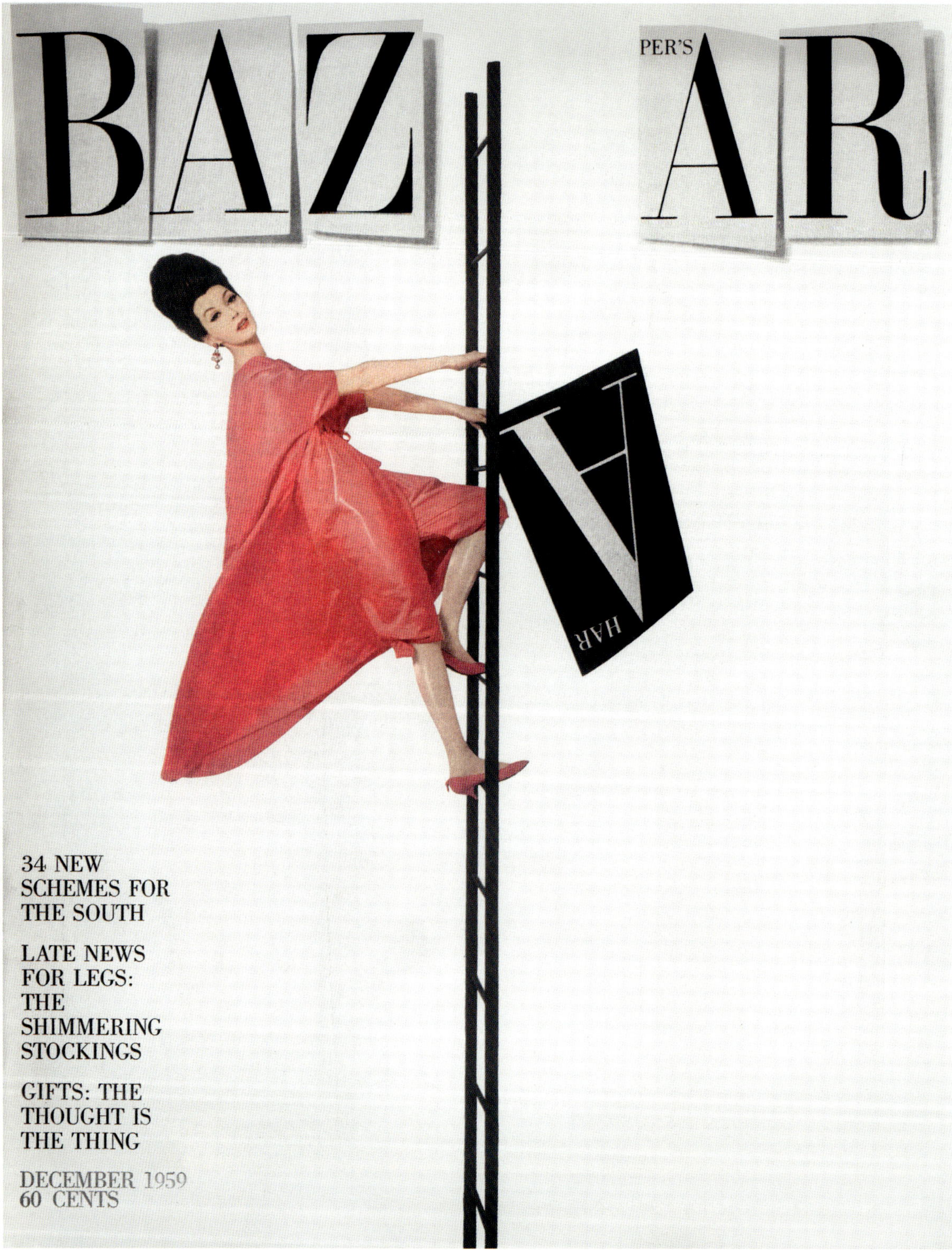
BAZ PER'S AR
HAR
34 NEW SCHEMES FOR THE SOUTH
LATE NEWS FOR LEGS: THE SHIMMERING STOCKINGS
GIFTS: THE THOUGHT IS THE THING
DECEMBER 1959
60 CENTS

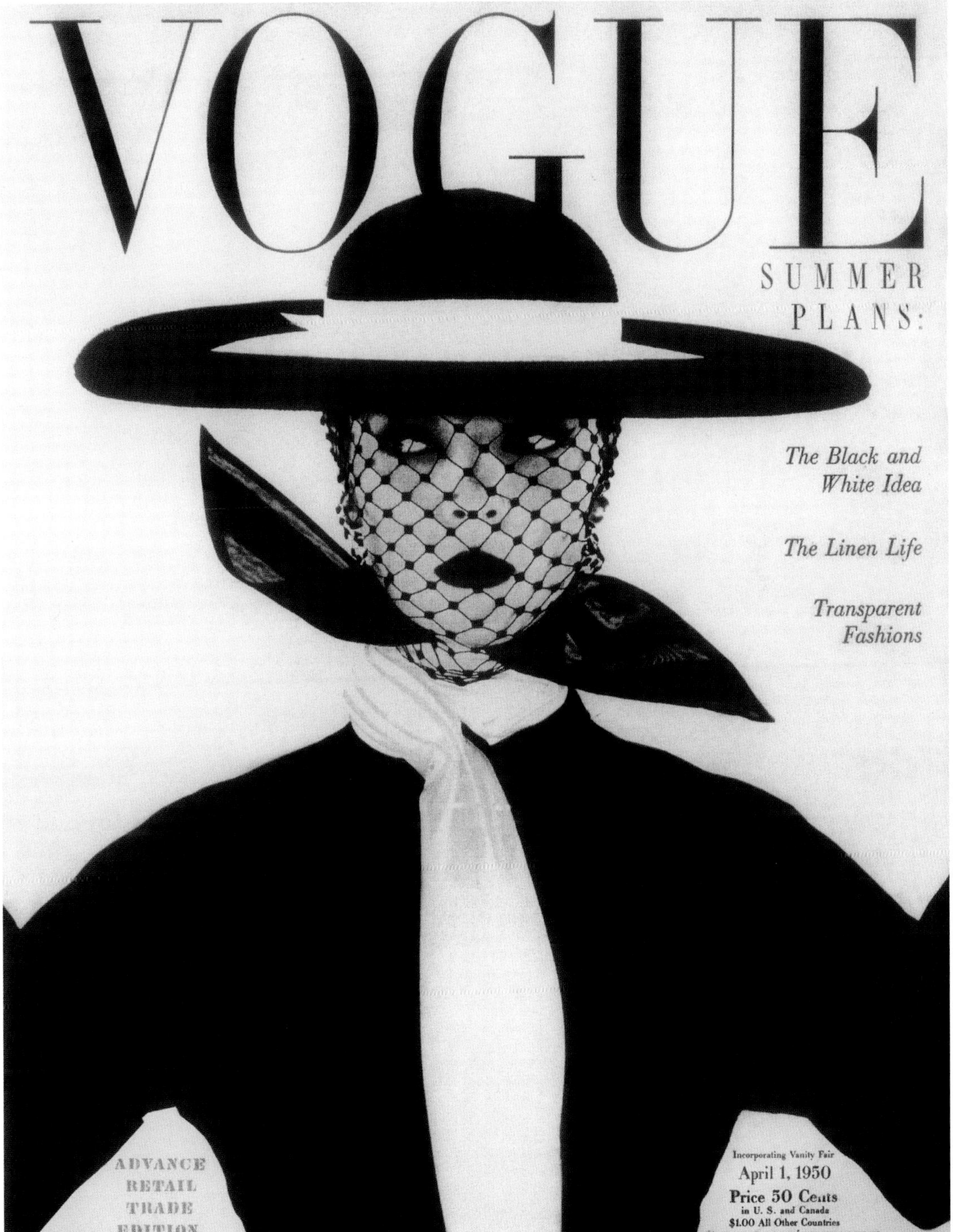

À GAUCHE : La couverture de Harper's Bazaar *par Richard Avedon, décembre 1959.*

CI-DESSUS : La couverture de Vogue *par Irving Penn, juin 1950.*

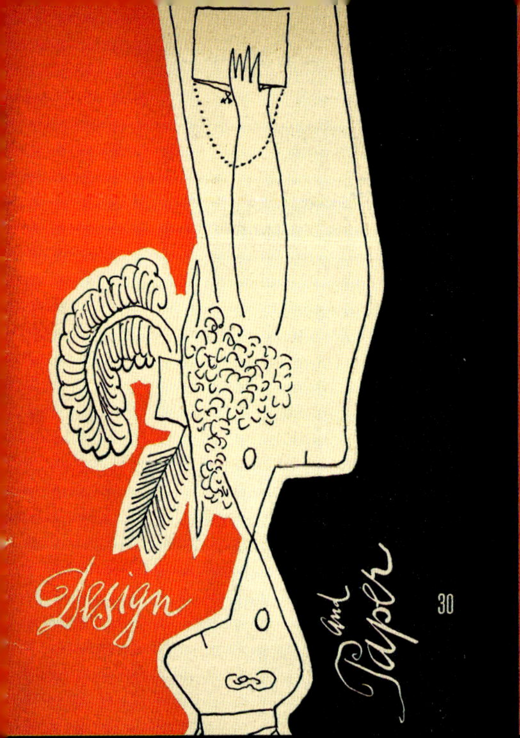
Design
and
Paper
30

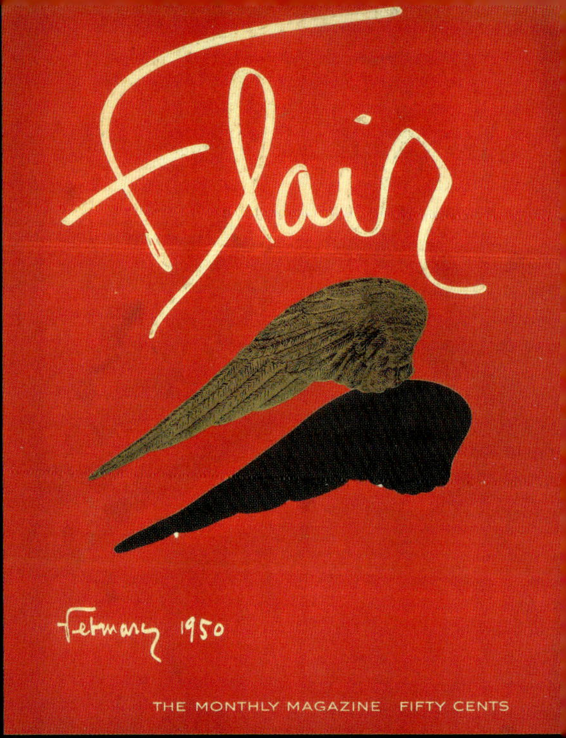
Flair
February 1950
THE MONTHLY MAGAZINE FIFTY CENTS

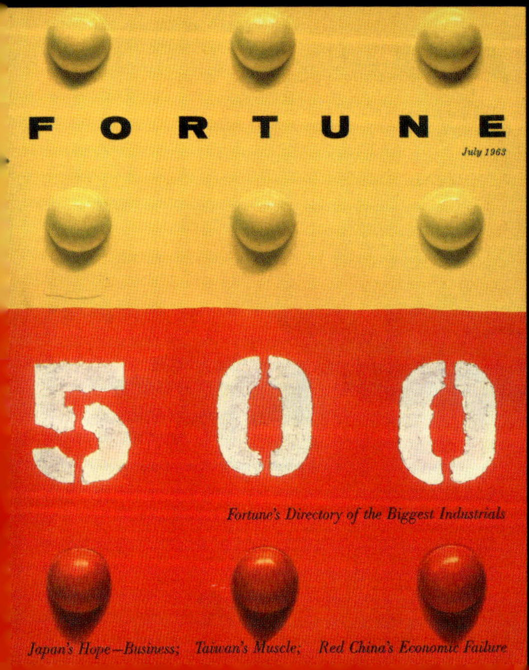
FORTUNE
July 1963
500
Fortune's Directory of the Biggest Industrials
Japan's Hope—Business; Taiwan's Muscle; Red China's Economic Failure

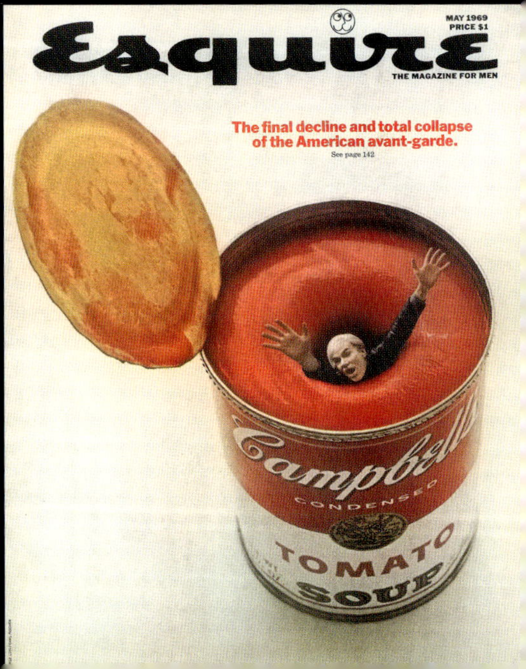
MAY 1969
PRICE $1
Esquire
THE MAGAZINE FOR MEN
The final decline and total collapse
of the American avant-garde.
See page 142
Campbell's
CONDENSED
TOMATO
SOUP

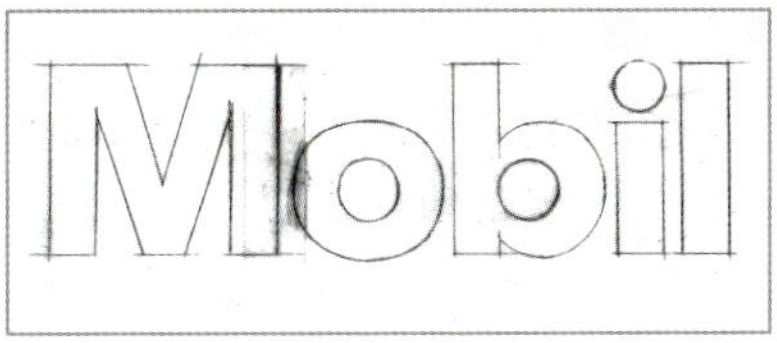

À DROITE ET EN BAS À DROITE : Le logo de la Chase Bank, conçu par Tom Geismar en 1961, est le premier exemple de logo non figuratif adopté par une banque. Plus d'un demi-siècle plus tard, il est toujours en usage.

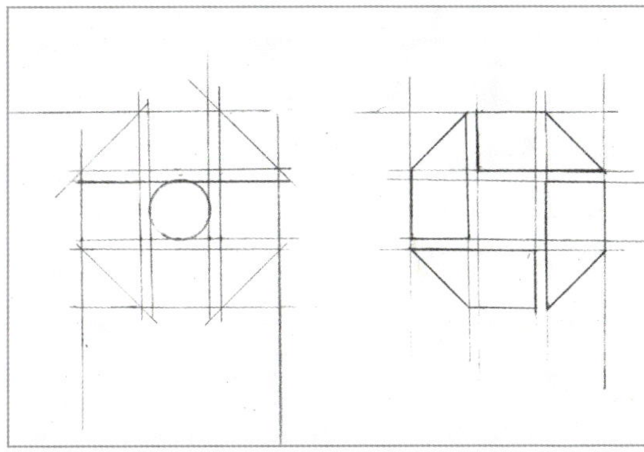

CI-DESSUS : Le logo de la Mobil Corporation, dont l'écriture a été conçue par le designer graphique Tom Geismar, 1964.

CI-DESSOUS : Les sachets de sucre du Museum of Modern Art, conçus par Ivan Chermayeff, années 1960.

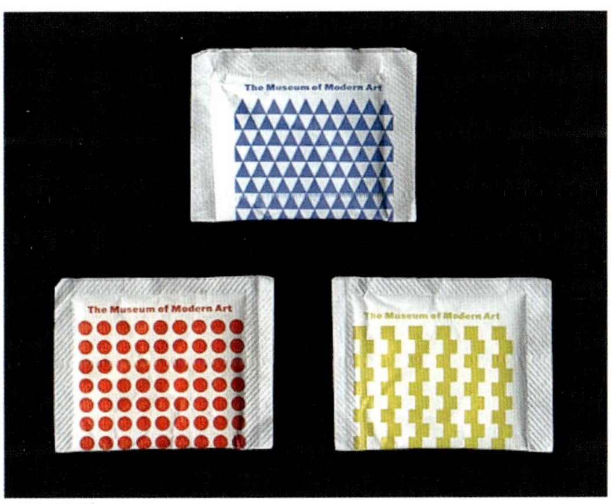

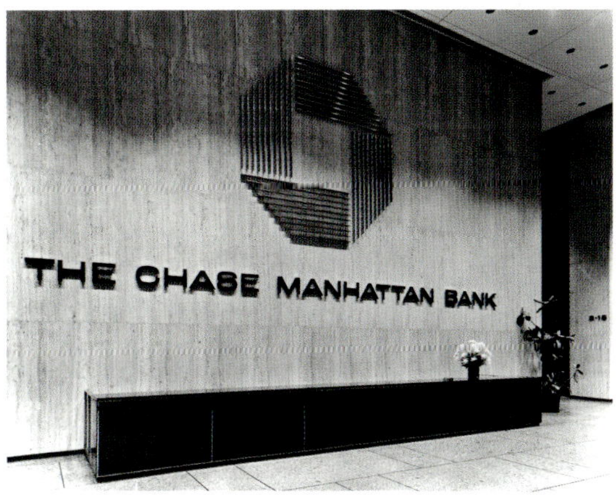

graphistes comme Tom Geismar et Ivan Chermayeff, Wolf créera, à partir de la fin des années 1950, des magazines, des publicités et des logos qui frappent par leur caractère percutant et souvent abstrait, presque toujours raffiné et subtil, renouvelant ainsi le journalisme, la publicité et le design graphique de la presse magazine.

À GAUCHE : Couverture de Design and Paper *par Saul Steinberg, années 1950 (en haut, à gauche) ; couverture du magazine* Flair, *février 1950 (en haut, à droite) ; couverture de* Fortune *par Chermayeff & Geismar Associates, dont le directeur artistique était Walter Allner, juillet 1963 (en bas, à gauche) ; couverture d'*Esquire *par George Lois, mai 1969 (en bas, à droite).*

PRÉSERVATION DU PATRIMOINE

CI-DESSOUS : *Le E.V. Haughwout Building, conçu par John Gaynor en 1857 et équipé du premier ascenseur, est à de nombreux égards représentatif des immeubles à structure et façade en fonte. Il fait partie des bâtiments qui ont disparu avec la construction de voies rapides dans Lower Manhattan.*

À DROITE : *La façade en fonte du Haughwout Building, magnifiquement proportionnée et aux détails élégants, a été créée par la fonderie de Daniel Badger, Architectural Ironworks, située en bordure de l'East River.*

Dans les années d'après-guerre, il est évident que tout New York ne gravite pas autour de l'esthétique moderne et épurée d'Henry Wolf ou de George Lois. À la fin des années 1950 et au début des années 1960, un certain nombre d'artistes qui n'ont plus les moyens de vivre dans Greenwich Village – qui, malgré Jane Jacobs, s'embourgeoise rapidement et n'est plus aussi diversifié qu'à l'époque où elle avait écrit son livre – trouvent refuge plus loin du centre, dans les vieux bâtiments industriels au sud de Houston Street, quartier bientôt connu sous le nom de SoHo. Beaucoup d'entre eux avaient de magnifiques façades en fonte (SoHo possédait la plus forte concentration de bâtiments en fonte du XIXe siècle), mais cette qualité est moins importante pour les artistes que la localisation du quartier, hors des sentiers battus, sorte de *no man's land* entre Wall Street et le centre de Manhattan. Et surtout, ces bâtiments vastes, ouverts comme le sont les entrepôts, se prêtaient idéalement à devenir des ateliers d'artiste. Les entreprises industrielles qui occupaient jusque-là le quartier étaient parties s'installer en dehors de Manhattan, parfois loin de New York, laissant vacants leurs anciens locaux. La ville projetait de raser une grande partie du quartier pour y faire passer la voie rapide de Lower Manhattan (Lower Manhattan Expressway) ; confrontés à cette incertitude, les propriétaires des immeubles du quartier cessèrent de les entretenir et, dans certains cas même, de rechercher de nouveaux locataires.

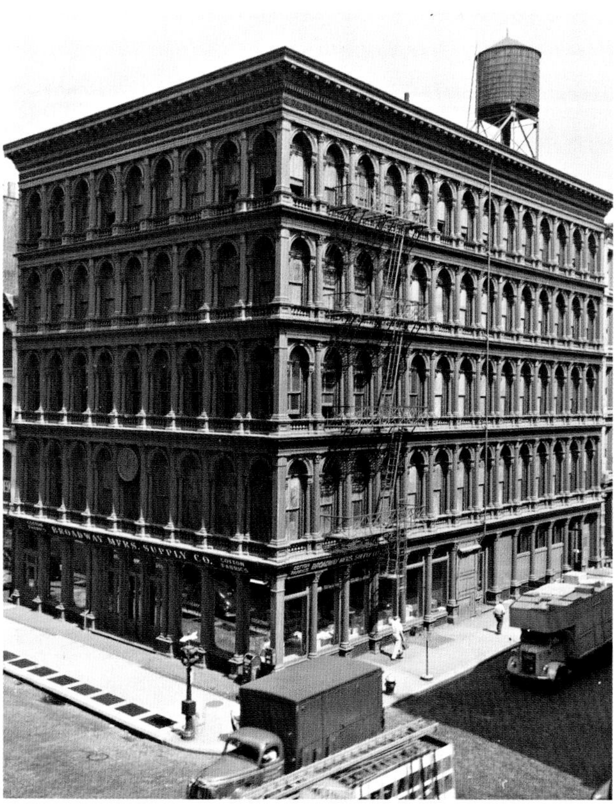

Les premiers artistes venus vivre et travailler dans ces lofts occupaient les locaux illégalement. Le cas s'était déjà produit à New York, mais le développement de SoHo créait une concentration d'artistes suffisante pour constituer une communauté militante. Menaçant un moment de faire grève, ces artistes firent pression sur la Ville pour qu'elle légalise les squats. Au début des années 1960, la municipalité finit par assouplir ses réglementations pour permettre aux premiers artistes, puis

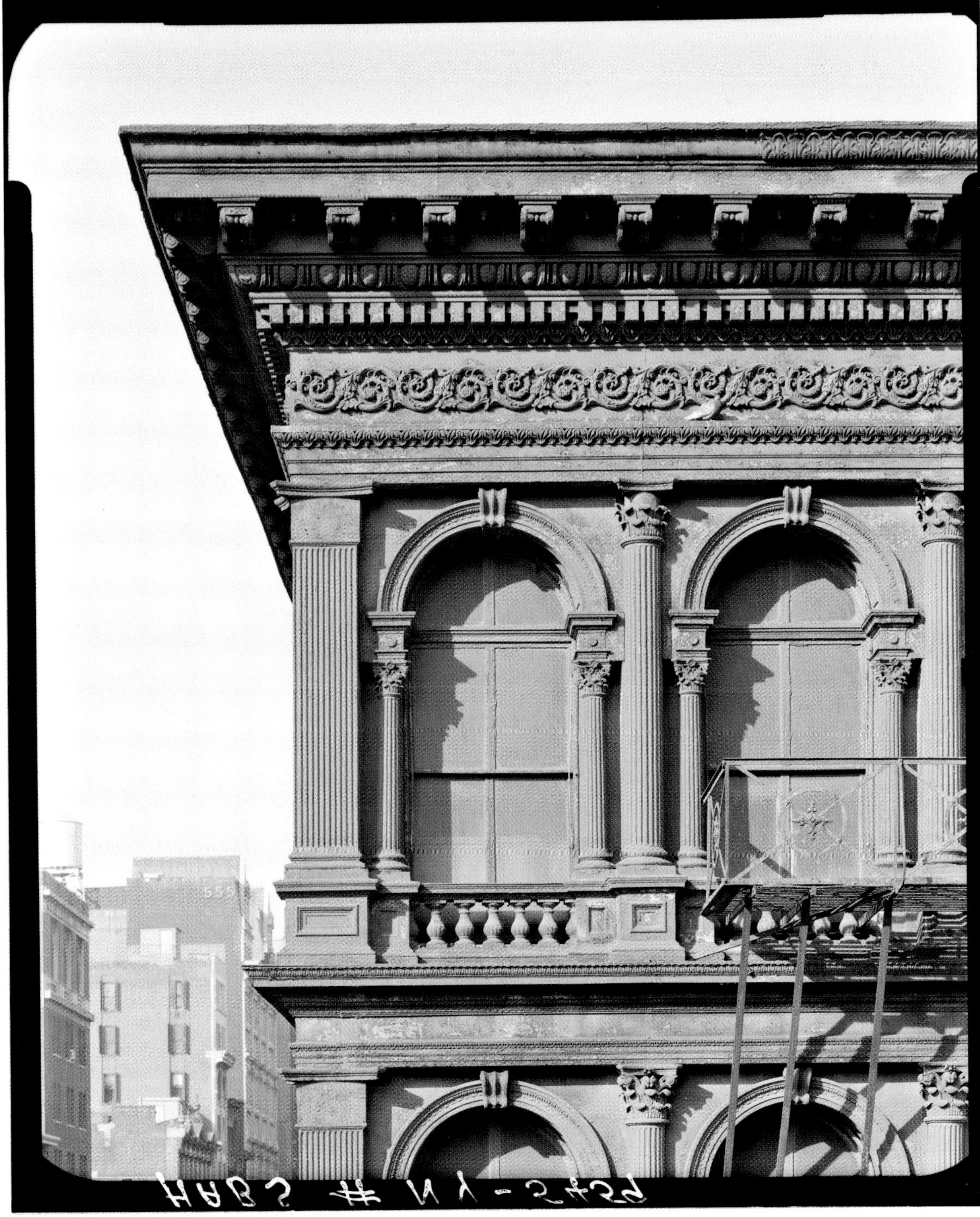
555

à quasiment tout le monde, de transformer ces anciens entrepôts en habitations. Dans la foulée, des bars, des restaurants et des magasins s'installèrent peu à peu, mais il fallut encore attendre quelques années (et l'abandon officiel du projet de voie rapide) pour que le quartier soit considéré comme patrimoine historique et que ses trésors architecturaux soient préservés contre toute menace de démolition. Les spéculateurs commencèrent alors à transformer SoHo de fond en comble ; financièrement, seuls les investisseurs avaient la capacité d'acquérir les magasins et les lofts, et la génération suivante d'artistes n'aura pas plus les moyens d'habiter à SoHo que ses prédécesseurs à Greenwich Village.

SoHo et son remarquable patrimoine de bâtiments en fonte du XIXe siècle ont donc bien failli disparaître. Beaucoup d'autres bâtiments intéressants de New York n'ont pas eu la même chance. Du fait du rythme de la construction dans les années 1950 et 1960, et de la conscience limitée qu'avait alors New York de la valeur de son histoire architecturale, une grande partie de ses plus beaux bâtiments ont été détruits. Presque toutes les demeures historiques de la 5e Avenue – dont certaines avaient été dessinées par des architectes comme McKim, Mead & White, Trowbridge & Livingston, Ogden Codman, Horace Trumbauer ou Warren & Wetmore – ont été remplacées après la guerre par des immeubles d'habitation. Sur West Side, la maison de Charles Schwab, située Riverside Drive (l'une des plus grandes jamais construites à New York, elle occupait tout l'espace entre Riverside Drive et West End Avenue) a été démolie en 1948 pour faire place à des logements cubiques en brique rouge. Dans le centre de Manhattan, de nombreux théâtres ont été rasés pour être remplacés par des tours de bureaux. La démolition en 1960 du Roxy Theater, l'un des cinémas les plus ornementés jamais construits, a été une perte inestimable ; il devait être remplacé par le Time & Life Building. Cette destruction faisait suite à la disparition de plusieurs théâtres de Broadway dans les années 1950, ainsi que de l'intérieur du Center Theater – l'un des joyaux du complexe original du Rockefeller Center –, qui sera réaménagé en espaces de bureaux.

Il arrive que certains bâtiments soient remplacés par de nouvelles constructions non dénuées de qualités architecturales. Dans Uptown, le Loew's Theater, dans la 62e Rue, célèbre cinéma construit en 1932 par Thomas Lamb et John Eberson, n'avait que trente ans quand il a été démoli pour faire place à la Tower East d'Emery Roth & Sons, qui ne peut se comparer à son prédécesseur mais est néanmoins l'un des plus beaux immeubles d'habitation de l'après-guerre. Manhattan House, de Gordon Bunshaft, fut édifiée dans la 3e Avenue sur le site de l'ancien hangar à voitures de style Second Empire de la Transit Corporation, conçu par Henry Hardenbergh, architecte du Plaza

Hotel et des appartements du Dakota Building. Mais ce sont des exceptions, notamment après la guerre. En règle générale, les bâtiments intéressants furent remplacés par d'autres dont le seul avantage était d'être plus grands et plus rentables que leurs prédécesseurs. Les New-Yorkais commençaient à se demander si l'héritage architectural des décennies d'après-guerre ne serait pas fait de destructions plus que de créations, sentiment résumé dans une étonnante publicité pour le Plaza Hotel, parue dans *The New Yorker* en 1965, après qu'il fut devenu clair que le grandiose voisin du Plaza – le Savoy Plaza Hotel par McKim, Mead & White qui dominait l'angle sud-est de Central Park depuis 1927 – allait disparaître au profit d'un gratte-ciel, le General Motors Building. « Cela ne s'est pas produit subitement, mais très progressivement », disait cette publicité. « "Il ne faut pas alarmer les gens !" disaient-ils. Ils ont donc supprimé une petite maison ici, et un grand hôtel là. Puis, quelques banques en pierre de taille et tous les magasins en fonte qu'ils pouvaient trouver [...] Quelques personnes se sont plaintes. [...] Mais la plupart des gens laissaient faire, jusqu'à ce qu'ils découvrent que leur ville avait été

Dessin satirique par Alan Dunn, 1967. La légende dit : « Je pense que c'est la commission de sauvegarde des monuments historiques. »

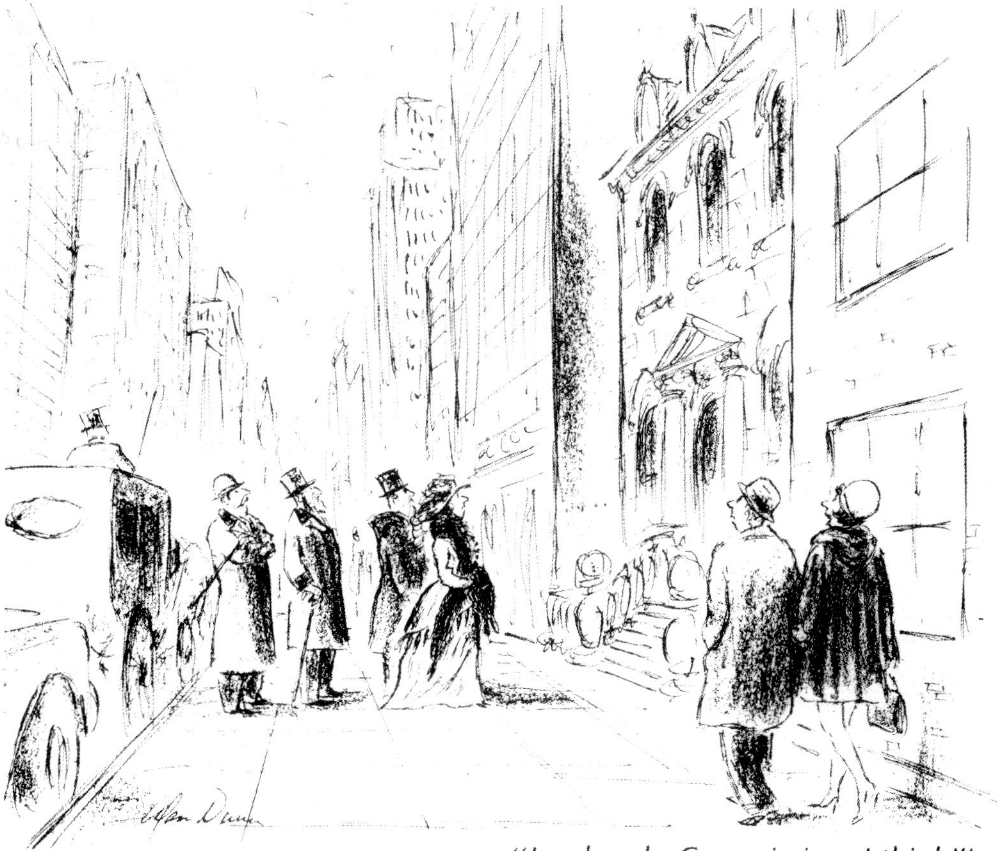

"Landmarks Commission, I think!"

A RED TOWER REPLACING CARNEGIE HALL

The building boom that has been making over the old brownstone face of Manhattan with new façades of gleaming aluminum, green glass and copper-tinted steel will reach a new degree of flamboyance in the skyscraper to be erected on the site of Carnegie Hall. When the famous concert place is demolished in 1959, a new office building faced in panels of bright red porcelain will go up in its place. To liven up the effect even more, Architects Pomerance and Breines have offset the building's windows in diagonal instead of vertical rows to produce a strange-looking checkerboard pattern. Standing on stilts sunk in a broad plaza, the $22 million building will rise 44 floors above 57th Street.

All this was saddening news to the music lovers who have come to cherish old Victorian Carnegie Hall. Built as a business venture by Andrew Carnegie, a lover of Scotch bagpipe music, it opened in 1891 with a program partly conducted by Tchaikovsky. It became home for the New York Philharmonic and a magnet for the great musicians of the world. When it is demolished, U.S. music will lose one of its most acoustically perfect halls. But there was some good news for music lovers. As the office building goes up, Carnegie Hall's activities will move to Manhattan's new Lincoln Square cultural center and into a modern auditorium adjoining the new Metropolitan Opera House.

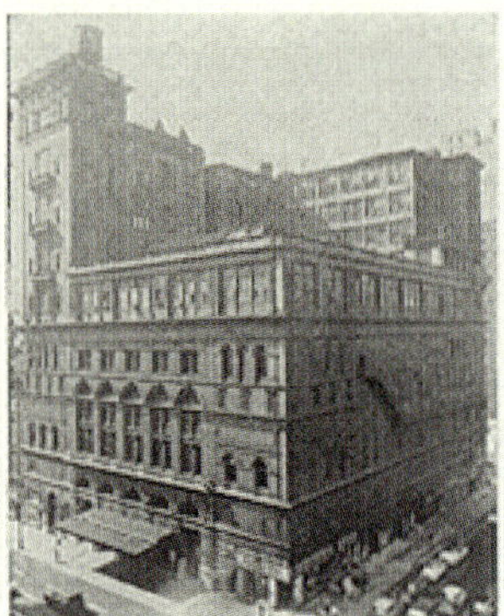

CARNEGIE HALL will offer two more full seasons of concerts and recitals before building is razed.

RED SKYSCRAPER will be reached from the street level by a foot bridge spanning its sunken plaza. →

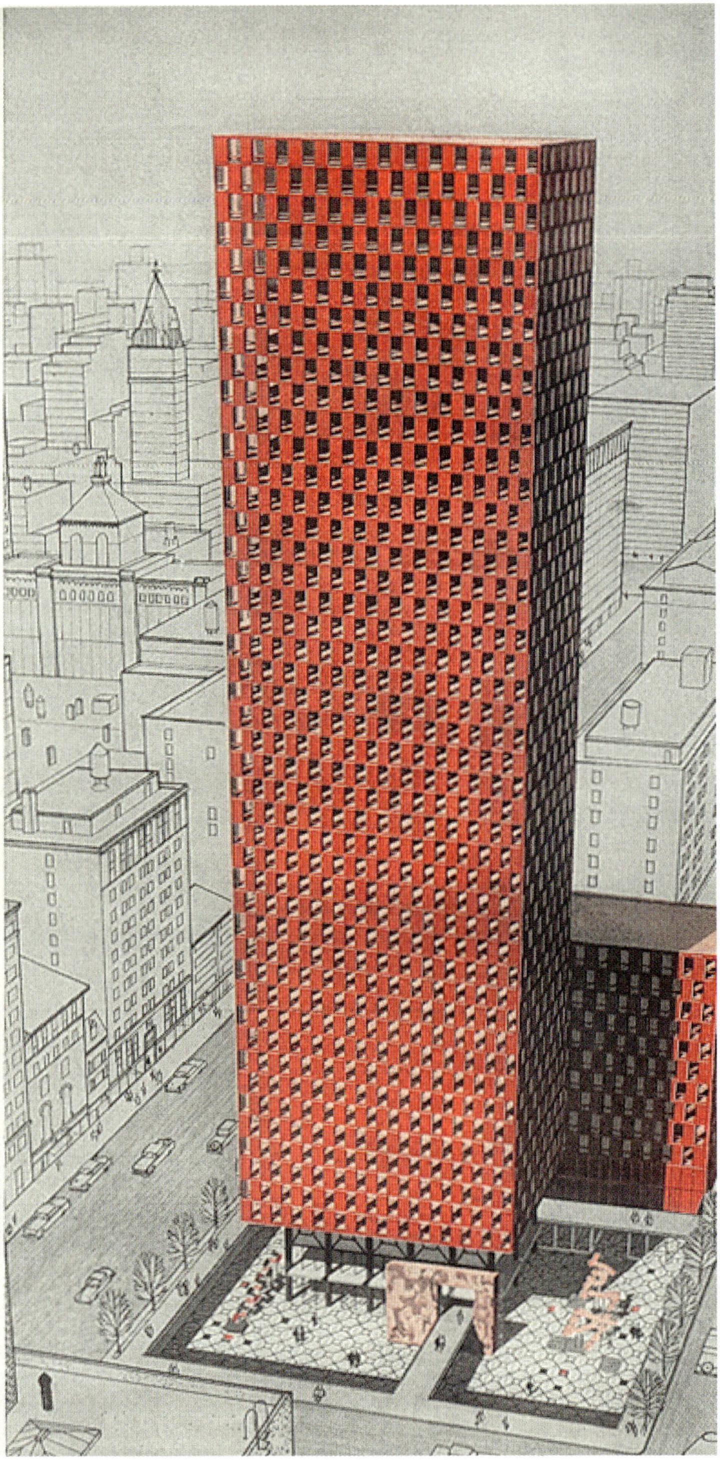

entièrement remplacée par du verre. Un peu plus tard, par un matin terriblement étincelant, un directeur qui se rendait au travail à pied s'arrête sur la 5e Avenue, au niveau de la 59e Rue, pour nettoyer ses lunettes noires. Regardant autour de lui, il s'exclame éberlué : "Là, il y avait le Plaza" dont il se souvenait de tout temps. "Ce n'est pas possible" se dit-il et il se frotte les yeux. Il regarde à nouveau. "Il est toujours là !" Il appelle sa femme. "Nous irons ce soir avant qu'il ne soit trop tard. N'en parle à personne !" » Dans le bas de la page, en petits caractères, la publicité se terminait ainsi : « Cette publicité est imaginaire, évidemment. Mais il en est de même de la vie au Plaza. Venez vivre ce rêve[17]. »

L'année où paraît cette publicité, la Ville finit par céder à la pression montante des défenseurs du patrimoine historique, qui s'inquiétaient des effets de la croissance sur l'architecture du passé. Elle décida de créer la New York City Landmarks Preservation Commission, organisme officiel chargé d'accorder une protection juridique aux bâtiments jugés les plus intéressants sur le plan architectural. Il faudra la perte de deux des monuments les plus appréciés de la ville et d'un de ses bâtiments les plus admirés pour que le mouvement gagne vraiment du terrain. En 1956, le projet de remplacer Carnegie Hall par une tour de bureaux de quarante-quatre étages (dont la conception clinquante en aluminium anodisé doré ajoutait l'insulte à l'affront), n'a été arrêté que grâce à l'intervention d'Alice et J.M. Kaplan, philanthropes « citoyens » recrutés par le violoniste Isaac Stern, qui ont réussi à persuader la municipalité d'acheter la salle de concert et de la louer à une organisation à but non lucratif qui en assurerait la gestion. Mais il faudra attendre 1960 et quatre années de négociations politiques et financières pour que le bâtiment soit définitivement à l'abri de toute menace. Peu après, c'est le Dakota Building, l'un des plus grandioses immeubles d'habitation jamais construits à New York, qui fut menacé de démolition : ses propriétaires voulaient le vendre au promoteur William Zeckendorf, qui comptait le remplacer par une tour d'habitation plus haute. Là encore, le sort du bâtiment est resté incertain jusqu'à la dernière minute, mais les locataires se regroupèrent pour acheter l'immeuble (avec l'aide d'un autre promoteur) et le transformer en coopérative. Toutefois, ces deux sauvetages spectaculaires n'empêcheront pas la démolition de beaucoup d'autres bâtiments connus et admirés.

Deux ans plus tard, en 1963, intervint le plus grand échec de la protection du patrimoine new-yorkais : la perte de Pennsylvania Station, extraordinaire bâtiment érigé par Charles McKim et conçu comme une entrée monumentale à la gloire des chemins de fer et de New York. « Penn Station » n'était pas seulement le chef-d'œuvre de McKim mais aussi l'un des plus grands ouvrages classiques du

Le projet de gratte-ciel du promoteur Louis J. Glickman pour le site du Carnegie Hall, conçu par Pomerance & Breines, 1956. Magazine Life, *9 septembre 1957.*

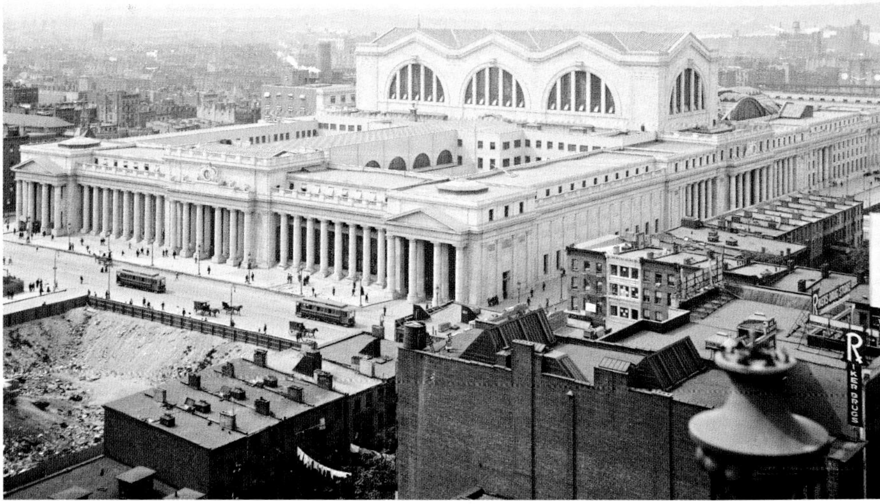

CI-DESSUS : *L'immense gare de Pennsylvania Station, conçue par Charles McKim. Cette réussite architecturale n'a pas résisté aux opérations d'urbanisme de l'après-guerre.*

CI-DESSOUS : *L'annonce de la destruction de Penn Station a provoqué des grèves devant la gare en 1962. Philip Johnson et Jane Jacobs figuraient parmi les manifestants.*

À DROITE : *Dans Penn Station, la partie réservée aux trains était recouverte de verre qui contrastait fortement avec le caractère massif du hall de la gare.*

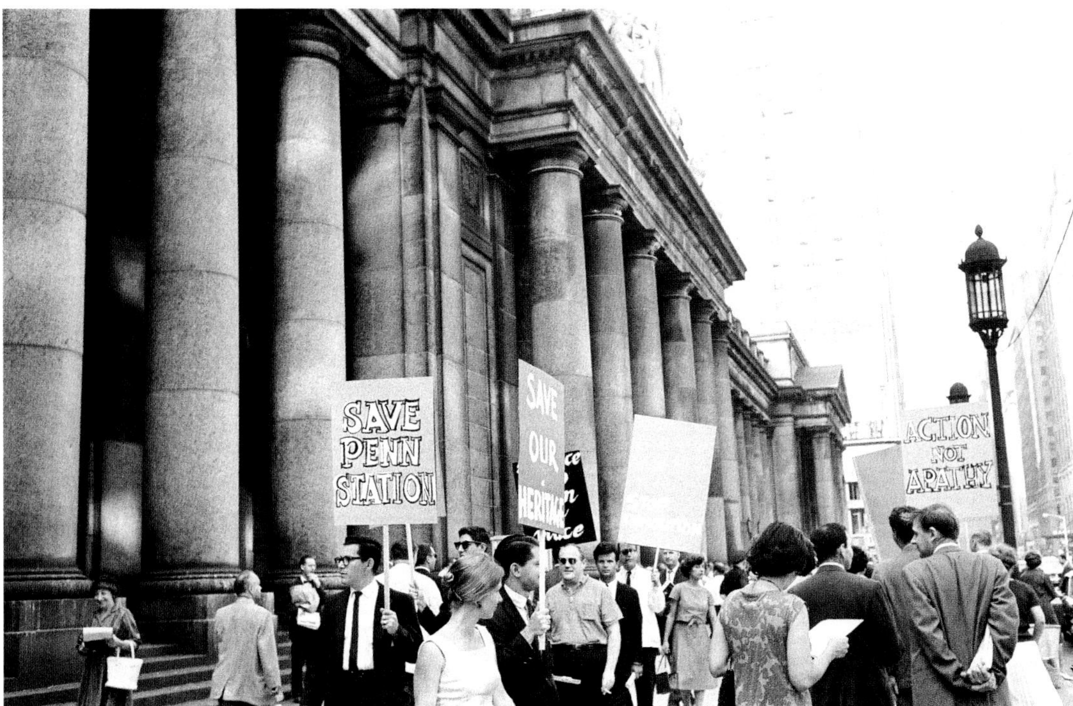

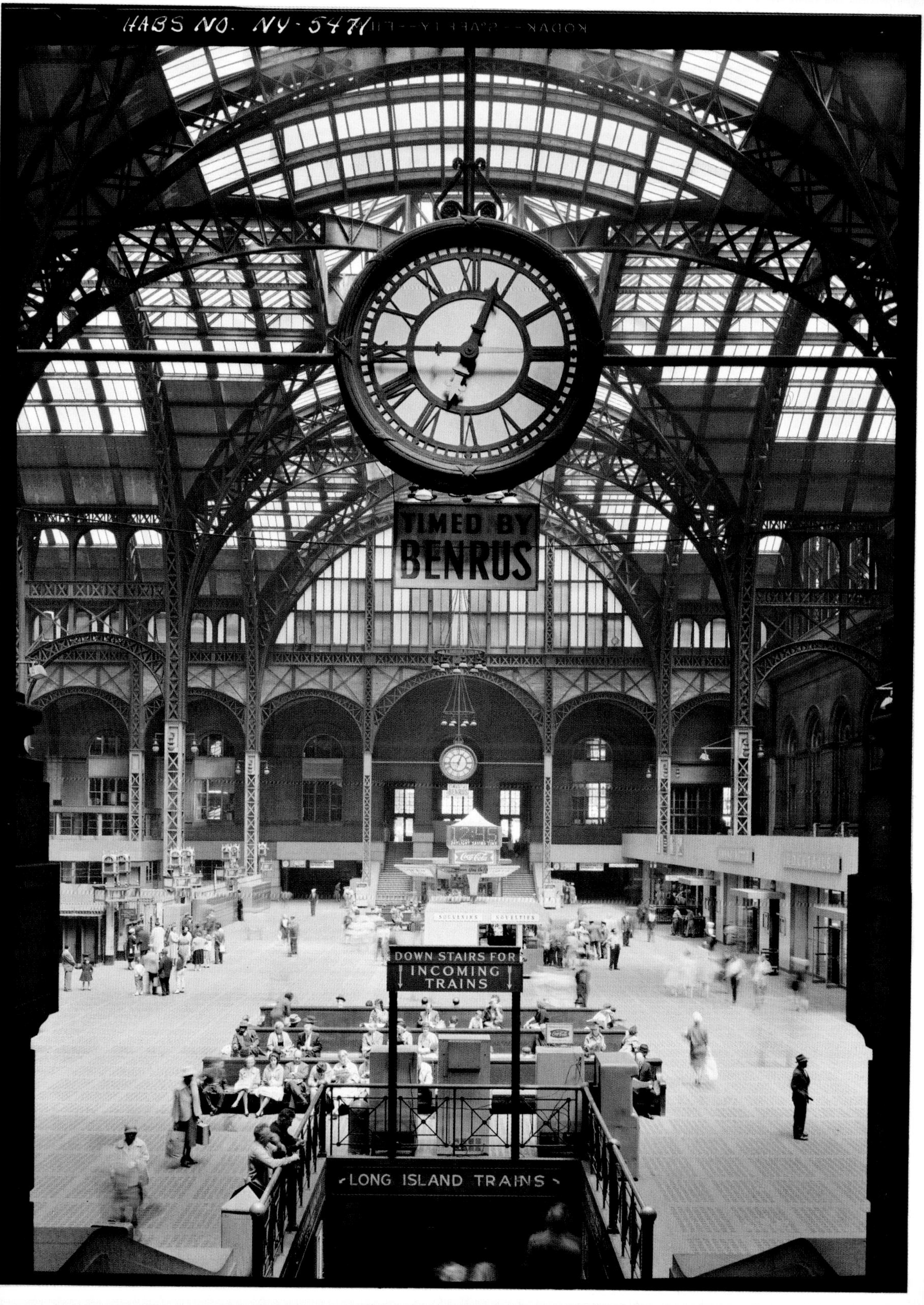
HABS NO. NY-5471
TIMED BY BENRUS
DOWN STAIRS FOR
INCOMING
TRAINS
LONG ISLAND TRAINS

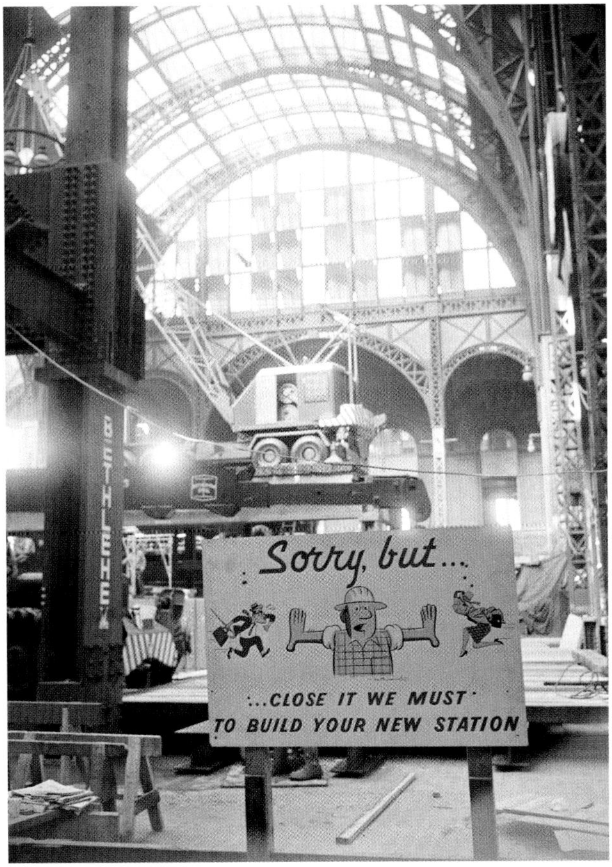

La démolition du hall de la gare.

xxe siècle au monde, et il a été détruit non pas pour céder la place à un plus beau bâtiment ou à une plus belle gare mais à l'une des tours de bureaux les plus ternes de la ville et à un nouveau Madison Square Garden, créé par l'architecte Charles Luckman dans un bâtiment banal qui ressemble à un tambour géant. La gare par laquelle des millions de personnes arrivaient à New York ou en partaient a été reconstruite en souterrain, réduite à une sorte de station de métro boursouflée qui conduit l'historien de l'architecture Vincent Scully à écrire : « Grâce à la clarté rythmique des grands espaces généreux de la gare, définis avec une fermeté majestueuse et grandiose par ses quais, ses colonnes et sa voûte à caissons [...], on entrait dans la ville comme un dieu. C'était peut-être trop, mais aujourd'hui on y entre en se faufilant comme un rat[18]. »

Pennsylvania Station n'a que cinquante-deux ans quand sa démolition commence en 1963. On peut lire dans un éditorial du *New York Times* : « [...] c'est la honte de New York, de ses communautés financières et culturelles, de ses politiciens, philanthropes et urbanistes, mais aussi de ses habitants [...]. Toute ville a ce qu'elle admire, ce qu'elle paie et, en fin de compte, ce qu'elle mérite. Même quand nous avions encore Penn Station, nous n'avions pas les moyens de la tenir propre. Nous voulons et méritons une architecture de boîte de conserve dans une culture en fer blanc. Et nous serons probablement jugés non pas sur les monuments que nous construisons mais sur ceux que nous aurons détruits[19]. »

Moins de deux ans après que le premier boulet de démolition eut frappé Penn Station, le maire Robert F. Wagner signait la législation créant la New York City Landmarks Preservation Commission. C'était le signe que New York ne voulait plus être jugé par ses seules destructions. La loi ne suffira pas à empêcher de nombreuses pertes ultérieures comme le Singer Building, le Astor Hotel et le Metropolitan Opera, autant de bâtiments qui disparaîtront après la création de la commission. Mais la loi marque clairement le début d'une ère nouvelle, et elle sera considérablement renforcée au fil des ans pour faire de New York un des chefs de file du pays en matière de protection du patrimoine historique.

Le sort très différent réservé au Grand Central Terminal – l'autre grande gare de New York – témoigne d'une évolution certaine des mentalités. Ce bâtiment de style Beaux-Arts, conçu par Reed & Stem en collaboration avec Warren & Wetmore et achevé en 1913, présentait des améliorations par rapport à Penn Station, même s'il n'en avait pas tout à fait la noblesse architecturale. Grand Central permettait du moins une meilleure circulation des passagers, des trains et des automobiles : à de nombreux égards, c'était une gare mieux pensée en termes d'architecture, d'ingénierie et d'urbanisme. Cependant, comme pour Penn Station, la compagnie de chemins de fer (la New York Central Railroad) y voyait une lourde charge et, dans les années 1950, elle lança un appel à projets visant à ajouter des tours au-dessus des voies, ou même à remplacer totalement les bâtiments existants. Ainsi, en 1956, l'architecte I.M. Pei présentait un extraordinaire projet de gratte-ciel rond et conique qui, par son futurisme, annonçait déjà les tours du XXIe siècle. Ce projet aurait consisté à « remplacer un monument par un autre monument », selon les mots de Robert A.M. Stern, mais il avait peu de chances d'être jamais réalisé[20].

D'autres projets, plus ordinaires mais plus pratiques, virent le jour dans les années 1950, la plupart situant le nouveau bâtiment proposé au nord de la gare, au-dessus des voies par lesquels les trains arrivaient à quai. Leur banalité perturba Erwin Wolfson – le promoteur de l'opération – qui, en 1958, demanda à Richard Roth, alors

La démolition de Penn Station, commencée le 28 octobre 1963, a duré trois ans. Les protestations déclenchées par cette destruction ont conduit à créer à New York une commission de sauvegarde des monuments historiques.

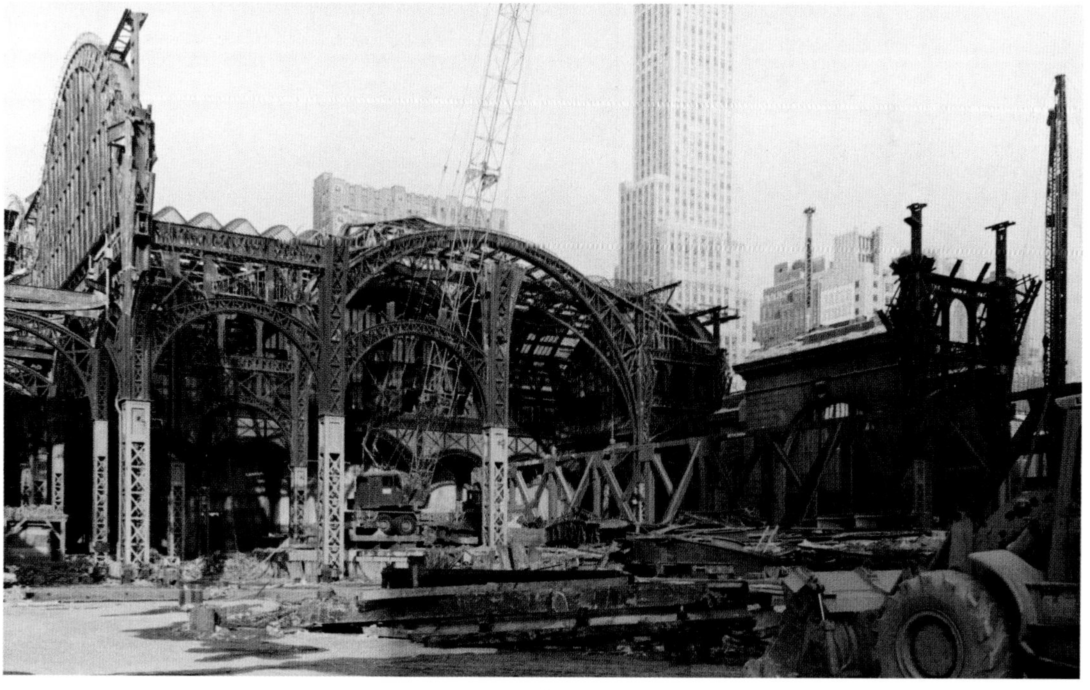

directeur de l'entreprise paternelle Emery Roth & Sons, s'il était disposé à faire appel aux services d'un autre architecte, connu pour l'excellence de ses réalisations. Roth proposa le nom de Walter Gropius, un des géants de l'architecture moderne, fondateur du Bauhaus en Allemagne, qui à son tour suggéra Pietro Belluschi, autre grand moderniste. Cependant, le projet qui ressort de tout cela est une tour de cinquante-cinq étages en béton précontraint dont la forme d'octogone allongé paraissait peu convaincante. Et au lieu de la placer sur un axe nord-sud, comme l'avait fait Roth dans des constructions antérieures en verre plus simples, les célèbres architectes tournèrent le bâtiment à 90° de sorte qu'il bloquait la vue sur Park Avenue dans les deux sens. Esthétiquement, le bâtiment est peut-être préférable à une simple boîte, mais son énorme masse écrase l'un des grands monuments de New York et bloque l'une de ses plus belles avenues. Dans un essai intitulé *The Biggest Office Building Yet*, Edgar Kaufmann Jr estime que ce bâtiment « n'a pas su saisir l'esprit du grandiose. [...] Par sa conception, il n'a rien de la grandeur urbaine que continue

Le Grand Central Terminal, conçu par Reed & Stem en collaboration avec Warren & Wetmore, a été achevé en 1913. En termes d'aménagement urbain et d'ingénierie, cette gare a été une opération moins grandiose mais plus aboutie que Pennsylvania Station.

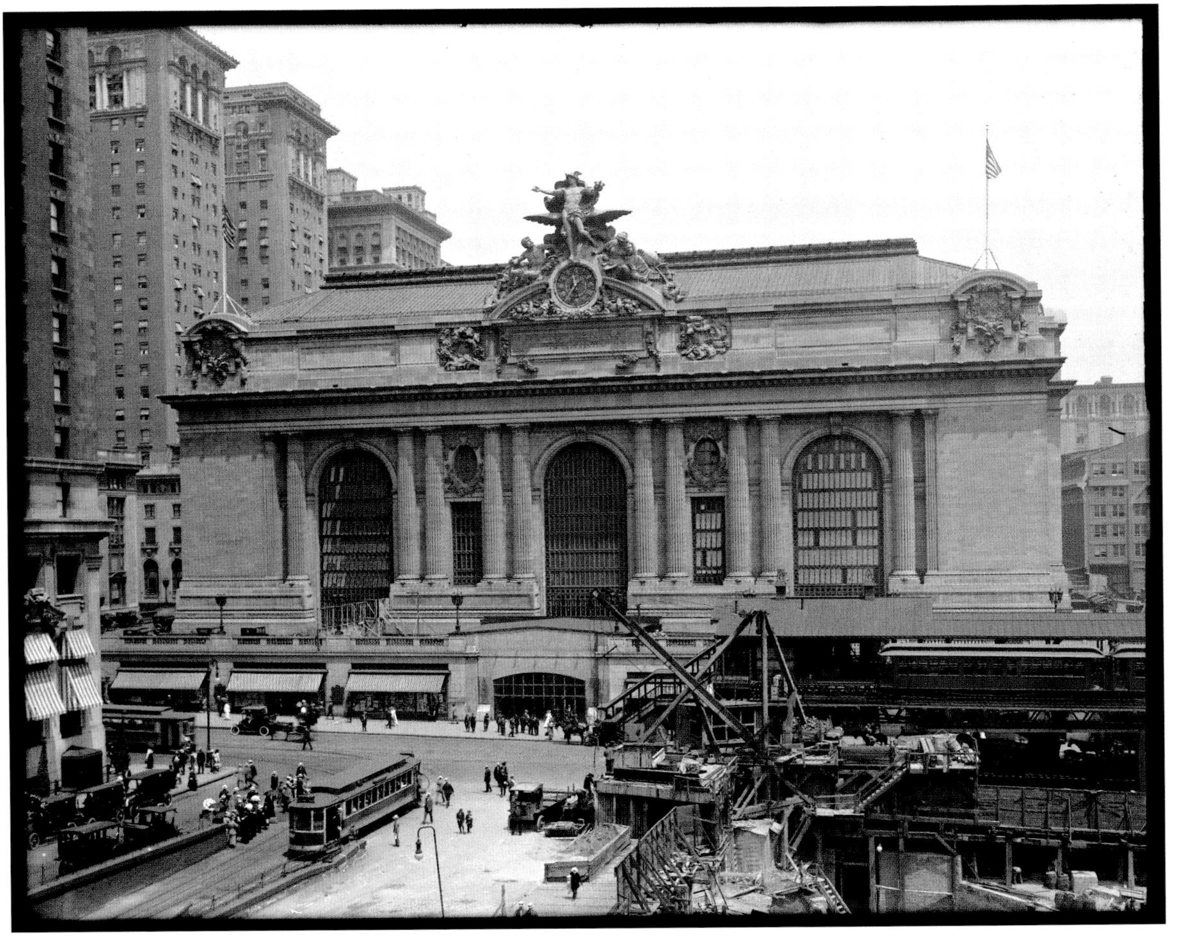

d'incarner la gare qui le jouxte. La grande architecture de New York, au milieu du XXe siècle, reste, semble-t-il, à imaginer[21] ».

Les autres critiques ne sont pas plus positifs. Le bâtiment, écrit Vincent Scully, « tue la grandeur[22] » de Park Avenue. Il n'aurait jamais dû voir le jour, et l'artiste Claes Oldenburg s'en moque avec virulence dans un dessin où il en fait un énorme cornet de glace retourné bloquant Park Avenue, la circulation automobile passant par le morceau grignoté dans un coin du cornet.

Le Pan Am Building, comme il s'appelait à l'origine, n'a jamais été apprécié, mais, pour la gare de Grand Central, ce n'est pas l'héritage le plus dérangeant de cette époque. En 1961, un projet prévoyant de découper la grande salle d'attente sud en trois niveaux destinés à accueillir des pistes de bowling n'a guère été pris au sérieux, mais celui de construire une seconde tour immense au-dessus du hall principal de la gare a été sérieusement envisagé. Un promoteur lié à la compagnie de chemins de fer fit appel à Marcel Breuer, autre grand architecte des débuts du modernisme (élève de Gropius et auteur du nouveau Whitney Museum), pour réaliser une tour plus grande encore que le Pan Am Building, qui aurait pris appui sur des piliers traversant le hall principal de la gare ; il était également prévu des cages d'ascenseurs qui auraient contribué à détruire totalement la grande réussite architecturale de la gare, à savoir le monumental espace intérieur de son hall. Ada Louise Huxtable qualifia le projet de « grotesquerie », ajoutant que si elle estimait Breuer en tant qu'architecte, considérer qu'il aurait « fait pour le mieux avec un projet douteux [...] revenait à dire que le résultat aurait été formidable s'il n'avait pas été horrible[23] ».

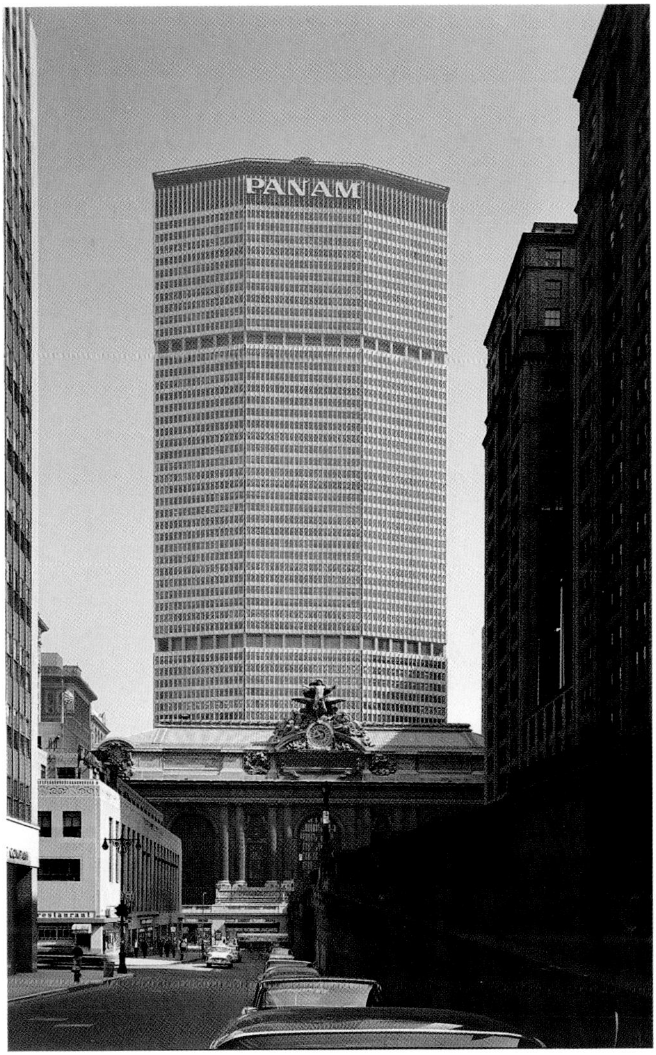

L'immeuble de la Pan Am (aujourd'hui MetLife), conçu par Emery Roth & Sons, Pietro Belluschi et Walter Gropius, 1962.

Le Grand Central Terminal avait été inscrit au patrimoine de la ville après la création de la Landmarks Preservation Commission et, en vertu de la loi, la commission pouvait empêcher le projet si elle jugeait qu'il portait atteinte au monument à préserver. La commission

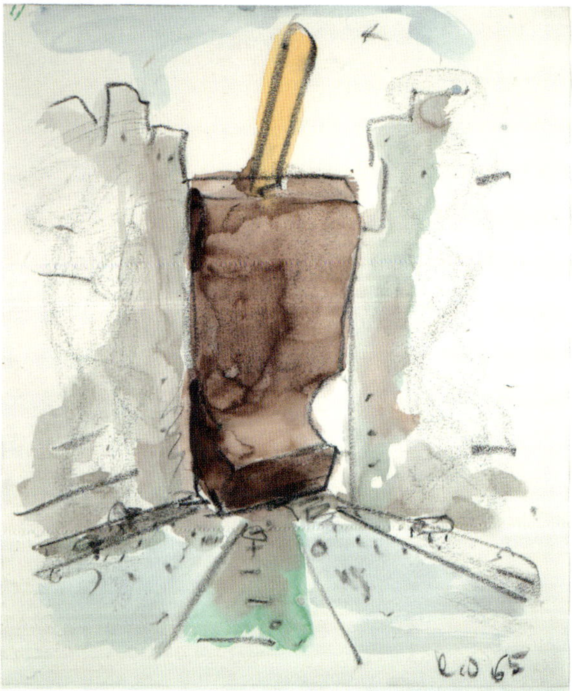

CI-DESSUS : Proposed Colossal Monument for Park Avenue, New York City : Good Humor Bar, *Claes Oldenburg, 1965.*

À DROITE : Le New York Central Building (aujourd'hui Helmsley Building), conçu par Warren & Wetmore et achevé en 1929, marquait une ponctuation dans Park Avenue. La construction du bâtiment de la Pan Am, juste derrière, a transformé ce signe de ponctuation en un grand mur qui coupait en deux cette avenue historique.

refusa donc le permis de construire ; Breuer revit son projet, qui fut refusé de nouveau. Le promoteur et la compagnie de chemins de fer ont alors poursuivi la Ville en justice, et l'affaire alla jusqu'à la Cour suprême qui, par un vote de six voix contre trois, statua sur la constitutionnalité de la loi relative à la protection des monuments historiques, reconnaissant ainsi pour la première fois que la défense du patrimoine était une forme de réglementation légale et légitime. L'affaire, qui fit jurisprudence, intervenait à la suite d'un long et difficile combat architectural et juridique qui découlait directement de la prolifération des opérations immobilières de l'après-guerre, à une époque où New York semblait n'avoir vocation qu'à construire toujours plus, toujours plus grand et à n'importe quel prix.

Dans les vingt années qui suivent la Seconde Guerre mondiale, le design et l'architecture ont laissé un héritage caractérisé par des excès de toutes sortes, mais qui voit aussi se développer un mouvement en faveur de la préservation du patrimoine historique, désormais légalement protégé par une commission. En 1965, New York est une ville plus agressive qu'elle ne l'était en 1945, mais aussi plus troublée. De plus en plus, elle présente un contraste entre des réalisations brillantes et clinquantes, qui symbolisent l'avènement d'une nouvelle classe de plus en plus riche, et les quartiers délabrés et délaissés, où sévissent la pauvreté et la délinquance.

« La ville n'a jamais été aussi inconfortable, aussi surpeuplée, aussi tendue. L'argent coulait à flots et New York s'y est laissé prendre », disait E.B. White dans *Here is New York*, essai écrit en 1949 et devenu un classique[24]. New York a toujours voulu se renouveler, mais, dans les années 1960 plus qu'à n'importe quel autre moment de son histoire, on a cru que les gratte-ciel de verre pouvaient compenser les taudis qui tombaient en ruine dans d'autres quartiers, tandis que les classes moyennes abandonnaient purement et simplement la ville. En 1965, New York semble illustrer ce contraste dont parle John Kenneth Galbraith entre « la richesse privée et la misère publique ». Les tours de bureaux sont neuves et étincelantes, ses parcs sont sales et délaissés. New York continuera d'être, selon les termes de E.B. White, une « énigme de pierre et d'acier ».

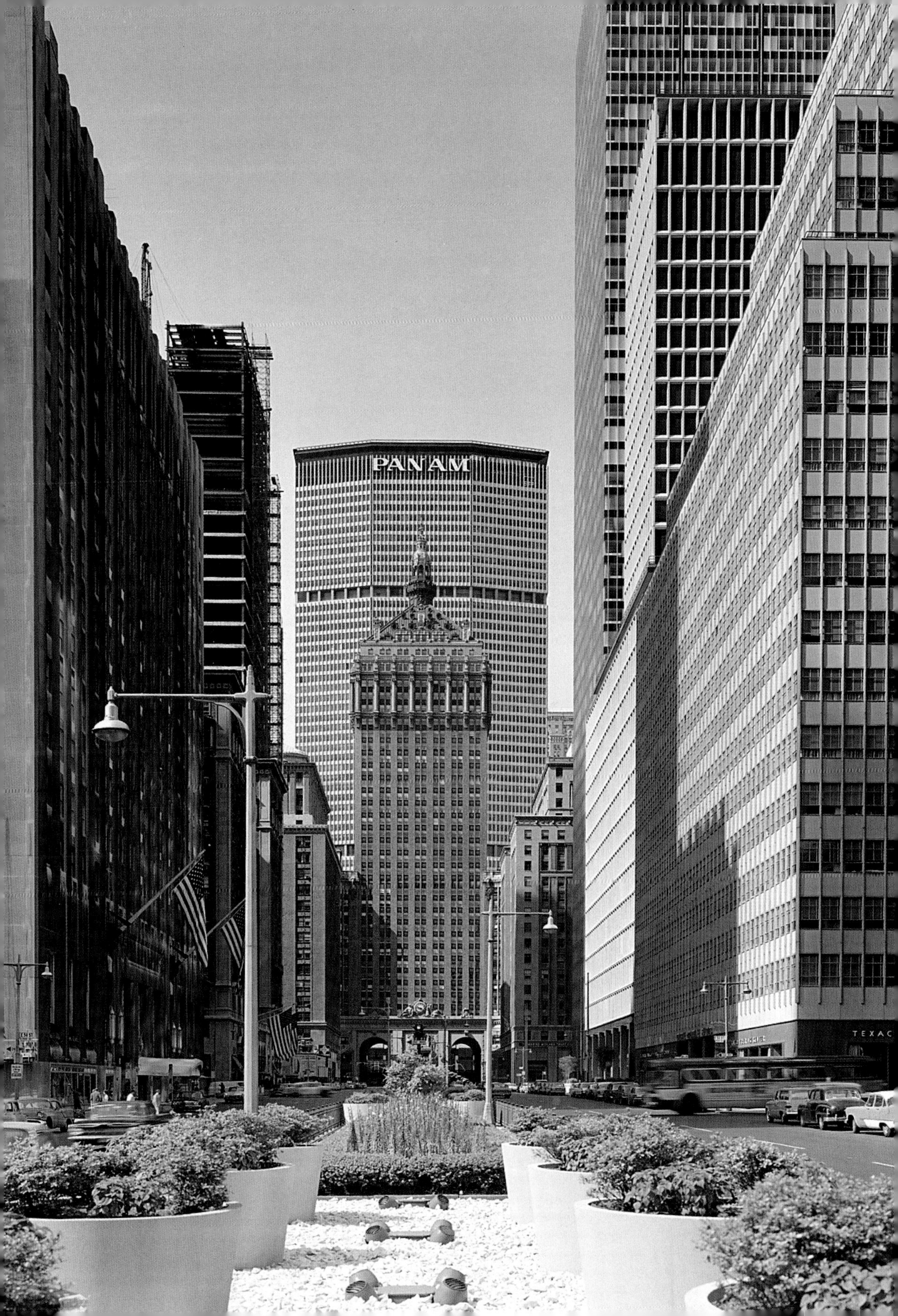
PAN AM

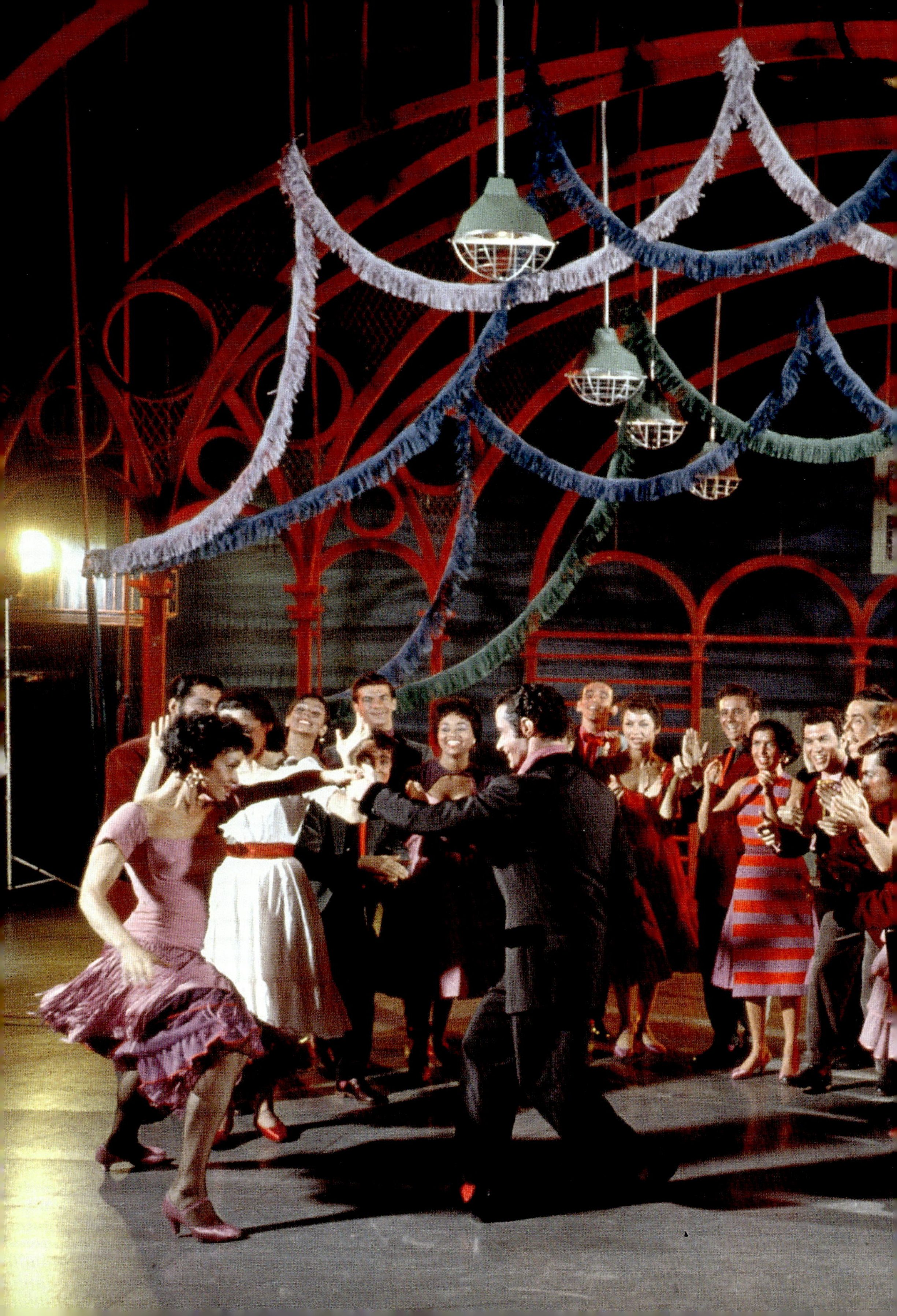

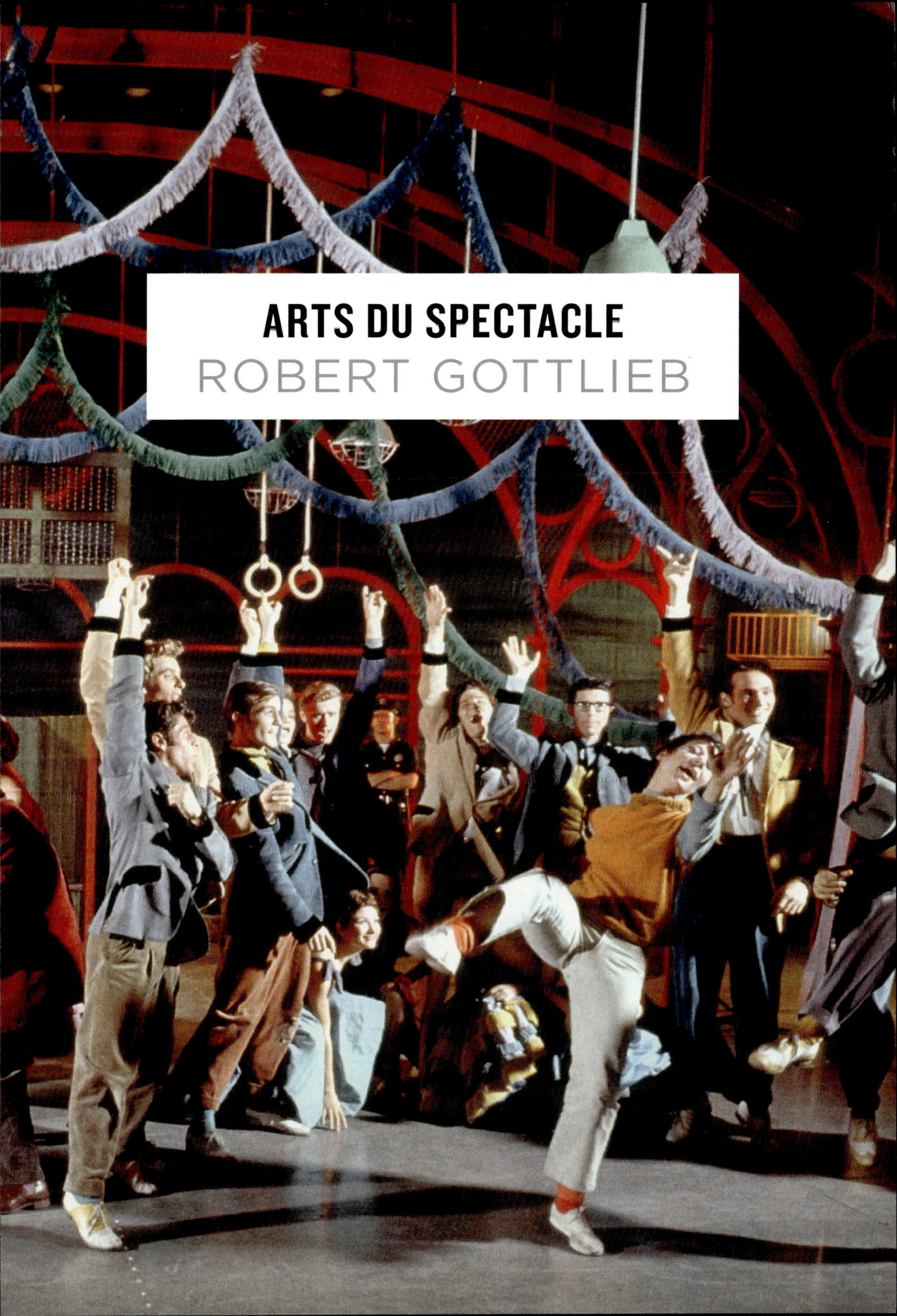

ARTS DU SPECTACLE

ROBERT GOTTLIEB

OCTOBER 1951

THE Atlantic

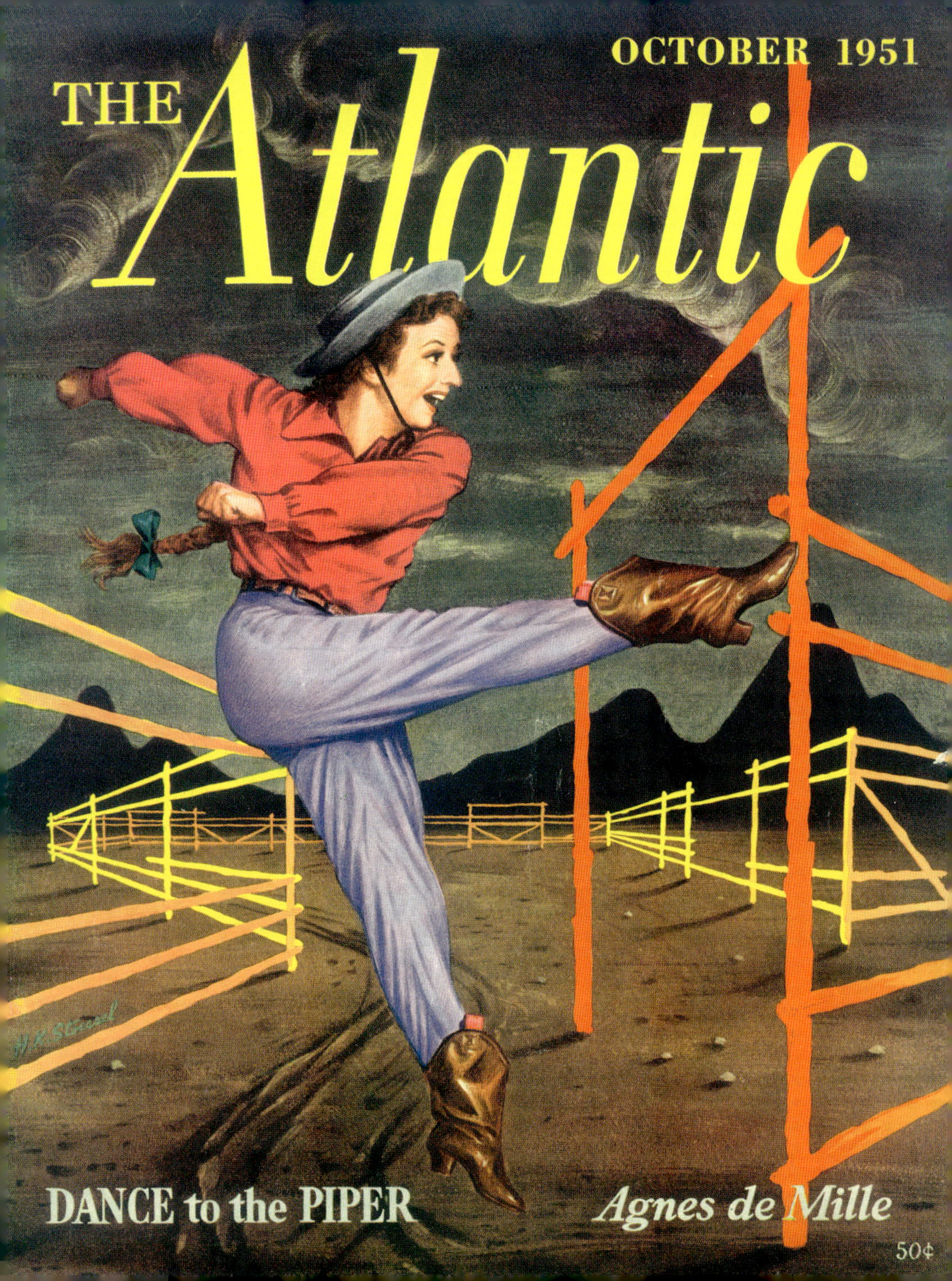

DANCE to the PIPER

Agnes de Mille

50¢

DANSE

LE BALLET

Au milieu des années 1960, New York apparaît comme la capitale mondiale de la danse, ce que personne ne pouvait prévoir vingt ans plus tôt. L'Amérique sera la terre d'origine de la danse moderne, mais, avant la Seconde Guerre mondiale, le ballet n'était qu'un phénomène sporadique. Pour voir des ballets, il fallait aller à Paris, à Londres ou en URSS, ou attendre qu'une troupe étrangère vienne en Amérique.

En 1910, le Ballet impérial russe, qui comptait notamment Anna Pavlova et Mikhaïl Mordkin, avait fait une tournée dans le pays et suscité l'intérêt de la critique. Pavlova continua de venir en Amérique durant une vingtaine d'années et son nom devint synonyme de ballet. En 1916, comme la guerre sévissait en Europe, Diaghilev organisa une série de représentations de ses Ballets russes en Amérique. Un an plus tard, la compagnie revint, sous la direction de Nijinski, qui commençait à présenter des troubles mentaux. Après le décès de Diaghilev en 1929 et jusque dans les années 1950, divers avatars des Ballets russes sillonnèrent le pays, popularisant l'idée de « ballet russe » (il fallait qu'il soit russe pour paraître authentique), et transformant en vedettes des danseuses et danseurs comme Alexandra Danilova, Alicia Markova, les « bébés ballerines » (Toumanova, Baronova, Riabouchinska), Anton Dolin et Leonid Massine, dont la chorégraphie populaire vint compléter *Giselle* et le répertoire habituel de Diaghilev-Fokine (*Les Sylphides, Shéhérazade, Le Spectre de la Rose, Petrouchka, La Mort du cygne*, etc.). En raison de ce succès, des écoles de ballet virent le jour dans tout le pays, créées par d'anciens danseurs venus s'installer en Amérique pour y transmettre leur talent.

En Angleterre, la Sadler's Wells Company, créée par Ninette de Valois, deviendra après la guerre le Royal Ballet. Dans Paris occupé, le ballet de l'Opéra fonctionna jusqu'à la Libération sous la direction de Serge Lifar, qui entretenait des relations ambiguës avec les Allemands. En Russie, face à l'invasion allemande, les danseurs s'installèrent dans la ville de Perm pour poursuivre leur travail. L'Amérique ne possédait pas d'institution comparable, à deux modestes exceptions près. Le 1er janvier 1934, George Balanchine, venu d'Europe à l'instigation de Lincoln Kirstein, ouvrit la School of American Ballet pour former des danseurs ayant la rapidité, la force athlétique et la

PAGES PRÉCÉDENTES : La scène de « Dance at the Gym » dans West Side Story.

À GAUCHE : La couverture de The Atlantic, *qui présentait des extraits des mémoires d'Agnes de Mille parus sous le titre* Dance to the Piper. *On voit ici la danseuse dans* Rodeo *(1942). Ce ballet marqua son époque et l'incita à chorégraphier* Oklahoma ! *de Rodgers et Hammerstein, un spectacle qui changea l'histoire de Broadway.*

CI-CONTRE : Lincoln Kirstein, à gauche, et George Balanchine, les fondateurs du New York City Ballet et de la School of American Ballet.

CI-DESSOUS : Le Ballet Theatre (aujourd'hui American Ballet Theatre) sur Broadway, 1946.

EN BAS : L'entrée des artistes au New York City Center. Le New York City Ballet s'y est produit entre 1948 et 1964, année où il s'installa au Lincoln Center.

À DROITE : Les personnages influents composant la « commission artistique » du Ballet Theatre, 1947. De gauche à droite : Jerome Robbins, Lucia Chase, Agnes de Mille, Oliver Smith et Aaron Copland dans l'appartement de Miss Chase.

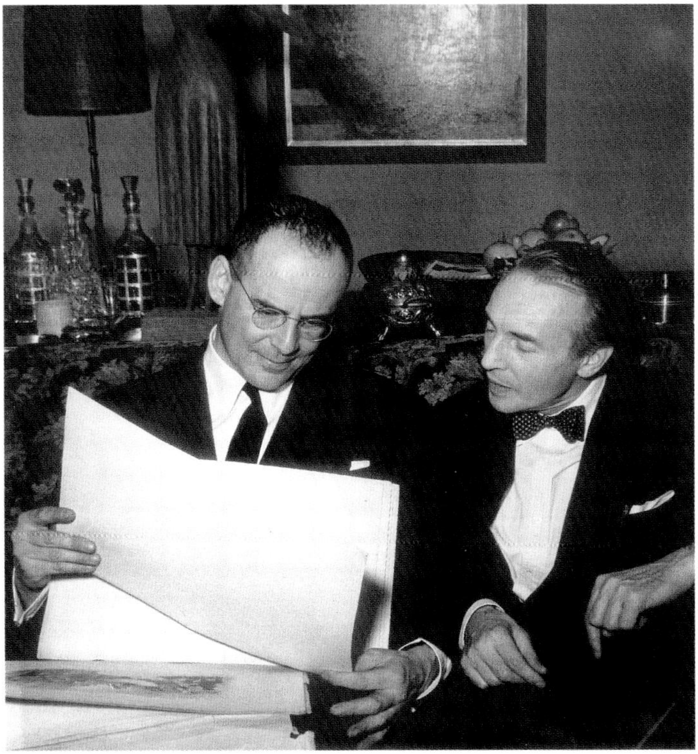

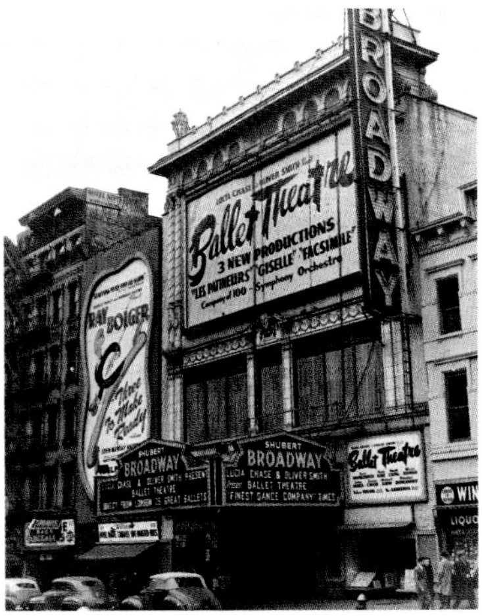

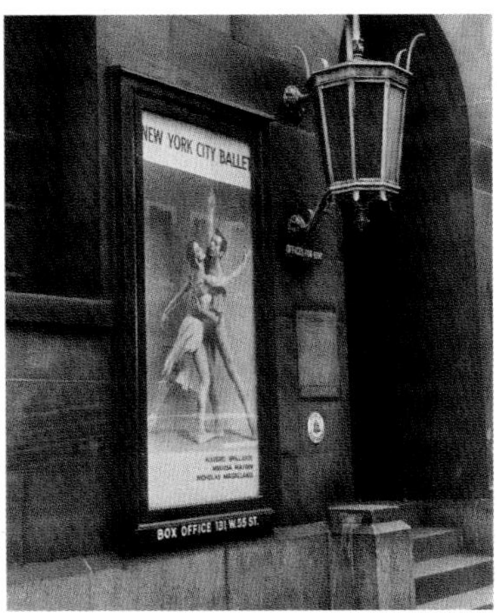

vivacité caractéristiques, selon lui, du pays (ses idoles étaient Astaire et Rogers). Bientôt, Kirstein lui proposa de créer de nouveaux ballets, à commencer par la magnifique *Sérénade* montée pour ses nouveaux étudiants en 1934. Et, en 1940, une femme fortunée du nom de Lucia Chase inaugura le Ballet Theatre (aujourd'hui American Ballet Theatre), souhaitant présenter une grande diversité de styles chorégraphiques et une riche palette de stars (y compris elle-même). Dans leurs premières années, les entreprises de Kirstein-Balanchine et de Lucia Chase traversèrent bien des épreuves mais toutes deux finirent par triompher, développant des institutions rivales mais complémentaires qui dominent encore le monde du ballet américain d'aujourd'hui.

En 1945, le Ballet Theatre et les Ballets russes étaient en concurrence même s'ils étaient représentés au Metropolitan Opera House par un seul impresario, Sol Hurok. À cette époque, j'allais avec ma famille écouter des concerts de Vladimir Horowitz, Arthur Rubinstein ou Marian Anderson, admirer Markova-Dolin dans *Giselle* – et avec d'autres jeunes, au Ballet Theatre, voir *Billy the Kid* d'Eugene Loring, *Rodeo* d'Agnes de Mille et *Fancy Free*, le premier ballet (et le premier grand succès) de Jerome Robbins sur le thème de trois marins qui font escale à New York (thème repris dans la comédie musicale *On the Town*). La danse occupait alors une place importante dans notre univers new-yorkais, au même titre que l'opéra, le théâtre et l'art.

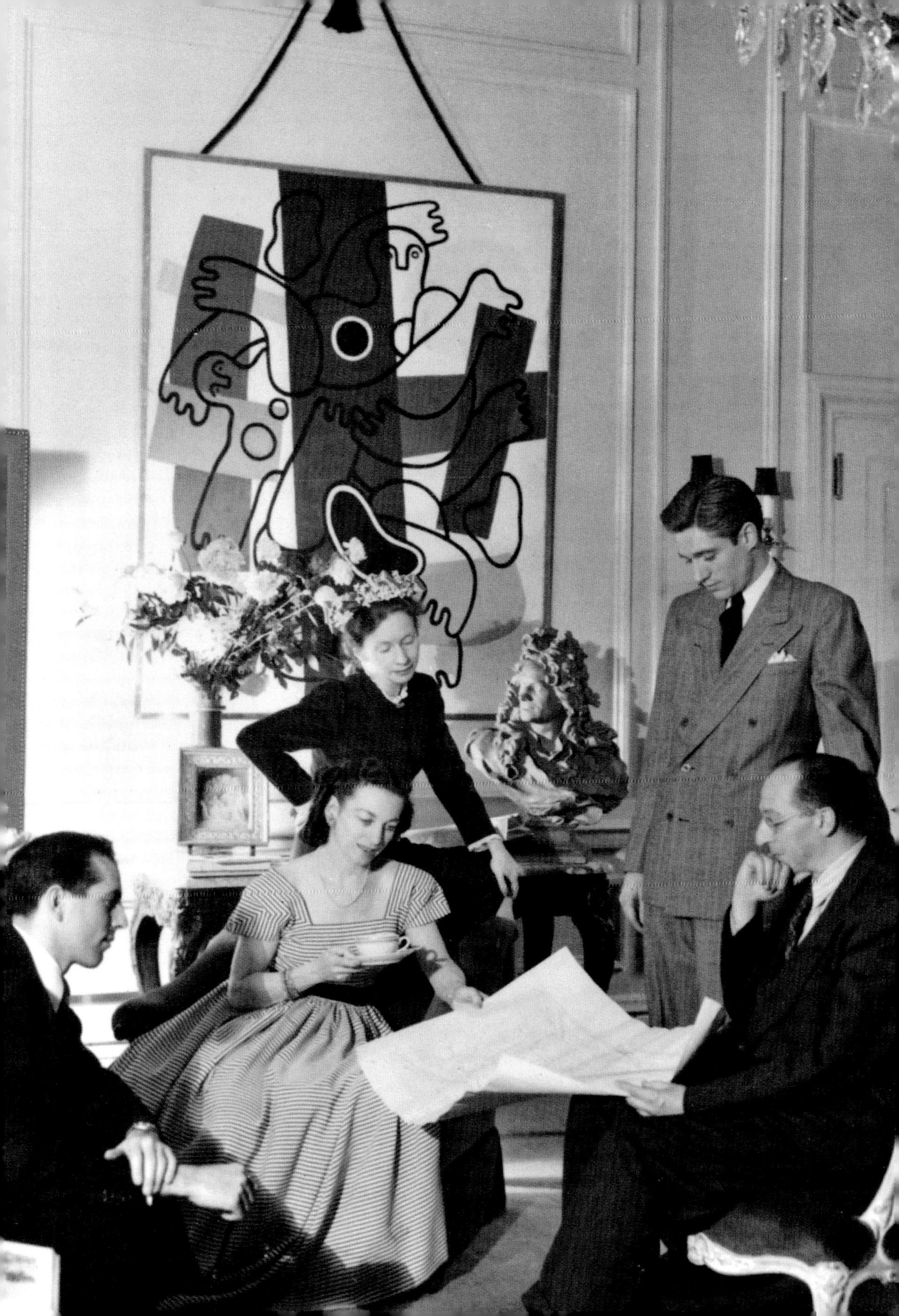

En dehors de *Fancy Free,* les grands succès des débuts du Ballet Theatre sont dus à Antony Tudor avec les créations de sa période anglaise – *Le Jardin aux lilas* et *Dark Elegies* – et son triomphe de 1942, *Pillar of Fire,* qui fera de Nora Kaye la grande ballerine dramatique de son temps. Agnes de Mille produisit le ballet de Lizzie Borden, *Fall River Legend,* et Balanchine créa l'étonnant *Theme and Variations* pour Alicia Alonso et Igor Youskevitch. Mais la programmation comportait aussi un certain nombre d'œuvres plus classiques : malgré ses difficultés financières, le Ballet Theatre deviendra rapidement l'une des grandes institutions new-yorkaises.

Entre-temps, l'infatigable Lincoln Kirstein, de retour de l'armée, développa sous le nom de « Ballet Society » un concept beaucoup plus élitiste, pour un public d'abonnés. En 1946, il présenta à la Central High School de Needle Trace un chef-d'œuvre révolutionnaire

Fancy Free *(1944), le premier ballet de Jerome Robbins et l'un des plus grands succès de l'A.B.T. De gauche à droite : Robbins, John Kriza, Harold Lang, Janet Reed et Muriel Bentley. Décor d'Oliver Smith.*

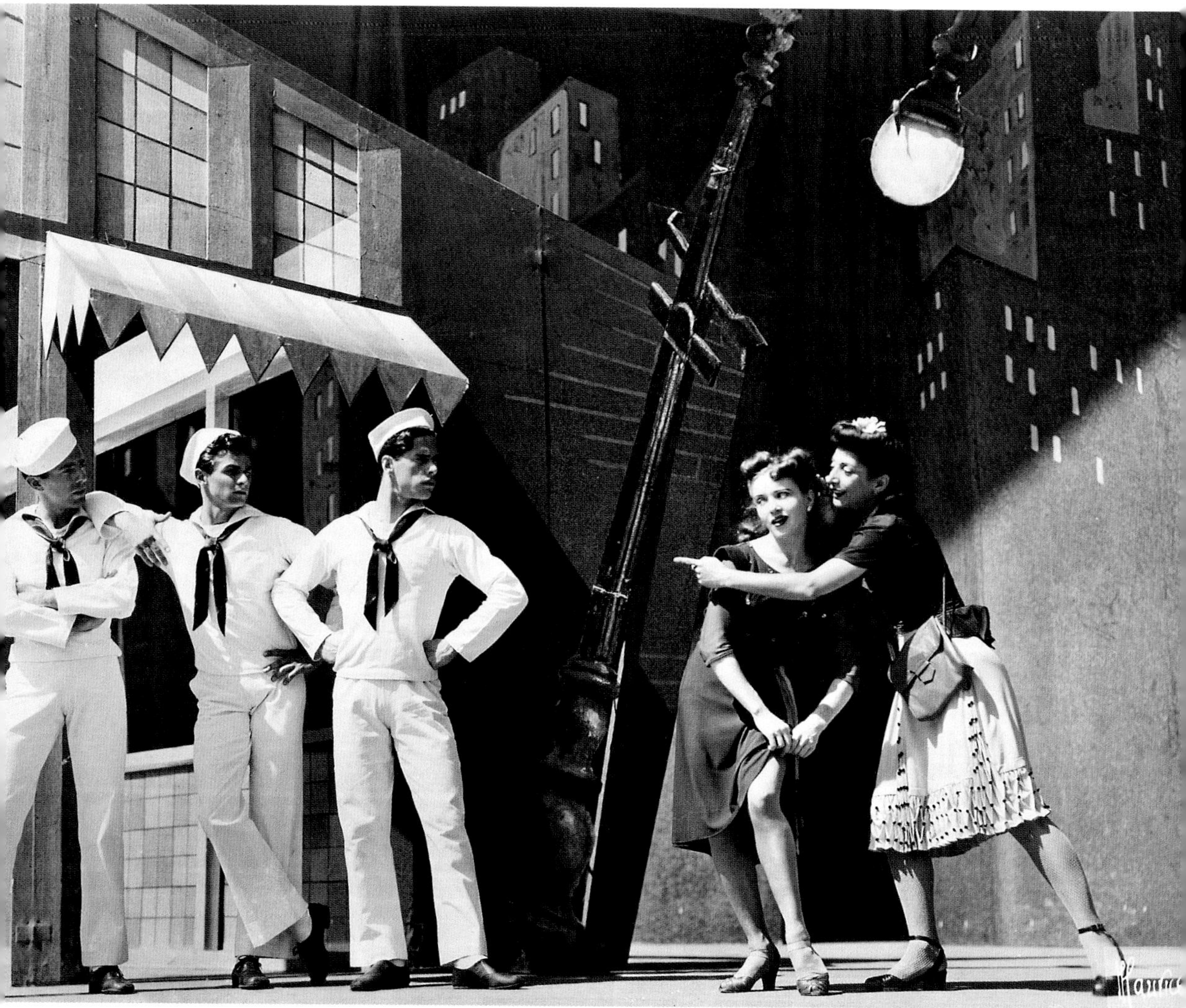

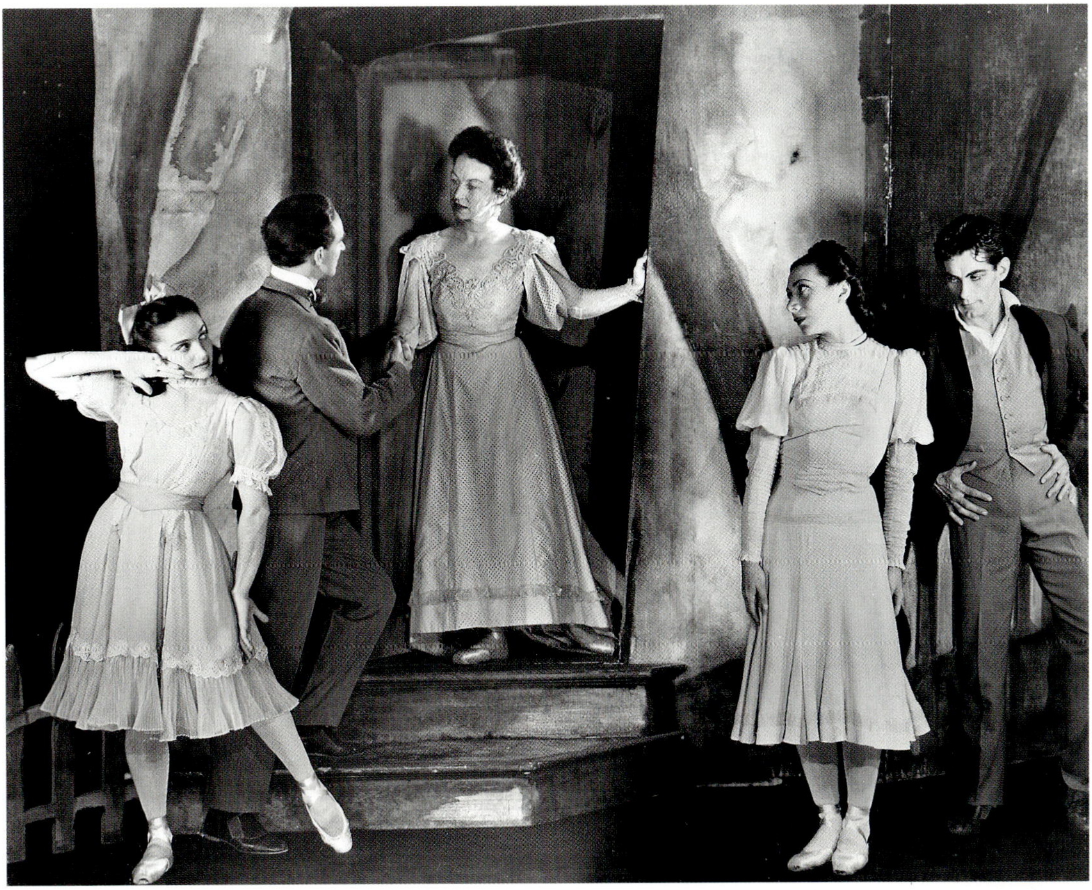

CI-DESSUS : Pillar of Fire *(1942), ballet d'Antony Tudor, a connu un immense succès. De gauche à droite : Annabelle Lyon, Tudor, Lucia Chase, Nora Kaye et Hugh Laing. Le spectacle a aussitôt promu Kaye et Laing au rang de stars.*

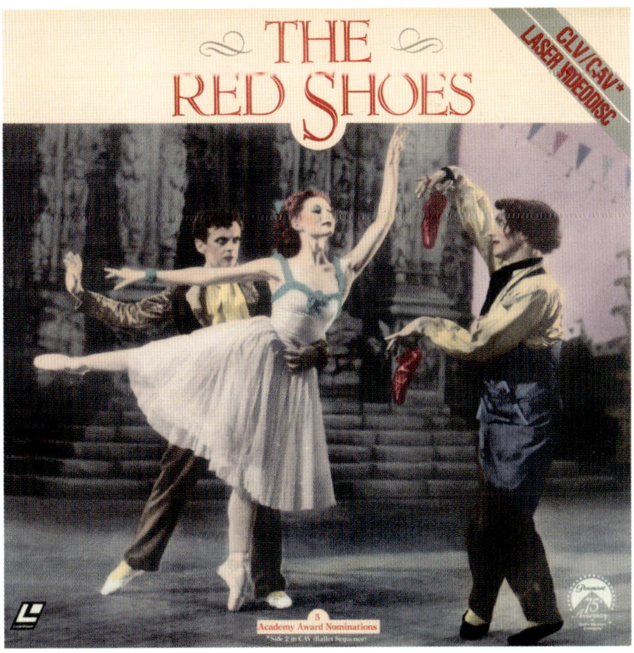

À DROITE : *Pochette de la version en vidéodisque du merveilleux film de Michael Powell et Emeric Pressburger,* Les Chaussons rouges *(1948), avec Moira Shearer, la magnifique ballerine de Sadler's Wells, Robert Helpmann et Leonid Massine. Le film resta au programme d'un petit cinéma de Manhattan durant plus de deux ans.*

de Balanchine, *Les Quatre Tempéraments*, puis, au printemps de 1948, *Orphée* au New York City Center sur une musique commandée à Stravinsky, le grand collaborateur de Balanchine, avec des décors de Noguchi. Le directeur du City Center, enthousiasmé par le travail de Balanchine, invita Kirstein à modifier le nom de la compagnie en New York City Ballet et à s'installer en permanence dans son théâtre.

Tandis que le Ballet Theatre cherchait encore à se définir et que le City Ballet s'efforçait de trouver son public (Balanchine est considéré comme élitiste, et le City Center n'est souvent qu'à moitié plein), une série de chocs venus de l'étranger renouvelèrent l'idée que les New-Yorkais se faisaient de la danse. D'abord, en 1949, arriva la troupe de Sadler's Wells avec Margot Fonteyn. La séance inaugurale au Met – dans la première version intégrale en Amérique de la *Belle*

Le spectaculaire danseur étoile français Jean Babilée dans Le Jeune Homme et le mort *(1946) de Roland Petit, sur un livret de Jean Cocteau. La tournée new-yorkaise des Ballets de Paris de Petit, en 1950, connut un triomphe.*

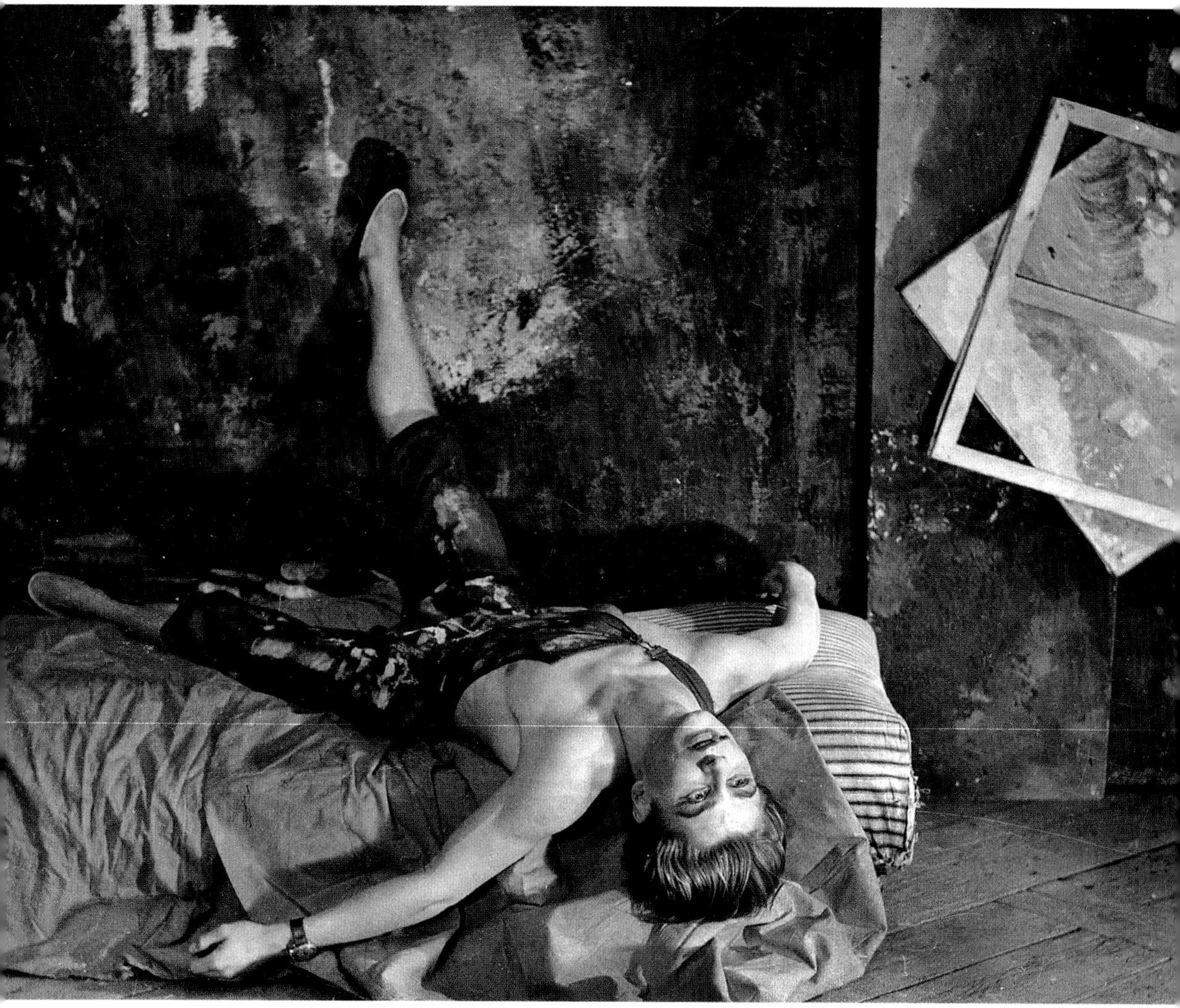

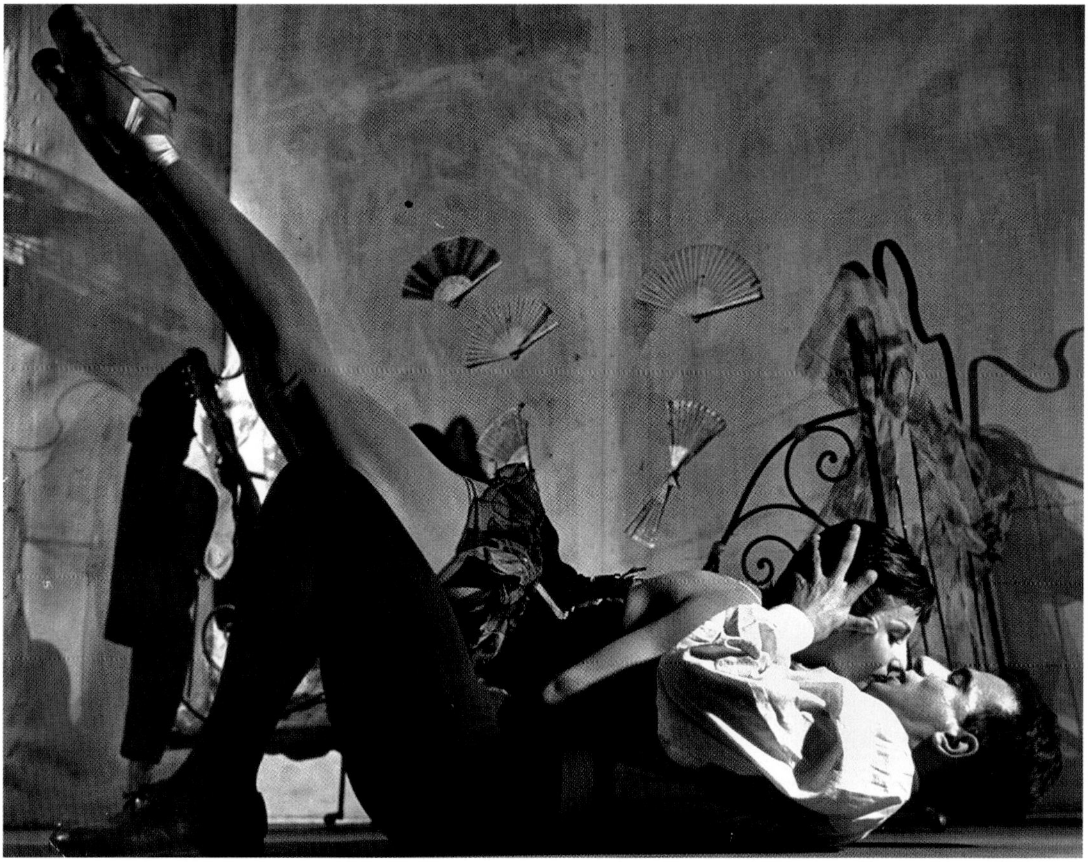

Roland Petit et sa femme, Renée (Zizi) Jeanmaire, dans ce grand succès international qu'a été Carmen (1949).

au bois dormant – fut un triomphe absolu, un moment exceptionnel pour la compagnie et pour New York. La voie avait été préparée dès 1948 par la projection du film *Les Chaussons rouges*, qui incita des milliers de petites filles à faire de la danse ; la vedette du film, Moira Shearer, est l'une des ballerines de Sadler's Wells, mais c'est Fonteyn – en couverture de *Time* et de *Newsweek* – qui va incarner la star que tout le monde attendait. Comme l'explique Kirstein, elle a su plaire plus que n'importe quelle autre ballerine de notre siècle.

L'« invasion » étrangère se poursuivit en 1950, quand les Ballets de Paris de Roland Petit firent salle comble à Broadway ; le public fut enthousiasmé par le charme provocant de Zizi Jeanmaire dans *Carmen* et par la sensualité de Jean Babilée dans *Le Jeune Homme et la mort*. Les danseurs et les danseuses étaient excitants, les ballets, dans le vent, et l'ensemble, très « français » ; c'était peu après que le New Look de Dior eut révolutionné la mode. Vinrent ensuite les danses populaires de Moïsseïev, les premiers « envahisseurs » russes d'après-guerre, avec leur virilité et leur énergie irrésistibles qui enflammèrent les publics de toute l'Amérique lors de leur tournée de 1958. Leur influence faisait écho à celle du Spoutnik l'année précédente.

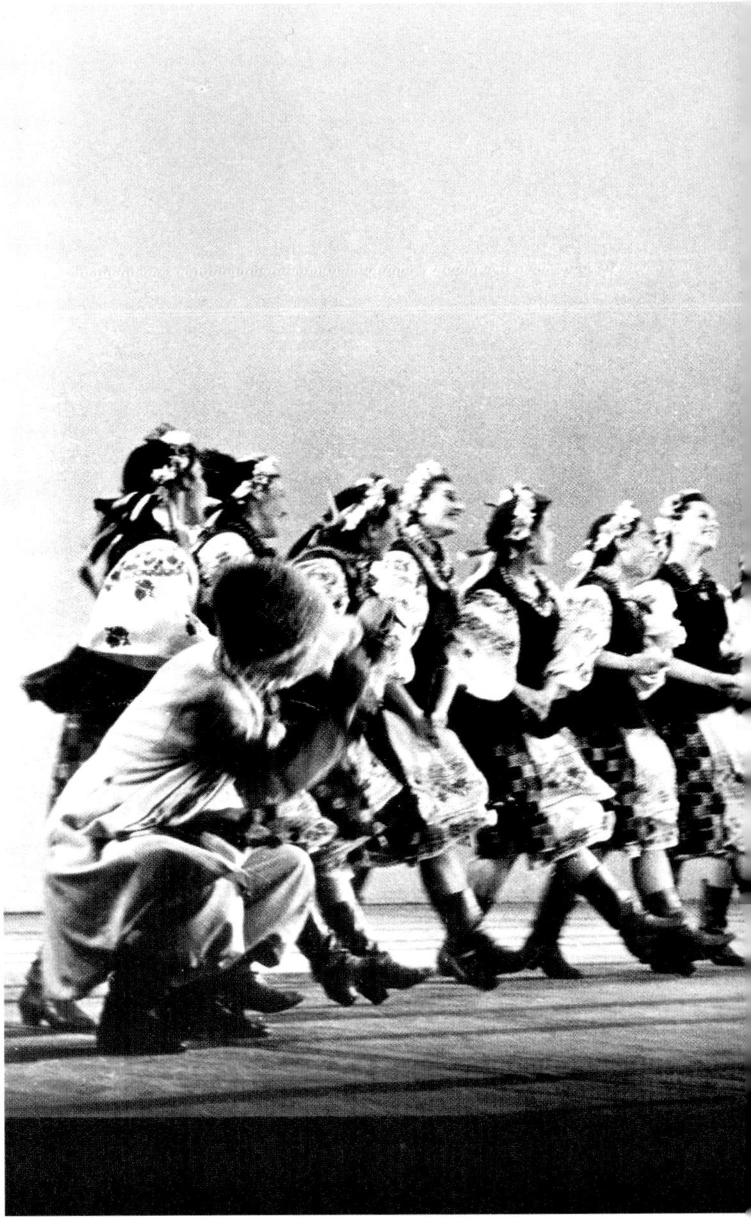

À DROITE *: La troupe des ballets Moïsseïev, dirigée par son fondateur Igor Moïsseïev, fut la première troupe de danse russe à se produire en Amérique après la guerre. Présentée au Metropolitan Opera en 1958 par l'impresario Sol Hurok, elle rencontra un succès fabuleux.*

CI-DESSOUS *: La grande artiste du Bolchoï Galina Oulanova dans le* Roméo et Juliette *de Leonid Lavrovski.*

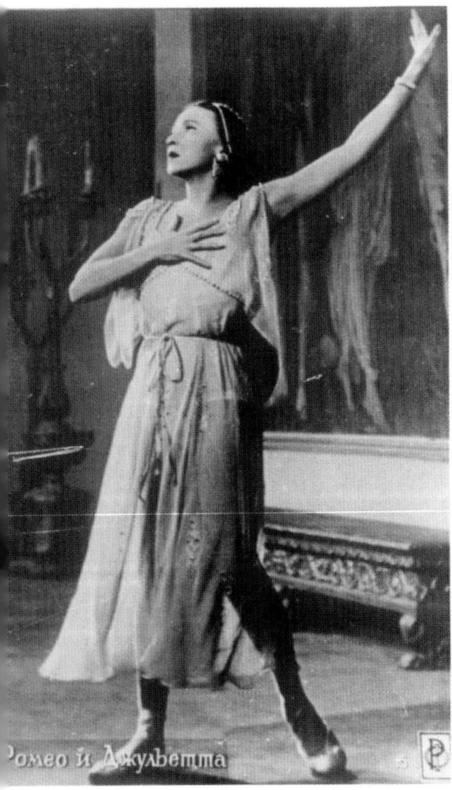

Mais le plus grand choc fut l'arrivée du ballet du Bolchoï en 1959, qui ouvrit sa saison au Met avec un *Roméo et Juliette* de Leonid Lavrovski sur la musique de Prokofiev, avec la grande danseuse russe Galina Oulanova. À quarante-neuf ans, elle semblait aussi jeune et innocente que devait l'être la Juliette idéale. Jusqu'ici, les Américains n'avaient vu d'elle que des fragments de film, qu'on ne pouvait voir que dans un cinéma miteux, le Stanley Theater, spécialisé dans les films soviétiques. Durant la tournée du Bolchoï, elle remporta également un immense succès dans *Giselle* et *Les Sylphides*.

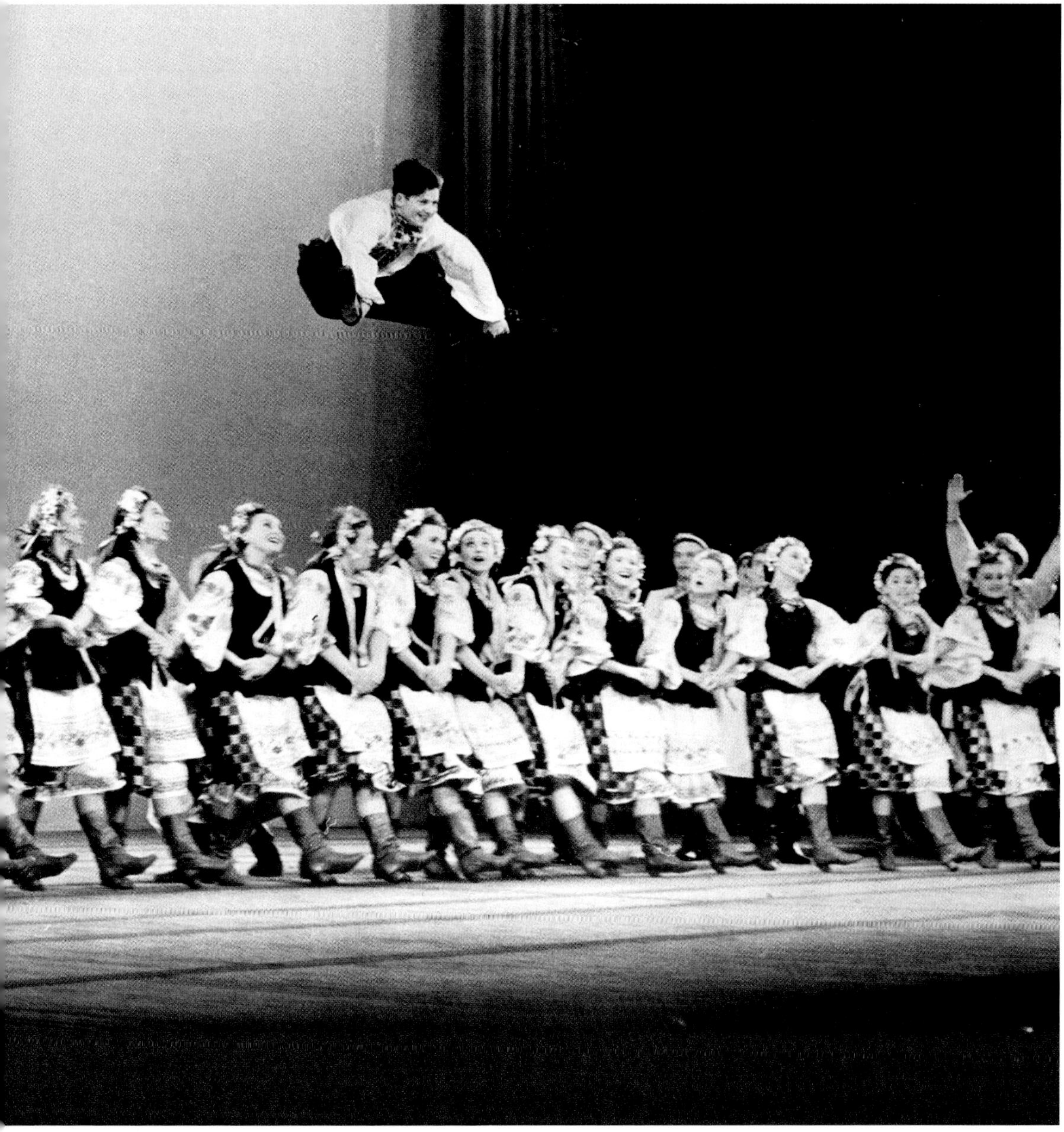

Et quand la compagnie se produisit au Madison Square Garden pour répondre à l'immense demande du public, elle donna une *Mort du cygne* d'une simplicité et d'un pathos bouleversant. Contrairement à la flamboyante Maya Plissetskaïa, qui était toute en envolées, Oulanova était très humaine et, quand elle mourait, elle était vraiment morte. Plissetskaïa se relevait, comme le Phoenix, pour mourir encore et encore.

Quand le Kirov arriva de Leningrad pour la première fois en Amérique, deux ans plus tard, son style épuré fit d'abord moins

Le couple le plus célèbre de l'histoire du ballet du XXe siècle : Margot Fonteyn et Rudolf Noureev, devenus des stars internationales de la danse. On les voit ici en train de danser le frug dans un night-club (ci-dessous) et dans leur célèbre pas de deux du Corsaire *(à droite).*

impression à New York que celui du Bolchoï, mais, à terme, son style aura une influence internationale en raison des défections de danseurs passés à l'Ouest : d'abord Rudolf Noureev en 1961, puis Natalia Makarova en 1970 et Mikhaïl Baryschnikov en 1974. La spectaculaire évasion de « Rudi », échappant à ses gardiens soviétiques à l'aéroport du Bourget à Paris, mit le ballet à la une de tous les journaux. Mais ce furent ses prestations époustouflantes – son magnétisme animal associé à une forme athlétique étonnante – qui modifièrent l'art du ballet : il établissait une nouvelle norme que les autres danseurs, dans le monde entier, désireront imiter. Chacune de ses apparitions était un événement – telle une répétition de l'histoire de Nijinski. Son long partenariat avec Fonteyn (son aînée de dix-neuf ans) fera des deux étoiles des célébrités internationales

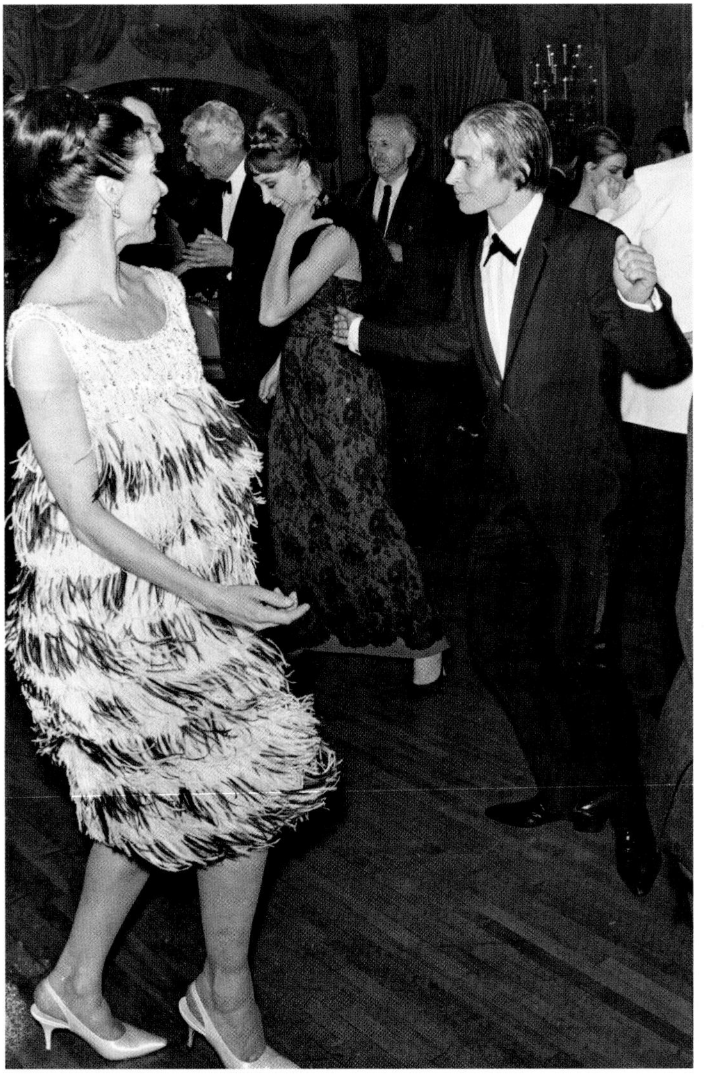

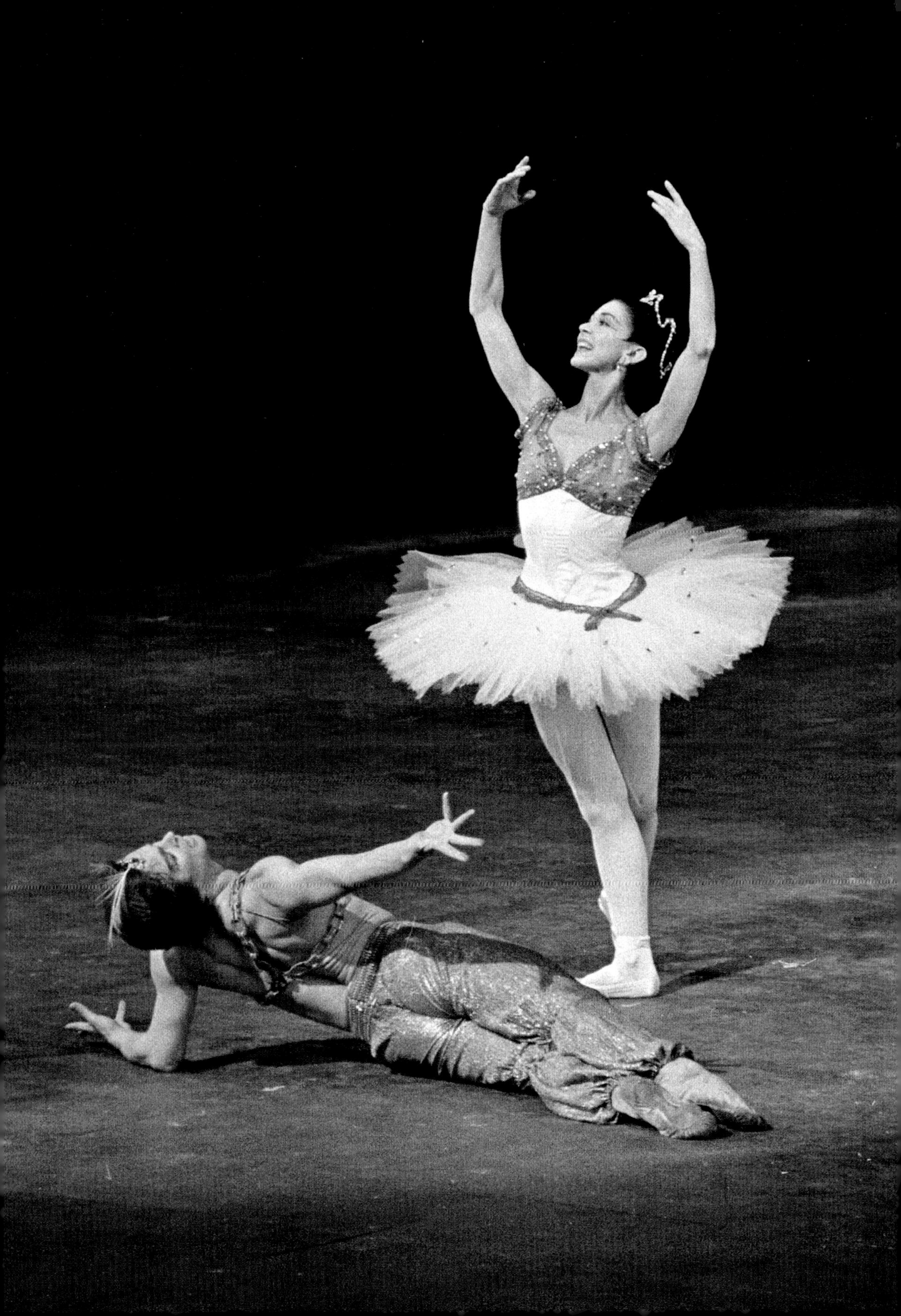

habituées des gros titres de la presse. Ainsi, les applaudissements pour leur apparition dans le pas de deux du *Corsaire* ont duré plus longtemps que le ballet lui-même…

New York, capitale du monde après la guerre, est aussi la ville où toutes les étoiles de la danse viendront chercher la consécration. Noureev a dansé partout, de même que Makarova et Baryschnikov plus tard, qui s'installeront à New York. Et le défilé de troupes étrangères se poursuivit, par exemple avec le Ballet de Stuttgart à la fin des années 1960 et les spectaculaires productions de John Cranko. Quant au Royal Ballet britannique – avec Fonteyn et, plus tard, Fonteyn et Noureev –, il se produisit en Amérique à peu près tous les deux ans.

Tandis que les Européens ne cessaient de venir, les troupes new-yorkaises ne cessaient de se développer. En 1949, un an après sa création, le City Ballet connut son premier grand succès. L'impresario Sol Hurok avait vendu à Balanchine, pour un prix dérisoire, les magnifiques décors créés par Chagall pour *L'Oiseau de feu*, et le chorégraphe revisita cette célèbre œuvre de Stravinsky/Fokine pour sa ballerine (et épouse à l'époque) Maria Tallchief. Du jour au lendemain, la compagnie vit sa popularité s'accroître, ce qui se confirmera cinq ans plus tard avec le magique *Casse-noisette* qui, aujourd'hui encore, est présenté durant cinq ou six semaines chaque automne. Le spectacle entraînera une prolifération de *Casse-noisette* dans tout le pays et permettra d'initier au ballet des générations d'enfants.

Les Quatre Tempéraments *(1946), chef-d'œuvre de Balanchine, est le premier et peut-être le plus grand de ses ballets abstraits en « noir et blanc », sur une musique commandée à Hindemith. L'œuvre a été initialement créée pour la Ballet Society, ancêtre du New York City Ballet, et mise en scène à la Central High School for Needle Trades avec des costumes peu seyants et peu pratiques de Kurt Seligmann. Quand Balanchine ajoute l'œuvre au répertoire du City Ballet en 1951, il revient à des vêtements plus simples, au grand soulagement des critiques, du public et de la majorité de la troupe.*

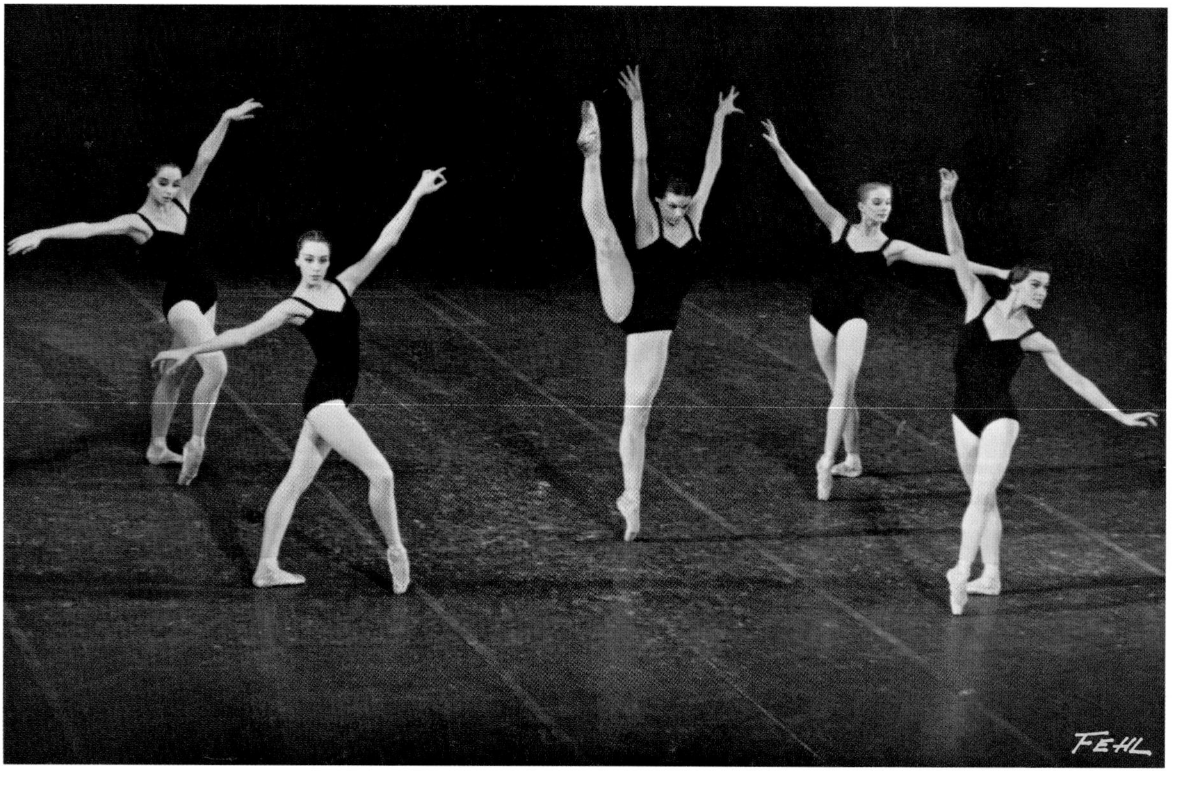

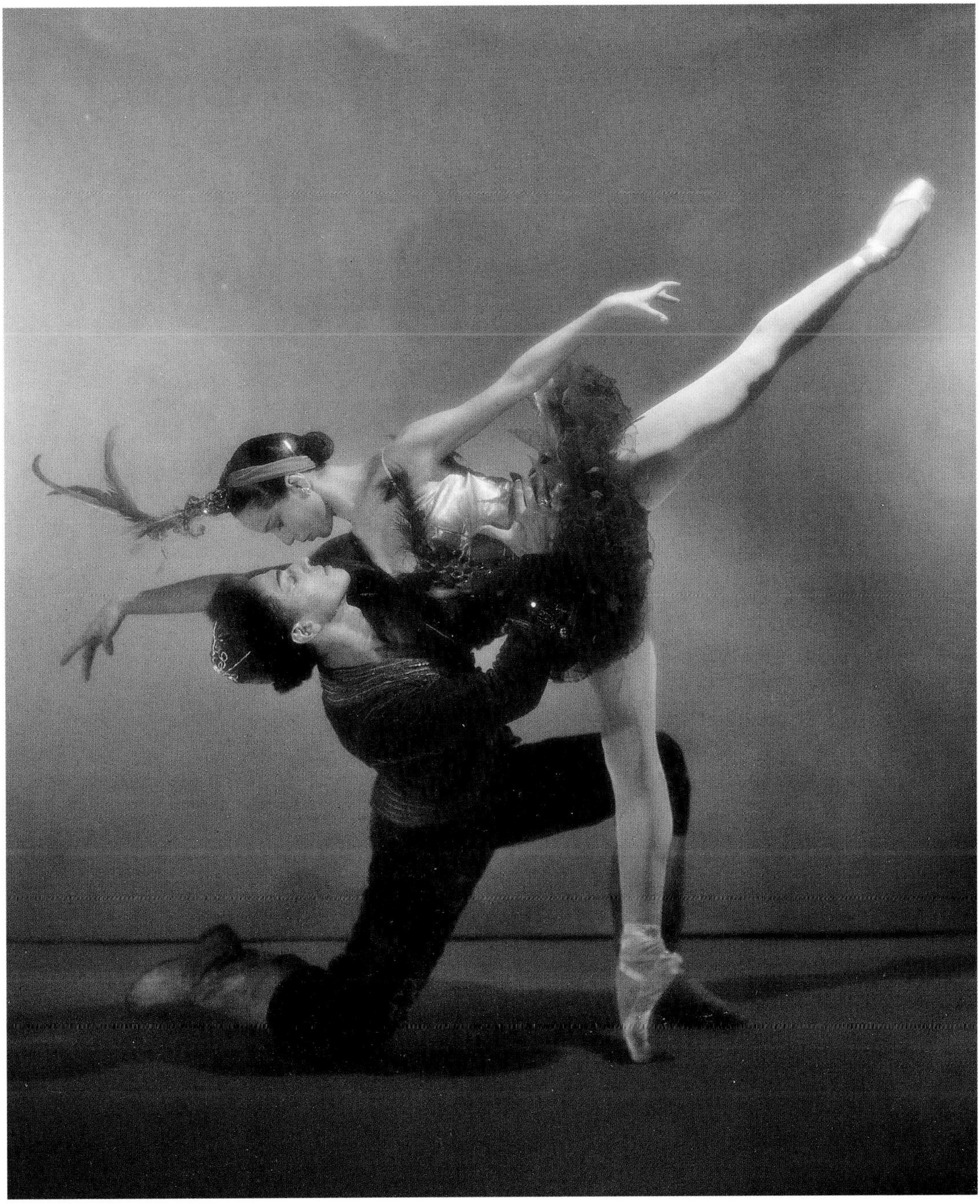

CI-DESSUS : *La version par Balanchine de* L'Oiseau de feu *(1949) a été le premier grand succès du City Ballet ; elle a fait la notoriété de sa ballerine (la femme de Balanchine à l'époque), Maria Tallchief, que l'on voit ici en compagnie de Francisco Moncion.*

PAGES SUIVANTES : *le* Casse-Noisette *de Balanchine, créé en 1954, deviendra le fonds de commerce du City Ballet (et d'innombrables autres troupes) : il remplissait les salles pendant des semaines d'affilée et fit découvrir le ballet à des centaines de milliers d'enfants et de parents. On voit ici l'étonnante scène des « flocons de neige » (à gauche), la Fête avec William Dollar dans le rôle de Herr Drosselmeyer (en haut, à droite), et la scène finale avec la petite Marie et son prince Casse-Noisette qui disent adieu au pays des friandises dans un traîneau tiré par des rennes (en bas, à droite).*

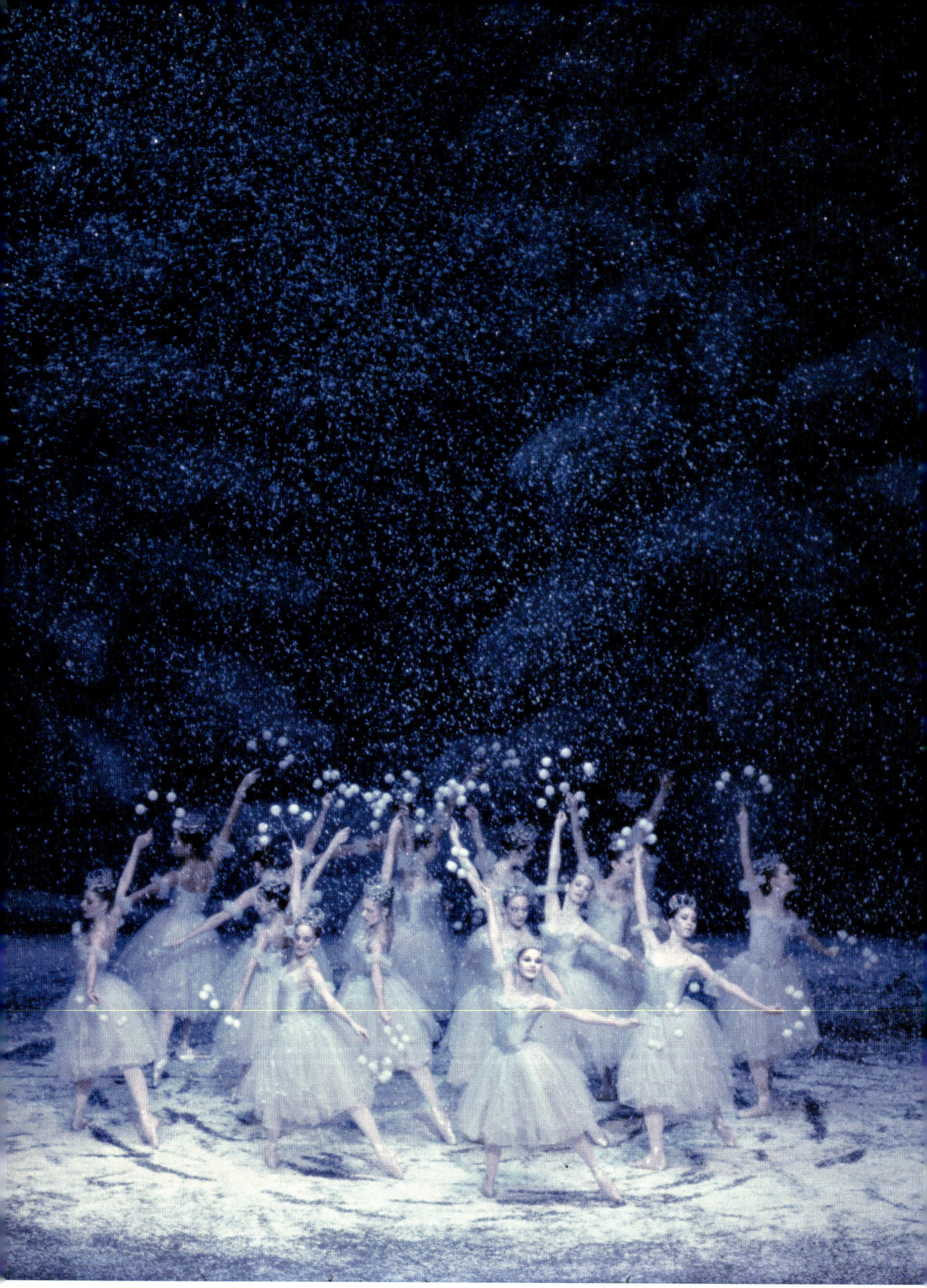

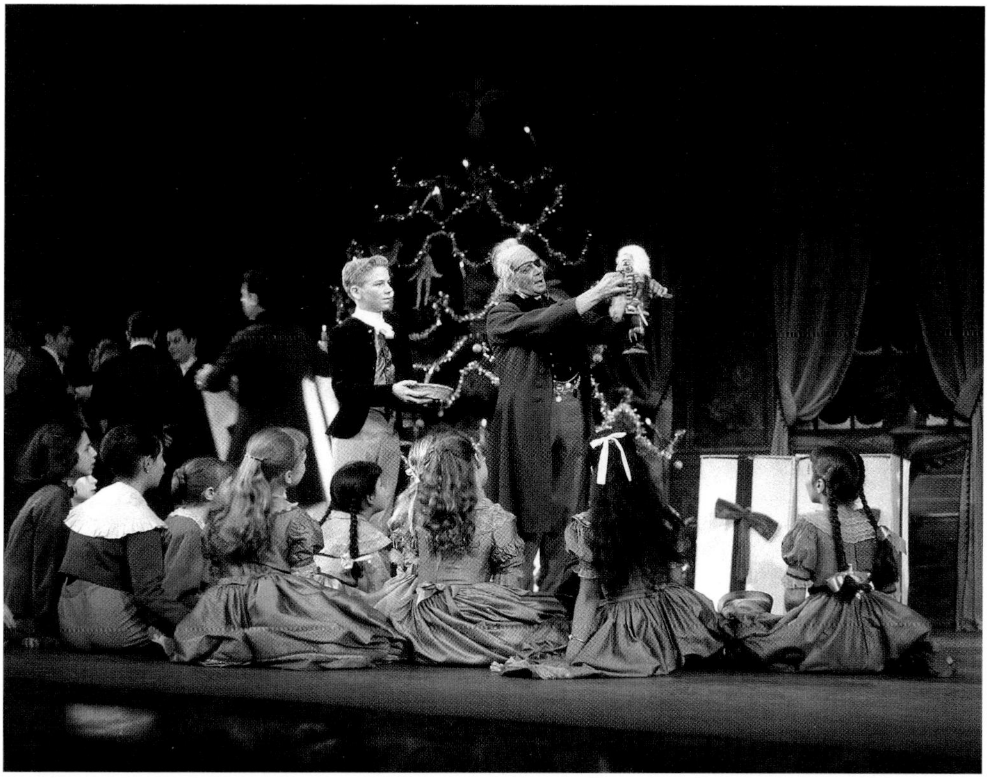

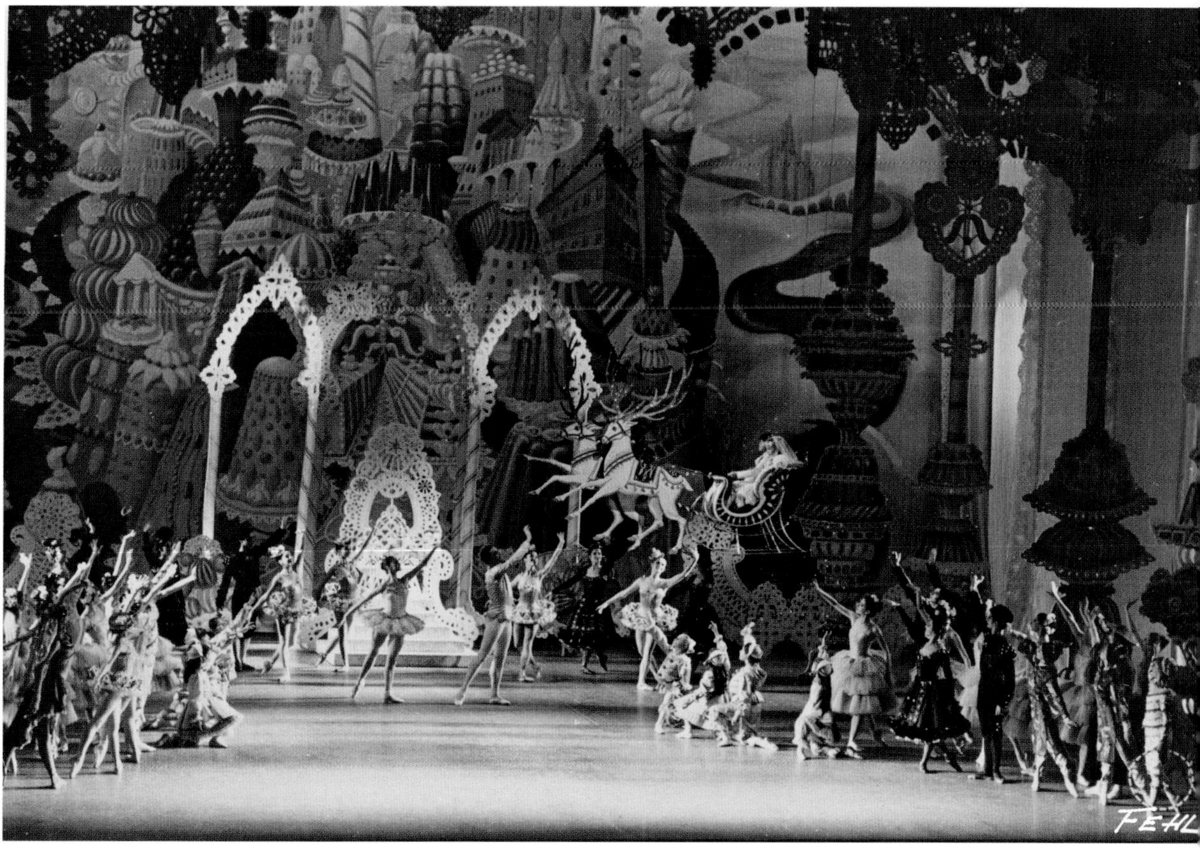
FEHL

*Arthur Mitchell et Diana Adams dans le pas de deux révolutionnaire d'*Agon *(1957), de Balanchine. Cette collaboration avec Stravinsky a enthousiasmé le monde du ballet par sa structure novatrice.*

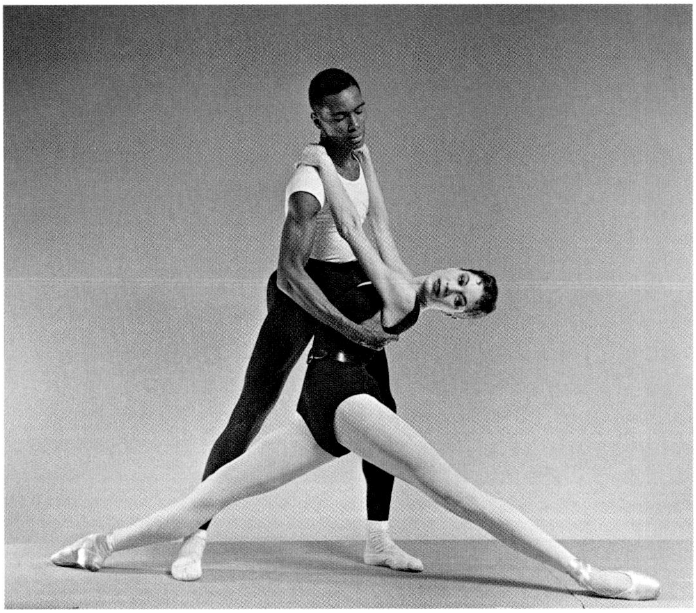

Chaque année, et presque jusqu'à sa mort en 1983, Balanchine créera chef-d'œuvre sur chef-d'œuvre : des ballets à histoire comme le *Songe d'une nuit d'été* ou des ballets romantiques comme *Liebeslieder Walzer*. Et tandis que, dans des créations comme *Western Symphony* ou *Stars and Stripes*, il s'attachait à préserver l'héritage classique, il produisit des œuvres modernes aussi étonnantes que *Les Quatre Tempéraments* (1946), *Agon* (1957) et *Épisodes* (1959) qui révolutionnèrent l'art du ballet. Par son génie, il réussit à vaincre les réticences des adeptes des Ballets russes et l'opposition du critique du *New York Times*, John Martin, qui jugeait d'abord ses œuvres trop abstraites. Balanchine devint ainsi le chorégraphe et le professeur de danse le plus important du siècle, et peut-être même de tous les temps. Aujourd'hui, son répertoire est présenté partout, et sa pédagogie domine l'académie de danse américaine.

Le partenaire de Balanchine, Lincoln Kirstein, utilisait d'autres moyens pour promouvoir la danse en Amérique : ainsi, il persuada W. McNeil Lowry, le directeur des programmes des Arts et Humanités à la Fondation Ford, d'accorder une subvention de 7,7 millions de dollars à diverses institutions de danse, dont deux millions pour le City Ballet et près de quatre millions pour la seule School of American Ballet.

Entre-temps, le Ballet Theatre (qui, en 1957, est devenu l'American Ballet Theatre, ou A.B.T.) attirait le public hostile à Balanchine avec quelques étoiles et plusieurs grandes œuvres. Jerome Robbins quitta le City Ballet où il avait créé de grands succès comme *The Cage* et *L'Après-midi d'un faune* ; en 1969, il retrouvait sa compagnie après une série de succès à Broadway sous le titre *Dances at a Gathering*. Des

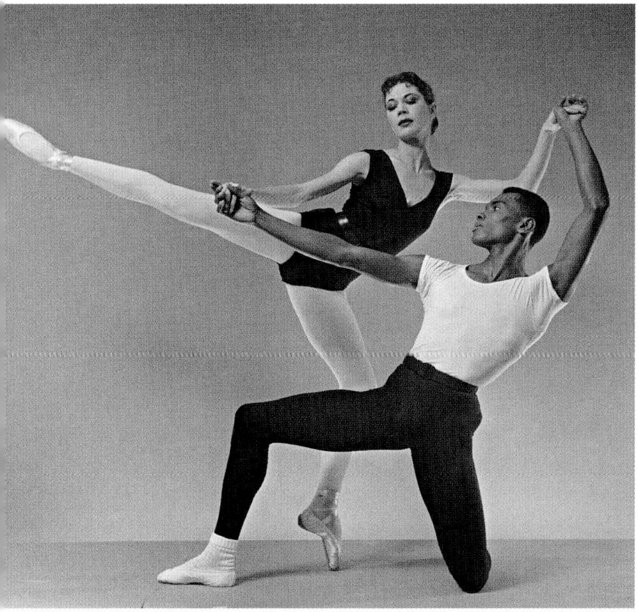

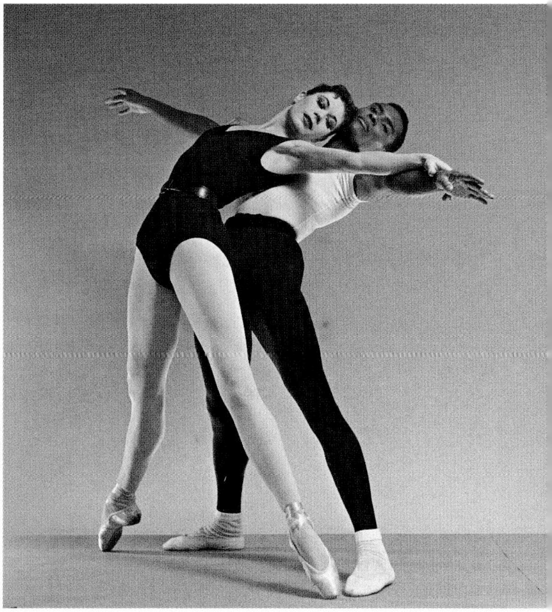

chorégraphes moins illustres se succédèrent à l'A.B.T. avec un défilé de stars, certaines d'origine américaine comme Cynthia Gregory et Gelsey Kirkland, d'autres « importées » (comme Alicia Alonso et Erik Bruhn) ou immigrées (comme Makarova ou le fameux Baryschnikov qui quittera le City Ballet pour travailler avec Balanchine, puis deviendra directeur artistique de l'A.B.T.).

En 1964, peu après la création du Lincoln Center, deux grandes troupes étaient en concurrence, le City Ballet au State Theater, et l'A.B.T. au nouveau Metropolitan Opera House, de l'autre côté de la place (certains critiques ou certains fans couraient parfois d'une salle à l'autre lors d'une même soirée). Le public, très attaché aux danseurs, les appelait par leur prénom : Eddie (Villella) et Patty (McBride), Suzanne (Farrell) et Peter (Martins), Rudi (Noureev) et Margot (Fonteyn) et naturellement le sublime Misha (Baryschnikov). C'était un phénomène nouveau : dans le public de Diaghilev, personne ne criait « Vaslav » ou « Tamara » pour interpeller Nijinski et Karsavina.

Le Joffrey Ballet, troisième grande troupe de la ville, a été fondé en 1956 par Robert Joffrey, qui ne sera vraiment présent à New York qu'après sa première saison au City Center en 1966. Par rapport à ses deux grandes rivales, cette compagnie était plus moderne et davantage axée sur le jazz. Chorégraphe novateur, Joffrey connaît un grand succès en 1967 avec son *Astarté* à demi psychédélique sur une musique rock spécialement commandée, ce qui lui vaudra de faire la couverture de *Time*. Par la suite, on pourra voir au Joffrey *Deuce Coupe*, le premier ballet de Twyla Tharp à mêler les genres,

À DROITE : Tanaquil LeClercq dans La Valse *(1951) de Balanchine, le rôle qui la rendit célèbre. Son destin a été tragique : atteinte de poliomyélite en 1956, elle finira sa vie en fauteuil roulant. Son magnifique costume « new look » a été réalisé par la grande créatrice Karinska.*

des reprises de productions importantes de Frederick Ashton et des Ballets russes, *The Green Table* de Kurt Jooss et aussi, malheureusement, une suite de pièces de second rang, créées par le partenaire de Joffrey et codirecteur, Gerald Arpino, qui condamneront la troupe à la médiocrité. Pendant un temps, toutefois, le Joffrey Ballet sera une composante populaire de la scène new-yorkaise. En 1964, sa principale mécène, Rebekah Harkness, lui retira son soutien pour lancer sa propre compagnie ; elle y dépensera beaucoup d'argent pour rien et finira par se suicider. L'année 1964 vit également, au Lincoln Center, l'ouverture du State Theater (aujourd'hui David H. Koch Theater), construit en grande partie selon les idées de Balanchine, sa fonction première étant d'offrir un lieu grandiose pour accueillir le New York City Ballet, ce qui n'a pas empêché le théâtre d'accueillir aussi, jusqu'à récemment, le New York City Opera. (Durant les travaux, Balanchine fit arrêter le chantier parce que la fosse d'orchestre n'était pas assez grande.) Au début, son décor un peu fastueux, marqué par deux immenses sculptures d'Elie Nadelman, dérangeait les fidèles du City Ballet, familiers du City Center, plus miteux mais plus humain ; en seize ans, nous nous étions habitués à cette salle, et l'immense espace de la mezzanine était, pour les adeptes de Balanchine, un lieu de rencontre agréable. Et surtout, le chorégraphe pouvait y monter des projets ambitieux comme *Les Joyaux* (1967) ou le festival Stravinsky (1972). D'une certaine façon, le déménagement donna au City Ballet un rôle de premier plan, comme cela avait été le cas en Angleterre quand le Sadler's Wells s'était installé à l'opéra de Covent Garden et était devenu le Royal Ballet.

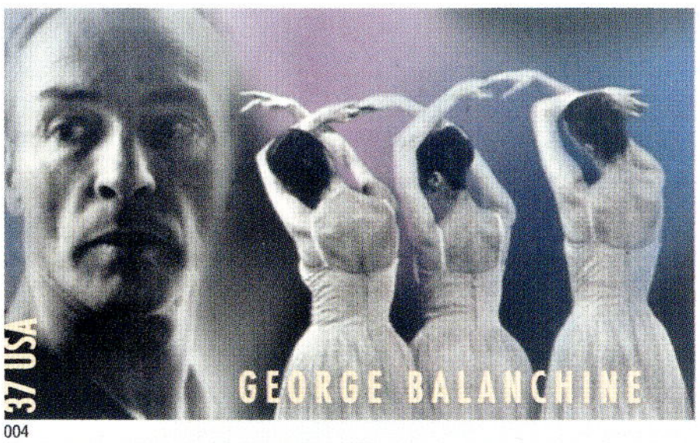

Deux ans plus tard, le nouveau Met ouvrit ses portes et l'A.B.T. y trouva sa nouvelle maison. D'une certaine façon, le Met était un atout pour la troupe, la salle étant appréciée par les gens fortunés, mais la nécessité de remplir chaque printemps une salle aussi vaste limitait le répertoire de la compagnie : il fallait rejouer sans cesse les mêmes vieux succès et, malheureusement, il n'y a pas tant de ballets du XIXe siècle capables d'occuper des soirées entières. Cependant, même les ballets de second rang peuvent attirer un public lorsque se produisent des danseurs réputés. Après des débuts difficiles, l'A.B.T. parviendra à survivre et se fera une place comme institution et, grâce à son vaste répertoire, à ses étoiles (tantôt formidables, tantôt contestables) et à sa salle luxueuse, il fera émerger l'idée du ballet comme but de sortie et contribuera à faire de ce parent pauvre des arts du spectacle un phénomène culturel très suivi à New York.

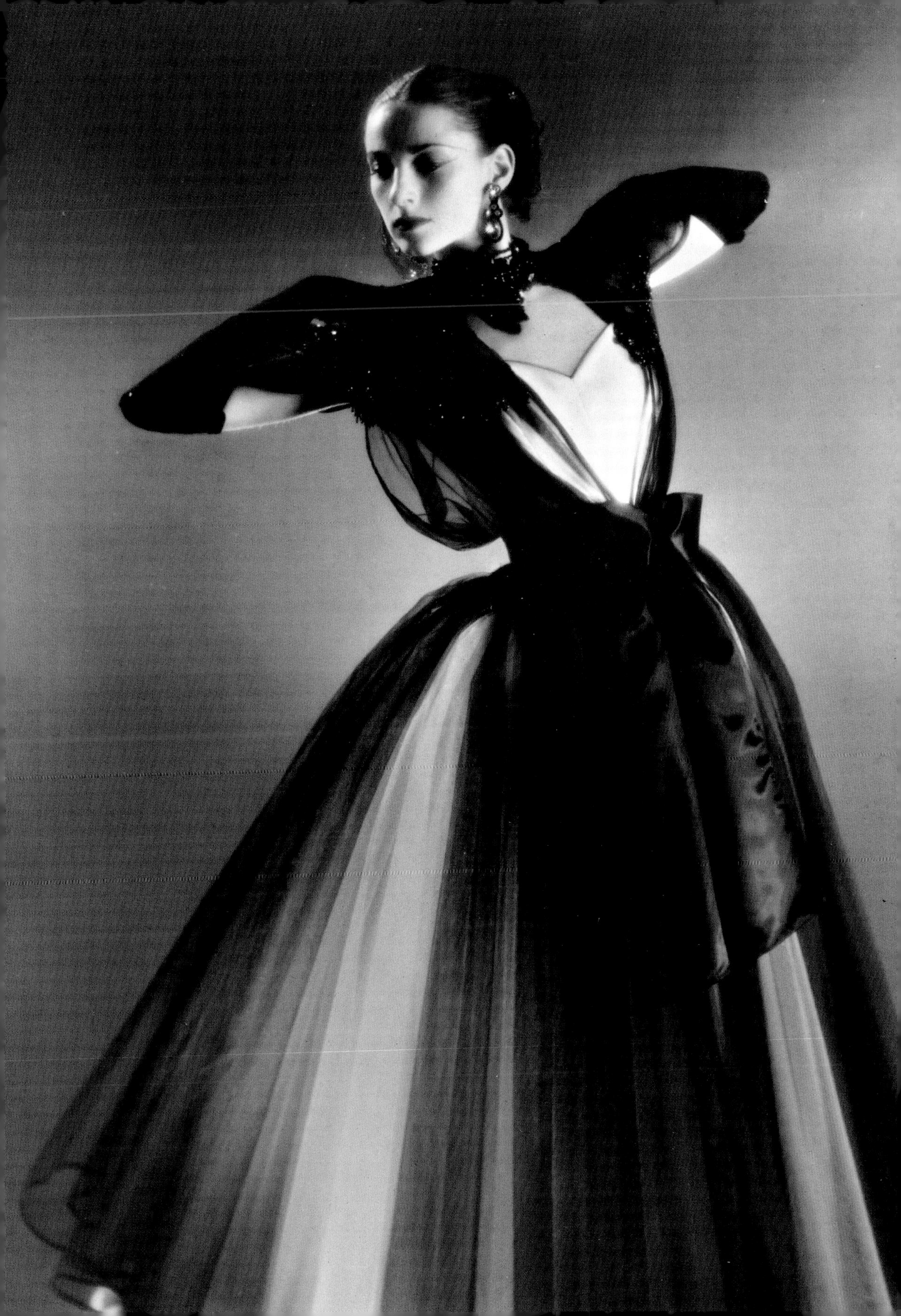

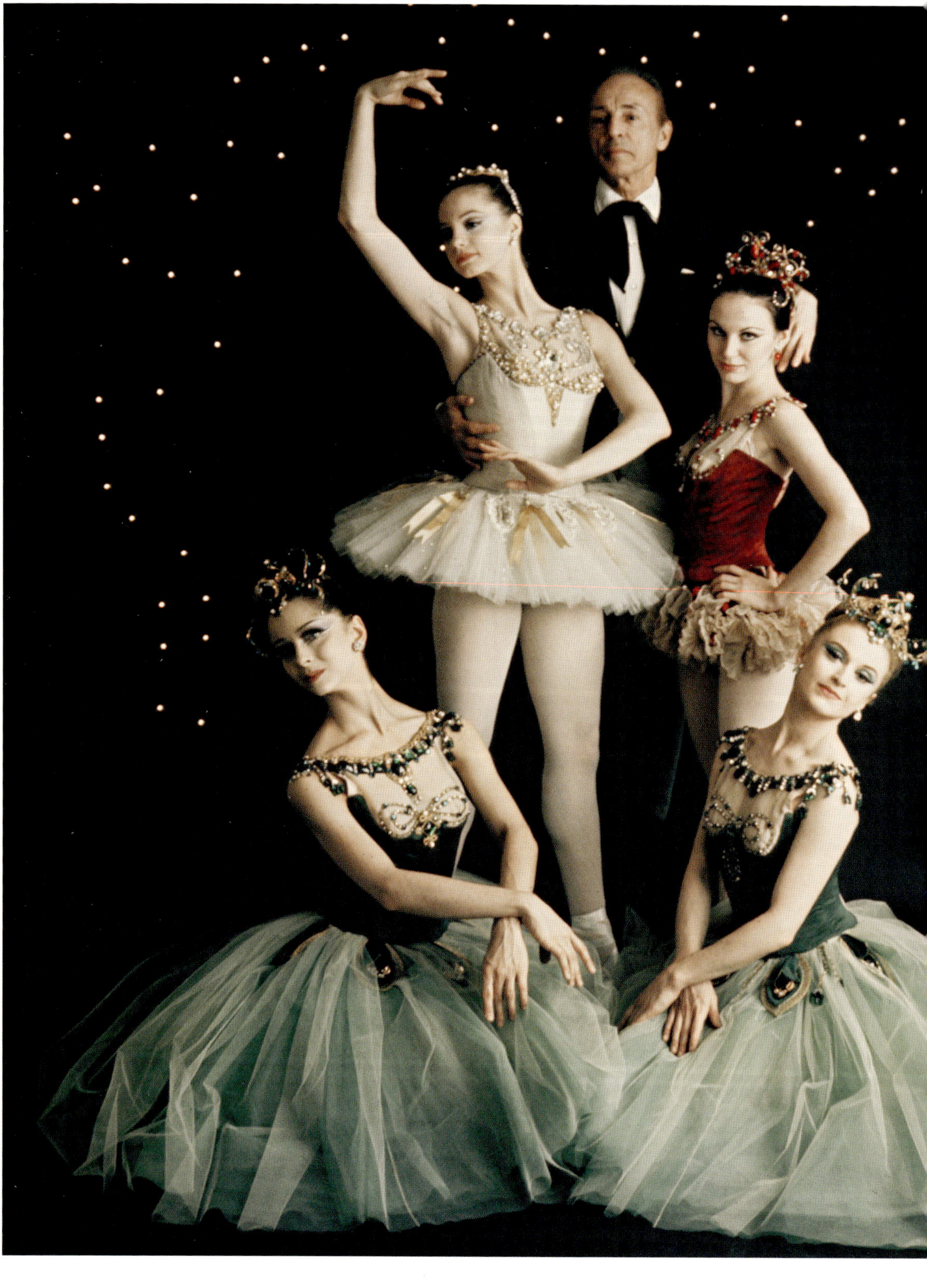

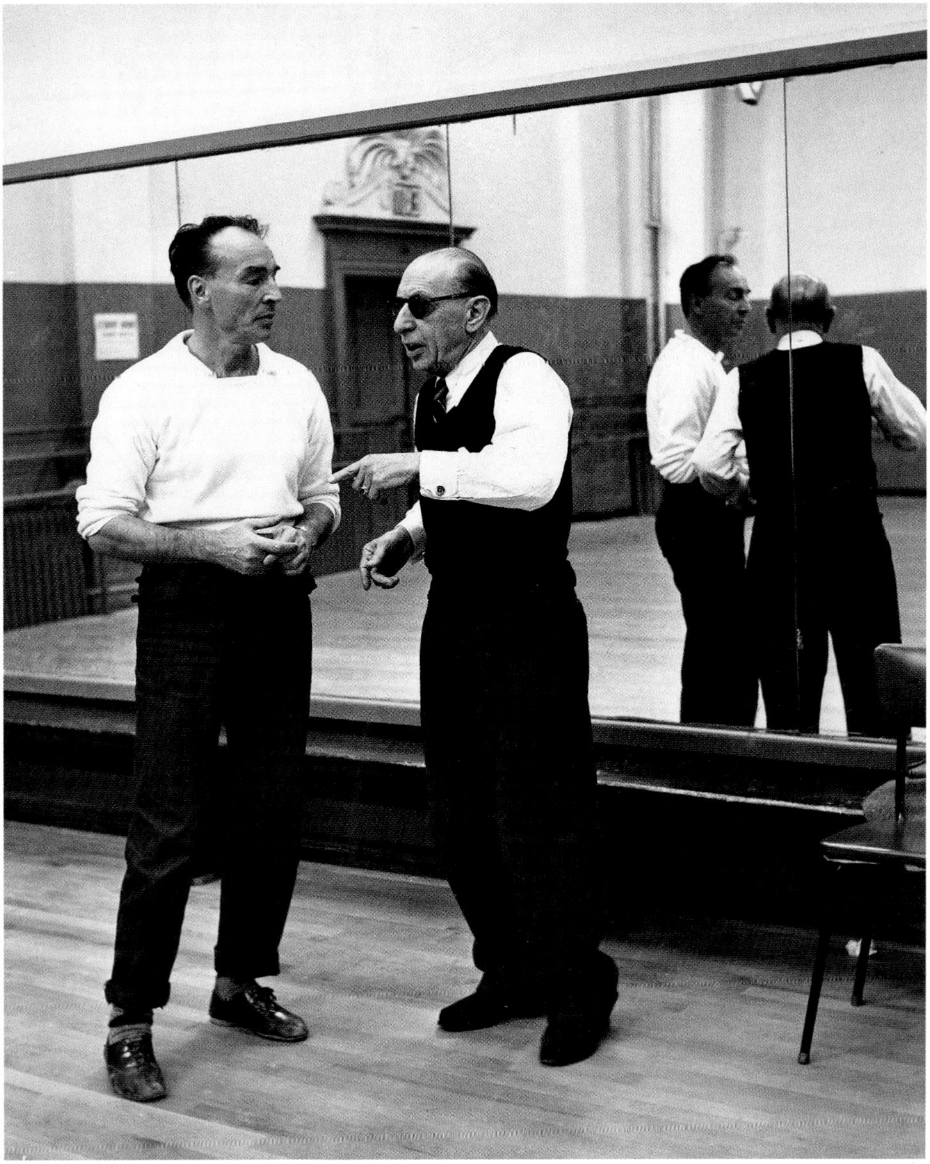

À GAUCHE : *Balanchine entouré des quatre ballerines des* Joyaux, *1967, son chef-d'œuvre en trois parties. Dans le sens horaire à partir de la droite : Patricia McBride (« Rubis »), Violette Verdy et Mimi Paul (« Émeraudes »), et Suzanne Farrell (« Diamants »). Les costumes étaient, là encore, des créations de Karinska.*

CI-DESSUS : *Balanchine et Stravinsky lors de répétitions en 1963, probablement pour* Mouvements pour piano et orchestre, *œuvre créée cette année-là.*

À DROITE : Martha Graham et Bertram Ross dans l'œuvre la plus célèbre et la plus populaire de Graham, Appalachian Spring *(1944). Aaron Copland reçut le prix Pulitzer pour la musique ; le décor a été réalisé par son collaborateur de longue date Isamu Noguchi.*

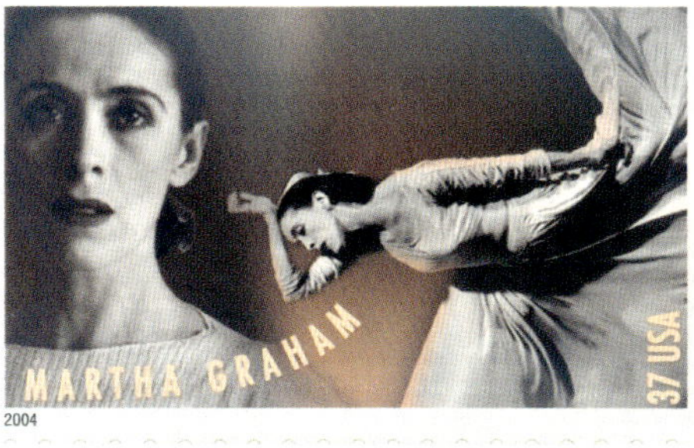

Le ballet n'est évidemment qu'un aspect de l'histoire de la danse à New York. Au début du siècle, Isadora Duncan avait fait venir la danse moderne de Californie avant de l'emmener avec elle dans sa conquête de l'Europe, jusqu'à sa fin tragique en 1927. Puis sont venus Ruth Saint Denis et Ted Shawn et, grâce à eux, celle qui représente la quintessence formelle : Martha Graham. Née en 1894, Martha deviendra la figure iconique de la danse moderne, mouvement considéré dans les années 1930 comme un trésor national ou comme une plaisanterie, selon le point de vue adopté. (On retrouve un phénomène comparable dans la manière dont Eleanor Roosevelt était perçue à l'époque.) Son premier spectacle à New York date de 1926, et, en 1931, elle produisit son premier chef-d'œuvre, rigoureux et spirituel, les *Primitive Mysteries*. Au début, sa compagnie ne comprenait que des femmes, mais, en 1938, elle accueillit Erick Hawkins – qu'elle épousera dix ans plus tard –, et la présence de personnages masculins va élargir l'éventail de son répertoire : en 1940, elle produit *Letter to the World* (Emily Dickinson) ; en 1943, *Deaths and Entrances* (des sœurs Brontë) ; en 1944, son œuvre préférée, *Appalachian Spring* (le jeune Merce Cunningham avait alors rejoint la compagnie), avec un magnifique décor de Noguchi (qui collaborera avec elle sur une vingtaine de ballets) et sur la musique d'Aaron Copland.

Martha, devenue une personnalité de premier plan, créa dans l'immédiat après-guerre plusieurs spectacles marquants : *Dark Meadow*, *Cave of the Heart* (Médée), *Errand into the Maze* (Ariane et le Minotaure), *Night Journey* (Œdipe et Jocaste). C'était le début de sa période grecque : elle s'intéressait à la mythologie et à l'éternité. Il émanait de sa danse une telle force qu'elle-même devint mythique. Cependant, au début des années 1960, sa carrière est en grande partie derrière elle. Elle nous a laissé le joyeux *Diversion of Angels*, le sublime ballet dédié à Jeanne d'Arc, *Seraphic Dialogue* et, en 1958, le sommet de ses aventures classiques, le *Clytemnestre*, où elle domine dans son rôle de reine tragique. Ses saisons, annuelles ou semi-annuelles, d'une durée de deux ou trois semaines, étaient un moment marquant de la scène culturelle new-yorkaise. Malheureusement, vers la fin des années 1960, la déchéance physique eut raison d'elle et elle sombra dans l'alcool. Rejetant ses héritiers naturels, elle ne travailla plus que sur des œuvres sans intérêt, mais il n'en reste pas moins qu'elle a dominé le monde de la danse moderne pendant plusieurs décennies.

Elle n'était pas la seule. Parmi ses contemporaines, Doris Humphrey fut assez proche d'elle dans la compagnie Denishawn

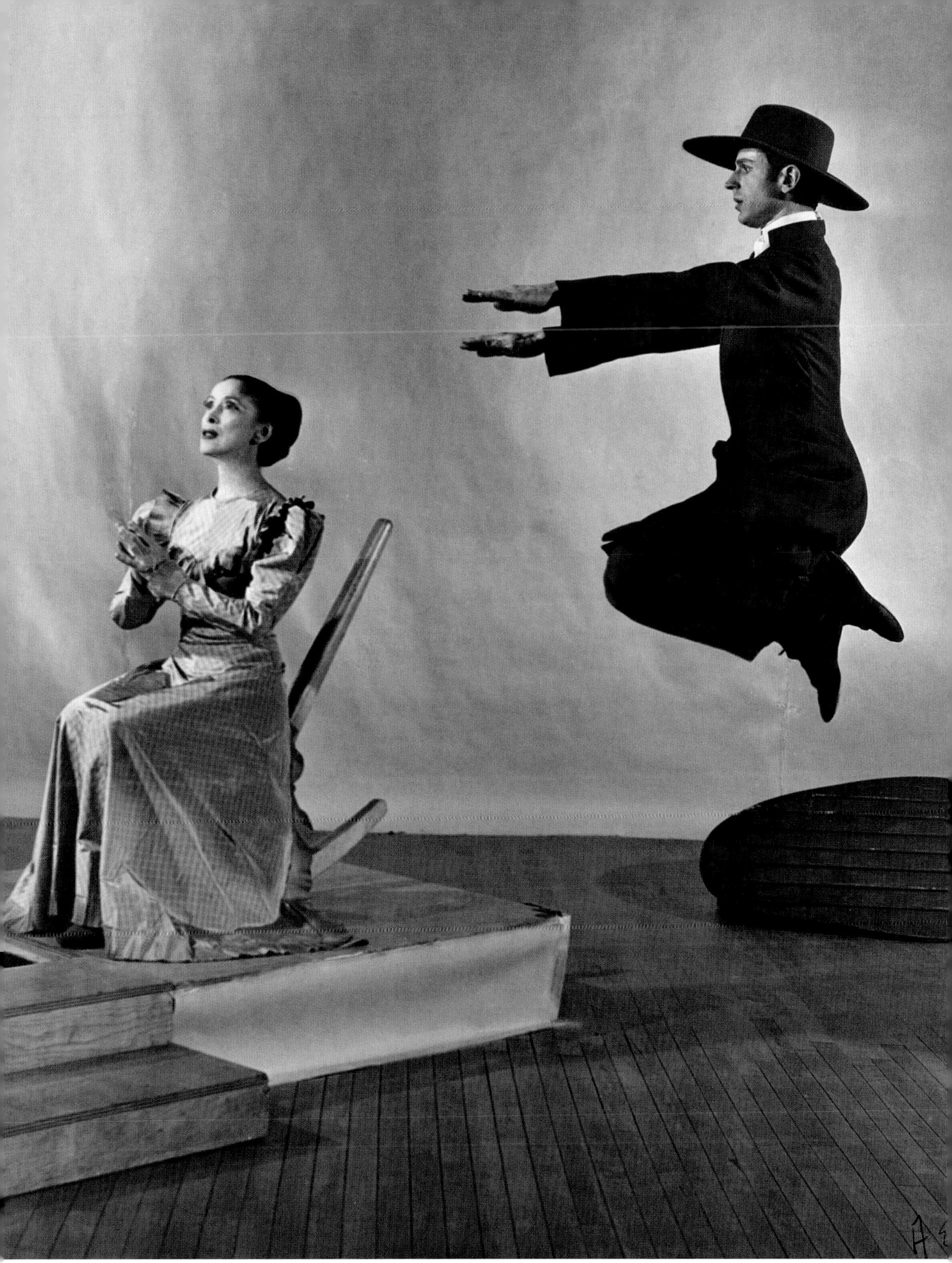

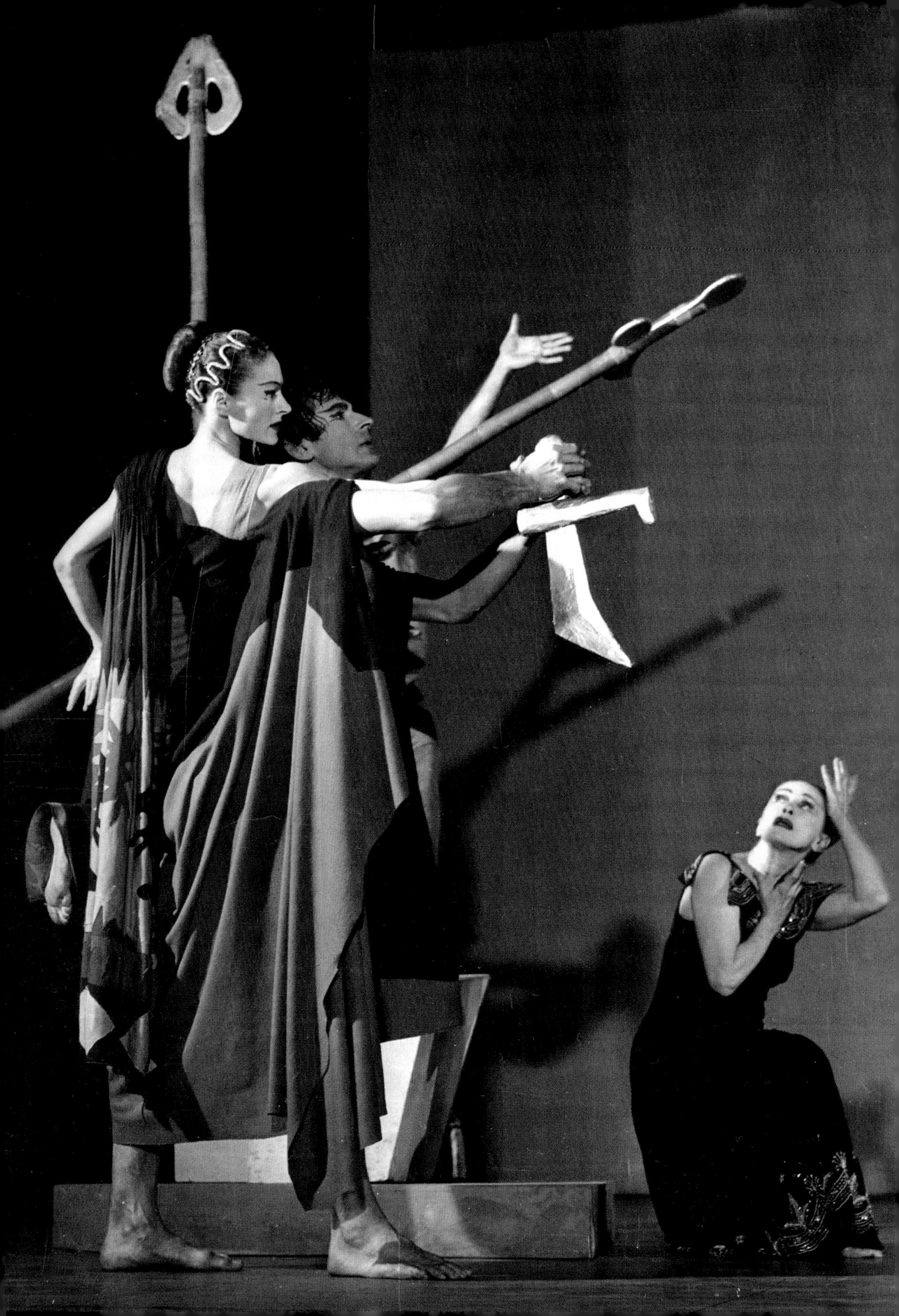

(sans collaborer directement avec elle), puis toutes deux abandonnèrent l'orientalisme de Ruth Saint Denis pour explorer de nouveaux territoires, Graham avec sa technique fondée sur la contraction et l'extension, Humphrey avec son schéma de chute et de rétablissement. Humphrey était moins spectaculaire et plus austère que sa rivale, plus cérébrale. Elle n'a jamais atteint le niveau de popularité de Graham, mais son travail était très admiré et on retiendra *Soaring, Air for the G String, Life of the Bee, The Shakers.* Aujourd'hui, ce qui reste de son œuvre paraît un peu étrange mais, à son époque, son influence fut très grande, d'abord durant son long partenariat avec Charles Weidman, autre ancien de Denishawn, puis pendant sept ans comme directrice artistique de la troupe de danse de José Limón, qui avait été son étudiant.

Humphrey dut arrêter la danse dès 1945, mais elle poursuivit son travail de chorégraphe et, surtout, de professeur de danse. Durant des années, elle a enseigné à la célèbre Bennington School

À GAUCHE : Clytemnestre *(1958) a été une réalisation ambitieuse de Martha Graham, avec Helen McGehee en Électre (à gauche), Bertram Ross en Oreste, et Graham elle-même dans le rôle de Clytemnestre.*

CI-DESSOUS : Doris Humphrey et Charles Weidman dans Square Dances *(1939) de Humphrey.*

PAGES SUIVANTES : La troupe d'Alwin Nikolais dans Tensile Involvement *(1953).*

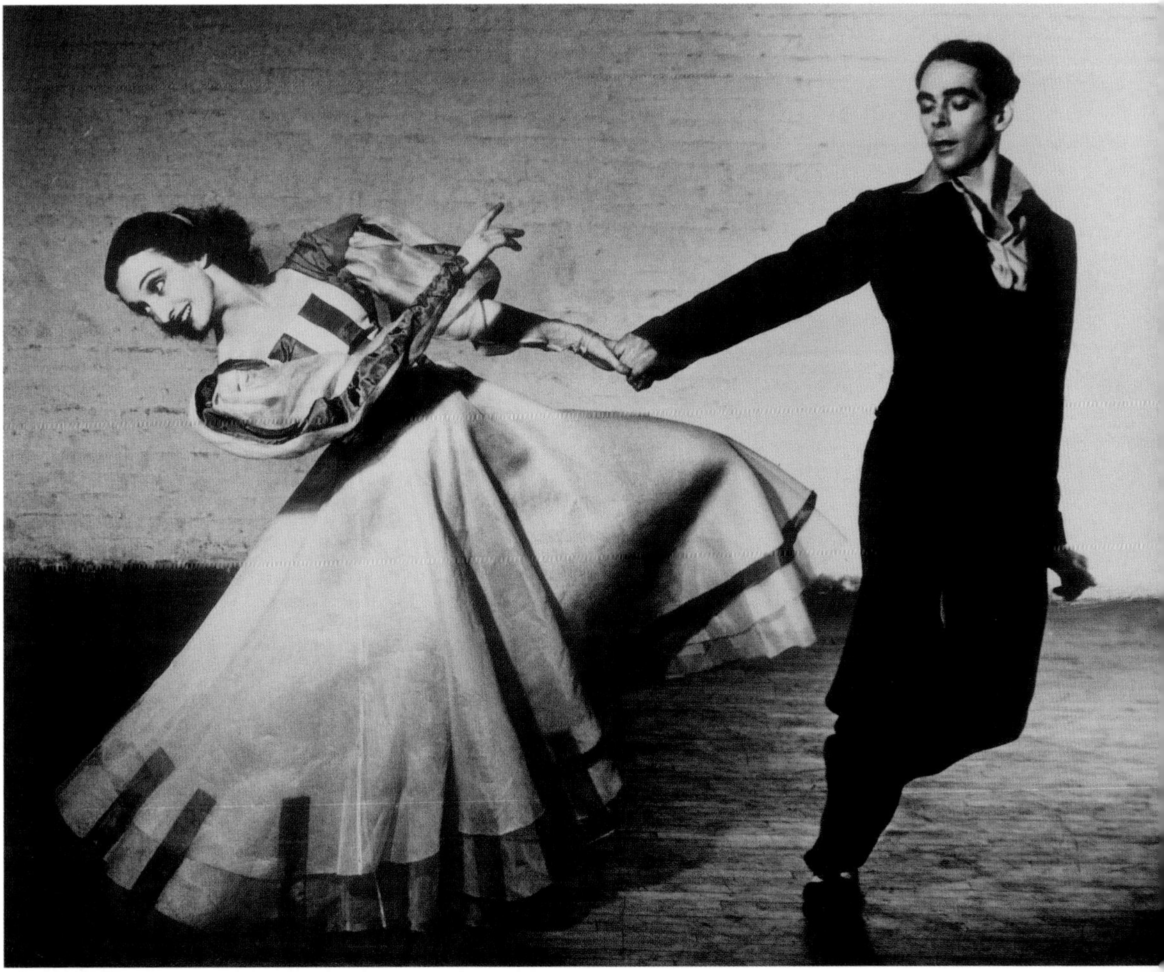

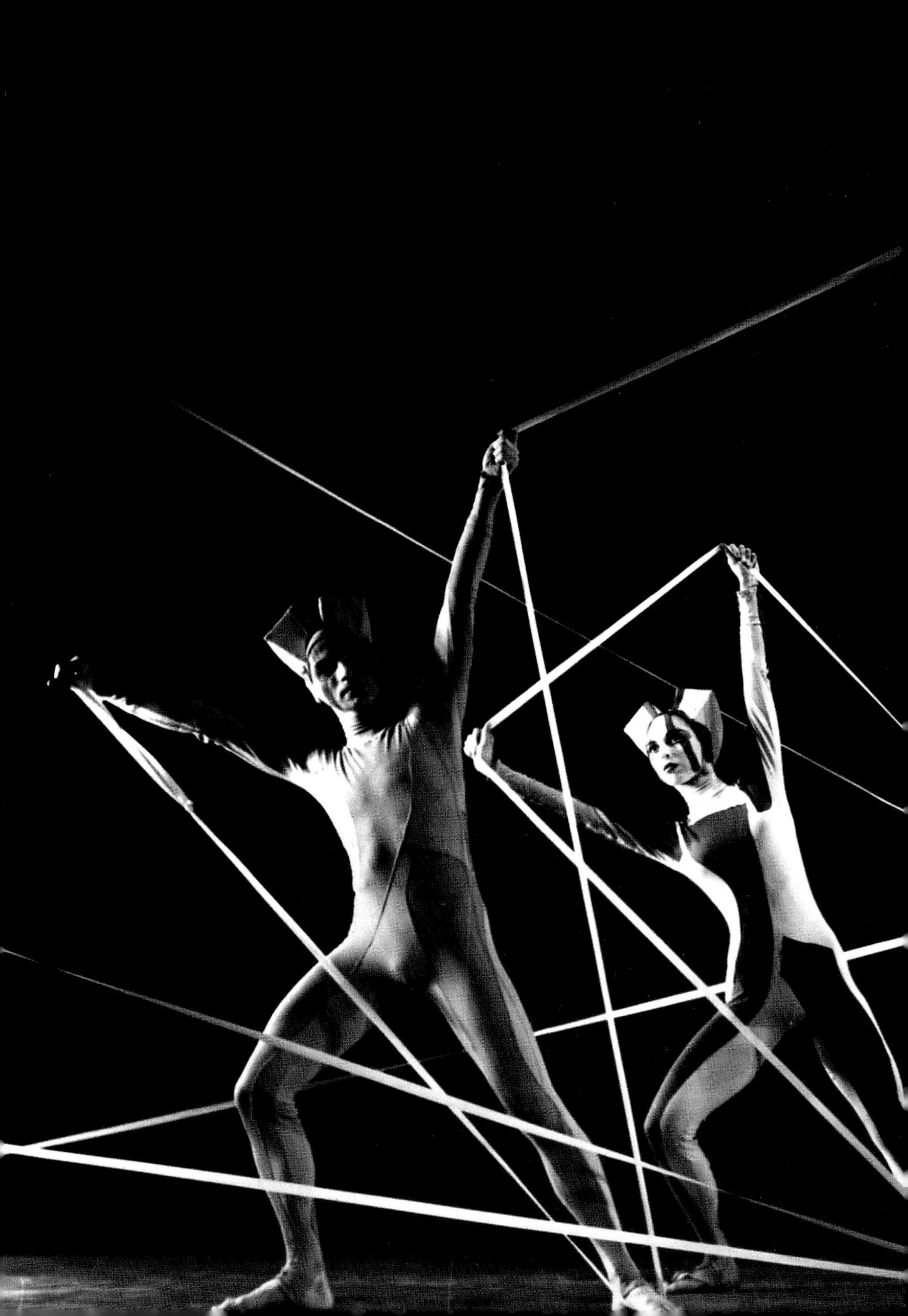

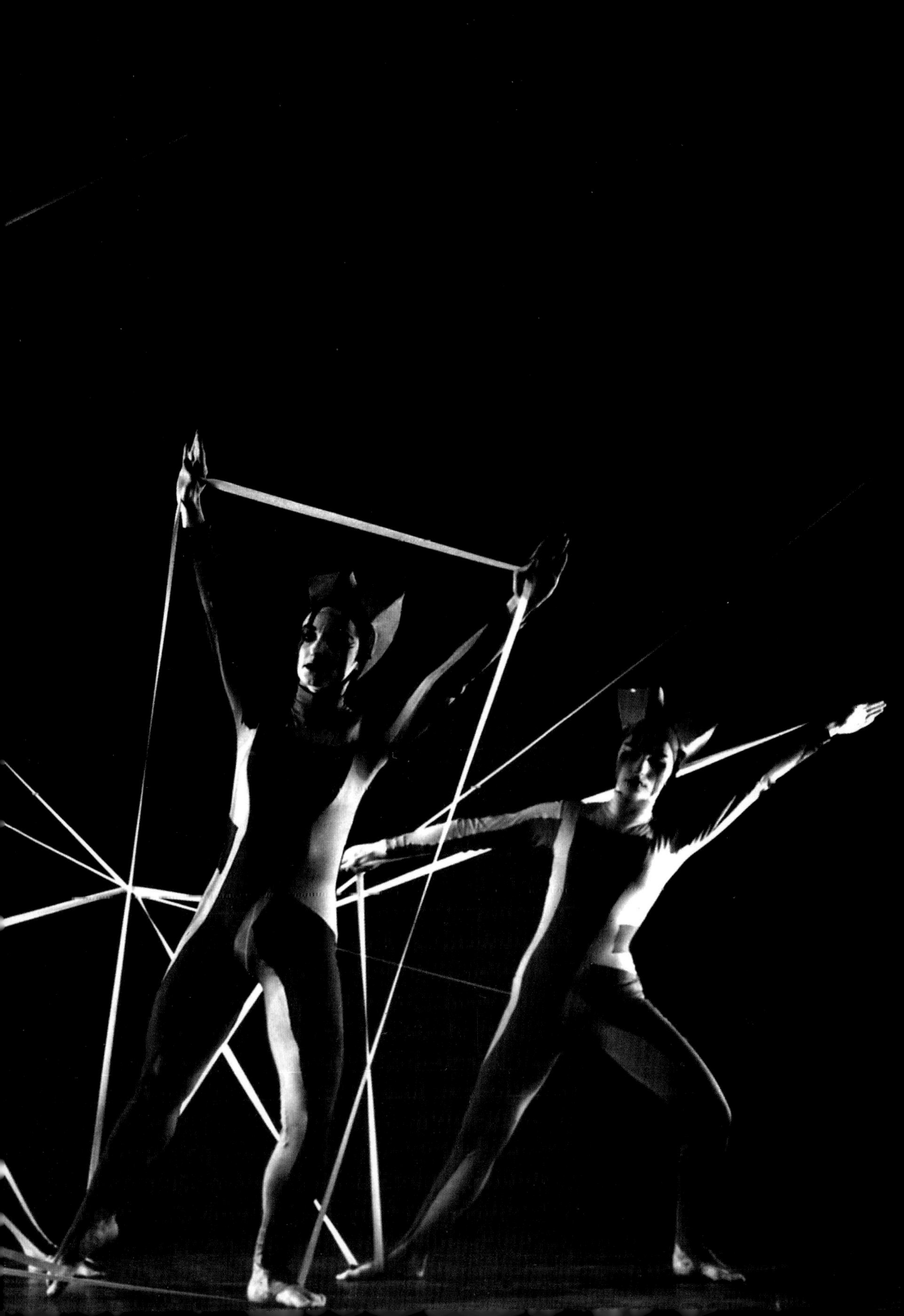

La Pavane du Maure *(1949), de Jose Limón, dans sa distribution originale : Limón en Othello, Lucas Hoving en Iago, Pauline Koner en Emilia et Betty Jones en Desdémone.*

of the Dance, avant de jouer un rôle central chez Juilliard, dans la division de la danse qu'elle contribua à créer en 1951 et où elle sera un professeur très respecté jusqu'à sa mort sept ans plus tard.

Un autre produit de Bennington College est Hanya Holm, arrivée en Amérique en 1931 dans le sillage de l'expressionniste allemande Mary Wigman. Holm va jouer un rôle important comme chorégraphe et enseignante, mais assez curieusement, elle ne connaîtra la popularité qu'un peu plus tard, quand elle dirigera les danses pour des comédies musicales comme *Kiss Me Kate* et *My Fair Lady*.

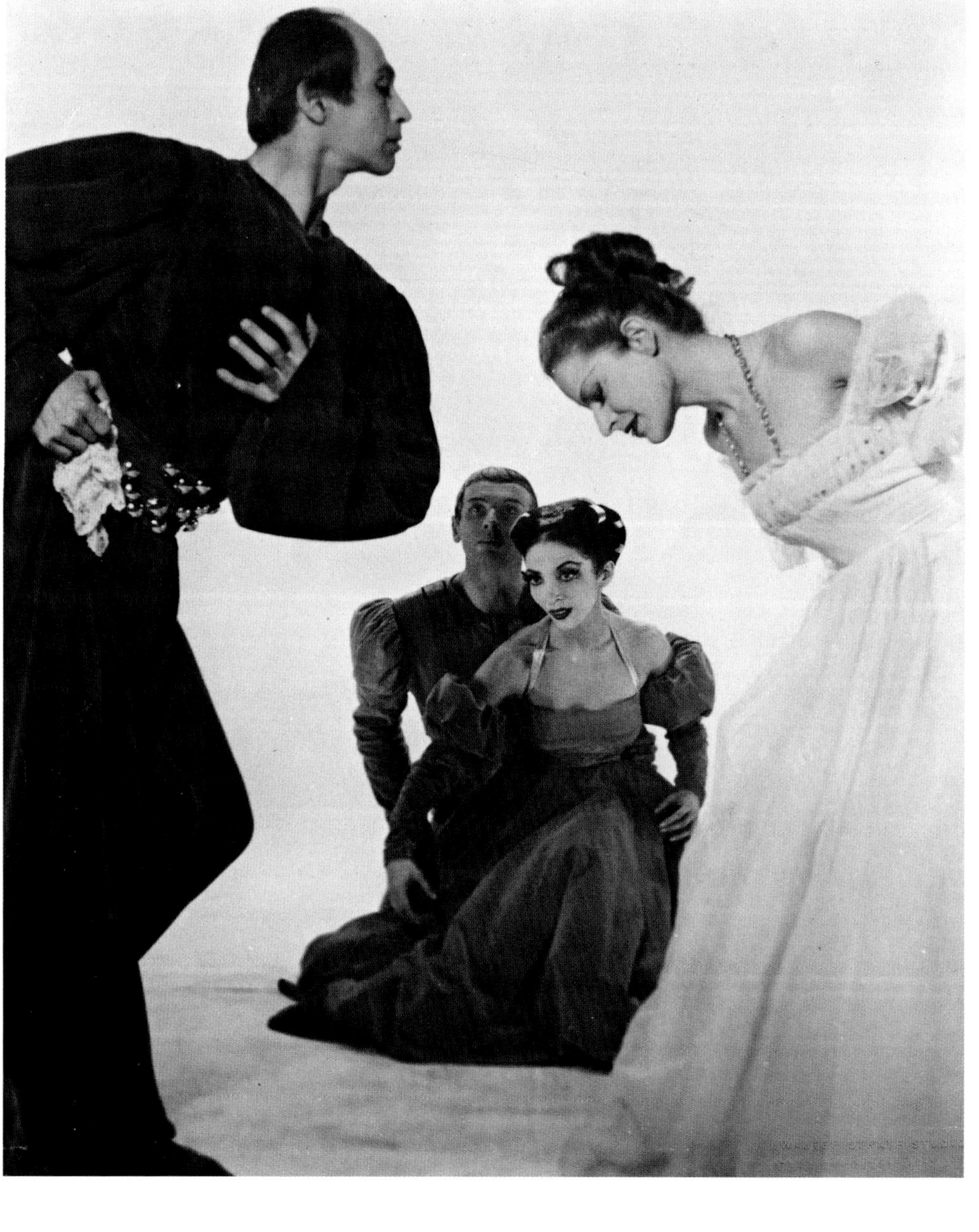

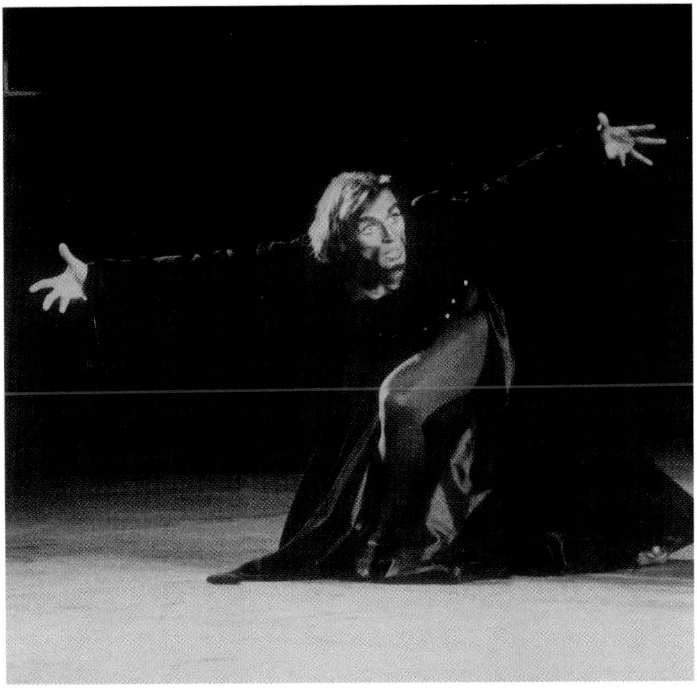

Rudolf Noureev en Othello dans La Pavane du Maure *de Jose Limón.*

La distance était considérable entre le sérieux de Wigman et Cole Porter, mais Holm sut la franchir allègrement. Son héritier le plus illustre est l'imaginatif Alwin Nikolais, qui a étudié avec elle et dansé pour elle avant de créer le Nikolais Dance Theatre à la Settlement House de Henry Street. Là, pendant une partie des années 1950 et 1960, ses expériences magiques avec l'éclairage, les costumes et les effets de scène vont attirer dans le Lower East Side un grand nombre d'amateurs de danse.

Mais dans l'immédiat après guerre, mis à part Martha Graham, le personnage le plus important pour la danse moderne est José Limón. Né au Mexique en 1908, il entra, en 1929, dans la troupe de Humphrey-Weidman. Durant plus de dix ans, il fut à Broadway le partenaire de May O'Donnell, ancienne danseuse de Graham, et, après son engagement dans les forces armées pendant la guerre, il créa la José Limón Dance Company en 1946 (dont la première saison new-yorkaise aura lieu dès l'année suivante). Limón avait une très forte présence sur scène, et sa troupe prospéra, d'abord sous la direction de Humphrey, puis sous sa propre direction. En 1949, il présenta sa première œuvre emblématique, *La Pavane du Maure*, méditation sur l'histoire d'Othello sur une musique de Purcell, avec de magnifiques costumes Renaissance conçus par sa femme, Pauline Lawrence. C'est l'une des rares danses modernes à avoir été reprise par des troupes de ballet (l'A.B.T. notamment) avec des interprètes comme Rudolf Noureev, et qui, aujourd'hui, conserve toute sa force.

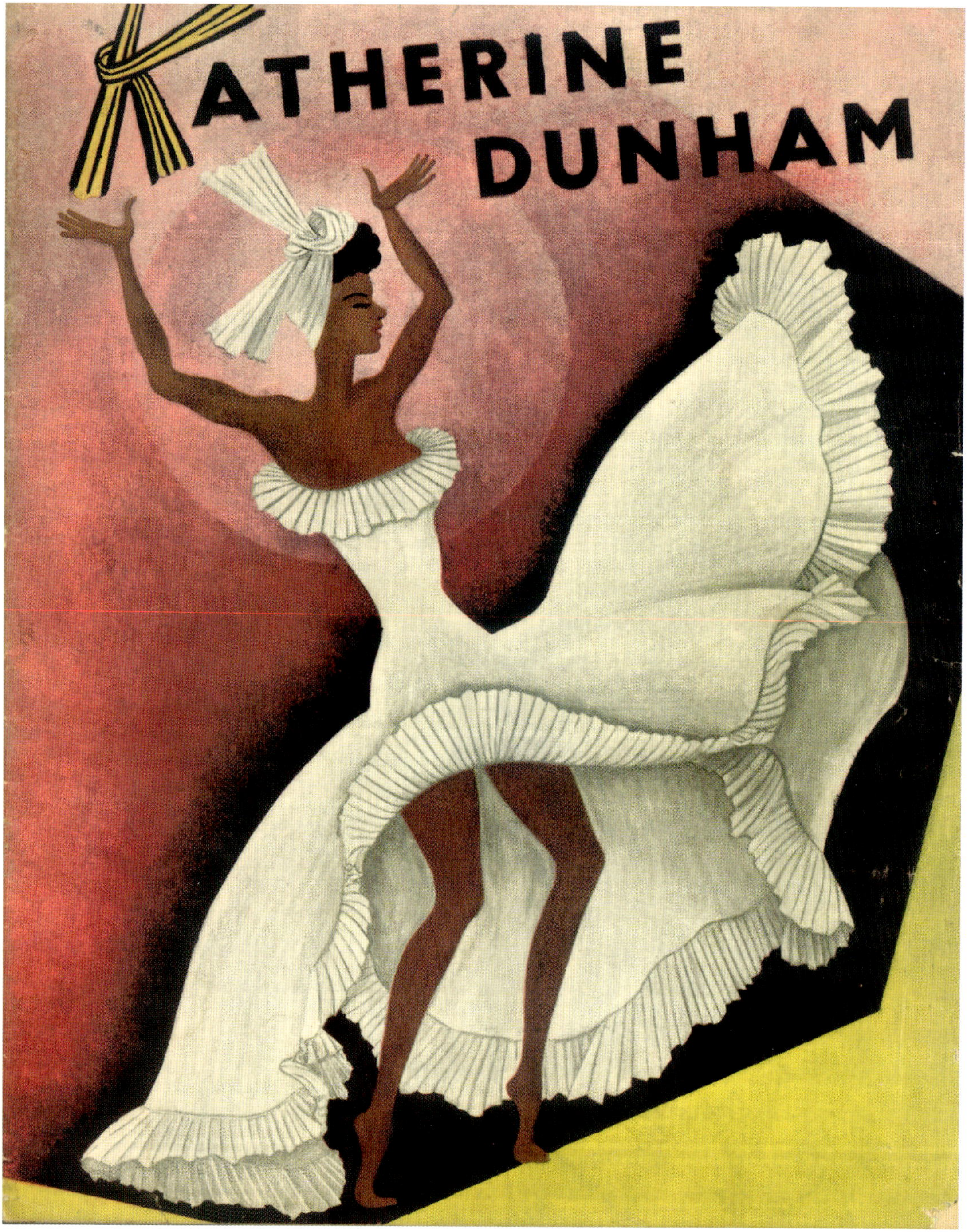

Couverture du programme du Bal Nègre, *revue de danse de Katherine Dunham, créée à New York le 7 novembre 1946.*

La troupe de Limón continue de donner des spectacles aux États-Unis et à l'étranger, même si son répertoire s'est étendu au-delà des œuvres de son fondateur. Parmi ses reprises les plus réussies, citons *The Emperor Jones* et *Missa Brevis*, deux œuvres qui témoignent de l'intelligence artistique de Limón.

Après la guerre, New York compte de multiples troupes de danse moderne et d'innombrables danseuses et danseurs. Chez les femmes, on citera Pearl Lang, danseuse de Graham et chorégraphe prolifique ; Pearl Primus, qui allie la danse à l'ethnographie africaine ; Valerie Bettis (*Un tramway nommé Désir*) ; et l'étonnante Katherine Dunham, qui lance la danse afro-américaine en Amérique et dans le reste du monde en tant que chorégraphe, danseuse, professeur, ambassadrice culturelle, sociologue, écrivain et militante sociale.

Cependant, les nouveaux chorégraphes qui dominent cette période sont deux Blancs, issus de la troupe de Martha Graham : Merce Cunningham et Paul Taylor. Après six années passées chez Martha, Cunningham, danseur brillant et rapide, s'associa au compositeur John Cage pour créer une esthétique de danse révolutionnaire, plutôt découplée de la musique : c'est un mouvement pur, très discipliné, qui rompt avec les conventions formelles du ballet.

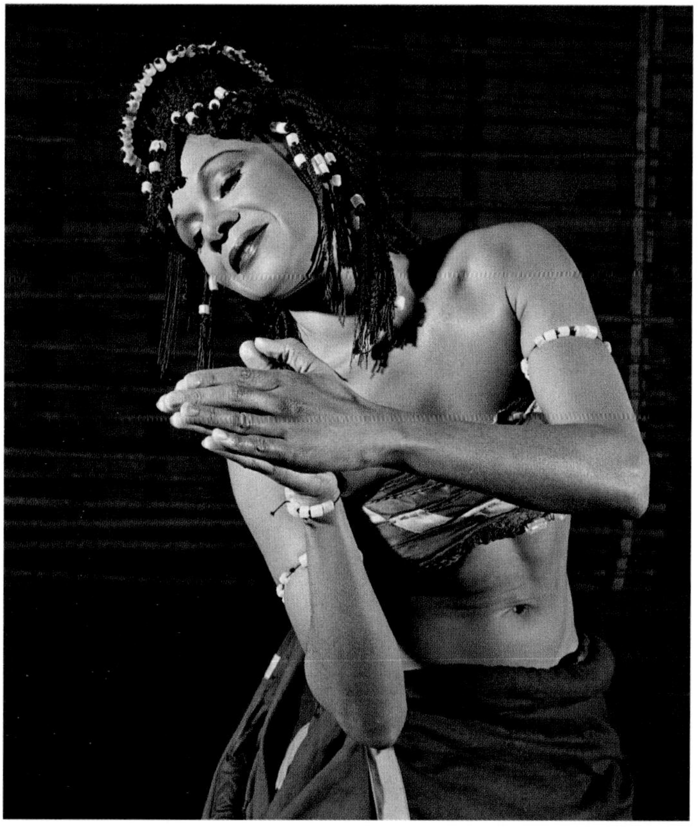

Katherine Dunham dans l'une de ses créations, Afrique, *années 1940.*

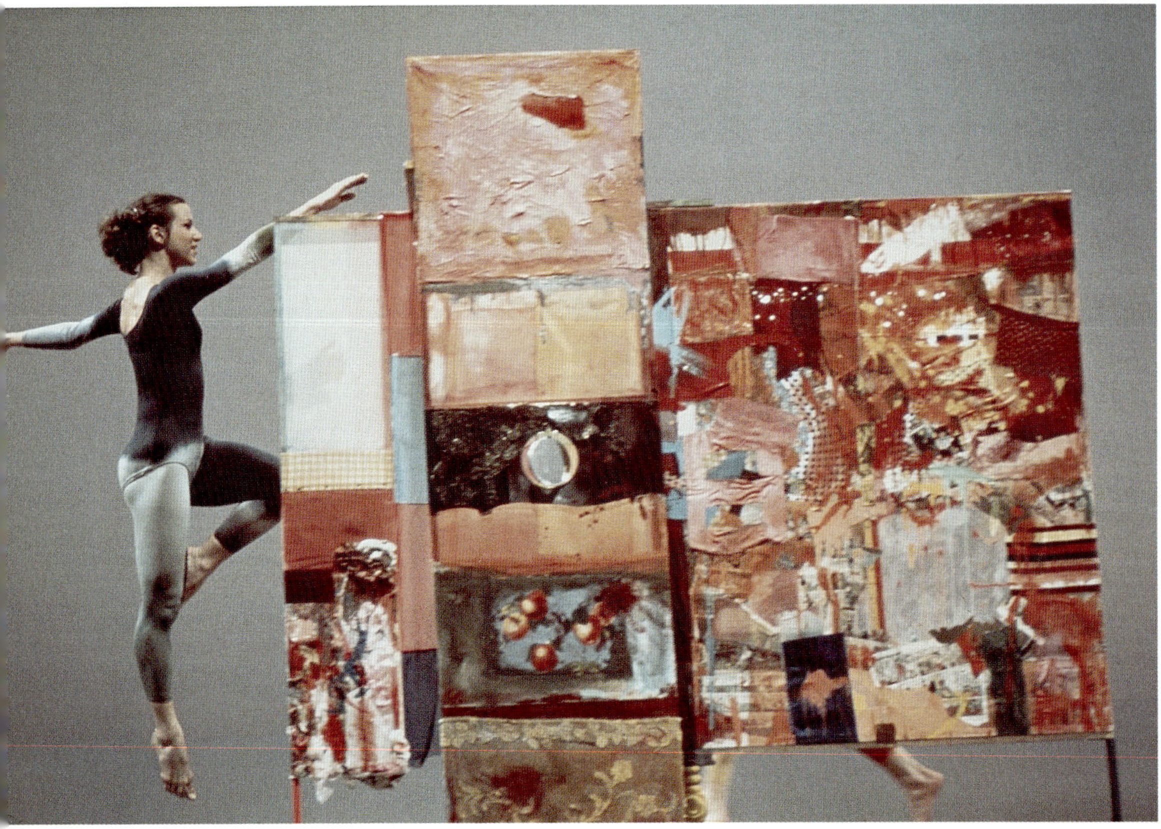

Ellen Cornfield dans Minutiae *(1954) de Merce Cunningham, sur une musique de John Cage et avec des décors de Robert Rauschenberg.*

Cunningham, qui a étudié à la School of American Ballet de Balanchine, mena un travail de plus en plus abstrait, dont le côté spectaculaire se situait dans la structure et le détail de chaque pièce, et dans la subtilité et la clarté des mouvements. Il y ajoutait l'élément du hasard, souvent par le biais du I Ching, qui jouait un rôle dans ses créations. S'il évitait les chorégraphies basées sur une musique, il était très proche de certains grands artistes plasticiens de son temps, et en particulier de Robert Rauschenberg (qui a parfois réalisé pour lui des mises en scène), Jasper Johns, Roy Lichtenstein, Frank Stella et Andy Warhol. Parmi les quelque deux cents œuvres qu'il a créées, certaines furent particulièrement admirées : *Suite for Five, Rainforest, Sounddance, Ocean, Biped, Winterbranch* et *Summerspace* (qui a également été dansé par le New York City Ballet).

Entre la première saison passée au Black Mountain College en Caroline du Nord, en 1953 (il avait quitté Graham en 1945), jusqu'à l'année de sa mort en 2009, Cunningham n'a cessé de renouveler ses inventions et d'accroître son influence. Il avait décidé que sa compagnie cesserait d'exister après sa mort, mais ses héritiers artistiques continuent de transmettre ses œuvres ou de les mettre en scène, en Amérique comme en Europe. Devenu une personnalité centrale dans l'univers de la danse à New York, il le reste encore aujourd'hui. S'il est un chorégraphe qui a exercé une influence aussi grande que Balanchine sur la danse de son époque, c'est bien Cunningham.

Paul Taylor était un personnage tout à fait différent. Superbe danseur lui aussi – grand, musclé, parfois imprévisible –, il était, selon Martha Graham, le mauvais garçon de la danse mais elle défendait son travail chorégraphique. Dans l'une de ses premières œuvres, il se tenait tout simplement immobile ; dans une autre, il reculait et avançait sur un fond sonore d'« horloge parlante » (une critique de ce spectacle parue dans la presse se composait de dix centimètres de blanc...). Des années plus tard, il prétendra être le parrain du Judson Dance Theatre, qui intégrait à la danse des mouvements de la vie de tous les jours.

Taylor quitta Graham au bout de sept ans, après avoir créé en 1959, dans une collaboration entre Graham et Balanchine, un extraordinaire solo pour *Épisodes* de Balanchine. (Il refusera ensuite un rôle que lui proposait Balanchine au City Ballet.) En 1962, il présenta avec sa jeune troupe une nouveauté qui aura un certain succès : *Aureole*, sur une musique de Haendel – l'une de ses premières œuvres

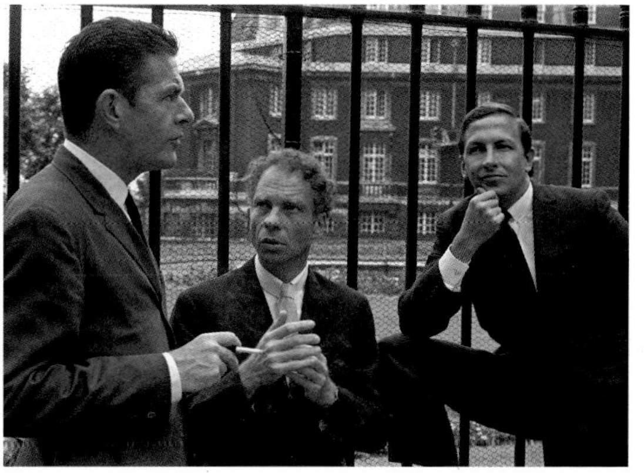

CI-DESSUS : *de gauche à droite, John Cage, Merce Cunningham et Robert Rauschenberg, 1964.*

CI-DESSOUS : *Carolyn Brown dans* Walkaround Time *(1968) de Merce Cunningham. Les décors de Jasper Johns représentent notamment sept oreillers gonflables sur lesquels sont peints des images tirées de* La Mariée mise à nu par ses célibataires, même (Le Grand Verre) *de Marcel Duchamp.*

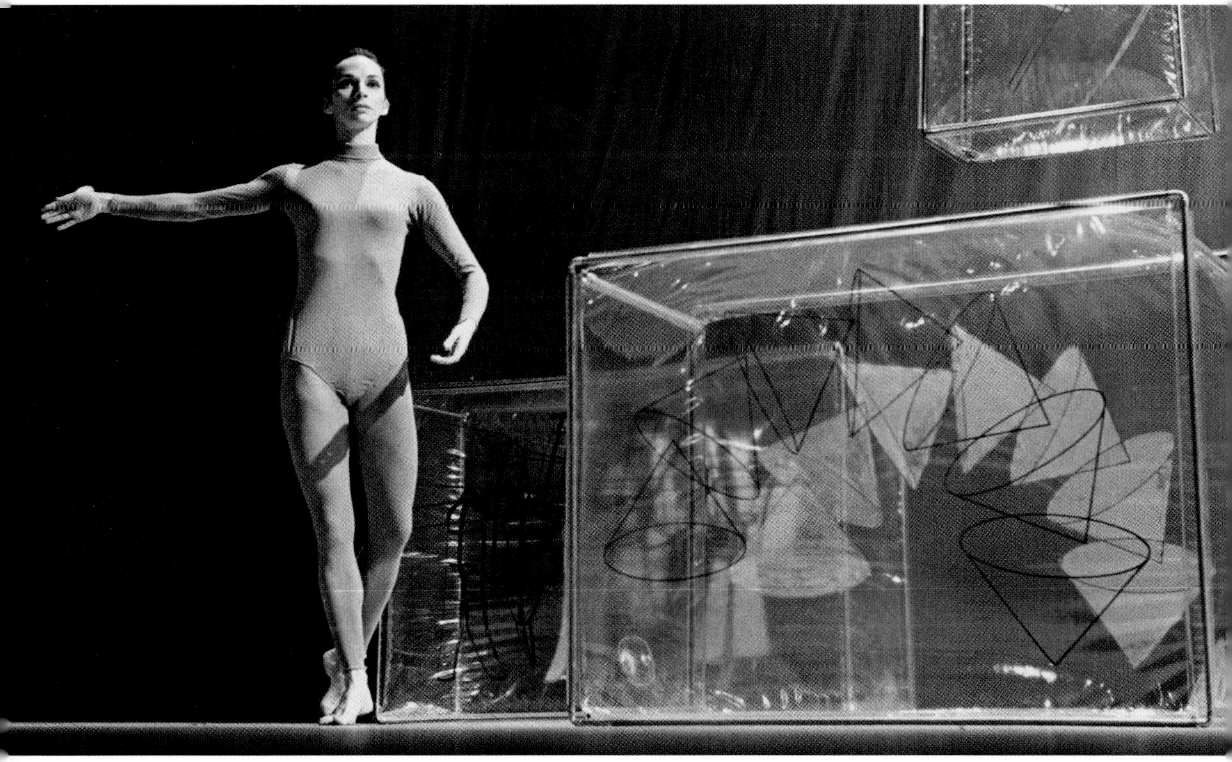

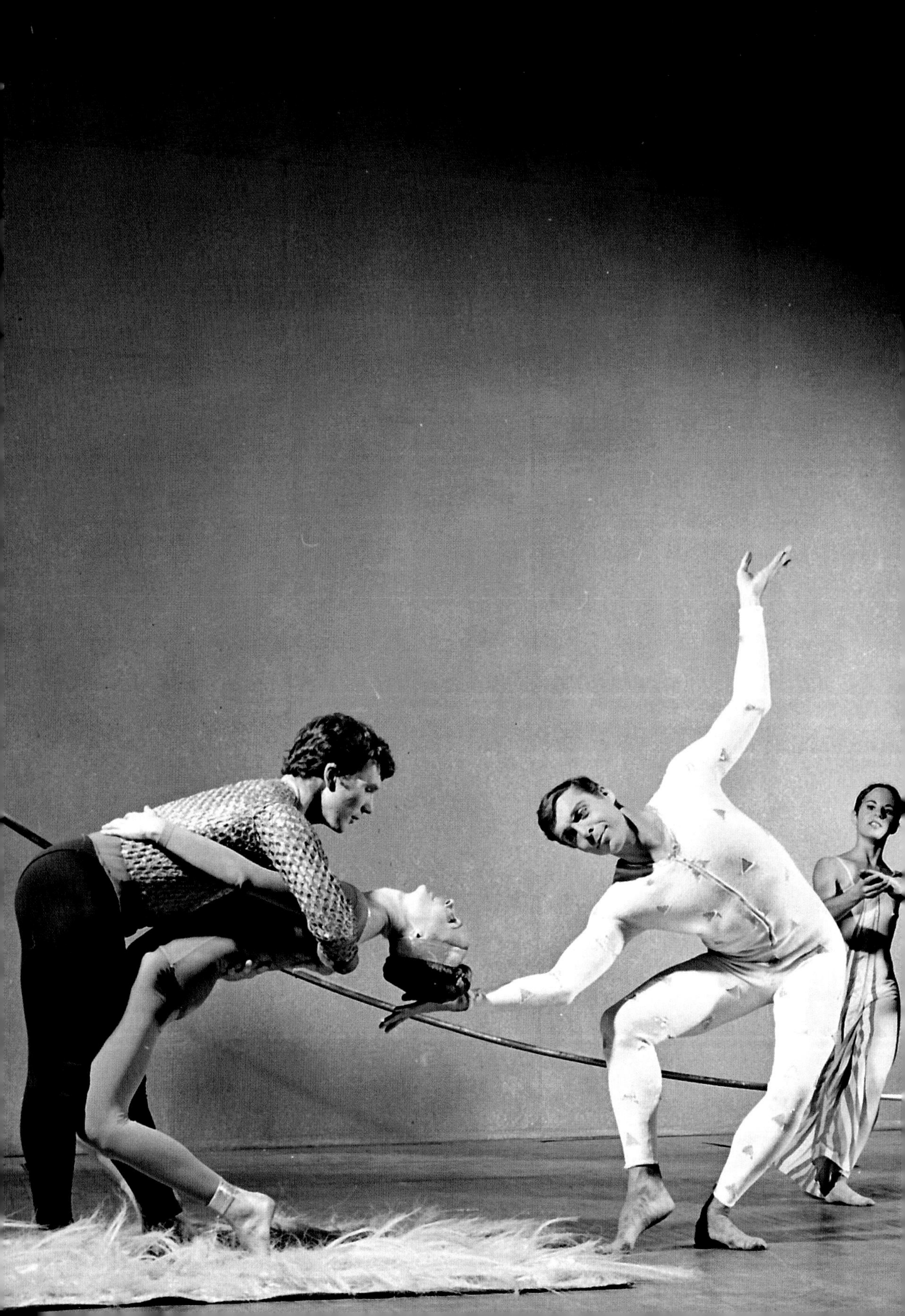

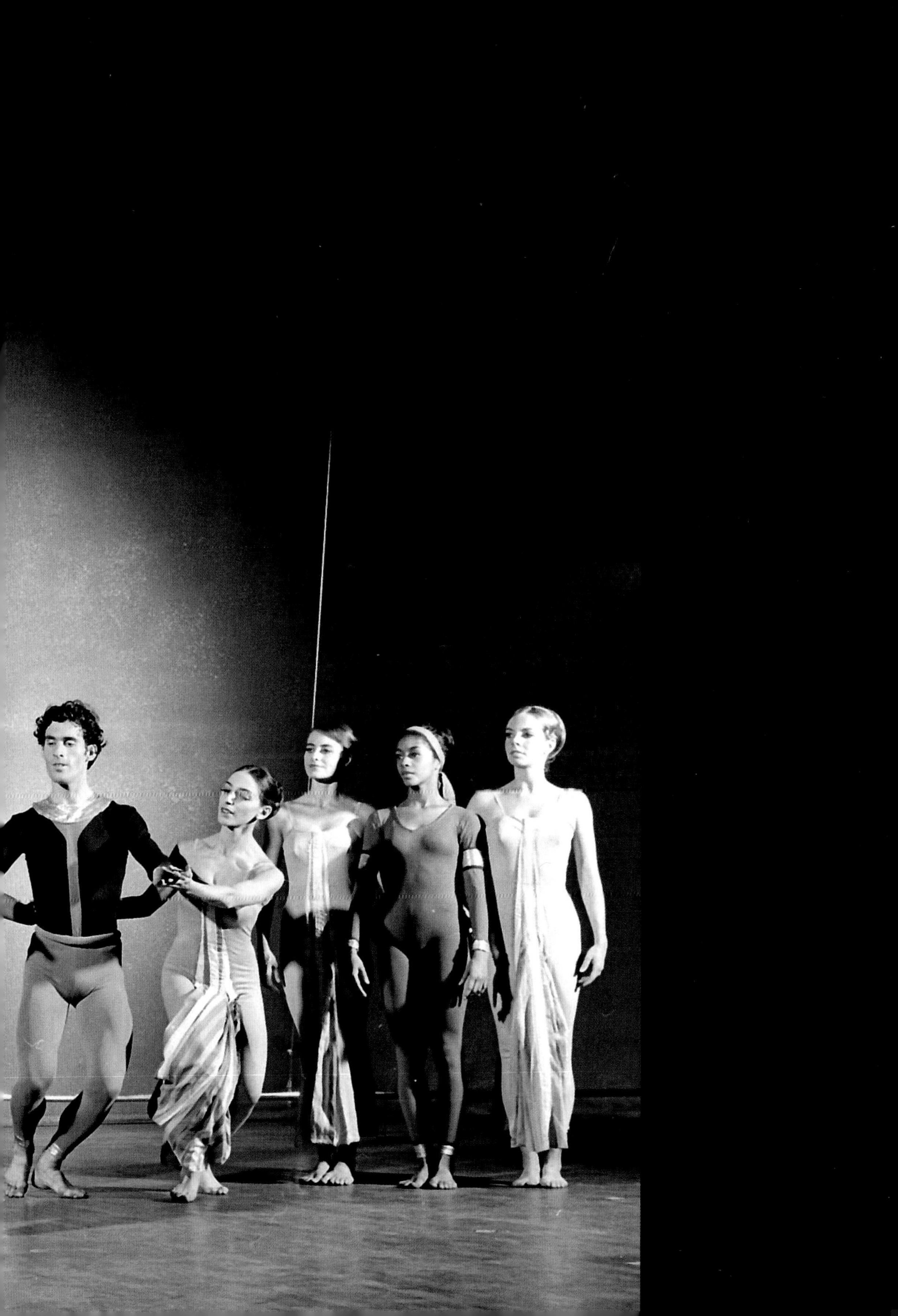

PAGES PRÉCÉDENTES : Orbs, *chef-d'œuvre de Paul Taylor, sur un des derniers quatuors à cordes de Beethoven. Taylor est au centre.*

À DROITE : Revelations *(1960), œuvre étonnante d'Alvin Ailey, l'une des œuvres chorégraphiques les plus appréciées (et les plus souvent représentées) du siècle. Ailey lui-même est à gauche.*

sur une musique baroque. Plus de cent trente-cinq œuvres plus tard, en 2014, il produit encore des danses nouvelles et vigoureuses. La gamme de ses effets est immense, depuis le final joyeux de son œuvre emblématique, *Esplanade,* jusqu'au *Sunset* automnal et introspectif, en passant par le lugubre *Last Look,* ou encore *Company B,* sur une musique des Andrews Sisters. Taylor peut être fin, lyrique, excessif, joyeux, désespérant, comme Walt Whitman, qu'il évoque dans sa dernière œuvre, *Beloved Renegade.*

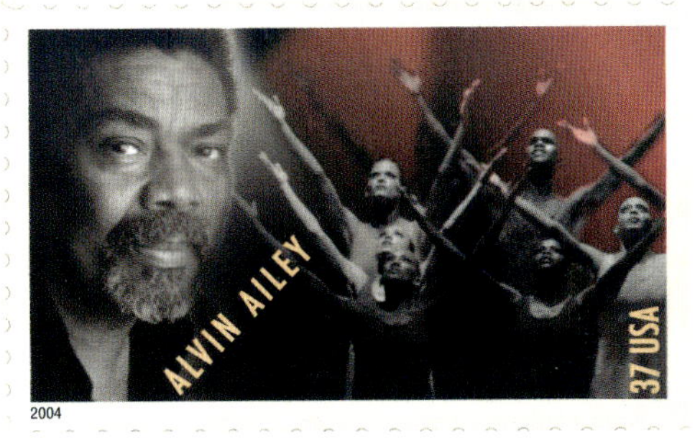

De toutes les troupes de danse moderne, la Alvin Ailey Dance Company est celle qui a eu le plus de succès international ces dernières années. Mort en 1989, Ailey réunissait l'impulsion religieuse, le jazz, l'africanisme et les succès de Broadway, et sa compagnie prospéra sous la direction de Judith Jamison qui lui succéda. (Robert Battle en est le directeur artistique actuel.) Ailey, qui avait étudié et s'était produit avec Lester Horton en Californie, dansa, à son arrivée à New York, dans plusieurs troupes, notamment dans des comédies musicales de Broadway, jusqu'à la création de sa propre troupe en 1958. Son premier succès est *Blues Suite,* mais sa plus grande réussite est *Revelations* en 1960 – probablement l'œuvre dansée la plus représentée de notre époque –, alliant spiritualité, drame et joie irrépressible. Chaque saison de la compagnie d'Ailey, qui se produit en automne au City Center durant cinq semaines, reprend *Revelations* et le public applaudit dès que la musique commence.

En 1965, le monde de la danse moderne est en pleine mutation. Quelques années plus tôt, un spectacle donné à la Judson Memorial Church par un groupe de jeunes chorégraphes et danseurs avait révolutionné les pratiques en introduisant ce qu'on appellera la danse post-moderne, qui repose sur des mouvements de la vie quotidienne – marcher, courir, etc. – plutôt que sur les techniques plus formelles du ballet ou de la danse moderne. Parmi les grands représentants de ce mouvement, il faut citer Trisha Brown, Lucinda Childs, Robert Dunn, David Gordon, Meredith Monk, Steve Paxton et Yvonne Rainer. (Beaucoup d'entre eux se produisent toujours ou viennent juste de quitter la scène.) Le 29 avril 1965, la jeune et fougueuse Twyla Tharp, qui a travaillé avec Graham, Cunningham et Taylor, présente sa première création : *Tank Dive.* Dans le demi-siècle qui suit, elle va réaliser mieux que quiconque la fusion entre la danse moderne et le ballet, travaillant aussi pour le cinéma et la comédie musicale. Elle reste très présente de nos jours.

Cependant, ce ne sont pas seulement le ballet et la danse moderne qui ont fait de New York la capitale mondiale de la danse. La School of American Ballet de Balanchine est devenue quant à

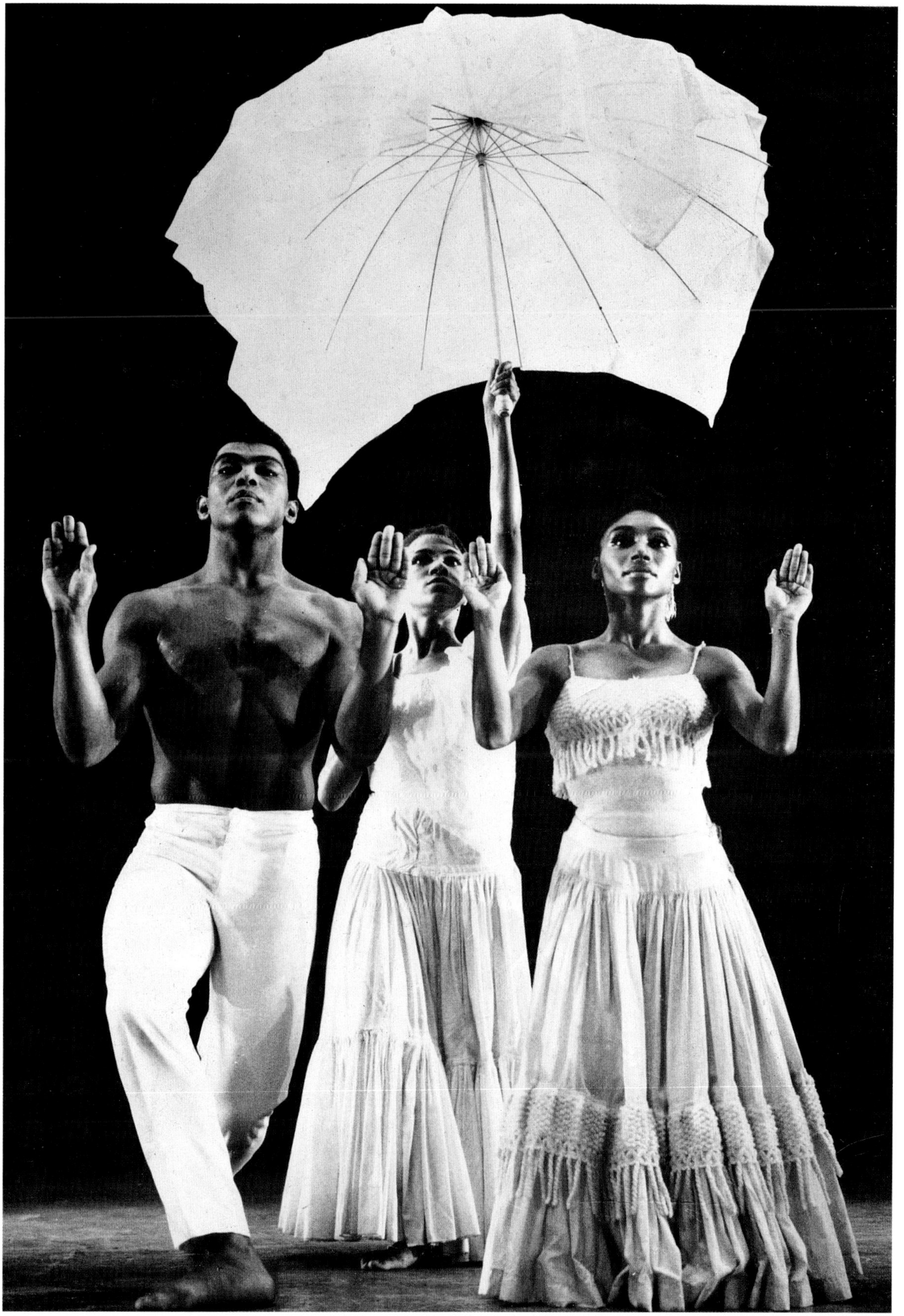

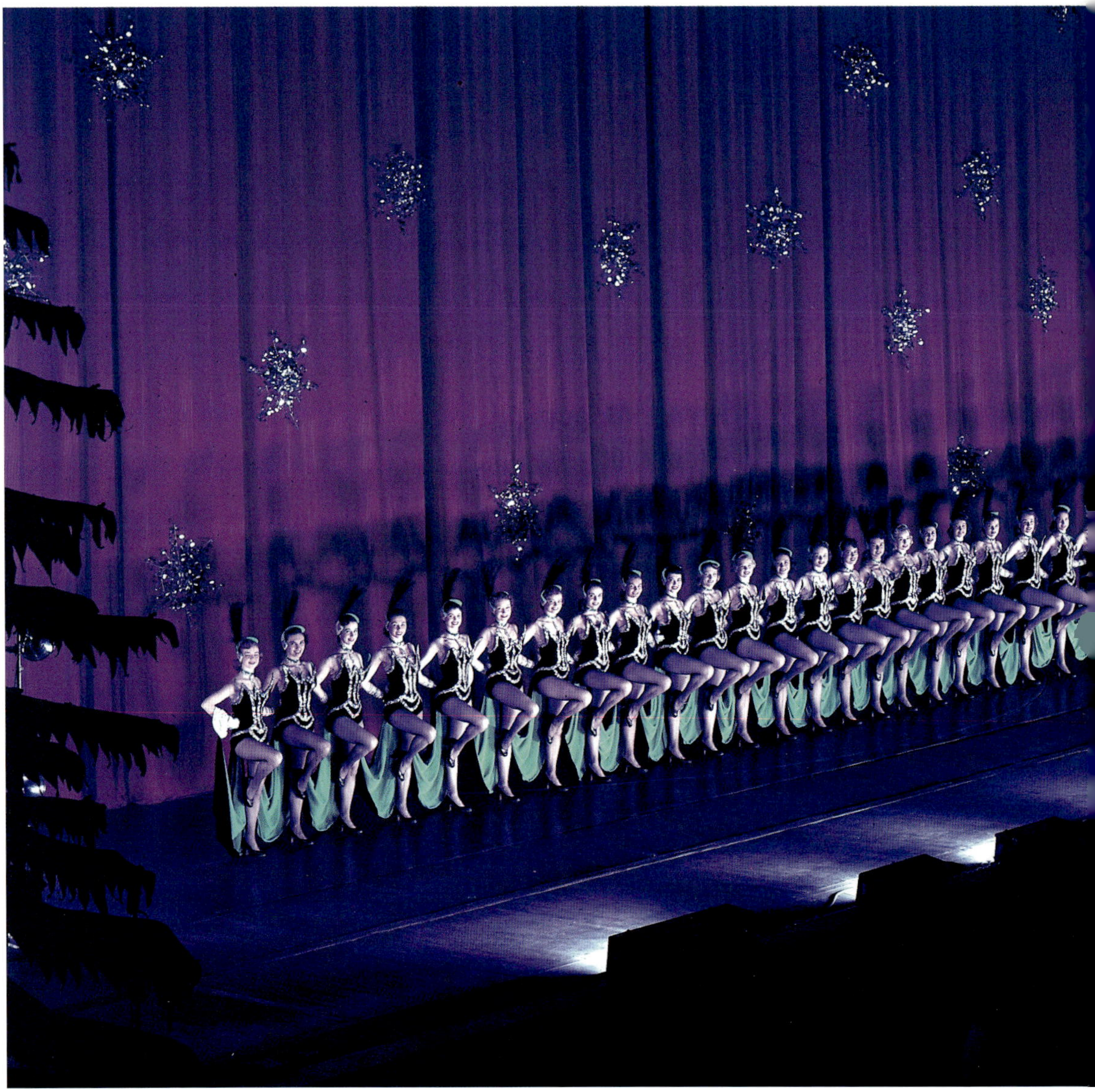

elle la première académie de ballet des États-Unis. La Dance Division de la New York Public Library, qui est en grande partie une création de Lincoln Kirstein, s'est établie au Lincoln Center et réunit les plus riches archives au monde sur la danse. Deux grands écrivains américains, le poète Edwin Denby et Arlene Croce, qui a créé le magazine *Ballet Review* et deviendra critique de danse au *New Yorker*, ont occupé une place très importante dans la vie artistique

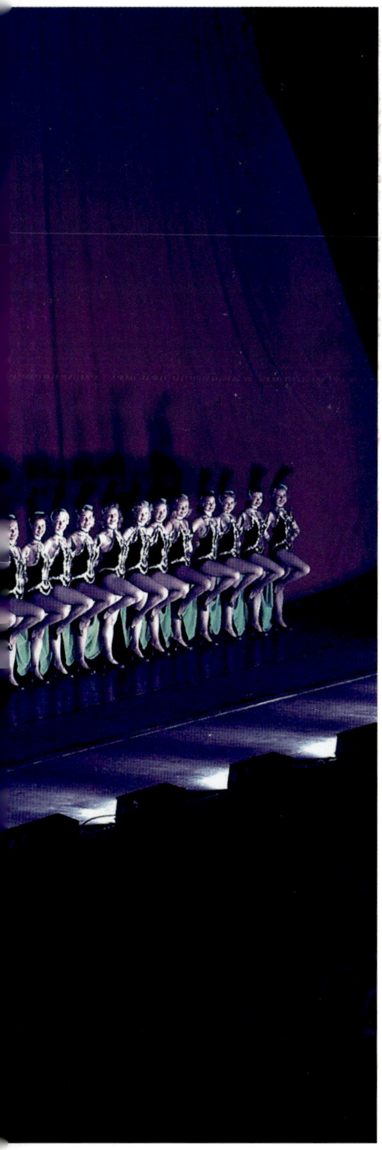

À GAUCHE : Les célèbres Rockettes du Radio City Music Hall, 1952.

CI-DESSOUS : Twyla Tharp inaugurant une ère nouvelle avec son premier spectacle, Tank Dive *(1965).*

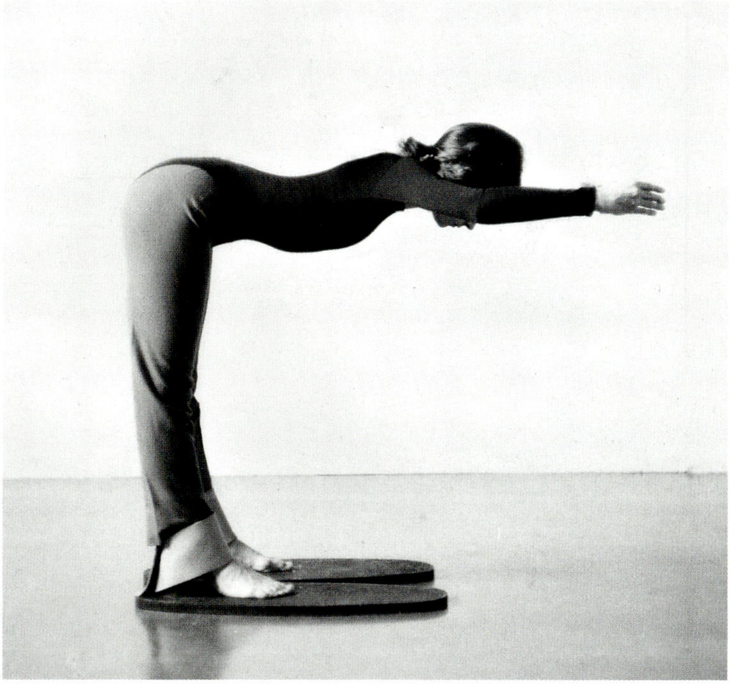

et intellectuelle new-yorkaise. Enfin, il faut citer une troupe qui se situe dans une catégorie à part : les Rockettes du Radio City Music Hall – trente-six jeunes danseuses de music-hall qui, quatre ou cinq fois par jour, enthousiasment le public. Chaque spectacle se termine par un alignement de toutes les filles qui se retirent ensuite dans un lever de jambes magnifiquement synchronisé !

THEATRE ARTS

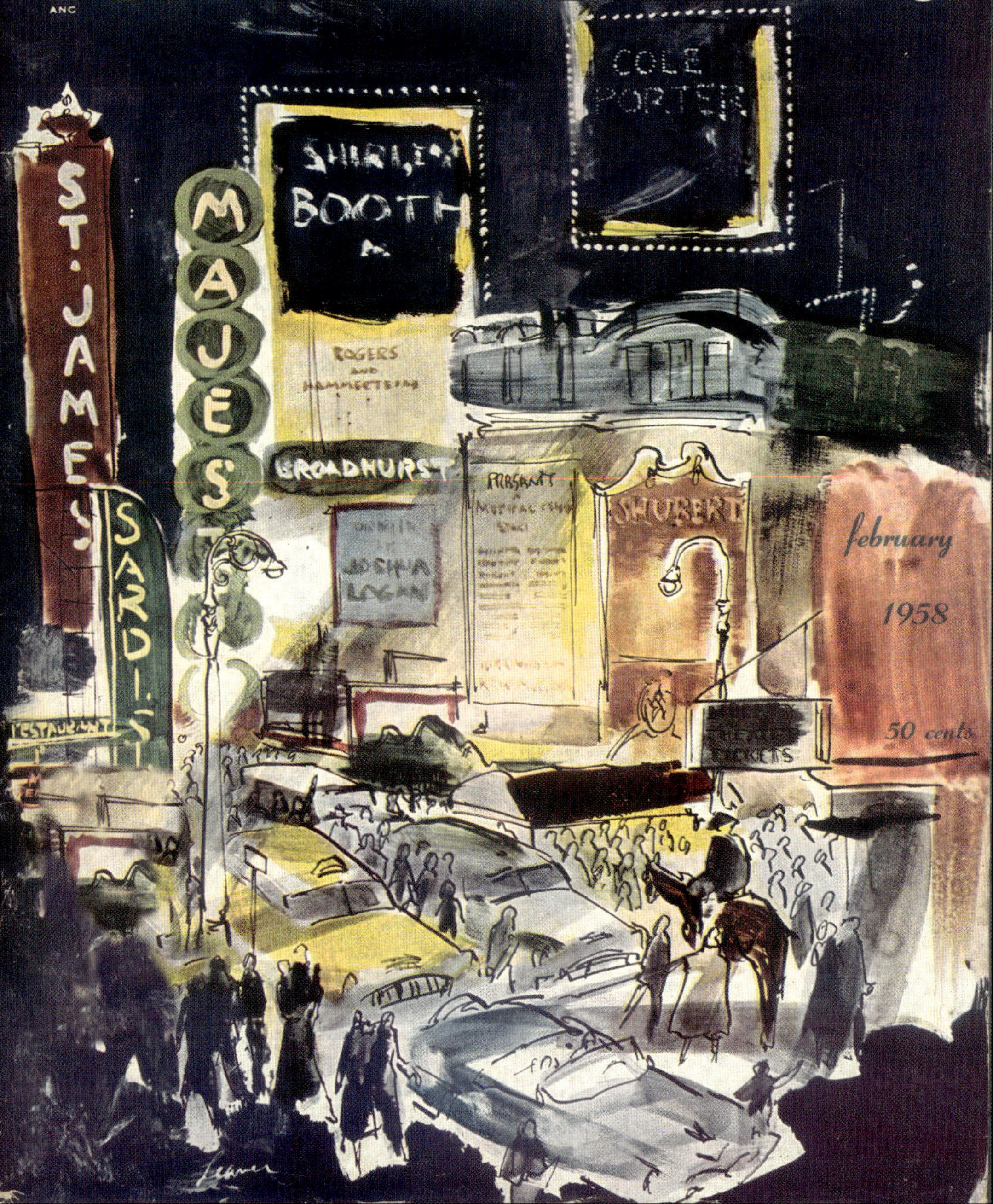

february 1958

50 cents

THÉÂTRE

L'histoire du théâtre à New York après la guerre comprend quatre thèmes majeurs : l'arrivée massive de pièces et de troupes théâtrales étrangères ; l'émergence de nouveaux dramaturges américains talentueux ; le succès de ce qu'on surnomma Off-Broadway ; et enfin, l'importante évolution de la comédie musicale de Broadway.

À GAUCHE : La couverture de février 1958 du magazine Theatre Arts *exprime bien l'atmosphère animée de Broadway.*

CI-DESSOUS : Judith Anderson dans son plus grand succès, la version par Robinson Jeffers de Médée *d'Euripide.*

PAGE SUIVANTE : Laurence Olivier et sa femme Vivien Leigh dans César et Cléopâtre *de George Bernard Shaw. Leigh, magnifique dans son rôle de reine mutine, sera moins convaincante dans celui de « serpent du vieux Nil » de Shakespeare.*

L'INVASION BRITANIQUE

En 1946, la troupe du Old Vic Theater arriva à New York menée par deux des plus grands acteurs de Grande-Bretagne, Laurence Olivier et Ralph Richardson. Leur répertoire était époustouflant : les deux parties de *Henry IV*, où Olivier jouait le rôle de Hotspur dans la première partie et de Justice Shallow dans la seconde, et Richardson interprétait Falstaff pour les deux parties ; *Oncle Vania*, avec Richardson en Vania et Olivier en docteur Astrov ; ainsi que l'étonnant double spectacle d'*Œdipe Roi* et du *Critique* de Sheridan, avec une prestation exceptionnelle d'Olivier en Œdipe et en Mr Puff. L'accueil triomphal de cette tournée, par la critique comme par le public, est comparable à celui que connut trois ans plus tard le ballet de Sadler's Wells. Olivier revint en 1951 avec sa femme, Vivien Leigh, dans *Antoine et Cléopâtre*, et dans *César et Cléopâtre* de George Bernard Shaw. L'actrice, charmante dans cette dernière pièce, était moins convaincante dans le rôle du « serpent du vieux Nil » de Shakespeare.

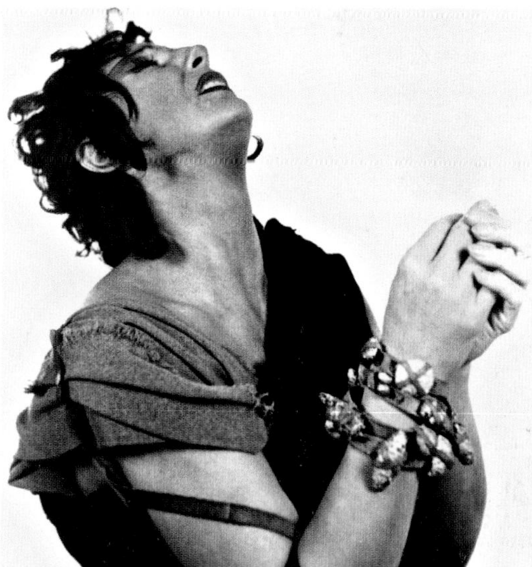

John Gielgud, autre grand interprète classique anglais, qui avait joué à Broadway dans les années 1930, fut applaudi ces années-là pour ses rôles dans *Beaucoup de bruit pour rien* face à Margaret Leighton et *L'Importance d'être Constant*, et lors de son récital en « one-man show », *Les Sept Âges de l'homme* de Shakespeare. En outre, Gielgud mit en scène de nombreuses pièces à New York, dont la remarquable *Médée* avec Judith Anderson, où il tenait le rôle de Jason. La deuxième vague de stars britanniques vit arriver Michael Redgrave, Paul Scofield, Rex Harrison et, finalement, Richard Burton. La plus grande star anglaise a peut-être été Julie Andrews, d'abord dans *The Boy Friend*, puis dans *My Fair Lady* (face à

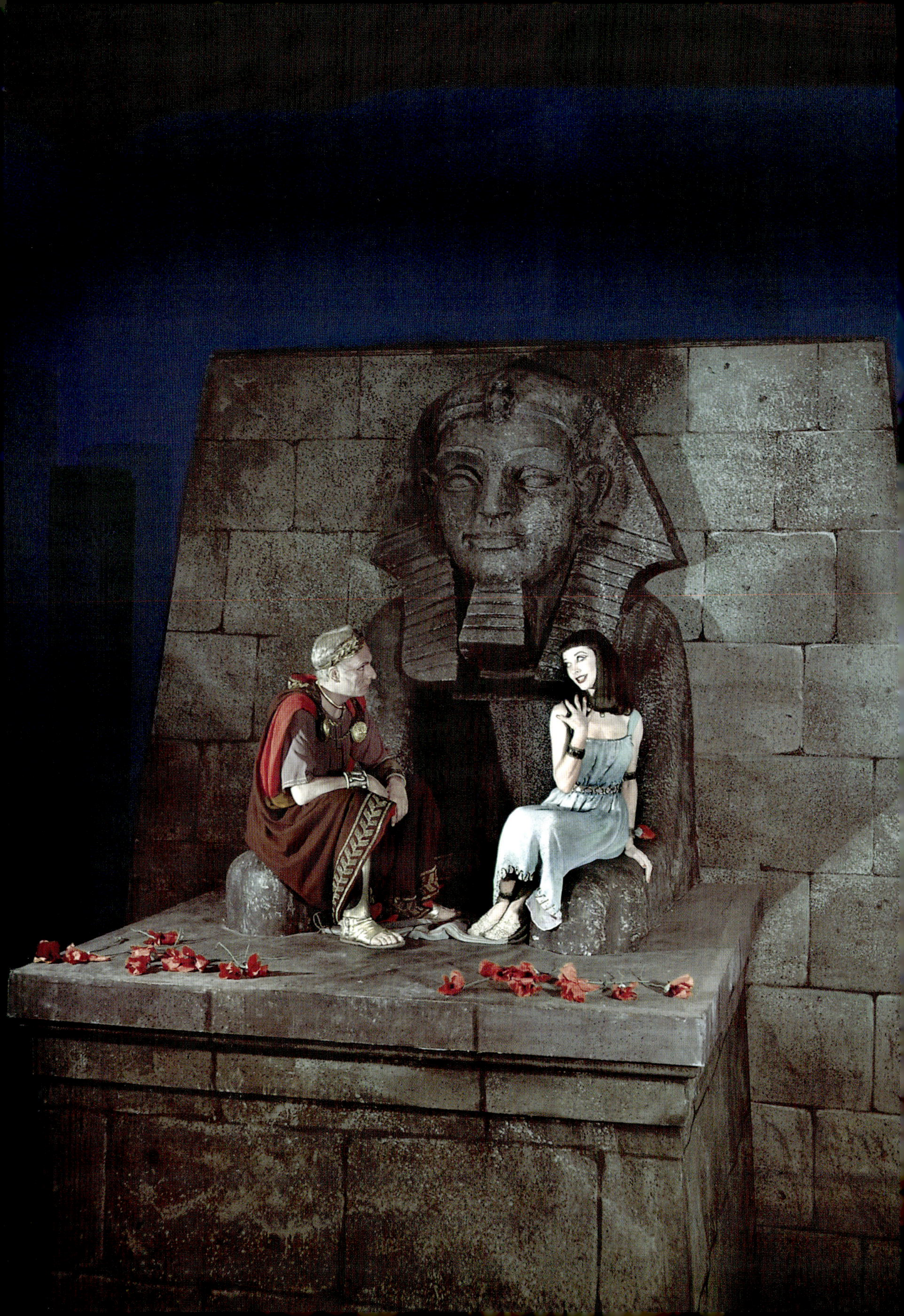

Harrison) et, enfin, dans *Camelot* avec Burton. Elle connaîtra ensuite la gloire cinématographique dans *Mary Poppins* et *La Mélodie du bonheur*.

Cet afflux de grands artistes venus d'Angleterre fut un défi à relever pour les acteurs américains – qui n'avaient en effet pas la même formation technique –, et une occasion pour le public de Broadway de découvrir les grandes pièces du répertoire classique. Les Américains (notamment Maurice Evans) en avaient également produit certaines, parfois mises en scène par Margaret Webster, comme le célèbre *Othello* de 1944, avec Paul Robeson dans le rôle du Maure et José Ferrer dans celui de Iago. Toutefois, on ne s'y méprenait pas ; quoique louables, ces tentatives n'étaient pas à la hauteur de ce que faisaient les Anglais.

Bien des dramaturges britanniques rencontraient aussi du succès à Broadway, depuis le conventionnel Terence Rattigan (*Bonne fête, Esther, Tables séparées, The Winslow Boy, The Sleeping Prince*) jusqu'à Christopher Fry avec *Cette dame n'est pas à brûler* – joué et dirigé par Gielgud, avec Pamela Brown, une pièce que certains jugèrent précieuse et prétentieuse, d'autres élégante et poétique – et, enfin, T. S. Eliot, qui créa la surprise avec *The Cocktail Party*, avec en vedette Alec Guinness et Irene Worth. Porté aux nues, ce vaudeville fut joué toute une

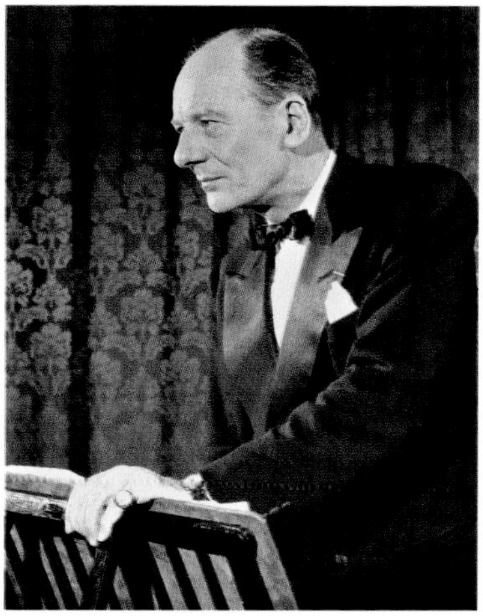

John Gielgud dans son brillant one-man show, Les Sept Âges de l'homme *de Shakespeare.*

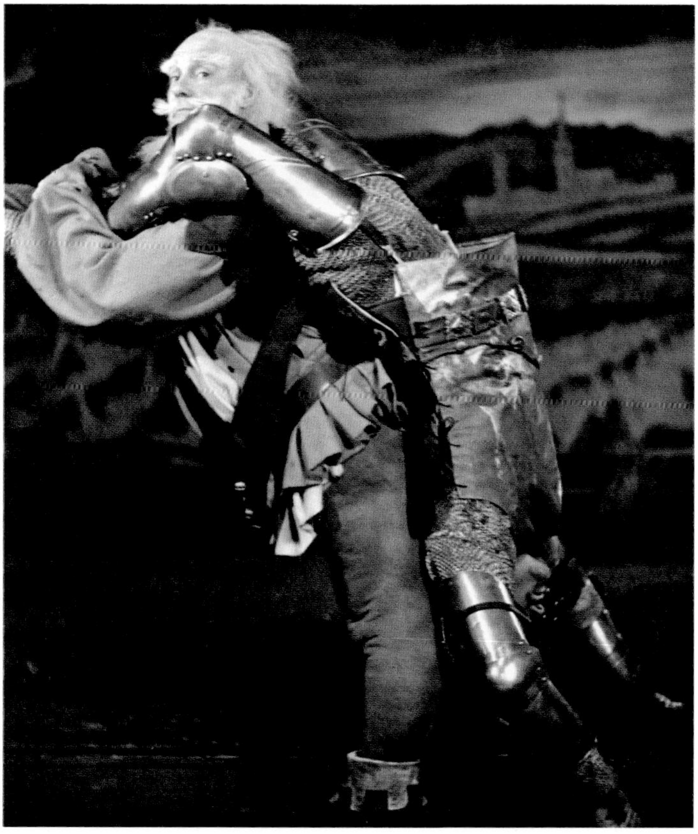

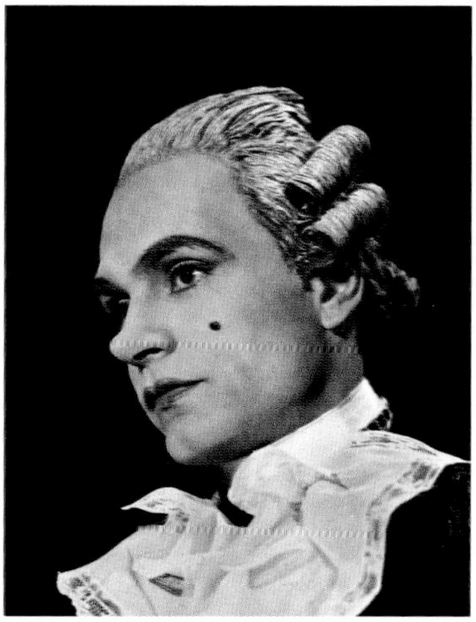

La célèbre saison du Old Vic Theater anglais à Broadway, en 1946.
À GAUCHE : Ralph Richardson en Falstaff portant le cadavre de Hotspur (Laurence Olivier) dans Henry IV, Partie I *de Shakespeare.*
CI-DESSUS : Olivier en Puff dans Le Critique, ou la répétition d'une tragédie, *comédie parodique de Sheridan.*

année et remporta le Tony Award de la meilleure pièce de théâtre. Il faut dire qu'il était l'œuvre du poète le plus célèbre au monde…

George Bernard Shaw attirait toujours les foules à Broadway : on citera de lui *Homme et surhomme* et *La Maison des cœurs brisés*, l'un et l'autre avec Maurice Evans, *Pygmalion* avec Gertrude Lawrence et Raymond Massey, *La Milliardaire* avec Katharine Hepburn, *Sainte*

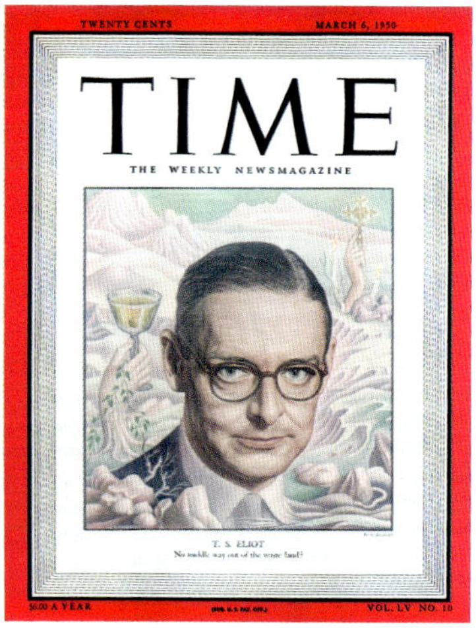

CI-DESSUS : Le succès de The Cocktail Party *valut à T. S. Eliot de faire la couverture du magazine* Time *(6 mars 1950).*

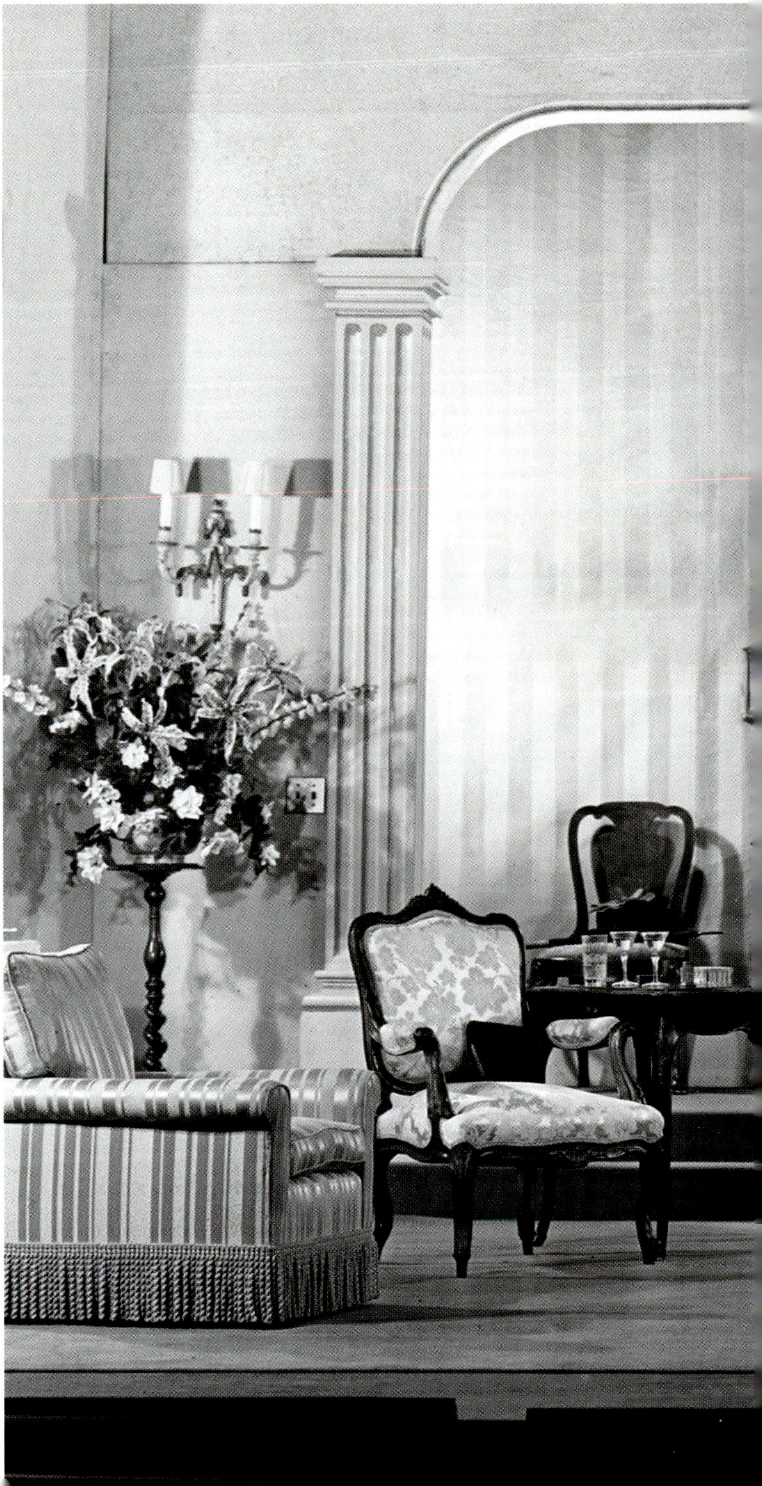

À DROITE : T. S. Eliot remporta un énorme succès (imprévu) à Broadway, en 1950, avec The Cocktail Party *qui resta à l'affiche pendant un an et obtint le Tony Award de la meilleure pièce. De gauche à droite : Cathleen Nesbitt, Alec Guinness, Eileen Peel, Ernest Clark et Robert Flemyng.*

Jeanne avec Siobhan McKenna et la prestigieuse version de concert de « Don Juan en enfer », extraite d'*Homme et surhomme,* avec Charles Laughton, Charles Boyer, Cedric Hardwicke et Agnes Moorhead. En 1946, Katharine Cornell monta *Candida* à Broadway, pour la cinquième fois depuis 1924, avec le jeune Marlon Brando dans le rôle de Marchbanks. Durant cette période, Shaw était souvent

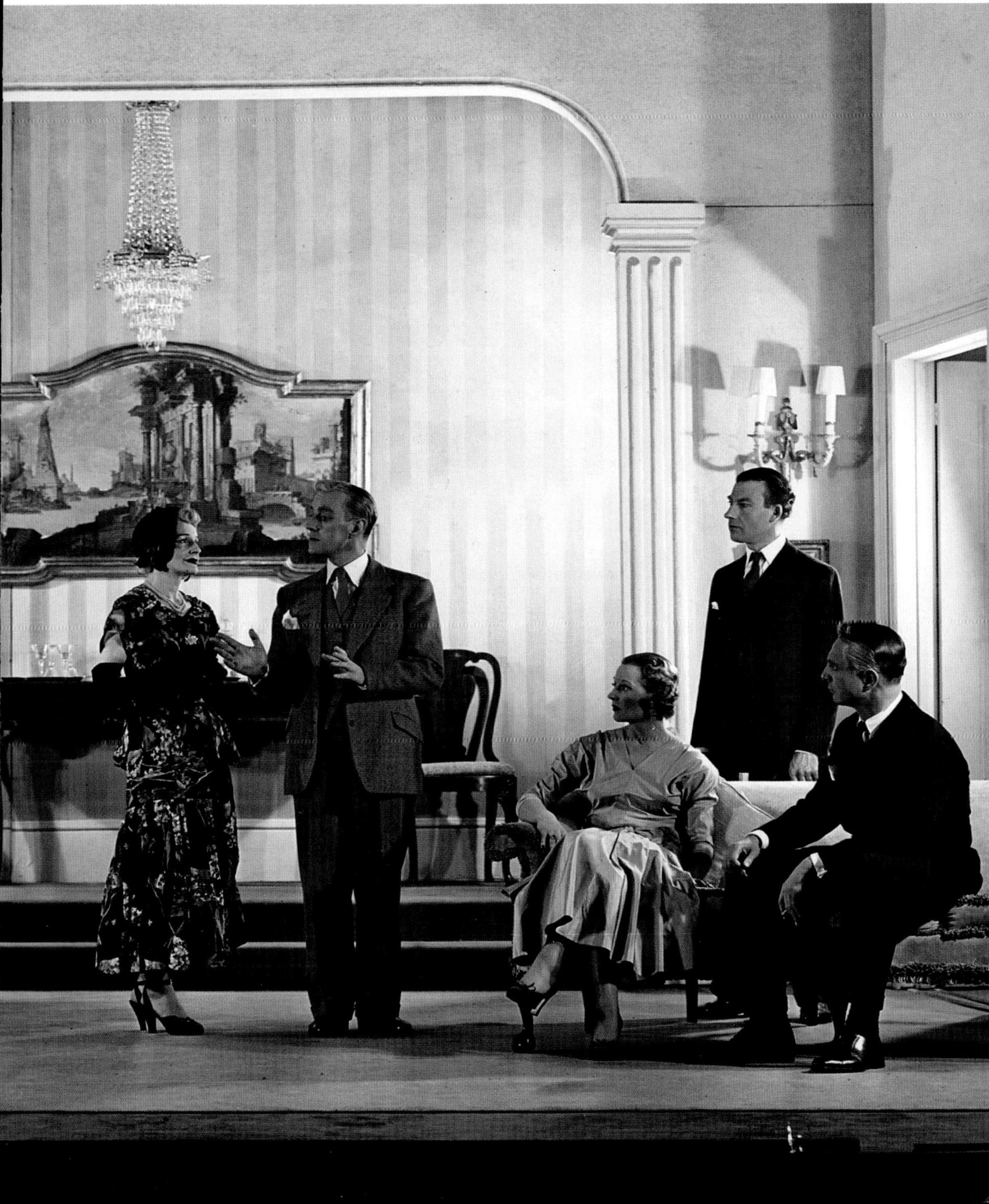

considéré comme le plus grand dramaturge anglais après Shakespeare. *Sic transit...*

Noël Coward était toujours là, dans la plupart des fonctions que le théâtre pouvait proposer. Aucune de ses pièces d'après-guerre ne connut la réussite de ses œuvres antérieures – *L'Esprit s'amuse* fut, durant la guerre, son dernier grand succès – mais son image raffinée subsista dans ses numéros de cabaret, ses apparitions à la télévision et au cinéma, ses chansons et ses romans. On reprenait toujours ses pièces, comme *Les Amants terribles,* qui permit à Tallulah Bankhead d'afficher son homosexualité : elle resta un an à l'affiche de Broadway avant de tourner dans tout le pays. À la fin des années 1960, la pièce revint à Broadway, cette fois avec Brian Bedford et Tammy Grimes.

Les dramaturges britanniques de la génération suivante apportèrent un souffle nouveau. Le héraut de ce renouvellement fut John

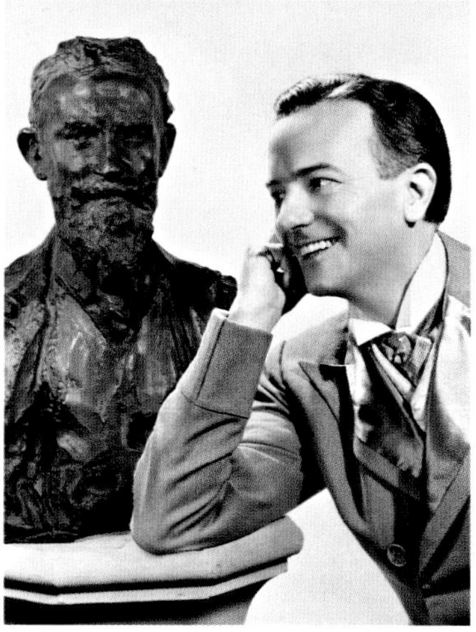

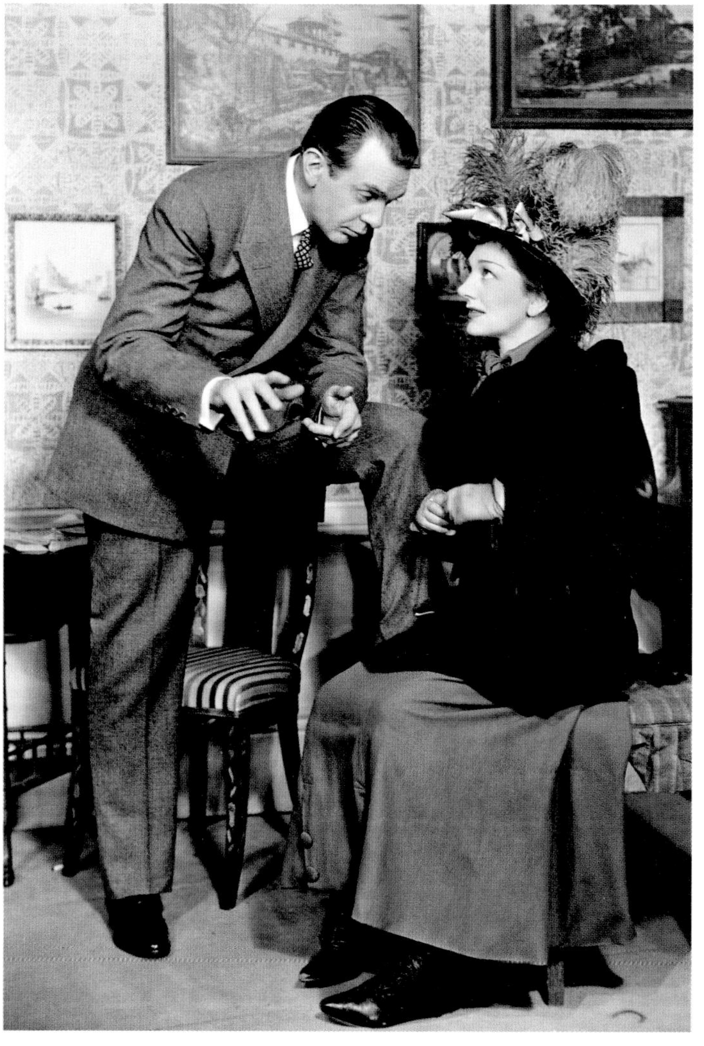

Shaw à nouveau. CI-DESSUS : *Maurice Evans, qui joua dans* Homme et surhomme, Le Disciple du diable, La Charrette de pommes *et* La Maison des cœurs brisés, *à côté d'un buste du maître.* CI-CONTRE : *Raymond Massey et Gertrude Lawrence dans* Pygmalion. À DROITE : *Katharine Hepburn dans* Les Dessous de la millionnaire.

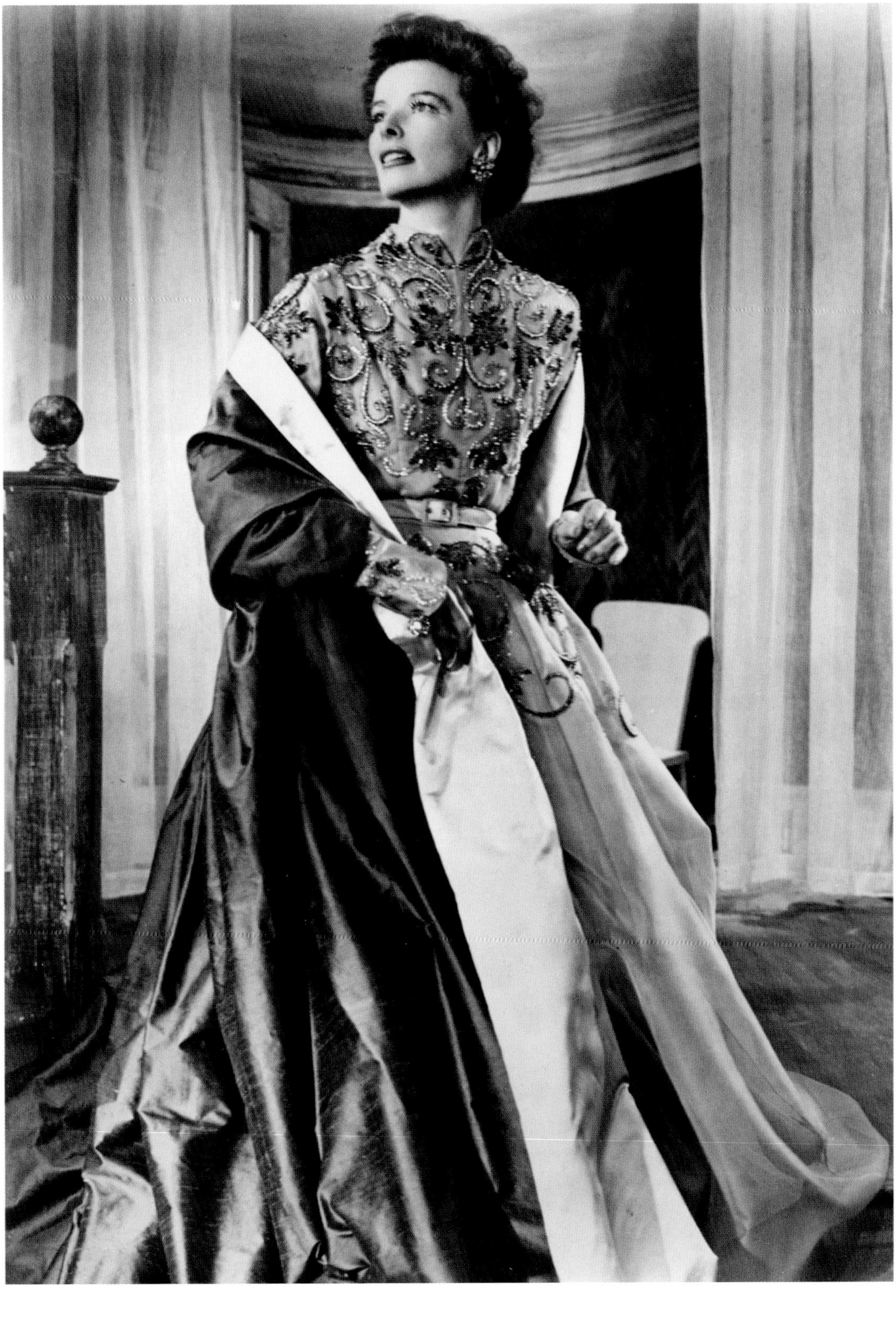

CI-DESSOUS : *Le plateau de vedettes de la scène de « Don Juan en Enfer » de* Homme et surhomme *de George Bernard Shaw. De gauche à droite : Charles Laughton, Charles Boyer, Agnes Moorehead et sir Cedric Hardwicke.*

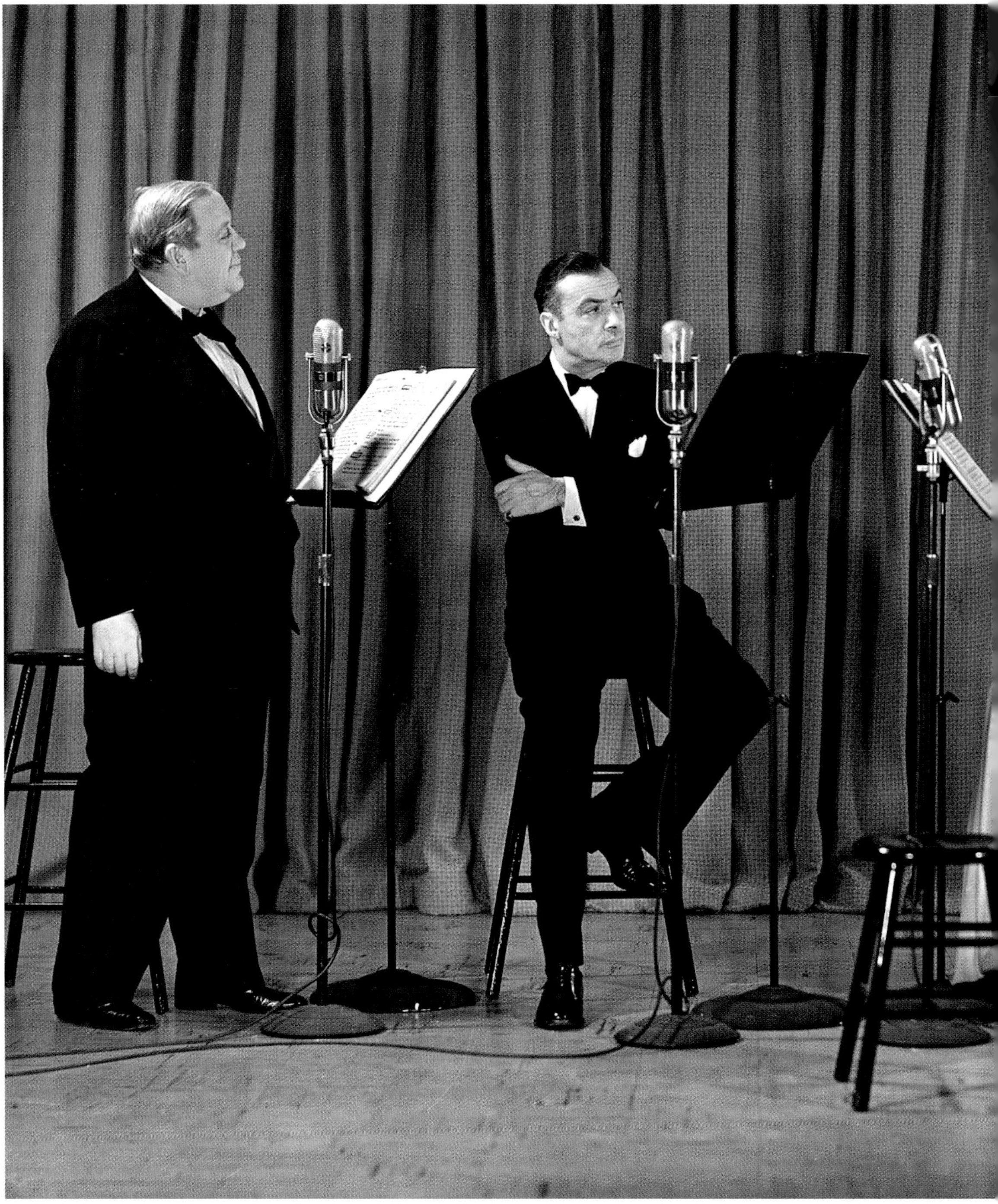

Trois « Jeanne » de Broadway. EN HAUT : *Siobhan McKenna dans* Sainte Jeanne *de Shaw.* AU CENTRE : *Ingrid Bergman dans* Jeanne de Lorraine *de Maxwell Anderson.* EN BAS : *Julie Harris dans* L'Alouette *de Jean Anouilh.*

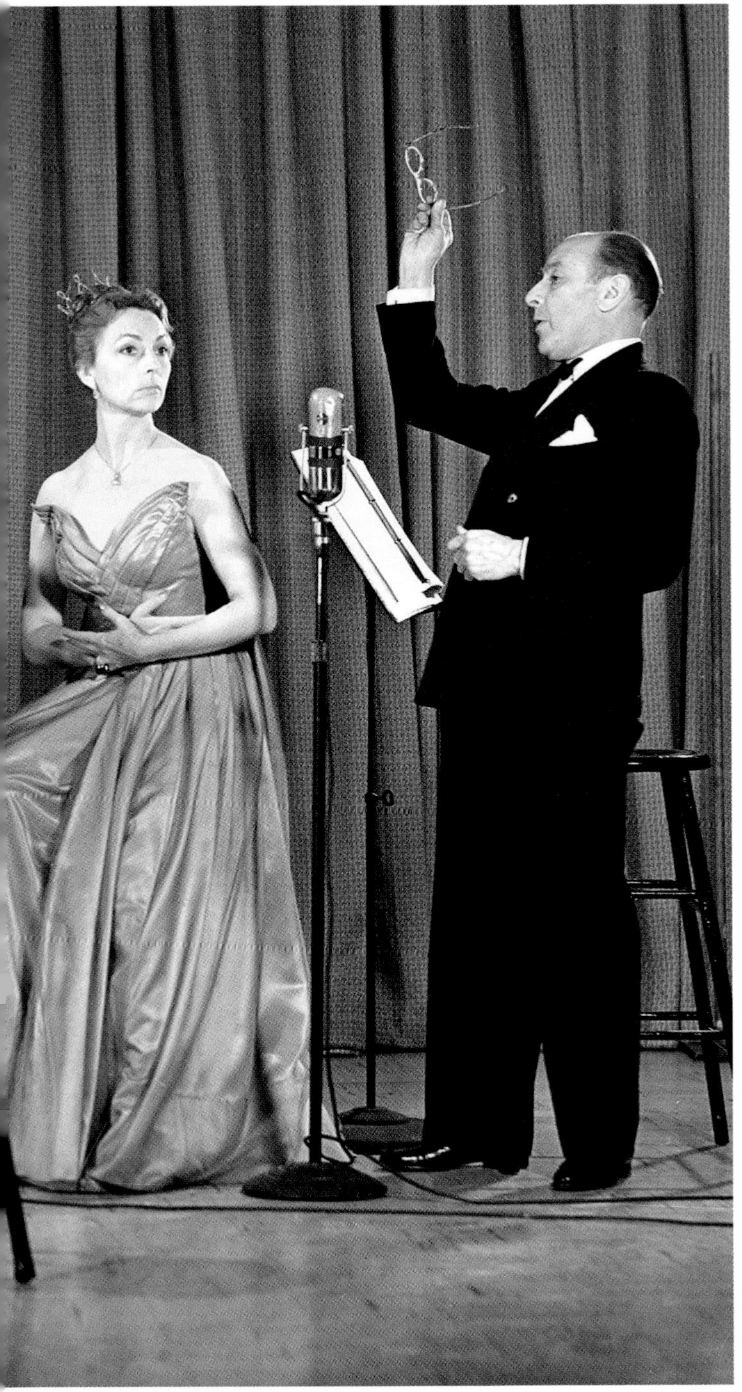

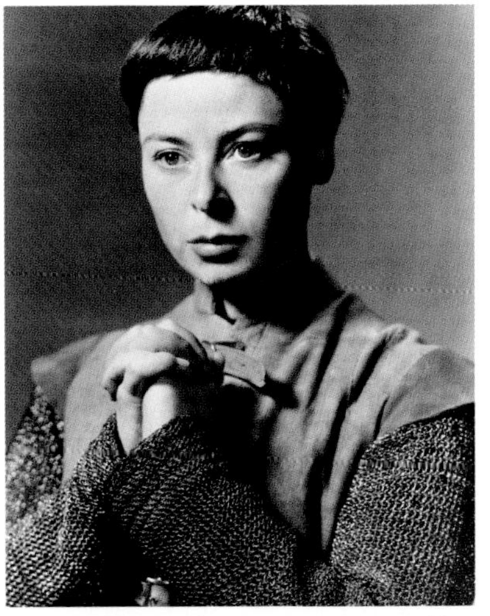

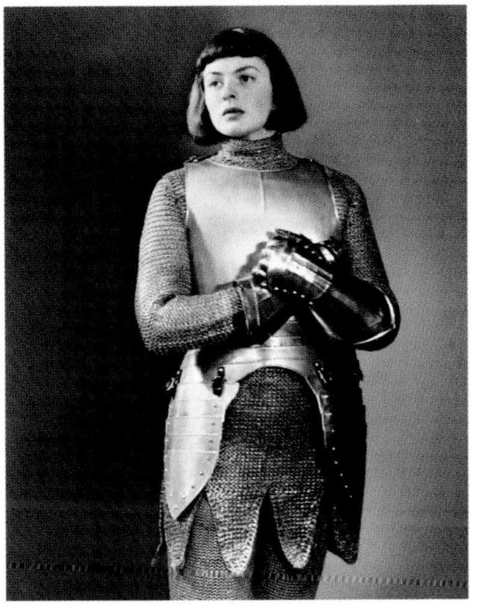

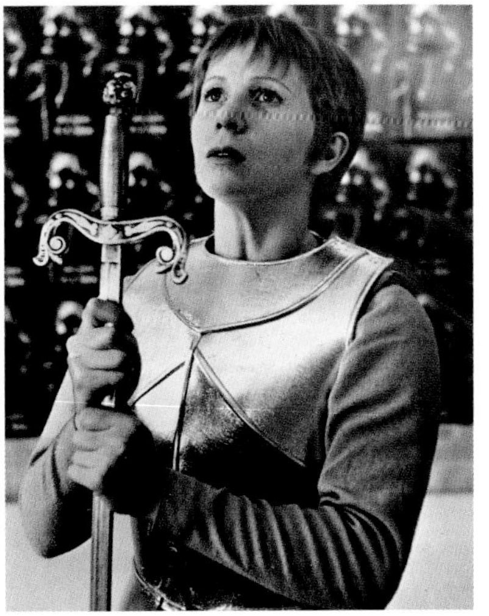

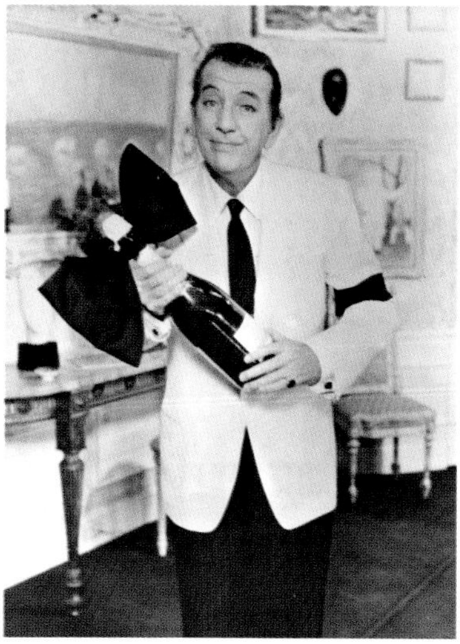

Noël Coward dans sa pièce Nude with Violin.

Osborne avec, en 1956, *La Paix du dimanche*, profondément anti-*establishment*. Parmi ses pièces, on citera *Le Bonimenteur*, où Laurence Olivier joue un auteur de variétés en panne d'inspiration, mais le talent d'Osborne déclina assez rapidement. L'auteur qui lui succède est Harold Pinter, qui fit ses débuts en 1962 avec *Le Gardien*, interprété par Alan Bates, Donald Pleasence et Robert Shaw, suivi par *L'Anniversaire* et *Le Retour*. Le style dense et obscur de Pinter et ses intentions mystérieuses fascinent et déroutent à la fois le public new-yorkais qui, après un demi-siècle (et un prix Nobel), apprécie toujours cet auteur dans d'innombrables reprises. Shakespeare est naturellement toujours de la partie, mais Shaw a disparu peu à peu, de même que Rattigan (malgré des reprises occasionnelles), Fry et Eliot. Seuls survit cet étrange couple que forment Harold Pinter et Noël Coward.

Au début des années 1960, le théâtre britannique était encore très en vogue à New York quand la musique pop des Beatles,

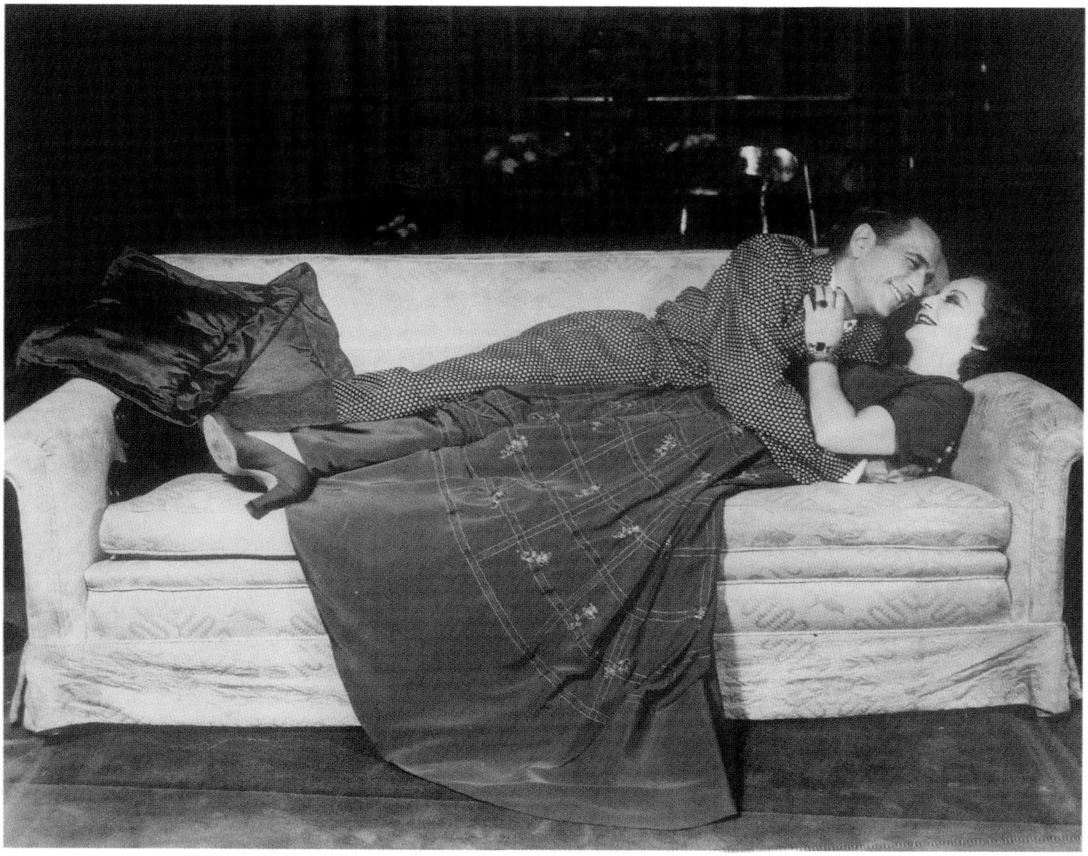

CI-DESSUS : Donald Cook et Tallulah Bankhead dans la comédie Vies privées, *un grand classique de Coward.*

À DROITE : Laurence Olivier dans Le Bonimenteur *de John Osborne.*

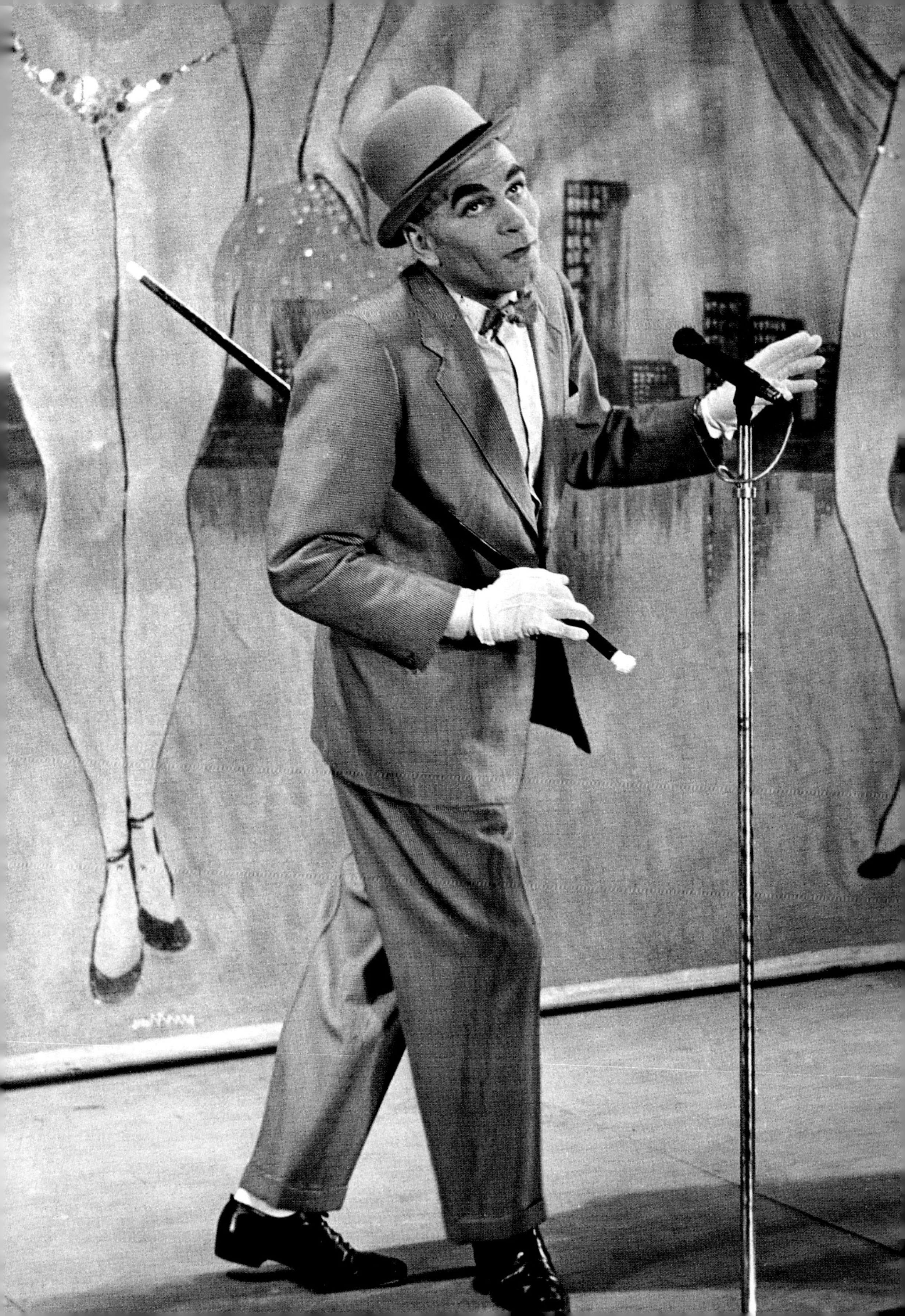

des Stones ou des Who inaugura une nouvelle invasion. Mais le théâtre étranger ne se réduisait pas aux Britanniques. Un nombre inédit de pièces venues du continent, et plus particulièrement de France, déferlait sur New York. Parmi les dramaturges, on citera Jean Anouilh (*Leocadia*, avec Richard Burton, Helen Hayes et Susan Strasberg ; *L'Alouette*, avec Julie Harris dans le rôle de Jeanne d'Arc ; *La Valse des toréadors*, avec Ralph Richardson), Jean Giraudoux (*La Folle de Chaillot*, satire romantique assez contestataire avec Martita Hunt, qui y remporta un Tony Award, et *La Guerre de Troie n'aura pas lieu*, avec Michael Redgrave), et Sartre, dont on joua *Huis clos* et *Les Mains sales* (avec Charles Boyer).

À la même époque, le théâtre féroce de Jean Genet faisait sensation Off-Broadway (*Les Bonnes*, *Les Nègres* et *Le Balcon*), tout comme Eugène Ionesco, le grand représentant du théâtre de l'absurde, avec

Kenneth Haigh et Alan Bates dans la pièce révolutionnaire d'Osborne, La Paix du dimanche.

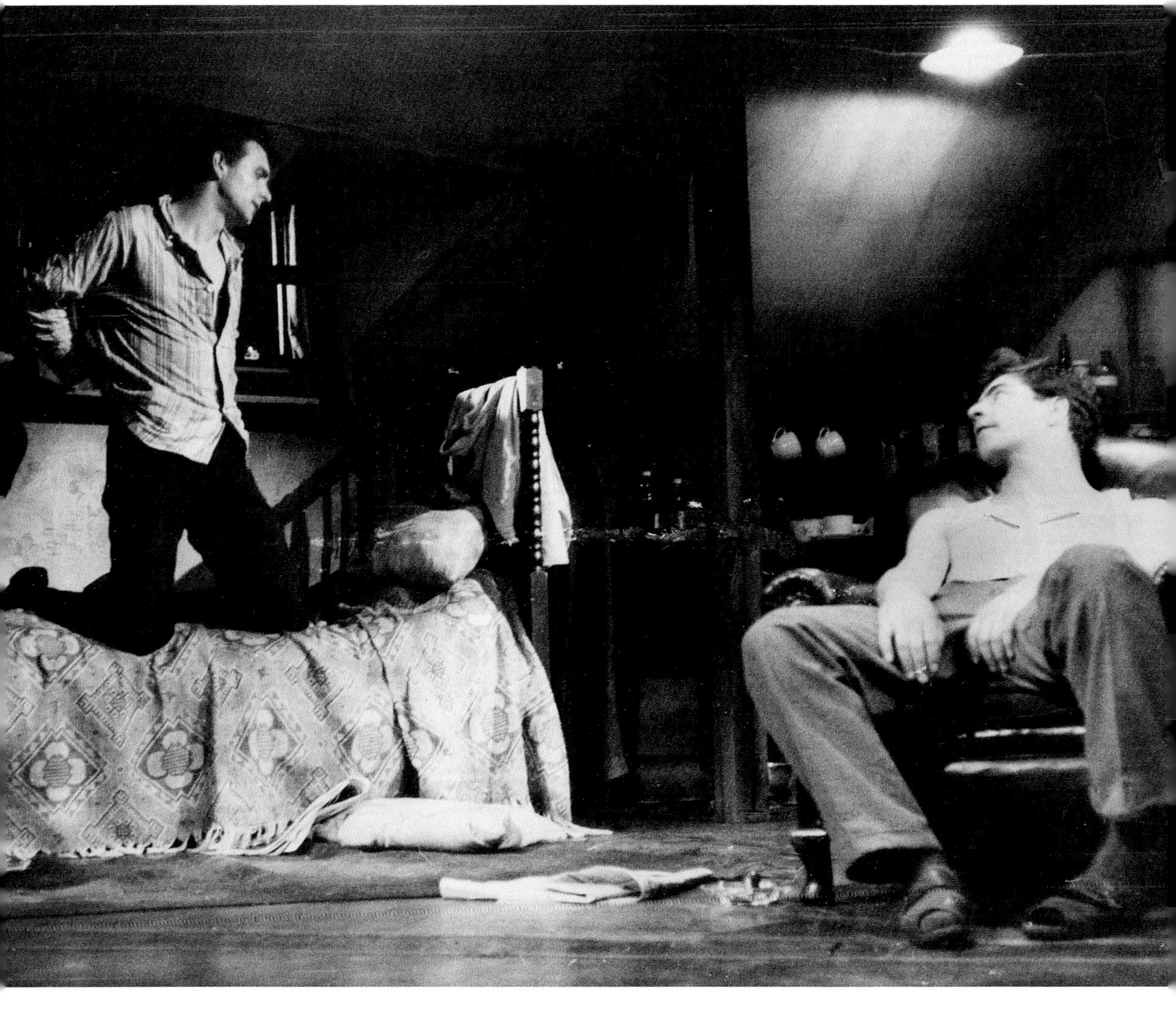

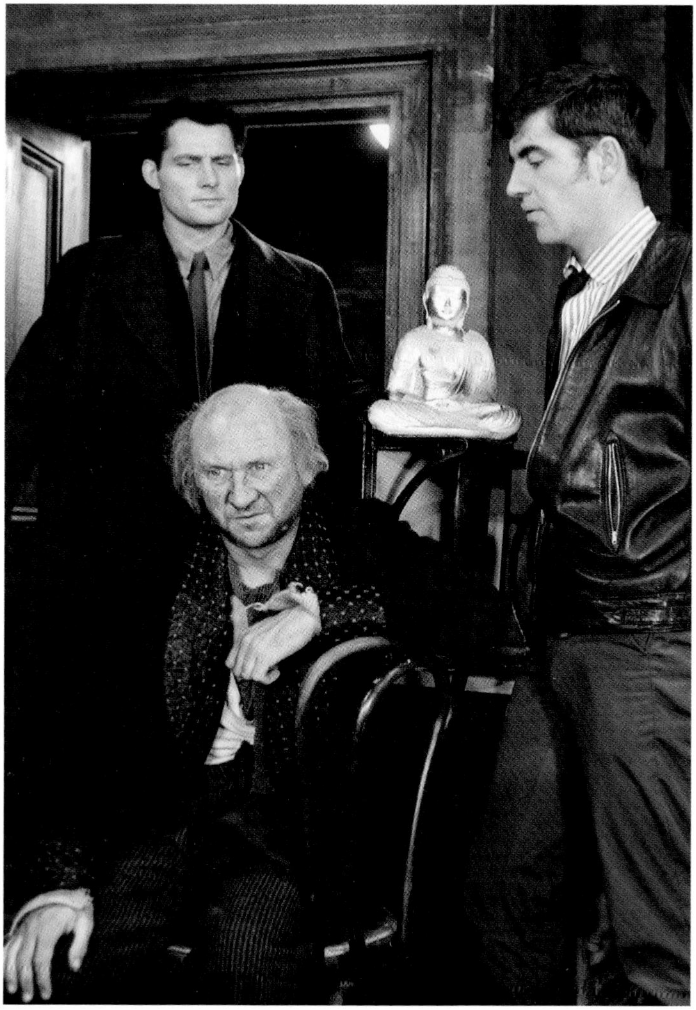

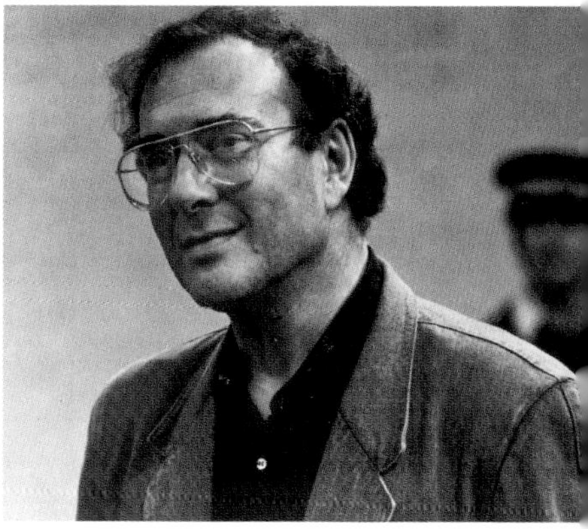

À GAUCHE : *Robert Shaw, Donald Pleasence et Alan Bates dans* Le Gardien *de Harold Pinter.*

CI-DESSUS : *Harold Pinter.*

une série de productions étonnantes : *La Cantatrice chauve, La Leçon, Les Chaises,* et surtout *Rhinocéros* qui, en 1961, fit triompher Zero Mostel sur Broadway. On compte aussi quelques succès du théâtre de langue allemande : *Marat/Sade* de Peter Weiss, *Le Vicaire* de Rolf Hochhut, *La Visite de la vieille dame* de Friedrich Dürrenmatt (avec les Lunt). Parmi les pièces venues de l'étranger, la plus importante, à défaut d'être celle qui connut le plus de succès, fut *En attendant Godot* de Samuel Beckett, produite à Broadway, en 1956, avec Bert Lahr et E. G. Marshall. Suivirent, Off-Broadway, *Fin de partie, La Dernière Bande* et *Oh les beaux jours.* La vision tragicomique de Beckett pouvait dérouter ou gêner certains spectateurs, mais personne ne doutait de son génie ni de son influence future.

Jamais New York n'avait connu un tel afflux de pièces ambitieuses venues d'Angleterre et d'Europe. Il semblait naturel que la « capitale du monde » accueille tout et tout le monde, y compris

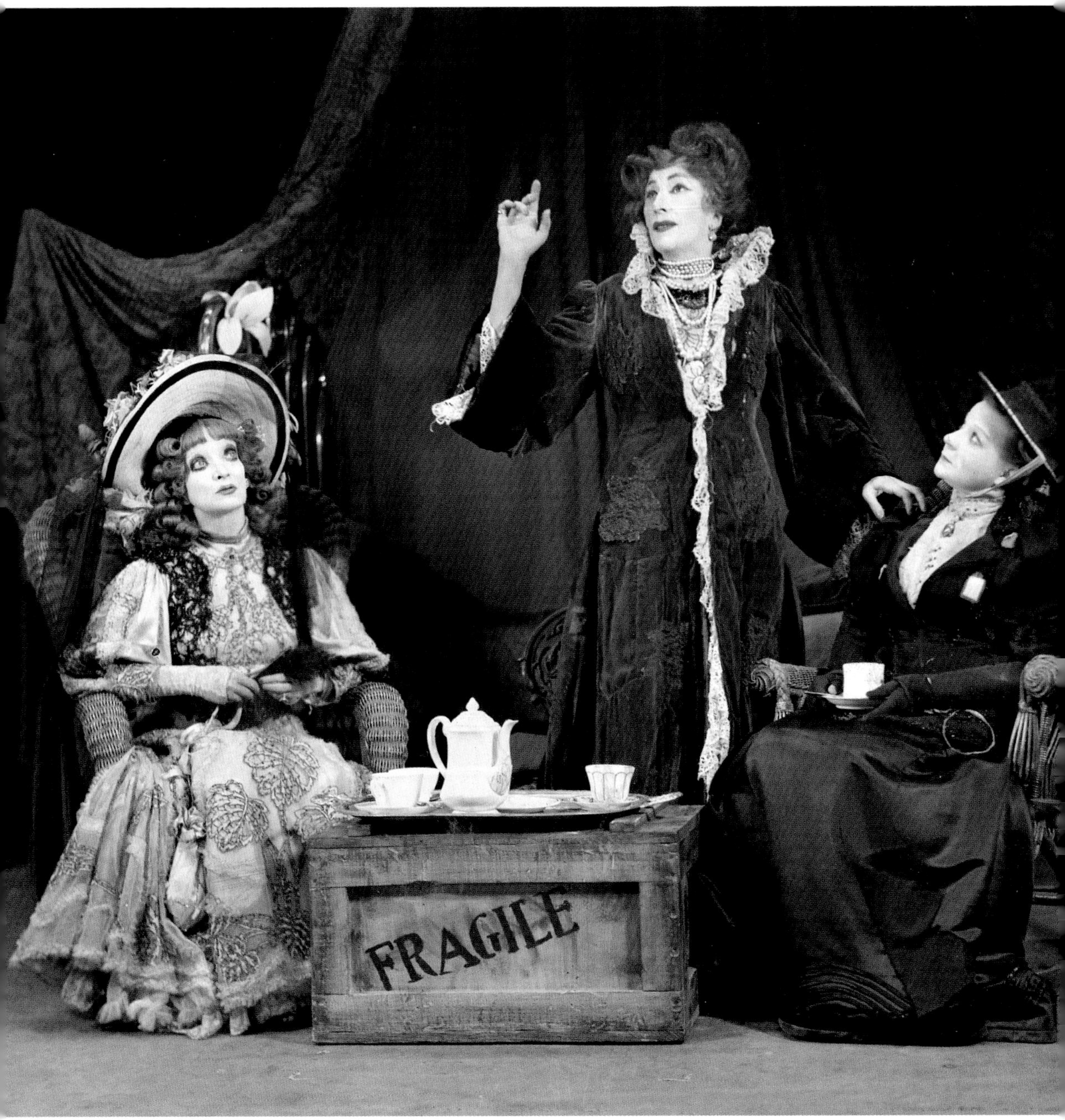

les chefs-d'œuvre de la production théâtrale. Un rapide coup d'œil aux pièces à l'affiche aujourd'hui à Broadway nous rappelle combien cette époque était singulière, et comme il était vain de croire alors que rien ne changerait.

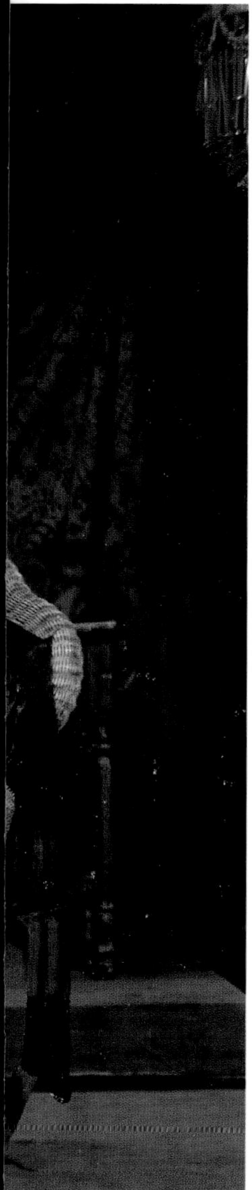

À GAUCHE : La Folle de Chaillot *de Jean Giraudoux. De gauche à droite : Estelle Winwood, Martita Hunt et Nydia Westman.*

CI-DESSOUS : Le Rhinocéros *d'Eugène Ionesco, avec Zero Mostel et Eli Wallach.*

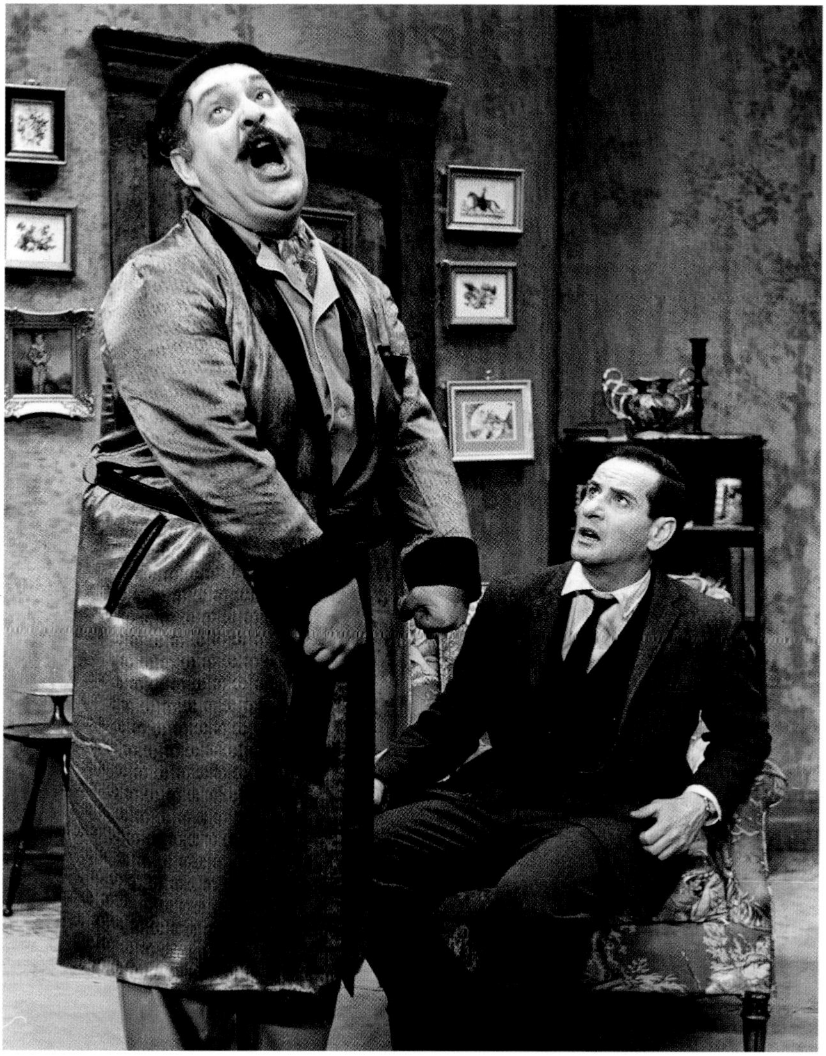

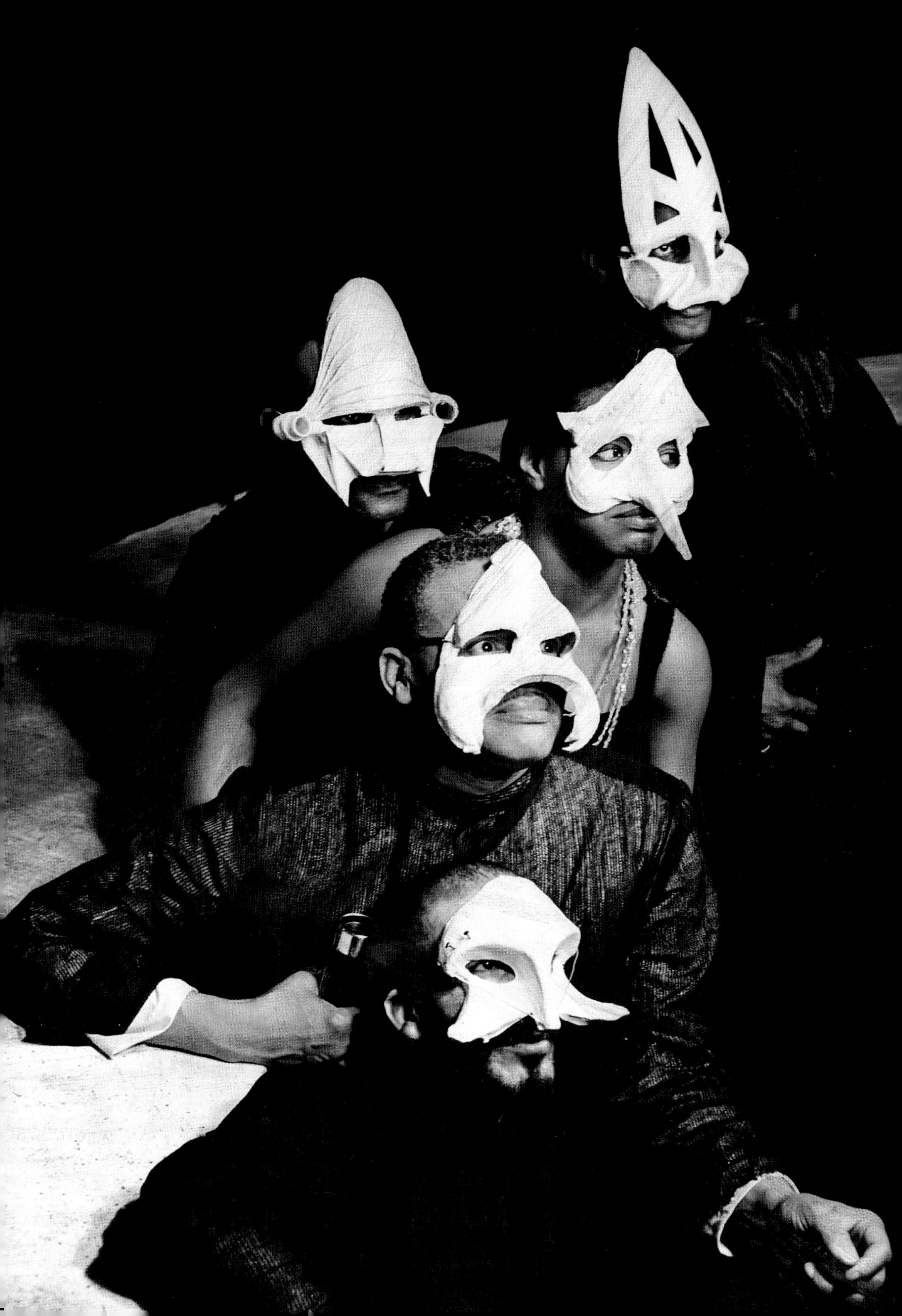

À GAUCHE : Les Nègres *de Jean Genet.*

CI-DESSOUS : Bert Lahr et E.G. Marshall dans En attendant Godot *de Samuel Beckett.*

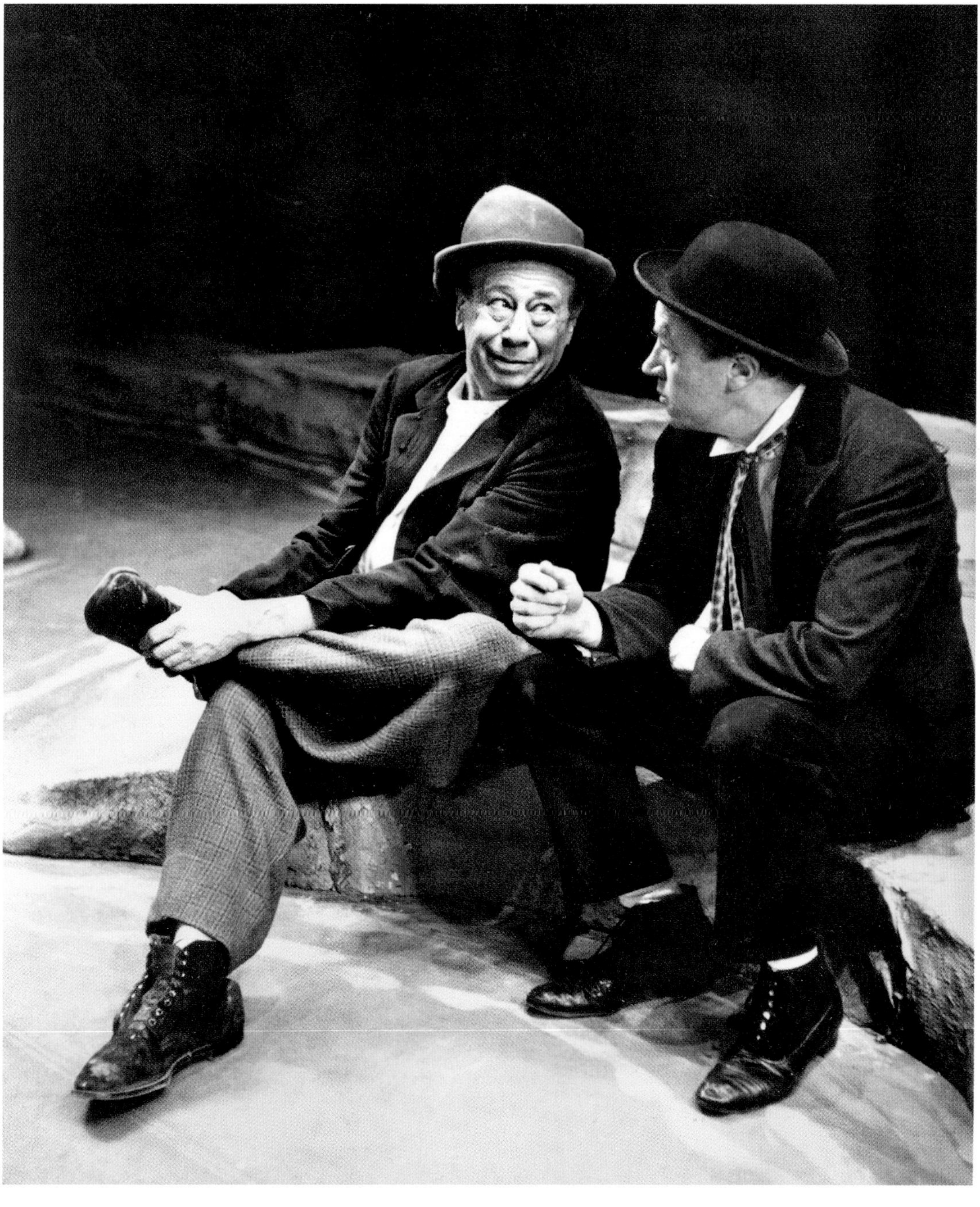

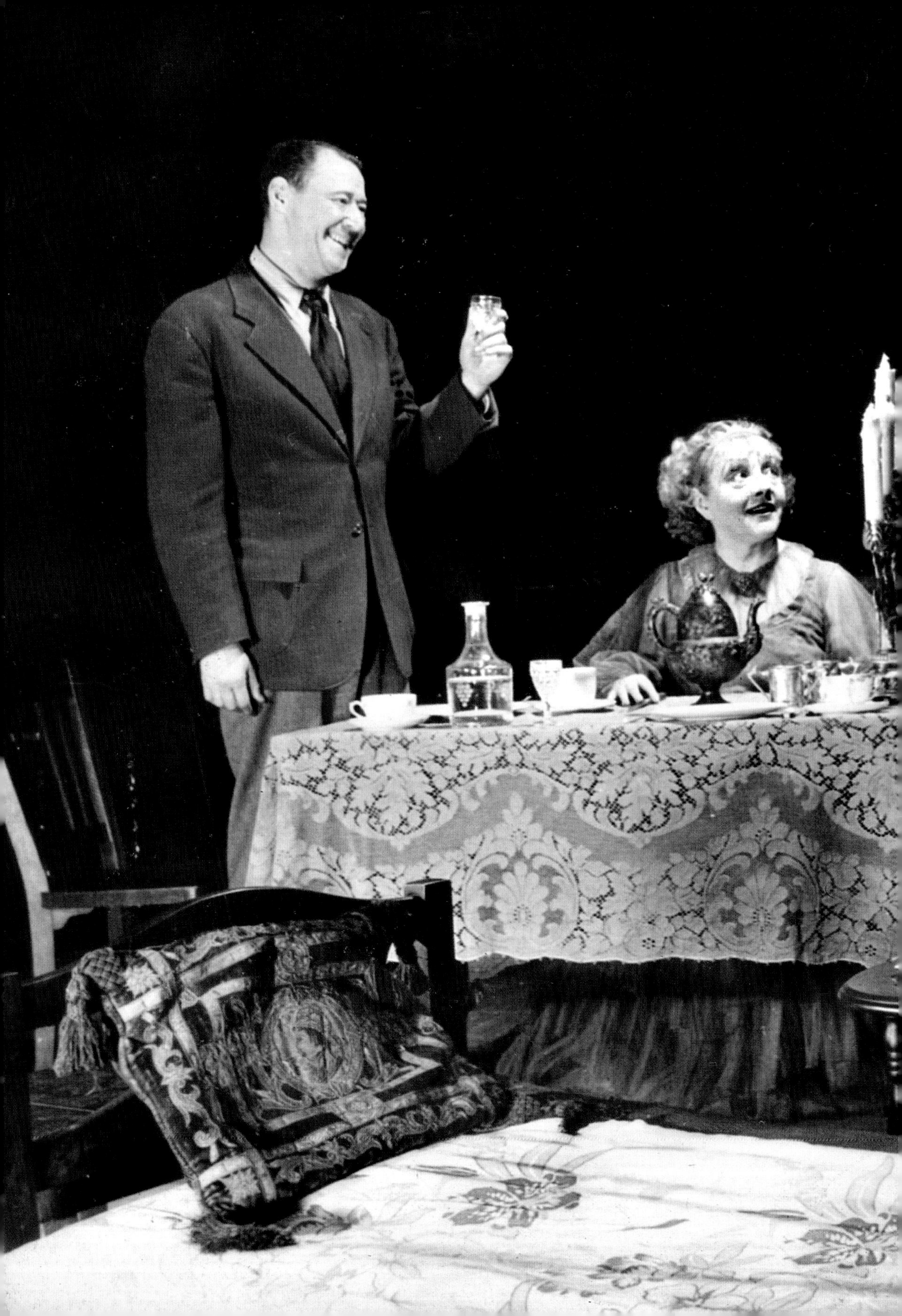

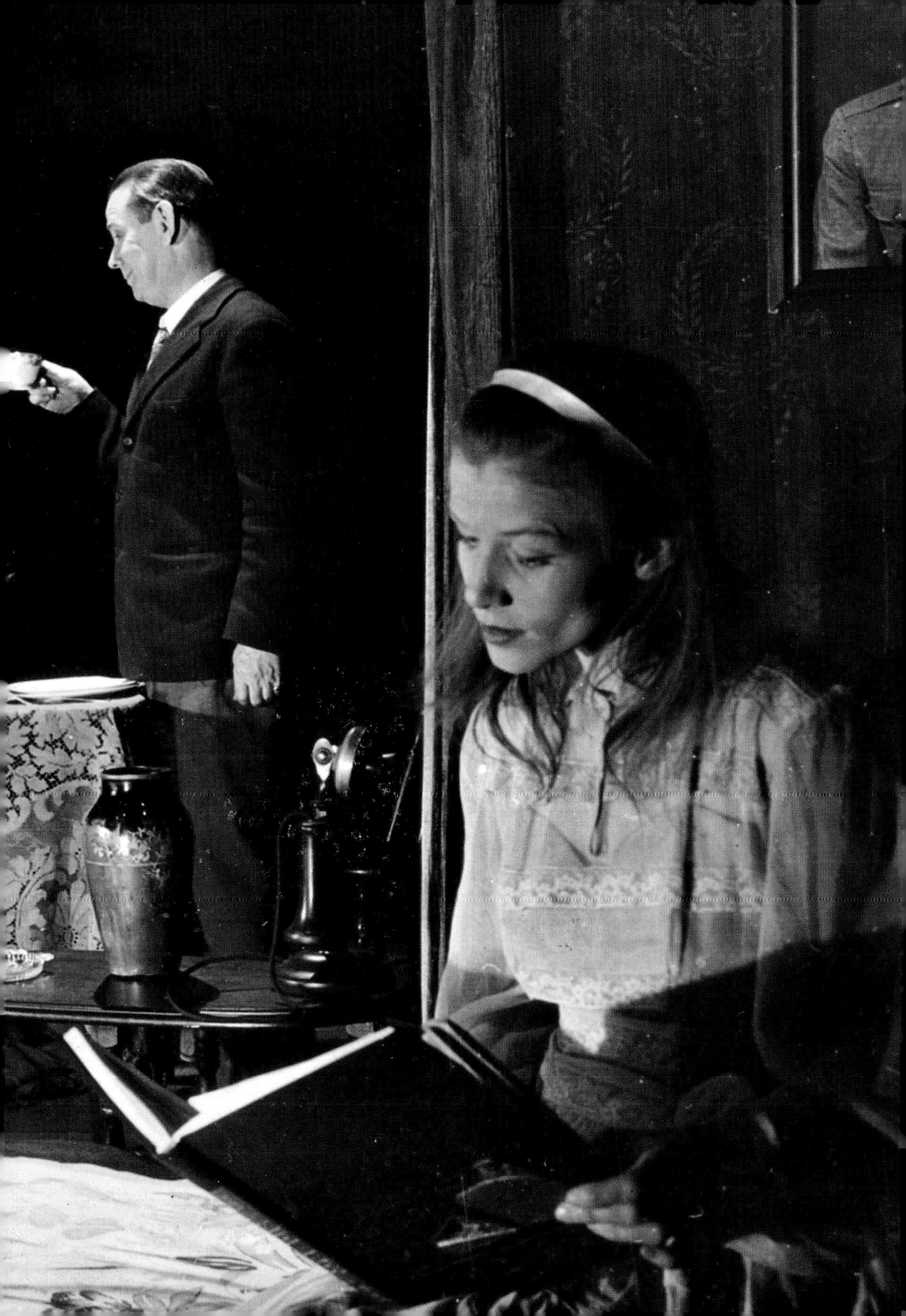

PAGES PRÉCÉDENTES : La Ménagerie de verre *de Tennessee Williams. De gauche à droite : Anthony Ross, la sublime Laurette Taylor, Eddie Dowling et Julie Haydon.*

*CI-DESSOUS : La première d'*Un tramway nommé Désir. *De gauche à droite : l'auteur Tennessee Williams, la productrice Irene Mayer Selznick et le metteur en scène Elia Kazan.*

À DROITE : Un tramway nommé Désir, *avec Jessica Tandy et Marlon Brando, qui vola la vedette à sa partenaire.*

Avant la guerre, Broadway avait connu un essor exceptionnel. On y jouait avec succès des comédies et des drames bien « ficelés » d'auteurs comme Robert Sherwood, S. N. Behrman, Philip Barry, George Kaufman, Moss Hart ou Sidney Howard. Certains écrivains ambitieux comme Maxwell Anderson et Elmer Rice étaient toujours en activité. Lillian Hellman avait fait sensation avec des pièces comme *Les Innocentes, La Vipère* et *Watch on the Rhine,* tandis que Clifford Odets, membre clé du Group Theatre (une troupe radicale), triomphait avec *Waiting for Lefty, Awake and Sing* et *Golden Boy,* avant de partir pour Hollywood où son talent s'épuisa. (De sa production théâtrale d'après-guerre, seuls *The Big Knife* et *The Country Girl* sortent du lot.)

Le nouveau théâtre américain vit le jour en 1945 avec *La Ménagerie de verre,* la première grande pièce de Tennessee Williams : sa présentation new-yorkaise fut marquée par la performance inégalée de Laurette Taylor dans le rôle d'Amanda Wingfield, une mère aussi insupportable qu'émouvante. Taylor revenait sur scène après des années d'alcoolisme, et son interprétation miraculeuse de vérité faisait oublier qu'elle jouait un rôle. J'avais quatorze ans quand je l'ai vue dans *La Ménagerie,* et ce fut une expérience bouleversante ; le jeu d'Helen Hayes, Katharine Cornell, Lynn Fontanne, Ethel Barrymore, et autres grandes dames

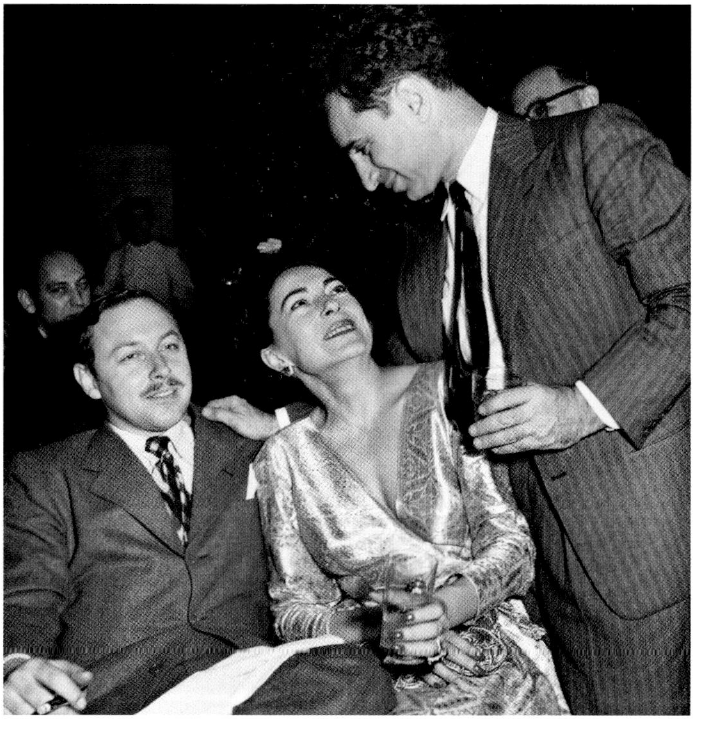

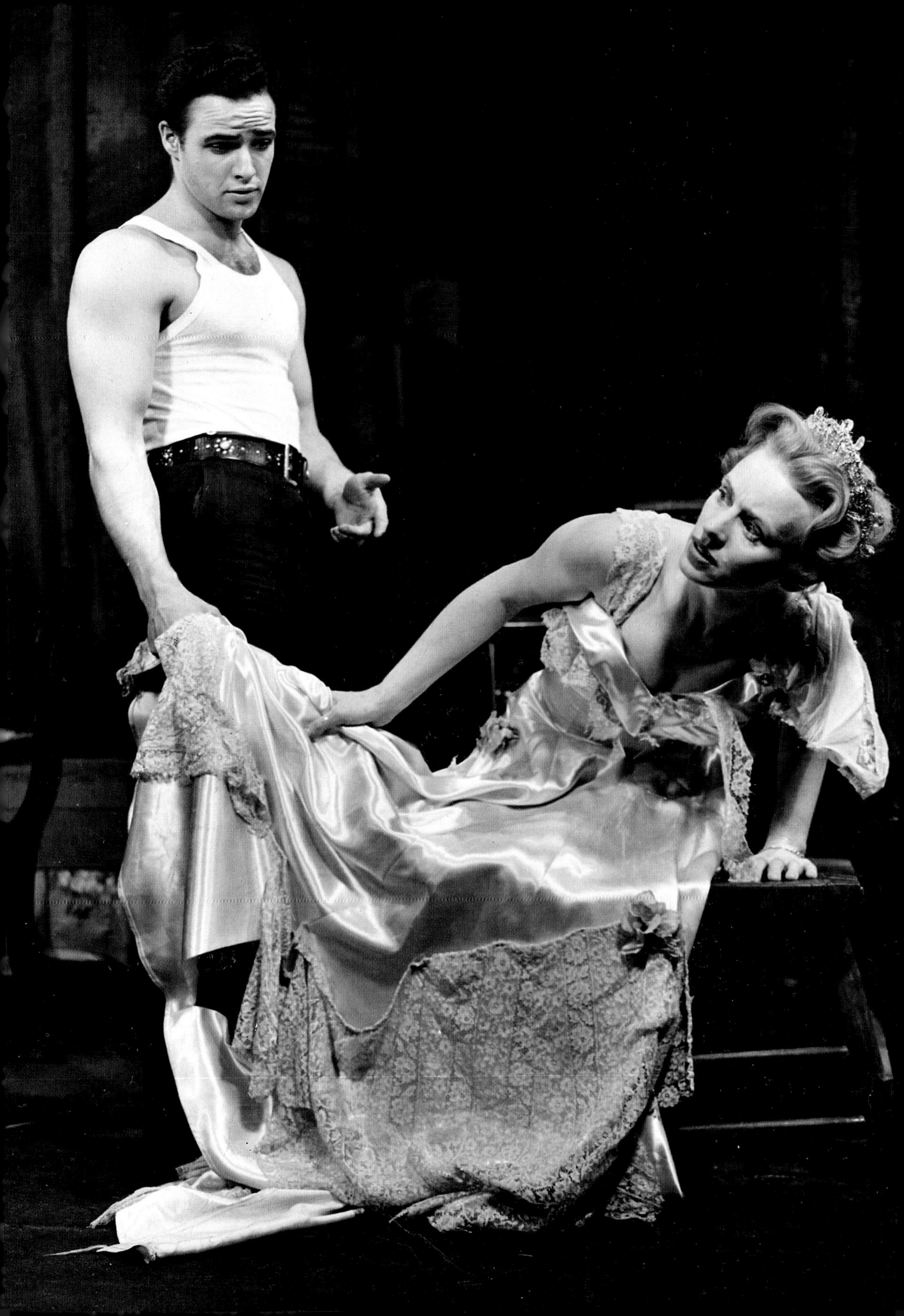

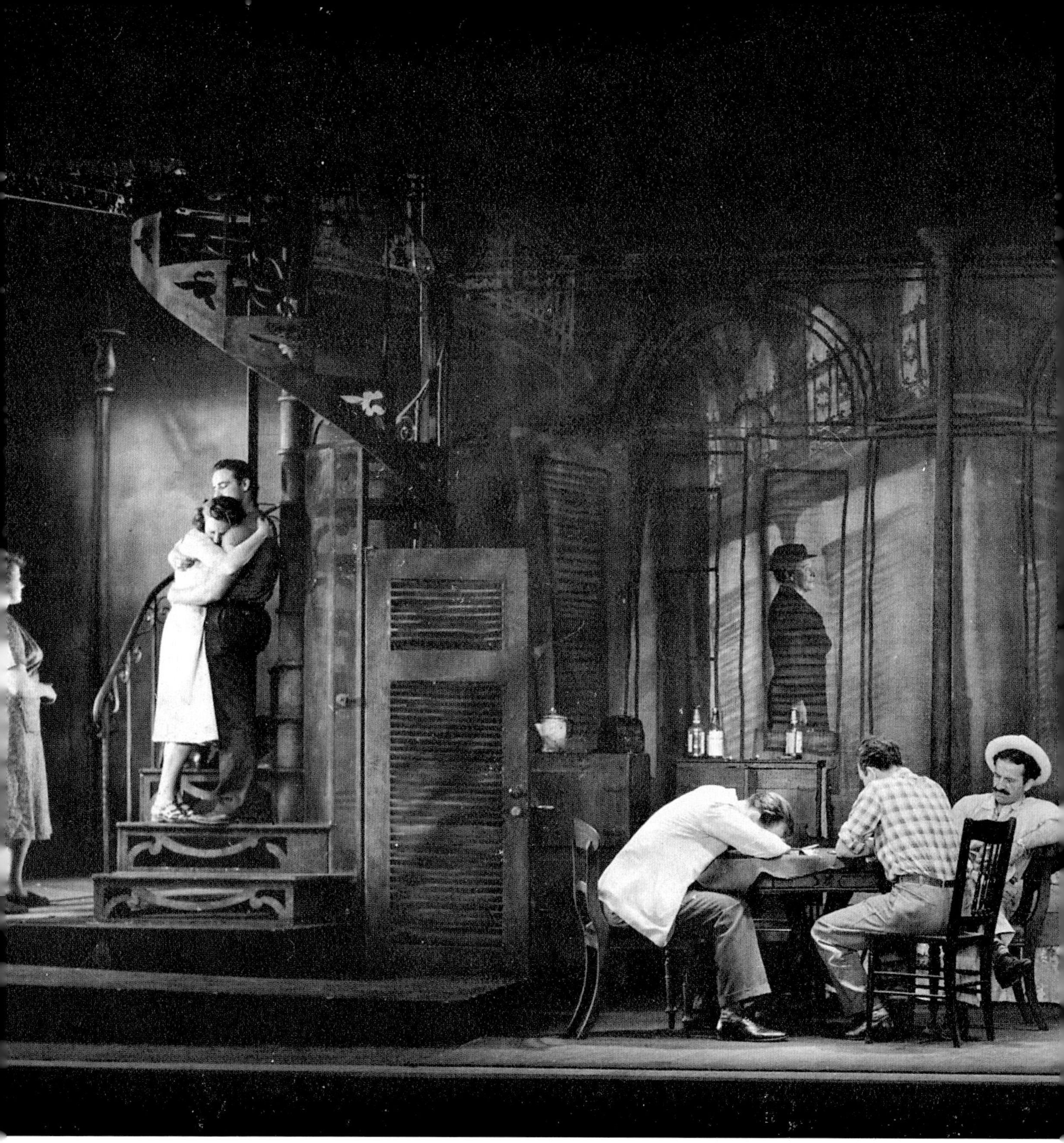

*La scène finale d'*Un tramway nommé Désir *: Blanche DuBois se confiant « à la bonté des étrangers ».*

de la scène américaine, paraissait par contraste très artificiel. Deux ans plus tard, *Un tramway nommé Désir* confirmait l'immense talent de Williams. La performance du jeune Marlon Brando était aussi époustouflante que celle de Laurette Taylor en 1945 ; on tenait là un génie à la hauteur des grands princes du théâtre britannique, mais au style nouveau : brutal, réaliste, dangereux. Les innombrables productions ultérieures du *Tramway* donneront à Blanche DuBois le rôle dominant, mais Brando faisait de Stanley Kowalski

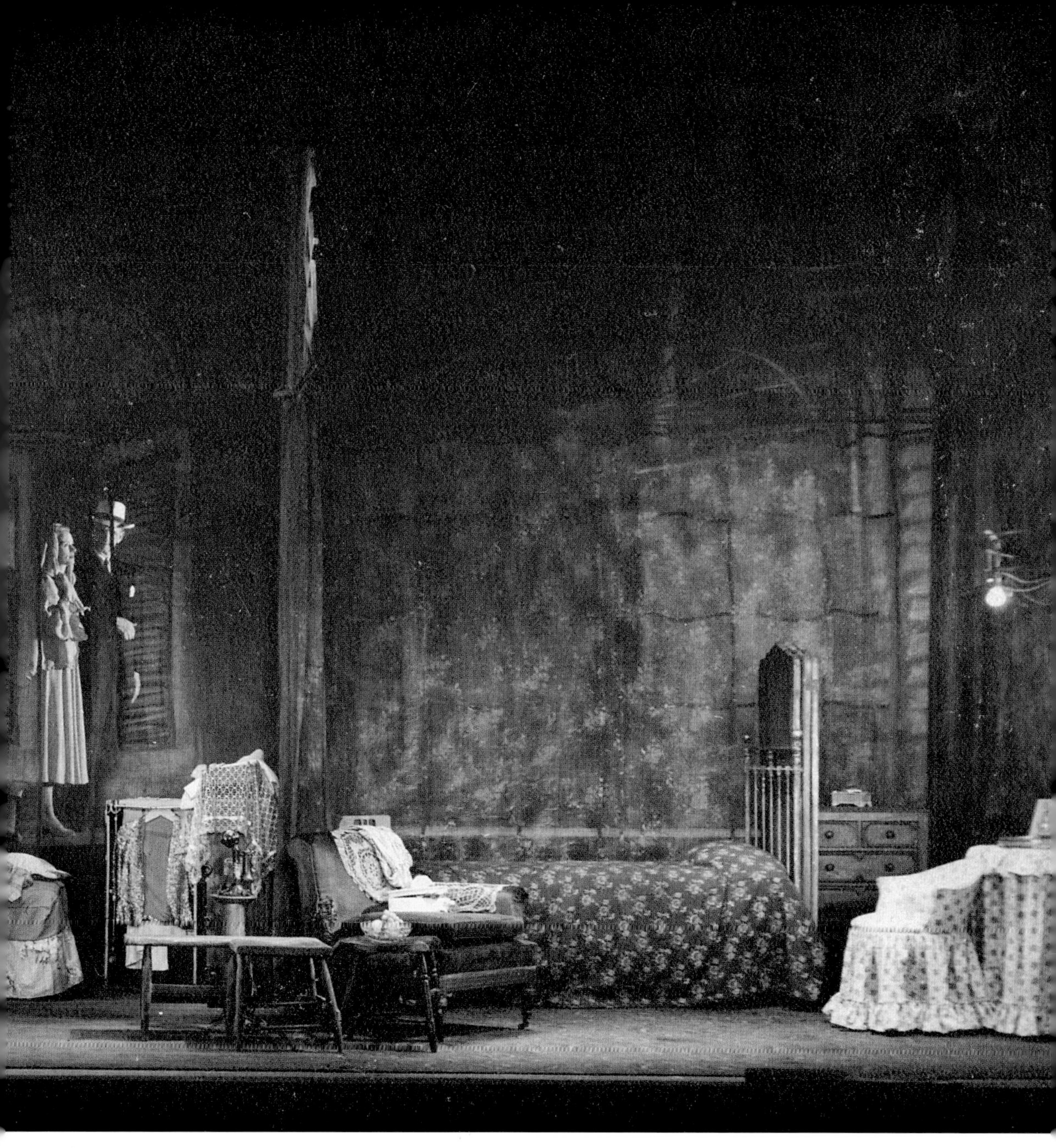

le centre de la pièce ; Jessica Tandy, malgré un talent indéniable, ne pouvait faire le poids.

Williams connut une étonnante suite de succès. Entre 1948 et 1963, furent créés *Été et fumées, La Rose tatouée* (avec Maureen Stapleton), *Camino Real* (une expérience ratée), *La Chatte sur un toit brûlant* (Barbara Bel Geddes y jouait Maggie la chatte), *La Descente d'Orphée, Soudain l'été dernier, Doux Oiseau de jeunesse* (Geraldine Page), *La Nuit de l'iguane* (Bette Davis et Margaret Leighton) et *Le Train de l'aube ne*

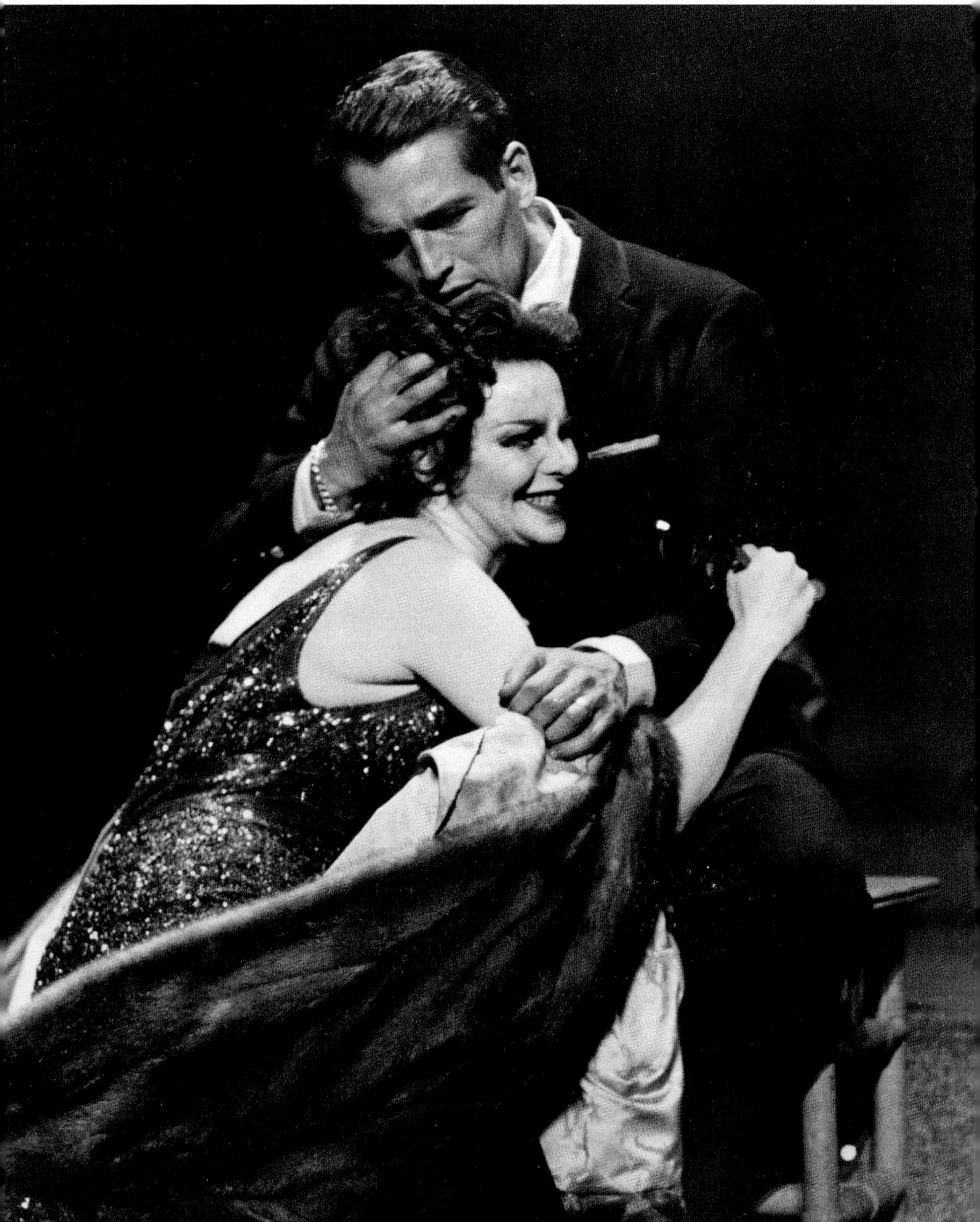

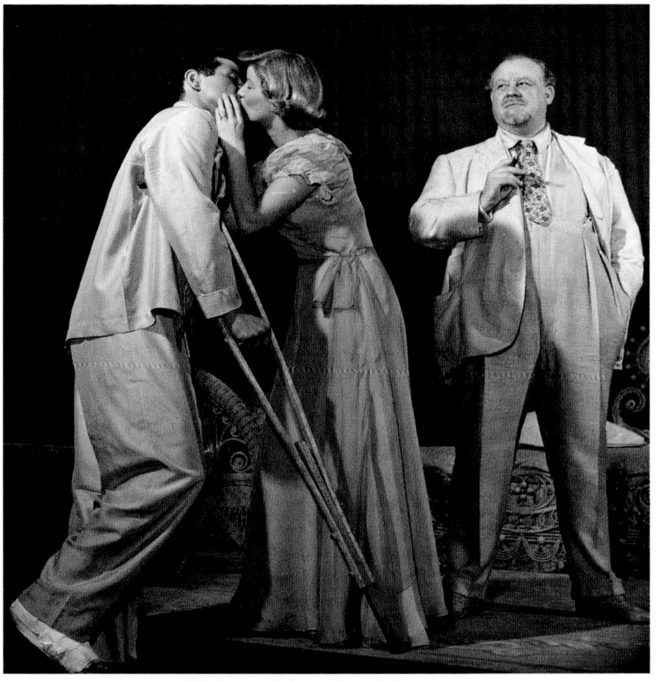

Trois héroïnes de Tennessee Williams.
À GAUCHE : Geraldine Page dans Doux Oiseau de jeunesse *(avec Paul Newman).*
CI-CONTRE : Barbara Bel Geddes en Maggie dans La Chatte sur un toit brûlant *(avec Ben Gazzara et Burl Ives).*
CI-DESSOUS : Maureen Stapleton dans La Rose tatouée *(avec Phyllis Love et Don Murray).*

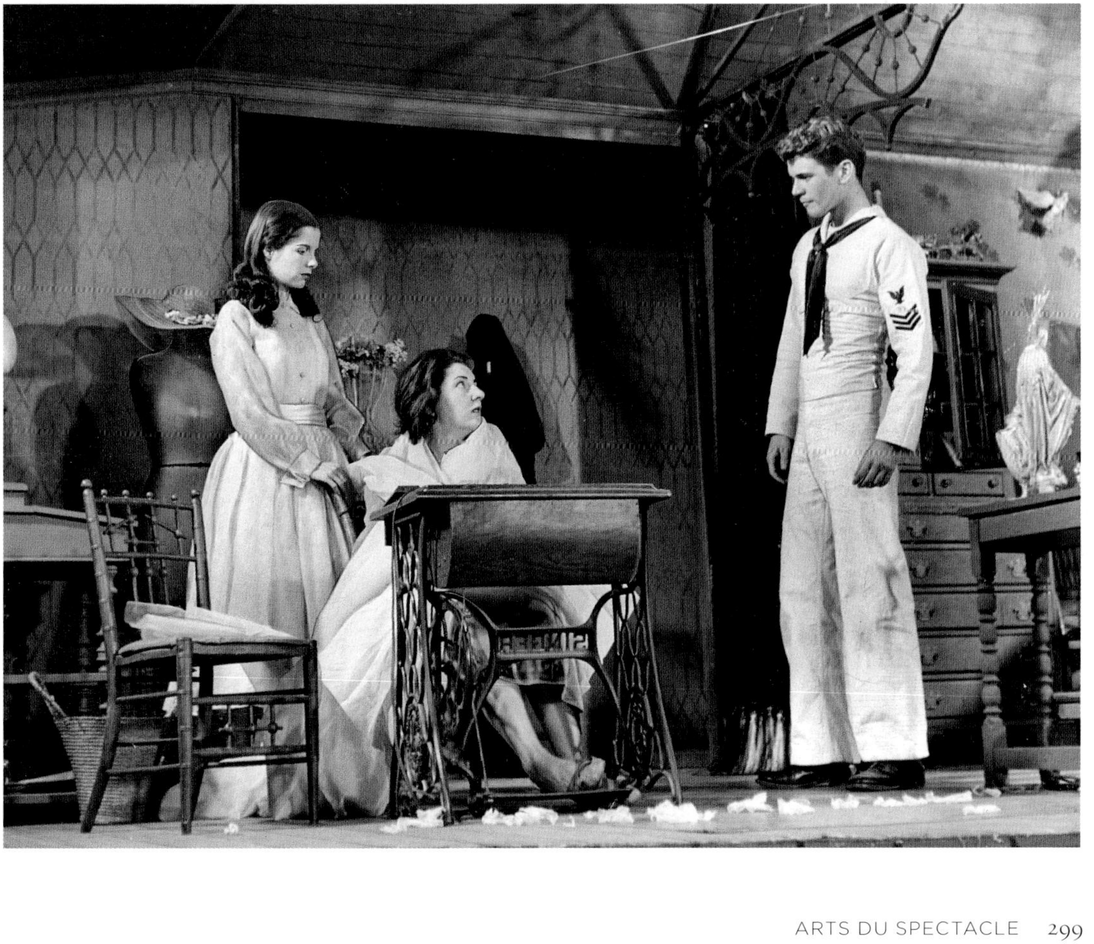

s'arrête plus ici. Ses œuvres tardives ne suscitèrent pas autant d'enthousiasme, mais cette série de pièces – constamment reprises – occupe une place centrale dans l'histoire du théâtre américain, comme celles d'Eugene O'Neill dans les années 1920 et 1930.

Si Williams avait un rival – on les a inévitablement comparés et opposés –, c'était Arthur Miller, plus moraliste et moins magique. En 1947, *Ils étaient tous mes fils*, inspiré d'*Un ennemi du peuple* d'Ibsen,

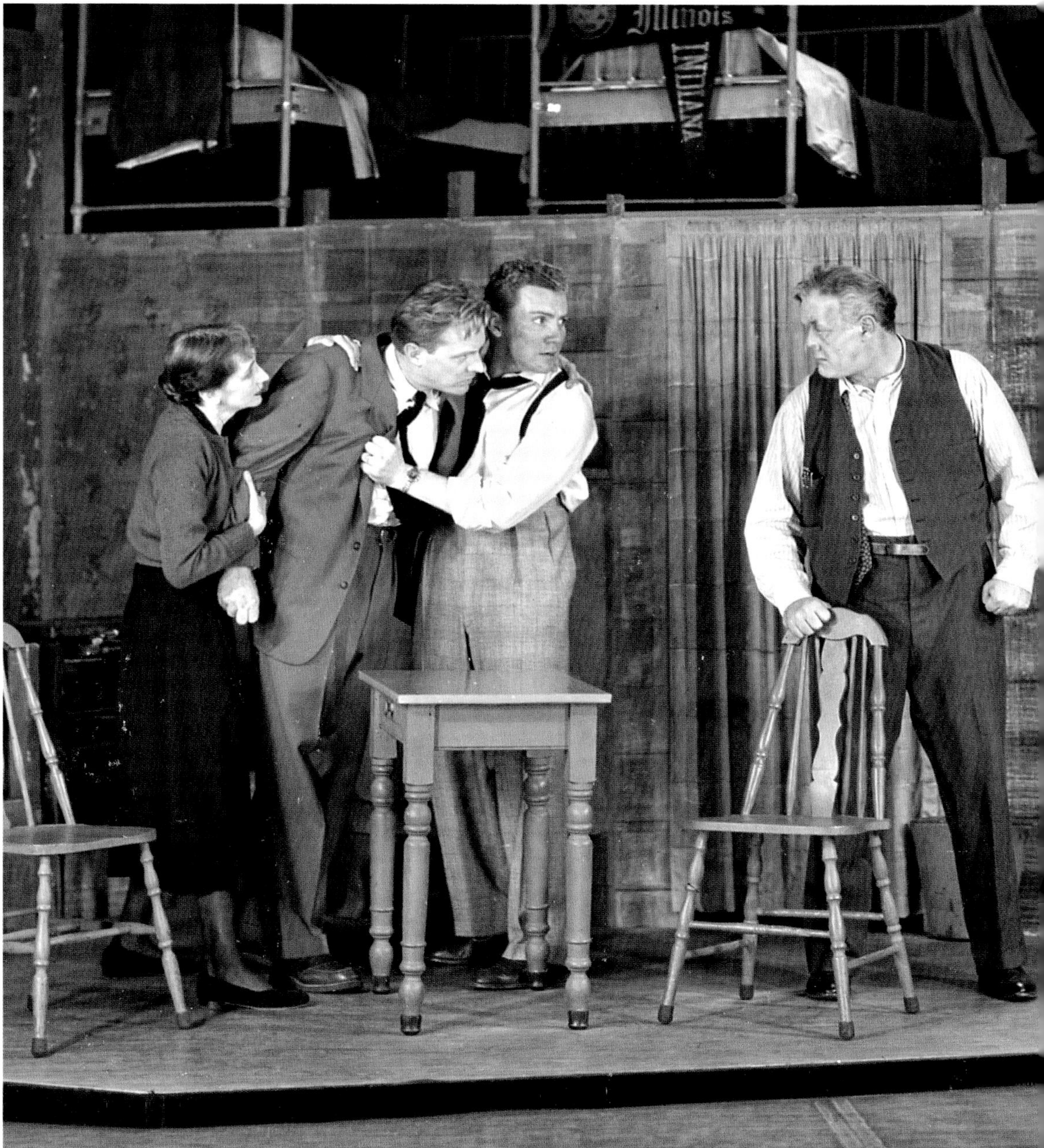

La Mort d'un commis voyageur *d'Arthur Miller. De gauche à droite : Mildred Dunnock, Arthur Kennedy, Cameron Mitchell et Lee J. Cobb. Le décor était de Jo Mielziner, à qui l'on doit aussi les décors d'*Un tramway nommé Désir, South Pacific, Guys and Dolls, *et* Gypsy.

rencontra un accueil plutôt favorable, mais c'est *Mort d'un commis voyageur*, deux ans plus tard, qui assit sa réputation de grand dramaturge. Miller était sérieux, libéral – et l'époux de Marilyn Monroe. *Les Sorcières de Salem*, qui s'attaquait au maccarthysme, fut une autre œuvre saluée par la critique. *Vu du pont*, *Incident à Vichy* et *Le Prix* connurent un succès modeste, mais *Après la chute*, regard impitoyable porté sur son mariage avec Monroe, fit beaucoup de bruit. Comme Williams,

EN BAS : *L'auteur de* Mort d'un commis voyageur, *Arthur Miller (à gauche), et le metteur en scène, Elia Kazan. Leur longue relation a parfois été mise à mal par des désaccords politiques, des rivalités sentimentales et des carrières divergentes.*

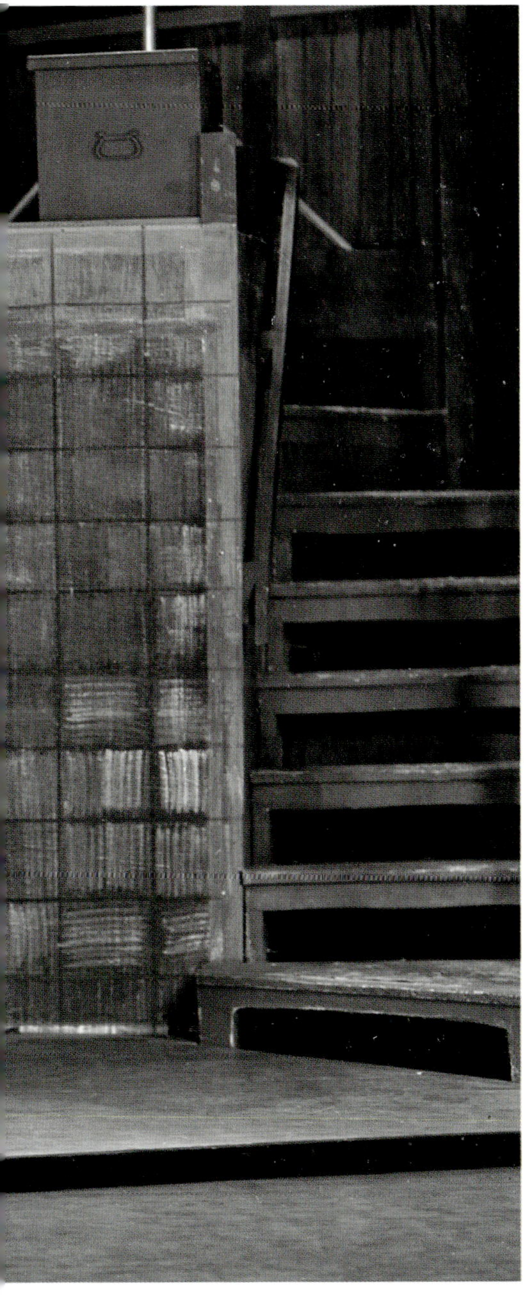

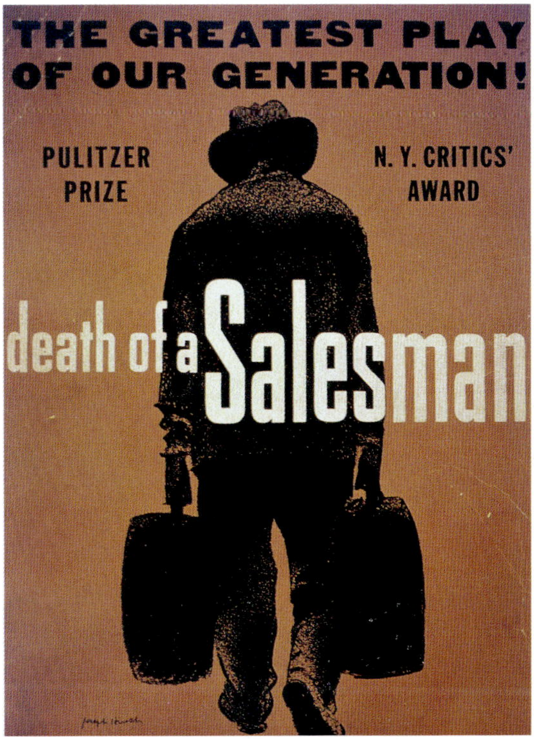

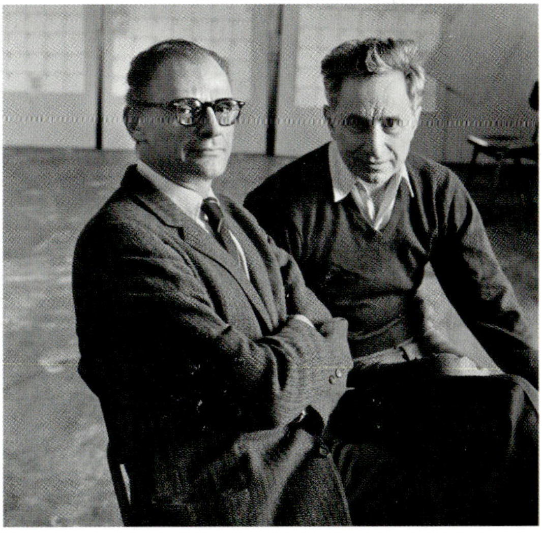

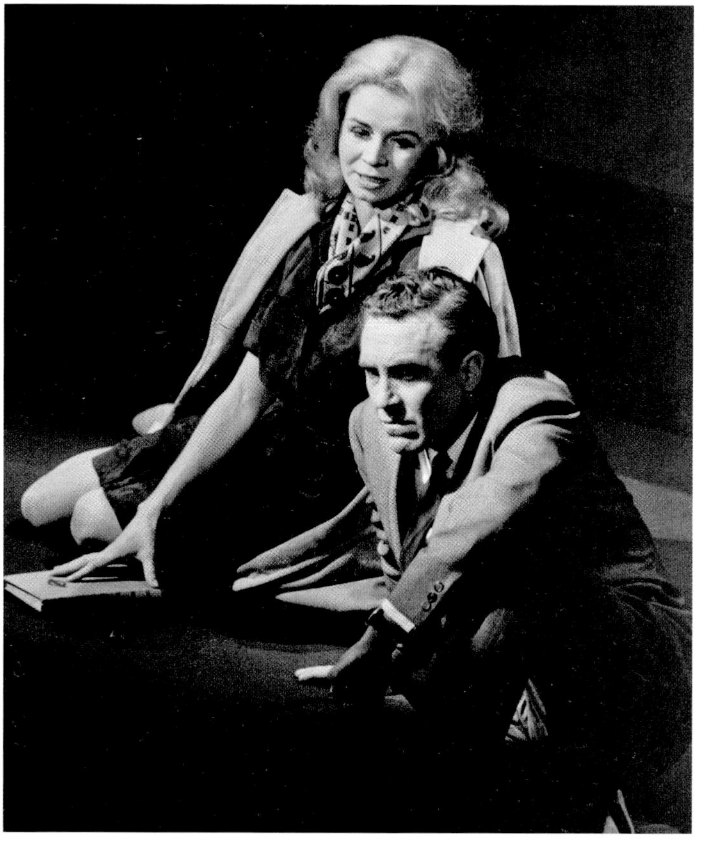

À DROITE : Barbara Loden, la femme d'Elia Kazan, et Jason Robards Jr dans Après la chute *d'Arthur Miller, pièce inspirée de son mariage avec Marilyn Monroe.*

CI-DESSOUS : Les Sorcières de Salem *d'Arthur Miller.*

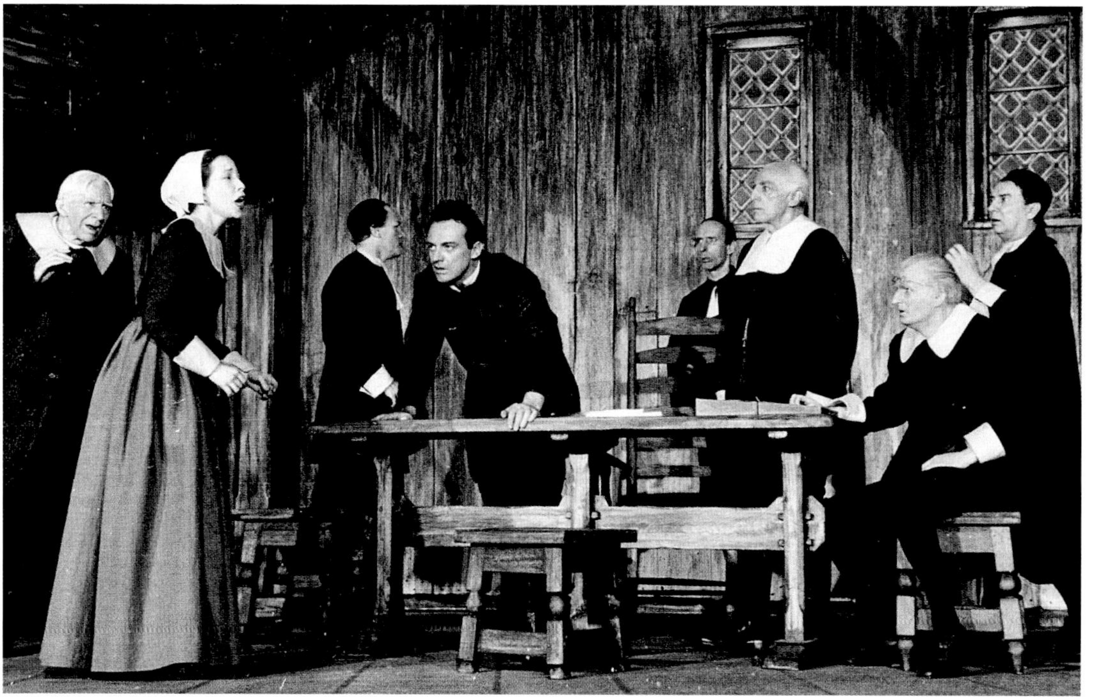

il passa de mode. *Le Prix*, en 1968, sera sa dernière réussite au théâtre.

Un autre dramaturge qui eut son heure de gloire est William Inge : sa première pièce jouée à Broadway, *Reviens, petite Sheba*, fit sensation en 1950, et la seconde, *Picnic*, connut un triomphe et lui valut le prix Pulitzer. *Bus Stop* fut aussi un succès : on y retrouvait la merveilleuse Kim Stanley, sans doute l'actrice la plus douée de sa génération, dans le rôle de Cherie (Marilyn Monroe dans le film). Enfin, citons *Le Palier sombre au haut de l'escalier* ; ces trois dernières pièces furent jouées pendant plus d'un an mais elles marquaient déjà

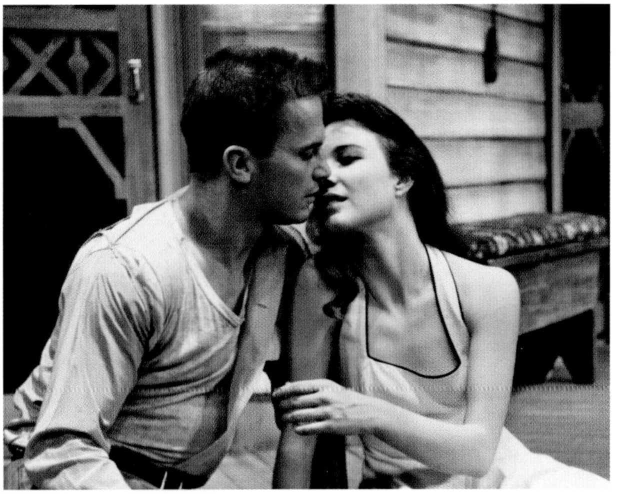

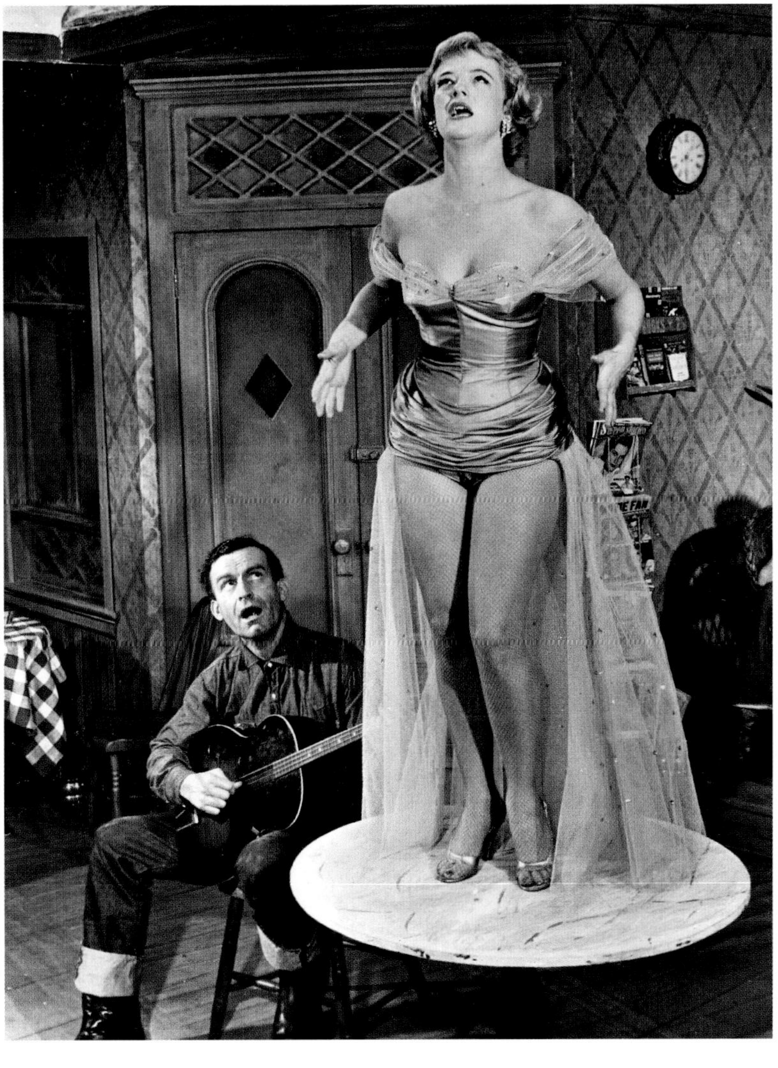

CI-DESSUS : Picnic *de William Inge, avec Ralph Meeker et Janice Rule dans une mise en scène de Joshua Logan.*

À GAUCHE : *Kim Stanley en Cherie (avec Albert Salmi) dans* Bus Stop *de Inge. Marilyn Monroe donnera toute sa mesure dans la version filmée de cette pièce.*

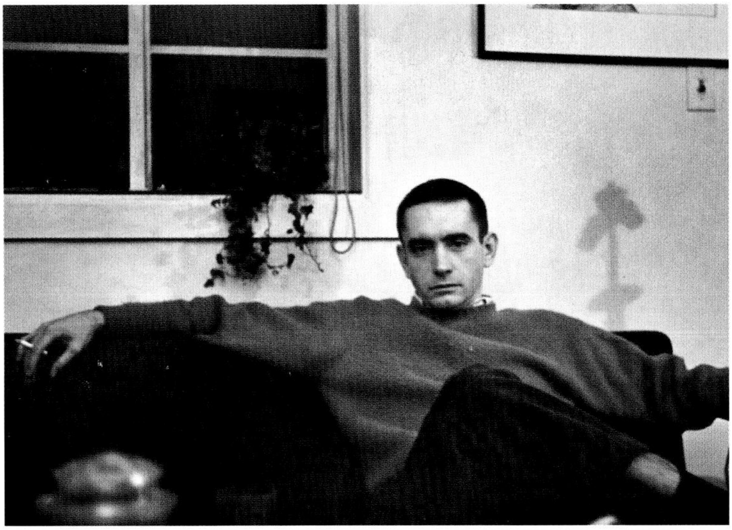

À GAUCHE : Edward Albee.

CI-DESSOUS : La grande mêlée des couples dans Qui a peur de Virginia Woolf ? *d'Albee. De gauche à droite : Arthur Hill, George Grizzard, Melinda Dillon et Uta Hagen.*

À DROITE : Long Voyage vers la nuit, *pièce âpre et autobiographique d'Eugene O'Neill. Debout : Bradford Dillman et Jason Robards Jr ; assis : Florence Eldridge et Fredric March. De nombreux critiques y ont vu la plus grande pièce du théâtre américain.*

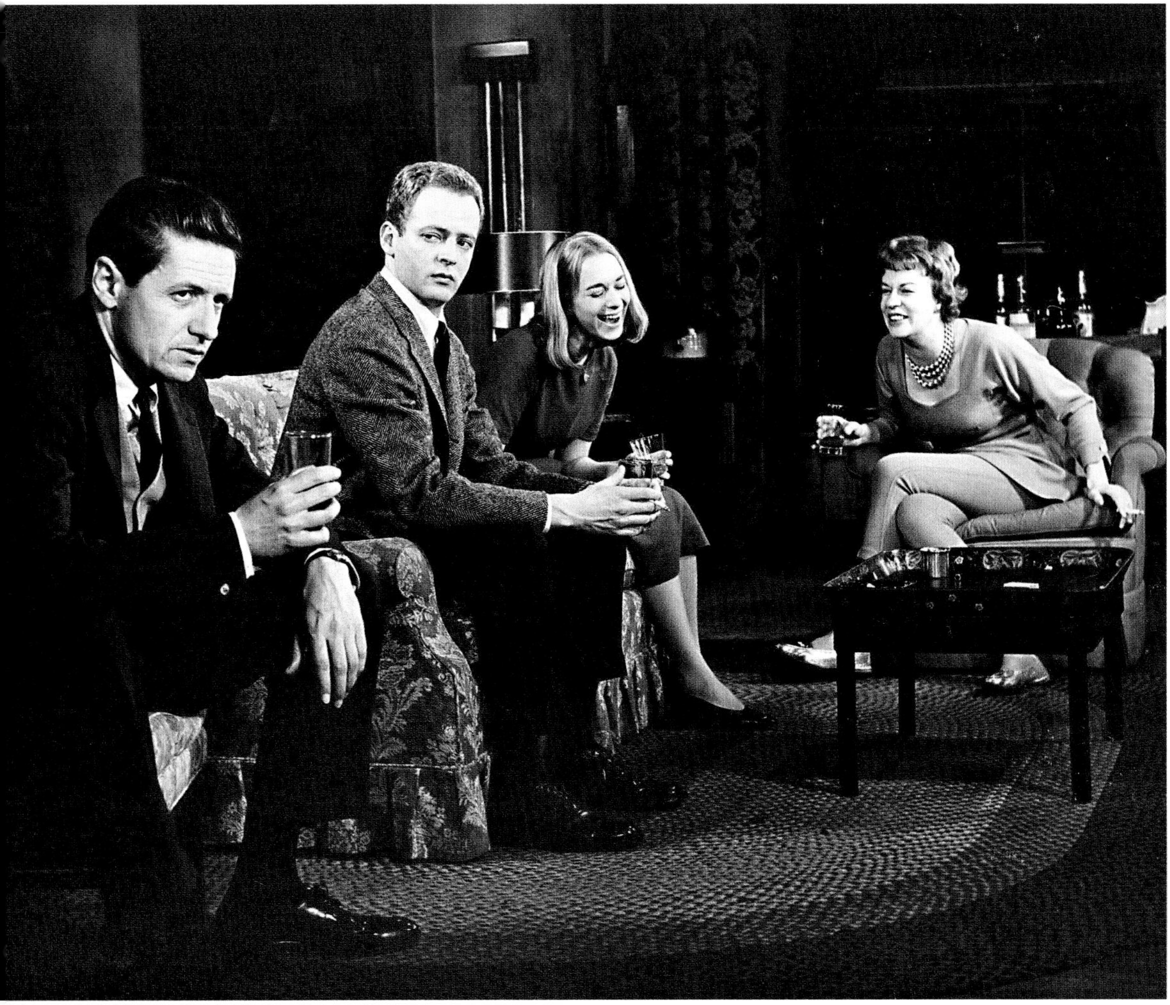

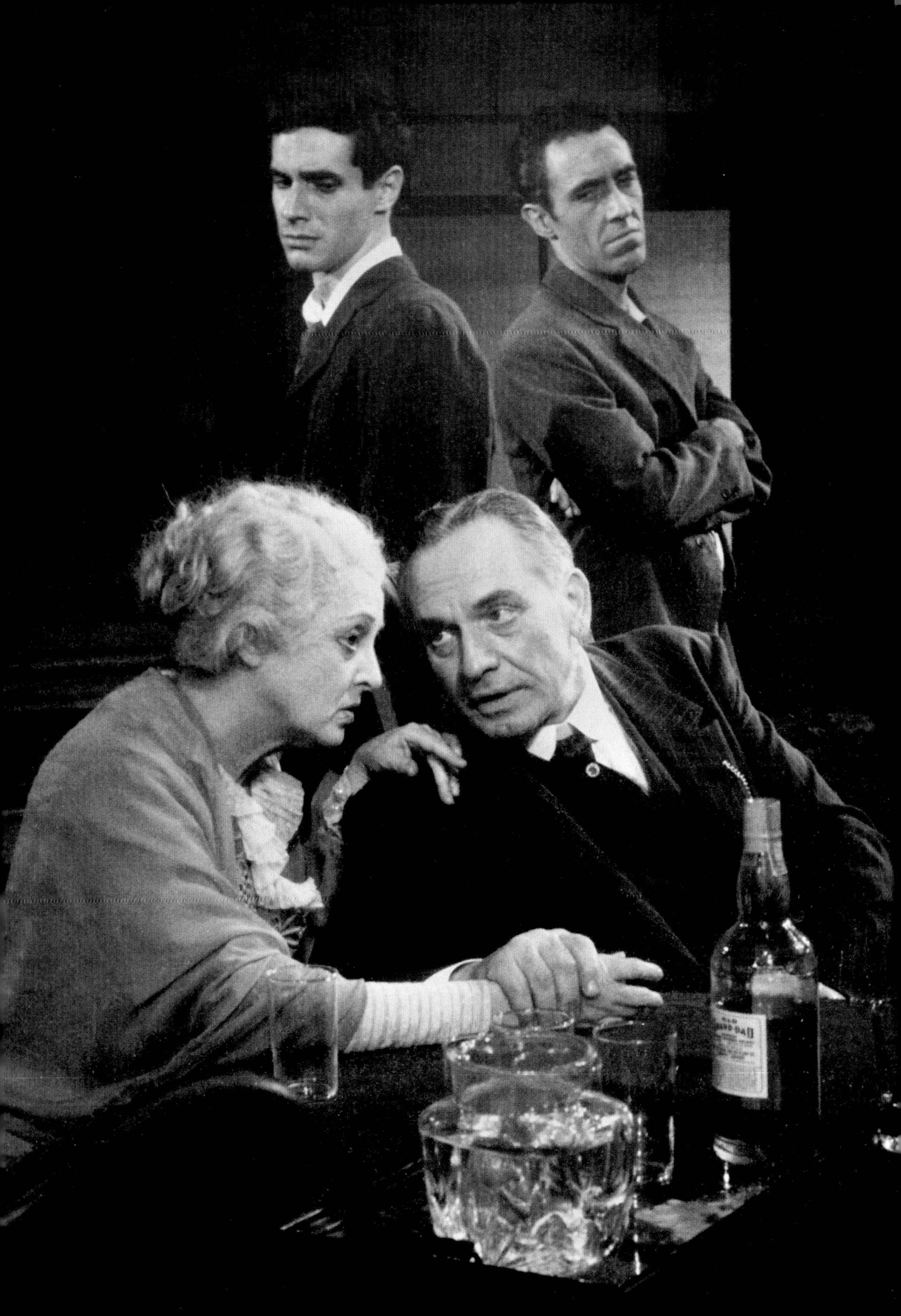

La version théâtrale du roman de Carson McCullers Frankie Addams, *avec Julie Harris, Ethel Waters et Brandon de Wilde.*

le déclin de la carrière d'Inge. Hormis le scénario de *La Fièvre dans le sang*, qui lui valut un Oscar, son inspiration se tarit, et il se suicida à l'âge de soixante ans.

Le dernier dramaturge important de cette époque est Edward Albee, dont *The Zoo Story* eut un grand retentissement en 1960 quand elle fut jouée Off-Broadway en même temps que *La Dernière Bande* de Beckett. Mais l'œuvre qui confirma sa réputation de grand auteur fut le féroce champ de bataille conjugal de *Qui a peur de Virginia Woolf ?*, un événement critique et commercial. Dans sa carrière, Albee connaîtra des hauts et des bas, mais il restera très actif jusqu'après ses quatre-vingts ans – survivant à la génération des auteurs à peine plus âgés qui l'avaient précédé.

La pièce la plus importante de l'après-guerre, que beaucoup voient comme le chef-d'œuvre de la scène américaine, a été écrite avant la guerre, mais produite seulement en 1956 : il s'agit du drame familial d'Eugene O'Neill, *Long Voyage vers la nuit*, avec Fredric March et sa femme Florence Eldridge. La force irrésistible de cette pièce angoissée, inspirée du mariage des parents d'O'Neill, valut à l'auteur son quatrième prix Pulitzer. Son autre pièce, *Le Marchand de glace est passé*, fut également produite plusieurs années après avoir été écrite, de même que deux autres œuvres du début des années 1940, *Une lune pour les déshérités* et *Un grain de poésie*, mises en scène entre 1946 et 1958. La réputation de cet immense écrivain fut confirmée, si besoin était, par le prix Nobel de littérature, le seul jamais décerné à un dramaturge américain.

Cependant, la personnalité qui domine le théâtre de Broadway d'après-guerre n'est ni un dramaturge ni un acteur, mais un metteur en scène : Elia Kazan. Il avait travaillé avec le Group Theatre dans les années 1930 et dirigé quelques pièces à succès, notamment *La Peau des dents* de Thornton Wilder (et, chose étonnante, une comédie musicale, *One Touch of Venus*, de Kurt Weill, avec Mary Martin). En 1947, il est l'un des fondateurs de l'Actors Studio. Mais sa réputation et son influence s'affirmèrent avec ses mémorables productions d'œuvres de nouveaux dramaturges américains ; après *Ils étaient tous mes fils* de Miller, le déclic vint avec *Un tramway nommé Désir* et *Mort d'un commis voyageur*. Parmi ses autres productions importantes, citons *La Chatte sur un toit brûlant*, *Doux Oiseau de jeunesse*, *Le Palier sombre au haut de l'escalier*, *J. B.* d'Archibald MacLeish, et *Après la chute* de Miller. Il poursuivait dans le même temps une carrière triomphale à Hollywood, dont témoignent ses Oscars pour *Sur les quais* et *Le Mur invisible*.

Pour de nombreux acteurs – de Marlon Brando à James Dean, en passant par Warren Beatty –, aucun autre metteur en scène n'aura eu la même influence que Kazan, et « La Méthode » – la conception du jeu d'acteur qu'il inventa à l'Actors Studio – domine depuis le

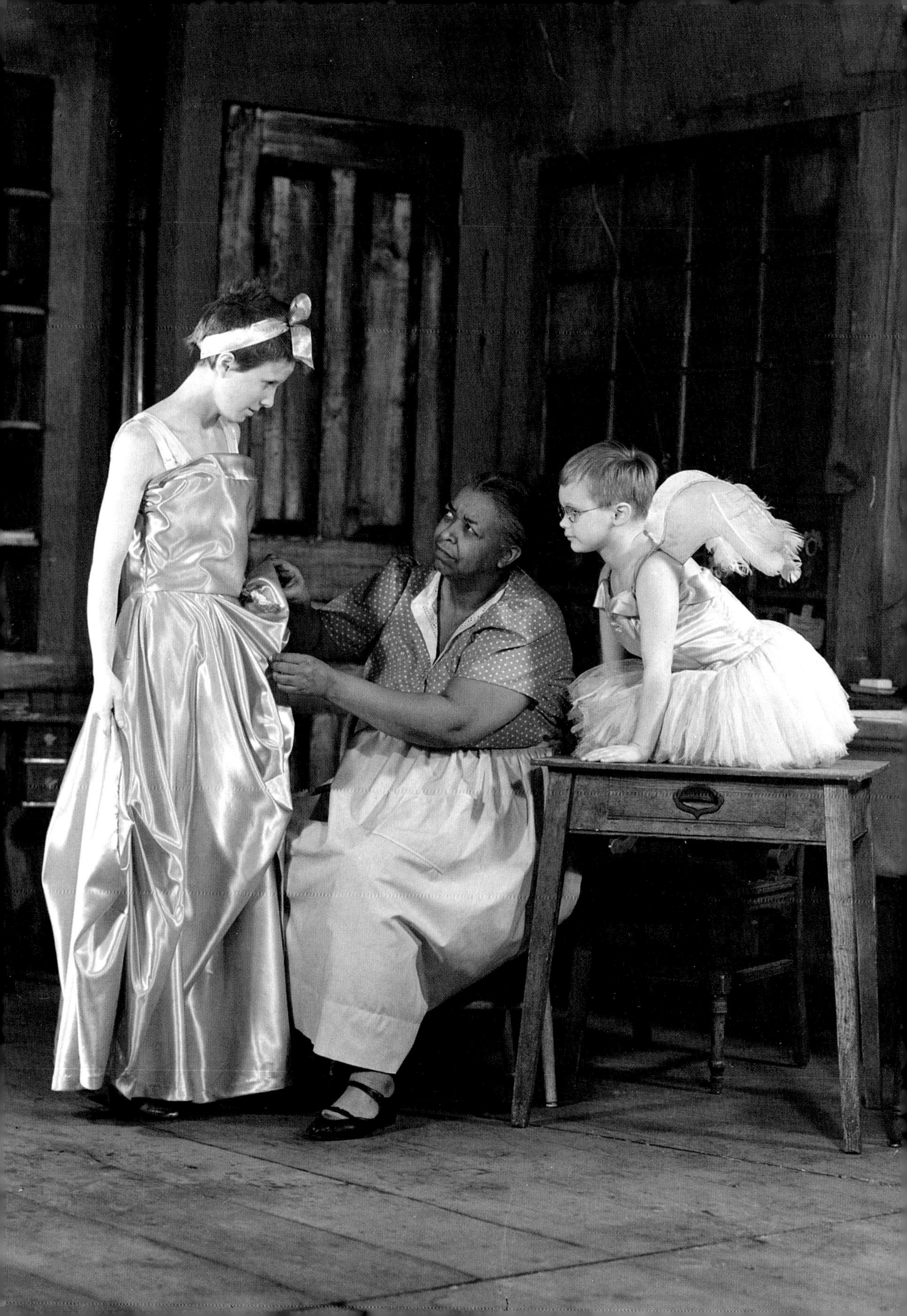

jeu américain. Fatigué de la mise en scène, il se mit à l'écriture, et son roman, *L'Arrangement*, sera un grand *bestseller* en 1967. Kazan se révèle dans une superbe autobiographie, *Une vie* ; on y découvre un homme motivé et généreux, en colère et en conflit. « Le travail d'Elia Kazan », écrit le critique de théâtre Eric Bentley, « a plus apporté au théâtre américain que n'importe quel auteur actuel. »

Un confrère de Kazan au Group Theatre et à l'Actors Studio, le critique Harold Clurman, mit en scène une quarantaine de pièces dont *Awake and Sing !* et *Golden Boy* de Clifford Odets. Après la guerre, il connut le succès avec *The Member of the Wedding* de Carson McCullers (avec Julie Harris et Ethel Waters), *Bus Stop* de William Inge et *The Autumn Garden* de Lillian Hellman, ainsi qu'avec *Pipe Dream* de Rodgers et Hammerstein. Il reste une personnalité respectée du théâtre américain, tout comme Lee Strasberg, autre acteur majeur du Group Theatre, qui devint le mentor le plus influent qu'ait jamais connu le théâtre américain : directeur de l'Actors Studio, il façonna le jeu d'acteur de toute une génération, de Marlon Brando à Marilyn Monroe.

Deux autres metteurs en scène se distinguent dans la période d'après-guerre par leur réussite commerciale : Josh Logan, qui avait

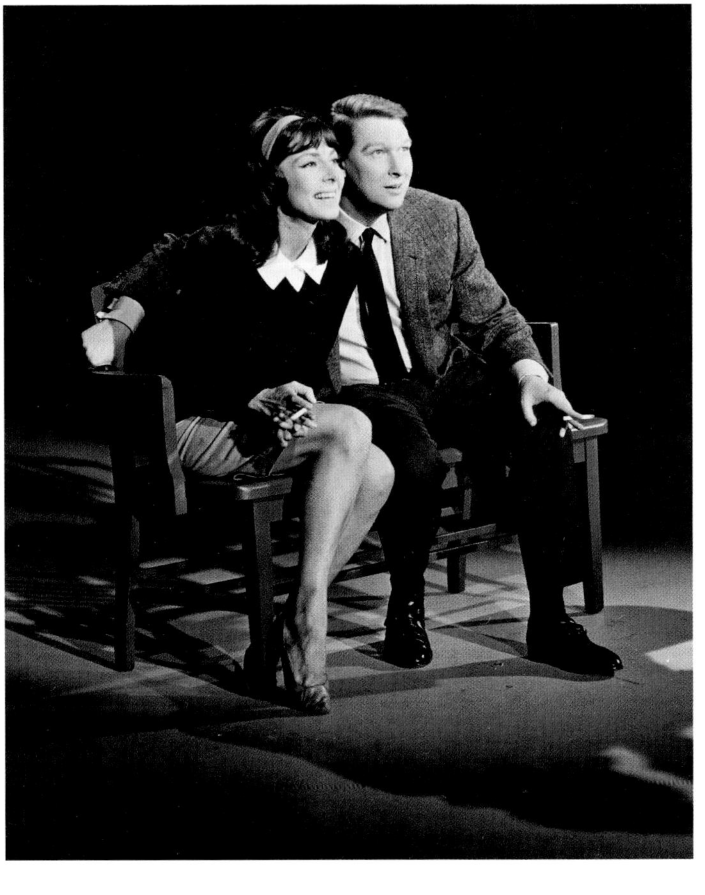

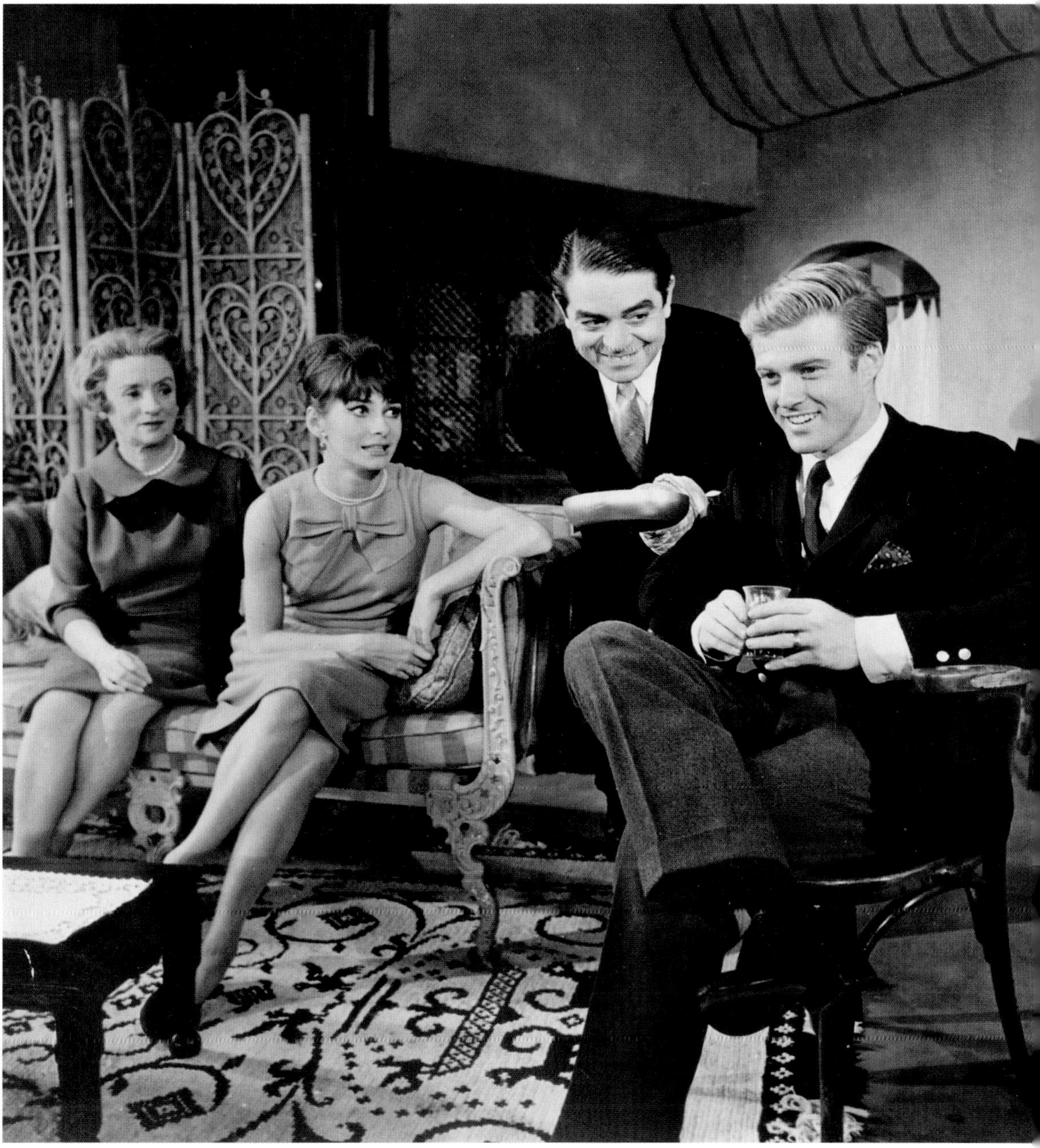

À GAUCHE : An Evening with Mike Nichols and Elaine May. *Ces maîtres de l'improvisation satirique ont été les comiques les plus spirituels et les plus charmants de leur temps.*

CI-DESSUS : La production par Mike Nichols de Pieds nus dans le parc, *l'un des grands succès de Neil Simon. De gauche à droite : Mildred Natwick, Elizabeth Ashley, Kurt Kasznar et Robert Redford.*

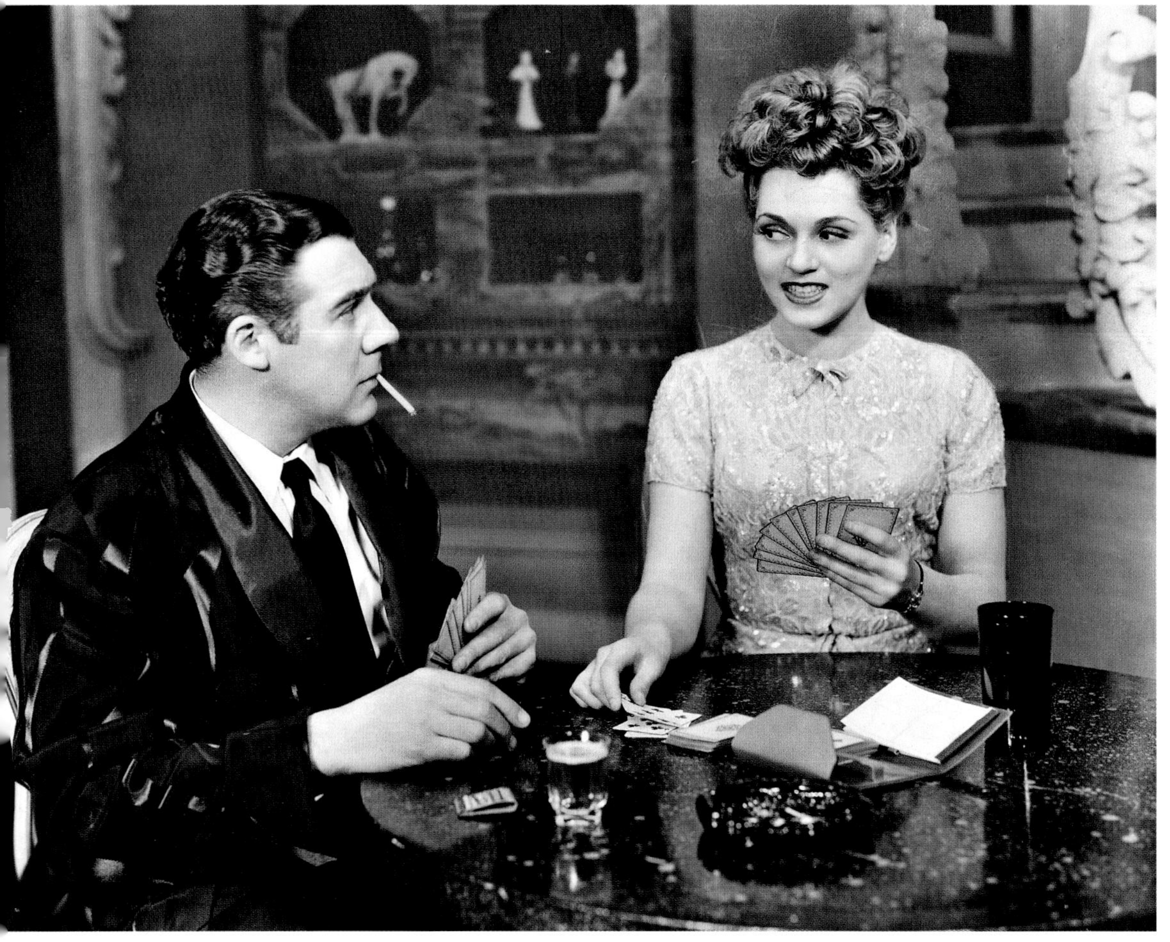

Paul Douglas et Judy Holliday dans la comédie à succès de Garson Kanin, Born Yesterday.

commencé avec deux comédies musicales de Rodgers et Hart et d'autres grands succès des années 1930, et Mike Nichols, un ambitieux nouveau venu. Malgré sa bipolarité, Logan mit en scène trois des plus grands succès de l'époque : *Annie Get your Gun* d'Irving Berlin, avec Ethel Merman en 1946 ; *Mister Roberts* avec Henry Fonda en 1948 ; et *South Pacific* de Rodgers et Hammerstein, avec Mary Martin et Ezio Pinza en 1949. Les deux premières pièces sont restées à l'affiche près de trois ans, la troisième près de cinq ans : elles incarnent Broadway à son apogée.

Après six mois de triomphe à Broadway comme acteur avec sa partenaire Elaine May, Mike Nichols se lança dans la mise en scène en 1963 avec *Pieds nus dans le parc* de Neil Simon, dans lequel jouaient Robert Redford et Elisabeth Ashley, et qui connaîtra plus de mille cinq cents représentations. Simon devint le dramaturge commercial par excellence, avec quarante années de pièces à succès, souvent dirigés par Nichols, tels *Drôle de couple* et *Plaza Suite*. Nichols signera bien d'autres spectacles remarquables (y compris le récent triomphe qu'a

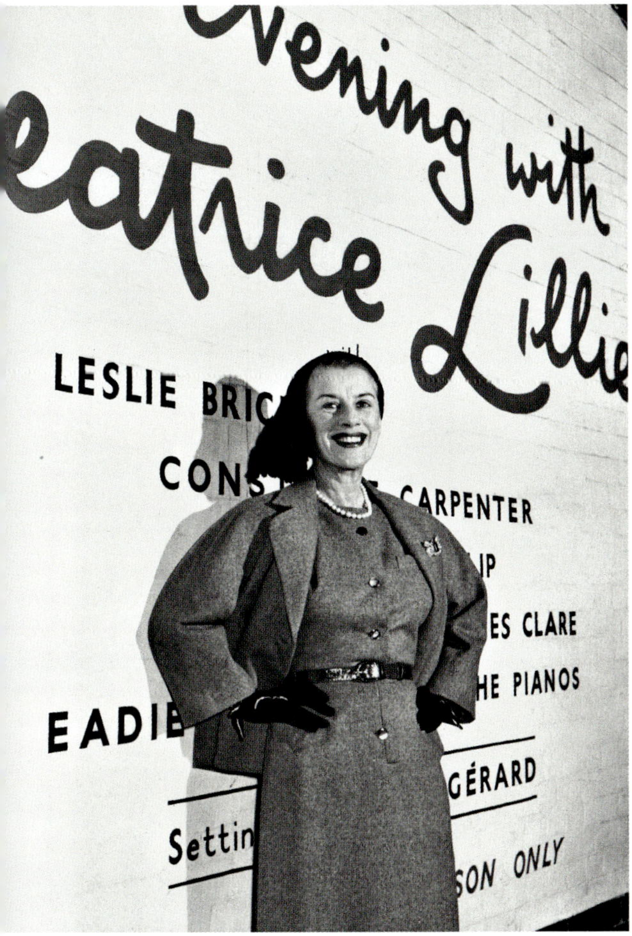

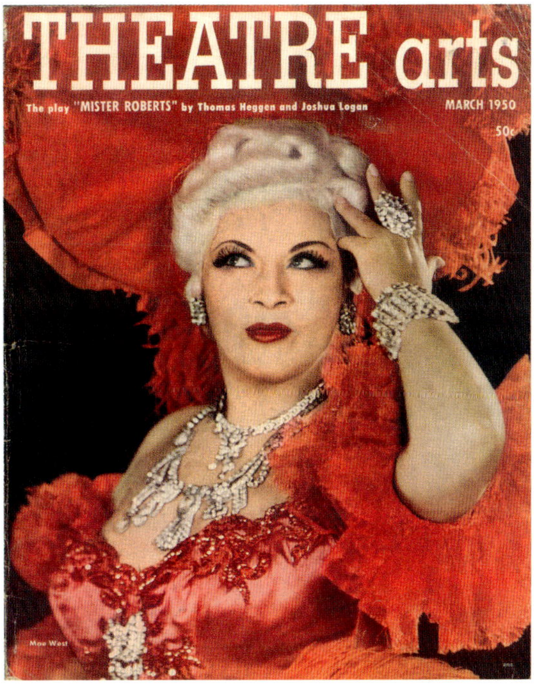

Deux comédiennes uniques et extrêmement différentes. À GAUCHE *: Beatrice Lillie (Lady Peel), issue de l'univers théâtral de Noël Coward et Gertrude Lawrence, jouait surtout dans des spectacles de music-hall. Elle faisait rire dès qu'elle apparaissait sur scène ; sa chanson la plus célèbre est « There Are Fairies at the bottom of My Garden ». Son spectacle,* Evening with Beatrice Lillie, *est resté à l'affiche de Broadway pendant huit mois.* CI-DESSUS *: Mae West – avec ses outrances et son franc-parler – a été l'une des grandes stars du cinéma des années 1930. En 1949, elle revient à Broadway avec sa propre pièce,* Diamond Lil *(qui avait fait son succès vingt et un ans plus tôt), et fait la couverture du magazine* Theatre Arts.

été *Spamalot*) ; il deviendra aussi un grand réalisateur d'Hollywood, ses deux premiers films étant *Qui a peur de Virginia Woolf ?* et *Le Lauréat*. Sa carrière fait étrangement écho à celle de Kazan.

Une autre personnalité de l'époque est Garson Kanin (marié avec l'actrice Ruth Gordon) qui, en dehors de son remarquable parcours dans le cinéma et la littérature, a dirigé Susan Strasberg dans *Le Journal d'Anne Frank* et Barbra Streisand dans *Funny Girl* ; il a aussi écrit et monté l'une des comédies les plus populaires de l'histoire de Broadway, *Quand l'esprit vient aux femmes*, qui lança la carrière de Judy Holliday et fut jouée durant près de quatre ans.

Enfin, saluons deux génies inclassables de la comédie du XXe siècle : Beatrice Lillie, comparse de Noël Coward et de Gertrude Lawrence, qui, pour beaucoup, a été la plus drôle de toutes les femmes, notamment dans le magnifique *Evening with Beatrice Lillie* ; et la sublime Mae West, qui se réinventa dans une reprise à Broadway de sa propre pièce, *Diamond Lil*.

OFF-BROADWAY

Broadway enchaînait les succès, mais les New-Yorkais modifiaient peu à peu leur conception du théâtre. Il avait toujours existé de petites troupes prêtes à mettre en scène des œuvres expérimentales : la plus connue d'entre elles, les Provincetown Players (ou Playhouse), avait fait découvrir les premières œuvres d'Eugene O'Neill, telles *The Emperor Jones* (1920) et *Désir sous les ormes* (1924). Mais le « Off-Broadway »

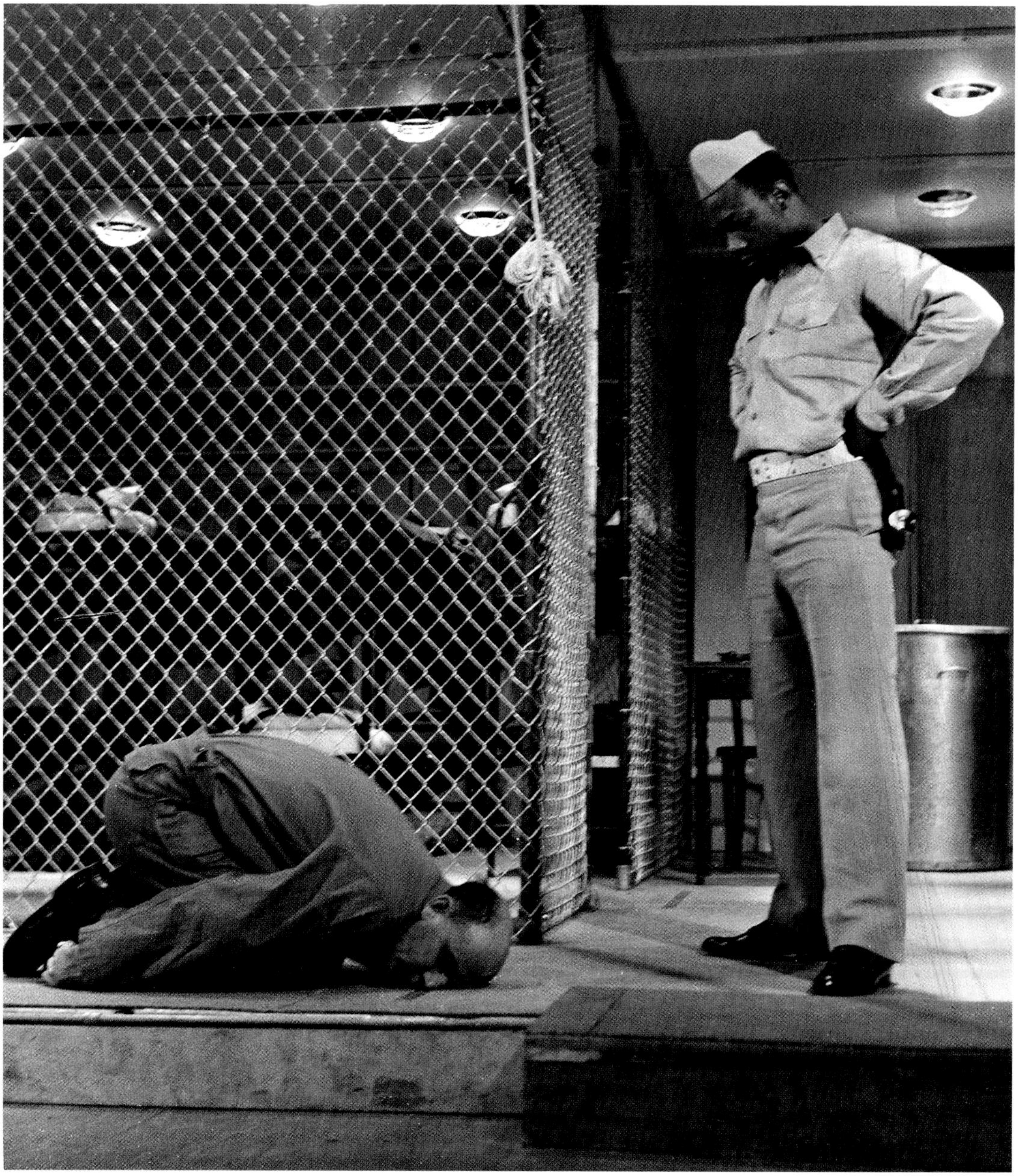

tel qu'on le connaît est né dans l'après-guerre. Ainsi le Phoenix Theatre, qui montait des reprises prestigieuses (*Mary Stuart*, par exemple, avec Irene Worth et Eva Le Gallienne, et la *Sainte Jeanne* de Siobhan McKenna, qui gagna ensuite Broadway), mais aussi des pièces nouvelles comme *Oh Dad, Poor Dad, Mamma's Hung You in the Closet and I'm Feelin' So Sad*, d'Arthur Kopit, mise en scène par Jerome Robbins, ou encore la double présentation des *Chaises* et de *La Leçon* de Ionesco. Le Phoenix connut sa plus grande réussite commerciale avec la comédie musicale *Once Upon a Mattress*, de Mary Rodgers et Marshall Barer, qui fit la notoriété de Carol Burnett.

À l'autre extrémité du spectre, on a le Living Theatre, créé en 1947 par le couple d'avant-garde Judith Malina et Julian Beck, profondément influencés par Antonin Artaud. Leurs productions provocantes de *The Connection*, première représentation théâtrale sans hypocrisie de l'univers de la drogue, et *The Brig*, une attaque virulente contre les exactions de l'armée, firent sensation, mais les Beck mirent également en scène des versions originales et très puissantes d'œuvres de Pirandello. Au milieu des années 1960, ils prirent part en Europe à des mouvements politiques et artistiques radicaux. Après la mort de Beck, Malina restera active à New York jusqu'en 2013 ; à quatre-vingt-six ans, elle a pris sa retraite à l'Actors Home, non sans promettre de revenir.

Le MaMa Experimental Theatre Club d'Ellen Stewart, ou Café La MaMa, était à ses débuts, en 1961, une minuscule entreprise que Mrs Stewart dirigeait toute seule depuis une arrière-boutique du Lower East Side ; les nombreuses difficultés financières et bureaucratiques du théâtre le contraignirent souvent à déménager, mais il réussit malgré tout à survivre et à maintenir son activité. Dédié aux jeunes auteurs, le Café changeait d'affiche chaque semaine, et il joue

À GAUCHE : *La vie dans une prison des Marines aux États-Unis telle qu'elle est représentée au Living Theatre dans la pièce antimilitariste* The Brig, *de Kenneth H. Brown.*

CI-DESSOUS : *Ellen Stewart (au centre), dans le Café La MaMa, connu plus tard sous le nom de La MaMa Experimental Theatre Club, entourée de ses « babies », lors d'une réunion de production dans la première salle permanente de La MaMa.*

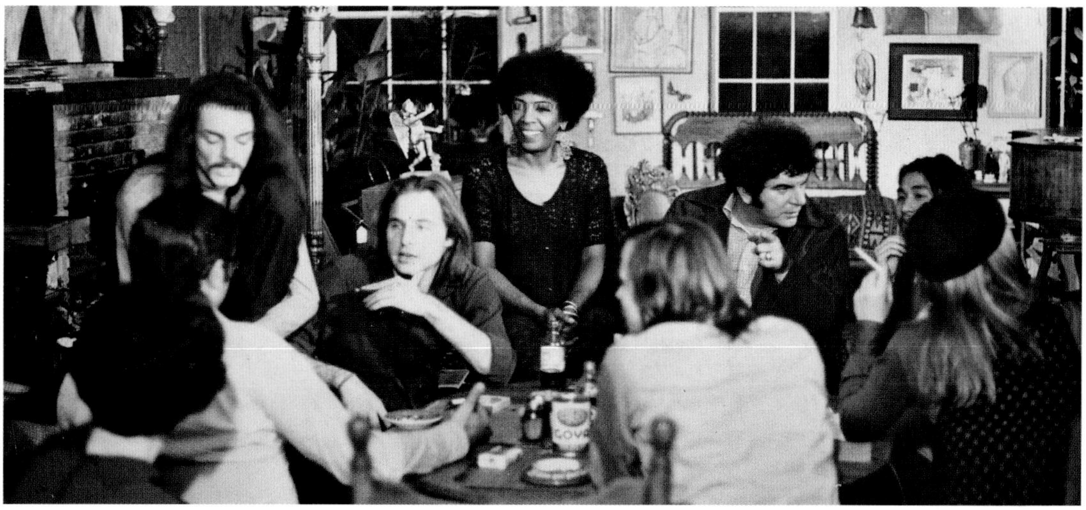

CI-CONTRE : The Fantasticks, *comédie musicale du Off-Broadway, est à l'affiche depuis quarante-deux ans. Elle doit ce succès à son extraordinaire fantaisie. Parmi les acteurs et actrices qui y ont joué, citons Jerry Orbach (distribution d'origine), Liza Minelli, Glenn Close, Elliott Gould, F. Murray Abraham et Kristin Chenoweth.*

À DROITE, EN HAUT : Joseph Papp, fondateur du Public Theater, en 1960.

À DROITE, EN BAS : Répétition de Roméo et Juliette *pour la troupe ambulante de Papp, Shakespeare in the Park. La scène pouvait être facilement démontée et transportée.*

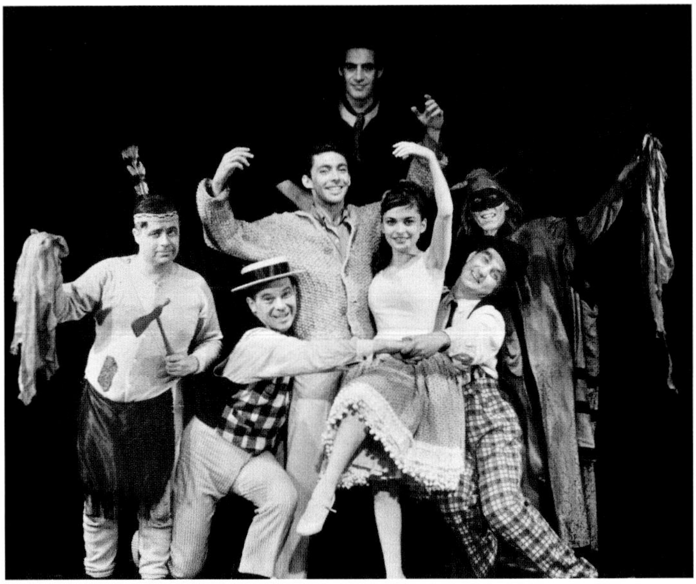

depuis cinquante ans un rôle crucial pour les dramaturges débutants, de Lanford Wilson à Sam Shepard et Harvey Fierstein, et les directeurs de théâtre (Tom O'Horgan).

Parmi les nombreux théâtres Off-Broadway, on peut encore citer The Cherry Lane et le Théâtre de Lys. Si Broadway devenait de plus en plus coûteux pour les producteurs mais aussi pour le public, Off-Broadway restait quant à lui accessible. En ce sens, il servait de tremplin indispensable pour les nouveaux auteurs, metteurs en scène et acteurs. On lui doit à ce titre quelques immenses succès, dont la célèbre reprise de *L'Opéra de quat' sous* (1954) de Weill et Brecht, avec Lotte Lenya, qui resta à l'affiche plus de six ans, et la petite comédie musicale fantaisiste *The Fantasticks* (1960), qui détient un record de longévité avec plus de dix-sept mille représentations en quarante-deux ans.

Mais le phénomène de loin le plus important de Off-Broadway a été le Public Theater, créé par Joseph Papp en 1954 sous le nom de Shakespeare Workshop, qui montait des pièces de Shakespeare dans les quartiers périphériques. Ce début modeste a débouché sur l'un des événements annuels les plus appréciés de New York : le festival gratuit Shakespeare in the Park. Par ailleurs, le Public Theater – qui est aujourd'hui un complexe de cinq salles – créa bien des spectacles mémorables, à commencer par *Hair : The American Tribal Love-Rock Musical,* qui inaugura en 1967 la nouvelle salle sur Lafayette Street, avant d'être repris à Broadway et représenté durant quatre ans. Cinquante-quatre autres productions du Public Theater suivirent ce parcours (parmi elles *That Championship Season* et *The Normal Heart*), et quatre d'entre elles remportèrent un prix Pulitzer, dont *A Chorus Line,* la comédie musicale la plus longtemps jouée de l'histoire de Broadway (avant d'être détrônée par *Cats*). Sans Joe Papp, le théâtre new-yorkais aurait été très différent.

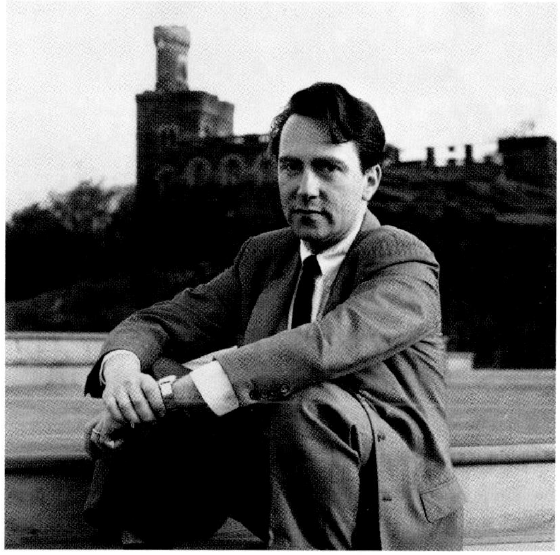

Quand on se penche sur les vingt années qui ont suivi la Seconde Guerre mondiale, il apparaît clairement que le théâtre à New York vivait un âge d'or – de nouveaux auteurs et metteurs en scène, l'influence étrangère, l'Actors Studio, Off-Broadway, la confiance d'une ville enfin consciente de ses responsabilités et de ses opportunités. Après 1965, il y aura de grands succès, des stars, des enthousiasmes artistiques, mais le vent a tourné : le monde du divertissement est dominé par le cinéma, puis par la télévision. Hollywood ne recrute plus d'acteurs de théâtre, mais ce sont les

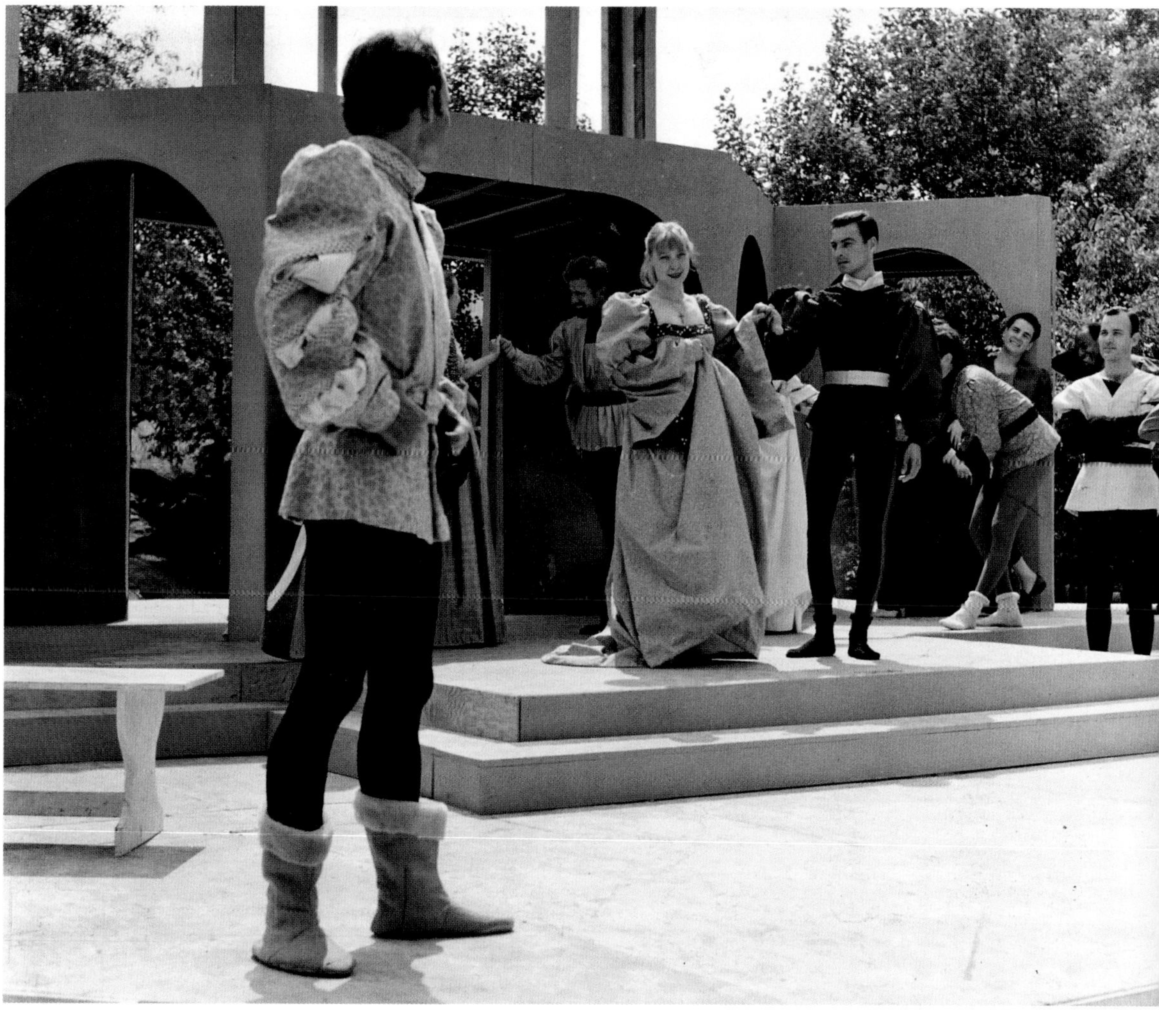

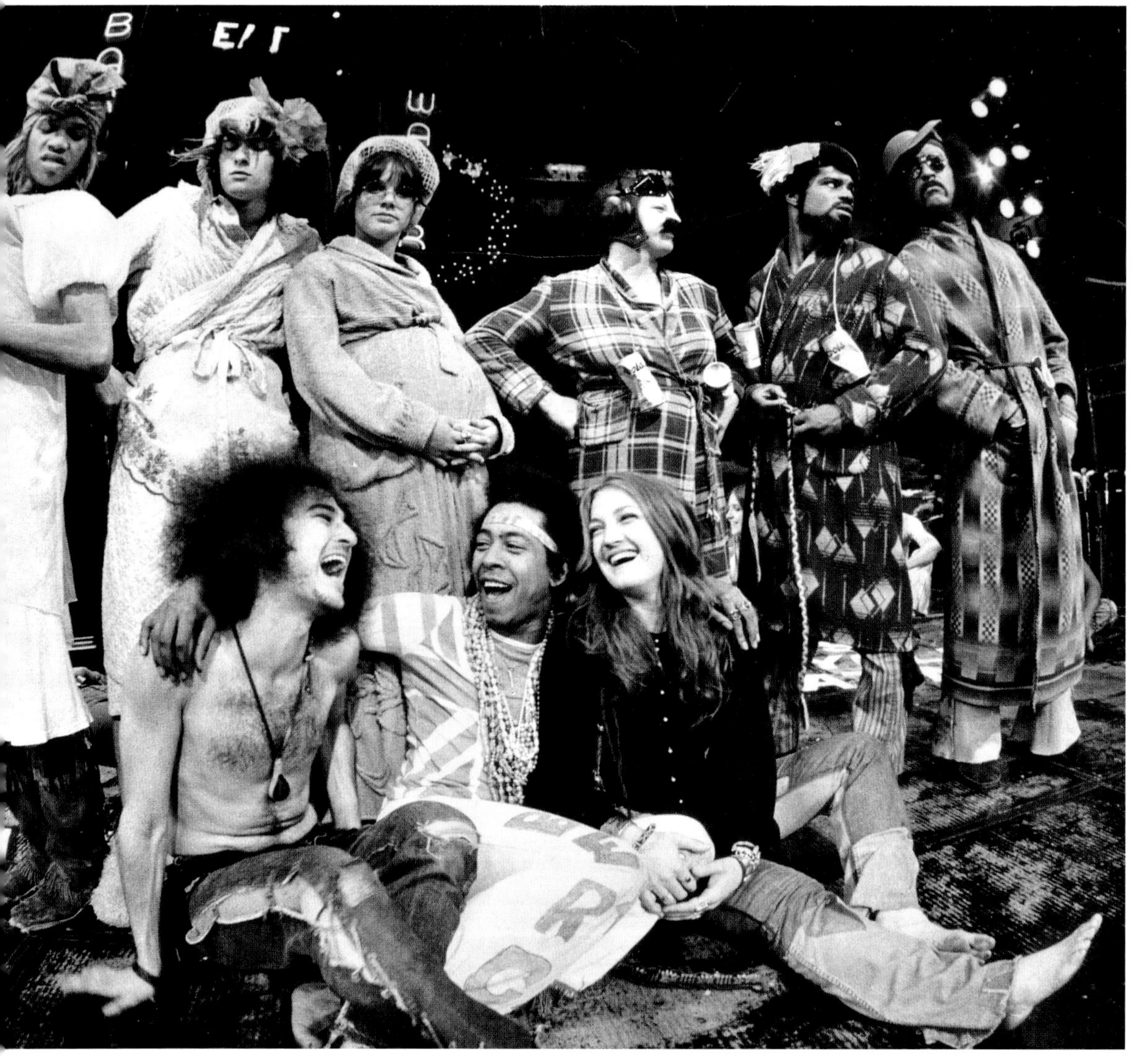

Pour le Public Theater, l'ouverture en 1967 d'une nouvelle salle dans Lafayette Street – où sera créée la comédie musicale rock Hair *– marque la fin d'une époque et le début d'une ère nouvelle.*

acteurs de télévision qui, parfois, remontent sur les planches pour prouver qu'ils sont de vrais acteurs, ou pour relancer une carrière qui s'essouffle. Jadis, cela n'était pas rare non plus, mais avec une différence notable : quand Jennifer Jones est venue à Broadway, au début des années 1950, dans *Portrait of a Lady*, ou qu'Olivia de Havilland a voulu jouer Juliette, on s'est moqué d'elles. Aujourd'hui, des stars de cinéma qui n'ont pas la moindre expérience du théâtre peuvent se produire à Broadway dans des rôles du répertoire classique, et leur célébrité suffit à leur assurer des *standing ovations*. Le théâtre n'est pas mort, mais il n'occupe plus la place centrale qui, il y a seulement quelques décennies, lui était dévolue sur la scène culturelle.

LA COMÉDIE MUSICALE

La comédie musicale américaine a connu de profonds changements depuis un demi-siècle et, pour elle aussi, l'après-guerre a été un âge d'or. Les années 1920 et 1930 avaient été dominées par plusieurs revues dynamiques et des opérettes à « grand spectacle » : d'un côté, Gershwin et Astaire, Cole Porter et Ether Merman, Rodgers et Hart ; de l'autre, *The Student Prince, The New Moon* et *The Desert Song* de Sigmund Romberg, *Rose-Marie* et *The Vagabond King* de Rudolf Friml. Il reste de ces œuvres oubliées un grand répertoire de chansons populaires, telles « The Man I Love » ou « Night and Day », et les films kitsch mais irrésistibles de Jeanette MacDonald et Nelson Eddy. Seuls survécurent l'opéra de Gershwin *Porgy and Bess* et le *Show Boat* de 1927, la première comédie musicale à intégrer pleinement

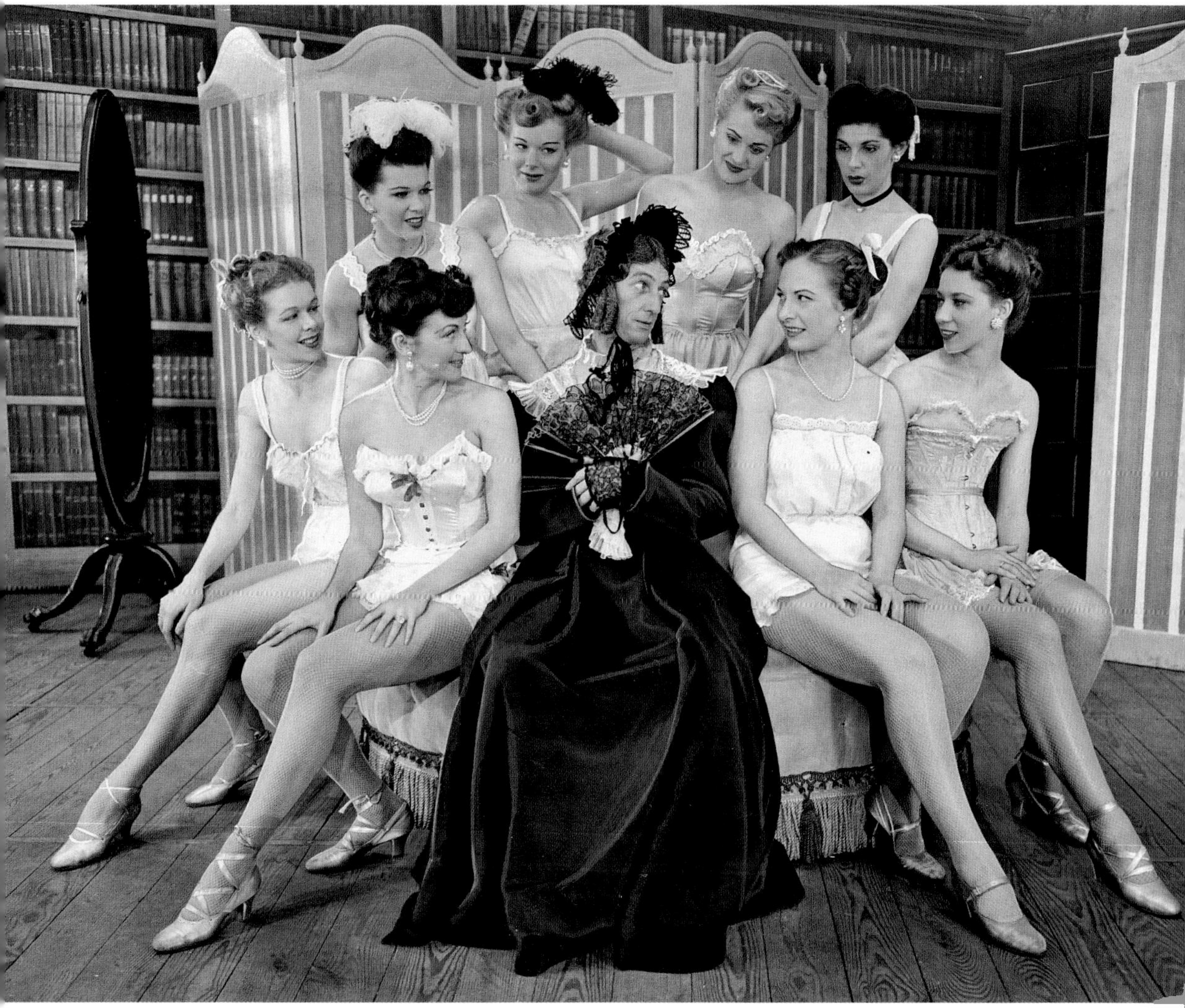

Where's Charley ?, *adaptation musicale par Frank Loesser, en 1948, de la farce classique* Charley's Aunt, *sur une chorégraphie de Balanchine. Ray Bolger joue le rôle de la « tante » imaginaire du Brésil, « d'où viennent les noix ».*

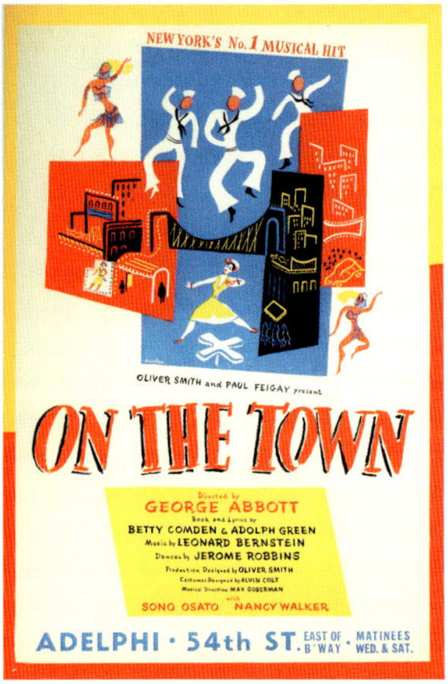

chant et texte ; beaucoup y voient la plus grande comédie musicale de tous les temps, avec des mélodies incomparables de Jerome Kern et Oscar Hammerstein et une intrigue puissante, où se mêlent show-business, relations interraciales et avènement d'une Amérique adulte. Ses nombreuses reprises témoignent de la force qu'elle conserve aujourd'hui, et la version filmée de 1936, avec Irene Dunn, Paul Robeson (chantant « Ol' Man River ») et Helen Morgan (chantant « Bill »), lui rend pleinement justice.

Show Boat était une combinaison réussie d'opérette et de théâtre musical. Le vrai point de départ de la comédie musicale est *On Your Toes* (1936) de Rodgers et Hart, construit autour d'une chorégraphie de George Balanchine et de son brillant ballet « Slaughter on Tenth Avenue ». Ce n'était plus un spectacle avec de la danse mais un spectacle autour de la danse. Balanchine allait monter d'autres comédies musicales, dont trois avec Rodgers et Hart, notamment le merveilleux *Cabin in the Sky* (à la distribution entièrement afro-américaine),

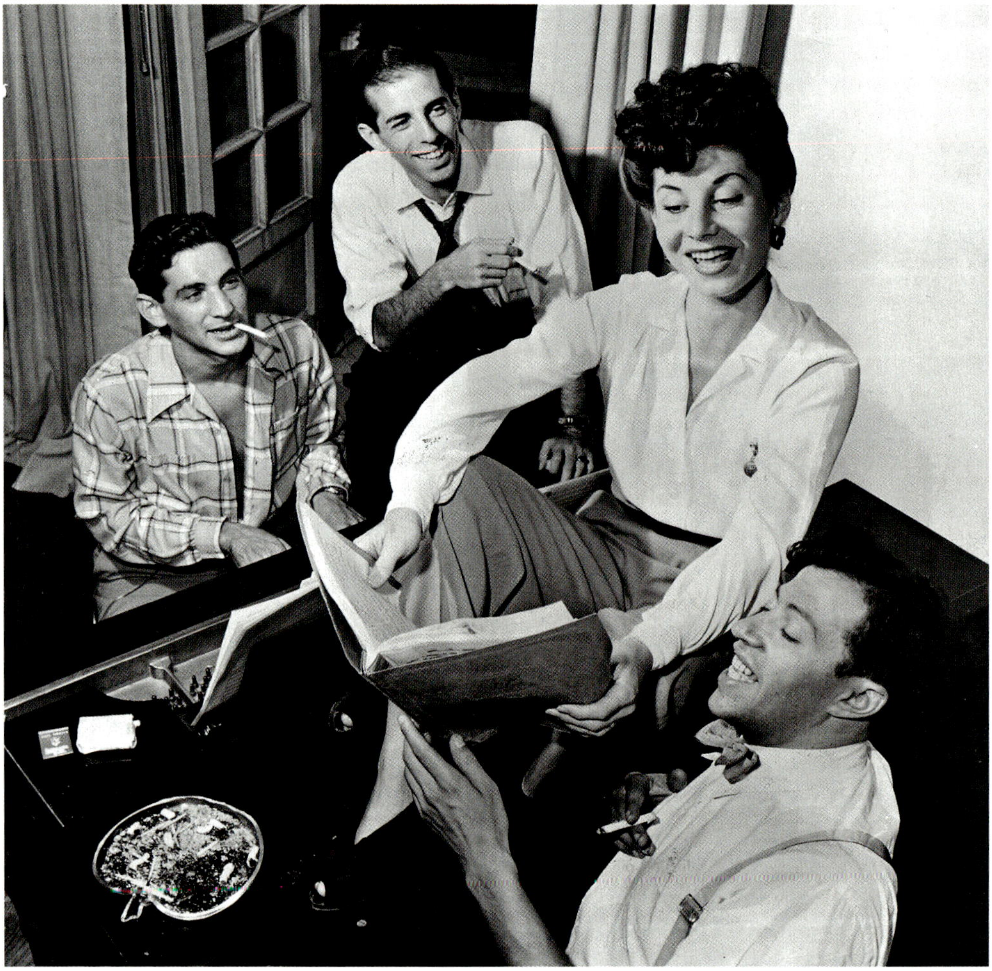

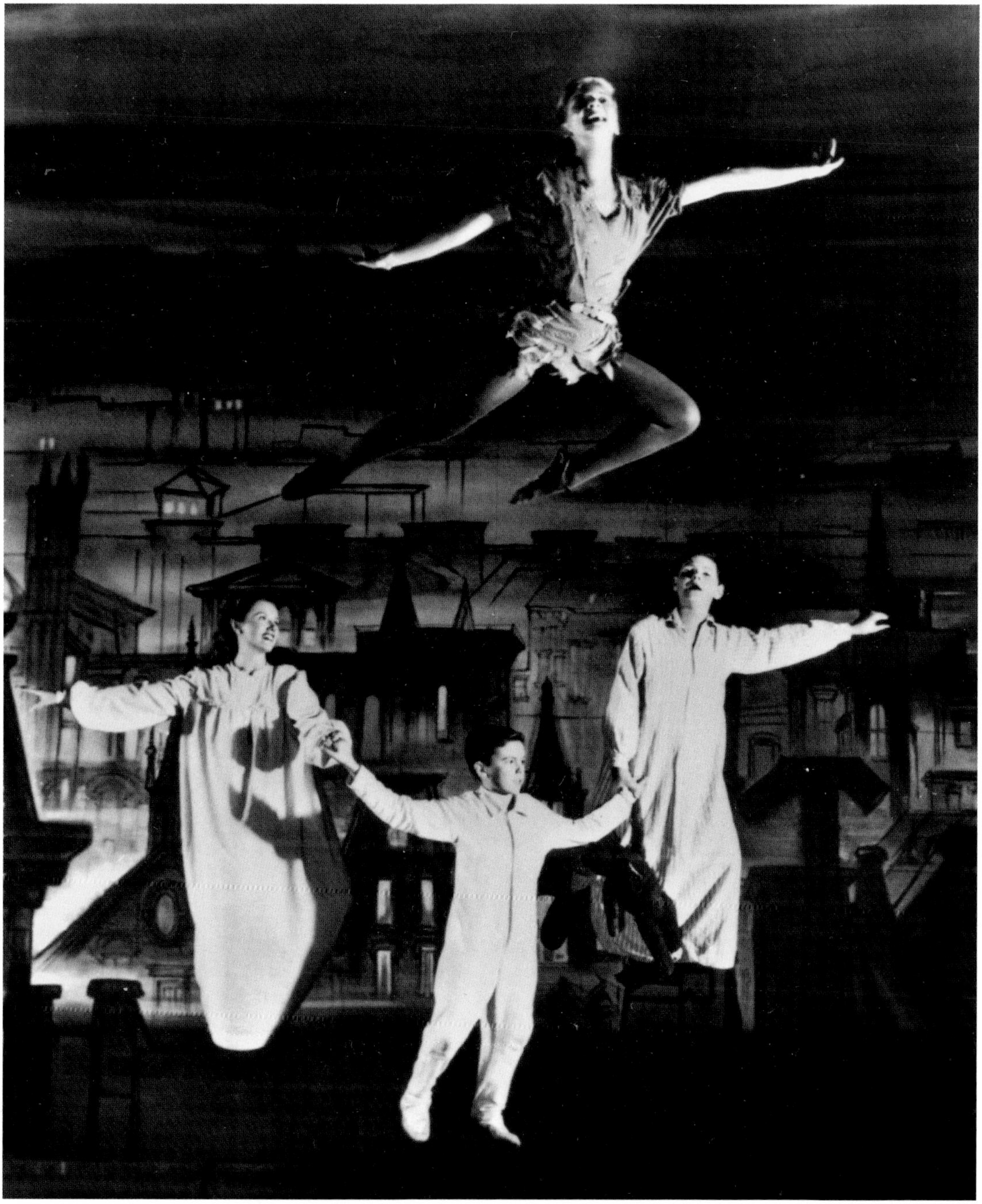

À GAUCHE : Les créateurs de l'exubérante comédie musicale On the Town. *De gauche à droite : Leonard Bernstein, musique ; Jerome Robbins, chorégraphie, basée sur son ballet* Fancy Free *; Betty Comden et Adolph Green, librettiste et parolier (qui jouaient également dans la pièce).*

CI-DESSUS : Mary Martin en Peter Pan apprenant aux enfants Darling à voler dans la célèbre production de Peter Pan *de 1954. Sa première diffusion à la télévision l'année suivante a attiré cinquante-cinq millions de téléspectateurs.*

PAGES SUIVANTES : Le splendide « Bathing Beauty Ballet » de Jerome Robbins (connu aussi sous le titre de « Keystone Kops ballet »), extrait de High Button Shoes.

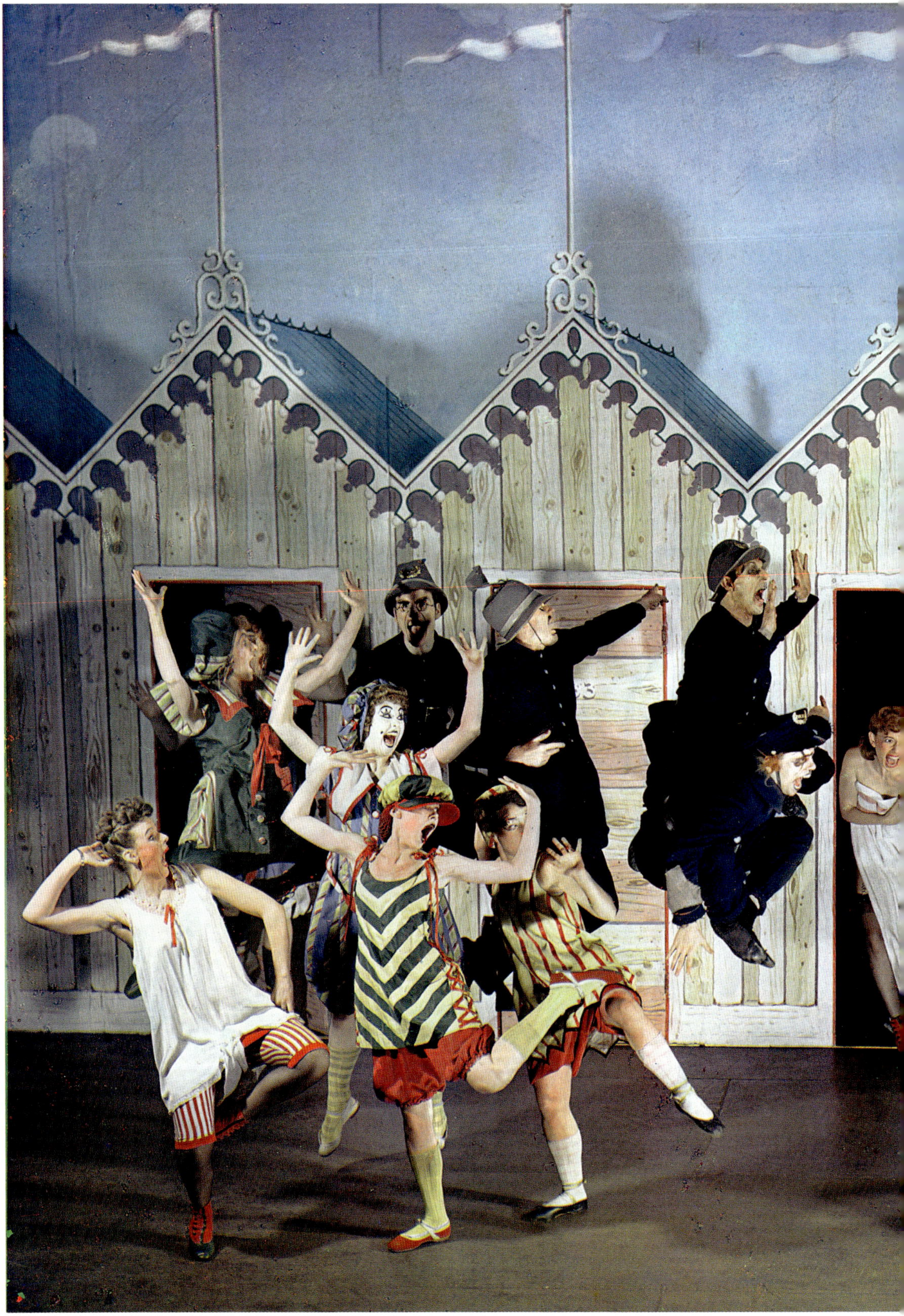

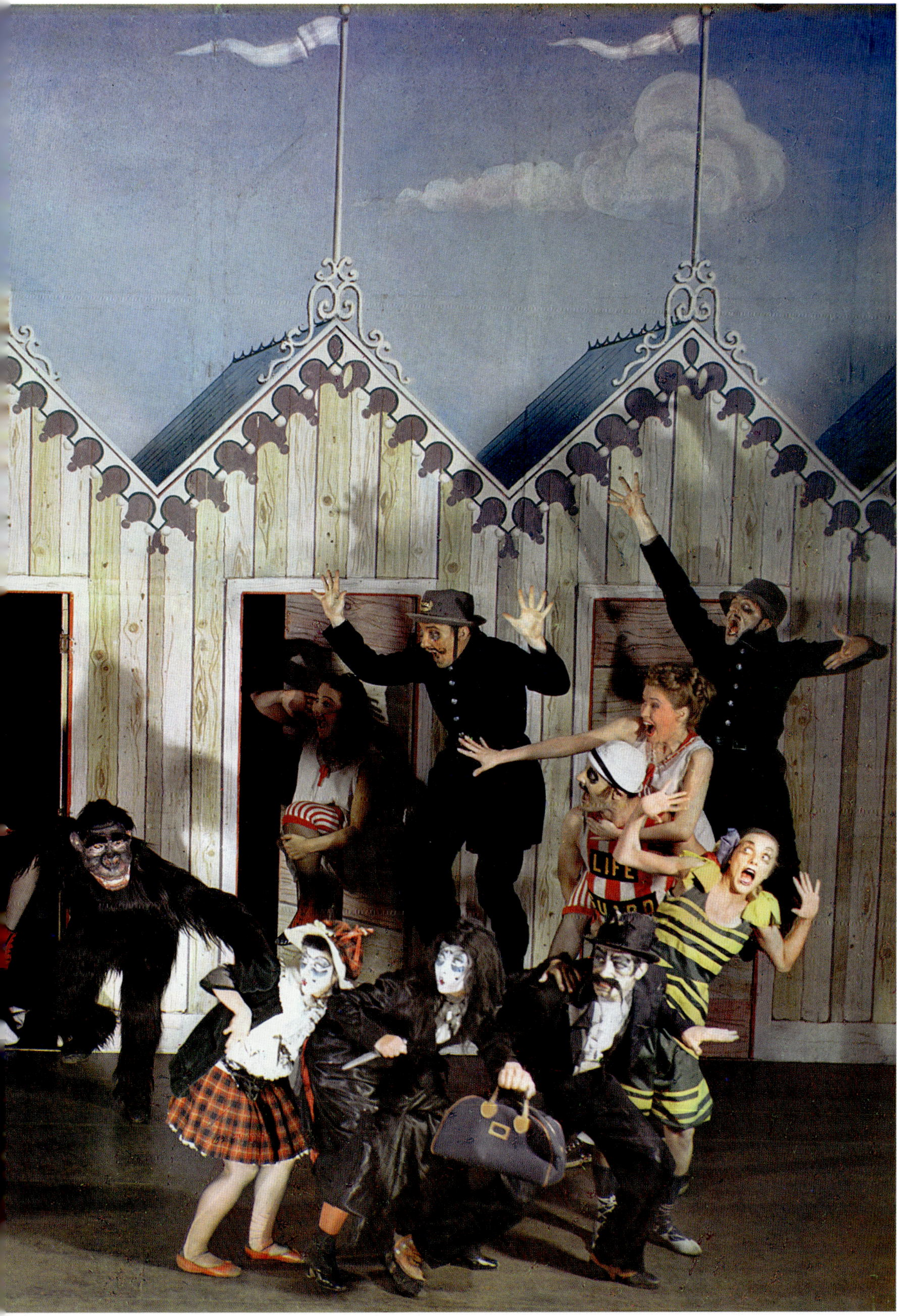
LIFE

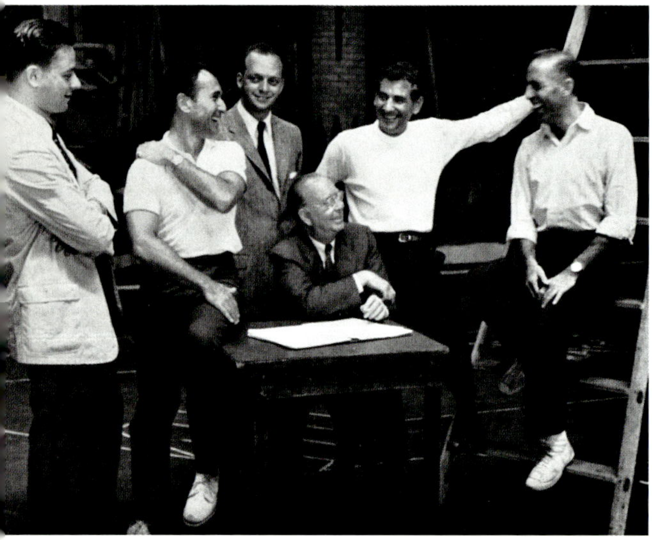

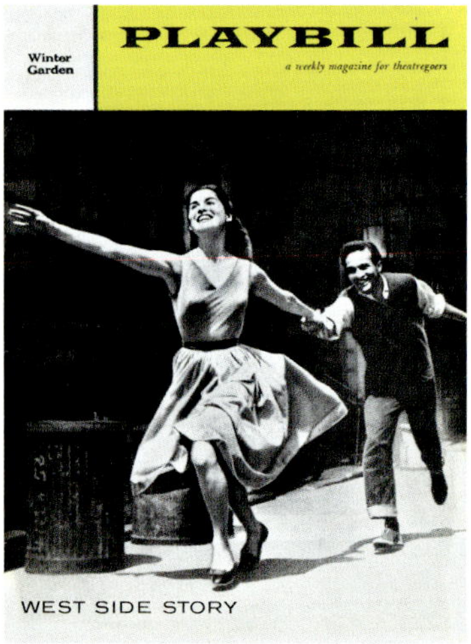

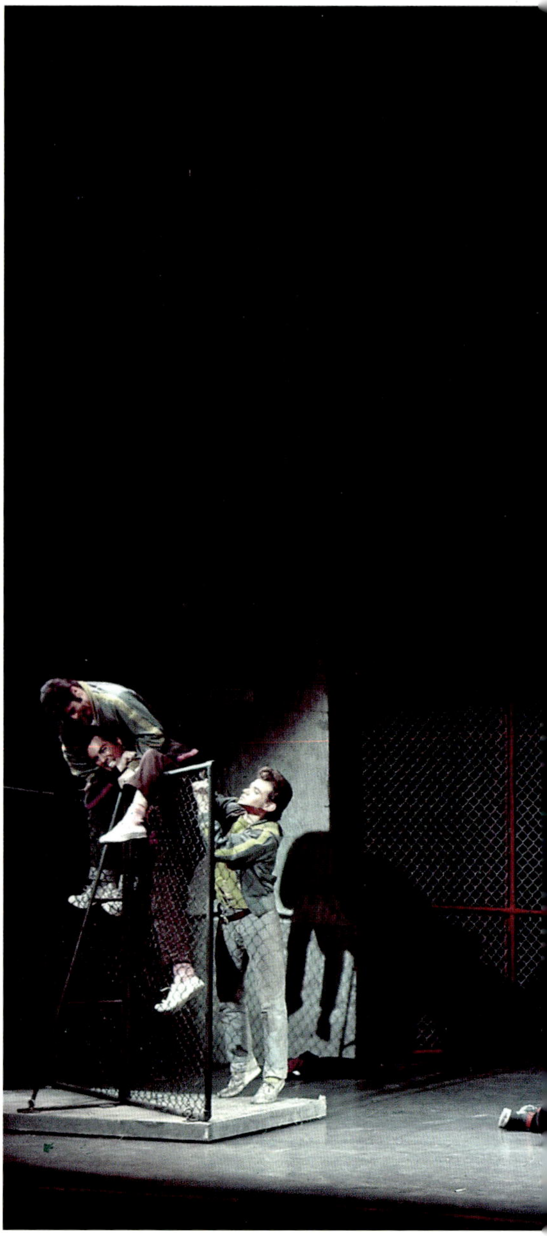

EN HAUT : *Les créateurs de* West Side Story. *De gauche à droite : le parolier Stephen Sondheim, le dramaturge Arthur Laurents, le metteur en scène Harold Prince, le producteur Robert E. Griffith, le compositeur Leonard Bernstein et le chorégraphe Jerome Robbins.*

Song of Norway (avec Alexandra Danilova) et, en 1948, *Where's Charley ?* de Frank Loesser, avec Ray Bolger (danseur vedette de *On Your Toes* et interprète de l'Épouvantail du film *Le Magicien d'Oz*).

Pour Balanchine, Broadway n'était pourtant qu'une rampe de lancement qu'il abandonna dès la création du New York City Ballet. Le travail d'Agnes de Mille dans *Oklahoma !* révéla au public cette nouvelle vision de la comédie musicale fondée sur la danse. Elle chorégraphia et dirigea toute une série de succès : *Bloomer Girl*, *Carousel*,

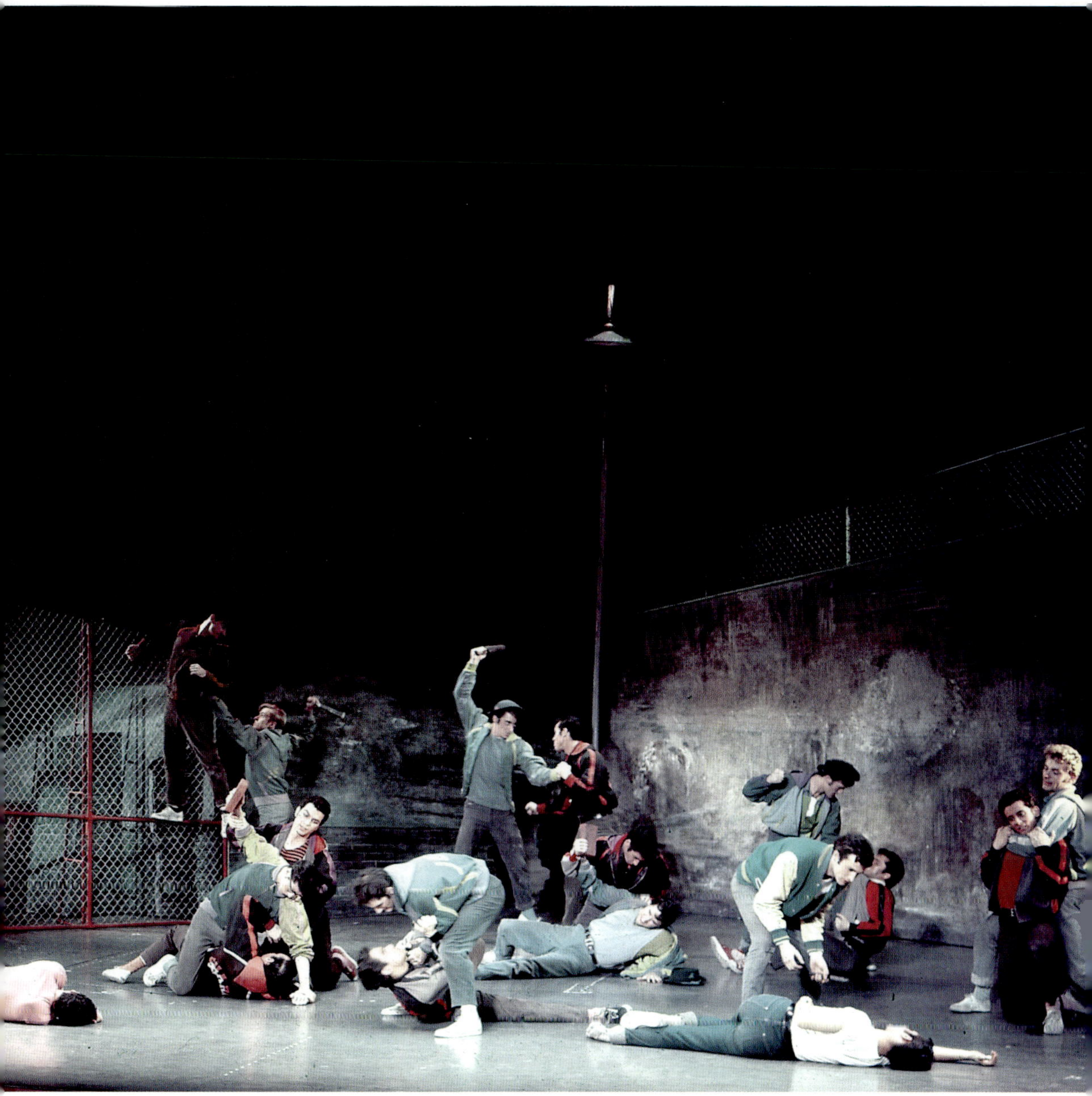

Les Sharks et les Jets sortent leurs couteaux dans West Side Story.

Brigadoon et *Les Hommes préfèrent les blondes*. Après elle, la danse sera au centre de presque toutes les comédies musicales.

Deux jeunes hommes allèrent encore plus loin que De Mille : le premier est Jerome Robbins, son confrère au Ballet Theatre. En 1944, il transforma le ballet *Fancy Free* en une comédie musicale elle aussi triomphale, *On the Town* (musique de Leonard Bernstein, livret et paroles de Comden et Green). Peu après, il chorégraphia d'autres grands spectacles de Broadway, y compris *High Button Shoes*, avec son

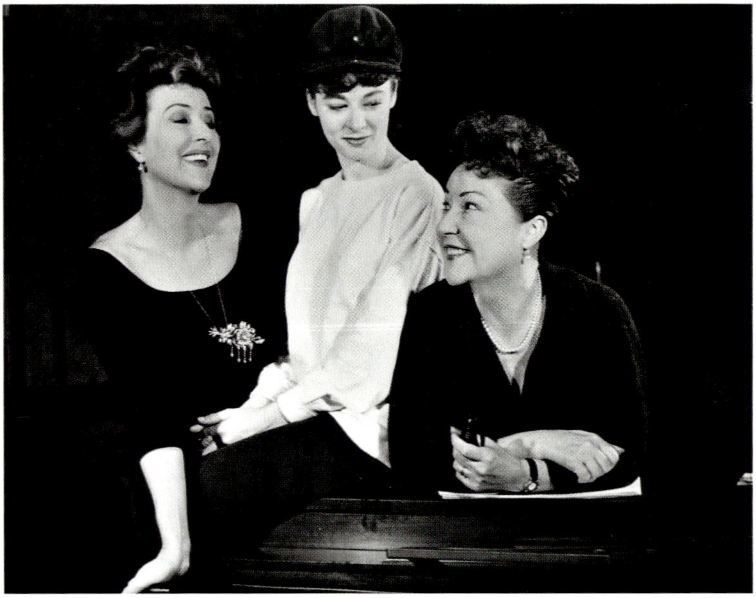

À GAUCHE : Gypsy Rose Lee (la véritable Gypsy), avec Sandra Church (dans le rôle de la jeune Gypsy dans Gypsy*) et Ethel Merman (Mama Rose). Sur une musique de Jule Styne et des paroles du jeune Stephen Sondheim et dans une mise en scène de Jerome Robbins,* Gypsy *est souvent considéré comme l'une des plus grandes comédies musicales de tous les temps.*

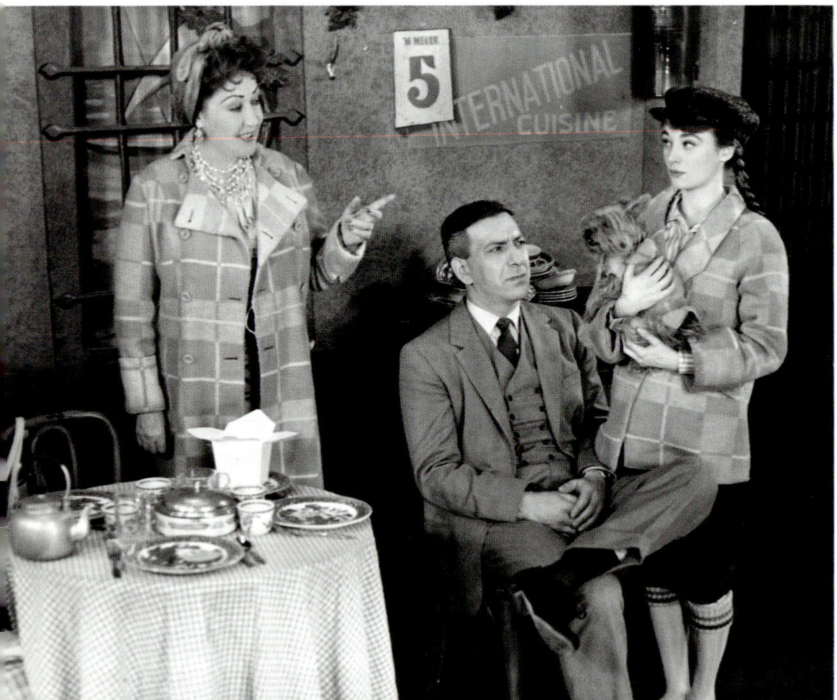

CI-DESSUS : Ethel Merman, Jack Klugman et Sandra Church dans Gypsy.

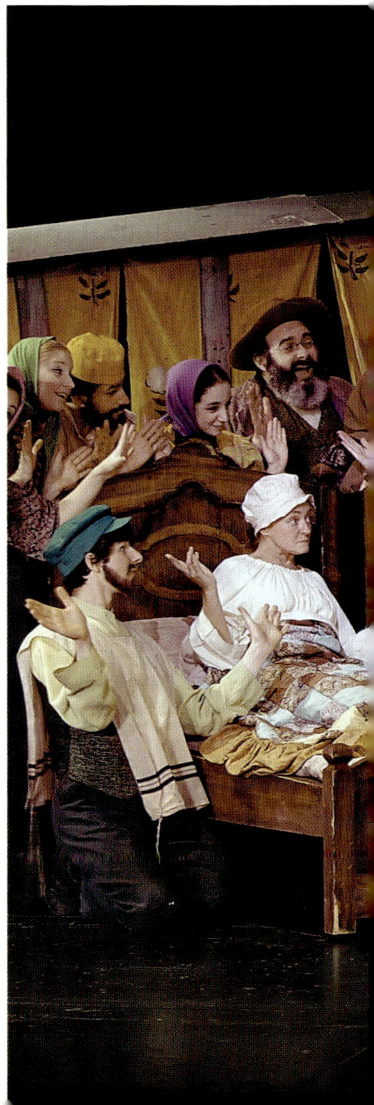

À DROITE : Zero Mostel et Maria Karnilova (dans leurs lits) dans Un violon sur le toit, *qui fut encore un grand succès de Jerome Robbins.*

numéro déjanté « Keystone Kops » ; *Call Me Madam* d'Irving Berlin (et Ethel Merman) ; *Le Roi et moi* de Rodgers et Hammerstein, avec la célèbre scène de « The Small House of Uncle Thomas », et la polka de « Shall We Dance » pour Gertrude Lawrence et Yul Brynner. Dans ses plus grands succès, *West Side Story*, *Gypsy*, et *Un violon sur le toit* (la première comédie musicale de Broadway à dépasser les trois mille représentations), Robbins était désormais à la fois metteur en scène et chorégraphe ; il avait acquis une réputation de génie du show-business. En 1969, il revint au ballet et se retira du théâtre musical, à l'exception du spectacle d'anthologie *Jerome Robbins' Broadway* en 1989. Livrets et mélodies étaient de grande qualité (notamment *Gypsy*), les vedettes triomphaient toujours – Merman dans *Gypsy*, par exemple, ou Zero Mostel dans *Fiddler* – mais on apprécie ces spectacles avant tout comme des créations de Jerry Robbins.

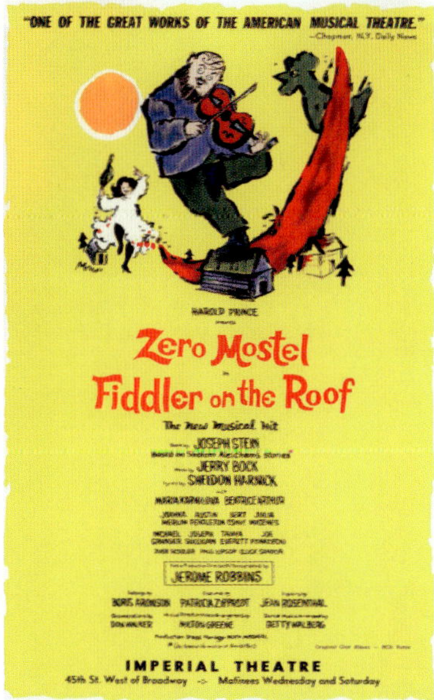

Bob Fosse est l'autre jeune chorégraphe-metteur en scène qui occupa une place centrale à Broadway dès son premier spectacle de danse, *The Pajama Game*, suivi de *Damn Yankees* (tous deux connurent

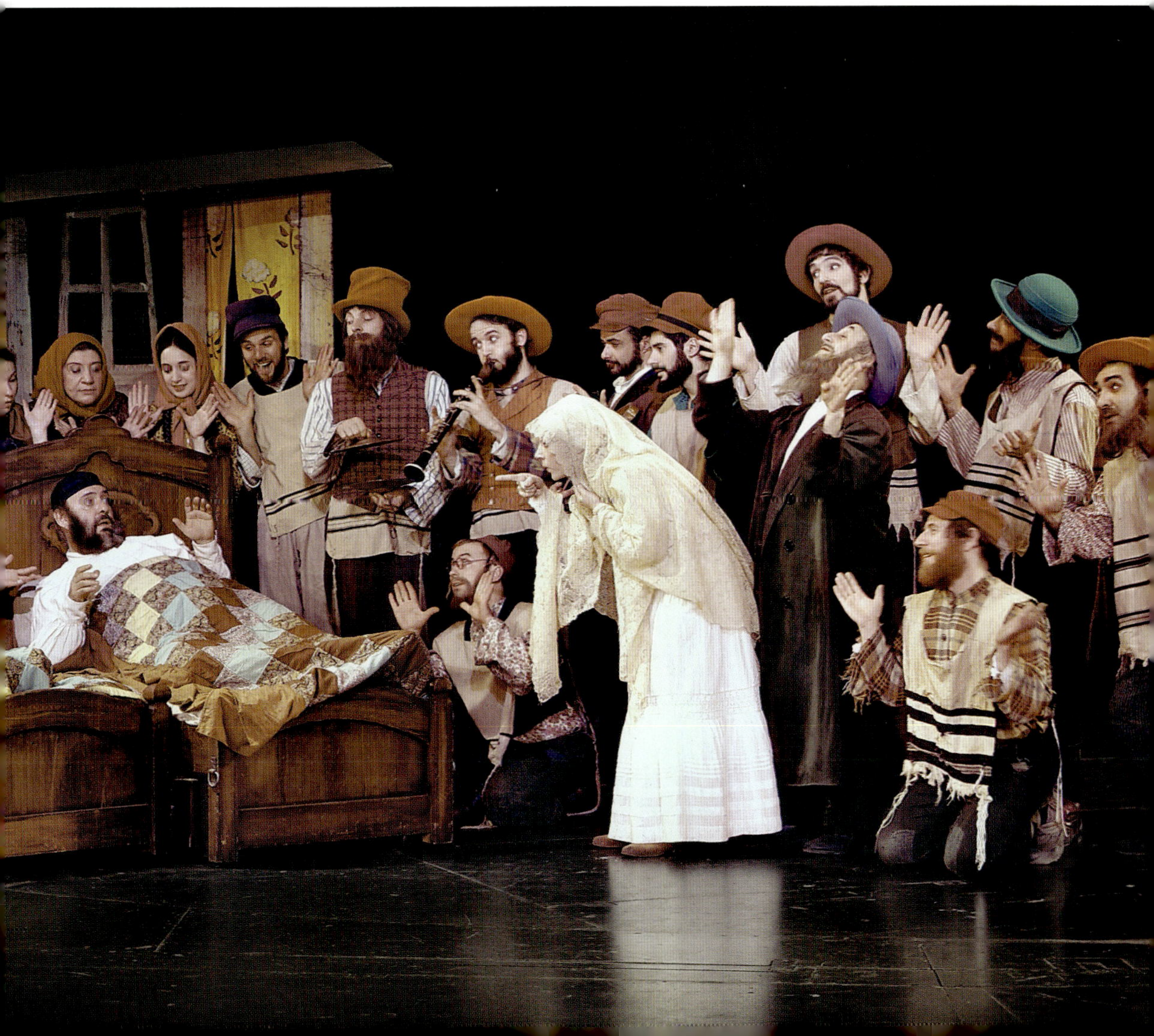

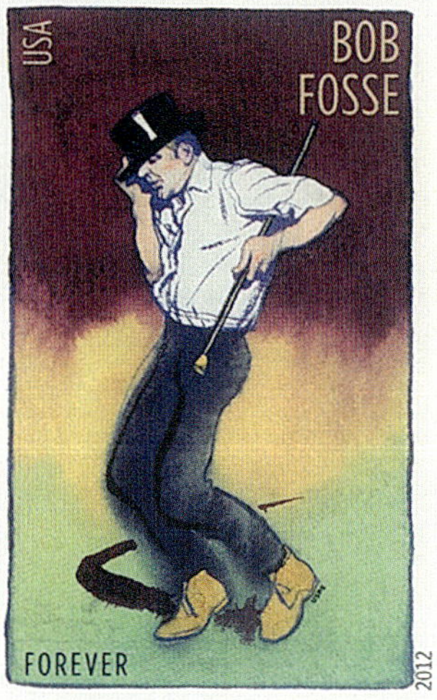

plus de mille représentations), puis de *Redhead, Sweet Charity* et du fantaisiste *Pippin*, qui resta à l'affiche près de cinq ans et connaît encore des reprises. En 1975, il monta ce qui reste son plus grand succès : *Chicago*, de Kander et Ebb, qui sera joué dans sa version originale pendant des années (sa reprise dure depuis 1996, avec plus de sept mille représentations, un record dans l'histoire de Broadway). Fosse est mort en 1987, à l'âge de soixante ans, mais la mise en scène et la chorégraphie de la nouvelle version sont assurées par sa protégée Ann Reinking à partir de la production originale. Cependant, la danseuse avec laquelle il avait le plus d'affinités était Gwen Verdon, dont il a fait une star et qu'il a épousée.

Malgré leurs extraordinaires succès, Robbins et Fosse ne sont pas, tant s'en faut, les seuls grands chorégraphes-metteurs en scène à avoir transformé la comédie musicale de Broadway pour en faire un genre dominé par la danse. Gower Champion remporta récompense sur récompense (les Tony Awards) pour des spectacles comme *Bye Bye Birdie, Carnival !*, et deux des plus grands succès de l'histoire du spectacle : *Hello, Dolly !* en 1964 et, en 1980, *42nd Street*, qui resta à l'affiche durant huit ans. Hélas, Champion mourut le jour de sa

CI-DESSOUS : *Eddie Foy dans* The Pajama Game. *Le clou du spectacle était le numéro de danse de Bob Fosse, « Steam Heat ».*

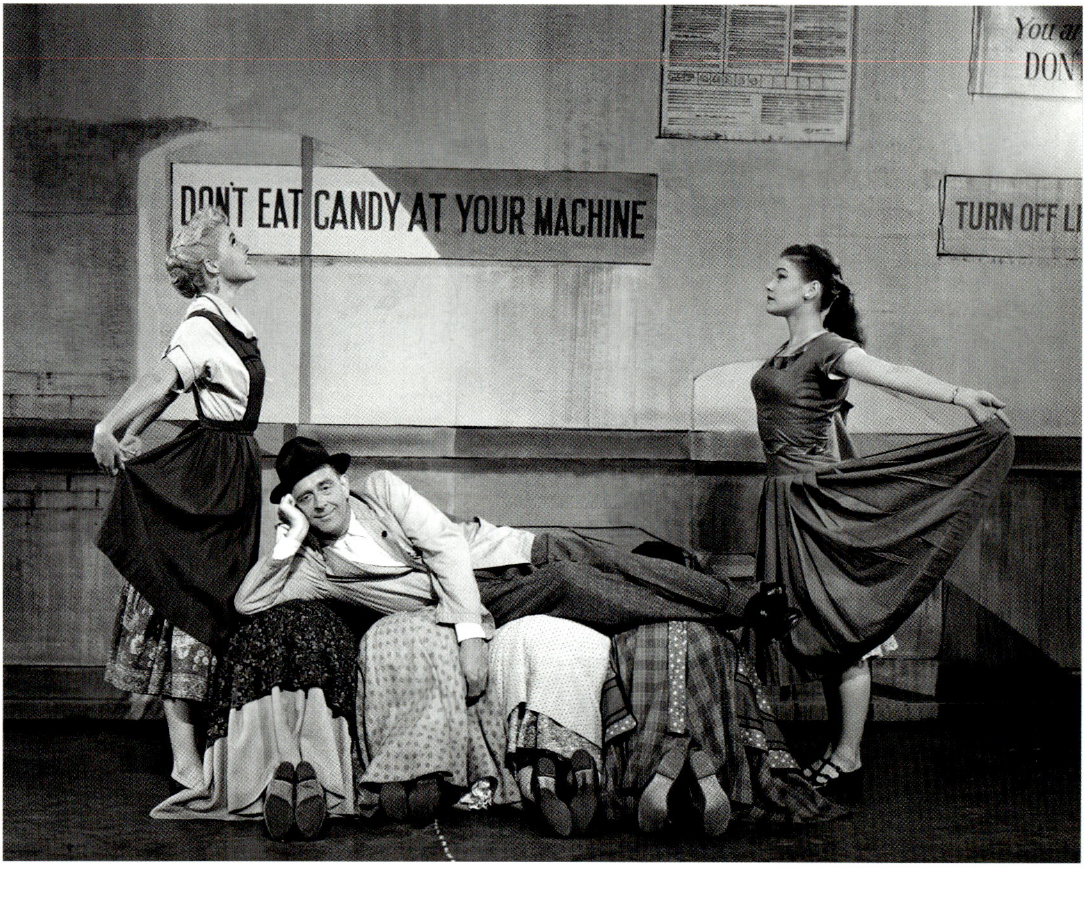

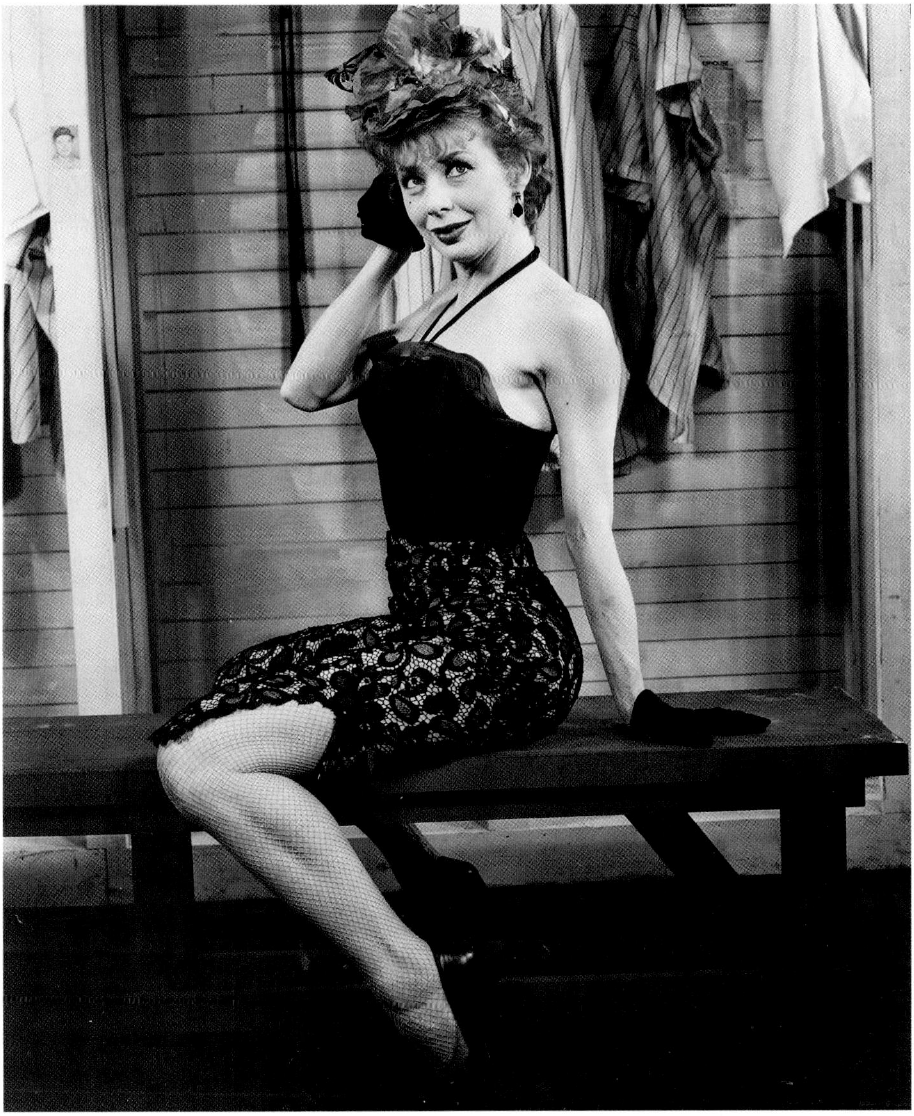

Damn Yankees, *autre succès triomphal de Bob Fosse, dans lequel sa muse, Gwen Verdon, joue le rôle de Lola (« Quand Lola veut quelque chose, elle l'obtient »).*

première triomphale. Un autre grand talent, Michael Bennett, fut emporté par le Sida à l'âge de quarante-quatre ans. Son premier succès avait été *Follies,* son dernier *Dreamgirls* ; entre les deux, il créa en 1975 *A Chorus Line,* qui fut joué plus de six mille fois à Broadway et remporta le prix Pulitzer pour le théâtre. Jusque-là, seules quatre comédies musicales avaient obtenu le Pulitzer : la première avait été *Of Thee I Sing,* en 1932, brillante satire politique de Gershwin, suivie de trois productions de Rodgers et Hammerstein, *South Pacific* en 1950, *Fiorello !* en 1960 et *Comment réussir dans les affaires sans vraiment essayer,* en 1962.

Richard Rodgers et Oscar Hammerstein avaient créé en 1943 *Oklahoma !* et donné sa chance à Agnes de Mille. Ce spectacle fut

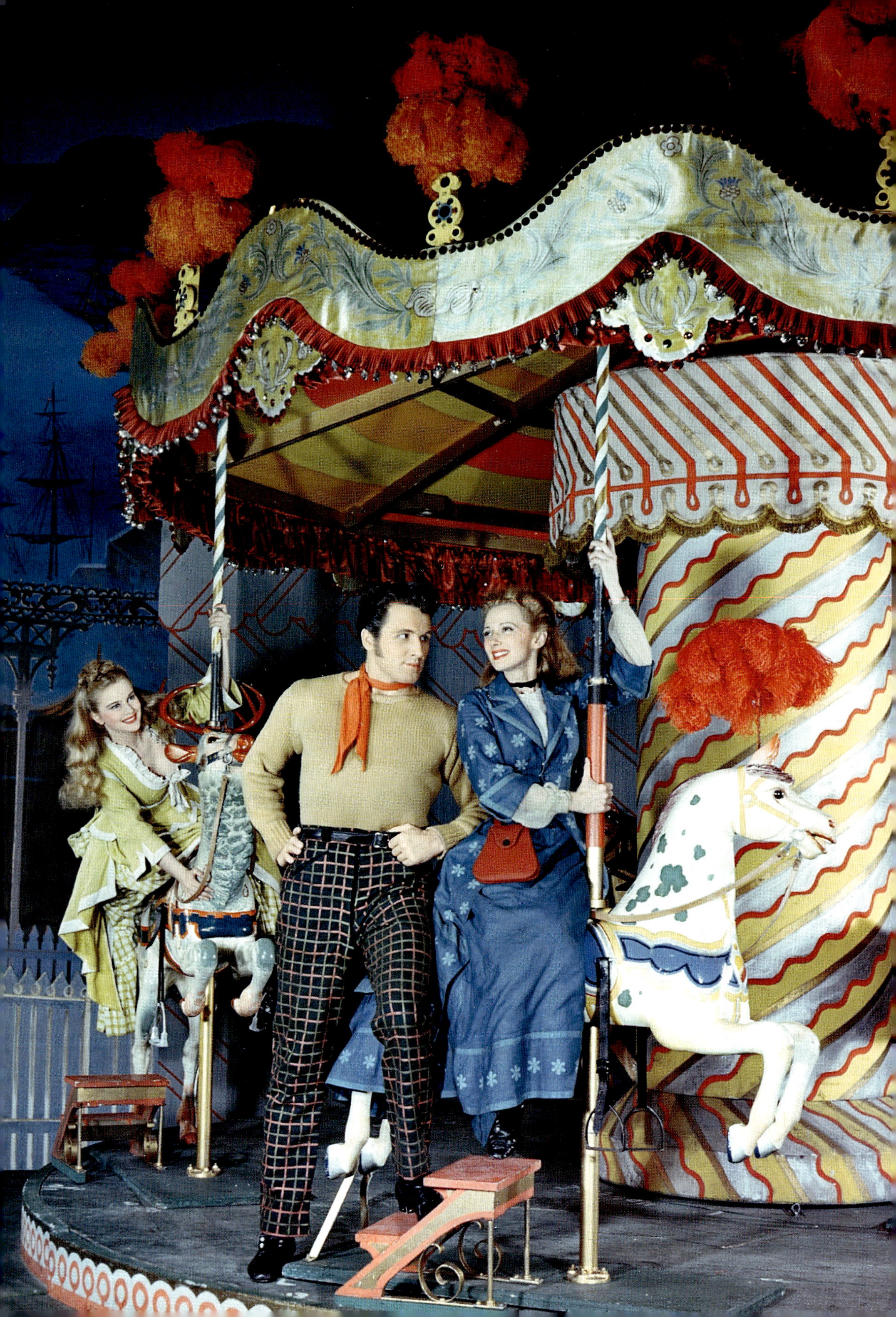

le plus grand succès de son temps ; il était très difficile d'obtenir des billets, et leur rareté était devenue un sujet de plaisanterie, inspirant des dessins dans *The New Yorker*. *Oklahoma !* doit son triomphe à une musique magnifique, une mise en scène superbe par Rouben Mamoulian et une star, le robuste Alfred Drake (« Oh, What a Beautiful Mornin' »). Sa nostalgie pour les valeurs de l'Amérique d'autrefois et son optimisme stimulant prenaient une signification particulière dans un pays en guerre. Et ce n'était qu'un début pour les deux hommes : suivirent *Carousel, South Pacific, Le Roi et moi* et *La Mélodie du bonheur*, autant de spectacles devenus légendaires

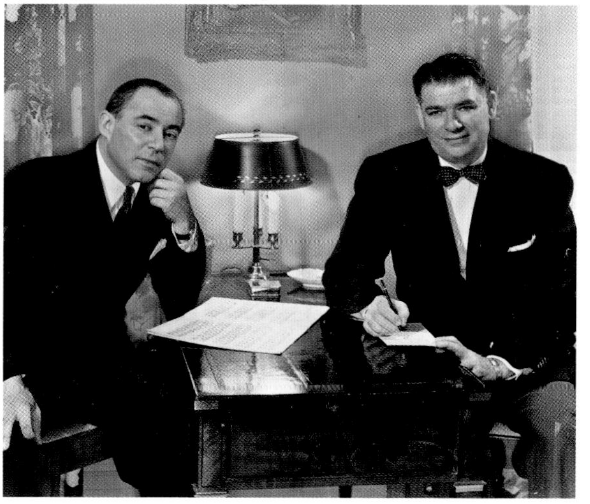

À GAUCHE : *John Raitt et Jan Clayton dans* Carousel *de Rodgers et Hammerstein, qui a fait suite à leur* Oklahoma !

CI-DESSUS : *Richard Rodgers et Oscar Hammerstein II.*

CI-DESSOUS : *Gertrude Lawrence et Yul Brynner dans* Le Roi et moi.

PAGES SUIVANTES : *Le ballet « The Small House of Uncle Thomas » de Jerome Robbins, extrait de* Le Roi et moi.

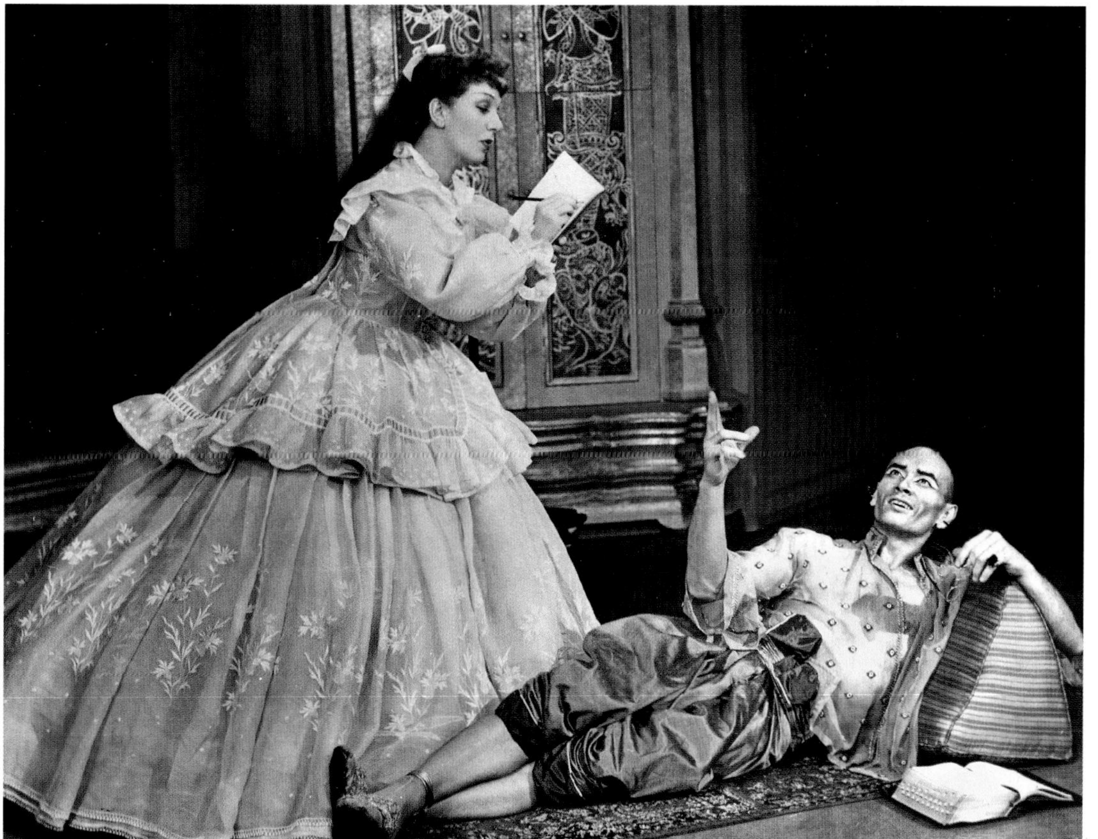

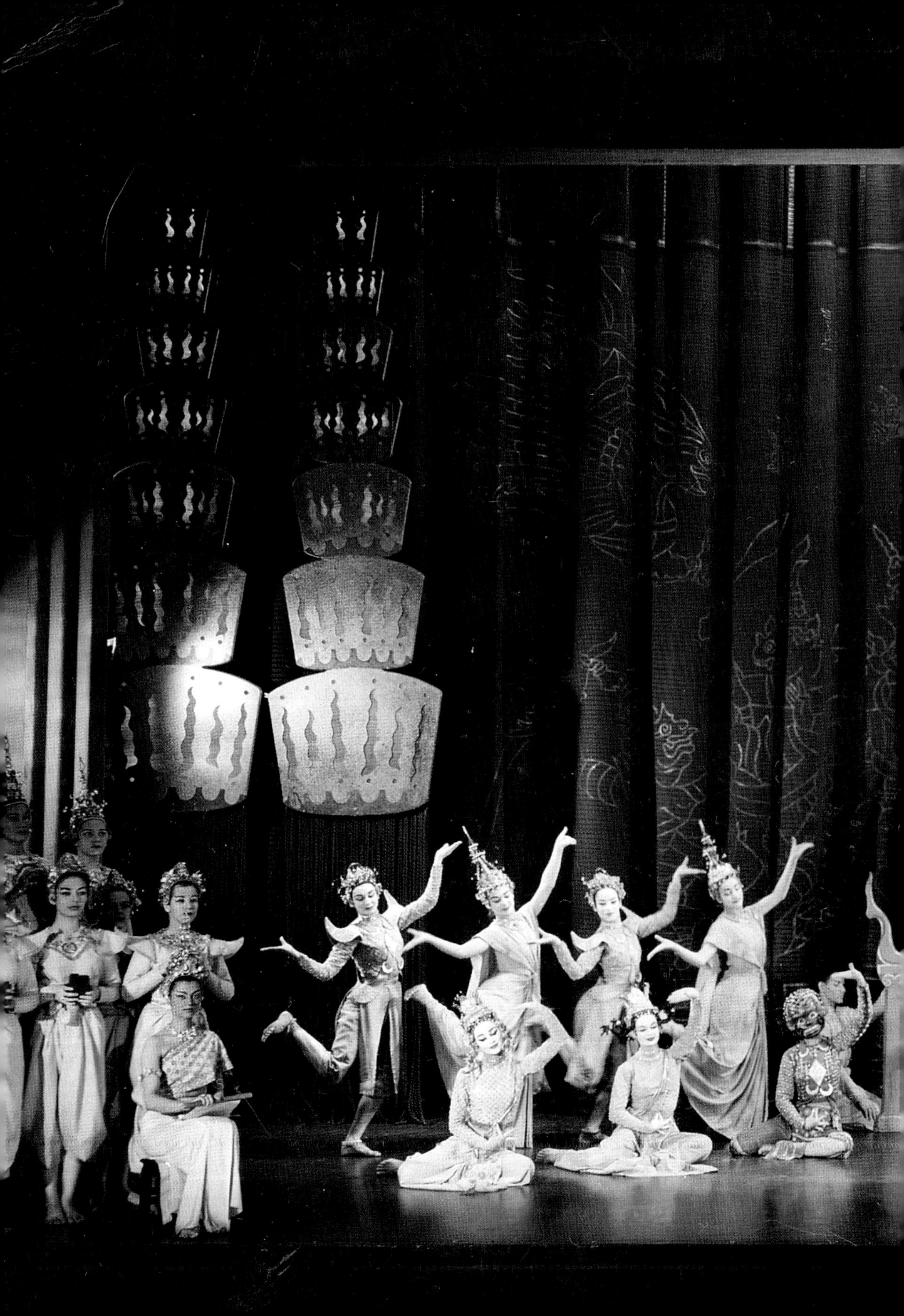

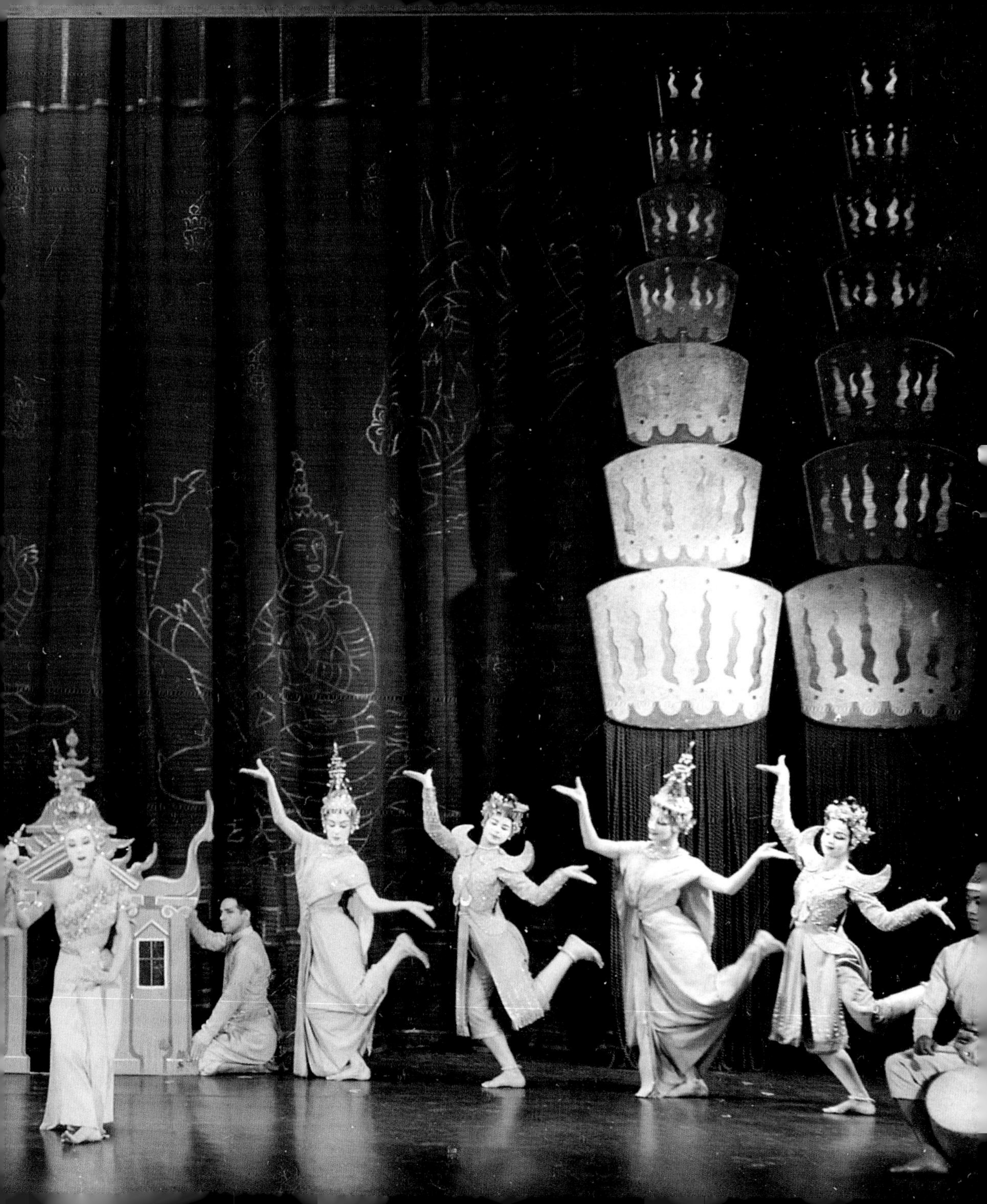

et qui restent vivants grâce à des reprises ou aux films qui en ont été tirés. Le succès de « R & H » rejaillit sur leur société de production lorsqu'elle porta à la scène un autre des grands événements théâtraux de l'époque, *Annie Get Your Gun*, qui donna naissance à une demi-douzaine de « tubes », dont l'iconique « There's No Business Like Show Business » continue de remonter le moral des gens du théâtre. Ce fut la plus grande réussite d'Irving Berlin à Broadway, tout comme *Kiss Me, Kate* (également avec Alfred Drake) fut celle de Cole Porter, *Guys et Dolls*, celle de Frank Loesser et *My Fair Lady*, celle de Lerner and Loewe.

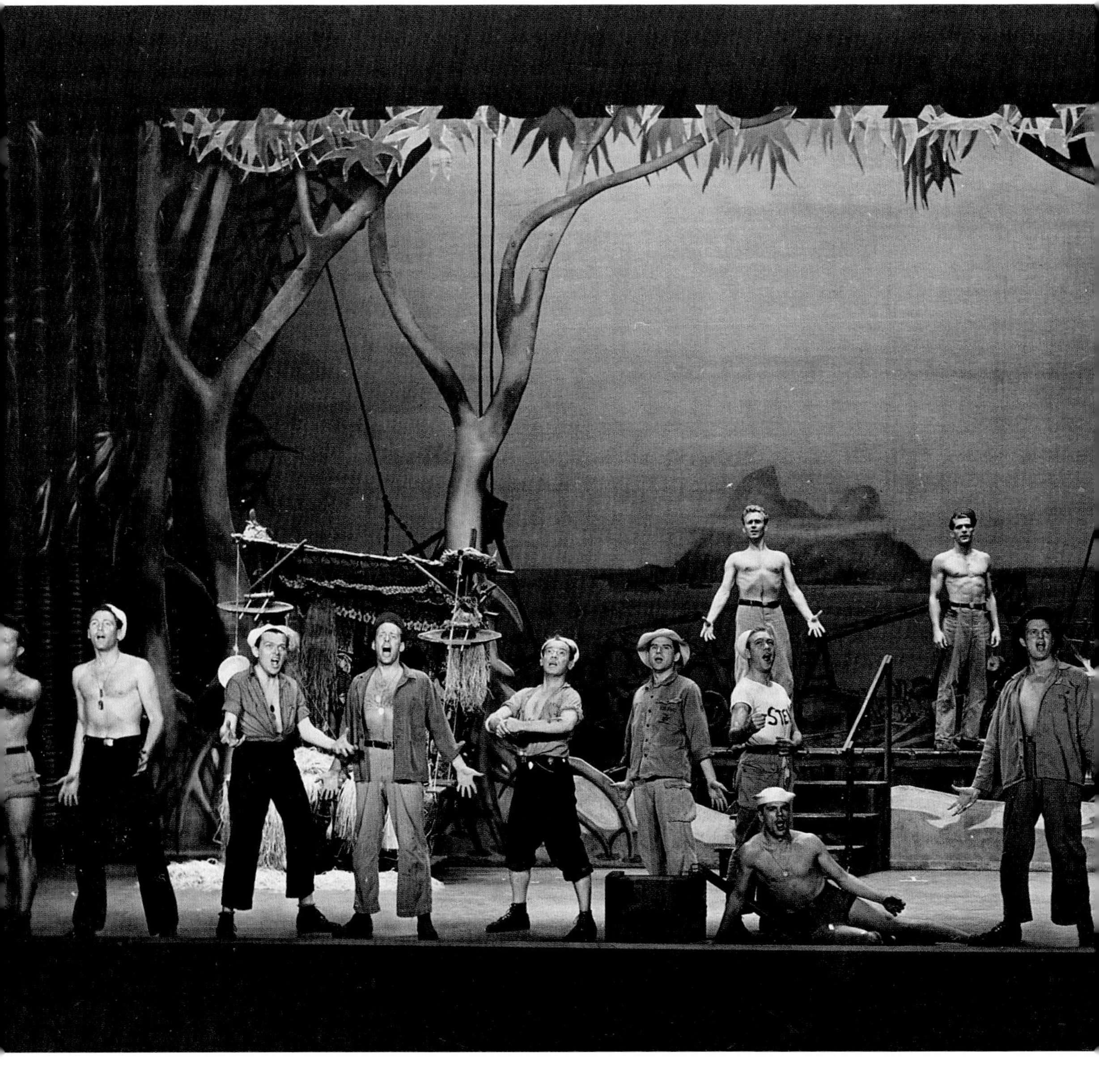

South Pacific de Rodgers et Hammerstein. CI-DESSOUS : « There Is Nothing Like a Dame ». À DROITE, EN HAUT : Mary Martin et Ezio Pinza. À DROITE, EN BAS : Mary Martin dans « I'm Gonna wash that man right out of my hair ».

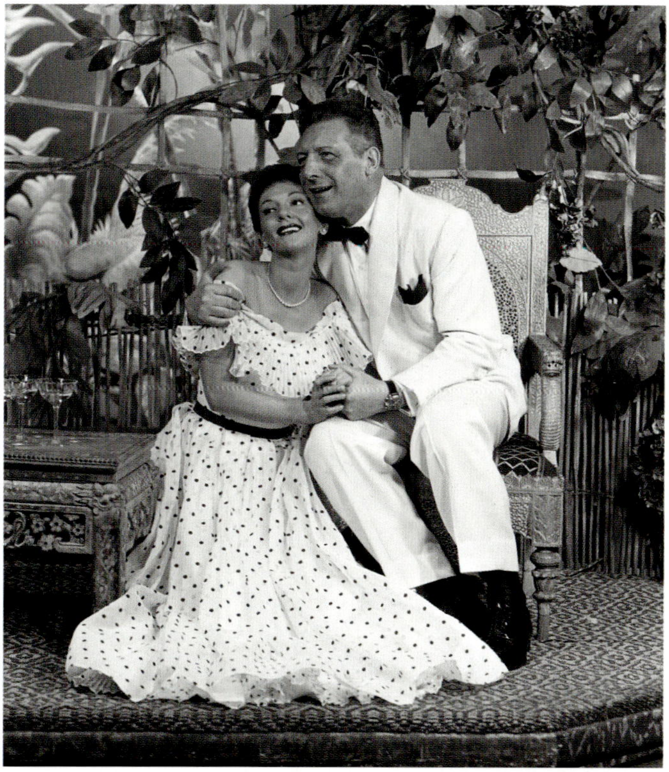

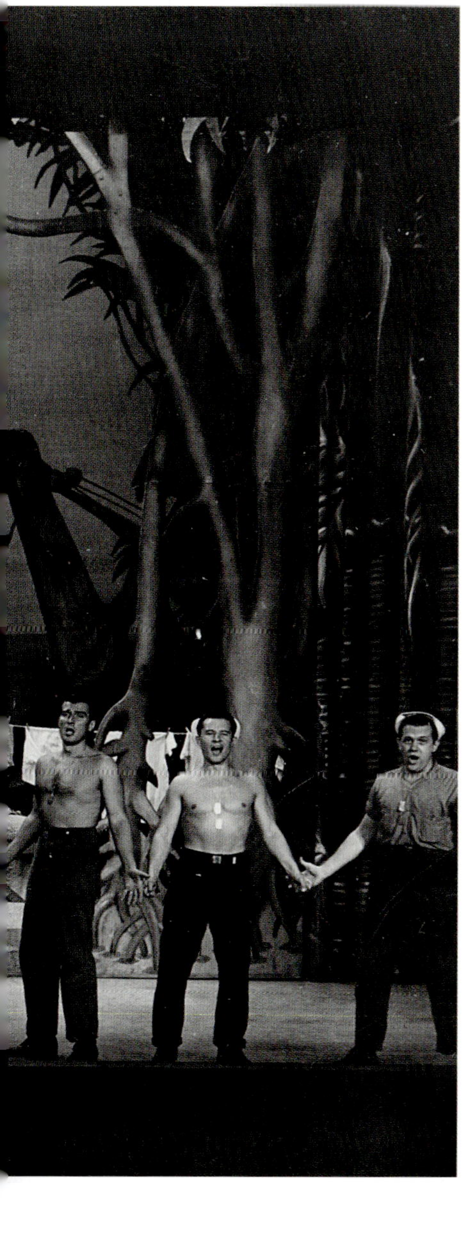

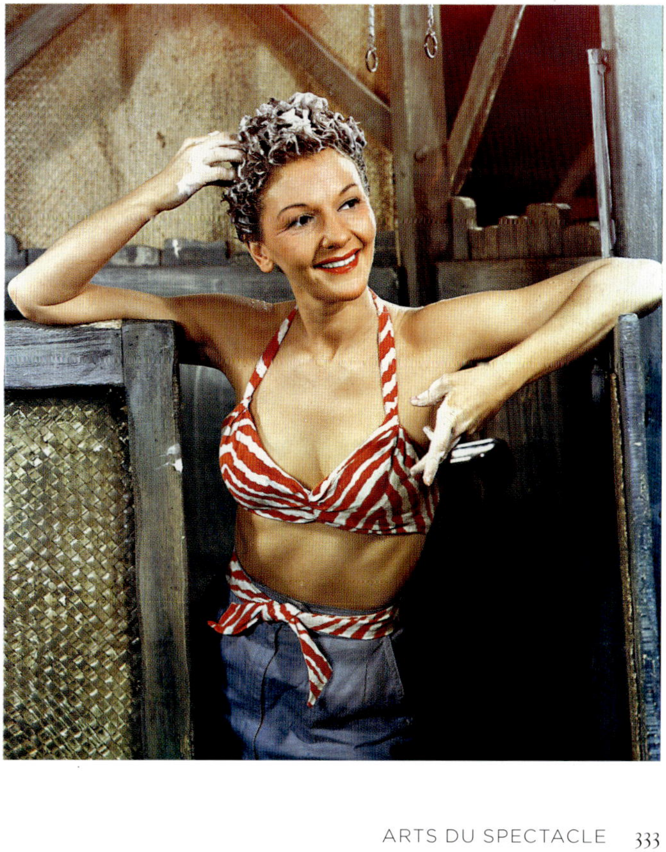

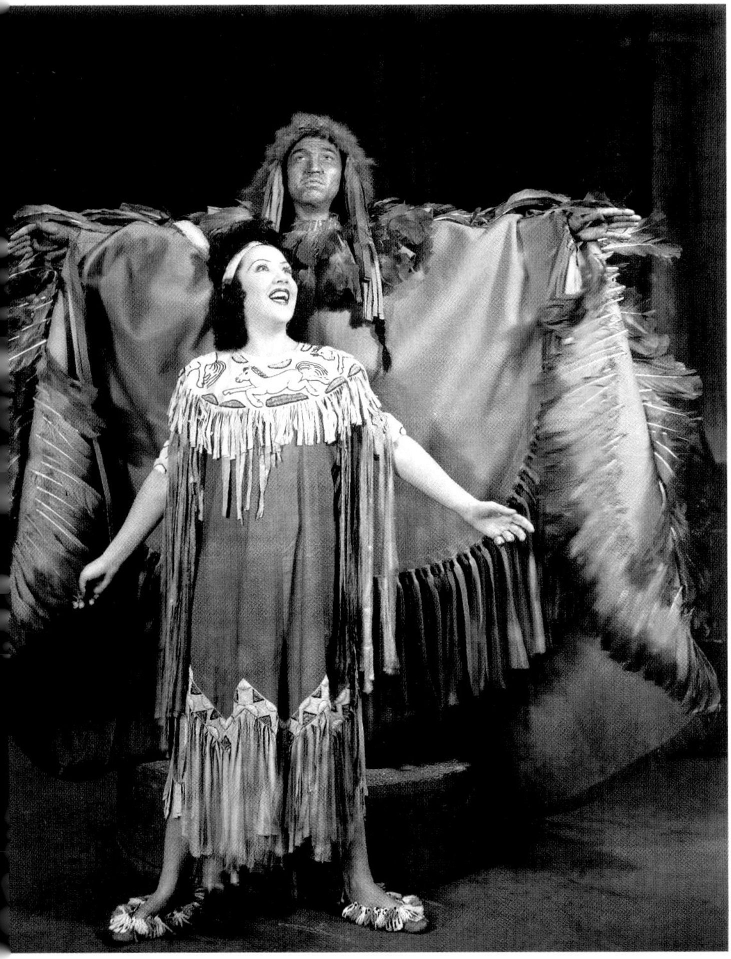

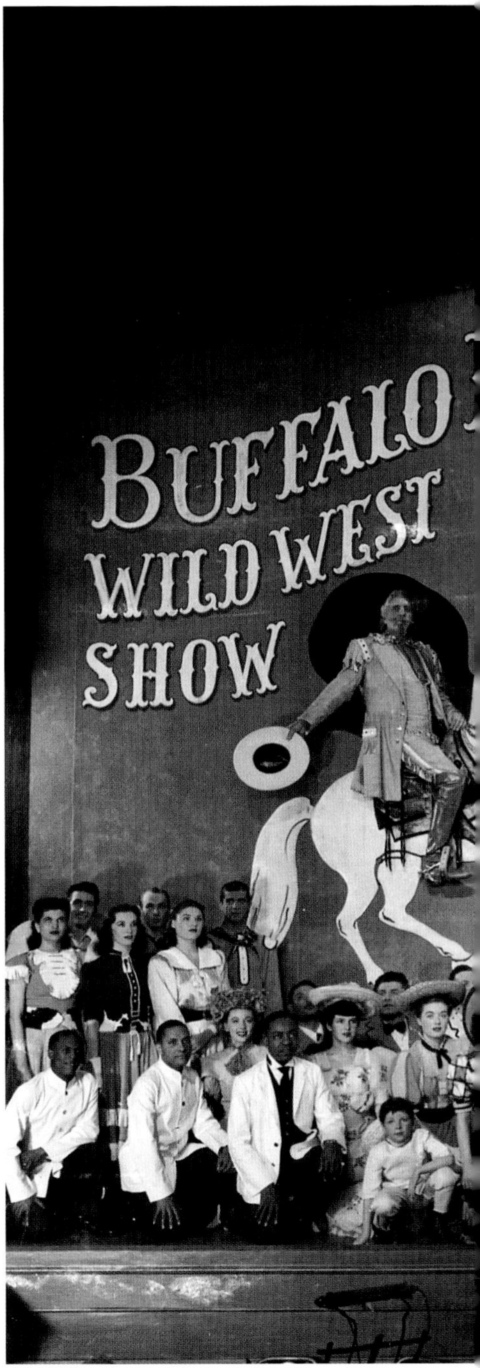

Le grand succès d'Ethel Merman, Annie Get Your Gun *d'Irving Berlin.* CI-DESSUS : *Merman, avec Harry Bellaver dans le rôle de Sitting Bull.* À DROITE : *« Wild West Show », dans* Annie Get Your Gun, *avec Ray Middleton et Merman, devant au centre. « There's No Business Like Show Business ».*

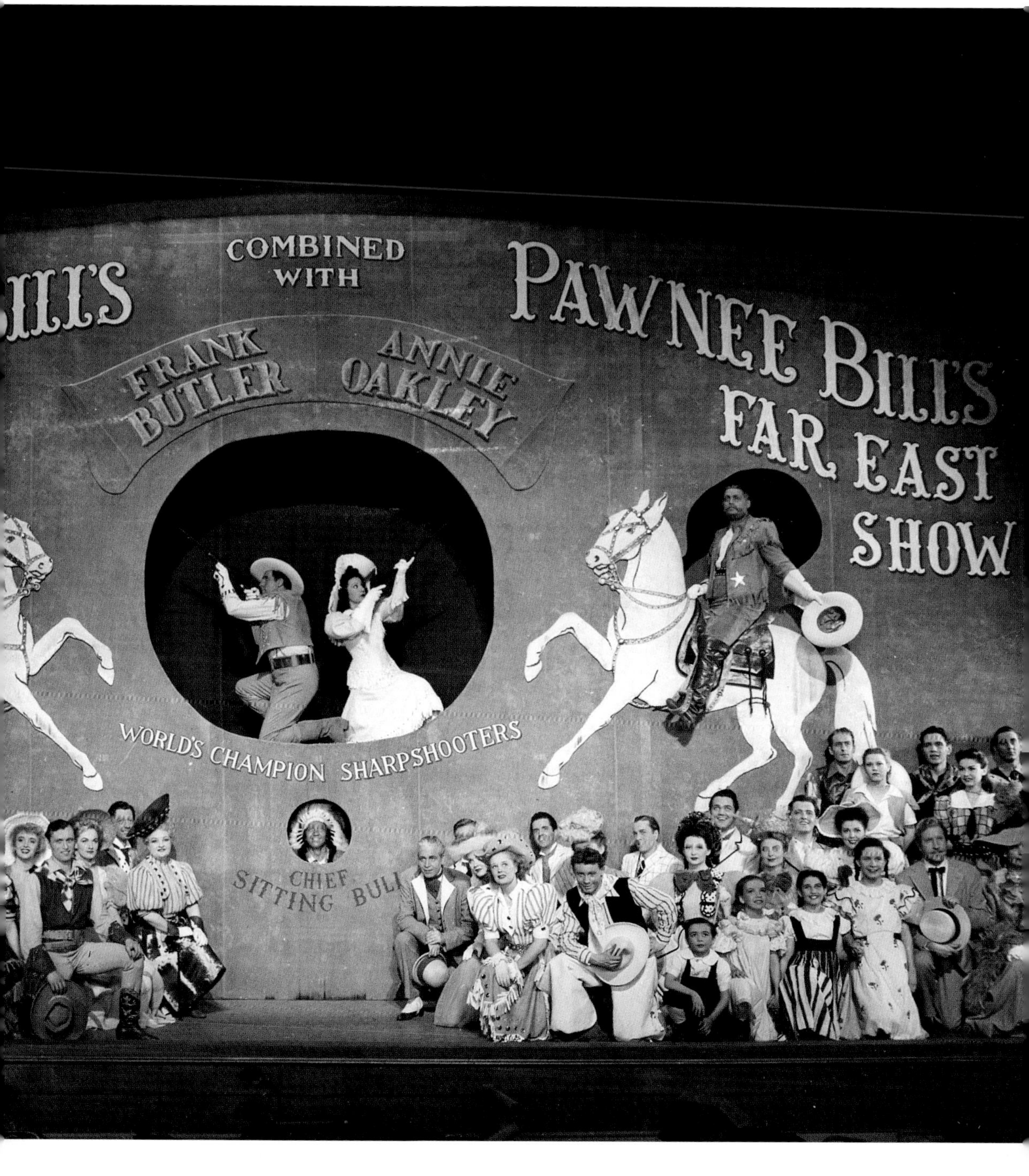
ILL'S
COMBINED WITH
PAWNEE BILL'S
FAR EAST
SHOW
FRANK BUTLER
ANNIE OAKLEY
WORLD'S CHAMPION SHARPSHOOTERS
CHIEF SITTING BUL

Ces trois derniers spectacles comptent parmi les meilleures comédies musicales, avec *Show Boat* et *Oklahoma !* (*My Fair Lady*, avec Julie Andrews et Rex Harrison, et le *Pygmalion* de Shaw furent, tout comme *Oklahoma !*, de tels succès que les billets devenaient introuvables). Ces mêmes années virent la création de *Brigadoon*, *Finian's Rainbow*, *Wonderful Town* (Rosalind Russell), *Bells Are Ringing* (Judy Holliday), *Les Hommes préfèrent les blondes* (Carol Channing), *Le Forum en folie* (Zero Mostel), *Comment réussir dans les affaires sans vraiment essayer* (Robert Morse), *Funny Girl* (Barbra Streisand), *The Music Man* (Robert Preston), et *Hello, Dolly !* (de nouveau Channing, suivie d'une série de stars, de Betty Grable et Ginger Rogers à Pearl Bailey). On vit même

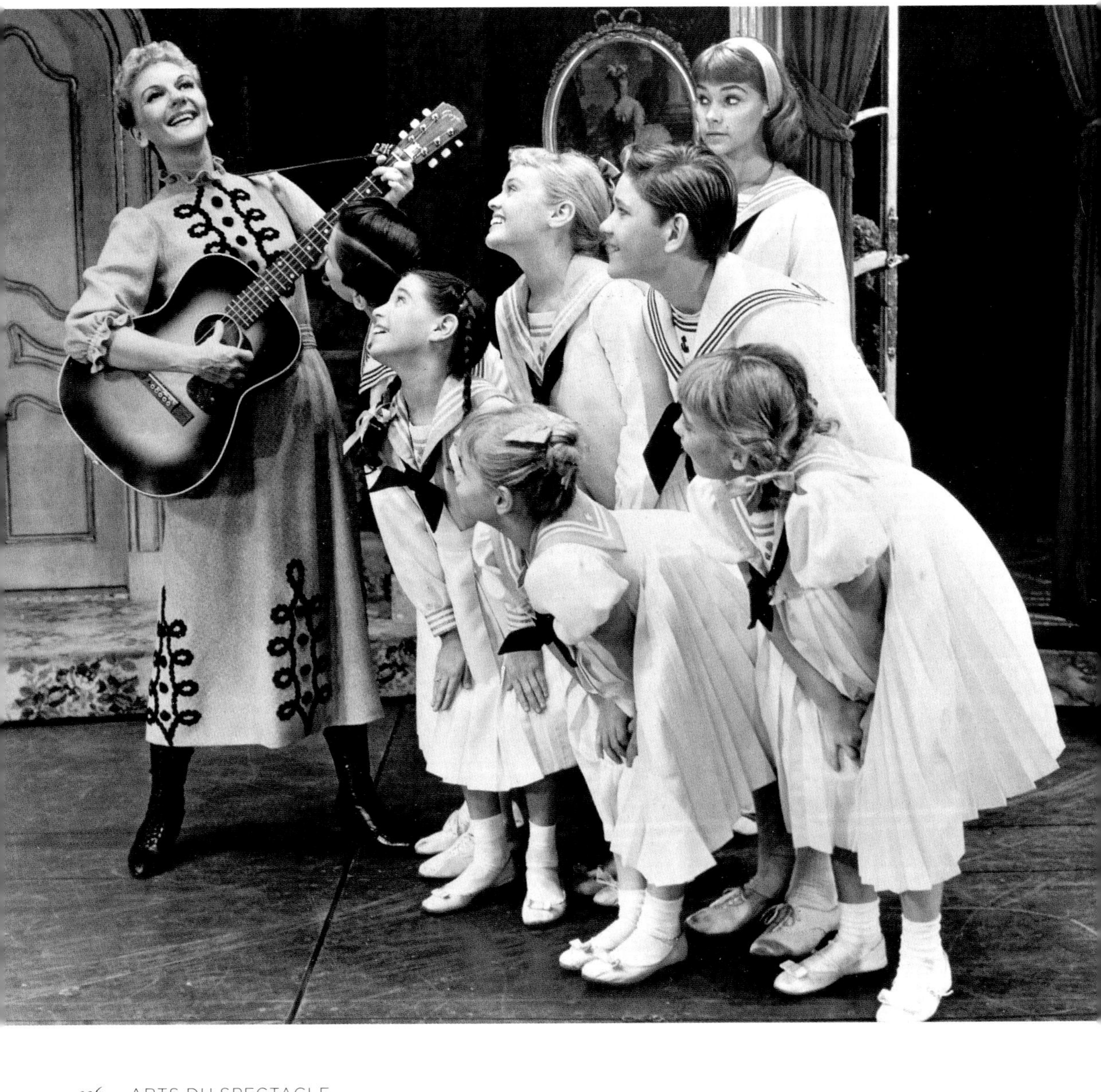

Mary Martin chantant « Do-Ré-Mi » avec les enfants Von Trapp dans cet immense succès de Rodgers et Hammerstein qu'a été La Mélodie du bonheur. *En attendant le film avec Julie Andrews.*

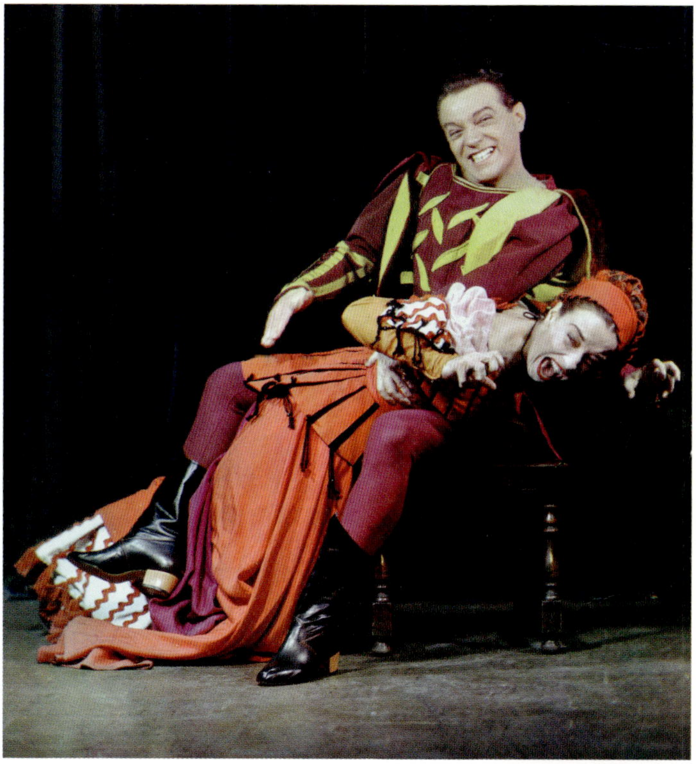

CI-CONTRE : Alfred Drake et Patricia Morrison dans le plus grand succès de Cole Porter à Broadway, Kiss Me, Kate, *une adaptation musicale de* La Mégère apprivoisée.

CI-DESSOUS : Alfred Drake dans l'opérette Kismet, *sur une musique de Borodine adaptée par Robert Wright et George Forrest, qui avaient déjà fait l'adaptation du* Chant de la Norvège *d'Edvard Grieg. L'affiche est une création du caricaturiste de Broadway Al Hirschfeld.*

des retours de l'opérette avec des triomphes comme *Kismet* et *L'Homme de la Mancha*. Presque toutes ces comédies musicales popularisèrent des mélodies qui demeurent vivantes. Elles ont d'abord alimenté le répertoire des grands chanteurs de l'époque : Sinatra, Crosby, Perry Como, Doris Day, Jo Stafford, Rosemary Clooney, Tony Bennett, Nat King Cole et leurs contemporains se sont emparé de ces airs nouveaux et les ont intégrés dans leurs albums. Et par leur qualité, ces « standards » sont ensuite entrés dans le répertoire des musiciens de jazz et des artistes de cabaret d'aujourd'hui, voire des chanteurs classiques. Cela n'a rien d'étonnant : les hommes qui ont créé les plus belles musiques de Broadway – Berlin, Kern, Gershwin, Porter, Rodgers ou Bernstein – étaient de grands compositeurs qui travaillaient soit seuls, comme Berlin et Porter, soit avec des paroliers talentueux, comme Hart et Hammerstein. Il est difficile aujourd'hui, sur la scène musicale, de trouver

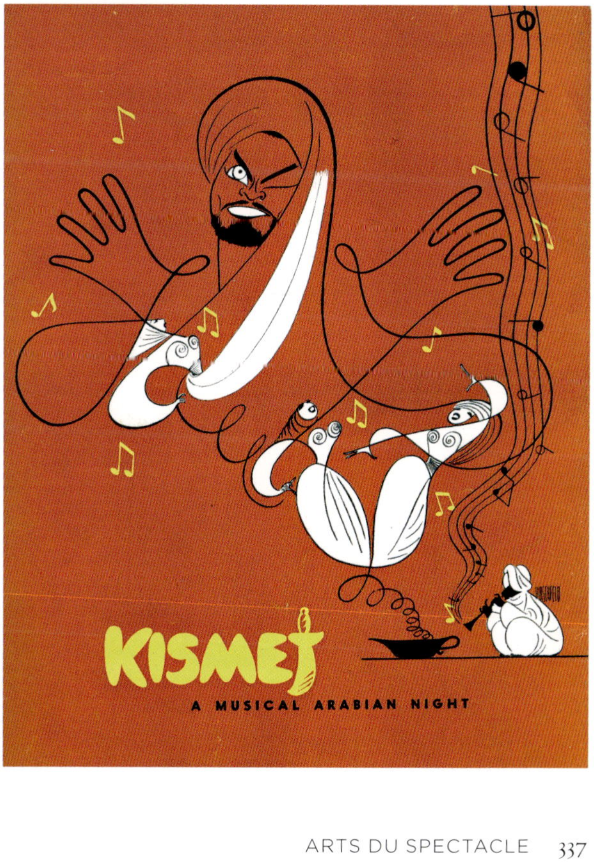

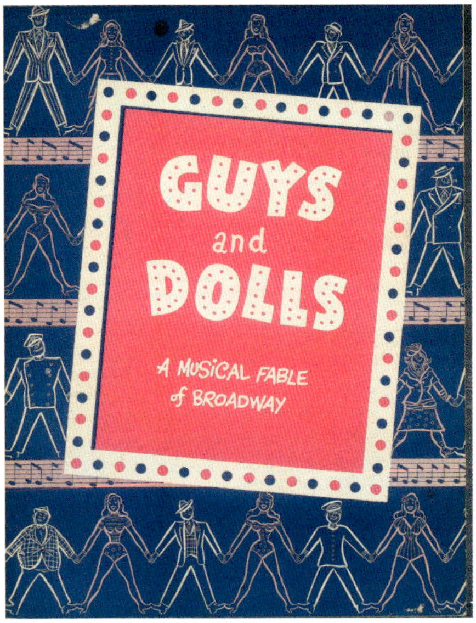

À DROITE : *La scène inoubliable du tripot clandestin dans* Guys and Dolls *de Frank Loesser, inspirée des histoires de Damon Runyon. Robert Alda, dans le rôle de Skye Masterson, lance les dés.*

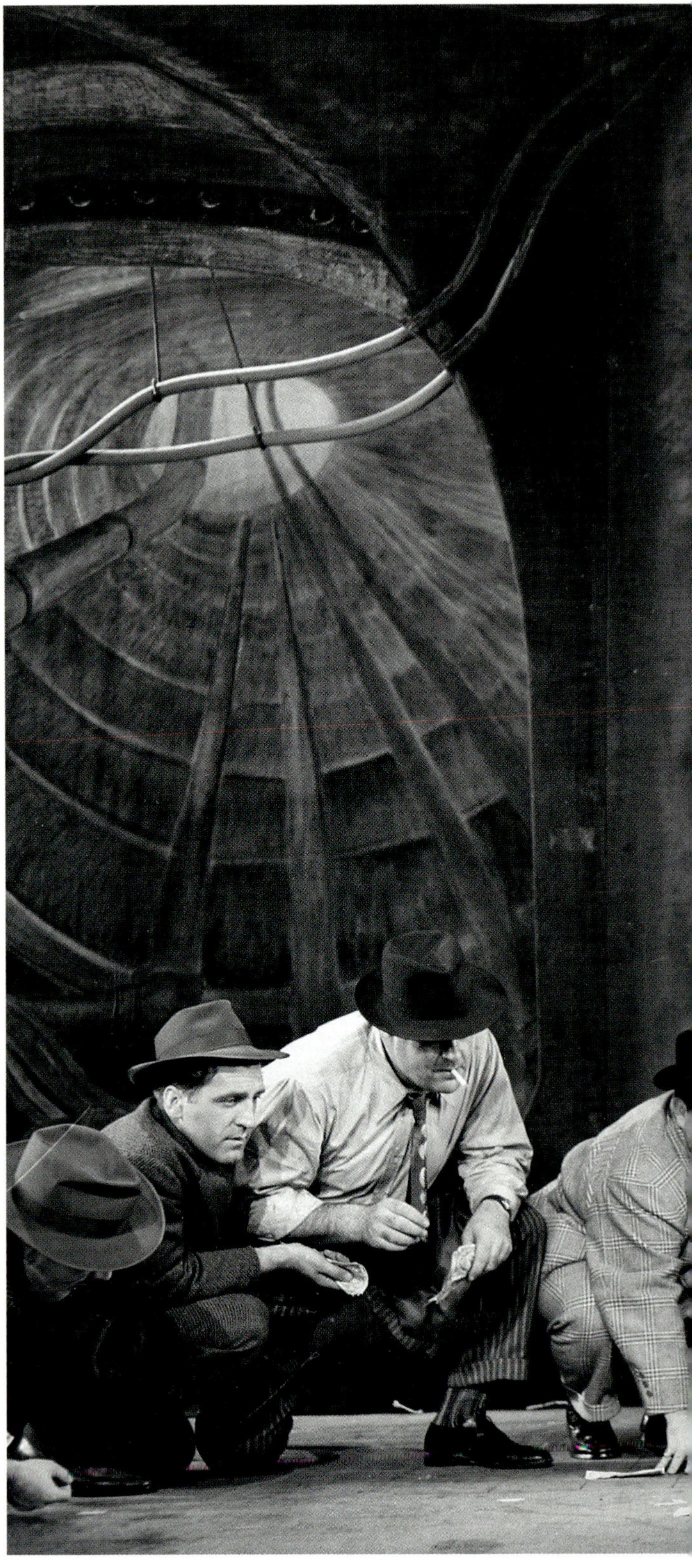

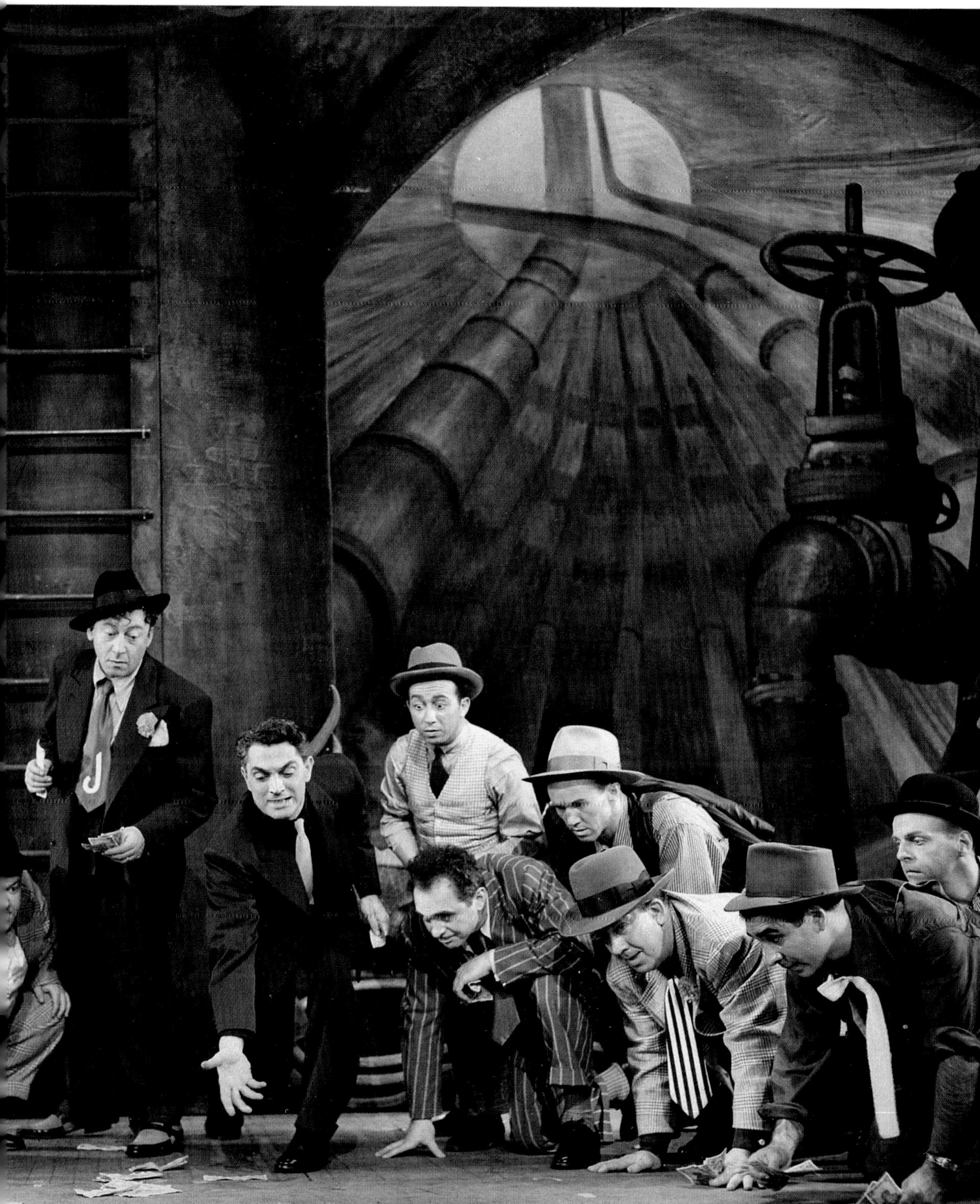

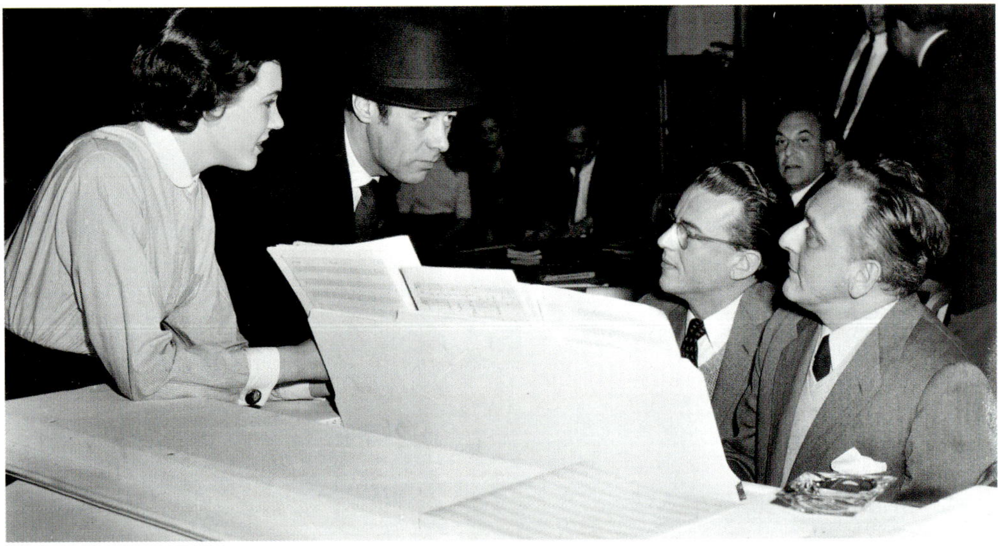

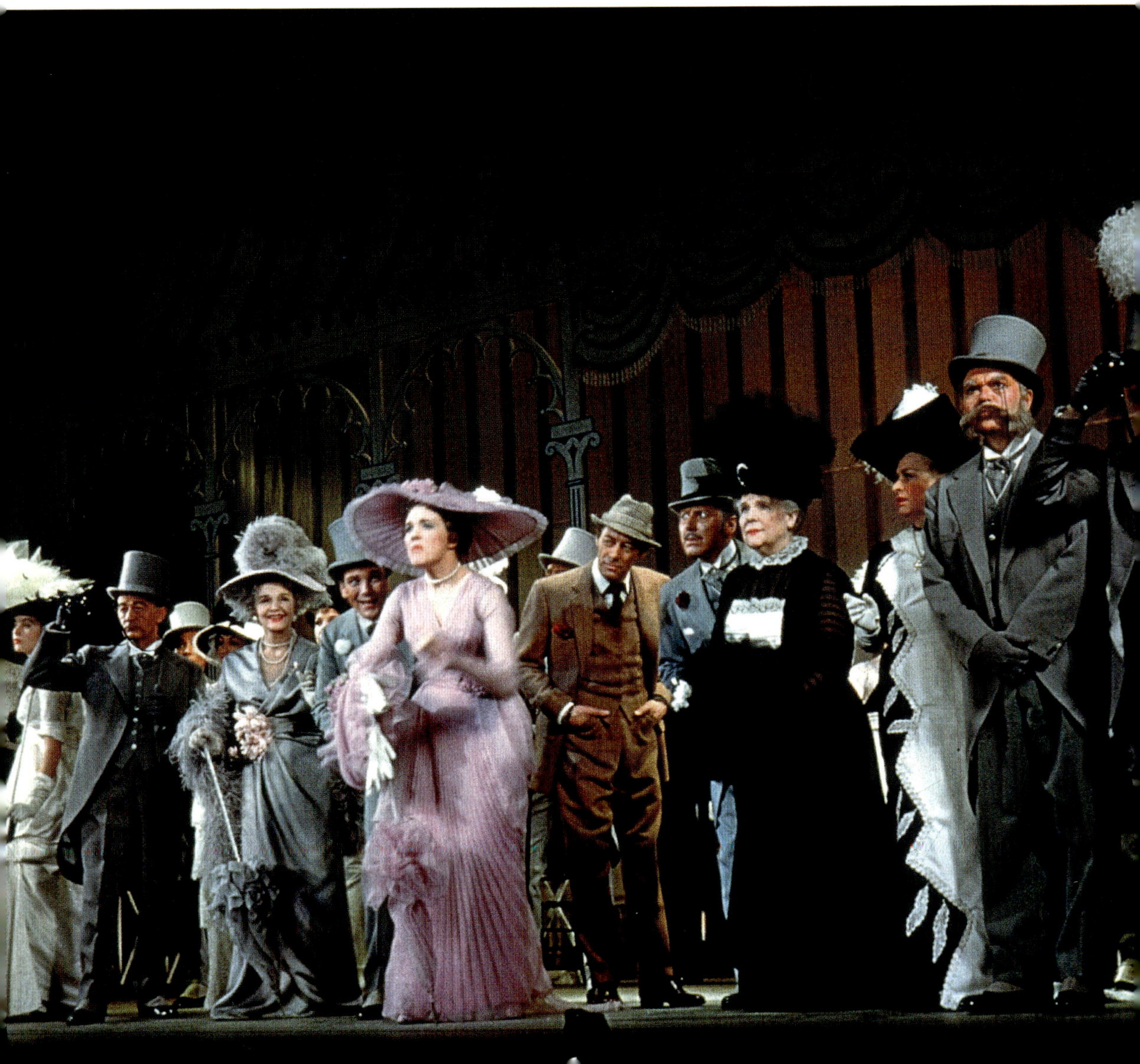

Un des grands succès de Broadway fut My Fair Lady, *d'après le* Pygmalion *de George Bernard Shaw. Livret et paroles d'Alan Jay Lerner, musique de Frederick Loewe, décors d'Oliver Smith, costumes de Cecil Beaton, mise en scène de Moss Hart. Parmi les airs connus, citons « I Could Have Danced All Night », « On the Street Where You Live », et le clou du spectacle, « The Rain in Spain ».*
À GAUCHE : Julie Andrews, Rex Harrison, Alan Jay Lerner et Frederick Loewe. Moss Hart est assis derrière Lerner et Loewe.

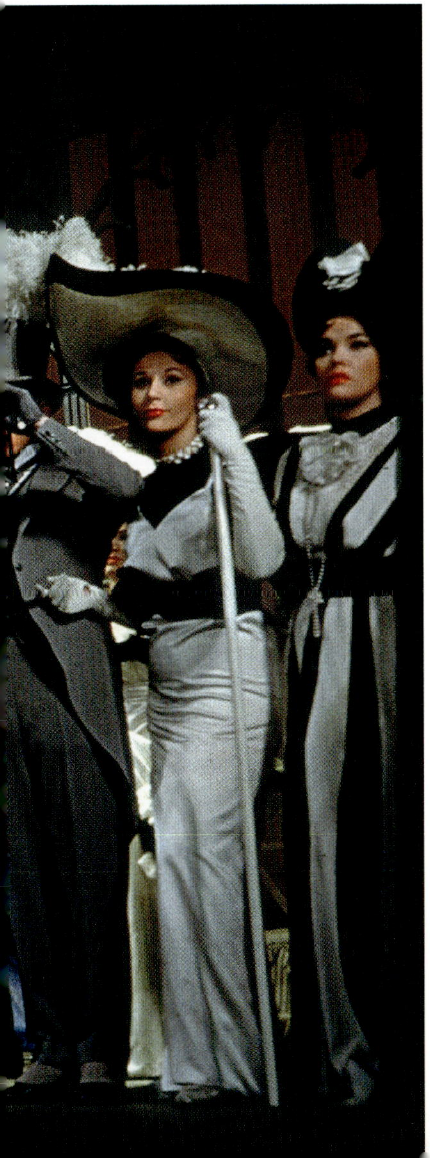

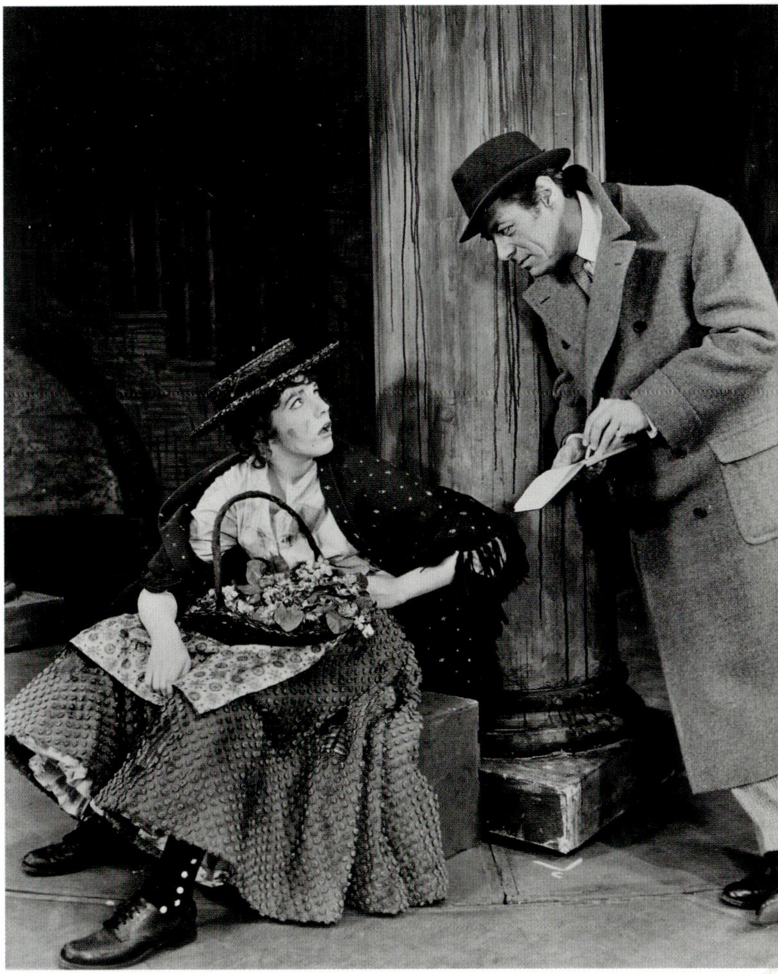

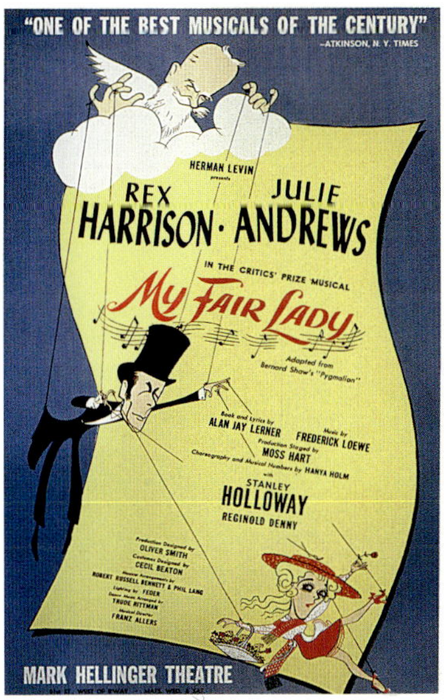

À GAUCHE, EN BAS : La scène de « Ascot Gavotte » avec, devant au centre, Cathleen Nesbitt en Mrs Higgins. On y voit John Michael King en Freddy Eynsford-Hill, Julie Andrews en Eliza Doolittle, Rex Harrison dans le rôle du professeur Henry Higgins, et Robert Coote dans celui du colonel Pickering.

CI-DESSUS : Julie Andrews avec Rex Harrison devant l'opéra de Covent Garden ; elle n'a pas encore joué dans My Fair Lady, *spectacle qui restera à l'affiche à Broadway durant six ans et demi.*

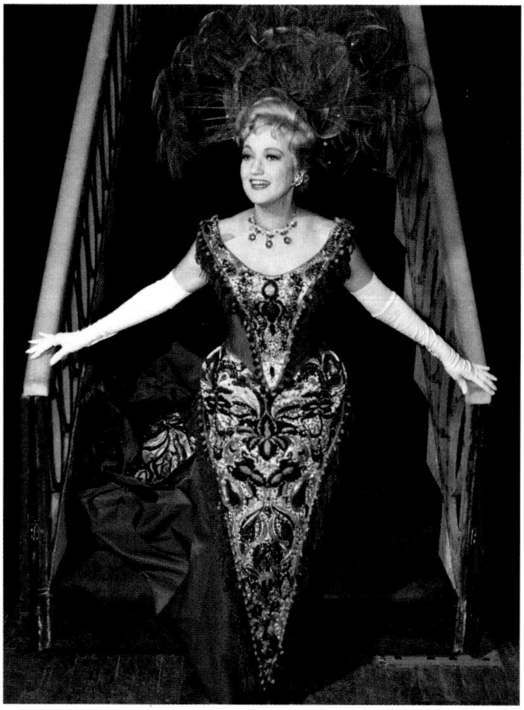

Dorothy Lamour en Dolly.

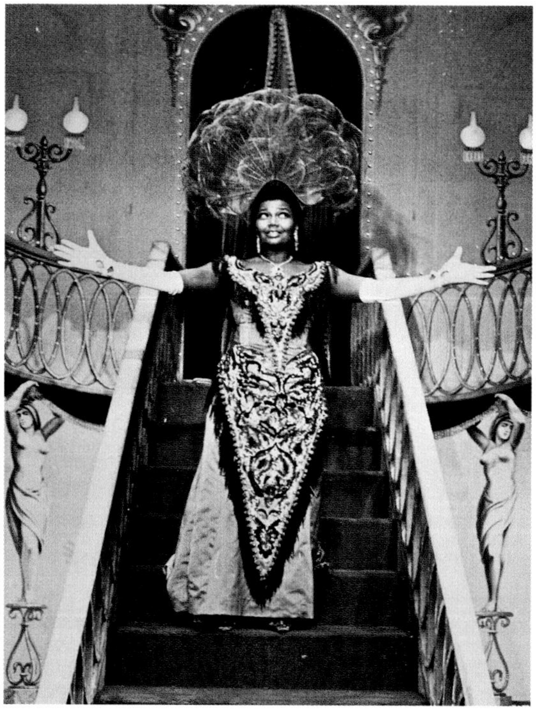

Pearl Bailey en Dolly.

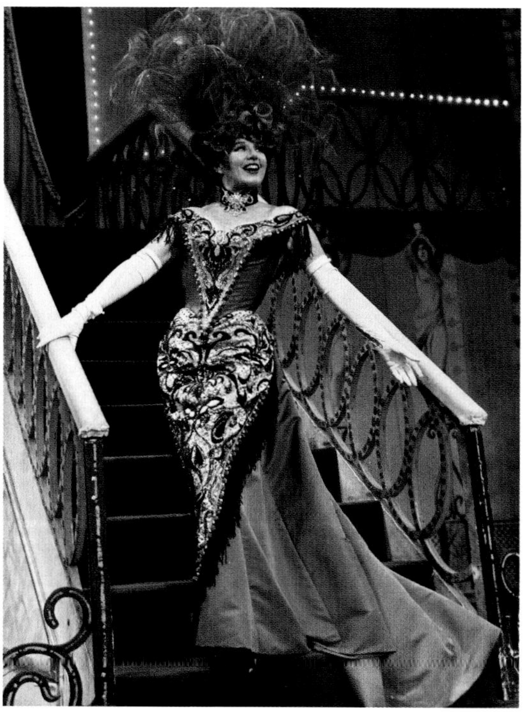

Ginger Rogers en Dolly.

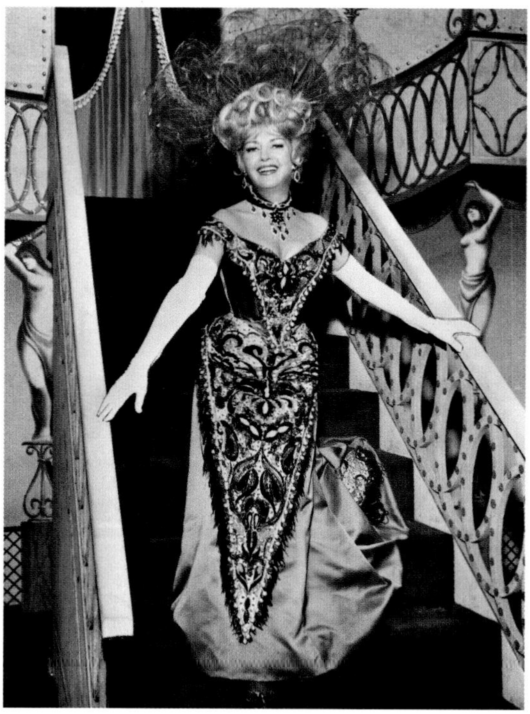

Betty Grable en Dolly.

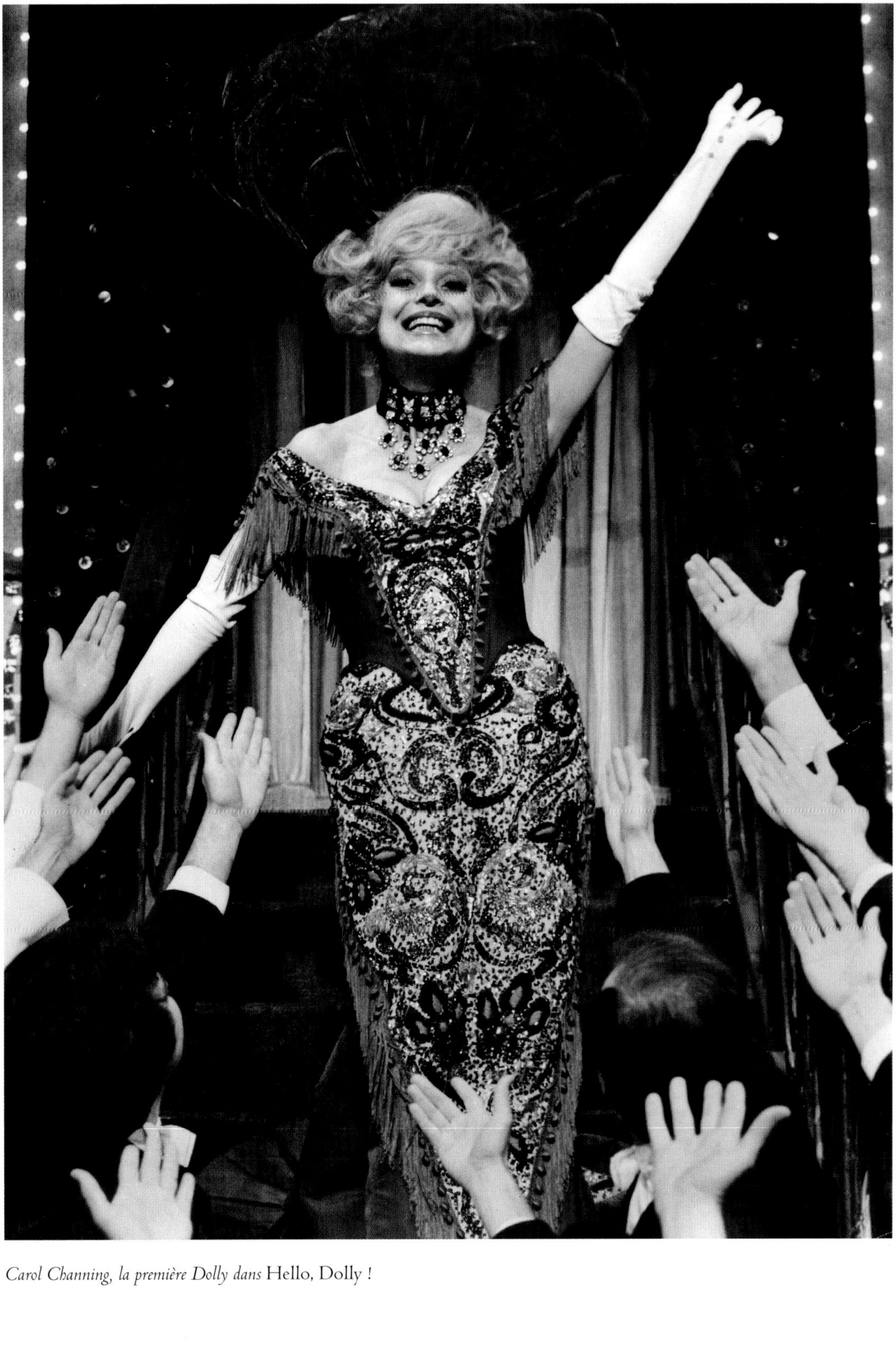

Carol Channing, la première Dolly dans Hello, Dolly !

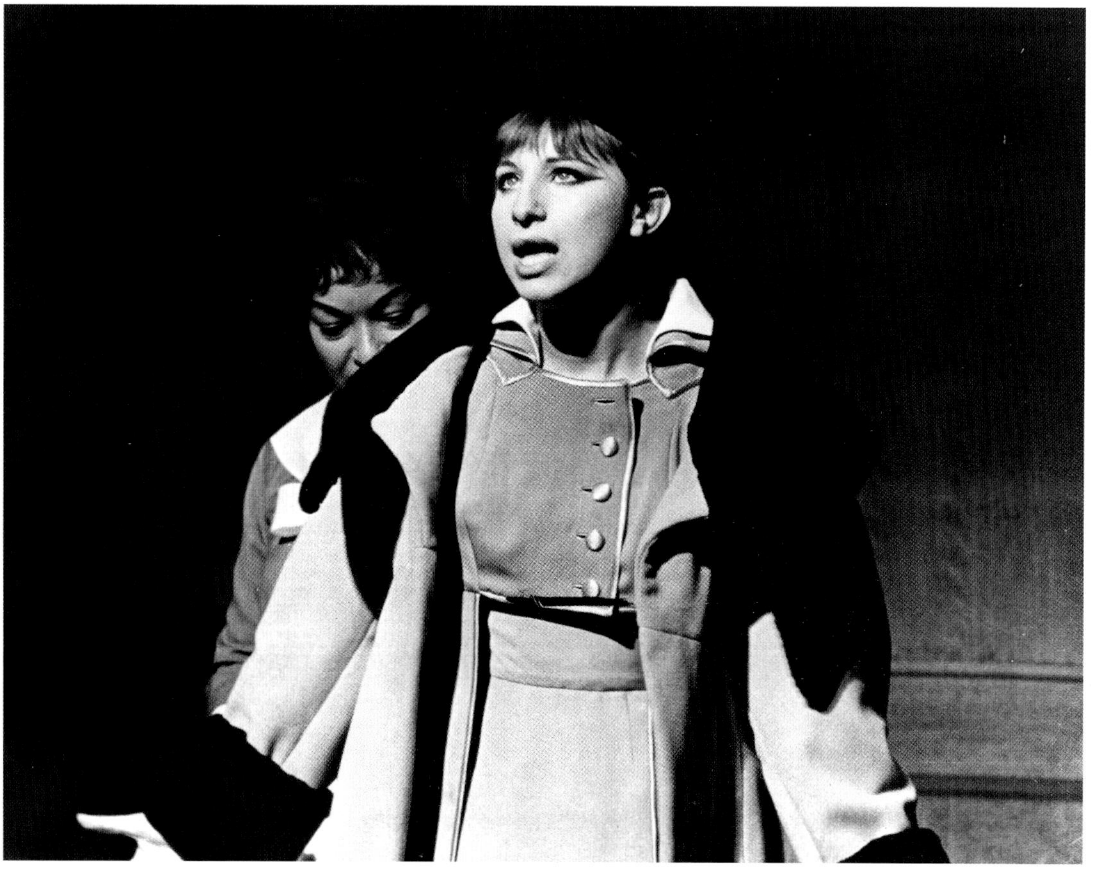

CI-DESSUS : Barbra Streisand en Fanny Brice dans Funny Girl, *le rôle qui a lancé sa carrière. Parmi ses grands numéros : « People », « The Music That Makes Me Dance », « I'm the Greatest Star » et « Don't Rain on My Parade ».*

PAGES SUIVANTES : Le Forum en folie, *musique et paroles de Stephen Sondheim, produit par Hal Prince, mis en scène par George Abbott, avec Zero Mostel (tout à gauche), et, en coulisses, Jerome Robbins.*

des artistes qui parviennent à leur niveau. Le seul auteur actuel dont le travail est pris au sérieux est Stephen Sondheim, qui s'est fait connaître d'abord comme parolier – *West Side Story* pour Leonard Bernstein, *Gypsy* pour Julie Styne – avant de composer lui-même. Parmi les très nombreuses comédies musicales qu'il a créées – souvent mises en scène par Harold Prince (qui a reçu huit Tony Awards), dont cinq avec des décors du grand Boris Aronson (à qui l'on doit aussi *Cabaret* et *Fiddler*) –, citons *Le Forum en folie, Company, Follies, Sweeney Todd, Sunday in the Park with George* et *Into the Woods.* Mais Sondheim est un phénomène de la génération « d'après l'après-guerre », et ses œuvres souvent sombres ont peu de points communs avec des comédies jubilatoires comme *Guys and Dolls* ou *My Fair Lady.*

POST-SCRIPTUM

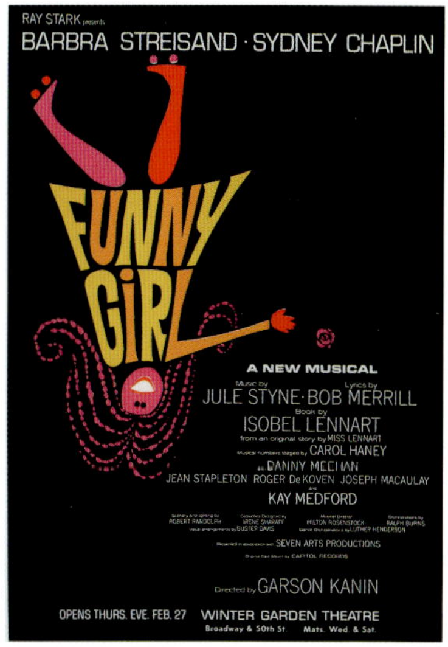

Le grand répertoire des chansons créées à Broadway nous a légué près d'un demi-siècle d'œuvres de qualité avant que la source ne se tarisse, tout comme ont disparu les *lieder* du XIXe siècle, les films muets et le roman victorien. La bonne comédie musicale d'antan est morte, elle aussi, de sa belle mort.

Dans les cinquante années qui ont suivi, bien des choses l'ont remplacée, bonnes et mauvaises. On citera les comédies musicales rock-and-roll, et notamment *Grease* ; les comédies musicales noires, nostalgiques et euphoriques, depuis *Ain't Misbehavin'* (Fats Waller) jusqu'à *Bring in 'da Noise, Bring in 'da Funk*, avec Savion Glover, le phénomène des claquettes ; les comédies musicales nostalgiques blanches qui reprennent des musiques d'autrefois, comme *42nd Street, My One and Only* (Gershwin) de Tommy Tune ; les spectacles créés avec des groupes pop (*Mamma Mia !* par Abba ; *Jersey Boys* de The Four Seasons ; *Movin' Out* du spectacle de Billie Joel conçu par Twyla Tharp ; *Beautiful* de Carole King) ; les œuvres rock religieuses comme *Jésus Christ, Superstar* ; les faux opéras d'Andrew Lloyd Webber, depuis *Cats* jusqu'au *Fantôme de l'opéra* ; le summum de la comédie musicale du show-biz qu'est *A Chorus Line*, le summum de la revue, *Oh, Calcutta !* ; une série d'adaptations par les Studios Disney de leurs propres films, y compris le *Roi Lion*, œuvre émouvante qui en est à sa dix-septième année (et le plus grand succès financier de l'histoire de Broadway) ; les succès issus du Off-Broadway comme *Rent* et *Avenue Q* ; et enfin d'exceptionnels spectacles avec des livrets à l'ancienne, tels *The Producers, Billy Elliot* ou *The Book of Mormon*, sans parler des reprises qui ne cessent d'alimenter la nostalgie du public pour la grande époque de Broadway. N'oublions pas enfin *Forbidden Broadway*, qui parodie la comédie musicale depuis 1982.

Une chose est certaine : cette époque n'a été ni stérile, ni ennuyeuse ; on peut même dire qu'elle a été plus variée et inventive que celle de l'« âge d'or » qui a pris fin vers 1965. Mais nous a-t-elle donné autant de plaisir ?

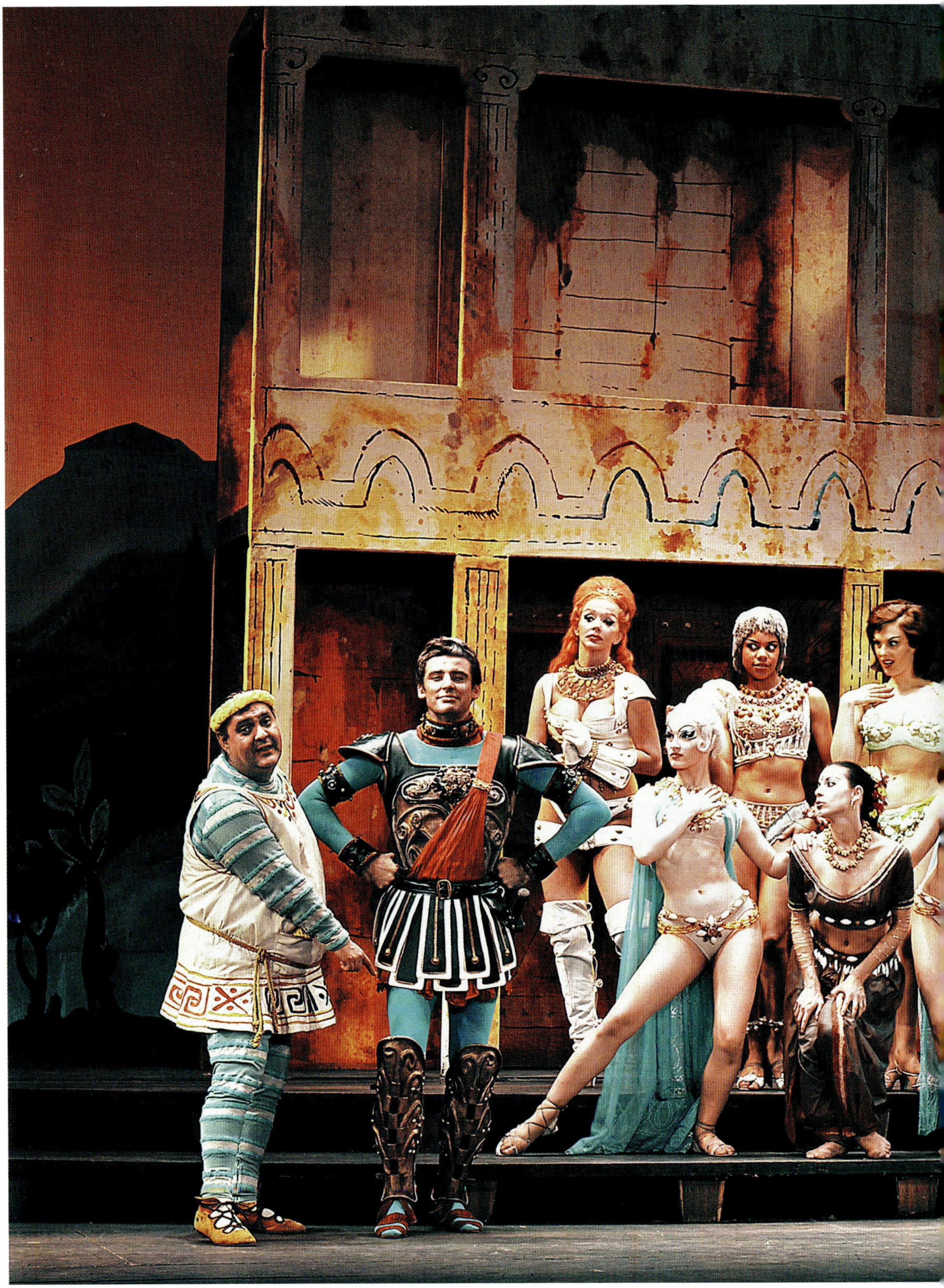

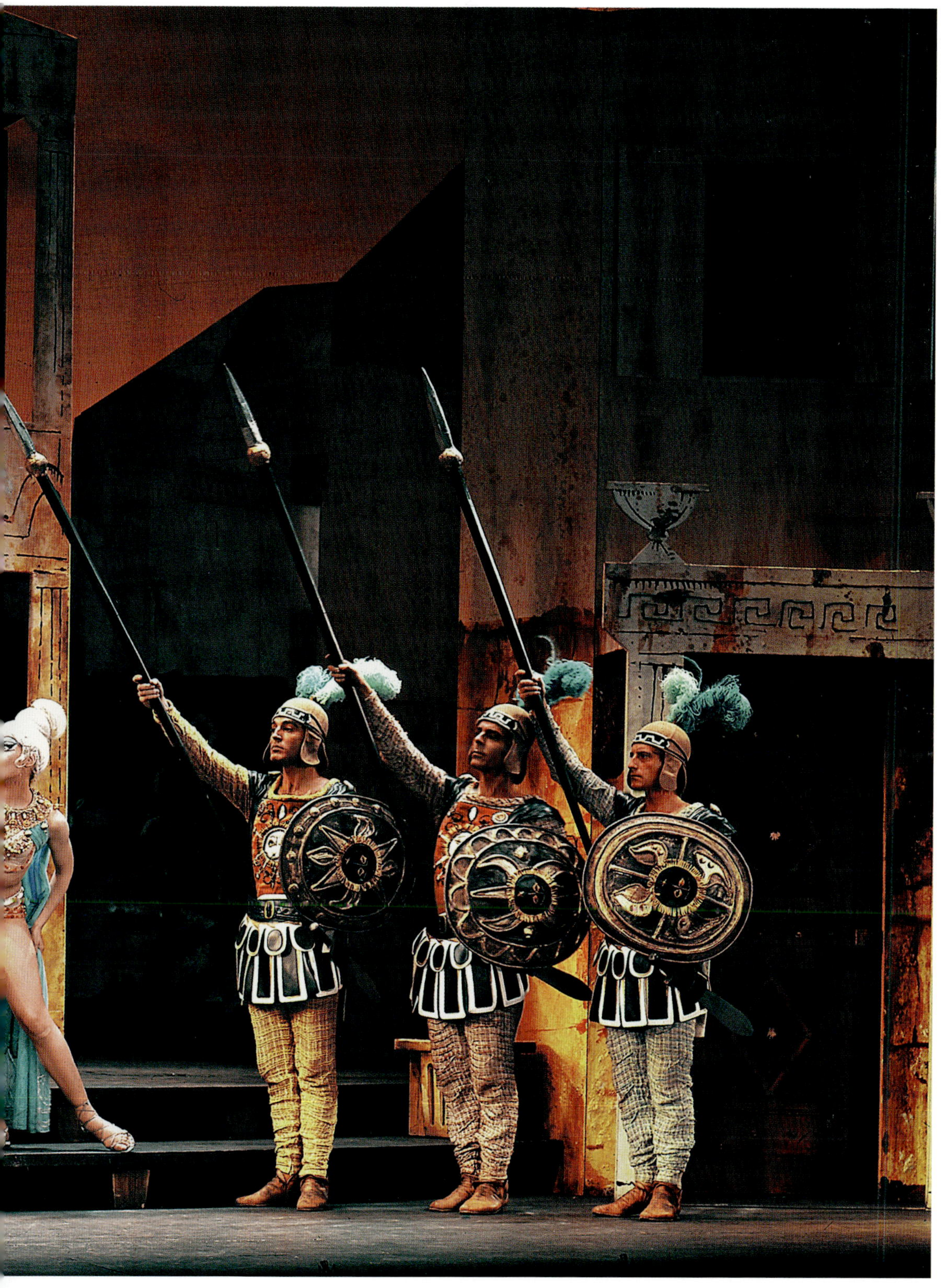

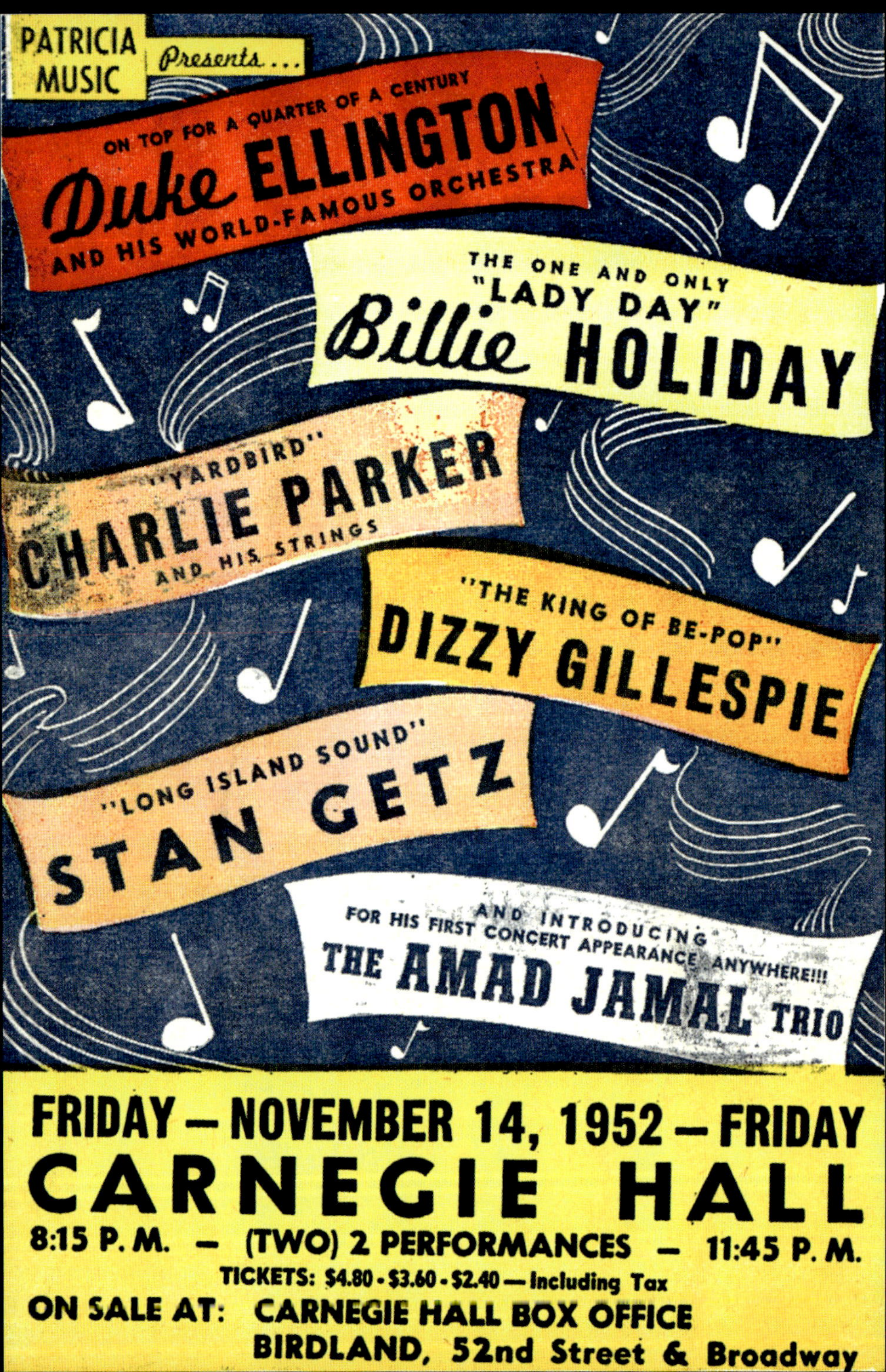
PATRICIA MUSIC
Presents...
ON TOP FOR A QUARTER OF A CENTURY
Duke ELLINGTON
AND HIS WORLD-FAMOUS ORCHESTRA
THE ONE AND ONLY
"LADY DAY"
Billie HOLIDAY
"YARDBIRD"
CHARLIE PARKER
AND HIS STRINGS
"THE KING OF BE-POP"
DIZZY GILLESPIE
"LONG ISLAND SOUND"
STAN GETZ
AND INTRODUCING
FOR HIS FIRST CONCERT APPEARANCE ANYWHERE!!!
THE AMAD JAMAL TRIO
FRIDAY — NOVEMBER 14, 1952 — FRIDAY
CARNEGIE HALL
8:15 P. M. — (TWO) 2 PERFORMANCES — 11:45 P. M.
TICKETS: $4.80 - $3.60 - $2.40 — Including Tax
ON SALE AT: CARNEGIE HALL BOX OFFICE
BIRDLAND, 52nd Street & Broadway

VIE NOCTURNE

LE JAZZ

En 1952, le jazz est devenu si respectable qu'il n'y a plus rien d'étonnant à ce qu'un concert de jazz se tienne à Carnegie Hall. Benny Goodman – le roi du swing – avait ouvert la voie quatorze ans plus tôt avec le plus célèbre concert de tous les temps, diffusé en disque sous le titre « Jazz at Carnegie Hall ». (Il innovait également en invitant des musiciens noirs ; parmi ses confrères ce soir-là, il y avait Count Basie, Lionel Hampton, Lester Young et Johnny Hodges.) Cette publicité pour le concert de 1952 réunit des noms illustres, de Noirs comme de Blancs. Les seuls « récidivistes » sont certains musiciens de l'orchestre de Duke Ellington.

À l'époque de la Prohibition, jusqu'en 1933, les New-Yorkais pouvaient se rendre le soir dans des centaines de bars clandestins pour boire et s'amuser ; sans doute leur caractère illégal ajoutait-il du piment à la chose. Selon Louis Sobol, journaliste chez *Hearst*, « les bars clandestins ont marqué une époque effervescente, dangereuse et romantique, pleine de vols, d'intrigues et de meurtres. [...] Le long des trottoirs gris de New York, des portes sombres et closes s'ouvraient soudain sur tout un univers de lumières tamisées, d'odeurs séduisantes, de musiques suaves, de divertissements, de fumée et de rires [...] ; naturellement, ce qui nous excitait le plus, c'était de faire quelque chose de contraire à la loi ».

Il fallut attendre l'abolition de la Prohibition pour que le jazz descende en vague depuis Harlem et trouve un nouveau foyer dans la 52e Rue – connue alors sous le simple nom de « The Street ». (Elle s'étendait entre la 5e et la 7e Avenue.) Comme par magie, les bars clandestins se transformèrent en clubs respectables et, vers le milieu des années 1930, d'innombrables artistes de jazz s'y produisaient, depuis le grand pianiste Art Tatum (déjà connu à l'époque de la Prohibition) jusqu'à Billie Holiday, en passant par Lee Wiley et Mabel Mercer. Le swing était dans l'air du temps (la 52e Rue était également appelée « Swing Street ») et, en 1938, Count Basie ouvrait la voie à d'autres Big Bands, comme celui de Woody Herman. Mais, à la fin de la guerre, le swing était plus ou moins passé de mode quand le be-bop débarqua à son tour de Harlem. Un quatuor de bop, dirigé par Dizzy Gillespie et Oscar Pettiford, se produisit à l'Onyx en 1944, suivi bientôt dans « The Street » de Charlie Parker, Fats Navarro, Kenny Clarke et autres stars du be-bop. Jusque vers 1950, la 52e Rue allait être le rendez-vous des amateurs de jazz, qui préféraient parfois monter jusqu'à Harlem au Minton's, au Savoy ou à l'Apollo. Un propriétaire de club se souvient : « Il était rare que les clients aillent dans un seul club. Ils se rendaient dans "The Street", puis allaient de club en club, selon ce qu'ils avaient envie d'entendre. [...] La fièvre gagnait la rue. C'était comme une soirée de festival dans Little Italy. La moitié du spectacle était sur le trottoir. »

Puis le déclin s'amorça. Les propriétaires de clubs se mirent à engager des filles pour des numéros de strip-tease (en 1949, l'Onyx présentait Zorita, strip-teaseuse accompagnée d'un serpent), et, à l'ouest de la 6e Avenue, on ne trouvait plus que des restaurants chinois. Un

Les trois plus grandes voix féminines de l'ère du jazz se sont souvent produites dans les divers quartiers de New York. Elles n'ont jamais été remplacées. CI-DESSOUS : *L'ineffable et tragique Billie Holiday, au Downbeat sur la 52e Rue en 1947, mais sans son signe distinctif : son gardénia blanc derrière l'oreille.* À DROITE, EN HAUT : *La magnifique Ella Fitzgerald au Downbeat en 1947, sous le regard fasciné de Dizzy Gillespie. Ella a commencé enfant en gagnant un concours à l'Apollo et elle a fini reine du scat, et même reine de tout.* À DROITE, EN BAS : *La divine Sarah Vaughan, vers 1951, renommée pour ses talents de musicienne et pour son immense voix, qui est presque celle d'une cantatrice d'opéra.*

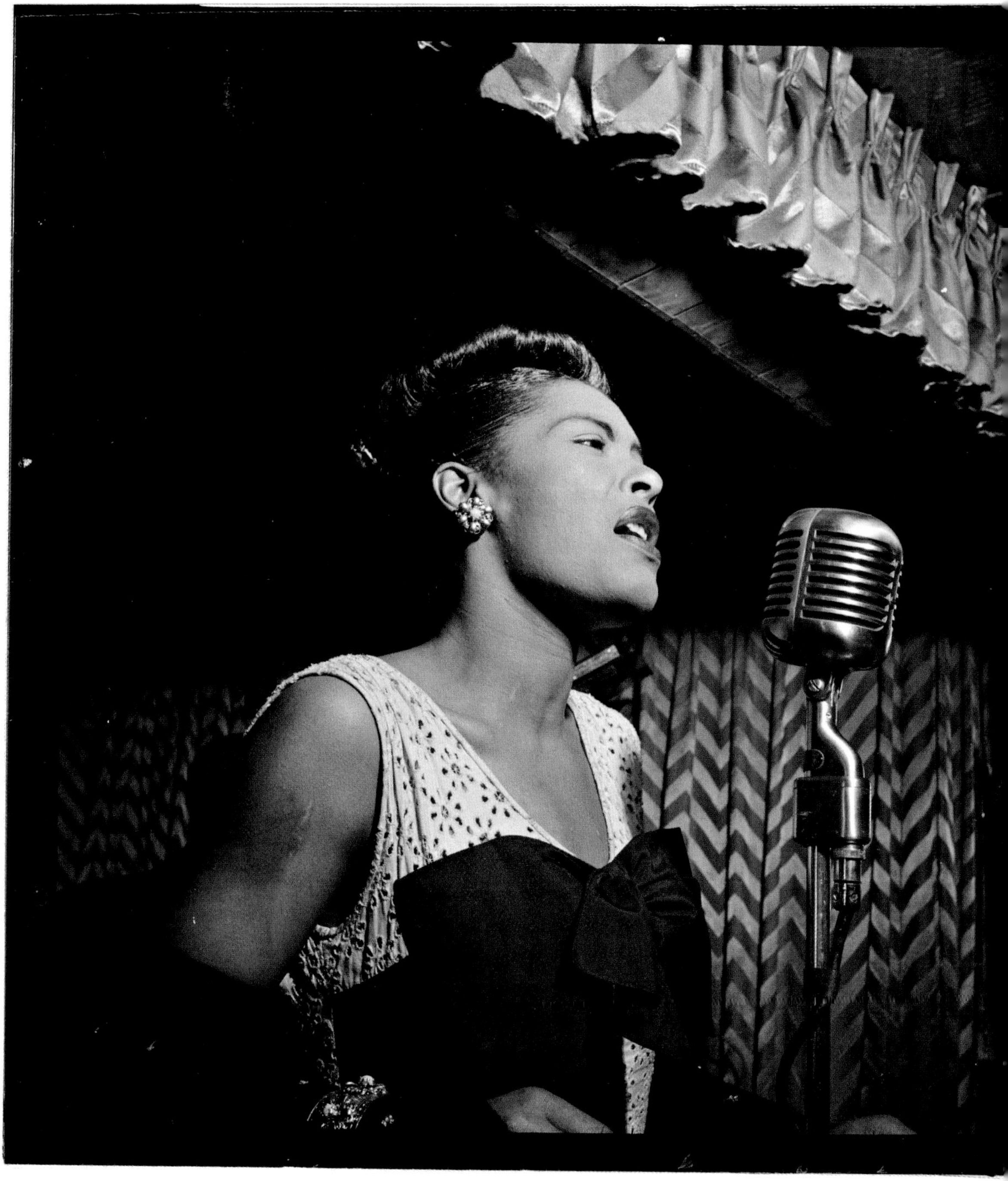

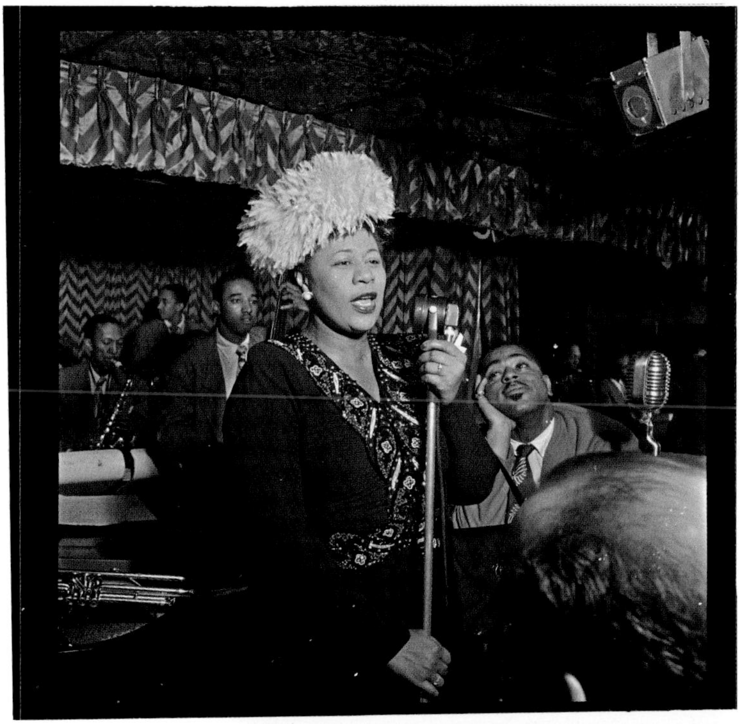

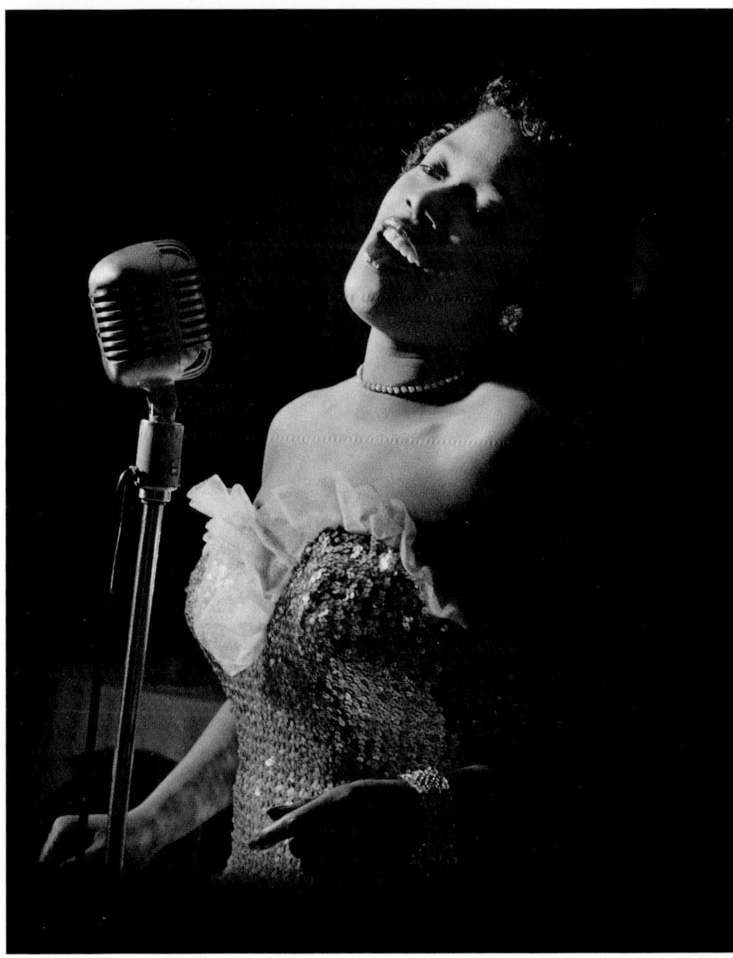

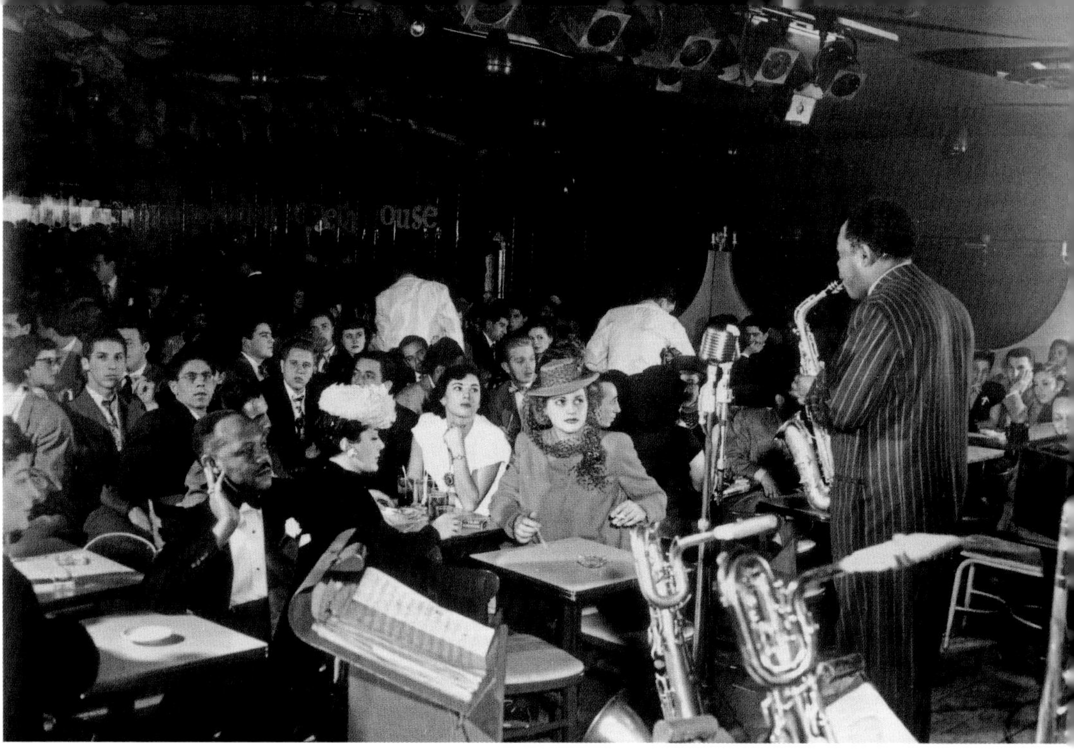

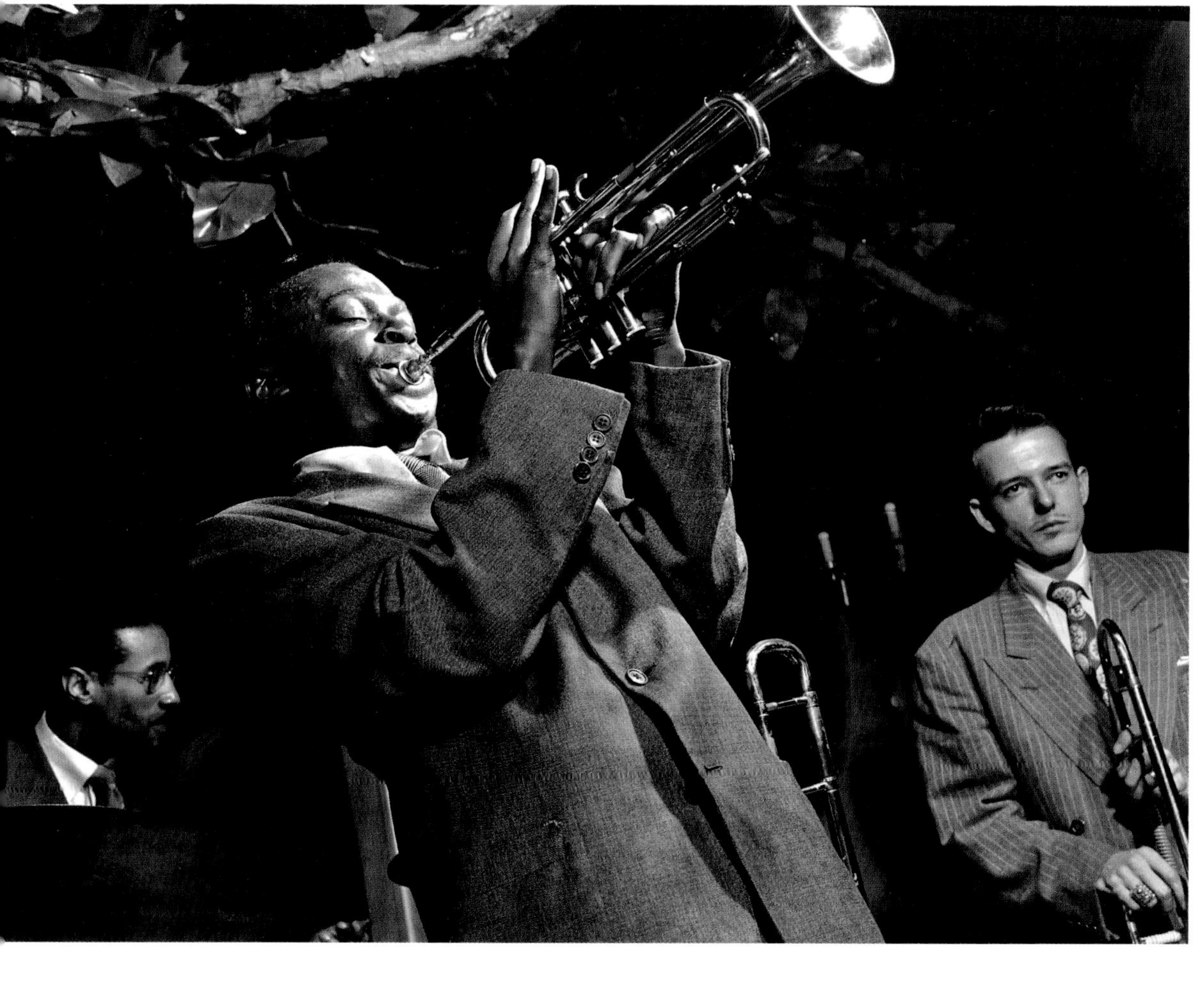

journaliste nota que « la 52e Rue est étranglée par un string trempé dans de la sauce soja ». Rien ne pouvait freiner l'essor de l'immobilier dans Midtown après la guerre, et à mesure que les sièges sociaux s'élevaient, le jazz s'éloignait. *The New Yorker* déplora qu'il soit « difficile aujourd'hui d'entendre du jazz dans Midtown ». Arnold Shaw, auteur d'un ouvrage devenu un classique, intitulé *52nd St.: The Street of Jazz*, écrivait : « Dans une enquête que j'ai menée personnellement en 1954, j'ai compté six boîtes de strip-tease et seulement un club de jazz entre la 5e et la 6e Avenue. » Ce qui restait encore de jazz à Midtown avait déménagé à Broadway, dans l'avant-gardiste Royal Roost, un restaurant de poulet métamorphosé en 1948 en club de jazz bop à succès.

Un an plus tard fut créé le célèbre Birdland, qui doit son nom à Charlie « Bird » Parker, alors la plus célèbre personnalité du jazz moderne. L'établissement ouvrit ses portes à la fin de 1949 et, selon certaines sources, un million quatre cent mille billets d'entrée furent vendus au cours de ses cinq premières années d'activités. Tout le monde y jouait et tout le monde y allait. Le phénomène ne dura que quinze ans (jusqu'en 1965), mais le Roseland Ballroom, tout aussi célèbre, survécut. Dans les années 1930, le club accueillait Louis Armstrong, Count Basie et d'autres grands orchestres swing comme ceux de Tommy Dorsey, Glenn Miller ou Harry James. C'était un lieu où l'on dansait, une « magnifique métropole de la mélodie et de l'amusement », avant comme après le déménagement du club, en 1956, de la 51e à la 52e Rue, juste à l'ouest de Broadway. L'établissement, capable d'accueillir pas moins de trois mille deux cents personnes debout, resta fidèle à ses origines même à l'époque du disco : « La danse joue contre joue, disait son propriétaire, c'est ce qu'on fait ici. » Le Roseland n'existe plus, mais la salle accueille aujourd'hui toutes sortes d'événements festifs, bien éloignés de ses racines.

Trois grands du jazz.
À GAUCHE, EN HAUT : Charlie « Bird » Parker, créateur du be-bop, en spectacle au Royal Roost, 1948. À GAUCHE, EN BAS : Miles Davis au Royal Roost, 1948. CI-DESSOUS : La quintessence du be-bop incarnée par Dizzy Gillespie, au Downbeat, vers 1946-1948.

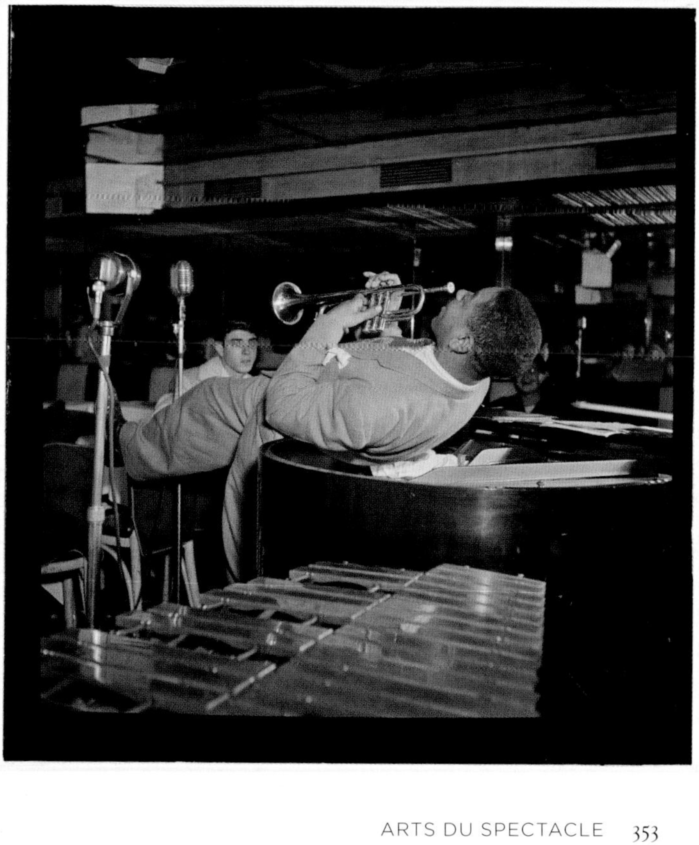

Après la guerre, le jazz était naturellement présent dans d'autres quartiers de la ville. Il prospérait à Harlem, même si, dès 1940, le célèbre Cotton Club – celui de Duke Ellington et de Lena Horne – appartenait déjà au passé. L'Apollo était surtout connu pour ses concours amateurs ; c'est au cours d'une de ces soirées

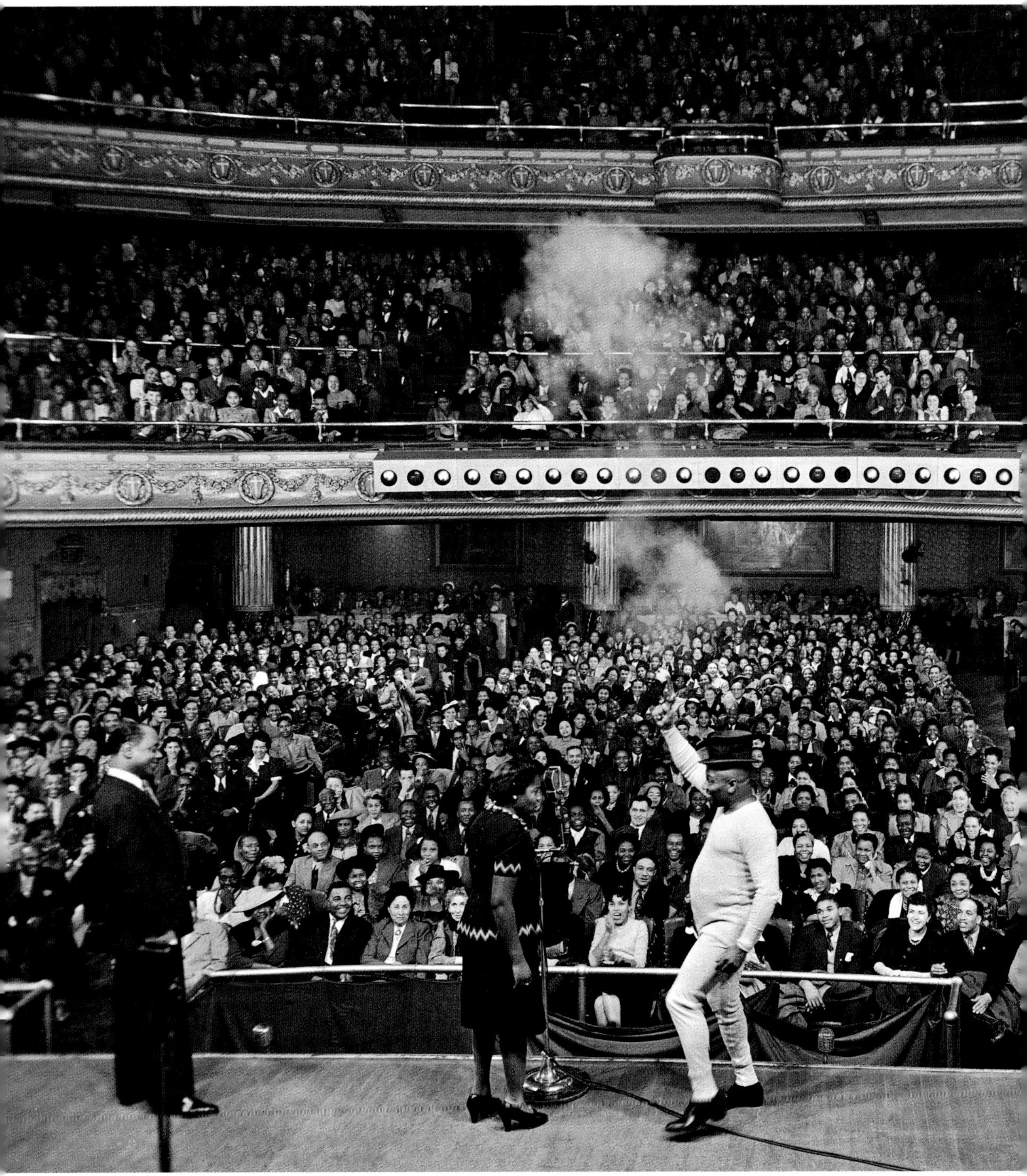

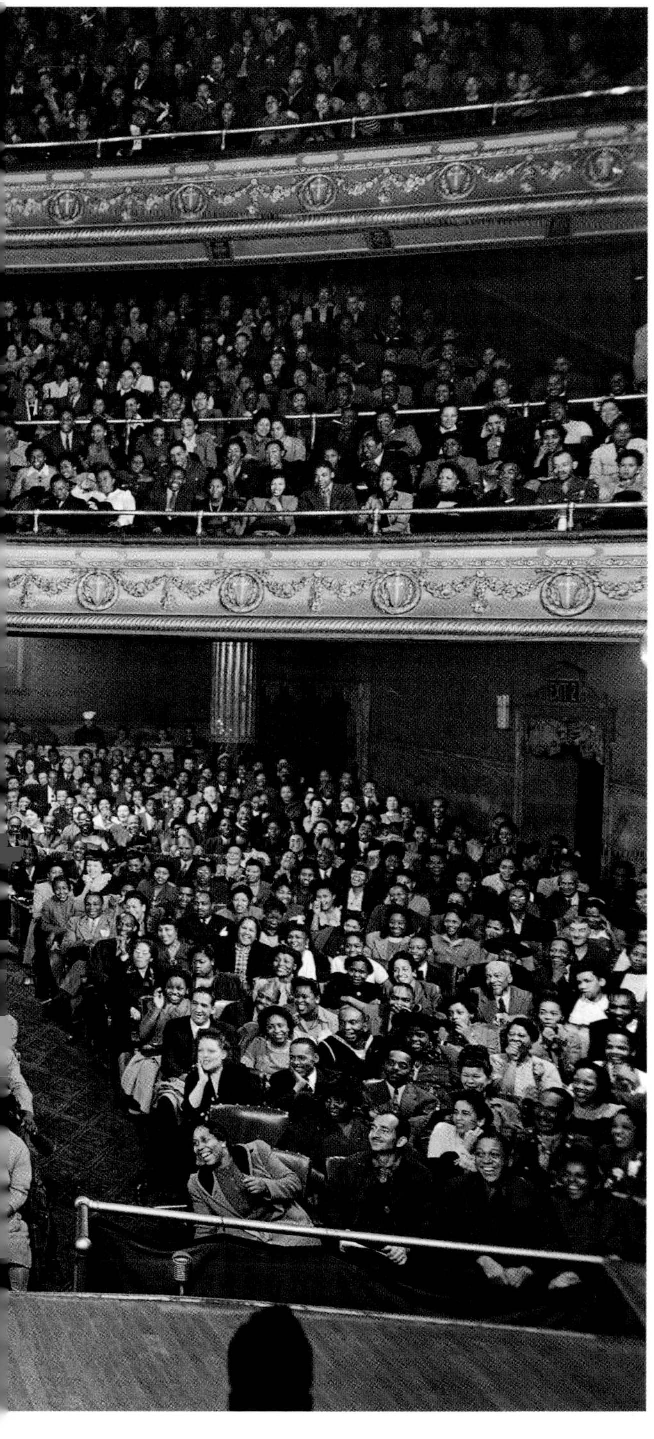

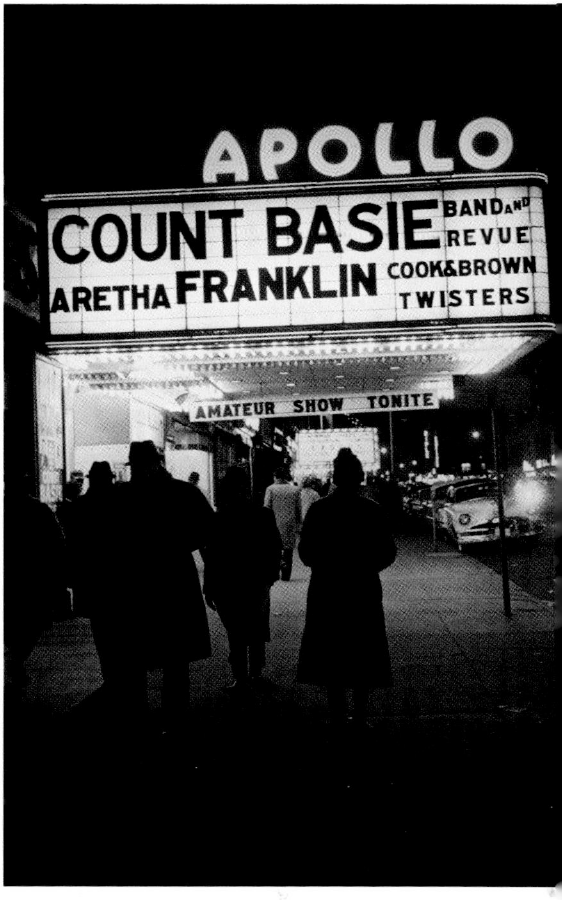

À GAUCHE : Une soirée amateur typique à l'Apollo dans les années 1940.

CI-DESSUS : Le comte du swing rencontre la reine de la soul à l'Apollo, le seul lieu où une telle rencontre était possible.

qu'Ella Fitzgerald, âgée de dix-sept ans, connut le départ fulgurant de sa carrière légendaire. Les musiciens blancs côtoyaient les Noirs : la merveilleuse chanteuse de jazz Anita O'Day et, au début des années 1960, James Brown y jouaient et enregistraient leurs succès. Citons aussi Minton's Playhouse, dont les célèbres concours d'improvisation virent s'épanouir le be-bop. Il y a enfin l'immense Savoy Ballroom, où le Chick Webb Band accompagna Ella des années durant ; avec ses mille mètres carrés, la salle pouvait accueillir quatre mille clients. L'établissement resta ouvert jusqu'en 1958 et fut immortalisé par ce classique du swing qu'est « Stompin' at the Savoy ».

Le jazz continuait aussi à animer Downtown, notamment au Five Spot Café, sur Cooper Square, dans le Bowery, qui ouvrit ses portes en 1956 et accueillit longtemps des musiciens comme Cecil Taylor, Thelonius Monk (avec John Coltrane) et Ornette Coleman, qui y fit ses débuts à New York. Tous les amateurs de jazz sérieux allaient au Five Spot. Enfin, le Village Vanguard, après avoir tout épuisé – le folk, la comédie, la poésie et le cabaret –, se mit au jazz en 1957 ; près de soixante ans plus tard, il continue sur cette lancée !

CI-DESSOUS : *Rencontre devant le Minton, berceau du be-bop en 1947. De gauche à droite : Thelonius Monk, Howard McGhee, Roy Eldridge et Teddy Hill.*

À DROITE : *Des danseurs dans la salle de bal du Savoy, dans les années 1940 (en haut) et 1950 (en bas).*

PAGES SUIVANTES : *Le compositeur et interprète David Amram au Five Spot Café, 1957.*

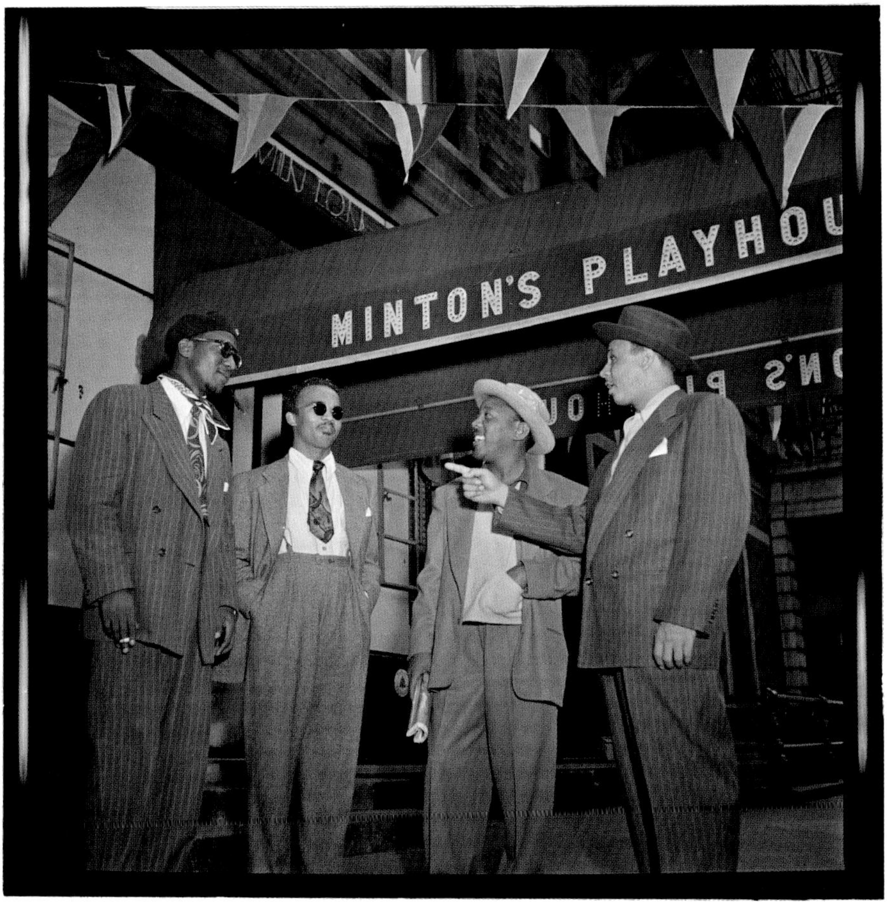

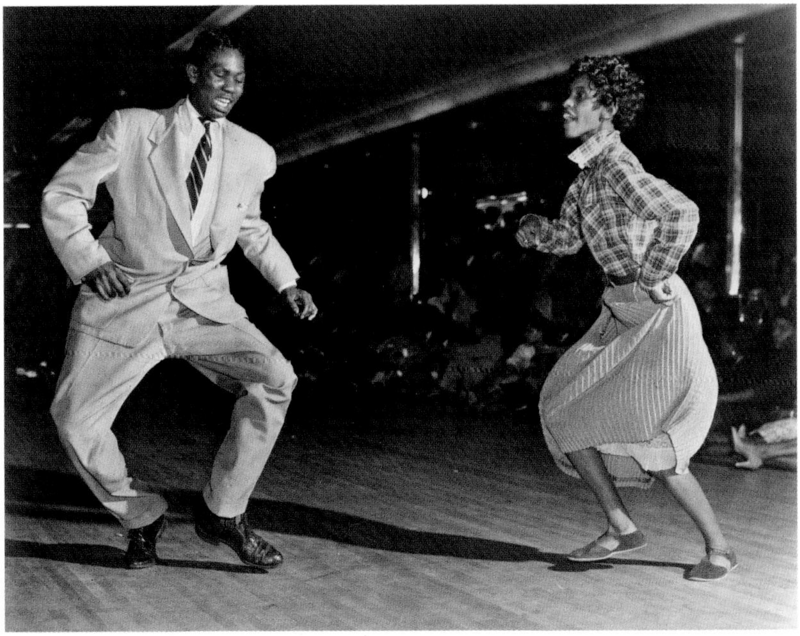

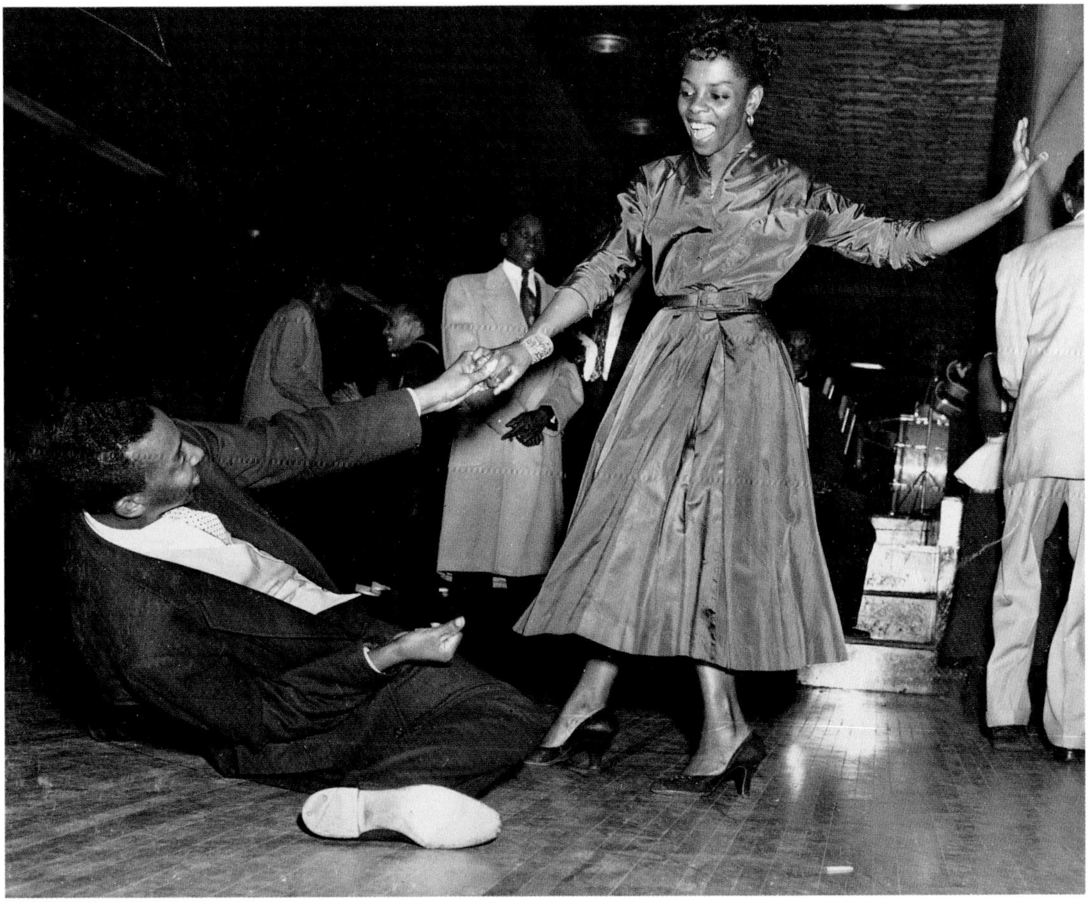

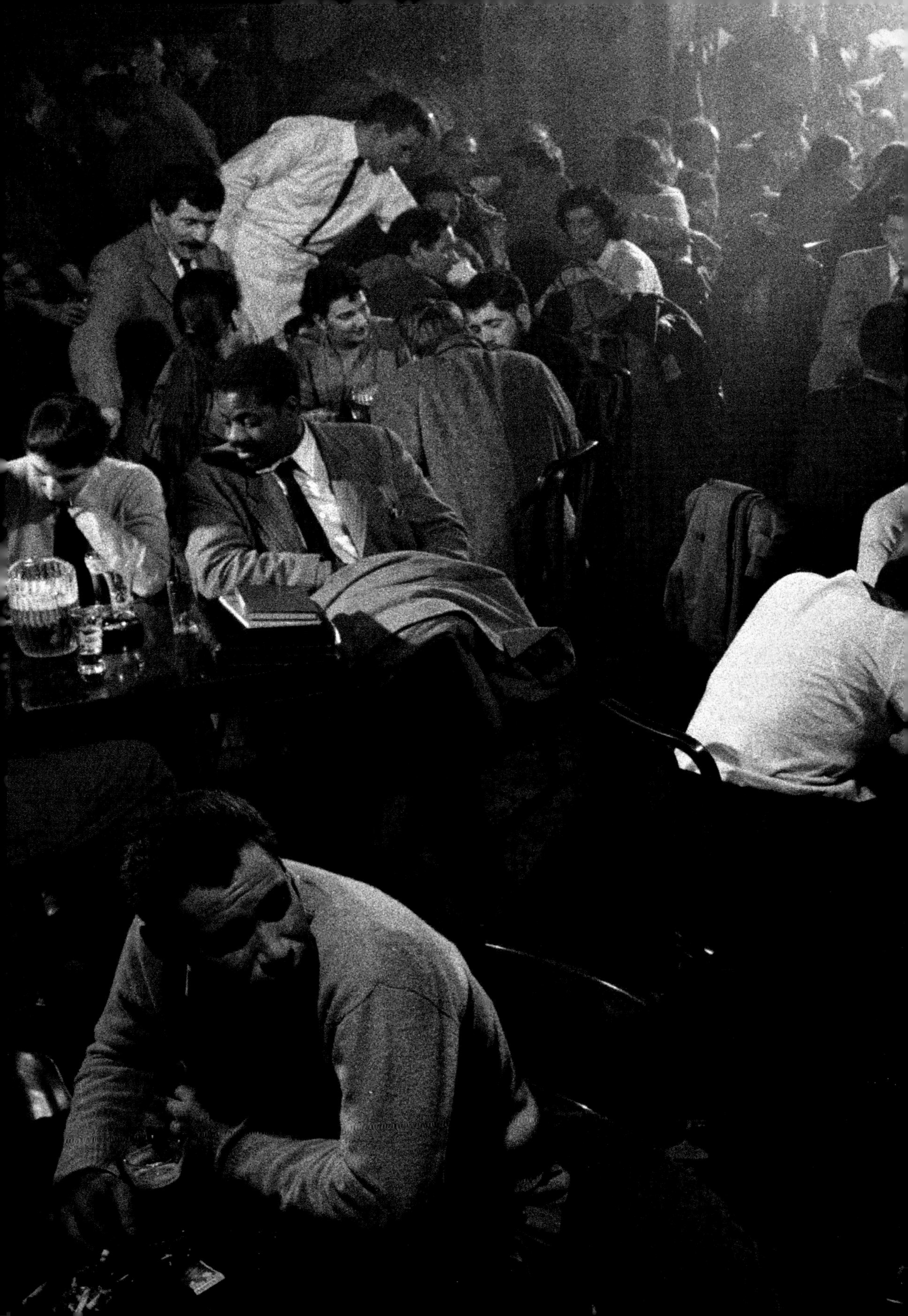

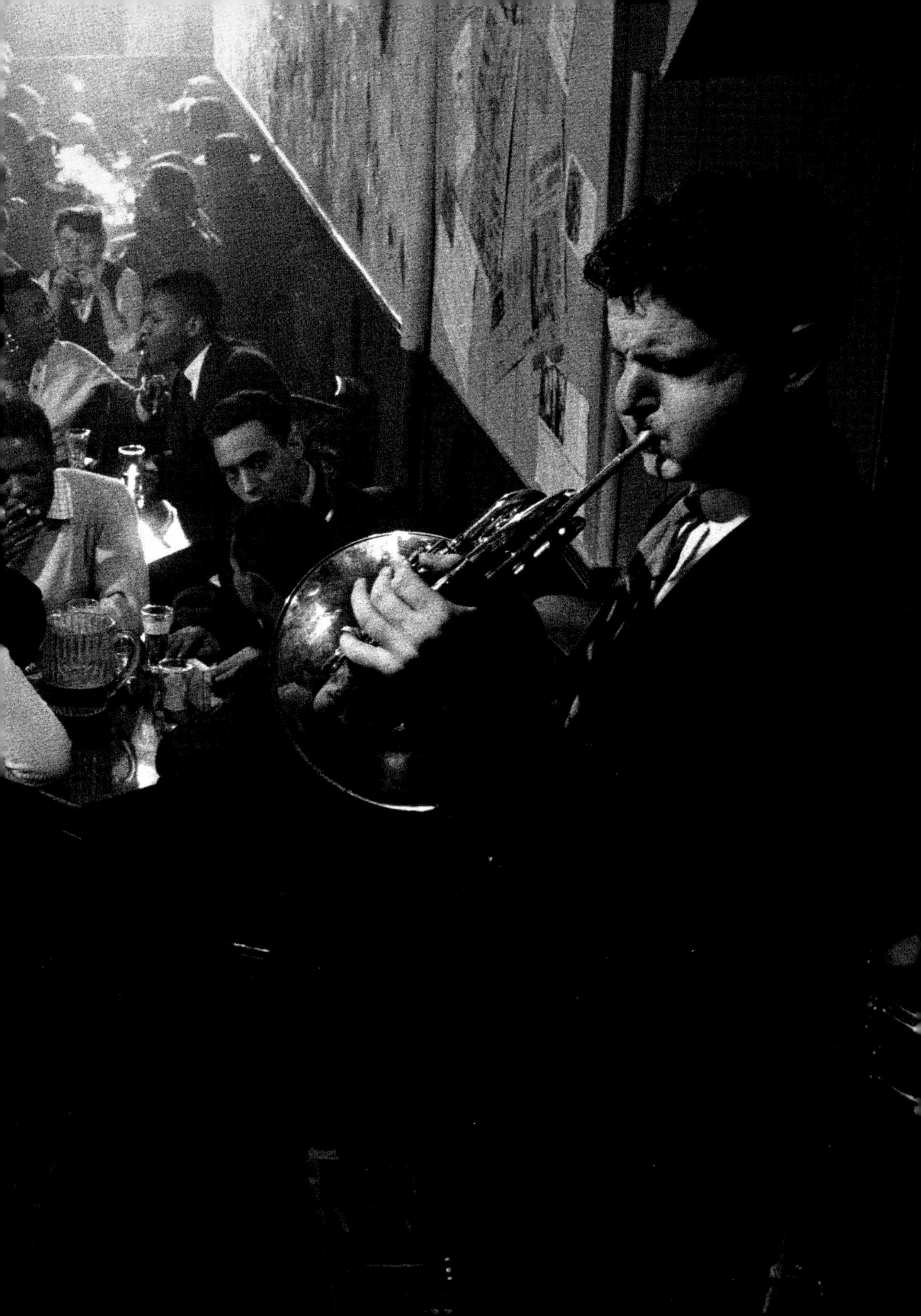

LE CABARET

Longue est la liste des cabarets qui offraient aux New-Yorkais toutes sortes d'amusements et de divertissements intimistes : Blue Angel, Bon Soir, Ruban Bleu, Malmaison, Café Carlyle, Living Room, Red Carpet, Tender Trap, Versailles, Village Vanguard, Café Society Downtown, Café Society Uptown, Upstairs at the Downstairs, Downstairs at the Upstairs, Den in the Duane, Drake Room, Maisonnette (au St. Regis), Peacock Alley (au Waldorf), Persian Room (au Plaza), Spivy's… Les nombreux noms français montrent à quel point ces numéros de cabaret entendaient reproduire les plaisirs que les Américains découvrirent dans les « boîtes » parisiennes avant et après la guerre. La grande Édith Piaf fit d'ailleurs de multiples apparitions au bien-nommé Versailles.

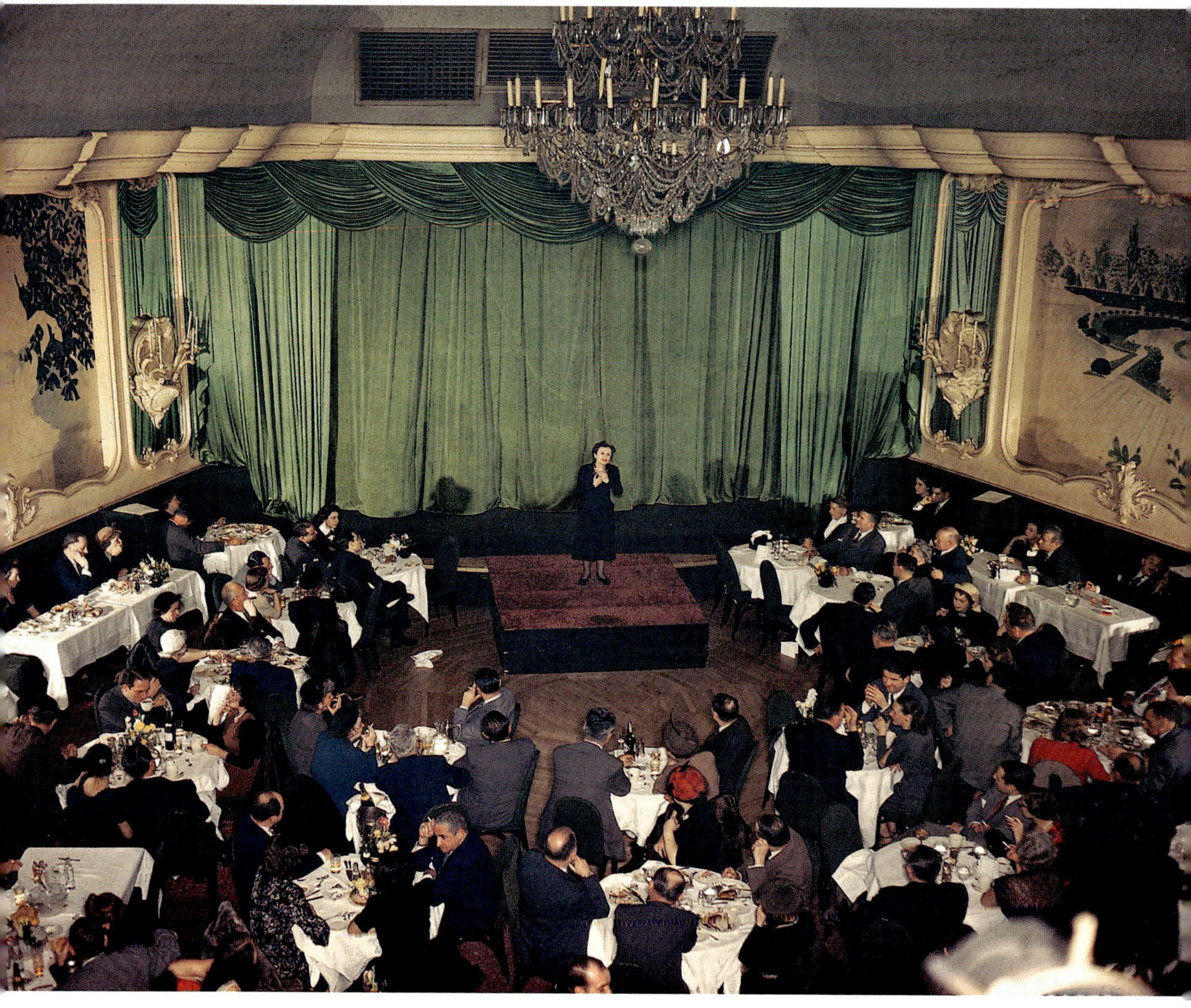

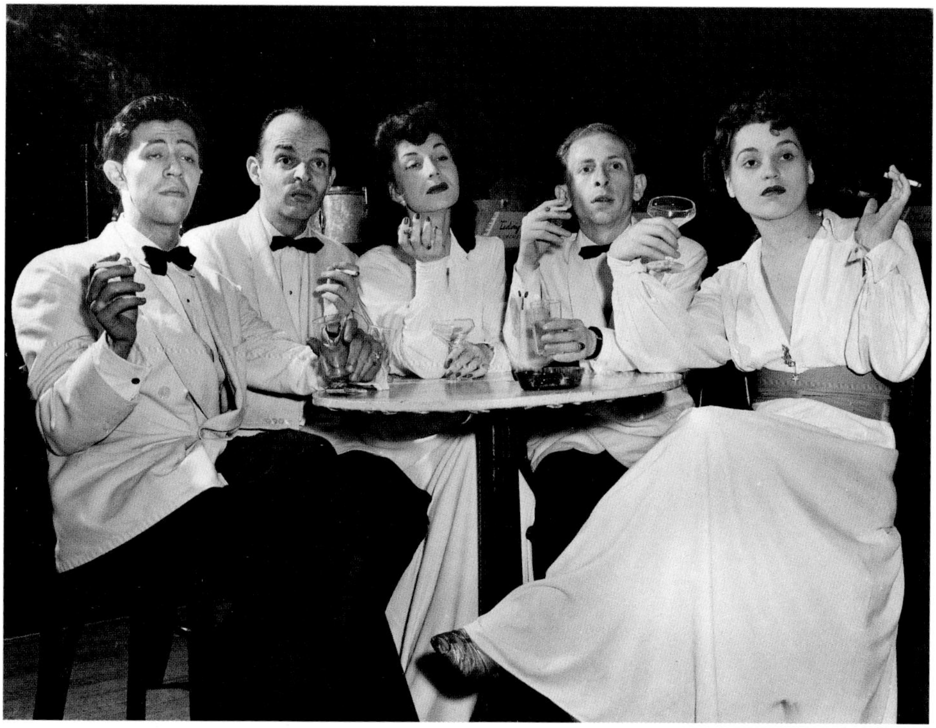

Les petits cabarets ne pouvaient parfois contenir qu'une soixantaine de spectateurs, entassés dans une salle enfumée et mal aménagée. Personne ne s'en souciait tant que le divertissement était au rendez-vous. Un des numéros comiques les plus célèbres de l'histoire du cabaret fut inauguré au Vanguard de Max Gordon en 1939, avec cinq petits jeunes morts de trouille, qui se donnèrent le nom de Revuers. Deux d'entre eux, Betty Comden et Adolph Green, signèrent ensuite d'innombrables films et comédies musicales, depuis *On the Town* jusqu'à *Singing' in the Rain*. Leur consœur et amie, Judy Holliday (née Tuvim), connut la gloire dans *Born Yesterday*, *Bells Are Ringing* (une comédie musicale écrite pour elle par Betty et Adolph) et une série de films à succès inaugurée par *Adam's Rib*. Les Revuers, qui adaptaient aussi les grands classiques de la littérature pour le plus grand plaisir du public, mirent ainsi en scène *Les Misérables*. Leur histoire est importante, car elle annonce le rôle que le cabaret continuera de jouer dans le monde du divertissement : on y découvre des artistes jeunes et talentueux (payés trois fois rien), on les fait applaudir avant de les lancer vers Broadway, la télévision ou Hollywood.

Max Gordon ne dirigeait pas que le Vanguard ; il était également copropriétaire du Ruban Bleu : il s'était associé à Herbert Jacoby, un émigré parisien, qui avait ouvert le club à la fin des années 1930. Plus tard, Jacoby en céda la gestion à Julius Monk pour aller

À GAUCHE : *Édith Piaf dans sa salle préférée à New York, le Versailles.*

CI-DESSUS : *Les Revuers, au Village Vanguard de Max Gordon. De gauche à droite : Adolph Green, John Frank, Betty Comden, Alvin Hammer et Judy Holliday (qui s'appelait encore Judy Tuvim).*

Les débuts de Woody Allen au Blue Angel d'Herbert Jacoby, 1960.

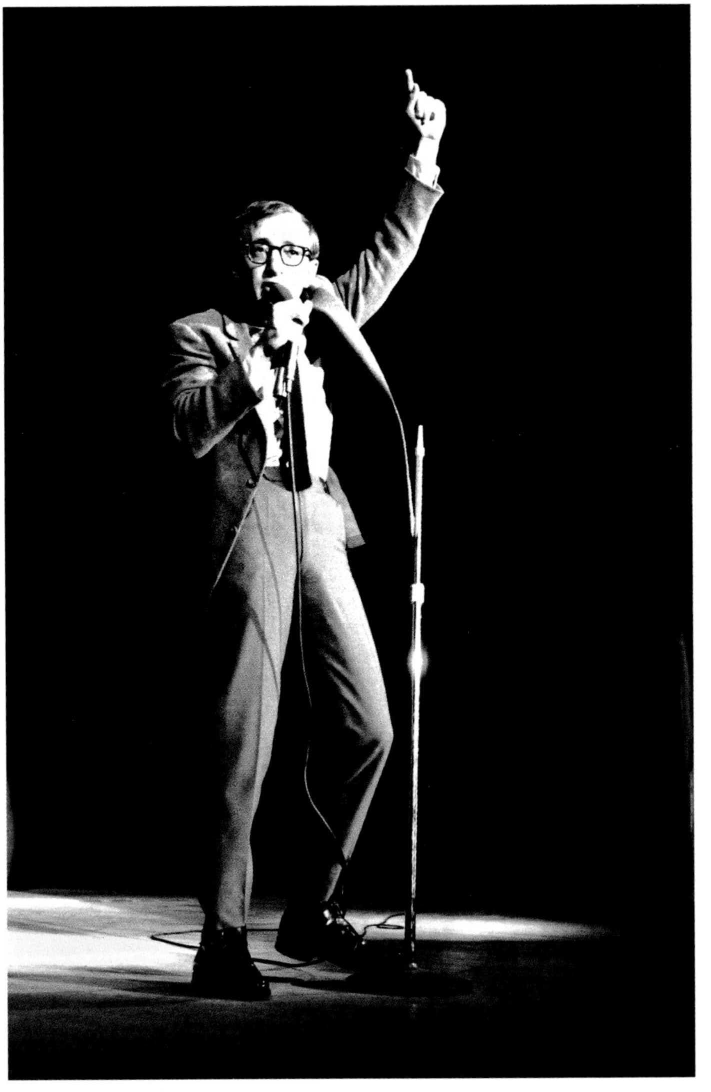

ouvrir le célèbre Blue Angel, beaucoup plus chic et huppé. C'est dans son hall tapissé de rouge, nous explique James Gavin dans *Intimate Nights* (la bible de l'âge d'or des cabarets de New York), que « des dizaines d'artistes ont commencé leur carrière, parmi lesquels Barbra Streisand, Mike Nichols et Elaine May, Carol Burnett, Johnny Mathis, Tom Lehrer, Phyllis Diller, Shelley Berman, Pearl Bailey, Harry Belafonte et Woody Allen ». Ensuite, il y eut Yul Brynner (qui « s'asseyait sur le piano et chantait des airs populaires russes tout en jouant de la guitare ») et, en 1945, Bobby Short, alors âgé de vingt ans. Au Blue Angel, le prix de l'entrée était élevé, les spectateurs étaient serrés et l'ambiance – avec son décor de bar entièrement noir – était assez glauque (Jacoby lui-même était lugubre), mais le club n'en était pas moins le lieu le plus à la mode de la ville. Un de ses clients les plus assidus et les plus en vue, un ami de Jacoby, était le sénateur John Kennedy, qui y amenait ses conquêtes ou poursuivait de ses assiduités les actrices du spectacle.

Les artistes qui se produisaient au Blue Angel s'y plaisaient moins que les clients, car la scène était trop petite. Comme le dit la chanteuse Dorothy Loudon – qui a beaucoup fréquenté les lieux à la fin des années 1950 et au début des années 1960 –, « c'était comme si on devait faire notre numéro sur une serviette de table ». Comme d'autres artistes de cabaret, Loudon passa ensuite à Broadway et remporta un Tony Award pour son interprétation de la méchante Miss Hannigan dans *Annie*.

Les clubs représentaient toute une palette de goûts, de la sophistication du Blue Angel jusqu'à l'ultra-gauchisme du Café Society Downtown (sur Sheridan Square), en passant par le plus raffiné Café Society Uptown (sur la 58e Rue). Ces deux clubs appartenaient à Barney Josephson, qui innova en encourageant la mixité raciale des artistes comme du public dès son premier spectacle, en 1938, avec Billie Holiday. (Sa devise était : « Le mauvais endroit pour les bonnes personnes ».) Une de ses grandes réussites fut de faire de

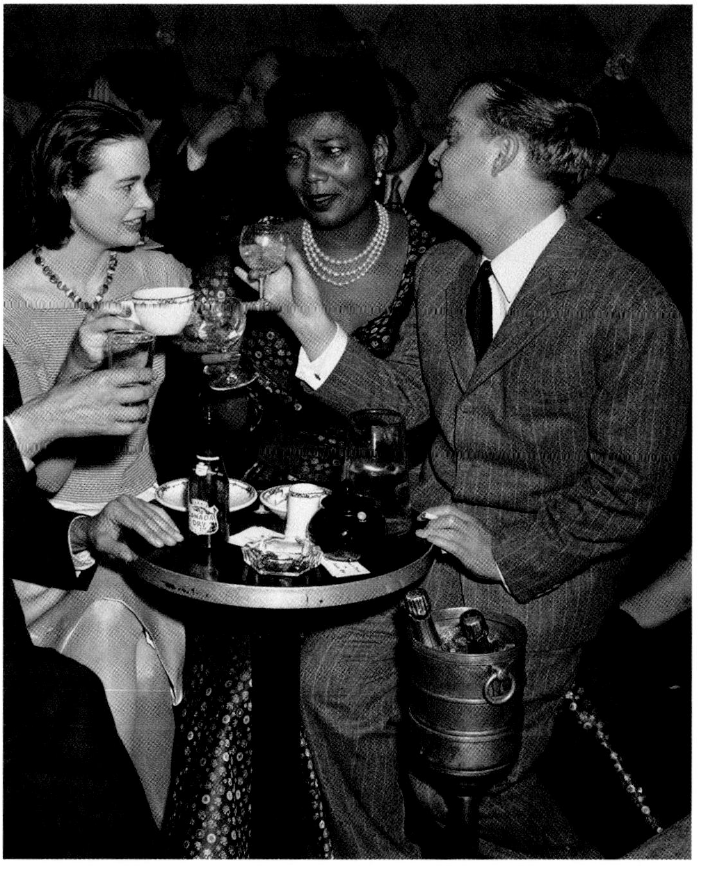

Gloria Vanderbilt et Truman Capote portent un toast à Pearl Bailey, au Blue Angel, à l'occasion de son vingtième anniversaire dans le show business, 1955.

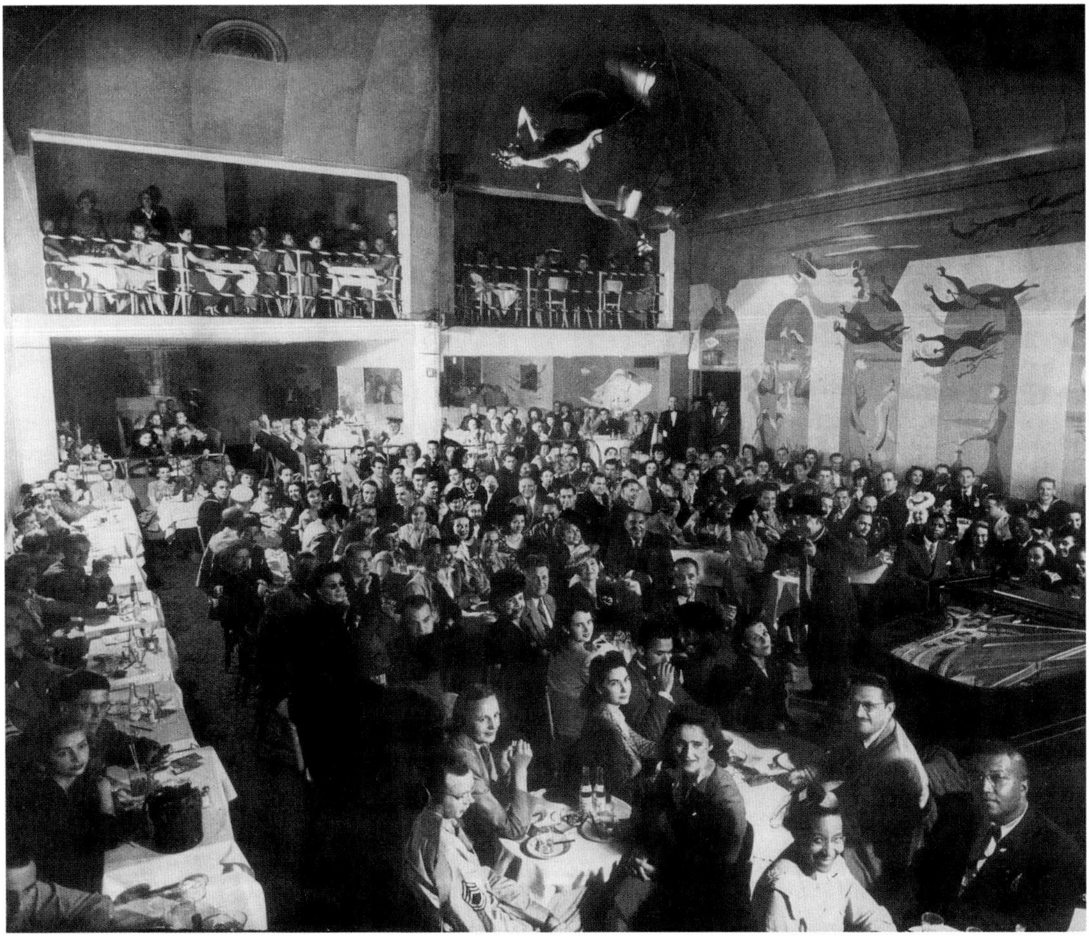

Des New-Yorkais au Café Society Uptown de Barney Josephson.

Lena Horne, chanteuse alors presque iconnue dans l'orchestre de Charlie Barnet, une magnifique soliste ; il alla jusqu'à l'emmener chez Bergdorf pour qu'elle soit correctement habillée. Mais aucune bonne action ne reste impunie : alors que l'Amérique subissait la paranoïa anticommuniste de Joseph McCarthy, Josephson et ses clubs furent la cible des journalistes de droite du groupe Hearst, Walter Winchell, Westbrook Pegler et Dorothy Kilgallen. En 1950, il fut contraint de vendre ses Café Societies. Sa plus importante réussite est peut-être d'avoir fait connaître Holiday en 1939 avec sa célèbre chanson « Strange Fruit ».

Dans son cabaret de Downtown, le brillant Julius Monk lança une tendance nouvelle qui connut un énorme succès, la « revue » à plusieurs personnages (au moins quatre), qui remplaçait l'habituelle succession de numéros individuels. Un des quatre comparses de sa première revue, *Four Below*, en 1956, était Dody Goodman. Suivirent *Take Five*, *Pieces of Eight*, etc., autant de succès joués durant des mois. Plus tard, il ouvrira un nouveau club au Plaza, et son dernier succès porte d'ailleurs le titre de *Plaza 9*. Mais le temps fit son œuvre et, au début des années 1960, le flamboyant Monk est un homme brisé. Triste déclin pour un personnage qui, vingt ans auparavant, avait amené Imogen Coca et Maxine Sullivan au Ruban et contribué à lancer le jeune et prometteur Liberace.

La liste des artistes marquants qui ont commencé ou poursuivi leur carrière dans ces clubs est très longue : en dehors de ceux que cite Gavin, il faudrait mentionner Bette Midler, Kaye Ballard, Eartha Kitt, Tammy Grimes, Mae Barnes, Peggy Lee, Blossom Dearie, Julie Wilson, Mary Louise Wilson, Lily Tomlin, Madeline Kahn. Certains ont connu une célébrité immédiate ; d'autres ont dû attendre plus longtemps. Et parfois, le succès n'est jamais venu ; tels sont les risques du métier.

La chanteuse de cabaret la plus célèbre était Mabel Mercer. Née noire et pauvre en Angleterre, elle pouvait se produire dans des salles petites ou grandes, et toujours briller par une personnalité si rare, un phrasé si sensible et une élocution si précise qu'elle inspira des générations de chanteurs, et notamment Sinatra, en dépit d'une voix toujours modeste et qui se dégradait au fil des années. Personne

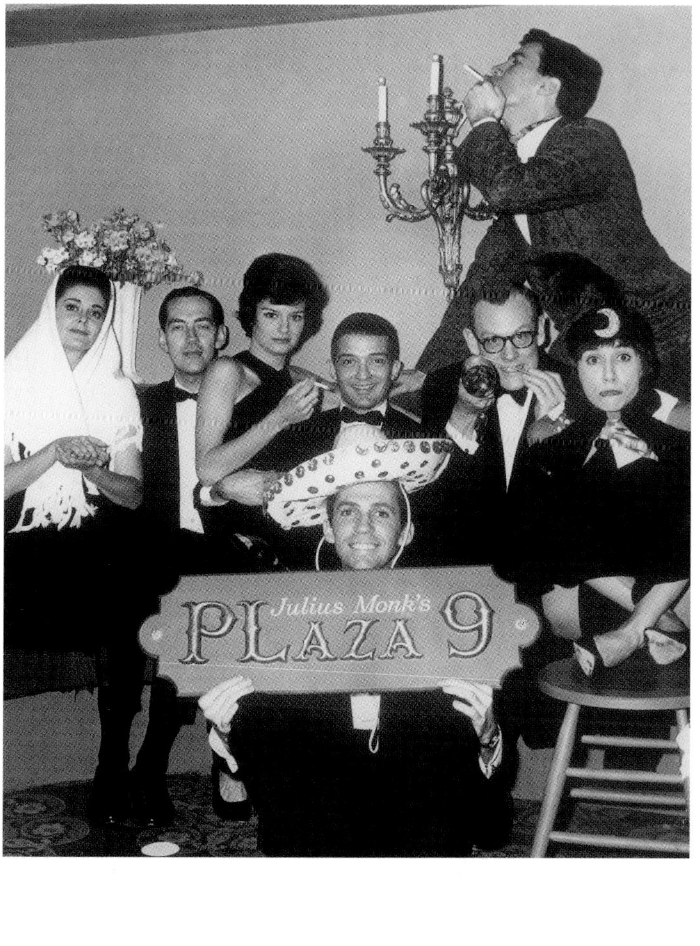

L'équipe du Plaza 9 *de Julius Monk se met en place, début des années 1960.*

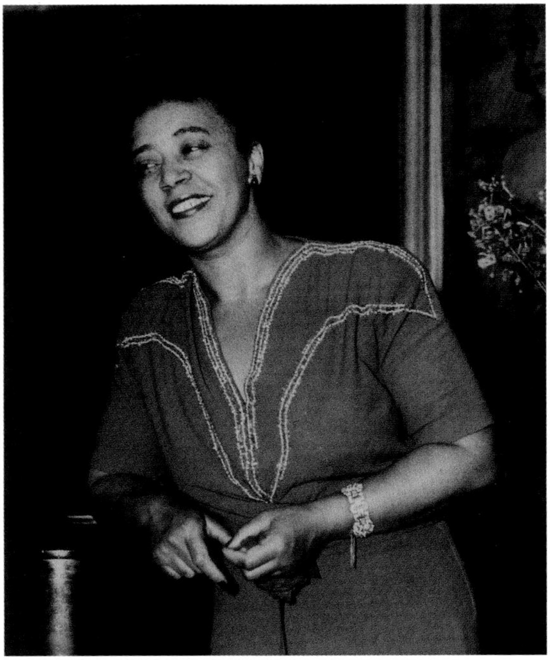

Quatre superbes chanteuses.
CI-CONTRE : *Mabel Mercer, au West Side de Tony, 1946.* CI-DESSOUS, À GAUCHE : *Lena Horne, au Paramount Theater, 1947.* CI-DESSOUS, À DROITE : *La somptueuse Julie Wilson.* À DROITE : *L'incomparable Eartha Kitt au Blue Angel, 1952.*

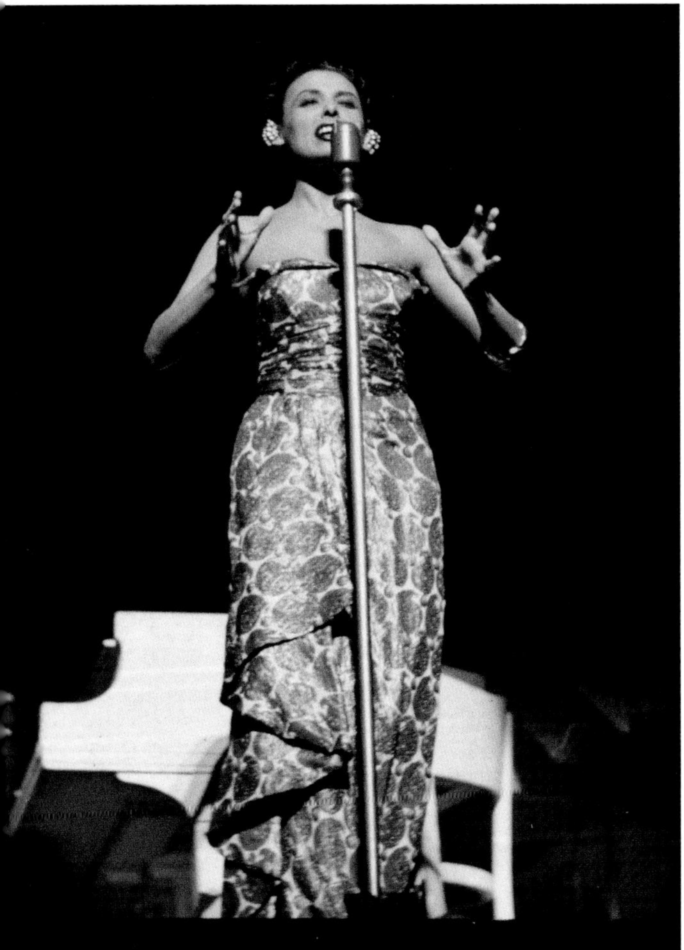

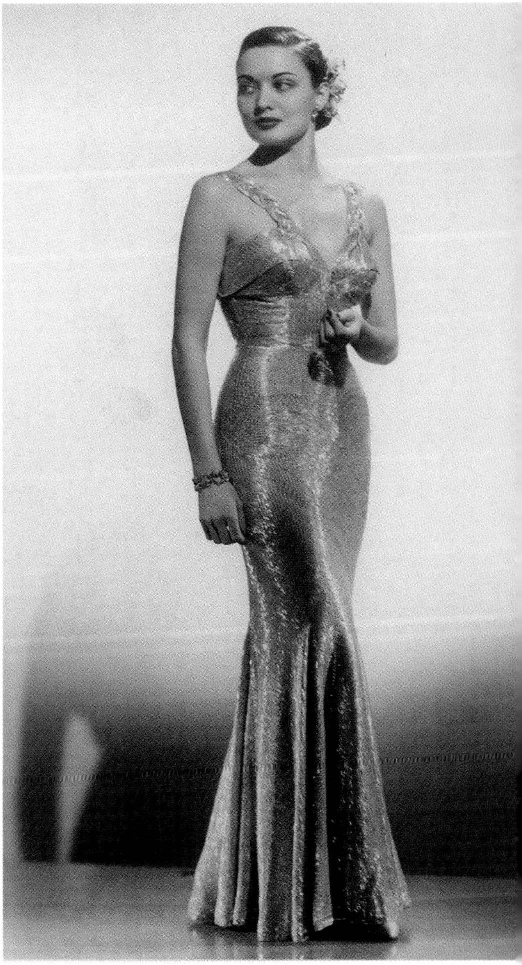

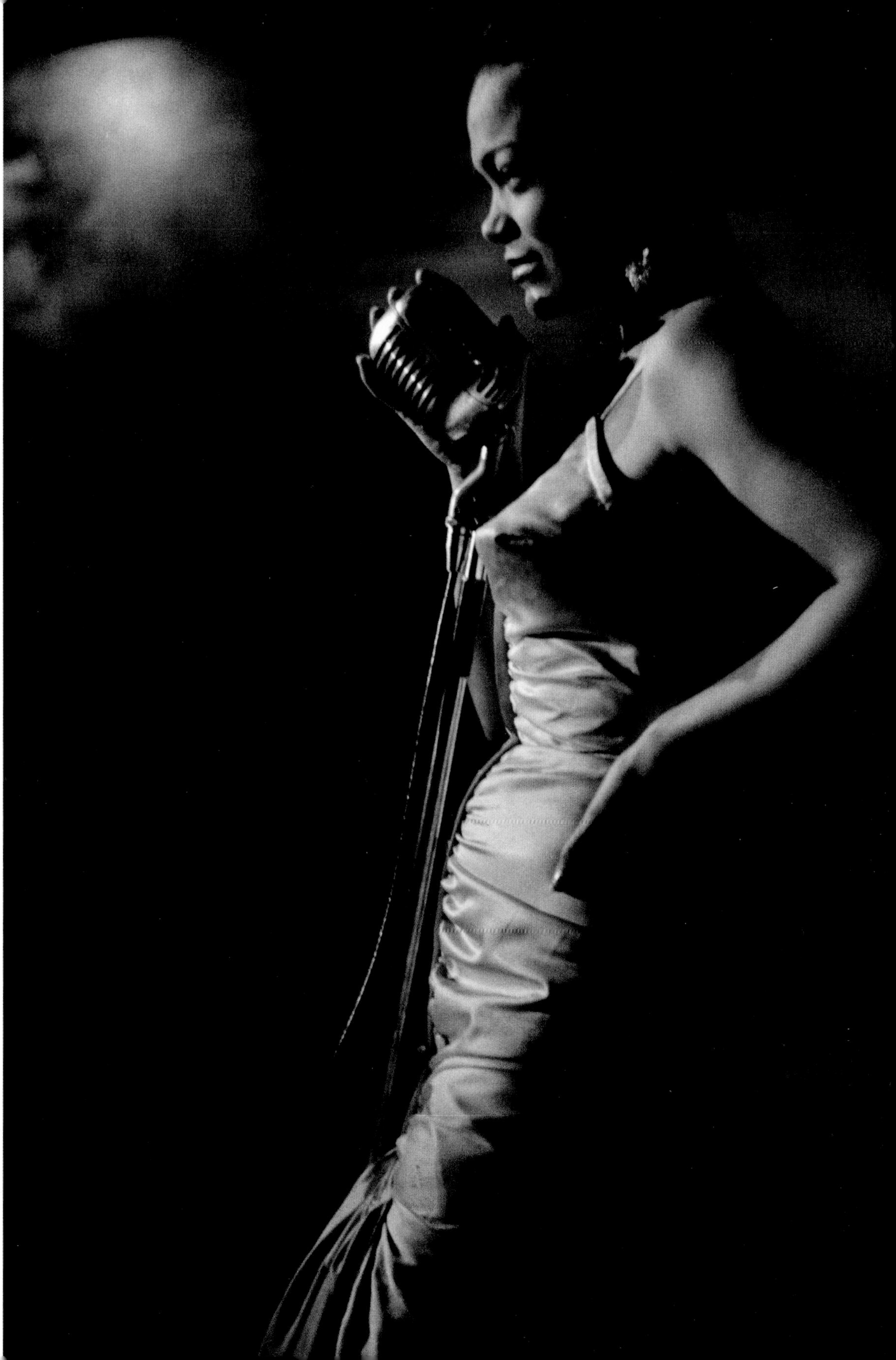

Affiche annonçant l'arrivée de Lenny Bruce dans Greenwich Village, où il se sentait dans son élément.

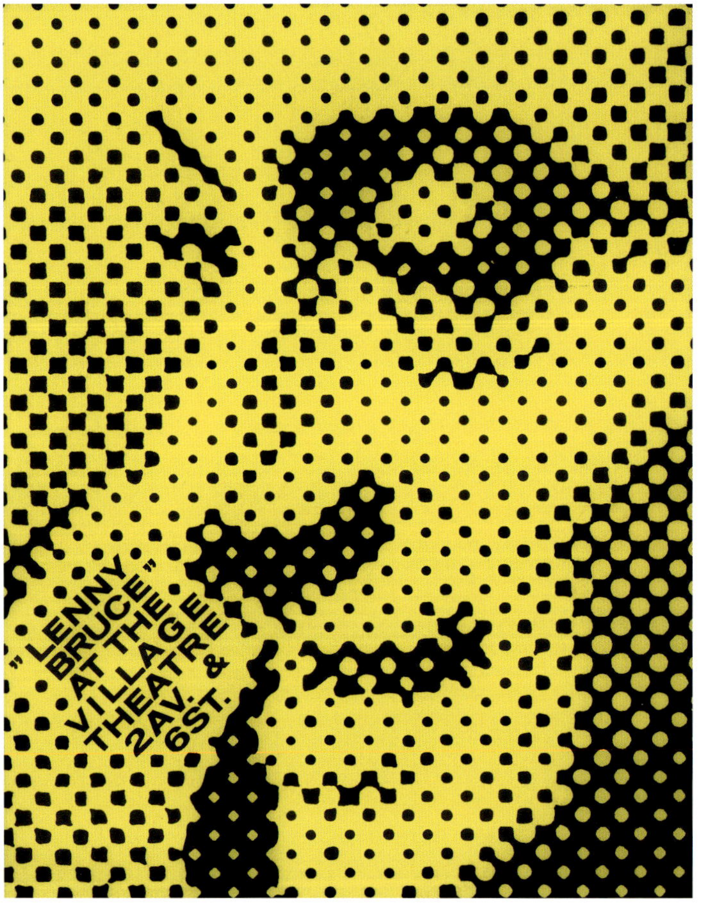

(sauf Cole Porter) ne semblait s'en soucier. Les musiciens ont vite reconnu le génie dont elle a fait preuve pour redécouvrir des chansons oubliées, et enrichir considérablement le répertoire. Beaucoup de choses désagréables ont été écrites sur Mabel Mercer, et sa diction était souvent précieuse, mais elle-même était loin de l'être : elle était directe, peu exigeante, travailleuse ; c'était aussi, un peu à la façon d'Ella Fitzgerald, un roc d'intégrité.

Puis il y eut Lenny Bruce, qui fit ses débuts à New York en 1959, traînant avec lui sa réputation scandaleuse. Il se produisit au Den in the Duane (une salle de quatre-vingts places) et connut un succès sensationnel. L'année suivante, on l'invita à se produire au Blue Angel, ce club sophistiqué qu'il détestait ; il fit fuir les habitués du club, mais ses fans affluèrent et les caisses du club ne s'en ressentirent pas. Bruce fut beaucoup plus heureux au Village Vanguard, dans Downtown, où le public était plus réceptif à des sketchs comme le monologue de Father Flotski, ce personnage fatigué de la prêtrise car les confessions ne l'excitent plus assez… C'est sur cette même scène que Betty, Adolph et Judy avaient marqué leur temps vingt et un ans plus tôt, mais aucun d'eux n'aurait pu imaginer le personnage de Father Flotski. New York avait changé, le monde entier avait changé, et le cabaret avait lui aussi repoussé les limites de l'acceptable.

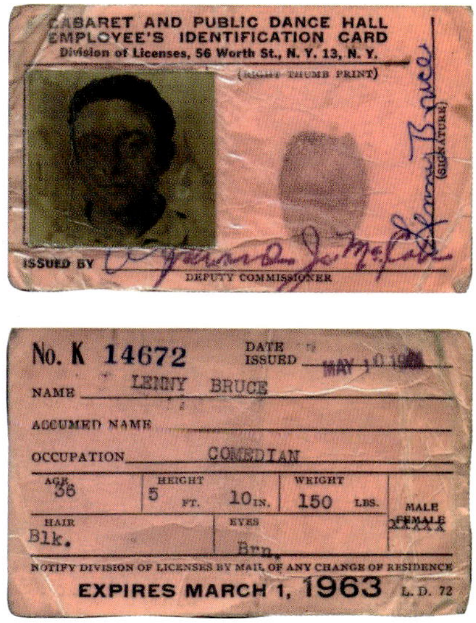

La carte d'identité officielle de Lenny Bruce (recto et verso), qui lui permettait de travailler dans les clubs de New York.

NIGHT-CLUBS

Entre le milieu des années 1930 et celui des années 1960, les night-clubs connurent à New York un essor spectaculaire. Le plus célèbre peut-être était le Latin Quarter, ouvert en 1942 par Lou Walters à l'angle de Broadway et de la 47ᵉ Rue. Comme son nom le laisse penser, c'est l'un des nombreux lieux de la vie nocturne à être entièrement latino-américain ; parmi ses rivaux figuraient le célèbre Copacabana (ou Copa), mais aussi des clubs comme Casa Mañana, Club Gaucho, Riobamba, La Conga, El Chico, El Barrocho, etc. Selon Gavin, le Latin Quarter se glorifiait de ses vingt-sept *girls*, de ses deux orchestres de danse et de ses numéros (entre cinq et douze chaque soir), souvent assurés par des stars de premier plan comme Frank Sinatra, Sophie Tucker ou Mae West.

Le Copa, en partie financé par le truand Frank Costello, ouvrit ses portes en 1940, et ses célèbres *girls* étaient, dit-on, souvent affublées de cheveux roses, d'innombrables paillettes, de dessous en vison et de turbans ornés de fruits. Le menu était surtout chinois. Parmi les stars, on voyait défiler certaines personnalités du Latin Quarter, auxquelles venaient s'adjoindre des artistes comme Belafonte et, au milieu des années 1960, Sammy Davis Jr (qui fit exploser les records de fréquentation de la maison), Sam Cooke et les Supremes.

Parmi les autres clubs, aussi spacieux et bien fréquentés, on peut citer le Persian Room au Plaza, le Cotillion Room au Pierre, le Versailles et l'Empire Room au Waldorf, sans parler de l'immense International Casino où, selon Gavin, « les filles descendaient du plafond sur des avions miniature, un train entrait sur scène tandis que les avions atterrissaient sur des pistes le long des coulisses, et deux escaliers descendaient du toit, portant des danseuses de claquettes en costumes une-pièce qu'elles n'auraient jamais osé porter sur une plage ». C'était la belle époque…

Mais où allait dîner le gratin de la vie nocturne new-yorkaise ? Les sportifs se rendaient au Toots Shor, les théâtreux au Sardi, ou parfois au Lindy, pour son *cheese-cake* immortalisé dans *Guys and Dolls* et tout le monde se retrouvait au 21 Club (le 21 pour les initiés, et à l'époque où c'était un bar clandestin, Jack et Charlie 21). Il se trouve toujours sur la 52ᵉ rue – « The Street » – et le balcon en fonte qui surplombe l'entrée s'orne toujours de statuettes de jockeys.

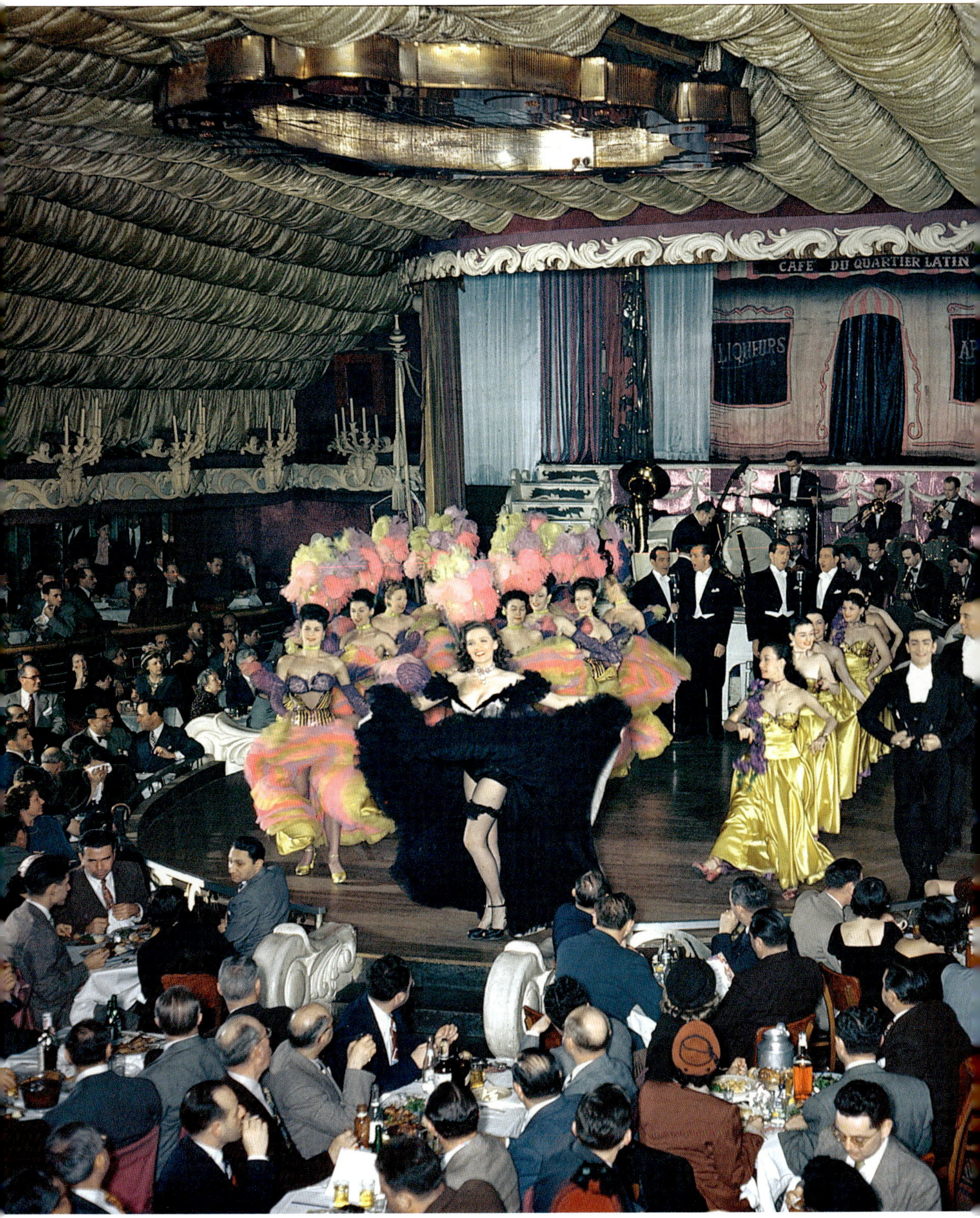
CAFE DU QUARTIER LATIN
LIQUEURS

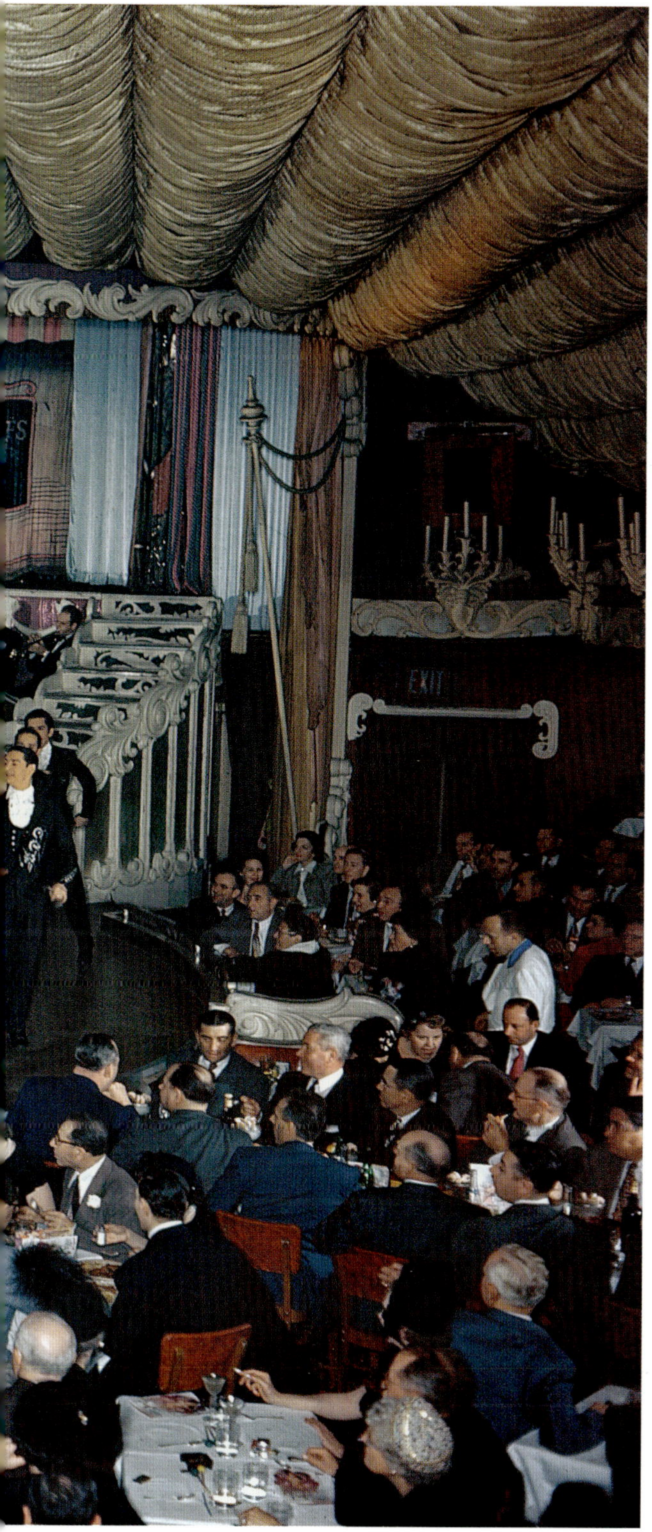

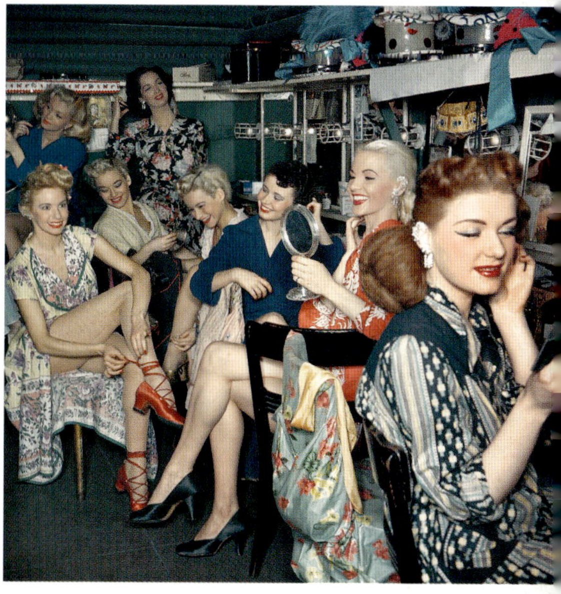

Le Latin Quarter de Lou Walters.
Tout le monde y a joué, depuis les Andrews Sisters jusqu'à Carmen Miranda, en passant par Frank Sinatra et Mae West.
À GAUCHE : Les girls *en plein spectacle.*
CI-DESSUS : Les artistes se préparent dans leur loge.

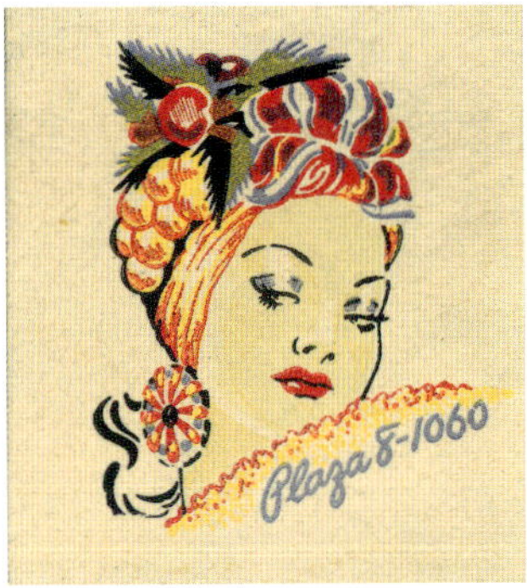

Bien plus huppé, le fameux Stork Club, ouvert en 1929 par l'ex-*bootlegger* Sherman Billingsley, était très vite devenu la boîte de nuit la plus à la mode ; il était souvent fréquenté par Walter Winchell (qui contribua d'ailleurs à le rendre célèbre), les Kennedy, Marilyn Monroe, Grace Kelly et le prince Rainier (leurs fiançailles y furent révélées) et l'amie très spéciale de Billingsley, l'actrice Ethel Merman, qui y attirait les gens de théâtre. Billingsley était réputé notamment pour sa générosité envers ses clients ; une légende veut qu'un des serveurs était spécialement chargé d'allumer les cigarettes d'Ethel Merman.

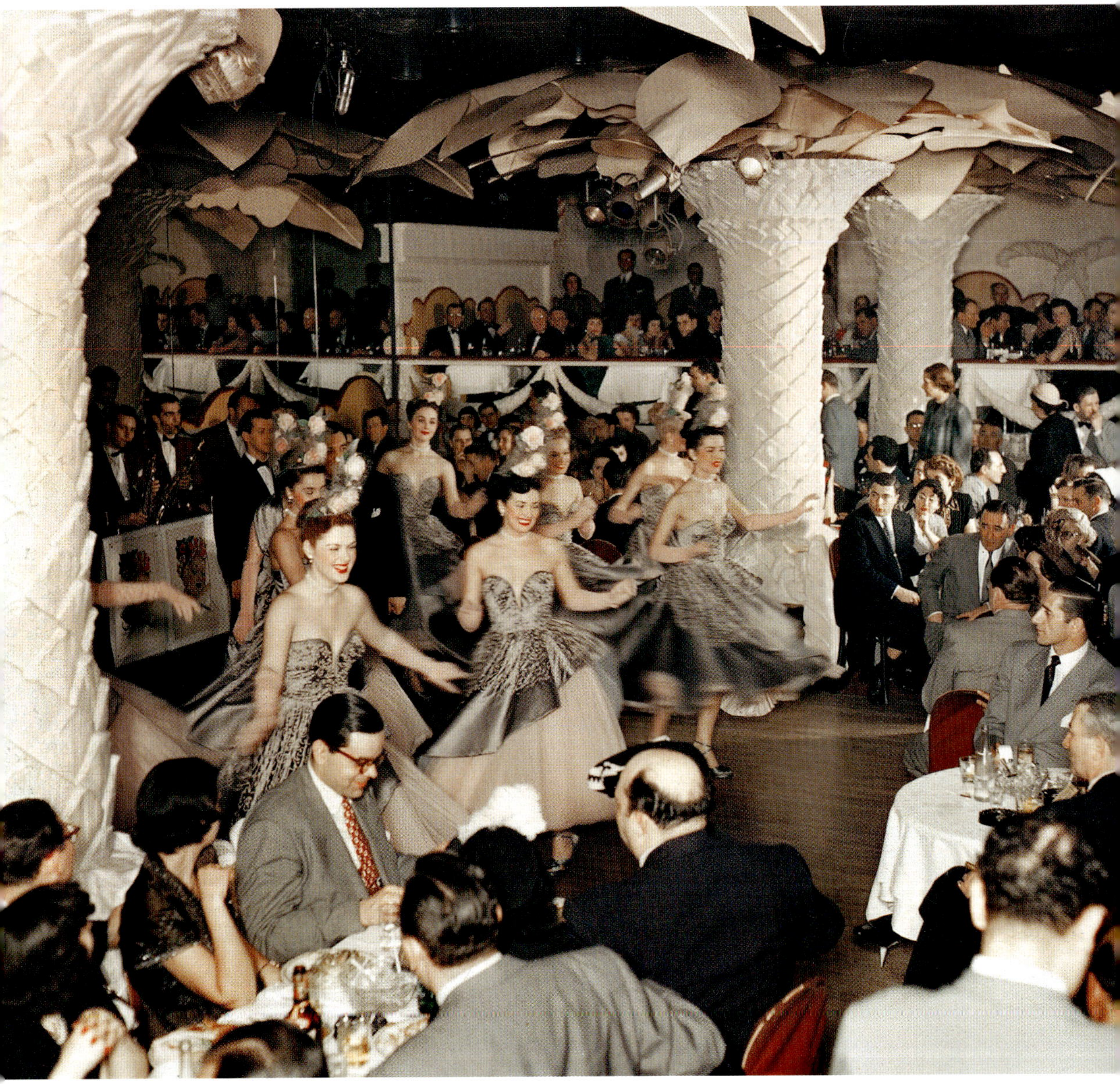

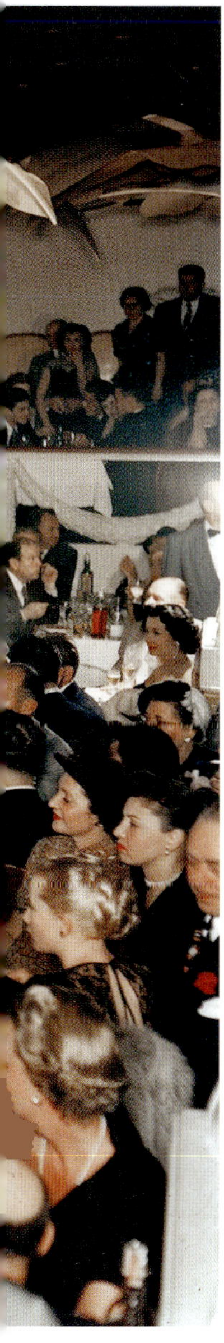

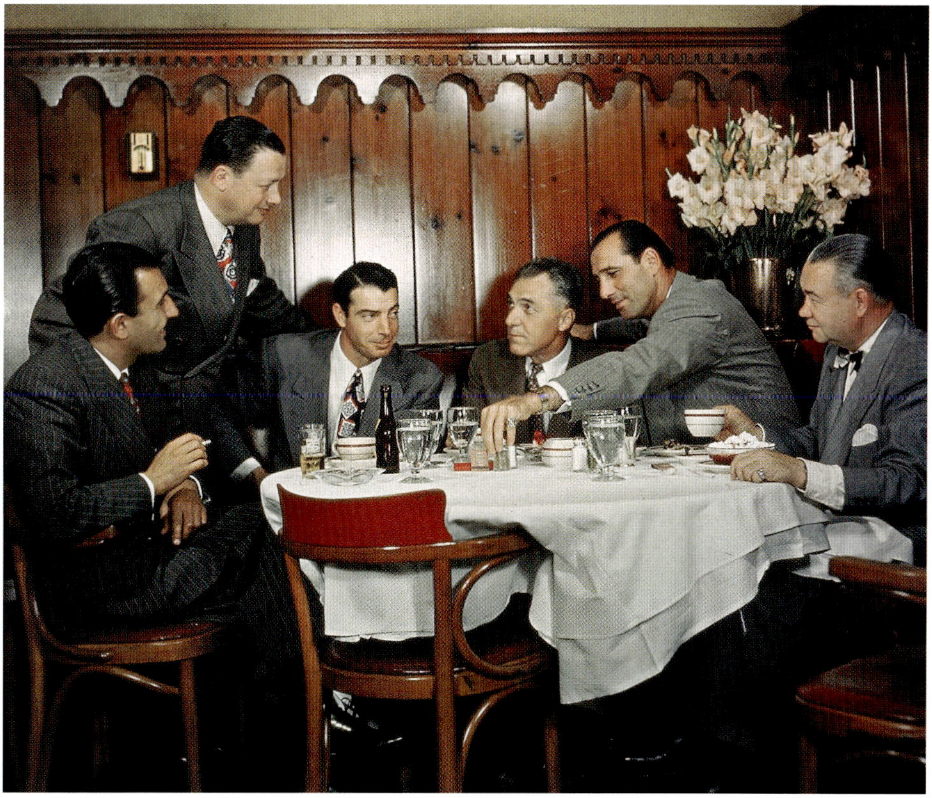

Le plus chic de tous les clubs était peut-être El Morocco, avec ses célèbres banquettes à rayures de zèbre. La société des cafés s'y mélangeait aux personnalités politiques, aux financiers, aux grandes stars du cinéma (Clark Gable ou James Stewart) ou, tout simplement, à une riche clientèle. C'est là qu'on retournait après s'être encanaillé dans des lieux moins distingués. La célébrité du club fut assurée par le riche et talentueux photographe mondain Jerome Zerbe, qui y exerça durant des années et exposa ses œuvres dans des lieux très fréquentés. Si vous voyez une photo d'un intérieur de restaurant avec des zébrures, vous saurez où vous êtes, et qui a pris la photo. Et vous vous direz que vous auriez aimé être là…

À GAUCHE : *Le Copacabana, le grand rival du Latin Quarter, où tout était torride et latin, sauf la nourriture, qui était chinoise.*

CI-DESSUS : *Toots Shor (debout) accueille ses invités dans son restaurant, 1948. De gauche à droite : les Yankees Johnny Lindell et Joe DiMaggio, Ford Frick, président de la National League et plus tard commissaire pour le base-ball, le Tiger de Detroit Hank Greenberg, et le manager des Tigers, Steve O'Neill.*

*La soirée chez Sardi's, le plus célèbre restaurant de Broadway, à l'occasion de la première d'*Un raisin au soleil*, 1959. À droite, la dramaturge Lorraine Hansberry, en conversation avec Harry Belafonte ; au centre, Sidney Poitier ; tout à droite, Godfrey Cambridge.*

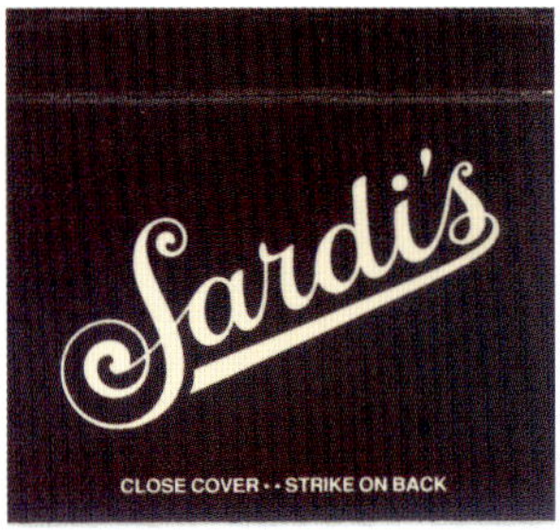

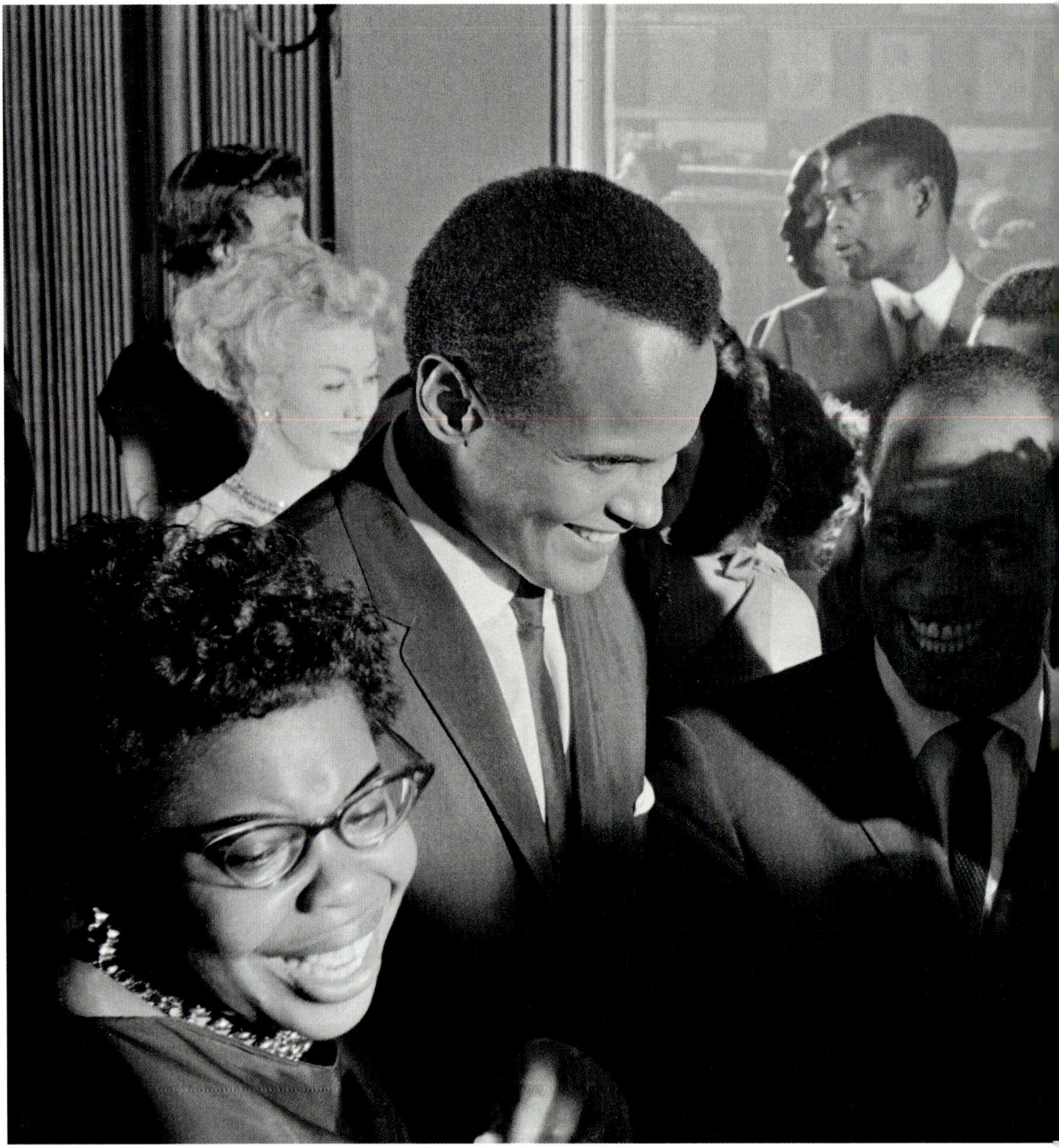

Dans ces années d'après-guerre marquées par une ambiance particulière, le théâtre, la danse, le cabaret, le jazz et les night-clubs évoluèrent, influant et suivant tout à la fois les changements de la société. Mais l'époque vit aussi éclore d'autres domaines de la vie culturelle. Le design graphique devint de plus en plus sophistiqué, notamment

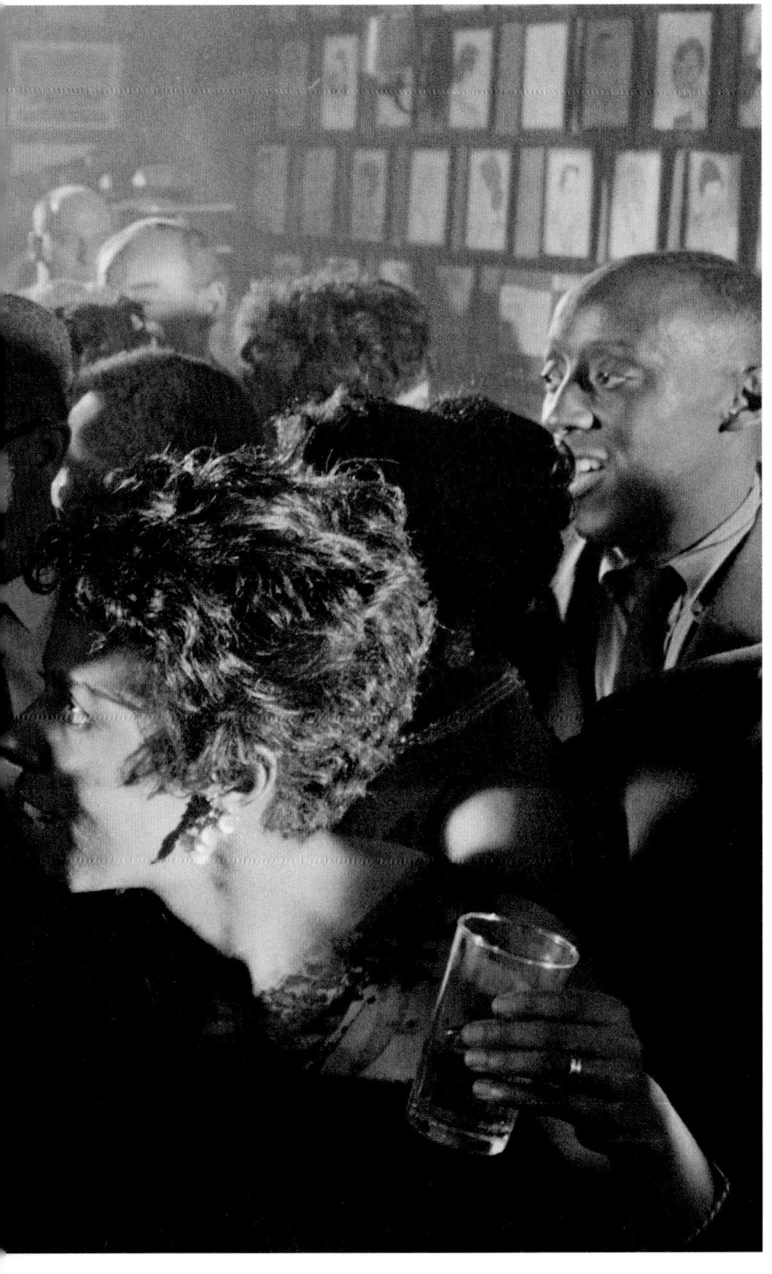

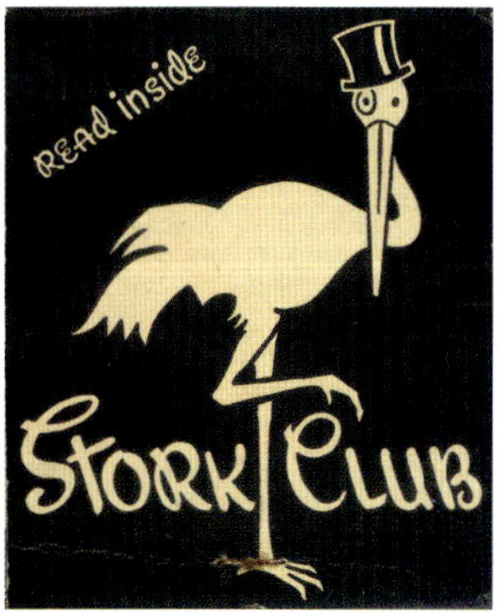
READ inside
STORK CLUB

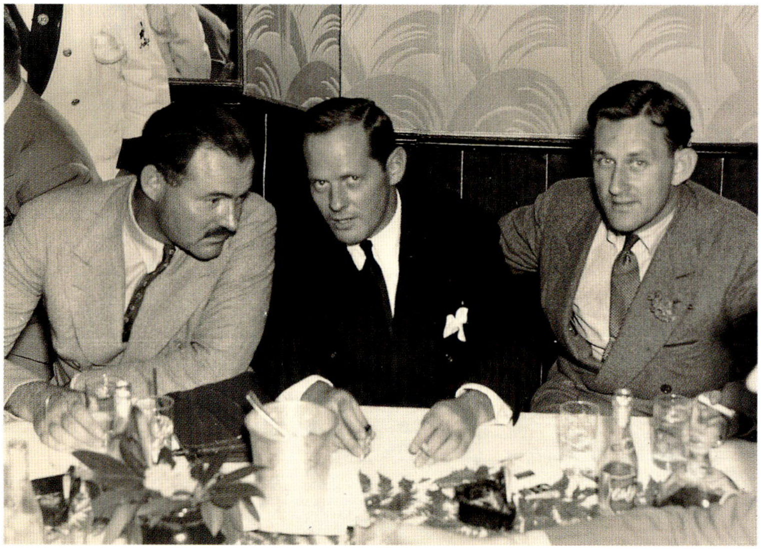

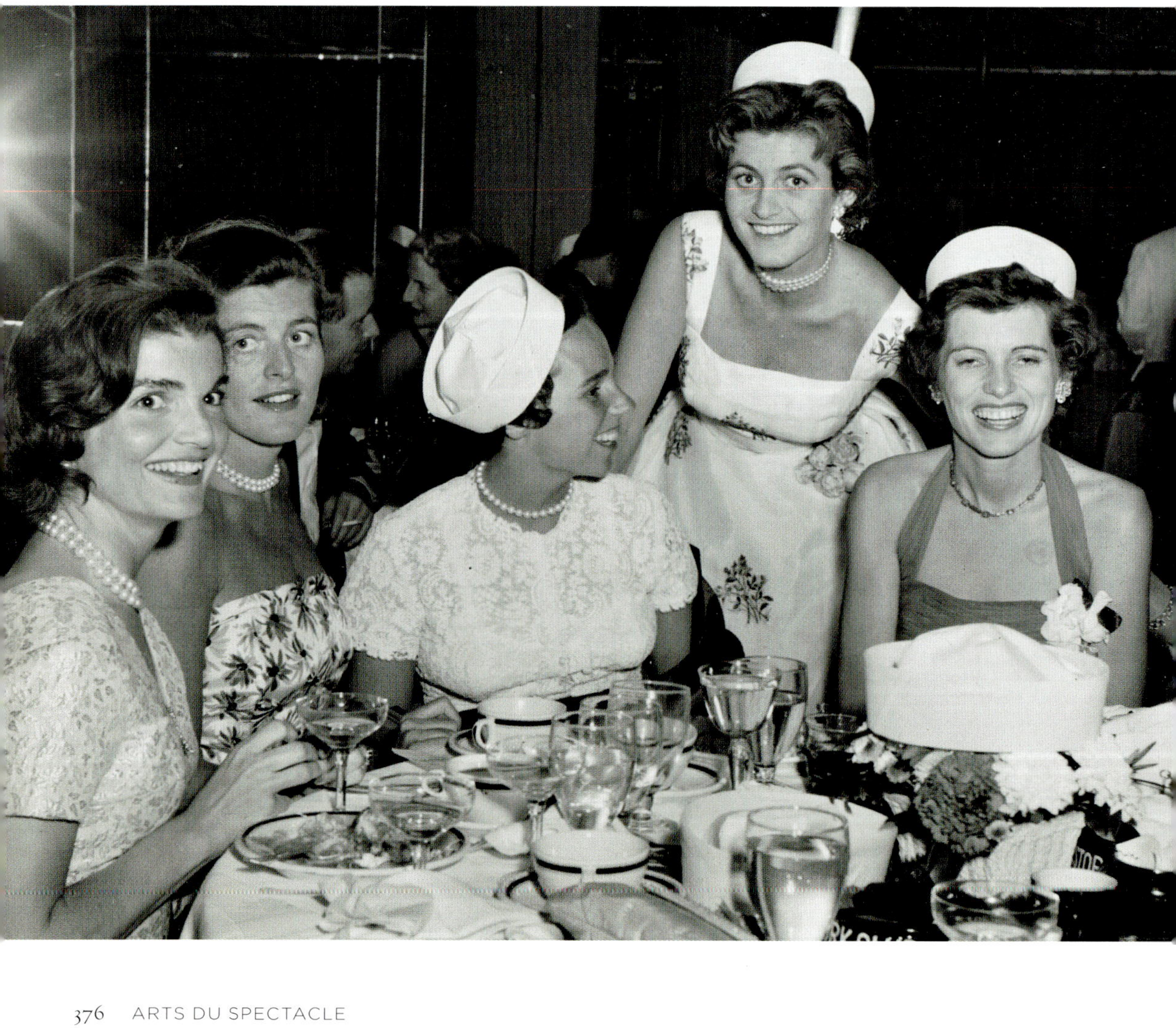

dans le domaine de la publicité. (Après la Grande Dépression et les restrictions de la guerre, l'économie prospérait, et la publicité devenait plus importante que jamais.) Mais l'industrie de la publicité, comme celle de l'édition, restait peu visible. Le nouveau grand phénomène – celui qui changea l'Amérique, comme l'avait fait l'automobile un demi-siècle plus tôt – était la télévision, un nouveau média dont l'activité était concentrée à New York. Pourtant, on ne l'y remarquait guère, à moins d'être l'un de ceux (des provinciaux, pour la plupart) qui faisaient la queue devant les studios pour assister aux enregistrements. Considérée à l'époque comme purement commerciale, la télévision ne comptait pas plus dans la vie culturelle que la radio dans les années 1930 et 1940. Dans l'esprit des New-Yorkais, il n'y avait pas entre leur ville et la radiotélévision le lien profond qui unissait Broadway et le théâtre, ou Hollywood et le cinéma. Le siège des Nations Unies était plus essentiel à New York qu'une série télévisée comme *I Love Lucy* ou de grandes vedettes de la radiotélévision tels Milton Berle ou Edward R. Murrow. Les New-Yorkais regardaient la télévision sans pour autant se l'approprier.

En dépit de tous ces changements, la vie culturelle parvenait à maintenir une certaine stabilité dans différents domaines. L'opéra restait l'opéra, même si de nouveaux noms firent leur apparition : Callas, Tebaldi, etc. Le déménagement du Met au Lincoln Center, au milieu des années 1960, n'a rien bouleversé. La musique classique conserva sa place centrale, comme en témoigna l'émoi que suscita la défense victorieuse du Carnegie Hall contre les promoteurs. Là encore, de nouveaux noms surgirent, d'anciens noms disparurent, mais le monde de la musique resta tel quel. Central Park, le zoo du Bronx, le Radio City Music Hall font toujours partie du paysage new-yorkais. Seule peut-être a disparu l'effervescence joyeuse des vingt années qui ont suivi la guerre.

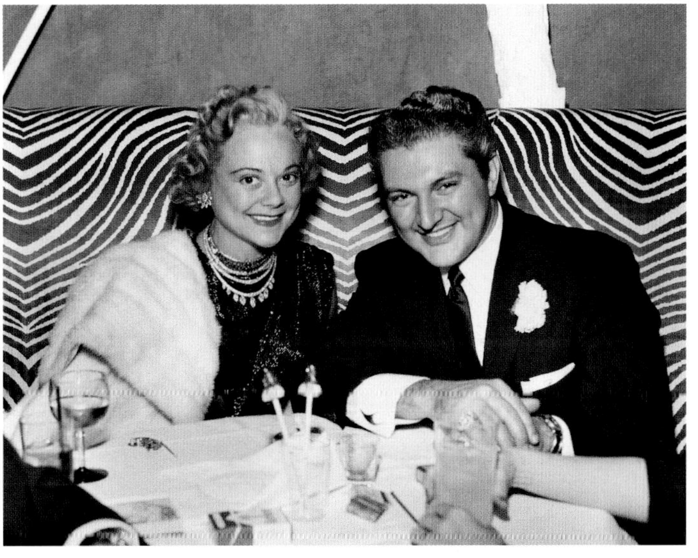

À GAUCHE, EN HAUT : Les écrivains Ernest Hemingway (à gauche) et John O'Hara (à droite), de part et d'autre du propriétaire du Stork Club, Sherman Billingsley.

À GAUCHE, EN BAS : Groupe de femmes gravitant autour de Kennedy au Stork : Jackie, Pat, Ethel, Jean et Eunice.

CI-DESSOUS : Au El Morocco, boîte ultrachic connue pour ses banquettes zébrées, Sonja Henie, patineuse de renommée mondiale devenue vedette de cinéma, et Liberace.

PAGES SUIVANTES : Le menu du Stork Club. Au Stork, apparemment, la bonne humeur est de rigueur !

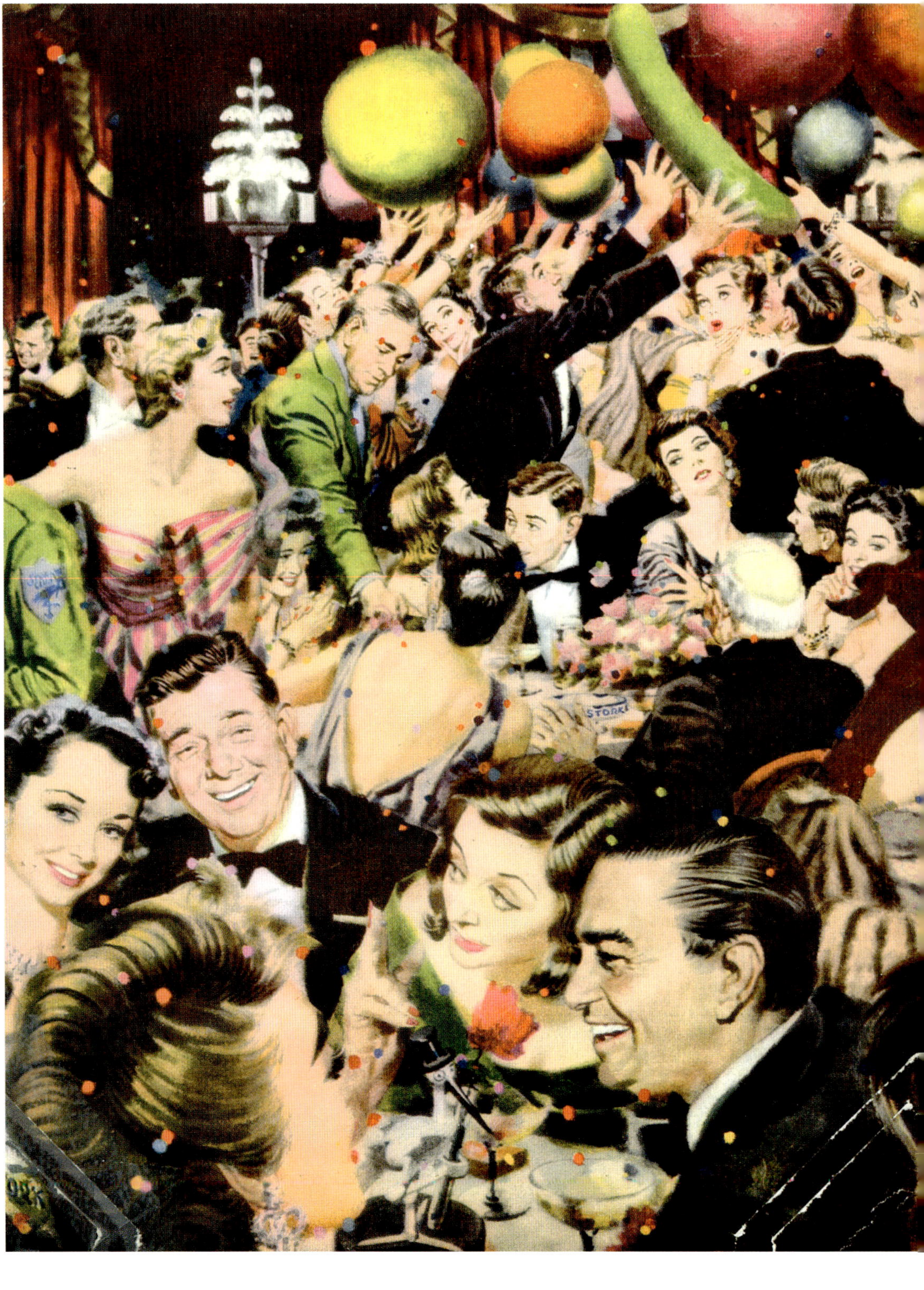

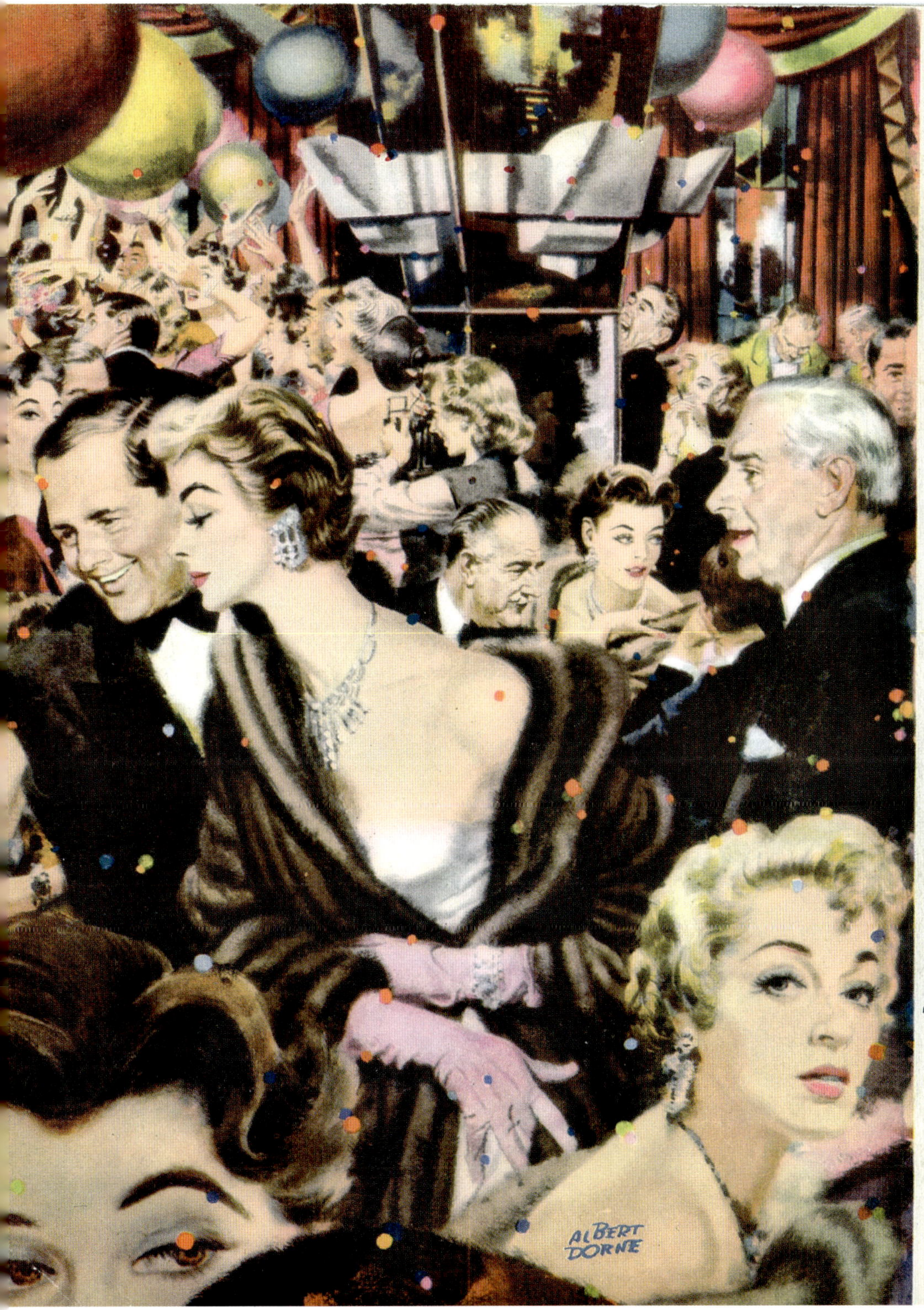

STORK CLUB

3 EAST 53RD ST. N.Y.C.

NOTES

ARTS VISUELS

[1] Steven Naiffeh et Gregory White Smith, *Jackson Pollock: An American Saga*, New York, Clarkson N. Potter,1989, p. 495.

[2] Naiffeh et White Smith, p. 495.

[3] Naiffeh et White Smith, p. 435.

[4] Naiffeh et White Smith, p. 443.

[5] Naiffeh et White Smith, p. 445.

[6] Naiffeh et White Smith, p. 444.

[7] Naiffeh and White Smith, p. 450.

[8] Jacqueline Bogard Weld, *Peggy: The Wayward Guggenheim*, New York, E.P. Dutton, 1986, p. 330.

[9] Bogard Weld, p. 329.

[10] Bogard Weld, p. 314-315.

[11] Bogard Weld, p. 330.

[12] *Ibid.*

[13] Bogard Weld, p. 55.

[14] Bogard Weld, p. 288.

[15] Bogard Weld, p. 330.

[16] Matthew Spender, *From a High Place: A Life of Arshile Gorky*, New York, Alfred A. Knopf, 1999, p. 285.

[17] Spender, p. 285.

[18] Hayden Herrera, *Arshile Gorky : His Life and Work*, Londres, Bloomsbury Publishing, Plc., p. 479.

[19] Spender, p. 288.

[20] Spender, p. 289.

[21] Spender, p. 289.

[22] Spender, p. 102.

[23] Spender, p. 98 et p. 97, respectivement.

[24] Spender, p. 100.

[25] Spender, p. 66.

[26] Spender, p. 98

[27] Spender, p. 284.

[28] Nouritza Matossian, *Black Angel: The Life of Arshile Gorky*, New York, Overlook Press, 2000, p. 355 ; Hayden Herrera, *Arshile Gorky: His Life and Work*, Londres, Bloomsbury Publishing, 2003, p. 498.

[29] W.H. Auden, « The Exiled Writers », une interview par Benjamin Appel, *Saturday Review of Literature*, vol. 22, Publication n° 5 du 19 octobre 1940.

[30] Leonard Wallock et Dore Ashton, *New York: Cultural Capital of the World 1940-1965*, New York, Rizzoli Publications, 1988, p. 124.

[31] Spender, p. 196.

[32] John Russell, *Matisse: Father and Son*, New York, Harry N. Abrams, 1999, p. 83.

[33] Russell, p. 256.

[34] *Art in America*, vol. 92, publication n° 11, aux éditions Frank Jewett Mather et Frederic Fairchild Sherman, *Art in America*, Brandt Art Publications, 2004, p. 158.

[35] Russel T. Clement, *Les Fauves: A Sourcebook*, New York, Greenwood Publishing Group, 1994, p. 125.

[36] Thomas B. Hess, *Barnett Newman*, New York, Museum of Modern Art, 1971, p. 23.

[37] Clement Greenberg, « The Present Prospects of American Painting and Sculpture », publié à l'origine dans *Horizon*, octobre 1947. Réimprimé : Clement Greenberg, *Collected Essays and Criticism*, vol. 2, Arrogant Purpose (1945-1949), édité par John O'Brien, The University of Chicago Press, Chicago et Londres, 1986, p. 160-170.

[38] Éditions Rebecca Roberts, *MoMA: Highlights Since 1980: 250 Works From the Museum of Modern Art*, New York, The Museum of Modern Art, 2007, p. 18.

[39] Annie Cohen-Solal, interview avec Dolores Vanetti, 27 janvier 1996. Archives personnelles d'Annie Cohen-Solal.

[40] Emile De Antonio, Mitch Tuchman, *Painters Painting: A Candid History of the Modern Art Scene 1940-1970*, New York, Abbeville Press, 1984, p. 39.

[41] Clement Greenberg dans Florence Rubenfeld, p. 107.

[42] *Idem.*

[43] Philip Pavia, interview, Oral History Collection. Archives de l'Art américain.

[44] Susan F. Lake, *De Kooning: A Retrospective*, New York, The Museum of Modern Art, 2011, p. 243.

[45] *Franz Kline: Art and the Structure of Identity*, cat. expo., Fundació Antoni Tàpies, 1994, p. 45.

[46] Clement Greenberg, éditions John O'Brien, *The Collected Essays and Criticism, Volume 2: Arrogant Purpose 1945-1949*, Chicago, University of Chicago Press, 1988, p. 16.

[47] Clement Greenberg, « The Decline of Cubism », *Partisan Review*, n° 3 (1948), p. 369.

[48] Greenberg, *Collected Essays*, p. 228.

[49] Philip Pavia, interview, *op. cit.*

[50] Barnett Newman a produit quatre copies de *Broken Obelisk* entre 1963 et 1969. En 2003, avec l'autorisation de la Fondation Barnett Newman, un quatrième *Broken Obelisk* fut construit et temporairement exposé devant la Neue Nationalgalerie à Berlin.

[51] « A Symposium: The State of American Art », *Magazine of Art*, vol. 42, n° 3 (mars 1949), p. 82-102, Greenberg cité p. 92.

[52] Joan Miró aux éditions Margit Rowell, *Joan Miró: Selected Writings and Interviews*, Farmington Hills, MI, Cengage Gale, 1986, p. 204.

[53] Clement Greenberg, *Collected Essays*, vol. 2, p. 322.

[54] Ileana Sonnabend, entretien avec l'auteur, New York, 26 novembre 2005, archives privées, Annie Cohen-Solal.

[55] Deborah Solomon, *Jackson Pollock: A Biography*, New York, Cooper Square Press, 2001, p. 153.

[56] Michel Seuphor, « Paris-New York 1951 », *Art d'aujourd'hui*, Juin 1951.

[57] *Ibid.*

[58] Conrad Marca-Relli, interview avec Steven Naifeh et Gregory White Smith, cité dans Naifeh and Smith, p. 658.

[59] *Ibid.*

[60] « 18 Painters Boycott Metropolitan ; Charge Hostility to Advanced Art », *The New York Times*, 22 mai 1950.

[61] *Ibid.*

[62] « Irascible group of advanced artists led fight against show », *Life Magazine*, 15 janvier 1951, p. 34.

[63] Barbara Hess, *De Kooning*, Taschen, 2004, p. 7.

[64] Thomas B. Hess, « Critique du *Ninth Street Show* de 1951 », *Art News*, vol. 50, n° 46, juin 1951.

[65] *Ibid.*

[66] Michel Seuphor, « Paris-New York 1951 », *Art d'aujourd'hui*, juin 1951.

[67] Wallock et Ashton, p. 146.

[68] Frank O'Hara, 1957, cité dans Marjorie Perloff, *Frank O'Hara: Poet Among Painters*, University of Chicago Press, 1977, p. 102.

[69] Interview avec Hilton Kramer, Florence Rubenfeld, p. 172.

[70] Max Kozloff, « An Interview with Friedel Dzubas », *Artforum*, septembre 1965, p. 51.

[71] Naifeh et Smith, p. 713.

[72] Harold Rosenberg, « American Action Painters », *Art News*, vol. 51, n° 8, décembre 1952, p. 22.

[73] Clement Greenberg, « Introduction to an Exhibition of Ernest Lindner », *The Collected Essays*, vol. 4, 1995, p. 144.

[74] Fairfield Potter, *Art On Its Own Terms: Selected Criticism 1935-1975*, Museum of Fine Arts, Boston, Rackstraw Downes, 2008, p. 235.

[75] Clement Greenberg, *Partisan Review*, automne 1955. Réimprimé aux éditions John O'Brien, *Collected Essays and Criticism*, vol. 3, Chicago, The University of Chicago Press, 1993, p. 240.

[76] Edwin Denby, « The Silence at Night », dans David Lehman, éd., *Oxford Book of American Poetry*, New York, Oxford University Press, 2006, p. 479-480.

[77] Richard Kostelanetz, *Master Minds: Portraits of Contemporary American Artists and Sculptors*, New York, Macmillan, 1969, p. 264.

[78] Jasper Johns, Kirk Varnedoe et Christel Hollevoet, *Jasper Johns: writings, sketchbook notes, interviews*, New York, Museum of Modern Art, 1996, p. 15.

[79] *Robert Rauschenberg: Man at Work*, BBC/RM Arts en association avec le musée Guggenheim et Ovation, dir. Chris Granlund, Chicago, Home Vision Arts, 1997.

[80] *Ibid.*

[81] *Ibid.*

[82] Dorothy Seckler, « Interview with Robert Rauschenberg », *Smithsonian Archives of American Art*, 21 décembre 1965, p. 2.

[83] Mark Stevens, Annalyn Swan, *De Kooning: An American Master*, New York, Knopf Doubleday Publishing Group, 2006, p. 359.

[84] *Idem.*, p. 360

[85] Leo Castelli, interview par l'auteur, New York, 5 novembre 1995.

[86] James Stourton, *Great Collectors of Our Time: Art Collecting Since 1945*, New York et Londres, Scala Publishers, 2007, p. 80.

[87] *Idem.*, p. 81.

[88] Jean Lipton, interview avec Philip Johnson, *The Collector in America*, Viking Press, 1970, p. 138.

[89] *Idem.*, p. 140.

[90] Stourton, p. 82.

[91] Tom Wolfe, *The Purple Decades: A Reader*, Berkeley Books, 1987, p. 7. Également cité dans « The Latter Days of Ethel Scull: Fallen Angel » de Marie Brenner, *New York Magazine*, vol. 14, n° 14, 6 avril 1981, p. 22.

[92] Selon le *New York Magazine*, vol. 6, n° 45, 5 novembre 1983, p. 80.

[93] Stourton, p. 85.

[94] *Idem.*, p. 84.

[95] Tom Armstrong et Susan C. Larsen, *Art in Place: Fifteen Years of Acquisitions*, New York, Whitney Museum of American Art, 1989, p. 40.

[96] Matthew Israel, « A Magnet for the With-It Kids: The Jewish Museum, New York, of the 1960s », *Art in America*, octobre 2007, p. 75.

[97] Leo Castelli, interview par l'auteur, New York, 5 novembre 1995.

[98] Jacob Baal-Teshuva, *Rothko*, Taschen, 2003, p. 66. Esteban Vicente, interview par Irving Sandler, Bridgehampton, New York, 26 août 1968, Archives de l'Art Américain, Washington, D.C.

[99] Allan Kaprow, cité dans *New York: Cultural Capital of the World 1940-1965* d'Ashton et Wallock, 1988, p. 149.

[100] Allan Kaprow (éditions Jeff Kelley), *Essays on the Blurring of Art and Life*, University of California Press, 2003.

[101] Dore Ashton, *New York: Cultural Capital of the World 1940-1965*, *op. cit.*

[102] G.R. Swenson, « What Is Pop Art ? Interviews with Eight Painters », *Art News*, vol. 62, n° 7, novembre 1963. Ivan Karp, « Anti-Sensibility Painting », *Artforum*, vol. 2, n° 3, 1963, p. 26-27. John Canaday, « Pop Art Sells On and On—Why ? », *New York Times Magazine*, 31 mai 1964, p. 7.

[103] John Rublowsky, *Pop Art*, New York, Basic Books, 1965, p. 159.

[104] Josh Greenfield, « Sort of the Svengali of Pop », *New York Times Magazine*, 8 mai 1966, p. 34.

[105] David Pagel, « The Wesselman Season » (critique d'une exposition au Cal State Long Beach's University Art Museum), *LA Times*, 2 septembre 2003. URL stable : http://articles.latimes.com/2003/sep/02/entertainment/et-pagel2, consulté le 08/03/2013.

[106] Ivan Karp, interview de Paul Cummings, New York, 12 mars 1969, Archives de l'Art américain, Washington, D.C.

[107] Frayda Feldman et Jorg Schellman (eds.), *Andy Warhol Prints: a catalogue raisonné*, R. Feldman Fine Arts, Inc., 1989, p. 9.

[108] Jim Edwards, David E. Brauer, Christopher Finch et Walter Hopps, *Pop Art: US/UK Connections, 1956-1966*, Ostfildern-Ruit, Hatje Cantz, 2000, p. 44.

[109] Ileana Sonnabend, interview par l'auteur, *op. cit.*

[110] Alain Jouffroy, « White Car Crash », 10 novembre 1963, dans *Warhol*, cat. expo. publié par la galerie Ileana Sonnabend à Paris, 1964.

[111] John Ashbery, « Pop Artist's Horror Pictures Silence Snickers », *New York Herald Tribune*, 15 janvier 1964.

[112] Annette Michelson et Benjamin Buchloh, *Andy Warhol*, Boston, MA, MIT Press, 2001, p. 51.

[113] Andy Warhol, *America*, New York, Harper & Row, 1985, p. 176.

[114] Thomas E. Crow, *Rise of the Sixties: American and European Art in the Era of Dissent 1955-1989*, Laurence King Publishing, 1996, p. 86.

[115] Diana Crane, *op. cit.*, p. 38.

[116] Ivan Karp, interview par l'auteur, New York, 19 et 26 avril 2007.

ARCHITECTURE ET DESIGN

[1] Robert A. M. Stern, Thomas Mellins, et David Fishman, *New York 1960: Architecture and Urbanism between the Second World War and the Bicentennial*, New York, The Monacelli Press, 1995, p. 613.

[2] Lewis Mumford, « The Sky Line: United Nations Headquarters: The Ground Plan », *The New Yorker*, 25 octobre 1947, p. 56, 58, 61-62.

[3] Le Corbusier, *United Nations Headquarters Report*, New York, Reinhold Publishing Corp., 1947, p. 18.

[4] Lewis Mumford, « The Sky Line: The Lesson of the Master », *The New Yorker*, 13 septembre 1958, p. 143-144, 150.

[5] John Canaday, « Wright vs. Painting », *New York Times*, 21 octobre 1959.

[6] Ada Louise Huxtable, « That Museum: Wright or Wrong? » *New York Times Magazine*, 25 octobre 1959, p. 16, 91.

[7] Lewis Mumford, « The Sky Line: What Wright Hath Wrought », *The New Yorker*, 5 décembre 1959, p. 118, 128.

[8] Ada Louise Huxtable, *Will They Ever Finish Bruckner Boulevard?*, New York, The Macmillan Company, 1963, p. 97.

[9] Robert Moses, cité dans Robert A. Caro, *The Power Broker: Robert Moses and the Fall of New York*, New York, Alfred A. Knopf, 1974, p. 1013.

[10] Lewis Mumford, « The Roaring Traffic's Boom – II », *The New Yorker*, 2 avril 1955, p. 97.

[11] Note, 26 mars 1947, d'Edgar Kaufmann Jr, à d'Harnoncourt, Wheeler, Abbott, Barr et Virich (concernant : « Memo to the Coordinating Committee », 16 sept.)

[12] Katherine Hiesinger et George Marcus, *Landmarks of Twentieth-Century Design*, New York, Abbeville Press, 1994, p. 175-183.

[13] Note, Museum of Modern Art, sur les critères du « Good Design », 1er janvier 1953. www.moma.org/docs/press_archives/1669/releases/MOMA_1952_0091_81.pdf?2010

[14] Olga Gueft, « The Flooded Cathedral », *Interiors* 125, août 1965, p. 89.

[15] Frank O'Hara, *Lunch Poems*, 1964, réédition San Francisco, City Lights Publishers, 2001.

[16] Louis Skidmore, « Something to See », *Time*, 31 août 1953, p. 78.

[17] Publicité parue dans *The New Yorker*, 27 février 1965.

[18] Vincent Scully, *American Architecture and Urbanism*, éd. rév., New York, Henry Holt and Company, 1988, p. 142-143.

[19] Ada Louise Huxtable, « Farewell to Penn Station », *New York Times*, 30 octobre 1963.

[20] Stern, Mellins, et Fishman, *New York 1960*, p. 1140.

[21] Edgar Kaufmann Jr., « The Biggest Office Building Yet [...] Worse Luck », *Harper's*, mai 1960.

[22] Vincent Scully, « The Death of the Street », *Perspecta 8*, 1963, p. 95.

[23] Ada Louise Huxtable, « Architecture: Grotesquerie Astride a Palace », *New York Times*, 20 juin 1968.

[24] E. B. White, *Here Is New York*, New York, Harper & Brothers, 1949, New York, The Little Bookroom, 1999, p. 52.

BIBLIOGRAPHIE SÉLECTIVE

ALTSHULER, Bruce, « Downtown, Ninth Street Show, New York, May 21-June 10, 1951 », in *The Avant-Garde in Exhibition : New Art in the 20th Century*, New York, Harry N. Abrams, 1994.

ANTONIO, Emile de, et Mitch TUCHMAN, *Painters Painting: A Candid History of the Modern Art Scene 1940-1970*, New York, Abbeville Press, 1984.

ARMSTRONG, Tom, et Susan C. LARSEN, *Art in Place: Fifteen Years of Acquisitions, New York,* Whitney Museum of American Art, 1989.

ASHTON, Dore, « The City and the Visual Arts », in WALLOCK, Leonard, et Dore ASHTON (dir.), *New York, Culture Capital of the World 1940-1965*, New York, Rizzoli, 1988, p. 123-156.

—, *The New York School : A Cultural Reckoning*, Berkeley, University of California Press, 1992.

—, *About Rothko*. Cambridge, MA, Da Capo Press, 1996.

AUGUR, Julie, et al., *Castelli and His Artists : Twenty-five Years*. Aspen, CO, Aspen Center for the Visual Arts, 1982.

BAAL-TESHUVA, Jacob, *Rothko*, Cologne, Allemagne, Taschen, 2003.

BARR, Alfred H., Jr, « Gorky, de Kooning, Pollock (7 Americans Open in Venice) ». *ARTnews* 49, n° 4 (juin-août 1950).

— (dir.), *Fantastic Art, Dada, Surrealism*, New York, The Museum of Modern Art, 1936.

BELLAMY, Richard, Entretien d'histoire orale, 1963, Archives of American Art, Smithsonian Institution, Washington, D.C.

BÉRET, Chantal (dir.), *Frederick Kiesler: Artiste-architecte*, Paris, Centre Georges Pompidou, 1996.

BOEHM, Gero von, *Portrait de Pierre: L'enfant au chapeau rouge*, documentaire, ZDF, 1995.

CAGE, John, Entretien d'histoire orale, 2 mai 1974, Archives of American Art, Smithsonian Institution, Washington, D.C.

CANADAY, John, « Wright vs. Painting », *New York Times*, 21 octobre 1959.

CARO, Robert A., *The Power Broker: Robert Moses and the Fall of New York*, New York, Alfred A. Knopf, 1974.

CASTELLI, Leo, Entretiens d'histoire orale, 14 mai 1969-8 juin 1973, 22 mai 1997, Archives of American Art, Smithsonian Institution, Washington, D.C.

CHAVE, Anna C., *Mark Rothko : Subjects in Abstraction*, New Haven, Yale University Press, 1989.

COHEN, Jean-Louis, et Hubert DAMISCH (dir.), *Américanisme et Modernité : L'Idéal américain dans l'architecture et l'urbanisme*, Paris, Flammarion/EHESS, 1993.

COHEN-SOLAL, Annie, *Painting American : The Rise of American Artists, Paris 1867-New York 1948*, New York, Alfred A. Knopf, 2001.

—, *Leo & His Circle: The Life of Leo Castelli, New York,* Alfred A. Knopf, 2010.

Collection Sonnabend : 25 années de choix et d'activités d'Ileana et Michael Sonnabend : du 6 mai au 21 août 1988, Bordeaux, Musée d'art contemporain, 1988.

Crane, Diana. *The Transformation of the Avant-Garde: The New York Art World, 1940-1985*, Chicago, University of Chicago Press, 1987.

Crow, Thomas. *The Rise of the Sixties: American and European Art in the Era of Dissent*, New Haven, Yale University Press, 1996 ; Londres, Laurence King Publishing, 2004.

DUVE, Thierry de, *Nominalisme pictural : Marcel Duchamp, la peinture et la modernité*, édition critique, Paris, Éditions de Minuit, 1984.

DE KOONING, Elaine, Entretien d'histoire orale, 27 août 1981, Archives of American Art, Smithsonian Institution, Washington, D.C.

—, *Elaine de Kooning : The Spirit of Abstract Expressionism, Selected Writings*, New York, George Braziller, 1994.

DUBERMAN, Martin, *Black Mountain : An Exploration in Community*, New York, E.P. Dutton, 1972 ; Evanston, IL, Northwestern University Press, 2009.

EDGAR, Natalie (dir.), *Club Without Walls: Selections from the Journals of Philip Pavia*, New York, Midmarch Arts Press, 2007.

ELDERFIELD, John, Susan F. LAKE, et al., *De Kooning : A Retrospective*, New York, The Museum of Modern Art, 2011.

FELDMAN, Frayda, et Jorg SCHELLMAN (dir.), *Andy Warhol Prints : A Catalogue Raisonné 1962-1987, New York,* R. Feldman Fine Arts, 1989.

FOSTER, Hal, Rosalind KRAUSS, Yve-Alain BOIS, et Benjamin BUCHLOH, *Art Since 1900 : Modernism, Antimodernism, Postmodernism*, 2 vol., Londres et New York, Thames & Hudson, 2005.

FOSTER, Stephen C., Bill BERKSON, Frank O'HARA, et B. H. FRIEDMAN, *Franz Kline: Art and the Structure of Identity*, cat. exp., Fundació Antoni Tàpies, Barcelone, 18 mars-5 juin 1994, Barcelone, Fundació Antoni Tàpies, 1994.

GAVIN, James. *Intimate Nights : The Golden Age of New York Cabaret*, New York, Limelight Editions, 1992.

GELDZAHLER, Henry, *New York Painting and Sculpture, 1940-1970*, cat. exp., New York, E.P. Dutton et The Metropolitan Museum of Art, 1969.

—, *Making it New : Essays, Interviews, and Talks*, New York, Turtle Point Press, 1994.

GILL, Anton, *Art Lover : A Biography of Peggy Guggenheim*, New York, Harper-Collins, 2002.

GOLDMAN, Judith, *Robert and Ethel Scull : The Portrait of a Collection*, cat. exp., New York, Acquavella Galleries, 2010.

GOODNOUGH, Robert, « Pollock Paints a Picture », *ARTnews* 50, nº 3 (mai 1951).

GORDON, Max, *Live at the Village Vanguard*, New York, Da Capo Press, 1980.

GRANLUND, Chris (dir.), *Rauschenberg : Man at Work*, BBC/RM Arts, en association avec le Guggenheim Museum et Ovation, Chicago, Home Vision Arts, 1997.

GREENBERG, Clement, « The Present Prospects of American Painting and Sculpture », in *Arrogant Purpose, 1945-1949*, p. 160-170, vol. 2 de *Clement Greenberg : The Collected Essays and Criticism*, éd. John O'Brian, Chicago et Londres, University of Chicago Press, 1986. Publié pour la première fois dans *Horizon*, 16, nºs 93-94 (octobre 1947).

—, *Art and Culture : Critical Essays*, Boston, Beacon Press, 1961.

—, *Clement Greenberg : The Collected Essays and Criticism*, éd. John O'Brian, 4 vol., Chicago et Londres, University of Chicago Press, 1986.

GREENFIELD-SANDERS, Timothy, *The Ninth Street Show*, Toronto, Lumiere Press, 1987.

GRUEN, John, *The Party's Over Now : Reminiscences of the Fifties – New York's Artists, Writers, Musicians, and Their Friends*, Wainscott, New York, Pushcart Press, 1989.

GUEFT, Olga, « The Flooded Cathedral », *Interiors* 125 (août 1965).

GUILBAUT, Serge, *Comment New York vola l'idée d'art moderne : Expressionisme abstrait, liberté et guerre froide*, Paris, Éditions Jacqueline Chambon, 1983.

HALL, Lee, *Betty Parsons : Artist, Dealer, Collector*, New York, Harry N. Abrams, 1991.

HARRISON, Helen A. (dir.), *Such Desperate Joy : Imagining Jackson Pollock*, New York, Thunder's Mouth Press, 2000.

HERRERA, Hayden, *Arshile Gorky : His Life and Work*, Londres, Bloomsbury Publishing, 2003.

HESS, Barbara, *De Kooning 1904-1997 : Content as a Glimpse*, Cologne, Taschen, 2004.

Hess, Thomas B. *Barnett Newman, New York*, Museum of Modern Art, 1971.

HIESINGER, Katherine, et George MARCUS, *Landmarks of Twentieth-Century Design, New York*, Abbeville Press, 1994.

HINDRY, Ann, *Claude Berri rencontre Leo Castelli*, Paris, Renn, 1990.

HOVING, Thomas, *Making the Mummies Dance : Inside the Metropolitan Museum of Art*, New York, Simon & Schuster, 1993.

HUGHES, Robert, *American Visions : The Epic History of Art in America*, New York, Museum of Modern Art et Alfred A. Knopf, 1997.

HUXTABLE, Ada Louise, « That Museum : Wright or Wrong ? », *New York Times Magazine*, 25 octobre 1959.

—, « Farewell to Penn Station », *New York Times*, 30 octobre 1963.

—, *Will They Ever Finish Bruckner Boulevard ?* New York, The Macmillan Company, 1963.

—, « Architecture : Grotesquerie Astride a Palace », *New York Times*, 20 juin 1968.

ISRAEL, Matthew, « A Magnet for the With-It-Kids : The Jewish Museum, New York, of the 1960s », *Art in America* 95, nº 9 (octobre 2007), p. 72-83.

JANIS, Sidney, Entretien d'histoire orale, 21 mars-26 septembre 1972, Archives of American Art, Smithsonian Institution, Washington, D.C.

JEWISH MUSEUM, *Artists of the New York School : Second Generation*, exposition organisée par Meyer Schapiro, introduction de Leo Steinberg, cat. exp., New York, Jewish Museum of the Jewish Theological Seminary of America, 1957.

JOHNS, Jasper, *Jasper Johns : Writings, Sketchbook Notes, Interviews*, éd. Kirk Varnedoe et Christel Hollevoet, New York, Museum of Modern Art, 1996.

KAPROW, Allan, *Essays on the Blurring of Art and Life*, édition enrichie, éd. Jeff Kelley, Berkeley et Los Angeles, University of California Press, 2003.

KARMEL, Pepe (dir.), *Jackson Pollock : Interviews, Articles, and Reviews*, New York, Museum of Modern Art, 1999.

—, *New York Cool : Painting and Sculpture from the NYU Art Collection*, New York, Grey Art Gallery, New York University, 2008.

KARMEL, Pepe, et Kirk VARNEDOE (dir.), *Jackson Pollock: New Approaches*, New York, Museum of Modern Art et Harry N. Abrams, 1999.

KARP, Ivan, Entretien d'histoire orale, 1969, Archives of American Art, Smithsonian Institution, Washington, D.C.

KASPI, André, *New York, 1940-1950. Terre promise et corne d'abondance : l'emblème du rêve américain*, Paris, Autrement, 1995.

KAUFMANN, Edgar, Jr, « The Biggest Office Building Yet [...] Worse Luck », *Harper's*, mai 1960.

KIRSCHENBAUM, Baruch D., « The Scull Auction and the Scull Film », *Art Journal* 39, nº 1 (automne 1979), p. 50-54.

KLEEBLATT, Norman L. (dir.), *Action/Abstraction : Pollock, de Kooning, and American Art 1940-1976*, New York, The Jewish Museum, 2009.

KOSTELANETZ, Richard, *Master Minds : Portraits of Contemporary American Artists and Intellectuals*, New York, Macmillan, 1969.

KRASNER, Lee, Entretiens d'histoire orale, 1964, 1967, 1968, 1972, Archives of American Art, Smithsonian Institution, Washington, D.C.

LARSON, Gary O., *The Reluctant Patron : The United States Government and the Arts, 1943-1965*, Philadelphie, University of Pennsylvania Press, 1983.

LE CORBUSIER, *United Nations Headquarters Report*, New York, Reinhold Publishing Corp., 1947.

LEVY, Julien, *Memoir of an Art Gallery*, Boston, MFA Publications, 2003.

LIPMAN, Jean (dir.), *The Collector in America*, New York, Viking Press, 1970.

MARQUIS, Alice Goldfarb, *Alfred H. Barr Jr. : Missionary for the Modern*, Chicago, Contemporary Books, 1989.

MATOSSIAN, Nouritza, *Black Angel : The Life of Arshile Gorky*, New York, Overlook Press, 2000.

MILLER, Dorothy C. (dir.), *14 Americans*, New York, Museum of Modern Art, 1946.

—, *15 Americans*, New York, Museum of Modern Art, 1952.

—, *12 Americans*, New York, Museum of Modern Art, 1956.

—, *16 Americans*, New York, Museum of Modern Art, 1959.

MOTHERWELL, Robert, Entretien d'histoire orale, 24 novembre 1971, Archives of American Art, Smithsonian Institution, Washington, D.C.

MOTHERWELL, Robert, et Ad REINHARDT (dir.), *Modern Artists in America*, première série, New York, Wittenborn Schultz, 1951, et en particulier « The Western Round Table on Modern Art », San Francisco, 8-10 avril 1949, p. 25-38, et « Artists' Sessions at Studio 35 », New York, 21-23 avril 1950, p. 10-21.

MOULIN, Raymonde, *L'artiste, l'institution et le marché*, Paris, Flammarion, série Champs, 1999.

MOYNIHAN, Danny, *Boogie-Woogie*, Londres, Duck Editions, 2000.

MUMFORD, Lewis, « The Sky Line : United Nations Headquarters : The Ground Plan », *The New Yorker*, 25 octobre 1947.

—, « The Roaring Traffic's Boom II », *The New Yorker*, 2 avril 1955, p. 97.

—, « The Sky Line : The Lesson of the Master », *The New Yorker*, 13 septembre 1958, p. 143-144, 150.

—, « The Sky Line : What Wright Hath Wrought », *The New Yorker*, 5 décembre 1959, p. 118, 128.

MYERS, Jerome, *Artist in Manhattan*, New York, American Artists Group, 1940.

NAIFEH, Steven, et Gregory WHITE SMITH, *Jackson Pollock : An American Saga*, New York, Clarkson N. Potter, 1989.

O'HARA, Frank, *Lunch Poems*, San Francisco, City Lights Books, 1964. Réimpression, San Francisco, City Lights Publishers, 2001.

—, « What Appears to Be Yours », in *Poems from the Tibor de Nagy Editions, 1952-1966*, New York, Tibor de Nagy Editions, 2006.

PANZA DI BIUMO, Count Giuseppe, Entretien d'histoire orale, 2 avril 1985, Archives of American Art, Smithsonian Institution, Washington, D.C.

Paris-New York, 1908-1968, cat. exp., Paris, Gallimard et Centre Georges Pompidou, 1991.

PARTOUCHE, Marc (dir.), *Jardin Secret, ou la collection privée de quatre marchands de tableaux: Bruno Bischofberger, Konrad Fischer, Pierre et Marianne Nahon, Ileana Sonnabend*, Marseille, ARCA Centre d'Art contemporain, 1986.

PAVIA, Philip, Les archives du Club conservées par Philip Pavia, 1948-1965, Archives of American Art, Smithsonian Institution, Washington, D.C.

La Peinture américaine : 1900-1970, trad. Dominique Le Bourg, New York, Time Life International, 1973.

PERL, Jed, *New Art City : Manhattan at Mid-Century*, New York, Alfred A. Knopf, 2005.

Perloff, Marjorie. *Frank O'Hara: Poet Among Painters*, Chicago, University of Chicago Press, 1977.

PHILLIPS, Lisa, *Frederick Kiesler*, New York, Whitney Museum of American Art, 1989.

PISANO, Ronald G., *17 Abstract Artists of East Hampton : The Pollock Years, 1946-1956*, Southampton, NY, The Parrish Art Museum, 1980.

RAUSCHENBERG, Robert, Entretien d'histoire orale, 21 décembre 1965, Archives of American Art, Smithsonian Institution, Washington, D.C.

RAUSCHENBERG, Robert, Alain JOUFFROY, et John CAGE, *Rauschenberg*, Paris, Ileana Sonnabend, 1963.

ROSENBERG, Harold, *Arshile Gorky : The Man, the Time, the Idea*, New York, Horizon Press, 1962.

—, « American Action Painters », in Shapiro, David, et Cecile Shapiro (dir.), *Abstract Expressionism : A Critical Record*, New York, Cambridge University Press, 1990, p. 75-84. Publié pour la première fois dans *ARTnews* 51, n° 8 (décembre 1952).

ROWELL, Margit (dir.), *Joan Miró : Selected Writings and Interviews*, Boston, G.K. Hall, 1986.

RUBENFELD, Florence, *Clement Greenberg : A Life*, Minneapolis, University of Minnesota Press, 2004.

RUBIN, William S., *Dada, Surrealism, and Their Heritage*, New York, Museum of Modern Art, 1968.

RUBLOWSKY, John, *Pop Art, New York*, Basic Books, 1965.

RUSSELL, John, *Matisse: Father and Son*, New York, Harry N. Abrams, 1999.

SANDLER, Irving, « The Club: How the Artists of the New York School Found Their First Audience — Themselves », *Artforum* 4 (septembre 1965), p. 27-31.

—, *The Triumph of American Painting : A History of Abstract Expressionism*, New York, Harper & Row, 1976.

—, « Tenth Street Then and Now », in Kardon, Janet (dir.), *The East Village Scene*, Philadelphie, Institute of Contemporary Art, University of Pennsylvania, 1984.

— (dir.)., *Defining Modern Art: Selected Writings of Alfred H. Barr, Jr*, New York, Harry N. Abrams, 1986.

Sawin, Martica, *Surrealism in Exile and the Beginning of the New York School*, Cambridge, MA, The MIT Press, 1995.

Schapiro, Meyer, « The Introduction of Modern European Art in the United States: The Armory Show (1913) », in *Style, Artiste et Société*, Paris, Gallimard, 1982, p. 390.

Schimmel, Paul (dir.), *Robert Rauschenberg : Combines*, Los Angeles, The Museum of Contemporary Art, 2005.

Scull, Robert, Entretien d'histoire orale, 15-28 juin 1972, Archives of American Art, Smithsonian Institution, Washington, D.C.

Scully, Vincent, « The Death of the Street », *Perspecta* 8 (1963), p. 95.

—, *American Architecture and Urbanism*, éd. rév., New York, Henry Holt and Company, 1988.

Seuphor, Michel, « Paris-New York 1951 », *Art d'aujourd'hui*, juin 1951.

Shaw, Arnold, *52nd St. : The Street of Jazz*, New York, Da Capo Press, 1977.

Skidmore, Louis, « Something to See », *Time*, 31 août 1953, p. 78.

Solomon, Alan R., *Robert Rauschenberg*, New York, The Jewish Museum, 1963.

—, *Jasper Johns*, New York, The Jewish Museum, 1964.

—, Rapport sur la participation américaine à la 32e Biennale de Venise, 1964, juin-octobre 1964, Archives of American Art, Smithsonian Institution, Washington, D.C.

Solomon, Deborah, *Jackson Pollock : A Biography*, New York, Cooper Square Press, 2001.

Spender, Matthew, *From a High Place : A Life of Arshile Gorky*, New York, Alfred A. Knopf, 1999.

Steinberg, Leo, *Jasper Johns*, New York, George Wittenborn, 1963.

Stern, Robert A.M., Thomas Mellins, et David Fishman, *New York 1960 : Architecture and Urbanism between the Second World War and the Bicentennial*, New York, The Monacelli Press, 1995.

Stevens, Mark, et Annalyn Swan, *De Kooning : An American Master*, New York, Alfred A. Knopf, 2004.

Stourton, James, *Great Collectors of Our Time : Art Collecting since 1945*, Londres, Scala Publishers, 2007.

Sylvester, David, *Interviews with American Artists*, New Haven, Yale University Press, 2001.

« A Symposium : The State of American Art », *Magazine of Art* 42, nº 3 (mars 1949), p. 82-102.

Tomkins, Calvin, *The Bride and the Bachelors : Five Masters of the Avant-Garde*, New York, Viking Press, 1965.

—, *Off the Wall : Robert Rauschenberg and the Art World of Our Time*, New York, Doubleday, 1980.

Turner, Elizabeth Hutton, Guy Davenport, et Elizabeth Garrity Ellis. *Americans in Paris (1921-1931) : Man Ray, Gerald Murphy, Stuart Davis, Alexander Calder*, Washington, D.C., Counterpoint, 1996.

Vail, Karole P.B., *Peggy Guggenheim : A Celebration, New York*, Solomon R. Guggenheim Foundation, 1998.

Varnedoe, Kirk, *Jasper Johns : A Retrospective*, New York, Museum of Modern Art, 1996.

— (dir.), *Jasper Johns : Writings, Sketchbook Notes, Interviews*, New York, Museum of Modern Art, 1996.

Wadsworth Atheneum, *The Tremaine Collection: 20th Century Masters. The Spirit of Modernism*, Hartford, CT, Wadsworth Atheneum, 1984.

Wallach, Alan, *Exhibiting Contradiction : Essays on the Art Museum in the United States*, Amherst, MA, University of Massachusetts Press, 1998.

Warhol, Andy, *America*, New York, Harper & Row, 1985.

Weld, Jacqueline Bogard, *Peggy : The Wayward Guggenheim*, New York, E.P. Dutton, 1986.

White, E.B., *Here Is New York*, New York, Harper & Brothers, 1949. Réimpression, New York, The Little Bookroom, 1999.

Wilkin, Karen, « Becoming a Modern Artist, 1920 », in Sims, Lowery Stokes, et al., *Stuart Davis : American Painter*, New York, The Metropolitan Museum of Art, 1991, p. 54.

Wolfe, Tom, « Bob and Spike », in *The Pump House Gang*, New York, Farrar, Straus & Giroux, 1968, p. 195-197.

Zelevansky, Lynn, « Dorothy Miller's "Americans", 1942-1963 », *Studies in Modern Art* 4 (1994), p. 57-107.

INDEX

Les numéros de pages en *italicques* renvoient aux illustrations.

REMERCIEMENTS

Ma reconnaissance va en tout premier lieu à mon agent, Georges Borchardt, qui a soutenu sans réserve ma participation à ce magnifique projet. J'ai bénéficié du professionnalisme sans faille et de l'iconographie magique de l'équipe de Vendome Press, c'est-à-dire Alexis Gregory, Mark Magowan et Jackie Decter. J'ai également eu beaucoup de plaisir à travailler avec l'équipe des éditions Hazan en découvrant l'immense culture de Jean-François Barrielle et la précision d'Anne-Isabelle Vannier. J'ai également une dette envers Robert Smith, qui m'a aidée au moment où je rédigeais ma première version du projet, envers Mathias Mézard qui a organisé de main de maître la traduction en langue française, et envers Jeanne Devautour qui a relu et finalisé l'ensemble. Mais c'est grâce à Lillian Davies que j'ai véritablement pu donner forme à mon commentaire esthétique sur l'art de cette époque. Avec un enthousiasme indéfectible, Lillian m'a fait profiter de ses compétences impressionnantes, de sa sensibilité, de son énergie et de son érudition. Je lui suis infiniment reconnaissante pour l'aide qu'elle m'a généreusement prodiguée.

Annie Cohen-Solal

Je n'étais pas né en 1945, l'année où commence l'histoire que raconte ce livre, et j'étais un jeune adolescent en 1965, l'année où elle se termine. Mais le New York des années 1950-1960 m'a laissé des souvenirs très vifs qui constituent le fondement de la section que j'ai signée sur l'architecture et le design de cette ville. Je me souviens de mon étonnement en découvrant le vaste chantier de ce qui allait devenir le Time & Life Building dans le Rockefeller Center, et de mon excitation en voyant surgir de terre le Guggenheim Museum quand mon père remontait en voiture la 5e Avenue, qui était alors à double sens de circulation. Il émanait de cette magnifique création de Frank Lloyd Wright une énergie et une force qui dépassaient de loin tout ce que j'avais pu éprouver jusqu'ici. À la fin des années 1950, New York était une belle ville, stimulante, et ces souvenirs ont contribué au plaisir que j'ai eu à participer à cet ouvrage. Ce n'était évidemment qu'un point de départ, et quand j'ai commencé à approfondir mes recherches, Katie Dubbs m'a apporté son aide. Ensuite, à mesure que le livre prenait forme, Patrick Corrigan a bien voulu libérer de son temps sur un autre projet auquel il travaillait pour moi et m'assister à son tour dans mes recherches. Je leur suis infiniment reconnaissant à tous les deux, ainsi qu'à Robert A. M. Stern, Thomas Mellins et David Fishman, dont la somme encyclopédique, *New York 1960* (Monacelli Press, 1995), s'est révélée être, une fois de plus, un ouvrage de référence sans équivalent sur l'architecture et le design de cette époque.

Il est habituel qu'un auteur mentionne les personnes qui l'ont aidé dans sa tâche, mais, dans mon cas, ce n'est pas une simple formalité : ce livre a vraiment été un travail d'équipe, et j'ai eu le plaisir et l'honneur d'y contribuer pour un tiers. Les deux autres auteurs – Bob Gottlieb et Annie Cohen-Solal – ont été d'extraordinaires collègues, mais aucun de nous trois n'aurait dépassé le stade du manuscrit si le projet n'avait été porté avec beaucoup de soin et de compréhension jusqu'au stade de la publication par Alexis Gregory et Jacqueline Decter de Vendome Press, dont l'enthousiasme pour le sujet a été à l'égal du nôtre.

Paul Goldberger

D'abord, je tiens à remercier Ron Mandelbaum et ses collègues de Photofest. Ils ont mis à ma disposition une iconographie couvrant un bon quart de siècle et se sont engagés dans ce projet au-delà de ce qu'on pouvait raisonnablement attendre d'eux.

Comme toujours quand il est question de danse, la Dance Division de la Library of Performing Arts, au Lincoln Center, a joué un rôle déterminant. J'adresse mes remerciements affectueux à son directeur, Jan Schmidt, et à ses collègues exemplaires, et en particulier à l'infatigable Alice Standin. Certaines illustrations m'ont été fournies par mes amis Robert Greskovic et Twyla Tharp, que je remercie aussi.

Ma gratitude va enfin aux responsables de Vendome Press, et en tout premier lieu à Alexis Gregory qui (grâce à Bob Silvers) m'a permis de prendre part à ce projet, mais aussi à ma camarade (et complice occasionnelle) Jackie Decter. Non seulement ils m'ont tenu la main, mais ils ont supporté mes accès (justifiés, naturellement) de mauvaise humeur.

Robert Gottlieb

CRÉDITS PHOTOGRAPHIQUES

Abréviations : AR (Art Resource), ARS (Artists Rights Society, New York), VAGA (VAGA Rights, New York), MoMA Museum of Modern Art), MCNY (Museum of the City of New York), AAA (Archives of American Art, Smithsonian Institution), LOC (Library of Congress), NPG (National Portrait Gallery, Smithsonian Institution), NYPL New York Public Library.

Acquavella Galleries/Meredith Corporation p. 87 | Aichi Prefectural Museum of Art, Japan/Art © The George and Helen Segal Foundation/VAGA p. 4, 86 (en haut) | AP Photo: Hans Von Nolde p. 173 ; Fred Fehl p. 302 (en bas) | © 2014 The Andy Warhol Foundation for the Visual Arts, Inc./ARS p. 124 | Archive Galerie Nierendorf, Berlin p. 21 (en bas) | AAA : Aaron Siskind. Archives Leo Castelli Gallery p. 63 ; Documents de Ad Reinhardt/© 2014 Estate of Ad Reinhardt/ARS p. 56 ; Adolph Studly, photographe. Documents de Jane Wade p. 21 (en haut) ; André Emmerich, photographe. Archives André Emmerich Gallery et documents André Emmerich p. 64 (à gauche), 65 ; Bert Stern, photographe. Miscellaneous photographs collection p. 40 (en haut) ; Archives Betty Parsons Gallery et documents personnels p. 30 (en haut à gauche) ; David Robbins, photographe. Federal Art Project, Photographic Division collection p. 26 ; David Robbins, photographe. Documents de Hugo Gellert p. 27 ; Ellen H. Johnson, photographe. Documents de Ellen Hulda Johnson p. 108 (en haut), 112 ; Frank Horvat, photographe. Miscellaneous photographs collection p. 92 (en haut) ; documents de Florence Knoll Bassett p. 188, 189, 190 ; Harry Bowden, photographe. Documents de Harry Bowden p. 38 ; Jack Calderwood, photographe. Documents de Jackson Pollock et Lee Krasner p. 71 ; Archives de l'exposition « Joellen Bard's, Ruth Fortel's, and Helen Thomas' of Tenth Street Days: The Co-ops of the 50s » p. 57 (en bas) ; Kay Bell Reynal, photographe, p. 32 ; Archives Leo Castelli Gallery p. 91, © 2014 Frank Stella/ARS p. 84 (en haut) ; documents de Louise Bruner p. 24 ; documents de Marcel Breuer p. 153 (en bas) ; documents du Morris Louis and Morris Louis Estate/© 2014 Maryland College Institute of Art (MICA), droits/ARS, tous droits réservés p. 67 (à gauche) ; Nancy Astor, photographe. Archives Stable Gallery p. 107 ; Oliver Baker, photographe. Documents de Rudi Blesh p. 17 ; Walter Rosenblum, photographe. Documents de Thomas Hess p. 58 (en haut) | Archivio Marca-Relli : Parma photo credit Giuseppe Rambelli p. 60 (en haut) ; Parma photo credit Seldon Rodman p. 60 (en bas à droite) | © The Art Institute of Chicago p. 19 (en bas) | AR : © 2014 Museum Associates/LACMA/© 1998 Kate Rothko Prizel & Christopher Rothko/ARS p. 32–33 ; © 2014 Museum Associates/LACMA/©1962 Morris Louis p. 67 (à droite) ; ©MoMA/SCALA/©ARS p. 29 (à droite), 99 (en haut) ; ©MoMA/SCALA/Art © The George and Helen Segal Foundation/VAGA p. 52 ; ©MoMA/SCALA/© Estate of George Platt Lynes p. 20 ; ©MoMA/SCALA/© 2014 Jim Dine/ARS p. 113 ; ©MoMA/SCALA/Art © Estate of Kenneth Noland/VAGA p. 1, p. 69 ; ©MoMA/SCALA/Art © Estate of Larry Rivers/VAGA p. 116-117 ; ©MoMA/SCALA/Art © Jasper Johns/VAGA p. 79 ; ©MoMA/SCALA/© Mark di Suvero p. 100-101 ; ©MoMA/SCALA/© 2014 Mondrian/Holtzman Trust c/o HCR International USA p. 28 ; ©MoMA/SCALA/© 2014 The Pollock-Krasner Foundation/ARS p. 10-11 ; ©MoMA/SCALA/© 2014 Robert Morris/ARS p. 102 ; ©MoMA/SCALA/Art © Robert Rauschenberg Foundation/VAGA p. 75 ; © The Metropolitan Museum of Art/Art © T. H. Benton and R. P. Benton Testamentary Trusts/UMB Bank Trustee/VAGA p. 24-25 ; Princeton University Art Museum/© 2014 The Willem de Kooning Foundation/ARS p. 39 | Avery Architectural & Arts Library, Columbia University p. 132 (en haut et en bas à gauche), 146, 147 (en bas), 154 (à droite), 198, 202, 229, 231 | Benjamin Thompson FAIA, dans *DESIGN RESEARCH: The Store That Brought Modern Living to American Homes*, Chronicle Books, 2010 p. 186 | Bill Cotter, worldsfairphotos.com p. 174-175 | Bob Serating/Lincoln Center Archives © 2014 Calder Foundation/ARS p. 167 | Bridgeman Art Library : Art © Adolph and Esther Gottlieb Foundation/VAGA p. 42 (en bas) ; © 2014 The Andy Warhol Foundation for the Visual Arts, Inc./ARS p. 119 ; Art © Jasper Johns/VAGA p. 89 ; © 2014 The Pollock-Krasner Foundation/ARS p. 8 ; © Estate of Tom Wesselmann/VAGA p. 114-115 | Carnegie Hall Archives p. 348 | Center for Creative Photography : Hans Namuth/© 1991 Hans Namuth Estate p. 11, 46, 48 | Chermayeff & Geismar & Haviv p. 217 | © 1965 Claes Oldenburg/Oldenburg van Bruggen Studio p. 230 | Corbis : © Bettmann p. 14 (en haut), 226, 363 ; © Bob Adelman p. 78, 95, 115 (à droite) ; © Charles E. Rotkin p. 130 ; © Marty Lederhandler/AP p. 224 (en bas) ; © Steve Schapiro p. 120-121, 355 | CTSIMAGES : © Herman Leonard Photography LLC p. 352 (en bas) | Collection de Donald Smith, The Mabel Mercer Foundation : p. 366 (en haut) ; Bruno of Hollywood p. 366 (en bas à droite) | Art © David Salle/VAGA, © 2014 Frank Stella/ARS ; Julius Shulman/Juergen Nogia courtesy of The Glass House p. 84 (en bas) | Douglas H Jeffrey/V&A Images/© Victoria and Albert Museum, Londres. p. 267 (en haut) | Collection Driggs, Jazz at Lincoln Center : p. 357 (en haut et en bas) ; Popsie Randolph p. 366 (en bas à gauche) | © 2014 Eames Office LLC, photographie de Grant Taylor, Courtesy of JF Chen p. 185 (en haut) | Eero Saarinen Collection (MS 593). Manuscrits et archives, Yale University Library : p. 144, 156 ; Emil Romano p. 145 | Estate of Evelyn Hofer p. 213 | Esto : © Ezra Stoller p. 126-127, 128, 133, 136, 138, 141, 148-149, 150, 152, 153 (en haut), 154 (à gauche), 157, 158-159, 160, 161, 166, 168-169, 170, 171, 177, 179 (en bas), 183, 186-187, 196, 197, 200, 201, 203, 204, 205, 207, 208-209, 210 ; © Francis Dzikowski p. 142-143 ; © Wolfgang Hoyt p. 165 | Frederick R. Weisman Art Museum, University of Minnesota, Minneapolis. p. 109 | Gaspard Walter p. 199 | © Estate of George Platt Lynes p. 247 | Getty Images : Andreas Feininger/The LIFE Picture Collection p. 2 ; Arnold Newman/Arnold Newman Collection p. 31, 54, 64 (à droite), 162 ; Basil Langton/Photo Researchers p. 116 ; Bill Ray/The LIFE Picture Collection p. 362 ; Donald Getsug/Photo Researchers p. 122 (en bas) ; Ernst Haas/Masters p. 367 ; The Estate of David Gahr/Premium Archive p. 53 ; Fred W. McDarrah/Premium Archive p. 45, 55 (en bas), 68, 70, 81, 82, 94, 106, © 2014 The Andy Warhol Foundation for the Visual Arts, Inc./ARS p. 118 ; George Karger/The LIFE Images Collection p. 373 ; Gordon Parks/The LIFE Picture Collection p. 241, 374-375 ; Herbert Gehr/The LIFE Picture Collection p. 354-355 ; James Burke/The LIFE Picture Collection p. 37, 57 (en haut) ; Lipnitzki/Roger Viollet p. 240 ; Michael Rougier/The LIFE Picture Collection p. 164 ; Mondadori p. 92 (en bas), 111 (en bas) ; New York Daily News Archive/New York Daily News p. 163 ; Nina Leen/The LIFE Picture Collection p. 62 ; Tony Vaccaro/Archive Photos p. 12 (en haut) ; Weegee(Arthur Fellig)/International Center of Photography p. 212 | Granger Collection, NY p. 90 | Herbert Gehr p. 364 | Herman Miller, Inc. p. 191 (au centre à droite et en bas à gauche) | Heyman Collection : © 2014 The Andy Warhol Foundation for the Visual Arts, Inc./ARS p. 123 ; © 2014 The Arshile Gorky Foundation/ARS p. 18 ; © 2014 The Barnett Newman Foundation, New York/ARS p. 49 ; © 1998 Kate Rothko Prizel & Christopher Rothko/ARS p. 35 ; © 2014 The Pollock-Krasner Foundation/ARS p. 12-13 ; © 2014 The Willem de Kooning Foundation/ARS p. 55 (en haut) ; p. 110 | The Image Works : © AKG Images p. 29 (à gauche) ; © Jack Nisberg/Roger-Viollet p. 30 (en bas) ; ©NMeM/Tony Ray-Jones/SSPL/© 2014 Carolee Schneemann/ARS p. 98 (en haut) | © Estate of Jack Mitchell/Highberger Media, Inc. p. 86 (en bas), 268-269 | Joan Mitchell Foundation p. 63 (en bas) | JPMorgan Chase History Program, Arthur Lavine, photographe, 1978 p. 140 | Judy Cameron p. 263 | Kevin Roche John Dinkeloo and Associates LLC p. 178, 179 (en haut) | Knoll, Inc. p. 191 (en haut à gauche, en haut à droite et en bas à droite) | Jens Heilmeyer/The La MaMa Archive/Ellen Stewart Private Collection p. 313 | © Leslie E Spatt p. 245 | LOC : Cervin Robinson p. 225 ; Gottscho-Schleisner Collection p. 184, 194, 195 ; Historic American Buildings Survey 219 ; Prints and Photographs Division p. 224 (en haut) ; New York World-Telegram and the Sun Newspaper Photograph Collection p. 172 ; William P. Gottlieb Collection p. 350, 351 (en haut), 353, 356 | Limón

Publié aux États-Unis en 2014 par The Vendome Press,
1334 York Avenue, New York, NY 10021
www.vendomepress.com
Titre original de l'ouvrage : *New York Mid-Century, 1945-1965*

www.editions-hazan.com
Publié en France par les Éditions Hazan
11, rue Paul-Bert, 92247 Malakoff Cedex

Traduit de l'anglais par Jean-François Allain, à l'exception du texte d'Annie Cohen-Solal

ISBN : 9782754107778
Dépôt légal : octobre 2014

Responsable éditoriale : Jacqueline Decter
Coordination de la production : Irene Convey
Recherche iconographique : Alecia Reddick et Irene Convey
Conception graphique : Celia Fuller
Conception graphique de la couverture : Jean-Marc Barrier

Suivi éditorial de l'édition française : Anne-Isabelle Vannier et Julia Charles

Imprimé en Chine par OGI

Page 1 : Kenneth Noland. *Turnsole*, 1961 (voir page 69).
Page 2 : Andreas Feininger, *Noon Rush Hour on Fifth Avenue*, 1949.
Page 4 : George Segal, *Portrait of Robert and Ethel Scull*, 1965 (voir page 86).